KB161481

World Book 131

Stendhal

LA CHARTREUSE DE PARME
파르마 수도원

스탕달/이혜윤 옮김

동서문화사

디자인 : 동서랑 미술팀

머리글

1830년 겨울, 파리에서 1천2백 킬로미터나 떨어진 곳에서 이 소설을 썼다. 따라서 1839년의 일을 풍자하는 바는 아무것도 없다.

한참 전인 1830년 세상. 우리 군대가 유럽을 휩쓸고 있을 무렵에 나는 우연히 어느 수도회(修道會) 회원의 집에서 머무르게 되었다. 이탈리아의 아름다운 마을 파도바에서의 일이었다. 묵는 기간이 길어짐에 따라 우리는 자연스레 친구가 되었다.

그해가 저물어갈 무렵에 나는 다시 파도바를 들르게 되어 그 친절한 수도회원 집으로 달려갔다. 그가 이미 이 세상에 없다는 것은 알고 있었지만, 밤을 지새우며 즐겁게 보내던 지난날을 늘 그리워하던 터라 이 집 살롱을 다시 와보고 싶었던 것이다. 수도회원의 조카란 사람이 카페 페드로티에서 감칠맛 나는 잠바종(달걀 노른자, 포도주, 향료를 섞은 음료)을 주문하기도 했지만, 늦도록 깨어 있었던 것은 누군가가 산세베리나 공작부인의 이야기를 했기 때문이다. 조카는 나를 위해서 그 이야기를 처음부터 다시 들려주었다. 나는 사람들을 둘러보며 말했다.

"앞으로 내가 가게 될 나라에서 이제 이런 밤은 없을 겁니다. 그래서 기나긴 밤을 그 이야기에 대한 소설을 쓰며 보낼까 합니다."

"그러시다면." 조카가 말했다. "큰아버님의 연감(年鑑)을 드리지요. '파르마' 항목에 공작부인이 그곳에서 분방하게 생활하던 시절의 숨은 이야기들이 적혀 있습니다. 하지만 조심하십시오! 별로 도덕적인 이야기는 못 되니까요. 복음서 같은 순결을 자랑하는 이 시대의 프랑스에서 그런 이야기를 썼다가는 파렴치한으로 몰릴지도 모르니까요."

나는 이 소설을 1830년에 써둔 원고 그대로 펴낸다. 그러므로 두 가지 불편한 점을 느낄 수 있을 것이다.

첫째로 독자의 문제인데, 작품의 인물들이 이탈리아 사람들이므로 어쩌면 흥미가 덜할지도 모른다.

이 나라 사람들의 성정은 프랑스 사람들과는 많이 다르다. 이탈리아 사람은 성실하고 친절하며 정직하므로 생각한 대로 말을 한다. 그들이 허영심을 갖는 경우는 아주 잠깐일 뿐이다. 그것은 어느새 열정으로 변해서 '푼티글리오(puntiglio ; 이탈리아 말. 자존심이 상했을 때 충동적으로 생기는 반감 또는 노여움을 뜻한다)'라고 불린다. 요컨대 그들에게 가난은 웃음거리가 아니다.

두 번째로 불편한 점은 저자와 관련된 것이다. 솔직히 말해서 나는 대담하게도 인물의 거친 성격을 그냥 두었다. 한편으로 확실히 해둘 것으로 나는 그들의 많은 행실에 대해선 매우 도덕적인 비난을 퍼붓는다. 그들에게 프랑스 사람의 성격 같은 높은 윤리성이나 우아함을 부여한들 무슨 소용이 있겠는가? 프랑스 사람은 무엇보다도 돈을 사랑하며, 미움이나 사랑으로 말미암아 죄를 저지르는 경우는 드물다.

이 소설에 나오는 이탈리아 사람들 대부분이 이와는 반대의 성격을 지니고 있다. 또한 남쪽에서 북쪽으로 8백 킬로미터를 지날 때마다 새로운 정경이 나타나듯이 소설 또한 새로운 면이 있어야 한다고 나는 생각한다. 수도회원의 상냥한 조카는 산세베리나 공작부인을 잘 알뿐더러 깊이 사랑하고 있었다. 그는 부인의 행실은 비난을 받아 마땅하지만, 그렇다고 그 본디 이야기를 수정하지는 말아달라고 나에게 부탁했다.

1839. 1. 23.

파르마 수도원

차례

머리글

제1권

제1장

1796년 밀라노

1796년 5월 15일, 보나파르트 장군은 로디 다리를 무너뜨린 젊은 군대를 이끌고 밀라노에 입성했다. 그들은 시저와 알렉산더가 수백 년이 지나서야 비로소 한 사람의 후계자를 얻었음을 이제 세상에 알린 참이었다. 그로부터 몇 달 동안 이탈리아가 지켜본 용기와 천재성의 기적은 민중의 눈을 뜨게 했다. 프랑스 군대가 도착하기 8일 전까지만 해도 밀라노 사람들은, 프랑스 군대란 언제나 오스트리아 황제 앞에선 반드시 도망치는 도적떼라 생각했다. 어쨌든 지저분한 종이에 찍은 손바닥만 한 크기의 신문이 그 소식을 일주일에 두서너 번은 전했다.

중세에는 공화국의 시민이었던 롬바르디아 사람들은 프랑스 사람 못지않은 용기를 나타내 보였으나 끝내 그들의 도시는 독일의 여러 황제에 의해서 완전히 파괴되고 말았다. 그 뒤 그들이 충실한 신하가 되면서부터는 중대한 일이라고 해봐야 귀족 가문이나 부잣집 딸이 결혼할 때 장밋빛 타프타 천의 조그만 손수건에 14행시를 찍어넣는 일뿐이었다. 이런 젊은 처녀가 일생의 중대한 시기를 겪고 2, 3년이 지나면 충실한 기사(騎士)를 갖게 된다. 때로는 남편 집에서 고른 시종기사의 이름이 결혼증서의 귀중한 한자리를 차지하기도 했다. 꿈에도 생각지 않던 프랑스 군대의 도착이 불러일으킨 심각한 감동은 이런 유약한 풍습과 비슷했다. 오래지 않아 정열적이고 새로운 풍습이 생겼다. 1796년 5월 15일, 온 국민은 지금까지 자신들이 존중해오던 것은 모두 어리석고 부정하기까지 하다는 사실을 깨닫게 되었다. 오스트리아 군의 마지막 연대가 퇴각하면서 옛 전통은 땅에 떨어졌고, 목숨을 거는 일이 유행했다. 수백 년 동안을 재미없이 메마른 기분으로 보내고 난 뒤에야, 행복해지려면 조국에 진정한 사랑을 베풀고 영웅적인 행동을 해야 한다는 것을 사람들은 비로소 깨달았다. 카를로스 5세와 펠리페 2세의 강한 질투심으로 말미암은 전제정치 덕분에 지금까지 백성들은 깊은 어둠 속에 파묻혀 있었던 것이다. 그들의 동상이 넘어지자 사람들은 갑자기 눈부신 빛에 휩싸인 기분이었다. 50여 년 전부터 프랑스에서는 〈백과전서〉와 볼테르의 영향이 점점 커지고 있었다. 하지만 그럴수록 성직자들은 밀라노의 선량한 시민들에게, 읽기를 배우고 세상일을 안다는 것은 헛수고일 뿐, 저마다 신부에게 십일조를 꼬박꼬박 바치며 사소한 죄라도 충실하게 뉘우치기만 한다면 틀림없이 뒷날 천국에 갈 수 있다고 더욱 소리 높여 설교했다. 오스트리아는 강하고 현명한 이 나라 국민들을 무력화하기 위해 군대에 신병을 공급하지 않아도 된다는 특권을 일찌감치 싼값에 팔아넘긴 것이다.

1796년 밀라노 군대는 붉은 제복을 입은 무능력자 24명으로 조직되어, 위풍당당한 헝가리 척탄병 4개 연대와 협력해서 도시를 수비하고 있었다. 그들은 풍기 문란하며 열정이라곤 조금도 없었다. 아무튼 모든 일을 신부에게 고백하지 않으면 현세에서조차 파멸을 피할 수 없다는 것도 못마땅한 데다가, 그 무렵 선량한 밀라노 시민들은 엎친 데 덮친 격으로 여러 가지 고통만 안겨주는 군주제도의 속박을 받고 있었다. 이를테면, 황제의 사촌으로 황제를 대리하여 밀라노를 다스리고 있던 대공은 밀 장사를 해서 한몫 단단히 챙길 생각으로 자기 곡식창고가 가득 찰 때까지 농민들에게 곡물 매매를 금지시켰다.

1796년 5월, 프랑스 군대가 입성한 지 사흘 뒤의 일이다. 뒷날 유명해지기는 하지만 정신이상자 같은 그로(Gros)라는 세밀화가가 군대와 함께 이 도시에 들어와서는 그 무렵 잘나가던 '세르비'라는 큰 카페에서 이 비대한 대공의 이야기를 들었다. 그러자 그는 누렇게 때가 낀 종이에 인쇄된 메뉴판을 집어 그 뒤에다 뚱뚱한 대공을 그렸다. 한 프랑스 병사가 배를 총검으로 찌르니 피 대신에 밀이 끝없이 쏟아져 나오는 그림이었다. 이 의심 많은 전제왕국에는 농담이라든가 풍자화 같은 것이 알려져 있지 않았으므로 카페 '세르비'의 탁자 위에 버려둔 그로의 그림은 마치 하늘에서 떨어진 기적과 같았다. 그 그림은 그날 밤 안으로 인쇄되어 다음 날 2만 장이나 팔렸다.

바로 그날, 6백만 프랑이라는 전쟁배상금의 고시가 붙었다. 이는 프랑스 군대가 여섯 번의 전투에서 승리하고 20개 지방을 정복하는 동안 구두며 바

지며 모자 등이 부족하여 이를 보충하기 위해서였다.

이토록 가난한 프랑스 군대와 더불어 롬바르디아에 봇물처럼 터진 행복과 기쁨은 막대했으므로 6백만 프랑의 배상금에 연달아 이어지는 갖가지 요구를 고통스럽게 여기는 사람은 오직 성직자와 귀족 두서넛뿐이었다. 프랑스 병사들은 온종일 웃고 노래했다. 모두가 스물다섯 살 아래로 스물일곱 살의 사령관이 그중 가장 나이가 많았다. 그들의 쾌활함과 젊음과 태평함은 성직자들의 노기 띤 설교와 매우 유쾌한 대조를 이루고 있었다. 성직자들은 6개월 전부터 줄곧 신성한 설교단 위에서, 프랑스 놈들은 자기 죽음이 두려워 모든 것을 태우고 온 세상 사람을 죽이도록 강요당하고 있는 악마이기 때문에 어느 연대이건 단두대를 앞세워 진군하는 것이라 떠들어댔다.

시골에서는 프랑스 병사가 농가의 문 앞에서 그 집 아낙네의 갓난아기를 재우느라 열심히 서성대는 모습을 볼 수 있었다. 또 거의 매일 밤마다 바이올린을 대신하여 북을 쳐서는 즉흥무도회를 열곤 했다. 물론 콩트르당스^(18세기에 프랑스에서 유행한 사교춤) 같은 건 병사들에게 너무나 전문적이고 복잡한 데다가 그런 건 알지도 못하는 친구들이었으므로 그 지방 여자들에게 가르쳐줄 수는 없었고, 오히려 여자 쪽에서 '몽페린'이며 '소퇴즈', 그 밖의 이탈리아 춤을 젊은 프랑스 병사들에게 가르쳐주었다.

장교들은 되도록 풍족한 가정에 묵었다. 서둘러 기력을 회복해야만 했기 때문이다. 이를테면 로베르 중위 같은 사람은 델 동고 후작부인의 저택에 머무르게 되었다. 이 젊은 장교는 징발하는 솜씨가 제법 날쌘 편이었는데도 이 집에 들어갈 때엔 재산이라곤 피아첸차에서 얻은 6프랑짜리 은화 한 개뿐이었다. 로디 다리를 건너온 그는 총탄을 맞고 쓰러진 오스트리아 장교의 시체에서 갓 지은 누런 무명바지를 벗겨내 입었다. 이런 훌륭한 옷이 얻어 걸린 적은 처음이었다. 그의 장교 견장은 양모로 만든 것이었고, 윗옷은 해진 곳이 너덜거리지 않도록 소매 안감을 대서 꿰매놓았다. 이보다 더욱 한심스러운 것은 구두 밑창으로 이 또한 로디 다리 건너편 전쟁터에서 주운 모자 자락으로 만든 것이었다. 이 즉석 구두 밑창은 유난히 눈에 띄는 끈으로 구두 위쪽에 맺으므로, 이 집 요리장이 로베르 중위의 방에 와서 후작부인과 저녁을 함께 해주십사고 간청했을 때엔 중위는 정말 죽고 싶도록 괴로웠다. 부하와 둘이서 윗옷을 몇 군데 다시 꿰매고 구두 위로 나온 끈을 잉크로 검게 칠하면서 그 치명적인 저녁식사 때까지 두 시간을 보냈다. 마침내 두려운 시간이 닥쳐왔다.

"일생 그처럼 난처했던 적은 없었어." 로베르 중위가 내게 자주 하는 말이었다. "여자들은 내가 혹시 무슨 짓이나 하지 않을까 겁을 먹고 있었지만 나는 실제로 그녀들보다 더 떨고 있었단 말이야. 나는 내 구두만 내려다보았지. 어떻게 해야 조금이라도 멋있게 걸을 수 있을지 알 수가 없더군그래. 더군다나 델 동고 후작부인으로 말할 것 같으면." 그는 말을 이었다. "그즈음이 한창 아름다울 때였거든. 아름다운 눈에는 천사 같은 부드러움이 깃들어 있고, 진한 금색의 사랑스러운 머리칼이 그 매력적인 얼굴에 타원형으로 흘러내린 모습은 자네도 잘 알고 있지 않나. 내 방에 걸려 있던 레오나르도 다 빈치의 에로디아드 초상화가 그 여자의 모습 같았지. 다행히도 나는 그녀의 눈부신 아름다움에 감동하느라 내 옷차림 따위는 곧 잊어버리고 말았다네. 하기야 그때까지 2년 동안을 제노바 지방의 산속에서 오직 추하고 보잘것없는 것밖엔 보지 못했으니까. 그래서 나는 그녀의 아름다움에 취해 황홀해진 심정을 몇 마디 한 것이네.

그렇지만 주책없이 아양만 떤 것은 아닐세. 나는 할 말을 요모조모 궁리하면서 대리석으로 꾸며진 식당 안에 있는 열두 명가량의 시종이며 사환들을 훑어보았단 말이야. 그 무렵 나에게는 그들이 입고 있는 옷이 어찌나 화려하게 보이던지……. 생각해보게나. 그들의 구두는 고급일 뿐더러 은장식까지 달렸거든. 나는 이 작자들이 내 군복은 물론이려니와 아마 내 구두까지도 뚫어지게 쳐다보고 있는 것만 같아서 괴로웠다네. 그야 물론 말 한마디로 이러한 작자들을 떨게 할 수도 있었겠지. 그러나 부인들을 놀라게 하지 않으면서 그들을 꼼짝 못하게 하려면 대체 어떻게 해야 좋겠나? 뒷날 후작부인에게서 들은 바로는, 조금이라도 마음이 든든하도록 남편의 누이동생인 지나 델 동고 양을 가 있던 수도원에서 불러들일 정도였으니까. 이 아가씨가 나중에 그 아름다운 피에트라네라 백작부인이 된 여인으로, 어려움에 처했을 때의 용기와 명랑함, 또 행복할 때 그녀의 쾌활함과 귀여운 재치는 누구도 따를 수 없었다네.

지나는 그때 열세 살쯤이나 되었을까. 그런데 자네도 알다시피 활발하고 솔직하여 열여덟 살쯤으로도 보였다네. 이 여자도 내 옷차림을 보고 웃음을 터뜨리지 않을까 어찌나 두려웠던지 음식이 조금도 먹히지가 않더군. 한편 후작부인은 이와 반대로 어찌나 예의가 바르던지 오히려 내가 거북할 지경이었다네. 부인은 아마 내 눈을 보고 나의 불쾌한 심정을 알아차렸을 거야. 한마디로 말해서 나는 얼빠진 얼굴로, 프랑스 사람에겐 매우 드문 일이라고는 하나 남의 멸시를 꾹 참고 있었던 걸세. 그러나 마침 좋은 생각이 떠올랐지. 나는 부인들에게 바보 같은 노장군 때문에 2년 동안 갇혀 있던 제노바 지방의 산속에서 겪은 비참한 경험담을 늘어놓았네. '거기서는 그 지방에서 쓰이지도 않는 지폐를 주었고, 하루에 빵 3온스(1온스늑28.35그램, 3 온스는 약 85그램이다)뿐이었지요.' 이런 이야기를 한 지 2분도 되기 전에 마음씨 고운 후작부인은 눈물을 글썽였고, 지나는 정색하며 되물었지.

'뭐라고요, 중위님, 3온스의 빵이라구요?'

'그렇답니다 아가씨. 그것도 일주일에 세 번은 배급이 없거든요. 더구나 우리가 묵고 있던 농가는 그보다도 훨씬 비참했기 때문에, 우리 빵을 조금씩 나눠주기까지 했답니다.'

이럭저럭 만찬이 끝나자 나는 후작부인의 팔짱을 끼고 살롱 출입문까지 와서는 재빨리 돌아서서 식사 시중을 들어준 하인에게 당시 전 재산이던 6프랑짜리 은화를 던져주었지. 어떻게 쓸까 여러모로 고민하던 돈이었지마는."

"일주일이 지나서." 로베르는 말을 이었다. "프랑스군이 누구도 단두대에 놓고 목을 베지 않는다는 걸 알자 델 동고 후작은 코모 호수에 있는 그리앙타 별장에서 돌아왔네. 이자는 프랑스군이 들이닥치자 아름답고 젊은 아내와 누이동생을 전쟁터에 팽개쳐둔 채, 용감히도 혼자 피난을 가 있었던 걸세. 후작이 우리에게 품은 증오는 그의 공포심과 매한가지로 끝이 없었지. 특히 이자가 공손히 대해줄 때의, 그 창백하고 근엄한 얼굴은 보기에도 퍽 재미있더군. 그가 밀라노에 돌아온 다음 날, 나는 배상금 6백만 프랑에서 내 몫으로 두꺼운 모직물 옷감 3.5미터와 2백 프랑을 받았지. 그래서 나는 겨우 거지 신세를 면했고, 마침 무도회가 시작되어 이 집 부인네들의 상대가 되었단 말이야."

로베르 중위의 이 이야기는 모든 프랑스 병사의 이야기이기도 했다. 사람들은 이런 선량한 병사들의 가난을 업신여기기는커녕 오히려 동정하고 그들을 사랑했다.

이런 뜻밖의 행복과 도취의 시기는 고작 2년밖에 계속되지 않았다. 그동안의 광란은 너무나도 심하고 너무나도 광범했으므로 나로서는 무어라고 표현해야 좋을지 모르겠다. 다만 역사적으로 볼 때 이 민중이 1백 년 전부터 권태에 시달리고 있었다는 사실을 깊게 고찰하지 못한다면 이런 열광을 이해할 수 없을 것이다.

비스콘티라든가 스포르차 같은 유명한 밀라노 대공들의 궁정에는 남국 특유의 쾌락이 지배하고 있었으나, 1624년 에스파냐군이 밀라노를 정복하여 말이 없고 의심이 많으며 자존심은 강하고 늘 반란을 두려워하는 주권자가 지배하기 시작한 뒤로는 명랑한 빛이 사라졌다. 민중은 그들 군주의 풍습을 좇아 현재를 즐기고 누리기보다는 오히려 단검을 들고서 사소한 모욕에도 복수할 생각만 품게 되었다.

1796년 5월 15일 프랑스군이 밀라노에 들어왔다가 1799년 4월 카사노 전투의 패배로 쫓겨갈 때까지 밀라노에는 미칠 듯한 기쁨과 쾌락 그리고 환락이 가득했으며, 온갖 우울한 심정에 빠지고 나아가 분별력마저 잃게 되었다. 그러기에 이 기간에는 늙은 백만장자, 대금업자, 또는 공증인마저도 까탈스런 낯빛과 돈벌이를 잊어버릴 정도였다.

하기야 이러한 일반 사람들의 유쾌한 얼굴이나 민중의 기뻐하는 심정에 비위가 상했는지 시골 별장으로 피난 가는 귀족도 있기는 했다. 또한 이런 부자 귀족들은 프랑스군이 요구하는 전쟁배상금을 할당받았을 때 못마땅한 태도를 보임으로써 남의 눈에 띄게 된 것도 사실이다.

델 동고 후작은 이런 들뜬 세태에 기분이 상해 코모 호수 건너편 그리앙타의 커다란 별장으로 가장 먼저 돌아가버린 사람 가운데 하나였다. 부인들은 로베르 중위를 그곳에 데리고 갔다. 별장은 아름다운 호수에서 45미터가량 되는 산 위에 세워져 있어 호수의 대부분이 내려다보였는데, 아마 이런 절경의 위치는 세상 어디에도 없을 것이다. 옛날에는 성곽이었던 이 별장은 문장이 새겨진 사면의 대리석이 증명하듯 델 동고 선조가 15세기에 세운 건물이다. 아직까지도 개폐식 다리가 있고 물은 말라버렸지만 깊은 도랑도 있으며, 특히 높이 24미터, 두께 1.8미터의 담으로 둘러싸여 있으므로 이 성은 설령

불의의 습격을 당한다 하더라도 아쉬운 대로 안심할 수 있었다. 의심 많은 후작의 마음에 든 것도 바로 이 때문이었다. 그는 이제까지 욕설만 퍼부었지 말이라곤 별로 나누어본 적이 없었으므로 모두가 자기에게 충실한 줄로만 믿고 있는 25명에서 30명의 하인들에게 둘러싸여 이곳에 있자니 밀라노에서처럼 공포심으로 괴로워하지 않아도 되었다.

그처럼 두려움에 사로잡힌 것도 나름의 이유가 있었다. 후작은 그리앙타에서 12킬로미터 떨어진 스위스 국경에서 전선의 포로들을 구출하기 위해 오스트리아 정부가 보낸 첩자와 끊임없는 연락을 취하고 있었으므로, 만일 이것이 탄로나면 프랑스군 장성들이 가만히 있지 않을 것이었다.

후작은 젊은 아내를 밀라노에 남겨두었다. 부인은 집안일을 돌보며 '카사 델 동고' 저택에 부과된 배상금을 내는 일까지도 도맡아 했다. 그녀는 그 액수를 줄이고자 애썼으므로 공직에 있는 귀족이며, 때로는 귀족은 아니어도 유력한 인사들과 만나야 했다. 바로 이때 집안에 중대 사건이 일어났다. 후작은 누이동생인 지나를 풍족한 명문 집안의 남자와 결혼시키려고 계획했다. 그런데 이 남자는 머리에 분칠을 하고 다녔으므로 지나는 이 작자를 만나면 으레 웃음을 터뜨리는 것이었다. 그리고는 얼마 되지 않아 피에트라네라 백작과 결혼하는 어리석은 짓을 저지르고 말았다. 하기야 백작은 사람이 좋았고 풍채도 훌륭했지만, 대를 이어 파산한 데다 더욱 못마땅한 것은 새로운 사상의 열렬한 지지자라는 점이었다. 피에트라네라는 이탈리아 국민군 소위였으므로 후작의 실망은 더욱 컸다.

이러한 열광과 행복에 도취되어 2년이라는 세월이 지나가자, 파리의 총재 정부(1795~99)는 권력을 장악한 군주의 태도를 드러내며 온갖 범상치 않은 일에 대해 극심한 증오를 나타내기 시작했다. 정부가 이탈리아군에 보낸 무능한 장군들은 2년 전 아르콜레와 로나토의 대승리를 얻은 바 있는 베로나 평원에서 줄줄이 패배했다. 오스트리아군이 또다시 밀라노로 밀려오고 있었다. 대대장으로 승진한 로베르 중위는 카사노 전투에서 부상을 당해 친구인 델 동고 후작부인 집에 마지막 하룻밤을 묵으러 찾아왔다. 그들의 이별은 슬펐다. 로베르는 피에트라네라 백작과 함께 길을 떠났다. 백작은 노비(Novi)로 후퇴하는 프랑스군을 따라간 것이다. 젊은 백작부인은 오빠가 부모의 유산을 나누어주지 않았으므로 짐차를 타고 갈 수밖에 없었다.

이때부터 밀라노 사람들이 'i tredici mesi(13개월)'라 부르는 반동과 옛 사상으로의 복귀 시대가 시작됐다. 이렇게 부르는 이유는 이 어리석음에의 복귀가 다행히도 마렝고 전투까지 불과 13개월밖에 지속되지 않았기 때문이다. 고루하고 신앙심에 얽매여 음산한 풍조가 모든 일을 지배하고, 사회를 이끌었다. 그러자 보수주의를 고수해오던 작자들은 나폴레옹이 그가 저지른 죄의 응당한 벌로 이집트에서 맘루크인에게 교수형을 당했다고 마을마다 다니며 떠들어댔다.

자기 영토에 숨었다가 복수에 불타는 심정으로 돌아온 사람들 중에서도 델 동고 후작의 노여움은 한층 더 눈에 띄었다. 그의 과장된 분노는 자연스레 그를 일당의 우두머리로 세웠다. 공포심이 없을 때에는 퍽 훌륭하지만, 늘 뭔가를 두려워했으므로 마침내 이 작자들은 오스트리아 사령관을 꾀어 일을 꾸몄다. 이 사령관 또한 몹시 어리석은 인물로 가혹하게 다루는 것이 고등정책이라는 말에 설복되어 1백50명의 애국자를 체포했다. 이 사람들은 당시 이탈리아에 있던 가장 뛰어난 인물들이었다.

이윽고 그들은 '카타로 강 어귀'로 유배되어 지하동굴에 갇혔다. 습기와 특히 식량의 부족은 이런 인물들에겐 가장 적절하면서도 신속한 형벌이 되었다.

델 동고 후작은 중요한 지위를 차지했다. 후작은 여러모로 뛰어난 됨됨이를 지니고 있는 데다가 지독히 인색했으므로, 누이동생인 피에트라네라 백작부인에겐 동전 한 닢도 보내지 않는다는 이야기를 오히려 자랑스레 떠들어댔다. 누이가 사랑에 미쳐서 남편과 헤어질 생각을 도무지 않으니, 언제고 프랑스에서 그 남자와 함께 굶어 죽으리라는 것이었다. 마음씨 고운 후작부인은 속만 태우다가 기어이 자신의 보석상자에서 몰래 조그마한 다이아몬드 몇 개를 훔쳐내는 데 성공했다. 이 보석상자는 매일 밤 남편이 가져다가 침대 밑 쇠궤짝에 집어넣고 잠그는 것이었다. 후작부인은 80만 프랑의 지참금을 남편에게 가지고 왔지만, 매달 용돈으로 80프랑을 받고 있을 뿐이었다. 프랑스군이 밀라노에서 후퇴하고 13개월 동안 마음이 약한 부인은 이리저리 핑계를 만들어서는 줄곧 상복만 입고 있었다.

필자는 여기서, 많은 고지식한 작가들의 수법에 따라 우리 주인공이 태어나기 1년 전 이야기부터 시작했음을 고백한다. 이 주인공이란 바로 밀라노에서 작은 델 동고 후작이라 불리는 파브리스 발세라를 가리킨다. 그는 때마침 프랑스군이 쫓겨난 동안에 우연히도 대귀족 델 동고 후작의 둘째아들로 태어났다. 아버지인 후작의 창백하고도 커다란 얼굴이며, 심술궂은 미소며, 새 사상에 대한 끝없는 증오에 대해선 이미 잘 알고 있으리라 생각한다. 집안의 모든 재산은 아버지의 생김새를 고스란히 이어받은 맏아들 아스카니오 델 동고에게 상속되기로 정해져 있었다. 그가 여덟 살이고, 파브리스가 두 살 때, 나라의 귀족들 모두가 오래전에 교수형을 당한 줄로만 알았던 보나파르트 장군이 갑자기 생베르나르 산을 내려와 밀라노에 입성했다. 이 또한 역사상 유례를 찾아볼 수 없는 순간이었다. 온 민중이 얼마나 열광했을지 상상만이라도 해보라. 그 뒤 며칠이 지나기도 전에 나폴레옹은 마렝고 전투에서 승리했다. 나머지는 말할 필요도 없다. 밀라노 사람들의 도취는 더할 수 없는 정도에 다다랐다. 그러나 이번 도취에는 복수의 심정이 섞여 있었다. 이 선량한 민중은 증오가 무엇인지 배웠기 때문이다. 곧 카타로 강 어귀에 유배되었던 애국자들 가운데 살아남은 자들이 돌아왔다. 그들의 귀환은 국민적인 제전으로 환영받았다. 그들의 창백한 얼굴과 놀란 듯한 커다란 눈과 수척한 손발은 곳곳에서 폭발하는 환희와 묘한 대조를 이루고 있었다. 그들의 도착은 위험한 처지에 놓인 가족들의 출발신호이기도 했다. 델 동고 후작은 맨먼저 자신의 그리앙타 성으로 도망친 사람 중의 하나였다. 대귀족의 가장들은 증오와 공포에 사로잡혔다. 하지만 부인과 딸들은 프랑스군의 먼젓번 주둔 때의 즐거움들이 생각나서 밀라노를 떠나고 싶지가 않았다. 더구나 마렝고 전투가 끝나자 곧 열린 '카사 탕지'에서의 유쾌했던 무도회에 대한 미련도 남아 있었다. 승전 뒤 곧 롬바르디아 지방의 치안 책임을 맡은 프랑스 장군은 귀족의 소작인들이나 시골의 노파들이 이탈리아의 운명을 바꾸고 하루 동안에 13개의 요새를 함락시킨 마렝고의 눈부신 승리쯤은 아랑곳없이 오로지 브레시아 제일의 수호신인 성 지오비타의 예언만을 마음속에 두고 있다는 사실을 알았다. 그 신성한 말에 따르면 나폴레옹과 프랑스군의 영화는 마렝고 전투 뒤 정확히 13주 만에 끝나리라는 것이었다. 델 동고 후작이나 그밖에 불평불만을 품은 지방 귀족들의 태도를 조금이라도 변명한다면, 그것은 그들이 결코 겉으로만이 아닌 진정으로 이 예언을 믿고 있었다는 것이다. 그들은 평생 책이라고는 4권도 채 읽어본 적이 없는 자들이었다. 13주일째에는 밀라노로 돌아간다며 당당하게 그 준비를 하고 있었다. 그러나 세월이 흐름에 따라 새로운 성공은 프랑스를 위해서만 기록될 따름이었다. 나폴레옹은 프랑스에 돌아가 현명한 법령을 만들고, 그가 마렝고 전투로 외부의 적으로부터 혁명을 수호했듯이, 국내에서도 혁명이 일어나기를 원했다. 자기 성으로 도망가 있던 롬바르디아의 귀족들은 그제서야 비로소 브레시아 수호신의 예언을 오해했다는 사실을 깨달았다. 그것은 13주일이 아니라 13개월이었던 것이다. 13개월이란 세월이 흘렀다. 그래도 프랑스의 번영은 날이 갈수록 더해가는 성싶었다.

　1800년부터 1810년에 이르는 10년 동안의 진보와 행복에 대해서는 자세히 쓰지 않겠다. 파브리스는 소년 시절 그리앙타 성에서 마을 농사꾼 아이들과 섞여 싸움질로 세월을 보내느라 무엇하나 아는 게 없었고, 읽기조차 배우지 못했다. 얼마 뒤 부모는 그를 밀라노의 예수회 학교로 보냈다. 아버지인 후작은 아들의 교육에 대해 말하기를, 라틴어를 가르칠 때는 공화정치를 논하는 고대 작가의 저서가 아니라 17세기 미술가들의 걸작인, 삽화가 1백 장 이상이나 들어 있는 호화로운 책으로 가르쳐주었으면 좋겠다고 강력히 요구했다. 이 책은 파르마의 대주교였던 파브리스 델 동고가 1650년에 펴낸, 델 동고 후작 발세라 집안의 라틴어로 쓰인 족보였다. 발세라 집안에는 대대로 무인이 많았으므로 판화의 대부분이 전쟁화였고, 모두가 이 가문의 이름을 지닌 영웅들이 칼을 휘두르고 있는 장면이었다. 이 책은 파브리스 소년을 대단히 즐겁게 했다. 이 아들을 몹시 아끼던 어머니는 이따금 허락을 얻어서는 아들을 만나러 밀라노로 갔으나, 남편이 아내의 여행경비를 조금도 주지 않았으므로 부인은 언제나 시누이인 아름다운 피에트라네라 백작부인에게서 돈을 꾸었다. 백작부인은 프랑스군의 재점령 뒤로 이탈리아 부왕(副王) 외젠 공의 궁전에서 가장 돋보이는 귀부인이 되었다.

　파브리스가 첫 번째 영성체를 마치자, 백작부인은 여전히 은퇴생활을 즐기고 있는 후작에게 부탁해서 조카를 이따금씩 학교에서 집으로 오게 했다. 그녀는 조카가 비범하고 재치도 있으며, 꽤 고지식하기는 하나 미소년이므로 일류 사교계 부인들의 살롱에 나가도 어색하지는 않으리라 생각했다. 하지만 너무나 무식하고 글자 하나 제대로 쓸 줄을 몰랐다. 무슨 일에나 열정적인 성격을 나타내는 고모인 백작부인은 조카인 파브리스가 만일 놀라울 정도로 성적이 올라가 학년 말에 상을 많이 타게 된다면 여러 가지로 도와주 겠노라고 교장에게 약속했다. 더욱이 그의 성적을 올리기 위해 토요일 저녁 마다 그를 불러서는 수요일이나 목요일이 되어야 학교로 돌려보내는 일도 흔했다. 예수회 성직자들은 부왕인 공작의 총애를 받긴 했으나, 왕국의 법률 에 따라 이탈리아에서는 배척당하고 있었다. 빈틈이 없는 교장은 궁정의 유 력한 부인과 친분을 쌓으면 어떤 이익이 있는가를 잘 알고 있었다. 그는 파 브리스가 아무리 결석을 자주 해도 불평하지 않았고, 전보다도 별반 나아진 게 없는데도 소년은 학년 말에 5개의 일등상을 탔다. 그래서 호화롭게 차린 백작부인은 근위사단장이던 남편과, 부왕의 궁정에서도 가장 유명한 사람을 대여섯이나 거느리고 예수회 학교의 상장 수여식에 참석했다. 교장은 그의 상관들로부터 칭찬을 받았다.

백작부인은 사교적이었던 외젠 공의 너무나도 짧은 통치기간 동안 자주 열린 화려한 연회마다 늘 조카를 데려갔다. 그녀는 자기 권세를 이용해서 조 카를 경기병 장교로 임관시켰으므로 열두 살밖에 안 된 파브리스는 군복을 입게 되었다. 어느 날 그 귀여운 모습에 반한 백작부인은 그를 시종으로 뽑 힐 수 있도록 공작에게 부탁했다. 그러나 이것은 델 동고 집안이 궁정 편에 가담하게 됨을 뜻하는 것이었다. 그래서 다음 날 그녀는 부왕에게 전날의 부 탁을 깨끗이 잊어주십사 애원해야 했다. 물론 이 소원을 이루려면 시종이 될 자의 아버지 동의만 얻으면 되었으나, 즉각 거절당하리라는 건 너무나도 뻔 했기 때문이다. 이런 해괴한 행동에 놀란 후작은 그 일을 핑계로 파브리스를 그리앙타로 불러들였다. 백작부인은 오빠를 몹시 깔보고 있었다. 음흉스럽 고 멍청한 데다 권력이라도 쥐게 되는 날에는 얼마든지 악독해질 수 있는 인 간이라고 생각했기 때문이다. 하지만 그녀는 파브리스를 매우 아꼈으므로 10년 동안 한마디도 나누지 않았던 오랜 침묵을 깨뜨리고 조카를 다시 돌려 보내달라는 편지를 썼다. 이에 대해선 아무런 답장도 없었다.

선조들 중에서도 가장 호전적이었던 사람들에 의해 건축된 이 어마어마한 성곽으로 돌아온 파브리스가 아는 것이라곤 교련과 승마뿐이었다. 자기 아 내와 마찬가지로 이 소년을 무척 귀여워하던 피에트라 백작이 자주 말을 태 워주고 열병식에도 데리고 갔기 때문이다.

그리앙타 성에 도착했을 때 고모의 아름다운 살롱과 이별하면서 흘린 눈

물로 아직도 눈이 새빨간 파브리스는 어머니와 누이들의 어루만짐을 받았을 뿐이었다. 후작인 아버지는 장남인 아스카니오 소후작과 함께 서재에 틀어박혀 있었다. 그들은 거기서 빈에 보낼 명예로운 암호 문서를 작성하느라고 아버지와 아들이 똑같이 식사 때가 아니면 나타나지 않았다. 후작은 토지 수입의 복식장부 기장법을 상속자인 맏아들에게 가르치기 위해서라고 그럴듯하게 꾸며댔다. 사실인즉 언제나 실권유지에 전전긍긍하는 후작이다 보니 당연히 모든 재산을 넘겨줘야 할 상속자인 아들에게조차 그런 걸 가르쳐줄 리가 없었다. 다만 일주일에 두서너 번 스위스로 부치면 거기서 다시 빈으로 보내지는 15면에서 20면가량의 암호 문서 작성을 돕게 할 뿐이었다. 이렇다 보니 이탈리아 왕국의 국내정세를 알고 있을 리 없으나, 그의 편지는 상당한 성공을 거두었다. 그 이유는 이러했다. 후작은 심복 부하 하나를 국도로 보내어 이동하는 프랑스와 이탈리아 연대의 병력을 계산하게 하고, 그 사실을 빈의 궁정으로 보고할 때는 실제 병력 수를 4분의 1이나 줄였다. 이 편지는 엉터리였지만, 훨씬 정확한 다른 보고를 부정하는 효과를 지니고 있었다. 그래서 후작은 파브리스가 성에 돌아오기 얼마 전에 상당히 명예로운 훈장을 받았다. 이는 그의 시종 제복을 장식하는 다섯 번째 훈장이었다. 사실상 서재 밖에서 마음놓고 이 옷을 입을 수 없다는 건 매우 섭섭한 일이었으나, 그래도 그 암호 문서를 받아쓰게 할 때는 훈장을 있는 대로 다 달은 수놓은 옷을 반드시 입기로 했다. 그러지 않으면 예의에 벗어난다고 생각했다.

후작부인은 자기 아들의 사랑스런 모습에 눈이 부셨다. 부인은 1년에 두서너 번 장군 A백작에게 편지 쓰는 습관이 있었다. A백작은 로베르 중위의 현재 이름이었다. 부인은 자기가 사랑하는 사람들에게 거짓말을 하는 것을 질색했다. 그녀는 질문에 대한 자기 아들의 대답에, 그 무지에 너무나 놀랐다.

'아무것도 모르는 내게까지 무식해 보이니, 그처럼 학식이 높은 로베르에게는 틀림없이 공부를 하나도 하지 않은 것으로 보일 거야. 더구나 지금은 무엇이든 재능이 필요한 시대인데.' 또 하나 이에 못지않게 부인을 놀라게 한 것은, 파브리스가 예수회 성직자들에게서 배운 종교상의 여러 문제를 모두 진지하게 생각하고 있다는 점이었다. 부인 자신의 신앙심도 강한 편이었으나, 아들의 이 같은 광신적인 태도에는 몸서리가 쳐졌다. '이 아이에게 감화를 주기 위해 이 점을 이용하려 든다면 내게서 이 아이의 사랑을 빼앗아 갈 거야.' 부인은 몹시 울었다. 그러나 파브리스에 대한 애정은 더해질 뿐이었다.

30~40명이나 되는 하인이 살고 있는데도 이 성의 생활은 매우 쓸쓸했다. 파브리스는 날마다 사냥을 하거나 배를 타고 호수를 돌아다니며 시간을 보냈다. 곧 그는 마부들과 친해졌다. 그들은 모두가 프랑스의 열렬한 지지자로 후작이나 맏아들의 충복들을 드러내놓고 비웃었다. 이런 거드름을 피우는 자들이 조롱받는 원인은, 그들이 주인을 따라 머리에 분을 바르기 때문이었다.

제2장

……샛별이 나타나 어둠이 우리를 가릴 때,
미래에 매혹되어 하늘을 우러러본다.
하늘에는 생명 있는 모든 자의 운명을,
주께서 뚜렷이 적어놓았노라.
하늘 깊숙한 곳에서 한 인간을 바라다보며,
가련히 여겨 자주 길을 가르치나니,
주의 글자인 별들로,
좋고 그른 일들을 우리에게 알려주나니.
그러나 흙과 죽음을 등에 진 인간들은,
이런 글을 멸시하여 읽는 일이 없노라.

〈롱사르〉

후작은 지식에 대한 증오를 거리낌 없이 나타냈다. 이탈리아를 멸망시킨 것은 사상이라고까지 말했다. 교육에 대한 성스러운 공포와, 아들 파브리스가 예수회 학교에서 훌륭하게 학문을 끝마쳤으면 하는 욕망이 뒤섞여 어찌할 바를 몰랐다. 가장 무난한 방법으로, 그리앙타의 선량한 블라네스 신부에게 부탁해 파브리스에게 라틴어 공부를 계속 시키기로 했다. 그러려면 신부가 라틴어에 밝아야 하는데 라틴어는 신부가 경멸하는 터였다. 그의 라틴어지식은 미사책의 기도문을 암기할 뿐으로, 그 의미를 신자에게 대충 설명하는 것이 고작이었다. 그럼에도 신부는 이 지방에서 매우 존경받는 존재였다. 그는 브레시아의 수호신, 성 지오비타의 고명한 예언이 이루어지는 것은 13주일째도 아니며, 13개월째도 아니라고 했다. 친한 친구들에게 말하면 이 13이라는 숫자의 해석을 듣고 모두 놀랄지 모르지만, 진실은 '1813년'으로 해석되어야 한다는 말도 했다.

사실 초대교회적인 성실성과 미덕을 지닌 데다가 재치까지 갖추고 있는 블라네스 신부는 매일 밤을 종루 위에서 보냈다. 그는 점성술에 열중하고 있었다. 낮에는 별들이 나란히 서는 시각과 위치 계산으로 시간을 보내고, 밤에는 하늘을 쳐다보고 별의 움직임을 확인하며 대부분을 보냈다. 가난했으므로 기구라고는 단지 두꺼운 종이로 대를 만든 기다란 망원경뿐이었다. 그는 세계의 겉모습을 변화시키는 여러 제국의 몰락과 혁명의 정확한 때를 찾아내기 위해 일생을 바치고 있는 인물이 어학 공부쯤 경멸하는 것은 오히려 타당하다 여겼다. "라틴어로 말〔馬〕을 에쿠스(equus)라 함을 배웠다고 해서 내가 말에 대해 무엇을 더 많이 알게 되었느냐 말이야." 그는 곧잘 파브리스에게 이런 말을 했다.

농부들은 블라네스 신부를 마술사라 하며 두려워했다. 그러나 그로 말할 것 같으면 늘 종루에 있었으므로 그들에게 공포심을 느끼게 하여 도둑질을 막기도 했다. 동료인 이웃 신부들은 그의 인망을 시기하며 증오하기까지 했다. 델 동고 후작은 신분이 낮은 처지에 너무 이치를 따진다는 것만으로 그를 경멸했다. 파브리스는 신부를 존경했다. 때때로 신부에게 잘 보이려 덧셈과 곱셈을 하느라 밤을 꼬박 새우기도 했다. 그는 종루에도 올라갔다. 이는 대단한 특전으로 블라네스 신부는 이제까지 아무에게도 허락하지 않았었다. 신부는 이 소년의 순박함을 사랑했다.

"만일 위선자만 되지 않는다면, 제 몫을 해낼 것이다." 늘 이렇게 말했다.

놀이에 열중하는 파브리스는 호수에 빠질 뻔한 일도 1년에 두서너 번 있었다. 그는 그리앙타나 카데나비아 농사꾼의 아이들의 원정 놀이에서 언제나 대장이었다. 이 어린아이들은 조그마한 열쇠를 몇 개 구해두고 밤이 어두워지면 커다란 돌이나 물가 나무에 매놓은 배에 묶인 쇠줄 자물쇠를 열었다. 코모 호수의 어부들은 멀리 떨어진 곳에 낚싯대를 많이 내린다. 낚싯줄 끝에 코르크를 매단 판자를 붙여놓고, 이 이중판 위에 탄력 있는 개암나무 가지를 연결한 뒤 거기에 조그만 방울을 달아서 고기가 낚싯줄에 걸려 대를 흔들면 방울이 울리게 되어 있었다.

파브리스를 대장으로 하는 이 밤 원정대의 큰 목적은, 어부들이 방울 소리를 듣기 전에 꽂아놓은 낚싯대를 살펴보는 데 있었다. 일부러 험한 날씨의 밤을 택한다. 이런 대담한 장난을 하기 위해서 날이 밝기 한 시간 전에 배를 탄다. 배를 탈 때 그들은 이미 위험 속에 뛰어든 듯한 느낌에 사로잡히는 것이다. 그리고는 아버지를 흉내내어 경건한 마음으로 '아베 마리아'를 부른다. 그런데 '아베 마리아'가 끝나 막 떠나려 할 때면, 파브리스는 자주 어떠한 예감에 사로잡혔다. 그는 예언 따위를 믿지는 않았지만 스승 블라네스 신부의 점성술 연구에 영향을 받은 탓이었다. 어린아이가 상상하기에, 그 예감이 그날 밤의 운이 좋을지 나쁠지 정확하게 알려주는 것 같았다. 그는 동무들 가운데 가장 결단력이 뛰어나 차츰 모두가 그의 예감을 믿게 되었다. 이를테면 배를 탈 때 언덕 위에 신부가 눈에 띄거나, 까마귀가 왼편으로 날아가는 것을 보면 아이들은 급히 배 쇠사슬에 자물쇠를 잠그고 집에 돌아가 잠자리에 들었다. 이처럼 블라네스 신부는 어렵기만 한 그의 학문을 파브리스에게 전하지는 않았으나 무의식중에 미래를 예언하는 징조라는 것에 무한한 신앙을 품게 했다.

후작은 자신이 쓴 암호 통신에 혹시 무슨 사고라도 일어나면 누이동생에게 신세를 져야 한다는 사실을 알고 있었다. 그래서 해마다 성 안젤라 축제 무렵 피에트라네라 백작부인의 생일이면, 파브리스는 허락을 얻어 밀라노에서 일주일 동안 묵기도 했다. 그래서 그는 1년 내내 그날이 오기만을 손꼽아 기다리며 지냈다. 후작은 이런 중대한 기회에 정치 여행의 경비로 아들에게는 4에퀴의 돈을 주었지만, 그를 데리고 가는 아내에게는 여전히 한 푼도 주지 않았다. 그러나 요리사 하나와 하인 여섯이 두 마리의 말을 끄는 마부와 함께 여행 전날에 코모로 떠나기 때문에, 후작부인도 밀라노에서 자유로이 마차를 썼으며 열두 사람 몫의 식량을 받았다.

델 동고 후작의 불평불만으로 가득 찬 생활은 물론 즐겁지 않았으나 순순히 따르는 가족을 부자로 만들어주는 이점이 있었다. 후작의 연수입은 20만 프랑이 넘었으나 4분의 1도 쓰지 않았다. 그는 오로지 희망만을 품고 살아갔다. 1800년에서 1813년에 이르는 13년 동안을, 나폴레옹은 이제 반년도 지나지 않아 몰락할 것이라 굳게 믿어왔다. 1813년 초의 베레지나의 참패를 알았을 때 그의 기쁨을 상상해보라. 파리 점령과 나폴레옹의 몰락으로 하마터면 그는 정신을 잃을 뻔했다. 그때 그는 아내와 누이동생에게 가장 모욕적인 말을 퍼부었다. 14년 동안 기다리다가 마침내 오스트리아군의 밀라노 입성을 목격한 그는, 도저히 말로 표현할 수 없을 만큼 기쁨을 맛보았다. 빈으로부터의 명령으로 오스트리아 군사령관은 후작을 존경에 가까운 태도로 대접했고, 곧 정부의 최고 지위 하나가 그에게 주어졌다. 후작은 마치 꾸어준 돈을 받는 듯한 태도로 그것을 받았다. 맏아들은 왕국의 가장 잘나가는 연대의 중위계급을 얻었다. 둘째아들에게는 사관 후보생의 지위가 제공되었으나 받으려 하지 않았다. 후작이 보기 드문 거만한 태도로 누리던 이 승리는 불과 몇 개월밖엔 계속되지 않았으며, 곧이어 굴욕적인 불운이 계속되었다. 본디 후작은 사무적인 재능이 없는 사람이었다. 디군다나 하인과 공증인과 의사에게 둘러싸여서 보낸 14년 동안의 전원생활은 갑자기 나타난 노년의 울화와 더불어 그를 완전히 무능한 인간으로 만들었다. 그런데 일단 오스트리아 영토가 되고 나니, 오랜 군주국답게 완만하고도 복잡하여 나아가 합리적인 정치 행정이 요구하는 바의 재능이 없는 한, 중요한 지위를 유지하기란 불가능했다. 델 동고 후작의 갖가지 잦은 실책은 부하들의 격노를 샀으며, 마침내는 업무를 마비시키기까지 했다. 그의 과격왕당파적인 말씨는 깊은 잠과 어리석음 속에 잠겨두었어야 할 민중을 자극했다. 어느 날 후작 자신이 제출한 행정관으로서의 사표를 황제가 정중하게 수락함과 동시에, 그는 롬바르디아 베네치아 왕국의 '부집사장'에 임명되었음을 안다. 후작은 이런 가혹한 처사에 분개하여 그토록 출판의 자유를 증오하던 그가 한 친구에게 보내는 편지를 인쇄했다. 마침내는 황제에게 글을 써서 대신들은 황제를 배반하고 있으며 모두가 과격파 당원이 틀림없다고 호소했다. 결국 그는 쓸쓸히 그리앙타 성으로 돌아왔다. 단 한 가지 위안은 있었다. 나폴레옹이 몰락한 뒤 밀라노의 몇몇 유력자들이 이탈리아 부왕의 대신을 지낸 프리나 백작을 길거리에서 살해한 것이다. 피에트라네라 백작은 이 대신을 우산으로 다섯 시간 동안이나 때려 결국 죽이는 걸 보고, 생명의 위험을 무릅쓰고 구하려 했다. 불행한 대신은 한동안 거리 한복판 도랑에 버려져 있다가 사람들이 성 지오바니 성당 담장까지 데려갔는데, 델 동고 후작의 고해신부가 그 담의 문을 열어만 주었다면 그의 생명은 구할 수 있었다. 그러나 이 신부는 욕을 퍼부을 뿐 열어주지 않았다. 반년 뒤에 후작은 다행히도 이 신부를 훌륭한 자리에 승진시켜줄 수 있었다.

후작은 매제인 피에트라네라 백작을 몹시 미워했다. 50루이의 연금도 받지 못하면서도 그에 만족하고 있으며, 이제까지 사랑했던 것에 끝까지 충실하려 한다. 또 오만하게도, 후작이 저주할 과격민주주의라 부르는 정의의 정신을 아무도 지지하지 않음에도 찬미한다. 백작은 오스트리아를 섬기지 않았다. 이 거절의 대가를 보여주려고, 프리나가 살해된 지 여러 달이 지나자 그 살인범을 매수했던 무리들은 피에트라네라 장군을 투옥시킬 허가를 얻는다. 그래서 그의 아내인 백작부인은 여권을 얻어, 빈에 가서 황제에게 진실을 호소하기 위해 역마차를 마련했다. 프리나의 살해범들은 이를 알고 놀라, 그 무리의 구성원이던 피에트라네라 부인의 사촌인 자가, 그녀가 빈으로 떠나기 한 시간 전인 한밤중에 남편을 풀어준다는 명령서를 가지고 왔다. 이튿날 오스트리아의 장군은 피에트라네라 백작을 불러 극진한 대접을 하고는, 그의 퇴직연금은 가장 유리한 조건으로 지불되리라 약속했다. 재치와 성의가 있고 정직한 뷔브나 장군은 프리나의 암살과 백작의 투옥에 대해 몹시 미안해하는 눈치였다.

이런 뜻하지 않은 소란은 백작부인의 야무진 성격으로 가라앉았고, 백작 부부는 뷔브나 장군의 주선으로 퇴직금을 타서 이럭저럭 생활을 꾸려나갈 수 있었다.

다행히도 5, 6년 전부터 백작부인은 대단히 부자인 한 청년과 친하게 지내 왔는데, 이 청년은 백작과도 친한 벗이었다. 그리하여 당시 밀라노에서는 최고급인 영국 말이 끄는 마차도, 스칼라 극장의 특등석도, 교외의 별장도 부부가 자유롭게 사용할 수 있도록 제공되었다. 그런데 백작은 자기 용기에 자신이 있었으며 결백한 사람이었으므로 화를 잘 내고, 그럴 때면 말을 함부로 내뱉었다. 어느 날 젊은 친구들과 사냥을 갔을 때, 그와는 다른 부대에서 복무한 적이 있는 한 청년이 치살피나 공화국 병사들의 용기에 대한 농담을 했다. 백작이 그 작자의 뺨을 후려갈겨 곧 싸움이 벌어졌는데, 젊은 패들을 상대로 오직 혼자였으므로 백작은 죽음을 당하고 말았다. 결투라고 할 수도 없는 이 싸움이 구설수에 오르자 그 자리에 함께 있던 사람들은 스위스로 도망갈 결심을 한다.

자포자기라 불릴 만한 어리석은 용기, 한마디 말도 없이 교수형을 달게 받는 어리석은 자의 용기란 백작부인으로선 도저히 상상할 수 없는 일이었다. 남편의 죽음에 격분한 그녀는 친한 친구이며 부자인 리메르카티가 몸소 스위스로 달려가, 피에트라네라 백작을 살해한 자에게 엽총을 쏘든가, 그렇지 않으면 뺨이라도 한 번 후려갈겨 주기를 바랐다.

하지만 리메르카티는 어리석은 계획이라 생각했다. 백작부인은 경멸하며 이 사나이에 대한 이제까지의 모든 애정이 사라졌음을 깨달았다. 그러나 부인은 전보다 더욱 리메르카티에게 호의를 베풀어 그의 연정을 부채질한 다음, 발길질로 그를 절망에 빠뜨리려 했다. 이런 복수 계획이 프랑스에서는 이해하기 힘들겠지만, 멀리 떨어진 밀라노에서는 여전히 사랑 때문에 절망에 빠지는 일이 있음을 덧붙여둔다. 부인은 비록 상복을 입었지만 수많은 경쟁 상대 여자들을 물리치고 세력 있는 청년들에게 갖은 교태를 다 부렸는데, 그중 한 사람인 N백작도 부인에게 흠뻑 빠지고 만다. 이자는 늘 재치 있는 부인의 상대로서 리메르카티 같은 인물은 좀 우둔하다고 말했다. 그래서 부인은 리메르카티에게 편지를 썼다.

재기 있는 남자다운 태도는 불가능한 걸까요? 저와는 전연 알지 못하는 사이로 해주시기 바랍니다.

당신을 살짝 경멸하는
지나 피에트라네라.

이 편지를 읽고 리메르카티는 자기 별장으로 떠났다. 그의 사랑은 더욱 불타올라 미칠 지경이었다. 마침내는 지옥이 있다고 믿는 나라에서는 드문 일로 권총 자살까지 시도했다. 그는 시골에 도착한 다음 날, 곧 부인에게 결혼 신청과 연금 20만 프랑을 바치겠다는 편지를 썼다. 그러나 부인은 그 편지의 겉봉을 뜯지 않고 N백작의 하인을 시켜 돌려보냈다. 그 뒤부터 리메르카티는 그의 영지에서 3년간을 지내며 두 달에 한 번씩 밀라노로 돌아왔다. 하지만 오래 머무를 만한 용기도 없었을뿐더러, 다만 백작부인에 대한 정열적인 연정이며, 전에 그녀가 자기에게 품은 호의에 대한 이야기를 장황하게 늘어놓아 친구들을 귀찮게 할 따름이었다. 처음에는 그녀가 N백작 같은 자와 사귀다가는 몸을 망치게 되며, 그런 관계는 부인의 명예를 손상시키는 일이라고도 했다.

사실 백작부인은 N백작을 조금도 사랑하지 않았고, 리메르카티가 절망에 빠졌다는 사실을 확신했을 때 부인은 자기 심정을 솔직히 백작에게 고백했다. 백작은 세상일에 뛰어난 사람이었으므로, 부인이 고백한 서글픈 진실을 아무에게도 알리지 말아달라 부탁했다.

"만일 당신이 겉으로만이라도 변함없이 나를 소중한 애인처럼 부드럽게 대해주신다면, 나는 어느 때고 내 뜻에 맞는 좋은 지위를 얻을 수 있으리라 생각합니다."

부인은 자기 심정을 이렇게 결단적으로 고백한 뒤로는 N백작의 말도, 극장의 좌석도 이용하지 않았다. 그러나 그녀는 15년 동안이라는 세월을 화려한 생활에 젖어온 사람이었다. 그러기에 밀라노에서 1천5백 프랑이라는 연수입으로 어떻게 생활하느냐 하는, 좀더 솔직히 말해서 불가능하다고도 할 수 있는 이 곤란한 문제를 해결해야만 했다. 부인은 대궐 같은 집을 나와 6층에 방 2개를 빌려, 하인과 하녀까지도 모두 내보내고 대신 허드렛일을 시킬 가난한 노파를 두기로 했다. 이런 희생은 우리가 생각하는 것처럼 그렇게 용기 있는 일도 아닐 뿐더러 괴롭지도 않았다. 밀라노에서 가난은 조금도 기이하지 않으며, 따라서 마음 약한 사람일지라도 재난 중 가장 나쁘다 여기지 않는다. 여전히 보내오는 리메르카티의 편지와, 마찬가지로 그녀와의 결혼을 바라고 있는 N백작의 편지로 괴로워하며 이러한 가난 속에 몇 달을 지냈다. 그동안에 평소 지독히 인색하던 델 동고 후작은 자기 적들이 누이동생의 가난을 기뻐할지도 모른다고 생각했다. '뭐라고! 명색이 델 동고 가문의 딸이라는 자가, 달갑지 않은 빈 정부에서 장군의 미망인들에게 주는 연금만으로 생활하게 되었다니!'

후작은 부인에게, 그리앙타 성에는 자기 누이동생으로서 살기에 조금도 손색이 없는 방과 대우가 기다리고 있다는 편지를 써보냈다. 변하기 쉬운 백작부인의 마음은, 이 새로운 생활 방식의 구상을 기쁘게 받아들였다. 스포르차 가문이 다스리던 시절에 심은 늙은 밤나무 사이로 웅장하게 서 있는 고성(古城)을 떠난 지도 어느덧 20년이 흘렀다. 거기에 가면 푹 쉴 수 있을 성싶었다. '내 나이로선 오히려 그게 행복이 아닐까?' (그녀는 서른한 살이었으므로 은퇴할 때가 되었다고 믿었다.) '내가 태어난 그 아름다운 호숫가에서 행복하고 평화로운 생활이 나를 기다리고 있어.'

이것이 그녀의 잘못된 생각이었는지 아니었는지는 알 수 없다. 그러나 막대한 재산의 제공을 두 번이나 가볍게 거절한 이 정열적인 인물이 그리앙타 성에 행복을 가져왔다는 것만은 확실하다. 그녀의 두 조카딸은 기뻐서 어쩔 줄을 몰라했다. "당신은 내게 젊었을 때의 아름다운 세월을 또다시 돌려주었군요." 후작부인은 그녀를 껴안으며 이렇게 말했다. "당신이 도착하기 전날까지만 하더라도 나는 벌써 1백 살이나 먹은 듯한 기분이었답니다."

백작부인은 파브리스를 데리고 그리앙타 부근의 여행자들이 그토록 탄복하는 아름다운 장소를 오래간만에 돌아다녀보았다. 성곽 맞은편, 호수 건너 기슭에 자리잡아 이쪽으로부터의 조망을 더욱 아름답게 하는 멜치 별장, 그 위로 뻗친 스폰드라타의 신비스러운 숲, 관능적인 코모 호수와 렉코 쪽으로 흐르는 위엄에 가득 찬 호수를 나누는 우뚝 솟은 곶 등, 숭고하면서도 우아한 이 풍경은 세계적인 명성의 나폴리 만의 경치라 할지라도 이와 비슷하면 비슷했지 뛰어나지는 못하리라. 부인은 황홀한 마음으로 소녀 시절의 기억을 더듬으며 현재의 기분과 비교해보았다. '코모 호수는 제네바 호수 같지 않아. 제네바 호수 주위는 잘 경작된 넓은 토지로 둘러싸여 돈과 투기가 생각나는데 여기는 어느 곳을 보든지 아무렇게나 심은 나무로 덮인 높고 낮은 고르지 못한 언덕뿐이야. 수입을 얻기 위한 인간의 손이 닿지도 않았고, 부자연스럽지도 않았어. 호수를 바라보며 기묘하게 기울어져 있는 이 언덕 위에 있노라면, 타소와 아리오스토의 묘사가 떠오른다. 모든 것이 고상하고 부드러워. 모든 것이 사랑을 이야기하는구나.' 언덕 중턱에 자리잡은 작은 마을은 커다란 나무들로 가려졌고, 나뭇가지 위로는 마을의 아름다운 종루의 멋진 건물들이 우뚝 솟아 있다. 너비 50보가량의 밭이 군데군데 야생 밤나무와 벚나무 숲을 갈라놓기는 했지만 거기엔 다른 곳에 심은 것보다도 훨씬 싱싱하게 잘 자란 식물이 우거져서 보는 이를 즐겁게 한다. 언덕 꼭대기에는 누구나 한번 살아보고픈 생각이 절로 나게 하는 오두막이 보이며, 그 언덕 저편으로는 언제나 눈으로 뒤덮인 알프스의 험하고 가파른 산봉우리들이 사람의 마음을 넉넉하게 한다. 그 엄숙한 모습은 인생의 갖가지 불행을 생각나게 함으로써 현재의 즐거움을 더욱 절실히 느끼게 해준다. 나무 밑에 가려진 마을에서 울리는 종소리를 들으며 공상에 잠긴다. 호수에 부딪쳐 부드럽게 들리는 그 소리는 달콤한 우울과 체념의 빛을 띠며 인간에게 "인생은 도망친다. 현재의 행복을 조금도 어렵게 생각지 마라. 어서 마음껏 즐겨라" 말하는 것만 같다. 이 세상에서 다시 찾아볼 수 없는 이 아름다운 곳에서 울리는 말소리는 백작부인을 열여섯 살 때의 마음으로 돌아가게 했다. 그처럼 오랫동안 이 호수를 보지 않고도 어떻게 지낼 수 있었던가 싶었다. "그렇다면 행복이란 노년이 되어야 느낀단 말인가?" 마음속으로 중얼거려보았다. 그녀는 배를 한 척 사서 파브리스와 후작부인과 셋이서 손수 치장을 했다. 하기야 그들은 가장 호사로운 집 안에 살고 있으면서도 무언가를 할 돈이 없었다. 한편 후작은 불우해지면서부터 귀족적인 허영심은 더욱 심해졌다. 이를테면 카데나비아 옆, 유명한 플라타너스 가로수길 가까이에서 호수로 열 걸음가량의 땅을 늘이려고 둑을 만들었는데, 그 어림셈이 8만 프랑이나 되었다. 둑 끝머리에는 유명한 카놀라 후작의 설계로 커다란 화강암으로 만든 예배당이 서고, 그 안에는 밀라노에서 한창 인기 있는 조각가 마르케지가 묘비를 세워, 조상들의 훌륭한 공적을 나타내는 그림을 새기기로 되어 있었다.

파브리스의 형 아스카니오는 여자들의 산책에 끼고 싶었다. 그러나 고모는 그의 분 바른 머리에 물을 끼얹거나 그의 고지식한 태도를 날마다 놀렸으므로 마침내 그도 이 즐거워 보이는, 하지만 그가 있으면 조금도 웃지 않는 일행 앞에 그 창백하고 큰 얼굴을 보이지 않게 되었다. 모두 그를 아버지의 첩자로 생각했다. 그들은 엄격하고, 특히 강제 사임당한 뒤로는 화만 내는 이 폭군을 조심해야 했다.

아스카니오는 파브리스에게 복수할 것을 맹세했다.

어느 땐가 그들은 폭풍을 만나 위험에 빠진 적이 있었다. 가지고 있던 얼마 안 되는 돈을 뱃사공 두 사람에게 후히 집어주면서 그렇지 않아도 두 여자를 뱃놀이에 데리고 가는 걸 못마땅하게 여기는 후작에게는 아무 말 말아달라 당부했다. 두 번째 폭풍을 만났다. 이 아름다운 호수에 몰아치는 폭풍은 무섭고 갑작스러웠다. 서로 마주보고 있는 두 산의 골짜기로부터 회오리 바람이 일어나 호수 위에서 싸우기 때문이다. 백작부인은 이처럼 폭풍과 천둥이 한창 심할 때 상륙하자 했다. 호수 한가운데 있는 작은 방만 한 크기의 외딴 바위에 내려서서 보면, 얼마나 경치가 신기하겠느냐는 것이었다. 사방에서 몰려오는 미친 듯한 거센 파도로 둘러싸일 것이다. 그러나 그녀는 배에서 뛰어내릴 때, 물속에 빠지고 말았다. 파브리스가 그녀를 구하려고 곧 물속에 뛰어들었으나, 두 사람은 꽤 멀리까지 떠내려갔다. 물론 물에 빠진다는 것은 유쾌한 일은 아니었지만, 너무 놀란 나머지 권태가 이 봉건적인 성에서 멀리 사라져버렸다. 백작부인은 또한 블라네스 신부의 원시적인 성격과 그의 점성술에 홀딱 반했다. 배를 사고 남은 얼마 안 되는 돈으로 조그마한 고물 망원경을 사서는 매일 밤 조카딸과 파브리스를 데리고 성 안에 있는 고딕식 탑의 전망대에 올라갔다. 그들 중에서는 그나마 파브리스가 가장 박식했기에 그들은 거기서 첩자들과 멀리 떨어져 유쾌한 몇 시간을 보낼 수 있었다.

솔직히 말해 백작부인은 가끔 온종일 아무와도 대화하지 않았다. 침울한 생각에 잠긴 채 높다란 밤나무 밑을 산책하는 모습이 자주 눈에 띄었다. 사상을 전혀 주고받지 않아도 지루해하지 않기에는 그녀의 재치가 너무 풍부했다. 그러나 다음 날이 되면 평소와 다름없이 웃고 지냈다. 본성이 활발한 부인에게 이런 침울한 기분이 들게 하는 것은, 올케인 후작부인의 신세타령이었다.

"우리는 남은 청춘을 이런 쓸쓸한 성에서 보내야만 하나요?" 후작부인은 곧잘 이런 한탄을 했다.

후작부인은 백작부인이 돌아오기 전까지는 탄식조차 못했다.

그러던 중에 1814년에서 1815년으로 넘어가는 겨울이 지났다. 백작부인은 돈이 없음에도 밀라노에 두 번이나 와서 며칠씩 묵었다. 스칼라 극장에서 상연하는 비가노의 장엄한 무용을 보기 위해서였는데, 후작도 아내가 누이동생과 함께 가는 것을 막지는 않았다. 마침 얼마 안 되는 연금의 잔액이 손에 들어오는 때였다. 그래서 부자인 델 동고 부인에게 돈을 얼마간 꾸어준 사람은 치살피나 공화국 장군의 어느 가난한 미망인이었다. 즐거운 휴가였다. 옛 친구들을 식사에 초대해서는 어린애처럼 깔깔대면서 기뻐했다. 이런 정열과 기상천외로 가득 찬 이탈리아식의 유쾌한 소동은 그리앙타에서 후작과 맏아들의 눈초리가 주위에 뿌리는 우울한 슬픔을 잊게 했다. 파브리스는 겨우 열여섯살이 될까말까 했으나, 한집안의 주인다운 관록을 훌륭히 보여주었다.

1815년 3월 7일, 부인들은 이틀 전에 밀라노의 유쾌한 여행에서 돌아와 최근 호숫가까지 늘인 아름다운 플라타너스 가로수길을 산책하고 있었다. 작은 배 한 척이 코모 호수 쪽에서 나타났다. 그러고는 괴상한 신호를 보냈다. 후작의 밀정 하나가 둑으로 올라왔다. 나폴레옹이 주앙 만에 상륙한 것이었다. 온 유럽이 이 사건에 놀랐으나 델 동고 후작은 조금도 놀라지 않았다. 그는 자기 군주에게 진정을 토로한 편지를 한 통 보내어 자신의 여러 가지 재능과 막대한 재산을 제공한다면서, 왕의 대신들이 파리의 선동자들과 내통하고 있는 과격당원이라는 점을 거듭 지적했다.

3월 8일 아침 6시쯤, 후작은 가슴 가득히 훈장을 달고 세 통째의 정치 문서 초안을 맏아들에게 받아쓰게 했다. 그것을 다시 손수 국왕의 초상이 희미하게 인쇄된 용지에다 근엄한 태도로 정성껏 아름답게 열심히 베끼고 있었다. 바로 이때 파브리스는 피에트라네라 백작부인의 방을 찾았다.

"저는 떠나겠어요. 나폴레옹 황제군에 들어갈 겁니다. 황제는 이탈리아의 왕이기도 합니다만 고모부에겐 참 친절하셨죠! 저는 스위스를 거쳐서 가렵니다. 어젯밤 메나지오에 있는, 기압계 상인인 친구 바지(Vasi)가 저에게 자기 여권을 주었습니다. 나폴레옹 금화를 좀 주세요. 전 두 개밖엔 없으니까요. 안 된다면 걸어서라도 가겠습니다."

백작부인은 기쁨과 근심으로 눈물을 흘렸다.

"뭐라고! 왜 그런 생각을 하게 되었니!" 그녀는 파브리스의 두 손을 잡으며 외쳤다.

그녀는 일어나 옷장으로 가서 소중히 숨겨둔 진주로 장식한 조그만 지갑을 꺼냈다. 이것이 그녀의 전 재산이었다.

"자, 가져가거라. 하지만 무슨 일이 있더라도 죽어서는 안 돼! 너를 잃으면 불쌍한 네 어머니와 나는 모든 걸 잃는 거야. 나폴레옹의 성공은 도저히 바랄 수 없다. 이 나라 사람들은 기어이 그 사람을 멸망시키고 말 거야. 일주일 전에 밀라노에서 듣지 않았니? 암살계획이 스물세 번이나 교묘하게 꾸며졌었다는 사실을. 그 사람이 그걸 모면한 것은 정말 기적이나 다름없단다. 그렇지만 그때에는 나폴레옹이 절대적 권력을 갖고 있었거든. 그리고 우리 적들이 어떻게든 그 사람을 없앨 생각만 하고 있다는 건 너도 잘 알고 있을 게다. 프랑스라 한들 그 사람이 떠난 뒤로 무슨 힘이 있겠니."

백작부인이 파브리스에게 나폴레옹의 미래 운명을 이야기할 때의 말투에는 몹시 감동된 빛이 보였다.

"내가 너를 나폴레옹 군대에 들어가게 내버려둔다는 것은 이 세상에서 나에게 가장 소중한 것을 그 사람을 위해 희생하는 꼴이 되는구나."

파브리스의 눈에 눈물이 고였다. 그는 부인을 껴안으며 눈물을 흘렸으나, 출발하려는 결심은 조금도 흔들리지 않았다. 그는 이런 결심을 하게 된 이유를 사랑하는 고모에게 솔직히 설명했다. 그 이유가 우리에겐 퍽 재미난 것이었다.

　"어제저녁 6시 7분 전의 일입니다. 아시다시피 우리는 호숫가의 카사 솜 마리바 밑 플라타너스 가로수길을 산책하면서 남쪽으로 걷고 있었죠. 그때 비로소 코모에서 그 중대한 보고를 싣고 온 배를 보았답니다. 저는 황제의 일 같은 건 생각지도 않고 다만 저렇게 여행을 할 수 있는 사람은 얼마나 행복할까 하고, 그것만이 부러워서 배를 보고 있었습니다만, 갑자기 깊은 감동을 받게 되었어요. 배가 언덕에 닿은 뒤 밀정이 아버지에게 뭐라고 속삭이자 아버지는 얼굴빛이 달라지시더군요. 그리고 우리를 옆으로 데리고 가서는 그 놀라운 소식을 들려주었지요. 그때 제가 호수 쪽을 돌아다본 것은 눈에서 흘러내리는 기쁜 눈물을 감추고 싶었기 때문입니다. 그러자 갑자기 오른쪽 하늘에 높이 날고 있는 나폴레옹의 새, 독수리 한 마리가 눈에 띄더군요. 독수리는 엄숙하게 스위스 쪽으로, 그러니까 파리 쪽으로 날아갔습니다. 곧 이런 생각이 떠올랐죠. '아, 나도 저 독수리처럼 빨리 스위스 땅을 넘어서 가자. 보잘것없지만 내가 바칠 수 있는 모든 것을 그 위대한 분에게 바치자. 황제는 우리에게 조국을 찾아주려 했고, 고모부를 사랑하지 않았던가.' 독수리를 보고 있으려니 이상하게도 눈물이 멎더군요. 이러한 생각이 하느님의 뜻에서 온 것이라는 증거로 그 순간 아무런 망설임 없이 결심할 수 있었습니다. 그리고 떠나는 방법까지 깨달았어요. 아시다시피 제 생활을 좀먹고 있던 모든 슬픔, 특히 일요일에는 더했습니다만, 그것이 순식간에 마치 신바람에 불려 날아가듯 사라져버렸습니다. 독일인 때문에 빠졌던 진흙 구렁텅이에서 이탈리아가 다시 일어나는 그 장대한 환영이 떠올랐죠. 이탈리아는 아직도 반쯤 쇠사슬에 얽매어 있는 상처투성이 두 팔을 황제이자 해방자에게 뻗치고 있는 겁니다. '그런데 나는 이 불행한 조국에 이름조차 알려지지 않은 아들이다. 자, 떠나자. 그 운명으로 아로새겨진 인물과 함께 죽느냐, 그렇지 않으면 승리하느냐. 이 사람이야말로 유럽에 있어서 가장 비굴하고 가장 천한 자까지도 우리에게 던지는 경멸을 깨끗이 씻어 없애주려 한다.' 저는 이렇게 생각했습니다."

그는 백작부인에게 다가가 타오르는 듯한 눈으로 뚫어져라 쳐다보며 속삭였다. "고모도 알다시피 제가 태어난 해 겨울, 여기서 8킬로미터쯤 떨어진 우리집 산의 커다란 샘터에 어머니가 손수 마로니에 나무를 심으셨죠. 전 맨 먼저 그곳에 가보고 싶었습니다. 아직 이른 봄이니 그 나무에 잎이 나 있으면 그것이 저에게는 하나의 계시로, 저도 그 어린 잎처럼 이 음침한 성 안에서 하는 일 없이 세월만 보내는 마비 상태로부터 벗어나야 한다 생각했어요. 고모도 이곳의 거무칙칙한 낡은 벽을, 옛날에는 압제의 수단이었고 지금은 ㄱ 상징이 되어 있는 이 벽을 바로 음산한 겨울 ㄱ 사체라 생각시 않습니까. 저에게 이 벽은 저의 나무를 움츠리게 하는 겨울이나 매한가지예요.

지나 고모, 고모는 믿으실는지요? 저는 어젯밤 7시 30쯤 그 마로니에 나무가 있는 곳에 가보았습니다. 잎이 나 있었어요. 벌써 상당히 자란 아름다운 새 잎들이! 저는 살짝 입맞추었습니다. 그러고는 나무 주위의 흙을 엄숙한 마음으로 다져주었죠. 곧 새로운 흥분에 사로잡혀 산을 넘어 메나지오로 달렸습니다. 스위스에 갈 여권이 필요했어요. 시간은 순식간에 흘러가 바지의 집에 도착한 것은 새벽 1시쯤이었습니다. 그를 깨우려면 오랫동안 문을 두들겨야 하리라 각오했습니다만, 그는 친구 세 사람과 함께 깨어 있었어요. 그리고 제가 한마디를 던지자마자, 그는 "자넨 나폴레옹군에 참가하려는군!" 하면서 제 목을 얼싸안았습니다. 다른 친구들도 정신없이 저를 껴안았어요. '난 왜 결혼을 했을까!' 그중 한 사람은 이런 한탄까지 했습니다."

피에트라네라 부인은 곰곰이 생각했다. 충고를 해야 한다고 믿었다. 만일 파브리스가 조금이라도 사회 경험을 했다면, 자신이 갑자기 꾸며서 늘어놓는 그럴싸한 이론을 고모가 조금도 믿지 않는다는 것을 눈치챘으리라. 그러나 그는 사회 경험이 없었기에 더욱 굳게 마음먹었다. 그는 부인의 말에 귀를 기울이려 하지 않았다. 부인은 이 계획을 적어도 어머니에게만은 알려야 한다는 약속을 가까스로 받았을 뿐이다.

"어머니는 틀림없이 누이들에게 말씀하실 테죠. 그러면 이 계집애들은 자신도 깨닫지 못하는 사이에 나를 배반하게 될걸요." 파브리스는 영웅 같은 오만한 태도로 말했다.

"여자에게는 공손한 말을 써야 하는 법이야." 부인은 눈물을 글썽거리며 미소 지었다.

"네게 행운을 가져올 사람은 분명 여자일 테니까. 넌 남자들의 마음에는 들지 못할 게다. 속된 마음을 지닌 사람이 볼 땐, 넌 너무 정열적이거든."

후작부인은 아들의 어마어마한 계획을 알고는 울음을 터뜨렸다. 조금도 장하다 생각하지 않았다. 그래서 어떻게든 단념시키려고 했으나 감옥에라도 집어넣지 않는 한 그의 출발을 막을 수 없다는 걸 알자, 부인은 가지고 있던 얼마 안 되는 돈을 주었다. 그러고는 전날 후작이 밀라노에 가서 가공하라며 건네준 10개가량의, 모르면 몰라도 값이 1만 프랑은 나갈 다이아몬드가 생각났다. 백작부인이 이 다이아몬드를 우리 주인공의 나들이옷에다 꿰매넣고 있을 때, 파브리스의 누이들이 어머니 방에 들어왔다. 그는 이 불쌍한 여자들에게 귀중한 나폴레옹 금화를 보여주었다. 누이들은 그의 계획을 듣고 흥분해서 기뻐 날뛰며 소란스럽게 키스를 퍼붓자, 그는 아직 숨기다 남은 몇 개의 다이아몬드를 손에 쥐고 그대로 떠나려 했다. "너희는 자신도 모르는 사이에 나를 배반하고 말 거야." 그는 누이들에게 말했다. "돈은 많이 가지고 있으니까, 옷 같은 건 가져갈 필요 없어. 어디에나 있을 테니까."

그는 사랑하는 사람들에게 키스를 하고는 자기 방에 들르지도 않은 채 곧장 출발했다. 말 탄 사람들이 뒤쫓아올까 봐 두려워 굉장히 빠른 걸음으로 달렸기 때문에, 그날 저녁때에는 벌써 루가노에 도착했다. 다행히도 이젠 스위스 땅에 들어왔으므로, 아버지에게 매수된 헌병들에게 한적한 길목에서 습격당할 걱정은 없었다. 그는 거기서 아버지에게 멋진 편지를 썼다. 이런 철없는 약한 마음씨가 도리어 후작의 노여움을 더욱 뿌리 깊게 했다. 파브리스는 역마차를 타고 생고타르를 지났다. 그의 여행은 거칠 게 없었다. 이어 퐁탈리에를 거쳐 프랑스로 들어갔다. 황제는 파리에 있었다. 이때부터 파브리스에게 갖가지 불행은 시작된다. 그는 황제와 기어이 이야기를 해보겠다는 굳은 결심으로 집을 떠난 것이었다. 그것이 어려운 일이라는 생각은 전혀 하지 않았다. 밀라노에서는 하루에 열 번이나 외젠 공작을 만났고, 원한다면 얼마든지 말을 나눌 수도 있었다. 그러나 파리에서는 매일 아침 튈르리 궁전 안뜰로 나폴레옹의 열병식을 보려고 나갔으나, 아무리 애써도 황제에게 가까이 갈 수 없었다. 우리 주인공은 프랑스 사람이면 누구나 그와 매한가지로 조국이 처해 있는 이 중대한 위기에 깊은 관심을 두리라 믿었다. 묵고 있는 호텔의 식탁에서도 그는 자기 계획이나 헌신적인 심정을 조금도 숨기지 않았다. 그가 만난 사람은 부드럽고 상냥한 청년으로 그보다도 훨씬 열광적인 태도를 보였으나, 며칠 안 되어 파브리스가 가지고 있던 돈을 모조리 훔쳐서 달아났다. 다행히도 그는 단순히 겸손한 마음씨에서였지만, 어머니에게서 받은 다이아몬드 이야기는 조금도 하지 않았었다. 하룻밤을 난잡하게 술을 퍼마시고는 다음 날 아침 분명히 돈을 도둑맞았다는 걸 알자, 그는 말장수에게 준마를 두 필 사고, 전에 군인이었던 마부를 하인으로 고용하고는 입만 나불거리는 파리 청년들에게 경멸을 느끼며 군대가 있는 곳으로 떠났다. 아는 것이라고는 그 군대가 모뵈주 방면에 집결해 있다는 사실뿐이었다. 국경에 도착하자 그는 곧, 군대는 야영하고 있는데 자기만 집 안의 난로 앞에서 따뜻하게 몸을 녹인다는 것은 우스꽝스러운 일이라 생각했다. 더할 나위 없이 분별력 있는 하인이 여러모로 타이르는 말도 듣지 않고, 아무 생각 없이 벨기에 큰 길거리에 있는 최전선의 야영지로 뛰어들었다. 큰길 바로 옆에 야영하고 있는 첫 번째 대대에 도착하자 곧 병사들은 이 군복 비슷한 데라고는 조금도 없는 옷차림의 도령을 훑어보았다. 밤이 되어 찬바람이 불고 있었다. 파브리스는 불 곁으로 다가서며 돈을 낼 테니 불을 쬐게 해달라고 부탁했다. 병사들은 돈을 내겠다는 말에 놀라 서로 쳐다보다가 친절하게도 불 곁을 양보했으므로, 하인이 그에게 자리를 마련해주었다. 그러나 한 시간 뒤에 연대 부관이 야영지 옆을 지나가자 병사들은 서투른 프랑스어를 지껄이는 외국인이 와 있다는 걸 알렸다. 부관이 심문하자 파브리스는 황제에 대한 충성을 퍽 서투른 사투리로 이야기했다. 그 말을 듣고 나자 부관은 인근 농가에 들어 있는 연대장이 있는 곳까지 따라오라 했다. 하인이 두 필의 말을 끌고 가까이 왔다. 그 말을 보고 부관은 매우 놀란 듯, 곧 생각을 바꾸어 이 하인을 심문하기 시작했다. 하인은 군대 출신이었으므로 처음부터 이 심문자의 계획을 꿰뚫고는 자기 주인에겐 유력한 보호자가 있으며, 따라서 주인의 이 훌륭한 말은 함부로 빼앗지 못할 거라고 덧붙여 말했다. 곧 부관이 호출한 병사가 하인의 멱살을 잡았고 다른 병사는 말을 잡았다. 그러고는 부관은 삼엄한 태도로, 파브리스에게 잔말 말고 따라오라고 명령했다.

　여기저기 지평선을 비추는 야영지 불빛 때문에 오히려 더욱 깜깜한 어둠 속을 4킬로미터도 더 걷게 한 다음, 부관은 파브리스를 한 헌병장교에게 넘겼다. 이 헌병장교는 엄한 태도로 서류를 내보이라고 했다. 파브리스는 상품을 가진 기압계 상인이라고 적힌 여권을 내밀었다.

"미친 놈들 같으니! 난 또 뭔가 했지." 헌병은 투덜댔다.

그러고는 우리 주인공에게 여러 가지 질문을 퍼부었지만, 파브리스는 정열적으로 황제와 자유에 대해서 이야기했다. 헌병장교는 미친 듯이 웃음을 터뜨렸다.

"흥, 영리하지 못하군! 너 같은 애송이를 우리에게 보내다니 돌았군그래."

그러더니 자기가 기압계 상인이 아니라는 걸 열심히 변명하는 파브리스의 말엔 조금도 귀를 기울이지 않고 그를 가까운 마을 B감옥으로 보냈다. 우리 주인공은 화가 머리끝까지 치밀었으며 녹초가 다 돼서 그 마을에 도착했다.

파브리스는 자기가 당한 일이 무엇인지조차 알지 못하는 가운데 처음엔 놀랐고, 이어 울화를 참을 길 없이 이 비참한 감옥에서 33일간을 보냈다. 그는 주둔군 사령관에게 편지를 몇 통 썼는지 모른다. 이 편지를 전달하기로 한 사람은 감옥지기의 아내인 서른여섯 살의 아름다운 플랑드르 여인이었다. 그러나 이런 귀여운 소년을 총살시키고 싶지 않았고 더구나 많은 돈을 주었으므로, 그 편지를 하나씩 모두 불 속에 집어넣었다. 이 여인은 밤이 이슥해지면 찾아와 죄수의 하소연을 들어준다. 남편에겐 저 애송이가 돈을 가졌다는 말을 해두었기 때문에, 약삭빠른 감옥지기는 모르는 척하고 있었다. 여인은 이런 상태를 이용해서 여러 개의 금화를 빼냈다. 하기야 그 부관은 두 필의 말을 빼앗았을 뿐이며 헌병은 아무것도 몰수하지 않았으므로 돈은 아직 남아 있었다. 6월의 어느 날 오후 파브리스는 멀리서 울려오는 치열한 포성을 들었다. 기어이 전쟁이 시작되었군! 그의 가슴이 두근거리며 초조해졌다. 마을에서도 소란스러운 소리가 들렸다. 사실상 대이동이 있어서 3개 사단이 B시를 지나갔다. 그날 밤 11시쯤 감옥지기의 아내가 그를 위로하러 왔을 때 파브리스는 어느 때보다도 상냥하게 굴며 여인의 두 손을 잡고는 말했다.

"나를 여기서 나가게 해주세요. 전쟁이 끝나면 곧 이 감옥에 다시 돌아올 것을 맹세할 테니까."

"흥 잠꼬대 같은 소리! 쇠푼은 가졌어?" 그는 어리둥절했다. 쇠푼이라는 말을 알아듣지 못했던 것이다. 그녀는 그의 이런 모습을 보고 호주머니 밑천도 이젠 대단치 않으리라는 생각이 들어, 본디 마음먹었던 나폴레옹 금화 이야기는 꺼내지도 않고 주로 프랑으로 흥정을 시작했다.

"여봐, 1백 프랑만 낸다면 밤에 교대하러 오는 하사의 눈에다 나폴레옹 금화를 하나씩 붙여줄 텐데. 그러면 네가 감옥에서 나가는 게 보이지도 않을 거거든. 만약 자기 연대가 그날 중으로 여기를 떠나게 돼 있다면 분명 승낙할거야."

거래는 곧 성립됐다. 감옥지기의 아내는 파브리스를 자기 방에 숨기는 것까지 승낙했다. 거기서라면 이튿날 아침 훨씬 쉽게 빠져나갈 수 있을 것이었다.

다음 날 날이 밝기도 전에 몹시 다정해진 여인은 이렇게 말했다.

"여봐, 넌 그런 고약한 장사를 하기엔 너무 나이가 어려. 정말 두 번 다시 오는 게 아냐."

"뭐라구요!" 파브리스는 되풀이해서 외쳤다. "자기 나라를 지키려는 것이 나쁘단 말입니까?"

"그만둬. 내가 생명을 구해줬다는 걸 잊으면 안 돼. 네 운명은 정해졌었으니까. 총살하기로 되어 있었어. 하지만 누구에게든 그런 말을 해선 안 돼. 나나 내 남편이나 다 일자리에서 쫓겨날 테니까. 특히 기압계 상인으로 변장한 밀라노 신사라는 그런 서툰 거짓말은 다시는 하지 않는 게 좋을 거야. 어리석기도 하지. 내 말을 잘 들어둬. 엊그제 감옥에서 죽은 경기병의 군복을 줄 테니 입어. 될 수 있는 한 말은 하지 말고, 상사나 장교에게 대답하지 않고는 배기지 못할 심문을 당하거든 병이 나서 농사꾼 집에서 누워 있었다고 대답해. 길가 도랑에서 열이 나서 떨고 있는 걸 농부가 불쌍히 여겨 간호해 주었다고 말이야. 그래도 안 되겠거든 자기 연대를 뒤쫓아가는 길이라고 하면 돼. 넌 말투에 이상한 사투리가 있으니까 혹시 잡힐지 모르니, 그럴 땐 피에몬테 태생으로 작년까지 프랑스에 있었던 신병이라고 꾸며대란 말이야……."

파브리스는 33일 동안 까닭 없이 화만 났으나, 이때 비로소 이제까지의 사정을 이해할 수 있었다. 그를 첩자로 잘못 봤던 것이다. 이날 아침에 퍽 다정해진 감옥지기의 아내를 상대로 그는 열변을 토했다. 그녀가 바늘을 들고 경기병 군복을 줄이고 있는 동안 그는 놀라서 어리둥절해하는 여인에게 자기 신분을 솔직하게 털어놓았다. 여인은 곧 그의 말을 믿었다. 그의 태도는 너무나 순진했고 경기병 제복을 입은 모습은 정말 반할 정도로 멋있었다.

"네가 그렇게도 전쟁에 나가길 원했었다면 파리에 도착했을 때 곧장 어느 연대든지 들어갔으면 좋았을걸. 상사에게 술값이라도 집어주면 문제없이 소원을 이루었을 텐데." 여인은 어느 정도 이해를 한듯 싶었다.

그녀는 앞일을 여러 가지로 주의시켰으며, 날이 밝아오자 무슨 일이 있어도 자기 이름은 입 밖에 내지 않겠다는 것을 몇 번이고 다짐하게 한 다음 비로소 밖으로 내보냈다. 파브리스는 겨드랑 밑에 경기병의 칼을 차고 씩씩한 걸음으로 이 마을을 무사히 빠져나왔으나, 이번엔 또 다른 걱정이 생겼다. '난 지금 감옥에서 죽은 경기병의 옷과 여권을 지니고 여기까지 왔다. 그 작자는 암소 한 마리와 은그릇을 훔치다가 잡혔다고 하던데…… 말하자면 내가 그자의 뒤를 계승한 셈이로군……. 꿈에도 바라지 않았고 생각지도 못했던 일이야! 감옥을 조심해! ……예감이 틀림없어. 앞으로 나는 감옥에서 고생하게 될 거야.'

은인인 여인과 헤어진 지 한 시간도 못 되어 심한 소나기가 쏟아져, 급조된 경기병 사관은 자기 발에 맞지 않는 조잡한 장화를 신고 걷느라 진땀을 빼야 했다. 그는 보기에 썩 좋지 않은 말을 탄 농부를 우연히 만나, 손짓으로 의사소통하여 그 말을 샀다. 감옥지기의 아내가 그의 사투리가 이상하니될 수 있는 한 입을 벌리지 말라고 주의를 주었기 때문이다.

이날 리니 전투에서 승리한 군대는 브뤼셀 방면으로 진군 중이었다. 바로 워털루 전투 전날이었다. 정오쯤 아직도 소나기가 마구 쏟아지는 가운데 파브리스는 포성을 들었다. 행복감이 억울한 투옥으로 인해 받은 절망감을 깨끗이 씻어버렸다. 그는 어둑해질 때까지 걸었다. 그러나 차츰 분별심도 생기기 시작했으므로 큰길에서 멀리 떨어진 농부 집을 찾아가 잠자리를 구했다. 이 농부는 울면서 전부 약탈당했다고 하소연했다. 파브리스는 1에퀴를 주고 귀리를 얻었다. "내 말은 좋지가 못하군." "상관없어. 이것이라도 가지고 있으면 어느 부관의 마음에 들는지도 모르는 일이니까." 이렇게 생각한 그는 외양간에 가서 말 곁에 누웠다. 이튿날 아침, 날이 밝기 한 시간 전에 그는 벌써 큰길에 나와 있었다. 어르고 달래서 겨우 말을 뛰게 할 수 있었다. 5시쯤 포성이 들려왔다. 이것이 워털루 전투의 서곡이었다.

제 3 장

파브리스는 얼마 안 가 군내를 따라다니며 술을 파는 여자들을 만났다. B 감옥의 감옥지기 아내에게 감사의 마음을 금치 못하던 참에 이런 여자들에게도 말을 건네고 싶은 생각이 들어 그중 한 사람에게 자기가 속해 있는 경기병 제4연대는 어디 있는지 모르냐고 물어보았다.

"그렇게 서두르지 않아도 괜찮아요." 파브리스의 흰 얼굴과 아름다운 눈에 마음이 흔들린 여인은 이렇게 대답했다. "당신같이 가냘픈 손으로야 어디 오늘 벌어지려는 싸움에서 칼이나 제대로 휘두를 수 있을라구. 하다못해 총이라도 가졌으면 남만큼은 쏠 수 있겠지만." 이 말이 파브리스로선 몹시 불쾌했다. 그러나 아무리 재촉해도 여자 상인들의 마차를 앞지를 수 없었다. 차츰 포성이 가까이 울려 대화가 잘 들리지 않았다. 파브리스는 열정과 행복으로 마음이 들떠 쉴 새 없이 지껄였다. 여자의 이야기를 들으면 들을수록 자기 행복이 느껴져 더욱 기뻤다. 그는 자기 본명과 탈옥 이야기만을 빼놓고는 이 선량한 듯한 여인에게 모든 걸 다 이야기했다. 여자는 어리둥절했다. 이 젊은 미남 병사의 이야기를 하나도 알아들을 수가 없어서였다.

"흥, 이제 알겠어." 그녀는 이겼다는 듯이 큰 소리로 외쳤다. "당신은 부잣집 아들이고 경기병 제4연대의 어느 대대장 부인에게 반했단 말이죠. 애인이 당신이 입고 있는 그 제복을 부쳐왔으니까, 여자 뒤를 쫓아왔구려. 당신이 군인이 아니라는 건, 하늘에 계신 하느님만큼이나 확실하군요. 하지만 고지식한 분이니, 연대가 전투를 하면 그 속에 자기도 뛰어들어 비겁하다는 말을 듣고 싶지 않은 거죠."

파브리스는 모든 말에 그렇다고 대답했다. 이 여자에게서 좋은 의견을 얻기 위한 유일한 방법이기 때문이었다. 그는 프랑스 사람의 풍습을 조금도 모르니만큼 누구의 안내라도 받지 않으면 언제 다시 감옥에 들어갈지 알 수 없는 일이며, 말도 빼앗기고 말 것이다.

"우선, 여봐요." 그에게 더욱 친밀감을 느낀 여자 상인이 말했다. "당신은 아직 스물한 살이 안 됐죠? 고작해야 열일곱쯤 됐을까."

그건 사실이었다. 그래서 파브리스는 솔직히 인정했다.

"그러니까 아직 신병도 될 수 없단 말이야. 고생을 사서 하는 것은 오직 그 그리운 부인 때문이거든. 흥! 부인도 썩 기분이 좋겠어. 혹시 부인한테서 받은 돈이라도 가졌거든 먼저 다른 말을 사야지. 이봐, 그 못난 말은 좀 가까이서 대포 소리만 들려도 귀를 쫑긋 세우는 정도니 그 따위 농사꾼 말을 가지고서야 일선에 나가자마자 당신을 죽이기 십상이지 무슨 쓸모가 있을라구. 저기 울타리 너머로 보이는 흰 연기가 바로 일제사격이야. 총알이 윙윙 날아오기 전에 각오를 단단히 해야지. 그러나 아직은 시간이 있으니까 그동안에 배나 채워두는 게 좋을 거야."

파브리스는 그녀의 충고를 따랐다. 그는 나폴레옹 금화를 여인에게 내밀며 받으라고 했다.

"참 딱하군, 돈을 쓸 줄도 모르니! 내가 이 돈을 받아쥐고 말을 달리면 어떡하려고. 당신의 그따위 노새로 날 쫓아올 수 있을까? 도대체 내가 도망치면 어떡할 테야? 대포 소리가 날 때엔 돈은 절대 내보여선 안 된다는 걸 알아둬. 자, 18프랑 50상팀은 도로 받아. 식사값은 30수면 되니까. 곧 말을 구할 수 있을 테니까, 혹 작은 말이면 10프랑만 줘. 아무리 에몽 사형제가 타던 말이라도 절대 20프랑 이상 주어선 안 돼."

식사가 끝나자 쉴 새 없이 설교를 늘어놓던 여자는 밭을 질러 지나가던 한 여인 때문에 이야기를 멈췄다.

"여봐, 마르고! 네 경기병 제6연대는 오른쪽에 있어."

"이젠 헤어져야겠군, 도련님." 여자는 그 말을 듣고 우리 주인공에게 말했다. "정말 불쌍하구려. 아니, 당신이 좋아졌어! 아무것도 모르니 말이야. 고생을 사서 하다니! 나와 같이 경기병 제6연대로 가자구."

"내가 아무것도 모른다는 건 잘 알아요. 하지만 난 전쟁이 하고 싶단 말입니다. 저기 흰 연기가 나는 곳까지 가기로 결심했어요."

"이봐, 당신 말이 얼마나 귀를 떨고 있는가! 거기에 가기만 하면 아무리 힘이 없는 것 같아도 당신 말을 듣지 않고 마구 내달리기만 할 테니, 어디로 갈지 누가 알아? 내 말 들어. 병사들을 만나면 총과 탄약을 얻어둬야 해. 그러고는 병사 옆에 붙어서 뭐든지 그들이 하는 대로만 따라하라구. 아, 당신은 장탄하는 법조차 모르지."

파브리스는 퍽 기분이 상했지만 그녀가 생각한 대로라고, 이제 막 사귄 여자에게 솔직히 고백했다.

"어쩌면! 곧 죽고 말 테니! 정말이야, 오래 가지도 않을걸. 무슨 일이 있어도 당신은 나와 함께 가야 해." 여자는 명령하는 듯한 태도로 말했다.

"히지만 난 싸우고 싶은데요."

"그야 전쟁도 할 수 있지, 경기병 제6연대라고 하면 유명하니까. 그리고 오늘은 누구나 싸워야 해."

"당신 부대엔 곧 도착할 수 있을까요?"

"기껏해야 15분이면 돼."

이 친절한 여인이 소개해주면 자기 무지로 말미암아 첩자로 몰리지는 않을 테고, 그렇게 되면 전쟁도 할 수 있으리라 파브리스는 생각했다. 바로 이때 포성이 더욱 크게 쉴 새 없이 들려왔다.

"마치 묵주 알이 이어지는 것 같군." 파브리스는 말했다.

"일제사격이 이젠 똑똑히 들리기 시작했어." 총소리에 신경이 날카로워진 듯한 말을 채찍질하면서 여인이 말했다.

그녀는 오른쪽으로 돌아서 목장 한가운데를 지름길로 들어섰다. 그 길은 깊이가 한 자나 되는 진흙바닥이었다. 작은 마차는 자칫 진흙 속에 빠질 뻔했다. 파브리스는 마차 바퀴를 밀었다. 그의 말도 두 번이나 쓰러졌다. 곧 그다지 물이 없는 길로 나오자 여기서부터 초원 한가운데로 뚫린 좁은 길이 뻗어 있었다. 5백 걸음도 채 못 가서 파브리스의 말이 갑자기 멈춰섰다. 시체 하나가 길 위에 깔려 있어서 말과 사람 모두 놀란 것이다.

파브리스의 얼굴은 본디 창백했는데 이제 짙은 녹색으로 변해버렸다. 여자는 시체를 유심히 들여다보고는 중얼거렸다.

"이건 우리 부대 사람이 아니군."

그러고는 우리 주인공을 올려다보며 웃음을 터뜨렸다.

"호호호, 도련님! 어때, 이 음식이!"

파브리스는 소름이 끼쳐 온몸이 얼어붙는 듯했다. 특히 놀란 것은 이미 구두를 빼앗긴 두 발의 더러움이었다. 시체는 피투성이의 낡아빠진 군복바지만을 입고 있었다.

"가까이 와봐. 말에서 내리구. 이런 것에 익숙해져야지. 머리통을 맞았군 그래."

총알은 코 옆으로 해서 반대쪽 귀밑을 뚫고 나가 시체의 얼굴을 흉하게 만들었다. 한쪽 눈은 뜬 채였다.

"말에서 내리라니까. 아직 맥이 있는지 손을 쥐어봐."

몹시 메스꺼웠지만 파브리스는 서슴지 않고 말에서 내려 시체의 손을 잡아 흔들었다. 그러고는 넋을 잃은 듯 멍하니 서 있었다. 말에 다시 올라탈 기력조차 없어진 성싶었다. 특히 그를 소름끼치게 한 것은 뜬 채로 있는 한쪽 눈이었다.

이 여자가 나를 겁쟁이로 여길지 모른다고 생각하면 씁쓸했다. 그러나 아무리 애써도 몸이 뜻대로 움직여지지 않았다. 그대로 쓰러질 것만 같았다. 무서운 순간이었다. 파브리스는 정신이 아득해졌다. 여자가 이를 깨닫고는 재빨리 마차에서 내려 아무 말 없이 브랜디 잔을 내밀었다. 그는 그것을 단숨에 들이켰다. 그제서야 겨우 말에 올라탈 수 있었던 파브리스는 한 마디 말도 하지 않고 다시 길을 재촉했다. 여자는 이따금 곁눈질로 그를 살폈다.

"전쟁은 내일 하라구, 도련님." 오랜만에 여인이 먼저 입을 열었다. "오늘은 나와 같이 있어. 군대 일을 배워야 할 테니까, 알았지?"

"아뇨, 난 지금 당장에라도 전쟁이 하고 싶어요."

우리 주인공은 우울한 표정으로 외쳤지만 그 표정이 여인에게는 어쩐지 좋은 징조처럼 생각되었다. 포성은 더욱 요란스럽게 울렸고 점점 가까워지는 듯했다. 마치 낮은음의 연속처럼 울리기 시작하여 쉴 새 없이 계속되었다. 멀리서 들려오는 억센 물결 소리와도 같은 이 낮은음의 연속 속에 일제 사격의 총소리를 또렷하게 알아들을 수 있었다.

이때 길은 우거진 숲 속으로 접어들었다. 여자는 앞에서 달려오는 3, 4명의 아군 병사를 보자 재빨리 마차에서 뛰어내려 길에서 스무 걸음쯤 떨어진 곳으로 달려가 숨었다. 그녀는 커다란 나무를 송두리째 뽑아버린 구멍 속에 웅크리고 있었다. 자기가 비겁한 자인가를 한번 시험해보리라 파브리스는 마음먹었다. 그는 여자가 버리고 간 작은 마차 옆에 버티고 서서 칼을 빼들었다. 그러나 병정들은 그를 거들떠보지도 않고 숲을 따라 오른쪽 길로 뛰어지나갔다.

"저건 우리 편 군대야." 헐떡이며 마차로 되돌아온 여자가 조용히 말했다. "당신 말이 뛸 수만 있다면 저 숲 끝까지 달려가서 들에 누가 있는지 좀 봐 달라고 부탁하고 싶지만."

이 말을 듣자마자 파브리스는 황철나무 가지를 하나 꺾어 잎을 훑어버리고 그것으로 힘차게 말을 쳤다. 말은 처음엔 좀 달렸으나 곧 여느 때와 마찬가지로 느릿느릿 뛰었다.

"서요, 서라니까!" 여인은 자기 말을 달려 파브리스에게 소리쳤다.

조금 뒤에 두 사람은 함께 숲을 빠져나왔으나 들 끝에 다다르자 무섭도록 요란한 소리가 들려왔다. 대포와 소총의 일제사격이 어디라 할 것 없이 여기저기에서 울려오고 있었다. 그들이 빠져나온 숲은 들보다도 2미터나 더 높았으므로 한쪽에서 벌어지고 있는 전투 상황이 아주 잘 보였다. 그러나 아무리 보아도 숲 건너편 들에는 아무도 없었다. 이 목장 주위엔 멀리 우거진 버드나무가 심어져 있었다. 버드나무 위로 흰 연기가 나고 그것이 때때로 맴돌며 하늘로 솟아올랐다.

"연대가 어디 있는지만 알아도 될 텐데." 여자는 당황한 듯 말했다. "이처럼 넓은 목장을 곧장 질러갈 수도 없고. 아무튼 당신은." 파브리스를 쳐다보고는 말을 이었다. "만일 적군을 만나면 그 칼끝으로 다짜고짜 찔러 죽여야해. 공연히 칼싸움할 생각일랑 말고."

바로 이때 여자는 앞서 본 병정 네 사람을 다시 발견했다. 그들은 숲에서 들 왼편 길로 나타났다. 그중 한 사람은 말을 타고 있었다.

"마침 당신에겐 좋은 것이 생겼군." 여인은 파브리스에게 이렇게 말하고는, "이봐요!" 말탄 병정에게 외쳤다. "이리 와서 브랜디나 한잔해요."

병정들은 가까이 왔다.

"경기병 제6연대는 어디 있어요?" 여인이 물었다.

"저쪽이야. 여기서 5분쯤 가면 돼. 저 버드나무 옆 운하 건너편이야. 바로 마콩 대령이 죽은 곳이지."

"그 말을 5프랑에 팔지 않으려우?"

"5프랑! 아주머니, 누굴 놀리는가. 이래 봬도 어느 때고 나폴레옹 금화 5

개는 받을 수 있는 장교용 말이라고."

"나폴레옹 금화 하나만 이리 줘봐." 여자는 파브리스에게 말했다.

그러고는 말 탄 군인에게 다가섰다.

"빨리 내려요, 나폴레옹을 줄 테니."

군인이 내리자 파브리스는 상쾌하게 안장 위에 올라탔다. 여인은 노새에 실린 조그마한 여행용 가방을 풀면서 군인들에게 말했다.

"좀 도와줘요, 여인네가 혼자 하도록 보고만 있다니!"

그러나 방금 산 말은 등에 여행용 가방을 올리자 앞발을 들어 우뚝 섰다. 승마에 자신이 있는 파브리스도 이를 달래느라고 안간힘을 쏟았다.

"좋은 징조야." 위안부가 말했다. "이 말은 여행 가방을 실어본 적이 없는 것 같군."

"장군이 타던 말이야." 말을 판 군인이 소리쳤다. "아무리 헐값이라도 나폴레옹 10개의 가치는 있단 말이야."

"자, 여기 20프랑 줄게요." 탄력 있는 말에 올라타 몹시 기분이 좋아진 파브리스는 이렇게 말했다.

이때 비스듬히 날아온 포탄이 버드나무 줄기에 맞았다. 마치 낫으로 단번에 베어낸 것처럼 잔가지들이 여기저기로 흩어지는 신기한 광경을 보았다.

"흥, 그놈이 여기까지 왔군." 군인은 20프랑을 받아 넣으면서 파브리스에게 말했다. 벌써 2시쯤은 되었을 성싶었다.

파브리스가 아직도 이 진기한 광경을 정신없이 바라보고 있을 때, 장성급한 무리가 20명가량의 경기병을 데리고 그가 서 있는 넓은 들판 한쪽 모퉁이를 옆으로 질러서 쏜살같이 달려 지나갔다. 그의 말은 울부짖으며 두서너 번 연달아 앞발을 추켜올려 세우더니, 잡고 있는 고삐를 머리로 힘차게 잡아당겼다. '에라, 마음대로 해라!' 파브리스는 생각했다.

고삐를 놓자 말은 쏜살같이 달려 장성들을 따르는 호위병과 합류했다. 파브리스는 그중에 수놓은 모자 4개를 보았다. 그로부터 15분쯤 지나 옆에서 달리고 있는 경기병의 이야기로 이들 장성 가운데 한 사람이 유명한 네 원수라는 것을 알았다. 파브리스는 매우 기뻤으나, 네 사람 중에 누가 네 장군인지 분간할 수가 없었다. 그는 그것을 알아내기 위해서는 무슨 짓이든 했을 터이나, 함부로 말을 해선 안 된다는 충고를 떠올렸다. 호위병은 전날 밤 내린 비로 물이 가득 찬 넓은 도랑을 건너려고 말을 멈췄다. 도랑 언덕에는 높다란 나무들이 즐비하게 서 있고, 왼쪽으로 펼쳐지던 초원은 이 도랑을 경계로 끝이 났다. 파브리스는 초원의 한쪽 들머리에서 말을 산 뒤에 초원의 다른 쪽 끝까지 가로질러 왔던 것이다. 경기병들의 대부분이 말에서 내렸다. 도랑 언덕은 절벽을 이루며 가파르기 짝이 없었다. 물은 목장의 1, 2미터 밑을 흐르고 있었다. 파브리스는 기쁨에 들떠 말 생각은커녕 오직 네 장군과 만날 영광에 정신을 빼앗기고 있었으므로 흥분한 말이 그대로 물속으로 뛰어들어 높이 물을 튀겼다. 물벼락을 맞고 흠뻑 젖은 장군 한 사람이 욕지거리를 했다.

"개자식 같으니!"

파브리스는 그 욕설에 심한 모욕을 느껴 이유를 따져볼까 생각했다. 먼저 말을 다루는 데 능숙하다는 걸 보여주려고, 강 건너편 언덕으로 말을 몰았다. 언덕은 절벽을 이루고 높이가 2미터는 되었으므로 도저히 올라갈 수 없었다. 그는 발목까지 빠지는 냇물을 따라 위로 올라갔다. 마침내 가축의 물먹이터 같은 곳을 발견하고 그곳의 부드러운 기울기로 쉽사리 언덕 위 풀밭에 올라갈 수 있었다. 그곳에 다다른 것은 호위병 중에서 그가 가장 먼저였으므로 그는 언덕을 따라 거만스럽게 말을 몰았다. 도랑에서는 경기병들이 어찌할 바를 몰라 떠들고 있을 뿐이었다. 물의 깊이가 대략 1.5미터쯤은 되었기 때문이다. 두서너 마리의 말은 겁을 집어먹은 나머지 헤엄을 치려고 물속에서 버둥거렸다. 하사관 한 사람이 조금도 군인답지 않은 이 젊은이의 행동을 보며 소리쳤다.

"위로 올라가! 왼쪽에 물먹이터가 있다!" 그래서 한 사람씩 모두 언덕에 올랐다.

먼저 언덕에 오른 파브리스는 그곳에 장군들만 있는 걸 보았다. 포성은 점점 요란스러워졌다. 그래서 물벼락을 맞은 장군이 바로 옆에서 소리치는 말도 겨우 들릴 정도였다.

"그 말은 어디서 났나?"

파브리스는 너무 당황해 그만 이탈리아 말로 대답했다.

"L'ho comprato poco fa(조금 전에 막 산 것입니다)."

"뭐라고?" 장군은 큰 소리로 되물었다.

그러나 이때 주위가 더욱 소란스러워져 파브리스는 더 대답할 수 없었다. 이때 우리 주인공의 태도가 그다지 영웅답지 못했음을 솔직히 고백하겠다. 하지만 공포심은 오히려 그 뒤에 생긴 것으로, 무엇보다도 귀를 아프게 하는 포성이 불쾌했다. 호위병은 쏜살같이 말을 몰아 도랑 건너편의 쭉 뻗은 넓은 밭을 가로질러 달렸다. 그곳에는 시체가 흩어져 있었다.

"붉은 옷이다! 붉은 옷!" 호위병들은 즐거운 듯 외쳤다.

파브리스는 처음엔 그 의미를 파악하지 못했으나, 전진하면서 들에 깔린 시체가 거의 모두 붉은 군복을 입었다는 걸 알 수 있었다. 유심히 살펴보고 그는 공포로 몸서리쳤다. 붉은 군복을 입은 이 불쌍한 자들 대부분이 아직 살아 있었다. 분명히 그들은 살려달라 애걸하고 있었다. 하지만 아무도 발을 멈춰 구하려 하지 않았다. 파브리스는 몹시 인정이 두터웠으므로, 자기 말이 붉은 군복을 짓밟지 않도록 무던히 애를 썼다. 호위병은 말을 멈췄다. 파브리스는 병사로서의 직무는 생각지 않은 채 다만 불쌍한 부상병을 보며 말을 달리고 있었다.

"이놈아, 서라!" 상사가 외쳤다.

파브리스는 이 소리에 자기가 이미 장군들보다 오른쪽으로 스무 걸음쯤 앞섰다는 걸 알았다. 장군들은 그 방향을 망원경으로 들여다보고 있었다. 그래서 장군들보다 네다섯 걸음 후방에 있는 경기병 뒤에 서려고 돌아오는데, 장군들 중에서도 가장 뚱뚱한 자가 옆에 있는 장군에게 위엄 있게 무언가를 꾸짖는 말투로 이야기하는 모습이 보였다. 장군은 욕을 퍼붓고 있었다. 파브리스는 호기심을 억누르지 못하고, 전에 감옥지기 아내가 말을 하지 말라던 충고도 잊은 채 정확한 프랑스 말로 몇 마디 옆에 있는 병사에게 말을 건넸다.

"저기 옆 사람을 꾸짖고 있는 장군은 누굽니까?"

"뭐, 원수(元帥)도 몰라?"

"이름이 뭔데요?"

"네 사령관이야, 바보 같으니! 도대체 넌 지금까지 어느 부대에 있었나?"

파브리스는 성미가 급했으나, 이런 욕지거리에 화를 내지는 않았다. 다만 어린애 같은 감탄에 넋을 잃고는 이 용사 중의 용사라는 유명한 모스코바 공작을 바라보고 있었다.

갑자기 일행은 전속력으로 달렸다. 얼마쯤 가자 스무 걸음쯤 앞에 독특하게 갈아놓은 밭이 보였다. 밭고랑에는 물이 가득 고여 있고, 두덩을 이루는 몹시 습한 땅은 검고 고운 흙덩어리로 1미터 이상 높았다. 파브리스는 지나며 이상한 느낌을 받았다. 그러나 곧 그의 마음은 또다시 원수의 영광을 생각하기 시작했다. 바로 옆에서 비명이 들려왔다. 경기병 두 사람이 총알을 맞고 말에서 떨어진 것이었다. 뒤돌아봤을 땐 이미 그들은 스무 걸음쯤 뒤처져 있었다. 피투성이가 된 말이 밭에서 자기 배에 두 발을 대고 몸부림치고 있는 처참한 광경은 소름 끼쳤다. 말은 일행을 뒤쫓으려 했다. 진흙 속에 피가 흘렀다.

아! 나도 이젠 전쟁터에 왔구나! 그는 중얼거렸다. 포화가 보인다. 나도 군인이 되었다. 이때 호위병은 다시 전속력으로 달리기 시작했다. 파브리스도 여기저기서 흙이 튀는 것은 탄환 때문임을 알았다. 어디서 날아오는 것인지 아무리 살펴보아도 단지 멀리 포대의 흰 연기만 보일 뿐이었다. 단조롭고도 계속적인 포성에 섞여 매우 가까이에서 사격 소리가 들리는 듯했다. 그는 어리둥절했다.

바로 이때, 장군들과 호위병 일행은 1.5미터가량 움푹 팬 물투성이 길로 내려갔다.

원수는 말을 멈추고 다시 쌍안경을 들여다보았다. 파브리스는 이번엔 마음껏 원수를 볼 수 있었다. 커다란 붉은 얼굴에 금발이었다. '이탈리아엔 저런 얼굴은 없다. 나처럼 창백한 얼굴에 밤색 머리털을 하고서는 저리 될 수 없겠지.' 그는 비관하듯 생각했다. 그 자신은 결코 영웅이 될 수 없으리라는 의미다. 그는 경기병들을 두루 훑어보았다. 단 한 사람을 빼놓고는 모두가 누런 수염을 길렀다. 파브리스가 호위하는 경기병들을 바라보고 있는 동안, 그들 또한 그를 뚫어지게 쳐다보고 있었다. 그들의 시선을 느낀 그는 낯을 붉혔다. 민망한 나머지 적 쪽으로 얼굴을 돌렸다. 그쪽은 붉은색 인간들이 줄지어 있는 넓은 전선이었다. 놀랍게도 그들은 굉장히 조그마하게 보였다. 사단으로 된 그들의 기다란 줄이, 연대가 아니라면 그의 눈에는 울타리만 한 높이로 보였을 뿐이다. 붉은색 기병대는 원수와 호위병들이 진흙 속을 헐떡이며 천천히 말을 몰고 있는 움푹 팬 길로 달려오고 있었다. 포연으로 앞이 전혀 보이지 않았다. 그러나 때때로 흰 연기 속에서 말을 몰고 있는 기병들의 모습이 눈에 띄었다.

갑자기 적진으로부터 네 사람이 전속력으로 달려오는 것이 보였다. '아! 우리가 공격을 받는구나.' 그는 생각했다. 그러자 그중 두 사람이 원수에게 무언가를 이야기했다. 원수를 따르던 장군 한 사람이 호위병 둘과 방금 왔던 네 사람을 데리고 적진으로 달려갔다. 파브리스는 도랑을 건너서부터는 줄곧 인상이 좋은 상사 곁에만 있었다. 이 사람에게 한번 말을 건네볼까 했다. 그러면 저자들도 아마 나를 앞으로는 유심히 보지 않으리라. 그는 한참 고민한 끝에 상사에게 묻고 말았다.

"전 전쟁에 참가한 것이 처음입니다. 이것이 진정 전쟁이란 겁니까?"

"그렇다 할 수 있지. 그런데 도대체 넌 누구지?"

"전 어느 대위의 처남입니다."

"그 대위의 이름이 뭐야?"

파브리스는 몹시 당황했다. 이런 질문을 받으리라고는 미처 생각지 않았기 때문이다. 다행히도 원수와 호위병은 다시 말을 달렸다. 어떤 프랑스 이름을 꾸며댈까? 그는 곰곰이 생각해보았다. 마침 파리에 있었을 때의 여관집 주인 이름이 떠올랐으므로, 자기 말을 상사 말에 붙이며 온 힘을 다해 외쳤다.

"뫼니에 대위입니다!"

상사는 포성 때문에 잘 알아듣지 못했다.

"아! 퇴리에 대위 말이지? 응, 그래, 그 사람은 전사했어."

'옳지, 됐다!' 파브리스는 마음속으로 중얼댔다. 퇴리에 대위다. 슬픈 얼굴을 해야지.

"하느님 맙소사!" 그는 비통한 얼굴로 외쳤다.

모두 아랫길을 나와 조그마한 목장을 질러갔다. 전속력으로 달렸다. 또다시 포탄이 날아왔다. 원수는 기병사관 쪽으로 말을 몰았다. 호위병은 헤아릴 수 없는 시체와 부상병 속을 달리고 있었다. 그러나 이젠 이런 광경은 더 이상 파브리스에게 인상 깊지 않았다. 그의 마음을 끄는 것은 달리 있었다.

호위병들이 멈추는 동안 그는 여자 상인의 조그만 마차를 발견했다. 그러자 이 존경할 만한 일행에의 애정에 못 이겨 그는 여자를 쫓으려 말을 달렸다.

"서, 이놈아!" 상사가 외쳤다.

나보고 어찌 하라는 것인가, 이리 생각한 파브리스는 그대로 여인에게로 말을 몰았다. 말에 박차를 가했을 때엔 혹시 오늘 아침의 친절한 여자일지도 모른다는 희망을 가졌었다. 하지만 말도 마차도 비슷했으나 주인은 전혀 다른 여자로, 어딘지 심술궂게 보였다. 가까이 가자 여자의 말이 들렸다.

"참 잘생겼는데!"

참으로 역겨운 광경이 풋내기 병사를 맞이했다. 180센티는 될 듯한 미소년인 흉갑기병의 한쪽 발을 자르고 있었다. 파브리스는 눈을 감고 브랜디를 네 잔이나 연거푸 들이마셨다.

"흥, 제법인데. 조막만 한 주제에!" 여자가 소리쳤다. 브랜디를 보자 문득 좋은 생각이 떠올랐다. 경기병들의 환심을 사야겠다는 생각이었다.

"병에 남은 것을 전부 주시오." 여인에게 말했다.

"하지만 오늘 같은 날엔 이 정도나 남았으면 10프랑은 내놓아야죠."

그가 달려서 경기병 있는 곳에 돌아오자 상사가 소리쳤다.

"아, 한잔 가져왔군그래! 그래서 달려갔었군, 자 이리 줘."

병을 차례차례 돌렸다. 마지막 사나이까지 다 마시자, 병을 공중으로 던지고는 파브리스에게 말했다.

"고맙네, 친구!"

모두가 다정하게 그를 쳐다보았다. 이 눈초리는 파브리스의 마음을 누르고 있던 천근 같은 짐을 단번에 날려주었다. 파브리스는 주위 사람들의 우정이 없으면 견디지 못하는 너무나도 섬세한 마음의 소유자였다. 비로소 그는 동료들의 이상한 눈초리를 받지 않게 되었다. 그들과의 사이에 유대가 생겼다. 파브리스는 한숨을 크게 쉬었다. 그리고 나서 안심하며 그는 상사에게 말을 건넸다.

"퇴리에 대위가 전사했다면, 어디로 가야 누이를 만날 수 있을까요?"

뫼니에라고 하지 않고 제대로 퇴리에라고 말하고 나자 그는 자기가 어쩐지 작은 마키아벨리쯤 된 듯한 기분이었다.

"저녁때가 되면 알 수 있겠지." 상사가 대답했다.

호위대는 다시 보병사단 쪽을 향해서 출발했다. 파브리스는 완전히 술에 취했다. 브랜디를 지나치게 마셨기 때문이다. 안장 위에서 떨어질 것만 같았다. 지나치게 술을 마셨을 때엔 말의 귀 사이를 보며 옆 사람이 하는 대로 따라해야 한다고, 어머니의 마차를 모는 마부가 노상 하던 이야기가 문득 떠올랐다. 원수는 여러 기병대 옆에 오랫동안 서서 하나하나 돌격시켰다. 그러나 한두 시간 동안 파브리스는 주위에서 무슨 일이 일어나는지 조금도 의식하지 못했다. 피로감이 몰려왔다. 말이 달리자 마치 납덩어리처럼 안장 위로 쓰러졌다. 갑자기 상사가 부하들에게 소리쳤다.

"황제가 보이지 않느냐? 이 자식들아!"

그 자리에서 호위병들은 "황제 폐하 만세!" 소리 높여 외쳤다. 파브리스의 눈이 얼마나 휘둥그레졌는지 누구나 짐작할 수 있으리라. 그러나 그는 장군들이 호위병을 데리고 달리는 모습이 보일 뿐으로 뒤따르는 용기병들의 모자에 달린 기다란 장식에 가려져 얼굴을 분별할 수 없었다. 그놈의 망할 브랜디 때문에 이러한 전쟁터에서 황제를 못 보고 말았다! 이리 생각하니 갑자기 술기운이 싹 가셨다.

일행은 물이 고인 길로 내려갔다. 말이 물을 원했기 때문이다.

"그럼 저기를 지나간 분이 황제였습니까?" 그는 옆 사람에게 물어보았다.

"그렇고말고. 수놓은 옷을 입지 않은 분이 폐하야. 왜 못 봤나?" 그 친구는 친절하게 대답했다.

파브리스는 황제의 호위병 뒤를 쫓아가서 그들과 합류하고픈 생각이 간절했다. 그 영웅을 따라다니며 실제로 싸운다면 얼마나 좋을까! 프랑스에 온 것도 그 때문이 아닌가. 그는 마음만 먹으면 가능하다 생각했다. 결국 내가 여기에 이러고 있는 이유는 이 장군들을 뒤쫓아온 말을 따른 것뿐이리라.

그러나 파브리스를 그대로 머물러 있게 한 것은 전우가 된 경기병들이 그를 다정하게 대했기 때문이었다. 몇 시간 전부터 함께 달려온 이 병사들이 친한 친구처럼 여겨지기 시작했다. 타소와 아리오스토의 주인공 사이의 고귀한 우정이 그들과 자기 사이에도 생긴 것 같았다. 황제의 호위병을 따라간다면 새 친구를 다시 만들어야 했다. 혹 그들은 그를 안좋게 볼 수도 있다. 왜냐하면 그들은 용기병이고 그는 원수를 뒤따르고 있는 다른 전우나 매한가지로 경기병 군복을 입고 있기 때문이다. 전우들이 그를 보는 태도는 파브리스를 행복의 절정으로 몰아넣었다. 이 전우들을 위해서라면 무슨 일이든 사양치 않으리라. 몸과 마음 모두 들떠 있었다. 이 전우들과 함께 있으면서부터 어쩐지 모든 것이 달라진 것만 같았다. 무엇이든 물어보고 싶어 견딜 수 없었다. 하지만 난 아직도 술기운이 있다, 감옥지기 아내의 말을 잊어서는 안 된다 생각했다. 그는 움푹 팬 길에서 나와서야 비로소 호위병들이 네 원수와 동행하고 있지 않다는 걸 알았다. 지금 그들이 따르고 있는 장군은 무뚝뚝한 얼굴에 무서운 눈을 한 사람이었다.

이 장군은 바로 A백작으로, 1796년 5월 15일의 로베르 중위 그 사람이었다. 파브리스 델 동고를 만난 줄 알았다면 그는 얼마나 기뻐했을까!

총탄으로 튀는 검은 흙을 볼 수 없게 된 지 벌써 많은 시간이 흘렀다. 흉갑기병 연대 뒤에 도착하자 또다시 산탄이 흉갑을 맞고 튀는 소리가 똑똑히 들려왔으며, 몇 명의 병사들이 쓰러지는 것이 보였다.

해는 이미 저물어 호위병이 낮은 지대를 빠져나와 1미터가 넘는 조그마한 비탈을 올라가 밭 속에 들어갔을 무렵에는 벌써 지평선 너머로 지기 시작했다. 파브리스는 바로 옆에서 이상한 소리를 들었다. 돌아보니 병사 네 사람이 말과 함께 쓰러져 있었다. 장군도 쓰러졌으나 피투성이가 되어 일어났다. 파브리스는 땅 위에 나동그라진 흉갑기병을 유심히 내려다보았다. 세 사람은 아직도 경련하듯 꿈틀거리고 있었으나 나머지 한 사람은 이렇게 외치고 있었다.

"날 꺼내줘!"

상사와 병사 두셋이 장군을 구하려고 말에서 내렸다. 장군은 부관에게 의지하며 몇 발자국 걸으려 했다. 그는 땅에 쓰러져 미친 듯이 발버둥치는 말을 멀리하려 했다.

상사는 파브리스에게 다가왔다. 이때 파브리스는 바로 뒤에서 이런 소리를 들었다.

"아직 뛸 수 있는 것은 이놈뿐이로군."

그러자 누가 발을 잡는 듯하더니 높이 추켜올리면서 몸을 팔 위로 얼싸안아 말 궁둥이로 해서 미끄러뜨렸다. 그는 땅바닥에 엉덩방아를 찧고 말았다.

부관은 파브리스의 말고삐를 잡았고, 장군은 상사의 부축을 받아 말에 올라타자마자 재빨리 말을 몰았다. 살아남은 6명의 병사도 재빨리 그 뒤를 쫓았다. 파브리스는 미친 듯이 벌떡 일어나 이탈리아 말로 외치며 쫓아갔다.

"Iadri! Iadri! (도둑이야! 도둑!)"

전쟁터에서 도둑을 뒤쫓는다는 것은 아무리 생각해도 재미있는 일이었다.

호위병과 장군 A백작은 이윽고 버드나무 숲 속으로 사라졌다. 노여움에 이성을 잃은 파브리스는 어느덧 버드나무 숲까지 달려왔다. 꽤 깊은 도랑에 다다라 그 도랑을 건너 언덕에 올라섰을 때 장군과 호위병이 아직도 저 멀리 나무 사이로 사라져가는 모습이 보였으므로 또다시 욕설을 퍼부으며 이번엔 프랑스 말로 외쳤다.

"도둑이야 도둑!"

말을 잃은 것보다도 배반당한 것에 실망한 그는 피로와 굶주림에 못 이겨 도랑 언덕 위에 쓰러지고 말았다. 그의 훌륭한 말을 적에게 빼앗긴 것이라면 그토록 상심치는 않았으리라. 그러나 그처럼 좋아하던 상사며, 형제처럼 여기던 경기병들에게 배신당하여 도둑 맞다니! 마음이 찢어지는 듯했다. 이런 지독한 모욕을 받고 마음을 가라앉힐 수 없었다. 버드나무에 등을 기댄 채 뜨거운 눈물을 흘렸다. 해방된 예루살렘 영웅들의 우정과도 비슷한 기사적이며 숭고한 우정의 아름다운 꿈은 무참히도 하나하나 깨졌다. 마지막 숨을 거둘 때 손을 잡아주는 다정하고 영웅적인 마음씨의 귀한 친구들에게 둘러싸인다면 죽음이 찾아온들 무엇이 두려우랴. 그러나 비천한 악당들에게 둘러싸여서 어찌 내 열정을 유지할 수 있으랴! ! ! 파브리스는 격분한 사람이 모두 그렇듯 과장된 생각을 했다. 이렇게 감상에 젖어 있는 동안, 그는 총탄이 자기가 있는 숲까지 날아오기 시작했음을 깨달았다. 일어서서 정세를 살피려고 넓은 도랑과 우거진 버드나무 숲으로 둘러싸인 들판을 둘러보았다. 어디로 가야 할지 막막했다. 1킬로미터가량 앞쪽에 한 보병 부대가 도랑을 건너 목장으로 들어서고 있었다. '난 졸고 있었군. 여하튼 포로가 되면 큰일이다.' 이렇게 생각하고는 그는 몹시 빠른 걸음으로 걷기 시작했다. 나아감에 따라 조금씩 마음이 편안해졌다. 연대는 프랑스 군대였다. 그는 그들과 합류하려고 오른쪽으로 질러갔다.

부당하게 배반당하고 말을 빼앗겨 정신적인 고통을 받았을 뿐 아니라 다른 고통 또한 심하게 느껴지기 시작했다. 배가 고파 죽을 지경이었다. 그는 거의 뛰다시피 걸었다. 한 10분쯤 가다보니 그와 매한가지로 몹시 빨리 진군하던 보병대가 진을 치기 위해 서 있는 모습이 보였다. 그는 말로 표현할 수 없는 기쁨을 느꼈다. 그로부터 몇 분 뒤에는 선두에 선 병사들 사이에 끼어 있었다.

"여보게, 빵 한 조각 팔지 않겠나?"

"어, 이것 봐라, 우리를 빵장수로 아는 모양이지!"

이런 몰인정한 말과 뒤이어 여기저기서 터져나오는 비웃음은 파브리스를 낙담하게 했다. 전쟁이란 그가 나폴레옹의 선언에서 상상해온 것처럼 영광을 사랑하는 영혼들이 일치단결해서 움직이는 고귀한 약동이 결코 아니었다! 그는 풀섶 위에 주저앉았다. 아니, 앉았다기보다는 털썩 쓰러졌다 해야 옳을 것이다. 얼굴은 몹시 창백해졌다. 그에게 대답했던 병사는 열 걸음가량 떨어진 곳에서 손수건으로 총을 닦고 있다가 그에게 다가와 빵 한 조각을 던져주었다. 그래도 그가 주우려 하지 않는 걸 보더니 집어서는 입안에 넣어주었다. 파브리스는 눈을 뜨고 말할 기운도 없는 듯 그 빵을 먹었다. 다 먹은 뒤 값을 치르기 위해 그 병사를 찾으려고 보니 부근에는 자기 혼자뿐이었다. 그와 가장 가까이 있던 병사들도 벌써 1백 걸음은 멀리 떨어져 행진하고 있었다. 그는 기계적으로 벌떡 일어나 그 뒤를 쫓았다. 숲 속으로 들어갔다. 피로로 쓰러질 것만 같아 눈으로 적당한 장소를 찾고 있었다. 바로 이때 처음엔 말을, 다음엔 마차를, 그리고 마침내 아침에 헤어졌던 여자 상인을 발견했을 때의 그의 기쁨을 무어라 표현할 수 있을까? 여인은 곧 그에게 달려와 그의 얼굴색을 보고 놀라서는 물었다.

"좀더 걸어봐, 어디 다쳤어? 그리고 그 좋은 당신 말은 어쨌지?"

여인은 이렇게 말하며 그를 마차로 데리고 가 두 팔 밑으로 얼싸안아 마차에 태웠다. 마차에 올라타자마자 파브리스는 피로를 견디지 못하고 깊은 잠에 빠졌다.

제4장

조그마한 짐마차 바로 옆에서 총소리가 나도, 여사 상인이 힘껏 매질하여 말을 쏜살같이 몰아도 그는 잠에서 깨어나지 않았다. 온종일 승리를 믿어 의심치 않은 연대였지만, 벌떼같이 몰려드는 프로이센 기병들에게 불의의 습격을 받아 후퇴하기 시작했다. 후퇴라기보다는 프랑스로의 도망이었다.

마콩의 뒤를 이은 멋쟁이 대령은 적의 칼에 쓰러지고 말았다. 그 다음으로 지휘권을 쥔 백발의 늙은 대대장은 연대를 멈추며 호령했다.

"안 돼! 공화국 시절엔 적이 코앞에 올 때까지 움직이지 않았다. ……조금도 물러나지 마라, 죽음으로 막아라!" 그는 부하들에게 욕설을 퍼부으면서 외쳤다. "지금 이 순간 프로이센군은 조국의 땅을 짓밟으려는 것이다!"

마차가 서자 파브리스는 번쩍 눈을 떴다. 해는 벌써 저물어 그는 어두운 주위를 보고는 깜짝 놀랐다. 혼란 속에서 병사들이 이리저리 왔다 갔다 하는 모습에 눈이 휘둥그레졌다. 모두 당황한 눈치였다.

"도대체 어떻게 된 일이죠?" 파브리스는 여인에게 물었다.

"아무 일도 아냐. 우리 편이 쫓기는 처지야. 프로이센 기병들이 쳐들어왔다는 것뿐이라고. 대장이란 바보 같은 작자가 처음엔 그들을 아군이라 믿었거든. 자, 빨리 마차의 고삐를 고치는 걸 좀 도와줘. 끊어졌단 말이야."

열 걸음쯤 떨어진 곳에서 총소리가 들려왔다. 기운을 차린 파브리스는, "정말이지 온종일 난 전쟁을 한 게 아니라 단지 장군을 호위하고 다녔을 뿐이로군그래." 이렇게 혼자 중얼거리며 여자에게 말했다.

"난 싸워야 해요."

"진정해, 싸울 수 있을 테니까. 진절머리가 나도록 말이야! 우리가 진 게 확실하거든."

"오브리 씨." 여인은 옆을 지나쳐가는 하사에게 말을 건넸다. "가끔이라도 좋으니 내 마차를 살펴봐줘요."

"당신은 전투에 참가하십니까?" 파브리스는 오브리에게 물었다.

"천만에, 이제부터 무도회에 가려고 신을 신으려는 거지."

"나도 따라가겠습니다."

"귀여운 경기병을 잘 부탁해요. 용감한 도련님이니까요." 여자가 외쳤다.

오브리 하사는 아무런 대답도 않고 걸어갔다. 병사 여덟아홉가량이 달려와 그를 뒤따랐다. 하사는 그들을 갈대로 둘러싸인 떡갈나무 뒤로 데리고 갔다. 그곳에 다다른 뒤에도 한마디 말도 없이 숲가에 한 줄로 길게 흩어져 진을 치게 했다. 각자의 거리가 적어도 열 걸음은 떨어져 있었다.

"자, 잘 들어!" 하사는 말했다. 처음으로 하는 말이었다. "명령이 있을 때까지 쏘면 안 된다. 탄약이 세 통밖에 남지 않았다는 걸 잊지 마라."

파브리스는 도대체 어떻게 될지 궁금했다. 마침내 하사와 단둘이 있게 되자 그에게 말했다.

"난 총이 없는데요."

"잠자코 있어! 여기서 쉰 걸음쯤 앞으로 가면 쓰러진 병사가 있을 테니 그놈의 총을 집어와. 부상병의 것을 빼앗으면 안 돼. 죽어 자빠진 놈의 것을 가져오란 말이야. 아군 총에 맞지 않게 빨리 가."

파브리스는 곧장 뛰어가 소총과 탄약통을 가지고 돌아왔다.

"총을 장전하고 이 나무 뒤에 가만히 있어. 명령할 때까지 절대로 움직이면 안 돼……" 하사는 말을 멈췄다. "아! 이놈은 장전할 줄도 모르는군!" 그는 파브리스를 도와주면서 행동 요령을 일러주었다. "만일 적의 기병이 칼을 휘두르며 달려오거든, 이 나무를 뱅뱅 돌다가 아주 가까이 눈앞에까지 왔을 때 쏘란 말이야. 즉 너의 총검이 적의 옷에 달락 말락할 때 쏴야 해. 그리고 그 기다란 칼은 버려! 공연히 발에 걸려 넘어지고 싶은가? 도대체 요새 병사들은 왜 이따위들이야!"

이렇게 말하며 하사는 손수 파브리스의 칼을 끄집어내 세차게 멀리 내던져버렸다.

"이봐, 손수건으로 총구를 닦아둬. 도대체 총을 쏴본 적이 있어, 없어?"

"사냥은 해봤는데요."

"그럼 됐다만!" 하사는 크게 한숨을 쉬며 말했다. "아무튼, 내가 명령할 때까지는 쏘지 마라."

이 말과 함께 그는 가버렸다.

파브리스는 몹시 기뻤다. 이제야 진짜 전쟁을 하게 되었다. 적을 죽여야지! 오늘 아침엔 놈들이 총을 마구 쏴대도 난 그저 맞아 죽으라고 가만히만 있었단 말이야. 어리석었지. 그는 호기심을 억누르지 못하고 주위를 둘러봤다. 바로 옆에서 일고여덟 방의 총소리가 났다. 그러나 사격 명령이 없었으므로 그는 나무 뒤에 조용히 숨어 있었다. 해는 거의 저물었다. 마치 그리앙타 머리 위에 우뚝 솟은 드라메차나 산속으로 곰 사냥을 가서 곰이란 놈이 나타나기만을 숨어서 기다리는 듯했다. 그러자 사냥꾼다운 생각이 문득 떠올랐다. 그는 탄약통에서 총알을 하나 꺼냈다. 만일 짐승을 발견하면 절대로 놓쳐서는 안 된다. 그는 두 번째 탄알을 장전했다. 숨어 있는 나무 바로 옆에서 총소리가 들려왔다. 이와 동시에 푸른 군복의 기병이 전방 오른쪽에서 왼쪽으로 달려가는 모습이 보였다. '아직 가까이 오지는 않았군, 그러나 이만한 거리라면 맞출 자신이 있다.' 그는 총구로 기병을 쫓아 마침내 방아쇠를 당겼다. 기병은 말과 함께 쓰러졌다. 파브리스는 마치 사냥을 하고 있는 기분이었다. 그는 쓰러진 짐승에게 기뻐 날뛰며 달려갔다. 그리고 다 죽어가는 듯한 사나이에게 손을 대려 했다. 그때 맹렬한 속도로 두 프로이센 기병이 그를 향해 달려오고 있었다. 파브리스는 전력질주하며 숲 속으로 도망쳤다. 잘 뛸 수 있도록 총도 버렸다. 숲 가장자리 팔뚝만 한 굵기의 곧은 떡갈나무가 몇 그루 심어져 있는 곳까지 다다랐을 때엔 프로이센 기병이 이미 그의 서너 발짝 뒤까지 쫓아와 있었다. 이 조그마한 떡갈나무는 그래도 잠깐은 적 기병들의 눈을 속였지만, 그곳에서 빠져나오자 다시 파브리스를 쫓기 시작했다. 곧 잡힐락 말락 할 때, 그는 대여섯 그루의 굵은 나무 사이로 살짝 빠져 들어갔다. 바로 그 순간 앞에서 쏜 대여섯 방의 포화에 얼굴이 타오르는 것 같았다. 머리를 숙였다. 얼굴을 들어보니 하사의 얼굴이 보였다.

"자네가 맡은 놈은 죽였나?" 오브리 하사가 물었다.

"예, 하지만 총을 잃어버렸어요."

"총 같은 건 얼마든지 있다. 제법이군그래…… 바보 같더니만. 그만하면 됐어. 그런데 너를 뒤쫓아온 적 두 놈을 모두 놓쳐버렸단 말이야. 난 그걸 전혀 몰랐거든. 이젠 빨리 후퇴해야지. 연대는 벌써 2킬로미터쯤 앞에 가 있을 테고, 더구나 그곳 조그마한 들에서는 아군이 반원진을 칠 수 있을 거야."

이렇게 말하면서 하사는 10여 명의 부하들을 이끌고 빠른 걸음으로 걷기 시작했다. 얼마쯤 가서 그가 말한 들에 들어서자 장군 한 사람이 부상을 당해 부관과 하인의 부축을 받고 있는 모습이 보였다.

"4명을 이리 보내." 장군은 다 죽어가는 목소리로 하사에게 말했다.

"날 위생부대까지 날라야 해. 발을 다쳤다."

"바보 같은 소리 작작해!" 하사는 대답했다. "장군이란 작자들은 오늘 모두 황제를 배반했어."

"뭐라고?" 장군이 호령했다. "명령이 안 들리나? 난 너희 사단장 B백작이야……."

장군은 계속해서 떠들어댔다. 부관이 달려들었다. 하사는 그 팔을 총검으로 찔러버리고, 부하와 함께 더욱 빠른 걸음으로 길을 재촉했다.

"모두 너처럼 팔이나 발을 다쳐야지!" 하사는 자꾸 욕을 퍼부었다. "비겁한 자식들! 부르봉 패들에게 매수돼서 황제를 배반하다니!"

파브리스는 이런 추잡한 욕을 듣고 놀랐다.

밤 10시쯤 되자 이 소대는 몹시 좁은 길이 여러 개 난 커다란 마을 어귀에서 연대와 합류했으나, 오브리 하사는 어느 장교와도 이야기하려 하지 않았다.

"발 디딜 데가 없군!" 하사는 외쳤다.

어느 길이나 보병과 기병, 그리고 특히 포탄과 화물 운반차로 가득했다. 하사는 세 갈래 길로 갈라지는 곳까지 왔다. 그러나 곧 앞으로 더는 갈 수 없게 되었다. 모두가 욕을 하며 화를 냈다.

"어떤 놈인지 아직도 배반자가 명령하고 있군!" 하사는 소리쳤다. "적이 이 마을을 우회하기라도 하면 우린 모두 개 취급받는 포로가 되지 않는가. 너희는 나를 따라와."

파브리스는 주위를 둘러보았다. 하사를 뒤따른 사람은 6명뿐이었다. 그들은 활짝 열린 커다란 문을 통해 넓은 농가 안뜰의 마구간 안을 지나 마구간의 조그마한 문으로 마당에 나왔다. 마당 안을 잠깐 헤매다가 울타리를 넘으니 마침내 넓은 검정보리밭이 나왔다. 30분도 채 되기 전에 아우성과 소란에 이끌려 다시 마을 건너편 큰길에 들어섰다. 길가 도랑은 내버린 총으로 가득했다. 파브리스는 그 속에서 총 한 자루를 주웠다. 길은 꽤 넓었지만 도 망병과 마차로 혼잡했으므로, 30분에 겨우 5백 걸음 정도 전진했을 뿐이었 다. 사람들 말로는 이 길이 샤를루아로 통한다고 했다. 마을의 시계가 11시 를 가리킬 때 하사가 말했다. "다시 밭을 질러가자."

이 소대도 이제는 겨우 병사 3명과 하사와 파브리스만이 남았다. 국도에 서 4킬로미터쯤 오자 병사 한 사람이 말했다.

"이젠 더 걸을 수 없습니다."

"저도요." 다른 사가 말을 이었다.

"마침 잘됐다. 저기서 쉬자" 하사가 말했다. "그러나 모두 내 말을 잘 들 어. 내 말대로만 하면 잘될 거야."

이 넓은 보리밭 한가운데에 흐르는 조그만 도랑을 따라서 대여섯 그루의 나무가 서 있었다.

그것을 보자 그는 부하에게 명령했다. "나무 밑으로 가!" 모두가 그 나무 밑까지 오자 이렇게 덧붙였다. "거기에 드러누워. 절대로 소리를 내서는 안 된다. 하지만 자기 전에 잠깐, 빵을 가진 자는 손들엇!"

"접니다." 병사 한 사람이 대답했다.

"내놔" 하사는 상관다운 태도로 말했다.

그는 빵을 다섯 조각으로 나누어, 자기가 제일 작은 것을 가졌다.

"날이 밝기 조금 전에." 빵을 먹으면서 하사는 말을 계속했다. "적 기병의 습격을 받을지도 모른다. 죽지 않도록 주의해야 돼. 이런 넓은 들에 있을 때 에 후방에서 기병의 습격을 받으면, 더욱이 혼자라면 위험하다. 그러나 다섯 사람이면 승산이 있다. 그러니 내게 붙어 있어. 반드시 가까워지면 쏴야 한 다. 내일 밤에는 꼭 샤를루아로 데리고 갈 테니."

하사는 날이 밝기 한 시간 전에 병사들을 깨워 각자의 무기를 장전시켰다. 큰길의 소란은 여전히 계속되고 있었다. 밤새도록 끊이지 않았다. 멀리서 들 려오는 급류 소리와도 같았다.

"마치 양떼가 도망가는 것 같군요." 파브리스는 무심코 하사에게 말했다.

하사는 버럭 화를 내며 욕을 했다. "입 닥쳐, 이 자식아!" 세 병사들도 마 치 모욕당한 듯한 얼굴로 그를 째려보았다. 그는 이 나라 국민에게 욕을 한 셈이었다.

'대단한데!' 파브리스는 생각했다. '밀라노의 부왕(副王)도 이런 때가 있었어. 이 작자들이 도망치고 있는 게 아니라고? 프랑스 사람들에게는 진실을 말해선 안 된다지. 그 진실이 허영심을 자극시키는 경우라면 말이야. 하지만 그들의 심술궂은 태도를 난 경멸한다. 그걸 분명히 그들에게 알려주고 말 테다.' 일행은 국도에 넘치는 패잔병의 흐름으로부터 언제나 오백 걸음가량의 거리를 두고 전진했다. 4킬로미터쯤 가자 하사와 그의 일행은 국도와 연결된 길을 넘어섰는데 그곳에는 수많은 병사가 뻗어 있었다. 파브리스는 40프랑으로 비교적 훌륭한 말을 사고, 사방에 흩어진 칼 가운데 커다랗고 곧은 것을 하나 골라잡았다. 찔러야 한다고 했으니 이 정도가 적당하리라고 생각했다. 이렇게 무장을 하고는 말을 달려서 앞서 간 하사의 뒤를 쫓았다. 그는 등자를 단단히 딛고, 왼손으로 꼿꼿한 칼집을 쥐고서는 4명의 프랑스군에게 말했다.

"국도로 도망가는 군대들은 마치 양떼 같군. 놀란 양떼처럼 걸어가고 있어……."

양이라는 말에 힘을 주었으나 아무런 반응이 없었을뿐더러, 그들은 이미 한 시간 전에도 이와 똑같은 말에 격노했던 사실조차 잊고 있었다. 여기에 프랑스 사람과 이탈리아 사람과의 성격에 한 가지의 뚜렷한 차이가 보인다. 프랑스 사람이 분명 더 행복하리라. 그들은 인생의 여러 사건 위를 미끄러져 나갈 뿐 아무런 원한도 품지 않는다.

양이라는 말을 하고 난 파브리스가 자기만족에 취해 있음은 숨길 수 없는 사실이었다. 일행은 실없는 이야기를 나누며 길을 계속 걸어갔다. 그로부터 8킬로미터나 걸었는데도 적 기병과 한 번도 만나지 않은 것을 뜻밖이라 여긴 하사는 파브리스에게 말했다.

"넌 우리의 기병이다. 저기 조그만 둑 위의 농가까지 달려가서 돈을 낼 테니 밥 좀 먹여줄 수 있는가 물어보고 오너라. 이쪽은 5명밖에 안 된다고 말을 잘해야 돼. 우물쭈물하거든 네 돈에서 5프랑만 미리 내란 말이야. 걱정 마라, 식사가 끝나면 그 돈을 다시 빼앗아줄 테니."

파브리스는 하사를 쳐다보았다. 그에겐 함부로 다가가기 어려운 엄숙함이 있었고, 더구나 정신적인 우월을 과시하는 태도였다. 그는 복종했다. 모든 것이 지휘관의 예상대로 진행됐으나, 파브리스는 다만 그가 농부에게 준 5

프랑을 폭력으로 도로 빼앗으려는 데는 반대했다.

"그 돈은 내 거요." 그는 전우들에게 말했다. "난 당신들을 위해서 그 돈을 내어준 게 아니라 농부가 내 말에게 귀리를 준 값이란 말이오."

파브리스의 프랑스 말 발음이 너무나 서툴렀으므로, 전우들은 그의 말투에 어딘지 거만스러운 데가 있다고 느꼈겠다. 그래서 몹시 격분한 그들은 날이 저문 뒤에 결투하리라 굳게 마음먹었다. 자기들과는 전혀 다른 인간인 듯싶어 화가 난 것이다. 한편 파브리스는 반대로 그들에게 더욱 깊은 우정을 느끼기 시작했다.

두 시간 전부터 그들은 한마디 이야기도 나누지 않고 계속 걷기만 했다. 이때 국도를 바라다보던 하사는 기쁨에 못 이겨 큰 소리로 외쳤다.

"연대가 저기 있다!"

그들은 곧 국도로 달려갔다. 그러나 웬일인지 군기 주위로 무리를 지어 가는 인원이 2백 명도 되지 않았다. 그 여자 상인의 모습이 파브리스의 눈에 띄었다. 그녀는 걸으면서 이따금 충혈된 눈에서 눈물을 흘리고 있었다. 파브리스는 그 조그마한 마차며 코코트라는 말은 어찌 되었나 찾아보았으나 아무 데도 보이지 않았다.

"빼앗기고, 잃어버리고, 도둑 맞았어!" 여자는 파브리스와 눈길이 마주치자 이렇게 소리 질렀다.

파브리스는 아무 말 없이 말에서 내려 고삐를 잡으며 타라고 했다. 여인은 곧장 그렇게 했다.

"등자를 좀 줄여줘."

그녀는 말에 올라타자 그날 밤 일어난 난리를 자세히 이야기하기 시작했다. 그칠 줄 모르는 기나긴 이야기에 파브리스는 열심히 귀 기울이고 있었으나, 사실 전혀 알아들을 수 없었다. 그러나 그는 여자에게 왠지 모를 애정을 느꼈다. 이야기가 끝나자 여인은, "게다가 내 물건을 빼앗고 때리고 이 불행 속에 몰아넣은 것은 프랑스 병사들이란 말이야." 이렇게 덧붙였다.

"뭐라고요! 적이 아니란 말이죠?" 파브리스는 사람 좋게 말했다. 이럴 때 그의 아름다운, 침통하고도 창백한 얼굴은 몹시 사랑스러웠다.

"당신은 참 어리석기도 하지." 여자는 눈물을 글썽거리면서도 미소 지었다. "그건 그렇고, 당신은 정말 친절한 사람이야."

"그런데 이 친절한 사나이가 프로이센 병사를 멋지게 해치웠거든." 마침 소란 속을 헤치고 우연히도 여자가 탄 말 반대편에 와 있던 오브리가 말했다. "그렇지만 이자는 여간 거만하지가 않아……" 하사는 말을 계속했다.

파브리스는 어깨를 으쓱했다.

"그런데, 이름이 뭐지? 혹 보고서를 쓸 일이 있으면 자네 이름도 적어넣을까 싶어서 말이야."

"바지라고 합니다." 파브리스는 기묘한 얼굴로 대답하다가 "그러니까 불로라는 말이지요." 이렇게 재빨리 정정했다. 불로는 B감옥 감옥지기의 아내가 준 여권의 주인 이름이었다. 그도 어느 정도 생각이 깊어졌고 이제 무엇을 보아도 놀라지 않으므로 전전날 밤부터 걸어가면서 여권을 자세히 조사해두었던 것이다. 물론 경기병 불로의 여권 말고 이탈리아인의 여권도 소중히 간직하고 있었기 때문에 기압계 상인 바지라는 고상한 이름을 댈 수도 있었다. 따라서 하사가 그를 거만하다고 비난했을 때, 이렇게 대답할까 하는 생각도 했었다. "내가 거만하다고! 난 델 동고 후작의 아들 파브리스 발세라지만, 기압계 상인 바지란 이름을 잠깐 빌렸을 뿐이오."

그가 여러모로 돌이켜보면서 '불로란 이름을 잊어서는 안 된다. 그렇지 않으면 감옥에 가야 할 운명이 닥쳐올지도 모른다' 생각하고 있는 동안, 하사와 여자 상인은 서로 그에 대한 이야기를 나누고 있었다.

"내가 쓸데없이 참견한다고 욕하진 마세요." 여자는 지금까지 허물없이 대하던 말투를 고쳐서 말했다.

"내가 여러 가지를 묻는 것은, 오직 당신을 위해서예요. 도대체 당신 정체가 뭐예요?"

파브리스는 곧장 대답하지 않았다. 대화 상대로서 이만큼 친절한 친구는 없을 성싶었다. 더욱이 현재 그는 의논 상대가 필요했다. 머잖아 우리는 요새에 들어갈 터인데, 그때 사령관은 분명 내가 누군지 알고 싶어하리라. 그럴 때 만일 내 대답으로 지금 입고 있는 군복의 경기병이 제4연대엔 존재하지 않는다는 사실이 탄로나면 그야말로 감옥행이 아닌가. 파브리스는 오스트리아 영토에 사는 사람으로선 여권이 얼마나 중요한 것인지를 잘 알고 있었다. 아무리 그가 귀족 출신이며, 신앙이 두텁고 또한 세력 있는 당파에 속해 있다 한들 여권에 관한 한, 한두 번 고생한 것이 아니었다. 그러므로 여인의 질문에 곧바로 대답하지 않은 것은 기분이 상해서가 아니라 다만 대답하기 전에 가장 적당한 프랑스 말을 찾고 있었기 때문이었는데, 그로 말미암아 더욱 호기심이 발동한 여자는 빨리 입을 열게 하려 이렇게 덧붙였다.

"오브리 하사와 나는 당신이 실수하지 않도록 좋은 의견을 내려는 거예요."

"그건 잘 알고 있어요. 난 바지라고 하는 제노바 사람입니다. 누이는 미인으로 유명했지만 어느 대위와 결혼했지요. 내가 아직 열일곱 살밖에 안 돼서 누이가 프랑스를 구경시키고, 또 교육도 받게 하려고 불렀습니다. 파리에 가보니 집은 비었고, 이곳 군대에 있다는 말을 들었기에 여기까지 왔습니다만, 아무리 찾아도 없었습니다. 그러는 동안 사투리가 너무 심하다는 이유로 병사들이 기겁하며 날 체포했었지요. 그러나 그때 내가 지니고 있던 돈을 헌병에게 쥐여주었더니, 헌병은 나에게 여권과 군복을 주면서 이렇게 말하더군요. "자, 어디로든지 꺼져라! 절대로 내 이름을 입 밖에 내선 안 돼."

"그자의 이름이 뭐지?" 여자가 물었다.

"말하지 않겠다는 약속을 했습니다." "옳은 말이야." 하사가 맞장구쳤다. "그 헌병은 쓸개 빠진 놈이지만 이름을 대선 안 돼. 그건 그렇고 누이의 남편이라는 대위 이름은 뭐야? 이름만 안다면 우리가 찾아낼 수 있을는지도 모르지."

"퇴리에라고, 경기병 제4연대의 대위입니다."

"그러니까 틀림없이 너의 외국인 같은 사투리 때문에 병사들이 첩자로 생각했던 게로군" 하사는 퍽 예리한 관찰로 이렇게 말했다.

"바로 그것이 괘씸하단 말입니다!" 파브리스는 눈을 번쩍이며 대답했다. "난 황제와 프랑스 사람을 이토록 사랑하고 있는데! 내가 가장 분개한 것은 그런 모욕을 받은 데 있습니다."

"뭐, 모욕은 아니지. 그렇게 생각하는 건 자네의 오해일세. 병사들의 잘못도 당연하거든." 오브리 하사는 근엄하게 말했다.

그러고는 제법 박식한 체하며 군대에선 누구나 어느 연대에 속해서, 반드시 제복을 입고 있지 않으면 첩자로 오인되는 것이 오히려 당연하다는 설명을 늘어놓았다. 적은 수많은 첩자를 풀어놓았다. 이번 전쟁에선 모두가 배반자다. 파브리스는 비로소 두 달 동안, 자기에게 일어난 일은 모두가 자기 잘

못 때문이었다는 것을 깨달았다.

"아무튼, 우리는 이 철부지한테서 모든 것을 들어둬야 해요." 점점 더 호기심에 사로잡힌 여인은 이렇게 말했다.

파브리스는 그녀가 원하는 대로 다 말했다. 이야기가 끝나자, 그녀는 심각한 얼굴로 하사를 쳐다보면서 말했다.

"정말 이 사람은 군인이 아니군요. 이렇게 싸움에 지고 배반당한 이상 앞으로 전쟁은 더욱 비참해질 거예요. 도저히 이길 가망성도 없는데, 이 사람이 희생당해야 할 이유가 어디 있어요?"

"게다가 장전하는 법조차 모르니. 프로이센 병사를 쏘아 떨어뜨렸을 때에 탄환도 내가 장전해주었거든."

"더구나 아무에게나 돈을 보이니 말이에요. 도둑맞을 거예요."

"맨 처음에 만난 기병 하사관이 빼앗아 마셔버릴걸. 그러고는 적으로 몰 거야. 모두가 배반하는 세상이니. 처음 보는 사람이 따라오라고 해도 틀림없이 따라갈걸. 역시 우리 연대에 들어오는 것이 그나마 좀 나을 거야."

"그러지 않아도 됩니다. 하사님." 파브리스는 힘 있게 말했다. "난 말을 타고 가는 편이 훨씬 좋습니다. 총은 장전하는 법도 모르고, 말을 부릴 수 있다는 건 아까 보신 바와 같으니까요."

파브리스는 이 간단한 말을 하고 몹시 만족했다. 그 뒤에도 하사와 여인은 앞으로의 그의 처신에 대해서 여러 가지 이야기를 나누었으나 여기에선 생략한다. 그들의 이야기가 파브리스 귀에 들렸다. 이야기 내용인 즉 두 병사들이 파브리스를 의심한 것, 여권과 군복을 판 헌병, 전날 밤 원수의 호위병 속에 섞이게 된 경위, 또 달려가는 황제를 본 이야기 등, 그에게 일어난 여러 사건들에 관한 것이었다.

그녀는 여자다운 호기심으로 자기가 사준 훌륭한 말을 그자들이 어떻게 빼앗았는지 몇 번이나 물어보려 했다.

"처음에는 두 발을 잡힌 것처럼 느꼈다고 했지요? 그 다음에 조용히 말 궁둥이로 미끄러 내려뜨려 땅바닥에 철썩 엉덩방아를 찧게 했다고요!" 파브리스는 중얼거렸다. "왜 이렇게 자꾸 말하는 건지 모르겠군. 세 사람 모두 알고 있는 이야기를." 프랑스에선 민중이 이런 식으로 관념을 탐구한다는 사실을 그는 아직 몰랐던 것이다.

"돈은 얼마나 가지고 있어요?" 갑자기 여인이 물었다. 파브리스는 망설이지 않고 대답했다. 이 여자의 성품은 곱다고 확신했기 때문이다. 이는 프랑스의 아름다운 면이다.

"전부 합쳐 나폴레옹 금화 30개와 5프랑짜리 에퀴가 10개쯤 남았을 걸요."

"그럼, 어디든지 갈 수 있지 않아요?" 그녀는 외쳤다. "이런 패전군에서 빨리 빠져요. 옆으로 빠져나가, 오른쪽으로 길 같은 것이 있으면 그리로 해서 부대와는 항상 거리를 유지하면서 빨리 말을 몰아요. 기회가 닿거든 맨먼저 옷을 사 입어야 해요. 40킬로미터쯤 가서 군대가 보이지 않게 되면 우편마차라도 타고 어디든 좋은 마을을 찾아가 일주일 동안 고기라도 먹으면서 쉬세요. 군대에 있었다는 이야기는 아무에게도 하지 말구요. 도망병인 줄 알고 헌병이 잡을지 모르니까. 당신은 퍽 얌전하지만, 아직 헌병을 속여넘길 만한 꾀는 없거든요. 평민의 옷으로 갈아입고 나서는 여권 같은 건 찢어버리고 바지라는 본명을 쓰세요."

"하지만 어디서 왔다고 하면 좋을까요?" 그녀는 하사를 돌아보았다.

"에스코 강변의 캉브레에서 왔다고 하면 돼. 아담하고 좋은 동네야. 대성당도 있고, 페늘롱이 태어난 곳이기도 하거든."

"그게 좋겠어요. 전선에 있었다고 말하면 절대 안 돼요. B감옥의 일이며 여권을 판 헌병 이야기도. 파리에 돌아가고 싶으면 먼저 베르사유로 가서 산책이라도 하는 듯한 얼굴로 걸어 파리의 성벽을 지나가야 해요. 나폴레옹 금화는 바지 속에 꿰매 넣어두고, 특히 돈을 치러야 할 때에도 꼭 필요한 돈만 보여야 해요. 왠지 모르게 당신은 남에게 잘 속아넘어갈 것만 같아 걱정이 되는군요. 모두 도둑맞을 듯싶어서. 더구나 당신은 세상 물정을 전혀 모르는 것 같은데 돈이 없어지면 어떻게 할 작정이에요?"

사람 좋은 여인은 아직도 장황하게 이야기를 늘어놓았다. 하사는 말할 틈이 없어 여인의 의견에 동의하는 듯 고개를 끄덕거릴 뿐이었다. 이때 갑자기 큰길에 넘쳐흐르던 사람들의 발길이 빨라지는 듯하더니, 순식간에 길 왼쪽에 난 도랑을 뛰어넘어 허둥지둥 도망치기 시작했다.

"코사크병이다! 코사크병!" 여기저기에서 떠드는 소리가 들려왔다.

"자, 빨리 말을 타요!" 여자가 외쳤다.

"그런 말 말아요! 빨리 도망쳐요. 말은 당신에게 줄 테니. 그리고 작은 마차라도 살 돈이 필요하지 않을까요? 자, 이 돈의 반을 줄게요."

"당신이 타라니까요!" 여자는 화난 듯 호통쳤다.

그리고 그녀는 말에서 내리려 했다.

파브리스는 칼을 뽑았다.

"꼭 잡고 있어요!" 그는 이렇게 외치고는 칼등으로 두서너 번 말의 등을 쳤다. 말은 쏜살같이 뛰어 도망병의 뒤를 쫓았다.

파브리스는 큰길을 바라보았다. 조금 전까지만 하더라도 3, 4천 명의 군대가 마치 행렬을 따라가는 백성들처럼 밀고 밀리는 야단법석이었건만, 코사크라는 말이 들려온 뒤로는 그야말로 한 사람도 보이지 않았다. 도망병들은 모자도 총도 칼도 모두 버리고 갔다. 파브리스는 놀라 길 오른쪽 밭에 6미터 가량 높이 쌓여진 흙 위에 올라서서 큰길 양편과 들판을 둘러보았다. 코사크 병사라곤 그림자도 보이지 않았다. 프랑스 사람이란 참 우습기 짝이 없다고 그는 생각했다. 난 오른쪽으로 가야 하니 이대로 곧장 가면 되리라. 내가 이해 못하는 이유로 저들은 그리도 급히 도망친 것이리라. 그는 총 한 자루를 주워서 장전되었는지 확인한 다음, 발사관의 화약을 흔들어보고 총구를 깨끗이 닦았다. 그리고 속이 꽉 차 있는 탄약갑을 골라넣고, 다시 한 번 주위를 둘러보았다. 조금 전까지 그렇게도 많은 사람으로 뒤덮였던 들 한가운데 지금은 그 혼자뿐이었다. 저 멀리 도망병들이 숲 속으로 사라지는 것이 보였다. 그들은 아직도 달음질치고 있었다. '아무래도 이상한데!' 그는 생각했다. 그리고 전날 밤 하사가 사용했던 방법이 생각나 보리밭 한가운데 주저앉았다. 그러고는 꼼짝하지 않았다. 그 친절한 친구들, 여자 상인이며 오브리 하사를 다시 만나고 싶어서였다.

그는 보리밭 속에 앉아 나폴레옹 금화를 확인하니 그가 생각했던 30개가 아닌 18개뿐이었다. 그래도 B감옥 감옥지기 아내의 방에서 경기병의 장화 속에 넣어두었던 조그마한 다이아몬드가 조금 남아 있었다. 왜 이리도 빨리 돈이 없어졌을까, 곰곰이 생각하면서 나폴레옹 금화는 되도록 교묘하게 숨겼다. 이 또한 불길한 징조가 아닐까 생각했다. 그리고 오브리 하사에게 이렇게 물어보지 않은 사실이 내내 유감스러웠다.

"내가 정말 전투에 참가하고 있는 건가요?" 자신은 그런 것 같은데, 그것을 확인받았으면 그는 더없는 행복을 느꼈으리라……

　"그러나 난 죄수의 이름으로 참가한 몸이다. 호주머니에는 죄수의 여권이 있으며, 게다가 그 작자의 제복을 입었거든! 이거야말로 앞날이 불길하군. 블라네스 신부가 들으면 뭐라고 할까? 더욱이 불로라는 사나이는 옥사했겠다! 처음부터 끝까지 불길한 징조뿐이야. 운명은 아마 나를 감옥으로 이끌지도 모른다." 불로라는 경기병이 정말 죄가 있었는지 없었는지를 알기 위해서라면, 파브리스는 무슨 짓이든 했을 것이다. 기억을 더듬어보면 B감옥 감옥지기의 아내는 그 경기병이 은그릇을 훔쳤을 뿐 아니라 농사꾼의 소를 강탈하고는 상대를 몹시 때린 죄로 체포된 거라고 말했던 듯싶다. 파브리스는 자기도 틀림없이 그 경기병의 범죄와 똑같은 죄를 짓고 투옥당하리라 생각했다. 그는 블라네스 신부 생각을 했다. 신부에게 의논할 수만 있다면 얼마나 좋을까. 그리고 파리를 떠난 뒤 아직 한 번도 고모에게 편지를 못 보낸 일도 생각났다. 불쌍한 지나! 그는 이렇게 중얼거리자 눈에 눈물이 가득 고였다. 갑자기 바로 옆에서 바스락거리는 소리가 났다. 한 병사가 재갈을 풀어놓은 세 마리 말에게 보리를 먹이고 있는 소리였다. 말은 몹시 배가 고픈 모양이었다. 병사는 말고삐를 잡고 있었다. 파브리스는 새끼 자고새처럼 후다닥 일어났다. 병사는 깜짝 놀랐다. 이를 보자 파브리스는 앞서 경기병이 했던 짓을 자기도 한번 해보고 싶은 충동을 느꼈다.

　"그중의 한 마리는 내 것이다, 이놈아!" 그는 호통쳤다. "하지만 여기까지 끌고 온 수고로 5프랑을 주지."

　"날 바보 취급할 셈이야?" 병사가 대답했다.

　파브리스는 여섯 발자국쯤 떨어져서 총을 겨누었다.

　"말을 내놔, 그렇지 않으면 쏜다!"

　병사는 총을 짊어지고 있었으므로 그것을 내리려고 어깨를 돌렸다.

　"조금이라도 움직이면 죽인다!" 파브리스는 상대에게 달려가서 외쳤다.

　"그럼 5프랑을 내고 골라 가." 아무도 없는 큰길을 원망스러운 눈빛으로 바라보며 병사는 말했다.

　파브리스는 왼손으로 총을 높이 쳐들고 오른손으로 5프랑 세 닢을 세게 내던졌다.

　"내려. 내리지 않으면 없다. ……검정 말에 재갈을 물려라. 그리고 나머지 두 마리를 끌고 사라져버려. ……쓸데없이 움직이면 쏜다."

병사는 인상을 잔뜩 찌푸리면서도 하라는 대로 했다. 파브리스는 어슬렁어슬렁 멀어져가는 병사에게서 잠시도 눈을 떼지 않은 채 말에게로 다가가 왼손으로 고삐를 잡았다. 그러고는 병사가 50미터쯤 갔을 무렵에 재빨리 올라탔다. 올라타서 오른발로 오른쪽 등자를 찾고 있으려는데 바로 옆을 총알이 피융 하고 스쳤다. 총을 쏜 사람은 그 병사였다. 파브리스는 화가 치밀어 전속력으로 도망치는 병사를 뒤쫓았다. 병사는 곧 두 마리 중 하나에 올라타 쏜살같이 달아났다. "됐다, 총알이 여기까지 날아오진 못하겠지." 그는 중얼거렸다. 그가 산 말은 대단히 훌륭했으나 몹시 배가 고픈 모양이었다. 파브리스는 다시 큰길로 돌아왔다. 여전히 아무도 없었다. 그는 길을 건너 왼쪽 나지막한 둑으로 다시 말을 몰았다. 어쩌면 그 여자 상인을 만날지도 모른다는 생각에서였다. 그러나 둑 위에 와봐도 4킬로미터 이상이나 멀리서 병사들이 띄엄띄엄 걸어가는 모습이 보일 뿐이었다. '이젠 그 여잘 만날 수 없다.' 이렇게 생각하자 한숨이 절로 나왔다. 정직하고 친절한 여자였다! 그는 멀리 길 오른쪽에 보이는 농가에 이르러 말을 탄 채로, 돈을 먼저 내고 말에게 귀리를 먹였다. 그가 산 말은 몹시 굶주렸는지 말먹이통을 씹을 정도였다. 그로부터 한 시간 뒤, 파브리스는 그 여자나 하다못해 오브리 하사라도 만날지 모른다는 막연한 생각으로 큰길을 천천히 달렸다. 말을 몰며 자주 주위를 둘러보는 동안 어느덧 흙탕물 같은 개울에 아주 좁은 나무다리가 걸려 있는 곳까지 왔다. 다리 못 미쳐 길 오른쪽에 '백마관(白馬館)'이라는 간판이 달린 외딴 집 한 채가 있었다. 그곳에서 밥을 먹을까 생각했다. 다리 어귀에는 팔에 붕대를 맨 기병 장교가 있었다. 그는 말을 타고 있었는데, 몹시 침울해 보였다. 열 발자국쯤 떨어진 곳에서는 기병 세 사람이 땅바닥에서 파이프 손질을 하고 있었다. "저자들은 내가 치른 값보다 더 싼 값으로 내 말을 사고 싶어하는 얼굴이군그래." 부상당한 장교와 보병 세 사람은 그가 가까이 오기를 기다리고 있었던 것 같다. 저 다리를 건너지 말고, 오른쪽 개울 둑을 따라가는 편이 좋을지 모른다. 그것이 여자가 가르쳐준 안전한 길이다. ……그러나 이대로 도망친다면 내일은 반드시 그로 인해 창피를 당하리라. 더구나 내 말은 잘 달리겠지만, 저 장교 말은 아주 녹초가 되었겠지. 나를 말에서 내려뜨리려고 덤비면 달아나면 될 게 아닌가. 파브리스는 고삐를 당기며 되도록 천천히 다가갔다.

"빨리 와! 경기병." 장교가 위엄 있는 태도로 소리쳤다.

파브리스는 몇 발자국 다가서서는 멈췄다.

"왜 내 말을 빼앗으려는 건가요?" "그럴 리가 있나. 안심하고 이리 와."

파브리스는 장교를 유심히 바라보았다. 수염이 희고 퍽 정직해 보였다. 왼팔을 둘러맨 손수건은 피투성였고, 오른손에도 피묻은 붕대가 감겨 있었다. '그렇다면 저기 땅바닥에 있는 놈들이 내 말에 덤벼들 수 있겠군.' 이렇게 생각했으나 자세히 보니 그들도 부상을 입었다.

"여기서 보초를 서주게." 대령 견장을 단 장교가 말했다. "그리고 용기병이건 경기병이건 모두 네 앞에 나타나는 대로, 저 여인숙 안에 있는 르 바롱 대령이 집합하라는 명령을 내렸다고 전해라."

늙은 대령은 몹시 고통스러운 얼굴이었다. 그의 첫마디부터 파브리스는 대령에게 호감을 품었다. 그래서 꽤나 분별력 있게 대답했다.

"전 아직 어려서 아무도 제 말을 들으려 하지 않을 겁니다. 대령님의 자필로 된 명령서가 있으면 좋겠습니다만."

"그렇군." 대령은 한참 그를 쳐다보더니 말했다. "라 로즈, 네가 명령서를 써라. 넌 아직 오른손을 쓸 수 있으니까."

라 로즈는 말없이 호주머니에서 양피지 수첩을 꺼내 몇 줄인가 쓰더니, 그것을 찢어서는 파브리스에게 넘겨주었다. 대령은 그에게 같은 명령을 되풀이하면서 두 시간 동안만 보초를 서면 여기 있는 부상병 한 사람과 교대해주겠다고 덧붙였다. 그러고는 부하들과 함께 주막으로 들어갔다. 파브리스는 그들이 걸어가는 뒷모습을 지켜보며 나무다리 모퉁이에서 꼼짝하지 않았다. 기병 세 사람이 고통을 참고 있는 처참한 모습을 보려니 너무 가슴 아팠다. 그들은 마치 마술에 걸린 사람들처럼 보였다. 그러다가 접힌 종잇조각을 펴보니 다음과 같은 명령이 적혀 있었다.

제14군단 기병 제1사단 제2여단장이며, 제6용기병대 르 바롱 대령은 모든 용기병·엽기병·경기병에게 명령한다. 이 다리를 건너지 말고 다리 옆쪽 사령부 소재지 백마관에 집합하도록.

1815년 6월 19일 '생트'교 부근 사령부에서.

오른팔을 부상당한 르 바롱 대령의 명령에 의해서 대필함.

중사 라 로즈.

파브리스가 보초를 선 지 겨우 30분이 지나서였다. 엽기병 6명은 말을 타고, 3명은 걸어서 오고 있었다. 그는 그들에게 대령의 명령을 전달했다.

"곧 돌아오겠다." 이렇게 말하고서 말에 탄 엽기병 중 네 사람은 쏜살같이 다리를 건너가버렸다.

그래서 파브리스는 남은 두 사람을 붙잡고 다시 명령을 전했다. 옥신각신 심하게 말다툼을 하고 있는 사이에 걸어오던 세 병사마저 다리를 건너갔다. 남은 승마병 중 한 사람은 명령서를 다시 보자면서, 그것을 받아들더니 이렇게 말했다.

"전우들에게 이걸 보여야지. 그러면 틀림없이 돌아올 거야. 여기서 기다리게."

그러고 나서 그는 말을 몰아 다리를 건넜고 다른 한 사람도 그 뒤를 좇았다. 모든 것이 눈 깜짝할 사이의 일이었다.

파브리스는 화가 치밀어 백마관의 창문으로 얼굴을 내밀고 있는 부상병을 불렀다. 파브리스의 눈에 중사 계급장을 단 것같이 보이는 그 부상병은 언덕을 내려와 가까이 달려오면서 소리쳤다.

"칼을 빼! 자네는 보초를 서고 있는 거야."

파브리스는 명령대로 칼을 뽑았다. 그러고는 이렇게 말했다.

"명령서를 빼앗아 갔습니다."

"놈들은 어제 일에 앙심을 품은 게로군." 중사는 불쾌한 얼굴을 했다. "권총을 한 자루 줄 테니 혹시 명령을 듣지 않는 자가 있으면 하늘에 대고 한방 쏴. 그러면 내가 오든지 대령님이 나오실 테니까."

명령서를 빼앗겼다는 말을 했을 때 중사의 몹시 당황한 기색이 파브리스의 눈에 띄었다. 그는 중사가 보인 몸짓을 개인적인 모욕이라 생각했다. 그리고 앞으로는 제멋대로의 행동은 절대 용서치 않으리라 결심했다.

중사의 기마용 권총을 차고 파브리스가 의기양양하게 제자리로 돌아갔을 때, 또다시 7명의 말 탄 경기병이 달려왔다. 그는 다리를 가로막듯이 서서 대령의 명령을 전달했다. 그들은 몹시 화가 난 듯했는데, 그중에서도 대담한

자 하나가 그대로 다리를 건너가려고 했다. 파브리스는 전날 아침에 친구인 여자 상인이 칼로 베지 말고 찌르라고 말한 충고가 생각나서, 그 곧고 긴 칼 끝으로 병사를 찌르려고 몸을 겨누었다.

"허, 이놈 봐라. 우리를 죽일 작정이로군!" 경기병들이 소리쳤다. "우리가 어제 죽지 않은 걸 못마땅하게 여기는 모양이야."

그들은 일제히 칼을 뽑아 들고 파브리스에게로 몰려들었다. 그는 이제 죽었구나 하는 생각이 들었으나, 조금 전 중사의 당황한 기색을 떠올리며 그러한 경멸을 다시 받고 싶지는 않았다. 그래서 다리 위로 후퇴하면서 칼로 찌르려 애썼다. 그러나 그가 가지고 있는 중기병의 곧은 장검은 그에겐 너무나 무거워 그걸 다루느라고 몹시 우스꽝스러운 얼굴이 되었으므로, 경기병들은 곧 상대가 어떤 인간인지 알아챘다. 그래서 부상을 입히지 않고 다만 군복을 찢는 데 그치려 했다. 파브리스는 두 팔을 서너 번 가볍게 찔렸으나, 끝까지 여인의 충고를 충실히 지켜 기를 쓰고 칼로 찔러댔다. 불행히도 한 경기병의 손을 다치게 했다. 그 경기병은 애숭이 병사에게 찔린 데 화가 났는지 힘껏 반격했으므로 칼끝이 파브리스의 넓적다리 위쪽을 뚫고 들어왔다. 파브리스가 찔린 것은, 그의 말이 싸움에서 도망치지 않고 오히려 즐기는 듯 스스로 상대에게 덤벼들었기 때문이다. 파브리스의 오른팔에서 피가 흐르는 것을 보자 그들도 장난이 지나쳤다고 생각했는지, 그를 다리 왼편 난간 쪽으로 밀쳐놓고는 말을 몰아 달려갔다. 파브리스는 틈이 생기자 곧 대령에게 알리기 위해 권총을 공중으로 쏘았다.

그들과 같은 연대의 경기병들이 네 사람은 말을 타고, 두 사람은 걸어서 다리 쪽으로 오고 있었다. 권총을 쐈을 때에는 마침 다리로부터 2백 걸음쯤 떨어진 곳에서 다리 위의 사건을 지켜보는 중이었다. 틀림없이 파브리스가 자기네 편을 향해서 쏜 것이라고 생각하고는, 말 탄 네 사람은 칼을 높이 휘두르며 쏜살같이 그에게 덤벼들었다. 이번엔 진짜 습격이었다. 한편 권총 소리를 들은 르 바롱 대령은 여인숙 문을 열고 달려나와, 빠르게 말을 몰아오는 경기병이 다리 위에 다다랐을 때 그들에게 정지 명령을 내렸다.

"이제 와서 대령이고 뭐고 알 게 뭐야!" 그중 하나가 이렇게 외치면서 말을 계속 몰았다.

대령은 화가 나 말을 멈추고 부상당한 오른손으로 말고삐를 잡았다.

"서라! 괘씸한 놈 같으니. 난 널 알고 있다. 앙리에 대위의 중대원이지?"

"맞다! 그러니 대위가 직접 명령을 내려야 할 게 아닌가! 흥! 앙리에 대위는 어제 전사했단 말이야. 맘대로 해보시지……." 그는 비웃으면서 말했다.

그러고는 강제로라도 지나가려는 듯 늙은 대령을 떼밀었다. 대령은 다리에 깔린 돌 위에 엉덩방아를 찧었다. 다리 위에서 두서너 발자국 떨어진 곳에 있던 파브리스는 주막 쪽을 향해 서 있었기 때문에 그대로 말을 달렸다. 오른쪽에서 말고삐를 쥐고 놓지 않으려던 대령이 덤벼든 병사의 말 앞가슴에 밀려 땅 위에 쓰러졌으므로, 파브리스는 분에 못 이겨 그 경기병을 향해 칼끝을 겨누어 찔렀다. 다행히 경기병의 말은 대령이 쥐고 놓지 않는 고삐에 잡아당겨져 옆으로 몸을 움직였다. 그래서 파브리스의 기다란 중기병용 칼은 상대 앞가슴을 스쳐 눈앞을 지나갔다. 화가 치밀어 오른 경기병은 뒤돌아보면서 힘껏 찔렀다. 경기병의 칼은 파브리스의 소매를 찢고 팔을 찔렀다. 파브리스는 말에서 떨어졌다. 걸어오던 경기병 하나가 다리를 지키던 두 사람이 모두 쓰러진 것을 보자 그 기회를 놓치지 않으려고 파브리스의 말에 올라타 다리 위를 달려서 도망치려 했다.

주막에서 달려온 중사는 대령이 쓰러진 걸 보고는 중상을 입었다고 확신하고 파브리스의 말을 뒤쫓아가 말도둑의 허리를 찔렀다. 도둑은 말에서 떨어졌다. 다른 경기병들은 다리 위에 말을 타지 않은 중사뿐인 것을 보자 재빨리 말을 달려 도망쳤다. 걸어오던 사나이는 벌판으로 달아났다. 중사는 부상자들에게 가까이 갔다. 파브리스는 어느새 일어나 서 있었다. 그다지 아프진 않았으나 출혈이 심했다. 대령은 그보다 늦게 일어섰다. 쓰러져서 정신이 아찔했을 뿐, 다친 데는 없었다.

"그전에 다쳤던 손이 아플 뿐이야." 그는 중사에게 말했다.

중사가 쓰러뜨린 경기병은 죽어가고 있었다.

"흥, 꼬락서니하고는!" 대령은 비웃었다. 그러고는 중사와 함께 달려온 두 기병에게 말했다. "나 때문에 목숨을 잃을 뻔한 저 젊은 친구를 간호해라. 이제부터는 내가 다리 위에 서 있다가 저런 미친놈들을 잡아둘 테니. 어서 그 청년을 여인숙으로 데리고 가서 붕대를 감아줘. 내 속옷을 한 벌 쓰게."

제 5 장

다리 위에서 벌어진 이 사건은 1분도 채 걸리지 않았다. 파브리스의 상처도 대단치 않았다. 대령의 속옷을 찢어 팔을 감았고, 여인숙 2층 방에 잠자리를 잡아주려고까지 했다.

"하지만 2층에서 간호를 받고 있는 동안 외양간에 있는 내 말이 따분하여 다른 사람을 따라가지 않을까요?" 파브리스는 중사에게 말했다.

"신병치곤 제법 똑똑한 말을 하는데!"

중사는 이렇게 말하고는 파브리스를 말을 매놓은 외양간 속의 깨끗한 짚 위에 눕혔다.

그리고 나서 파브리스가 기운을 못 차리자 따뜻하게 데운 술을 한 잔 가져다주고 잠깐 이야기를 나누다 갔다. 그의 이야기에 섞인 몇 마디 칭찬에 파브리스는 새삼 천국에라도 올라간 듯한 기분이었다.

파브리스는 다음 날 새벽에야 겨우 잠에서 깨어났다. 말은 울어대고 몹시 소란스러웠다. 외양간은 연기로 가득 차 있었다. 파브리스는 처음엔 어찌된 영문인지 알 수 없었을뿐더러 자기가 어디에 있는지조차 깨닫지 못했다. 연기로 숨이 막힐 지경에 이르러서야 비로소 불이 났음을 알아챘다. 곧 그는 외양간을 빠져나와 말에 올라탔다. 얼굴을 들고 보니 외양간 위의 두 창문에서 연기가 솟아나오고, 지붕은 검은 연기로 뒤덮여 있었다. 1백 명가량의 도망병들이 밤사이 백마관에 도착했었는데, 그들은 제각기 욕지거리와 큰 소리로 아수라장을 이루고 있었다. 파브리스의 바로 곁에 있는 병사들 대여섯은 완전히 술에 취했는지 그중 한 사람은 그를 잡으려 하면서 소리쳤다.

"내 말을 어디로 끌고 가느냐?"

파브리스는 4킬로미터쯤 달리고 나서 뒤를 돌아보았다. 아무도 쫓아오지 않았다. 집은 불길에 휩싸여 있었다. 파브리스의 눈에 다리가 보였다. 상처 생각이 났다. 팔엔 붕대가 단단히 감겨 있어 몹시 열이 났다. '그 늙은 대령은 어떻게 됐을까? 내 팔에 붕대를 감으라고 속옷을 내주었는데.' 이날 아침에 파브리스는 매우 침착했다. 많은 피를 흘린 탓에 공상적인 그의 성격이 모두 사라져버린 것이었다.

'오른쪽으로 도망가자!' 그는 생각했다. 냇물을 따라 천천히 말을 몰았다. 냇물은 다리 밑을 지나 오른쪽으로 흐르고 있었다. 그는 마음 착한 여인의 충고가 생각났다. '정말 친절했지! 어쩌면 그리도 싹싹할까!'

한 시간쯤 가자 그는 기진맥진해졌다. '아이쿠! 기절하지나 않을지 모르겠군. 만일 정신을 잃으면 말을 도둑맞고 아마 옷도, 그리고 옷과 함께 보석까지도 빼앗기고 말 텐데.' 이젠 말을 다룰 힘은커녕, 말에서 떨어지지 않도록 몸을 가누기조차 어려웠다. 길가의 밭을 갈고 있던 한 농부가 그의 창백한 얼굴을 보고 맥주 한 잔과 빵을 나눠주었다.

"하도 얼굴이 창백하시기에 어제 전투에서 부상당한 분이 아닌가 생각했습죠." 농부는 말했다. 이처럼 도움이 절실한 순간은 없었다. 빵을 씹고 있노라니 앞을 바라보고 있던 파브리스의 눈이 아파왔다. 그는 정신을 가다듬어 고맙다는 인사를 하고는 물었다.

"그런데 도대체 여기가 어딥니까?"

농부는 4킬로미터 못 미쳐 종데르 마을에 다다를 것이니 거기에 가면 충분한 간호를 받을 수 있을 거라 했다. 파브리스는 몽롱한 의식 속에서도 오직 말에서 떨어지지 않으려고 집중하는 동안 어느새 마을에 도착했다. 대문이 열려 있는 집이 눈에 띄어 그리로 들어갔다. 그곳은 여인숙 '에트리유'였다. 곧 사람이 좋아 보이는 덩치 큰 안주인이 달려나왔다. 그녀는 동정심으로 인해 떨리는 목소리로 사람을 불렀다. 젊은 두 처녀가 그가 말에서 내리는 걸 도왔다. 그는 말에서 내리자마자 정신을 잃었다. 외과의사를 불러 치료했다. 파브리스는 이날 일은 물론 그 뒤 며칠 동안 혼수상태에 빠졌다.

칼에 찔린 넓적다리 상처는 몹시 곪은 것 같았다. 의식을 회복하자 그는 말을 돌봐달라고 부탁했다. 대가는 후하게 지불하겠다는 말을 너무도 많이 해 인상 좋은 안주인이며 딸들은 오히려 기분이 상했다. 따뜻한 간호를 받은 지 2주일이 되어, 조금씩 제정신이 들기 시작한 어느 날 저녁 여인숙 사람들의 걱정스러워하는 모습이 눈에 띄었다. 얼마 안 돼서 독일군 장교 하나가 그의 방으로 들어왔다. 장교의 질문에 여자들은 그가 조금도 알아듣지 못하는 말로 대답하고 있었으나 자기에 대한 이야기를 하고 있다는 건 대충 짐작이 갔다. 그는 잠든 체하고 있었다. 얼마 뒤 장교가 밖으로 나갔음을 알자, 그는 여인숙 사람을 불렀다. "그 장교는 내 이름을 적어서 체포하려는 거죠?"

안주인은 눈에 눈물을 글썽이며 고개를 끄덕였다.

"그러면 저 군복 안에 돈이 있으니까." 그는 침대에서 일어났다. "군복이 아닌 옷을 사주세요. 오늘 밤 떠나렵니다. 며칠 전에 길가에서 다 죽어가는 나를 구해 목숨을 건져주셨으니, 다시 한 번 도와주셔서 어머니를 만날 수 있도록 해주십시오."

그러자 주인아주머니의 딸들은 눈물을 흘렸다. 파브리스의 일로 마음이 아팠다. 프랑스 말을 좀 알았으므로, 침대 가까이 와서는 이것저것 물어보고 어머니와 플랑드르 말로 여러 가지 의논을 하기도 했다. 그 부드러운 시선은 언제나 우리 주인공 곁에 맴돌았다. 파브리스가 지금 달아나면 자기들에게 화가 미칠 것을 알면서도 그러한 위험을 감수하면서까지 그를 도망치게 해주려는 그들의 마음이 뼈에 사무치도록 전해왔다. 그는 두 손을 모아 진심으로 감사했다. 동네에 사는 한 유대인이 옷을 한 벌 마련해주었다. 그 사나이가 밤 10시쯤에 옷을 갖다주자 딸들은 파브리스의 군복에 대어 보고는, 훨씬 줄여야 한다는 걸 깨닫고 곧 일을 시작했다. 한시도 지체할 수 없었다. 파브리스는 군복에 숨겨두었던 몇 개의 나폴레옹 금화가 있는 곳을 가르쳐주고 새로 산 옷에 넣어 꿰매도록 부탁했다. 그 옷과 함께 새로 지은 구두도 한 켤레 사왔었다. 파브리스는 망설임 없이 이 친절한 처녀들에게 경기병 장화의 한곳을 가리키며 자르도록 했다. 그리고 조그마한 보석들을 새 구두 밑창에 넣어 숨겼다.

출혈로 인해 쇠약해진 탓인지 파브리스는 프랑스 말을 거의 잊어버리고 말았다. 그는 여자들에겐 이탈리아 말로 이야기했으나 그녀들은 이 지방의 플랑드르 사투리를 썼으므로 서로 손짓하며 이해할 수밖에 없었다. 이 젊은 처녀들은 전혀 욕심이 없었지만, 보석을 보자 그에 대한 열정이 한없이 부풀어 왕자가 변장한 것이라 여겼다. 가장 어리고 누구보다도 순진한 아니캥은 부끄러움도 없이 그에게 키스했다. 파브리스도 이 처녀들이 몹시 사랑스러왔다. 그래서 밤이 이슥해진 다음 의사가 그의 갈 길을 참작하여 얼마간의 포도주를 허락했을 때엔, 떠나고 싶지 않은 기분에 사로잡히기까지 했다. '이렇게 살기 좋은 곳이 또 어디 있을까?' 생각했다. 그래도 새벽 2시쯤엔 옷을 갈아입었다. 막 방을 나가려는데 친절한 주인아주머니는 몇 시간 전에 왔던 장교가 그의 말을 끌고 갔음을 알렸다.

"도둑놈 같으니!" 파브리스는 외쳤다. "부상자의 말을 가져가다니!"

이 젊은 이탈리아 청년은 반성하는 사고력이 모자라 자신이 도대체 어떤 내사로 산 말이었는지를 잊고 있었다.

"당신을 위해서 말을 빌려줬어요." 아니캥은 울면서 말했다. 그녀는 될 수 있으면 그가 떠나지 않기를 바랐다. 이별은 슬펐다. 주인아주머니의 집안사람이라는 씩씩한 두 젊은이가 파브리스를 도와 말에 태우고 도중에 말에서 떨어지지 않게 받쳐주었다. 다른 한 청년은 그들보다 약간 앞서서 혹시 감시하고 있는 이상한 자가 있지나 않은가 살폈다. 두 시간이나 길을 재촉한 다음에야 그들은 여인숙 안주인의 사촌 집에 도착했다. 파브리스가 아무리 말해도 따라온 청년들은 돌아가지 않았다. 산속 길은 누구보다도 자기네들이 잘 알고 있다며 고집하는 것이었다. "그렇지만 날이 밝아 내가 도망친 것이 알려졌을 때 당신들이 집에 없으면 그것만으로도 공연히 의심을 받을 텐데요." 파브리스는 말했다.

그들은 다시 길을 떠났다. 다행히도 날은 밝았지만 들판은 짙은 안개로 뒤덮여 있었다. 8시쯤 조그만 마을 가까이에 다다랐다. 젊은이 한 사람이 일행을 떠나서 역마가 약탈당했는가를 알아보러 갔다. 역장은 시간의 여유가 있었으므로 용케 역마를 숨기고 외양간에는 농사용 말만 매놓아 그걸 징발에 바쳤었다. 그래서 역마를 숨겨두었던 늪에서 두 필을 끌어냈다. 세 시간 뒤, 파브리스는 몹시 망가지긴 했으나 힘센 말 두 필이 끄는 조그마한 두 바퀴 마차에 타고 있었다. 이젠 완전히 기운도 차렸다. 주인아주머니 집안의 청년들과 헤어질 때엔 한없이 슬펐다. 파브리스는 온갖 말로 핑계를 댔으나 젊은 친구들은 돈을 받으려 하지 않았다.

"지금 당신 같은 처지엔 우리보다 돈이 더 필요합니다." 고지식한 젊은이들은 이렇게 대답할 뿐이었다.

결국 그들은 파브리스가 여인숙 여자들에게 보내는 두서너 통의 편지만 가지고 돌아갔다. 파브리스는 마차에 흔들리며 어느 정도 기운을 차려 여인숙 사람들에게 느끼고 있는 자기 심정을 자세히 알리고 싶었다. 그는 눈물을 글썽거리며 썼다. 어린 아니캥에게 보낸 편지에는 확실히 사랑을 표현하고 있었다. 그 뒤의 여행에는 별다른 일이 없었다. 아미앵에 도착하자 넓적다리의 상처가 몹시 아팠다. 시골 의사가 상처를 절개할 생각을 미처 하지 못해 그대로 치료한 게 곪은 것이었다. 수다스럽고 욕심 많은 가족들이 경영하는 이 아미앵의 여관에서 2주일을 지내는 동안 연합군은 프랑스를 침략하고 있었다. 그리고 그동안 파브리스도 딴사람이 되어버렸다. 그만큼 그는 자기가 경험해온 가지가지 사건을 깊이 반성했던 것이다. 다만 한 가지 어린애 같은 부분이 있다면, '내가 보아온 것이 전쟁이었단 말인가? 그것이 정말로 워털루 전투였을까?' 하는 의심이었다. 그는 태어나서 처음으로 글을 읽는 기쁨을 느꼈다. 신문이나 전쟁 이야기 속에 처음엔 네 원수를, 나중엔 다른 장군을 따라 뛰어다니던 장소가 혹시 적혀 있지나 않을까 늘 기대를 했다. 아미앵에 있는 동안 거의 매일같이 에트리유 여인숙의 친절한 여인들에게 편지를 썼다. 몸이 완쾌되자 곧 파리로 올라갔다. 그가 전에 묵었던 여관에는 어머니와 고모에게서 편지가 많이 와 있었다. 어느 편지고 모두가 그에게 빨리 돌아오라는 부탁이었다. 피에트라네라 백작부인의 마지막 편지에는 어딘지 수수께끼 같은 데가 있어서 그는 몹시 걱정스러웠다. 그 편지를 읽자 사랑 속에 도취되어 있던 몽상은 깨끗이 사라졌다. 그는 가장 큰 불행을 예감하는 데에는 단지 한마디 말이면 되는 성격이었다. 또한 그의 상상력은 무섭도록 면밀하게 그 불행을 그려보이는 것이었다.

편지에는 "너의 근황을 알리는 편지에 절대로 서명을 해선 안 된다"고 적혀 있었다. "돌아오더라도 곧장 코모 호수로 오지 말고, 스위스 영토인 루가노로 가서 머물거라." 고모는 그 조그마한 마을에 도착하면 카비라는 이름으로 행세하라고 일렀다. 또, 그곳에서 가장 좋은 여관에 하인이 가 있을 터이니 그가 어떻게 해야 할지 가르쳐줄 거라 했다. 편지는 다음과 같은 말로 끝맺고 있었다. "어떠한 방법으로라도 네가 저지른 미치광이 같은 행동을 숨겨라. 특히 인쇄되었거나 글로 쓴 서류는 무엇이든 몸에 지니지 말거라. 스위스에선 생트마르그리트(밀라노의 경찰서와 유치장이 있는 마을) 사람들이 따라다닐 게다. 혹시 내게 돈이 생기면 제네바의 발랑스 호텔에 사람을 보내겠다. 그러면 여기엔 적지 못할 사연으로, 이곳으로 오기 전에 네가 반드시 알아두어야 할 일들을 자세히 들을 수 있을 것이다. 하지만 하루라도 더 파리에 머물러서는 안 된다는 걸 잊지 마라. 이곳 첩자에게 들킬지 모르니." 파브리스의 상상력은 온갖 기이한 것을 그려냈다. 왜 고모가 이런 이상한 편지를 보냈을까? 그것을 알아내는 일 말고는 이젠 아무런 기쁨도 느끼지 못했다. 프랑스를 빠져나오면서 두 번의 검문을 받았으나 용케 통과할 수 있었다. 그런 불쾌한 봉변을 당한 것도 그가 가지고 있는 이탈리아 여권과, 앳된 얼굴과 팔을 붕대로 감아 목에 건 모습과는 너무나 동떨어진 기압세 상인이라는 그 이상한 신분 때문이었다.

마침내 제네바에 도착하자 그는 백작부인이 고용한 사나이를 만났다. 그 사나이의 말에 따르면, 파브리스는 온 이탈리아 왕국 내에 조직된 대규모 비밀결사의 어떤 제안을 가지고 나폴레옹에게 간 거라고 밀라노 경찰에 고발되어 있다는 것이었다. 그러한 여행 목적이 아니고서야 왜 가짜 이름을 썼겠느냐고 고발장에 적혀 있다고 했다. 그의 어머니가 진실은 고발장과 다르다는 것을 밝히려 애쓰고 있는데, 다음과 같은 점들을 무죄의 증거로 내세울 거라고 했다.

첫째, 그는 결코 스위스를 떠나지 않았다.

둘째, 그는 형과 싸운 뒤 곧장 집을 나갔다.

이 이야기를 듣고 파브리스는 자랑스러운 기분이 들었다. '말하자면 나는 외교사절과 같은 역할을 한 셈이로군! 그 위대하신 분과 만나 말을 건넬 수 있는 명예를 가졌었군그래.' 그는 자기 집안의 7대조 되는 사람으로 스포르차 공을 따라 밀라노에 도착한 자의 손자가 마침내는 공의 적에게 잡혀 사형당한 일이 생각났다. 그 사람은 우호적인 지방에 어떤 제안을 가지고 군대를 철수시키기 위해 스위스로 갔다가 잡힌 것이었다. 그는 족보에 있던 이 사건의 광경이 머리에 뚜렷이 그려졌다. 하인에게 여러 가지 질문을 하는 동안 파브리스는 그가 무언가 한 가지 일을 숨기고 있다는 걸 눈치챘다. 절대로 말해선 안 된다고, 특히 백작부인에게 몇 번이나 다짐했으면서도 그는 결국 입을 열고 말았다. 그것은 파브리스의 일을 밀라노 경찰에 고발한 사람이 그의 형 아스카니오라는 사실이었다. 이 참담한 소식에 파브리스는 경기를 일으켰다. 제네바에서 이탈리아로 가려면 로잔을 지난다. 두 시간만 있으면 로

잔으로 가는 역마차가 떠나기로 되어 있었지만, 그는 하루에 40에서 50킬로미터씩 걸어서 가려고 마음먹었다. 제네바를 떠나기 전 그는 이 고장의 어느 초라한 카페에서 한 청년과 싸웠다. 그 청년이 이상한 눈초리로 자기를 노려본다 느꼈기 때문이다. 그것은 더없는 사실로서, 냉정하고 이지적이며 오직 돈밖엔 모르는 그 제네바 청년은 그를 진짜 미치광이로 생각했다. 파브리스는 그곳에 들어서서는 성난 눈으로 주위를 두리번거리다 나온 커피를 바지 위에 엎어버리고 말았다. 이 싸움에서 파브리스의 충동적인 행동은 16세기식으로 다짜고짜 단도를 빼들고는 단숨에 달려들었다. 상대에게 결투를 신청하지도 않았다. 이렇게 격분할 때엔, 전에 배웠던 체면상의 예의 같은 건 완전히 잊어버리고 본능적으로 행동한다. 아니, 그 옛날 어린 시절로 되돌아간다고 하는 편이 맞으리라.

루가노에서 다른 심복을 만나 더 자세한 이야기를 듣고는 그는 더욱 화가 치밀었다. 파브리스는 그리앙타에선 여러 사람의 사랑을 받았으므로 아무도 그에 대해 말하지 않았을 것이다. 따라서 형의 불순한 책동만 없었더라면 모두 그가 밀라노에 있었다고 믿어 의심치 않는 얼굴을 했을 터이며, 경찰에서도 그의 부재를 알아냈을 리가 없는 것이다.

"물론 국경의 감시원은 틀림없이 도련님의 인상착의서를 가지고 있을 테니." 고모가 보낸 사람은 말했다. "만일 국도로 가면 베네치아 롬바르디아 국경에서 반드시 붙잡힐 겁니다."

파브리스와 하인들은 코모 호수와 루가노 사이의 산이라면 어떠한 샛길이든 잘 알고 있었다. 그들은 사냥꾼으로, 즉 밀수입자로 변장했다. 일행은 세 사람이었으며 모두 결의로 가득 찬 얼굴을 하고 있어 감시원을 만나도 상대는 인사만 할 뿐이었다. 파브리스는 집에 일부러 자정에 도착하도록 했다. 그 시간이면 아버지나 머리분을 칠한 하인들도 곤히 잠들었을 때다. 그는 아무렇지 않게 깊은 도랑으로 내려가 지하 창고의 조그마한 창문을 통해 집으로 들어갔다. 어머니와 고모가 기다리고 있었으며, 곧 누이들도 달려왔다. 애정섞인 흥분으로 눈물이 얼마 동안 하염없이 흘렀다. 가까스로 마음을 가라앉히고 차분하게 이야기하려니 어느새 날이 밝아왔다. 그는 자기를 불행하다고 생각하는 사람들에게 시간이 얼마나 빠르게 지나가는지를 알려주었다.

"네가 돌아온 것을 네 형은 몰랐으면 좋겠구나." 피에트라네라 부인이 말했다. "그런 못된 짓을 한 뒤로는 난 그 애에게 거의 말을 붙이지 않았다. 그래서인지 더욱 기분이 상한 것 같더구나. 하지만 오늘 밤에는 저녁을 먹을 때 하는 수 없이 말을 걸었지. 이 넘치는 기쁨을 어떻게든 숨겨야 하니깐 말이다. 그 앤 내가 굽힌 데 대해서 몹시 기분이 좋았던 모양이야. 그래 술을 마구 따라주었더니 주책없이 잘도 받아 마시더군. 그러니까 설마 어디 숨어서 그전처럼 살피고 있지는 않을 거야."

"우리 경기병은 당신 방에 숨겨야 할 거예요." 후작부인은 말했다. "곧 떠날 수도 없는 노릇이니. 이럴 때엔 별로 뾰족한 생각도 나지 않지만, 아무튼 그 무시무시한 밀라노 경찰의 눈을 피할 가장 좋은 수단을 찾아내야 할 텐데."

다들 이 의견에 따랐다. 다음 날이 되자 후작과 그의 맏아들은 부인이 온종일 시누이 방에만 틀어박혀 있다는 걸 깨달았다. 이 행복한 사람들이, 그날도 얼마나 애정과 기쁨에 도취되어 있었는가는 굳이 쓸 필요도 없다. 본디 이탈리아 사람들은 우리 프랑스 사람 이상으로 열렬한 공상에서 비롯된 의혹이나 미치광이 같은 생각에 사로잡히기 쉽지만, 한편 그들의 기쁨은 훨씬 강하고 지속적이다. 이날 백작부인과 후작부인은 완전히 이성을 잃고 있었다. 파브리스는 자신이 겪은 일들을 처음부터 끝까지 되풀이 이야기해야 했다. 결국 그들은 서로의 기쁨을 감추기 위해서 밀라노로 가기로 했다. 언제까지고 후작이나 그의 아들 아스카니오가 부리는 심복들의 감시를 피하기는 어려우리라 생각했기 때문이다.

그들은 집에서 평소에 이용하는 배를 타고 코모에 갔다. 이렇게라도 하지 않으면 여러모로 의심받을 게 분명했다. 코모 항구에 도착하자, 후작부인은 중요한 서류를 잊고 온 것이 막 생각난 듯 서둘러 뱃사공을 그리앙타로 돌려보냈다. 따라서 뱃사공은 부인들이 코모에서 무엇을 하고 시간을 보냈는지 알 수 없었다. 상륙하자 곧 부인들은 밀라노 성문 위에 우뚝 솟은 중세기 높은 탑 옆에서 손님을 기다리고 있는 마차 한 대를 빌려 탔다. 마부가 재빨리 출발했다. 시가지에서 1킬로미터가량 떨어진 곳에 다다르자 부인들과 친숙해 보이는 젊은 사냥꾼이 나타나, 자기도 사냥을 하면서 그곳으로 가는 길이니 밀라노까지 기꺼이 기사 노릇을 하겠다고 말했다. 모든 일이 순조로웠다. 부인들은 이 젊은 나그네와 즐겁게 이야기를 주고받는 사이에, 산 지오반니의 아름다운 언덕과 숲을 도는 모퉁이까지 왔다. 그때였다. 사복 헌병 세 사람이 말고삐를 잡으러 뛰어들었다.

"아이구! 남편이 밀고했구나." 후작부인은 이렇게 소리치고 나서 그대로 기절했다.

조금 뒤에 서 있던 중사가 휘청거리며 마차로 가까이 와서는 술집에서 막 나온 사람 같은 목소리로 이렇게 말했다.

"대단히 유감입니다만 임무상 할 수 없군요. 당신을 체포합니다, 파비오 콘티 장군."

파브리스는 중사가 자기더러 장군이라고 한 것에 놀림을 당한 듯싶어 기분이 상했다. 언젠가는 복수하리라 마음먹었다. 그러고는 변장한 다른 헌병들의 동태를 살피며 마차에서 뛰어내려 밭을 질러 도망칠 기회만을 엿보고 있었다.

백작부인은 조금 억지스런 미소를 지으며 중사에게 말했다.

"하지만 중사님, 당신은 열여섯 살밖에 되지 않은 이런 어린애를 콘티 장군이라고 생각하시나요?"

"당신은 장군의 따님이 아니십니까?" 중사가 되물었다.

"자, 그럼 저의 아버지를 좀 보세요." 백작부인은 파브리스를 가리키며 말했다.

헌병들은 웃음을 터뜨렸다.

"잔소리 말고 여권을 보여주십쇼." 모두가 웃는 가운데 화가 난 중사는 말했다.

"이 부인들은 밀라노에 가시는데 그런 건 가져보신 일이 없어요." 마부는 차가운 말투로 분별 있게 말했다. "그리앙타 성에 계시는 분들로 이쪽 분이 피에트라네라 백작부인이시고, 저쪽 분은 델 동고 후작부인이십니다."

몹시 당황한 중사는 말 머리로 가서 부하들과 의논했다. 한 5분이나 지났을까, 백작부인은 마차를 좀 몰아 나무 그늘 밑에 들어가게 해달라고 부탁했다. 아직 아침 11시 무렵이었으나 몹시 무더웠다. 파브리스는 도망칠 궁리를 하며 주위를 유심히 살피고 있었는데, 때마침 밭을 가로지른 도랑길로부터 열너덧 살가량의 소녀가 먼지로 뒤덮인 큰길로 나오는 것을 보았다. 소녀는 손수건을 얼굴에 대고 울먹거리며 제복을 입은 두 헌병 사이에 끼어서 걸

어왔다. 그 세 발자국쯤 뒤에는 역시 두 헌병에게 잡힌 빼빼 마르고 키가 큰 노인이 마치 성체행렬을 따라가는 지사처럼 품위 있는 모습으로 걸어왔다.

"어디서 잡았어?" 낮술에 완전히 취해버린 중사가 물었다.

"밭을 질러서 도망치려 했습니다. 그리고 여권도 가지고 있지 않았어요."

중사는 어리둥절했다. 두 사람이면 충분한데 눈앞에 죄수가 5명이나 있지 않은가. 그는 그중에서 거만한 태도의 인물을 감시하기 위해 부하 한 사람과, 말을 붙잡고 있도록 다른 한 사람만을 남겨놓고는 몇 발자국 물러섰다.

"가만히 있거라." 백작부인은 이미 땅 위에 뛰어내린 파브리스에게 말했다. "잘될 터이니."

한 헌병의 떠드는 소리가 들렸다.

"상관없어요! 여권을 갖고 있지 않으면 누구건 체포해도 됩니다."

중사는 아직 결심을 굳히지 못한 듯했다. 피에트라네라 백작부인이라는 이름을 듣고 불안해졌기 때문이다. 그는 장군이 죽은 줄은 모르고 있었지만, 그가 어떤 사람인지는 잘 알고 있었다. "부인을 체포했다는 걸 알면 어떻게든 복수할 거야." 그는 혼잣말했다.

헌병들의 의논이 계속되는 동안 백작부인은 마차 옆 먼지 속에 서 있는 소녀의 아름다움에 감탄했다.

"그렇게 햇빛을 쏘이고 있으면 병이 나요, 아가씨. 이 군인 아저씨는" 부인은 말 앞에 있는 헌병을 보며 덧붙였다. "마차에 타는 걸 용서해주실 거예요."

마차 주위를 서성대고 있던 파브리스는 마차에 타는 걸 도우려고 소녀에게 가까이 갔다. 소녀가 파브리스에게 팔을 부축받으며 발판 위로 선뜻 올라서려 했을 때, 마차 뒤 대여섯 발자국쯤 되는 곳에 서 있던 그 거만한 인물이 끝까지 위엄을 갖추려는지 큰 소리로 외쳤다.

"길에 서 있거라. 남의 마차는 타는 게 아냐!"

파브리스는 이 명령을 듣지 못했다. 소녀가 내리려 하자 파브리스는 그녀를 팔 안에 가두었다. 그는 빙긋 웃었고 소녀의 얼굴은 새빨개졌다. 소녀가 그의 팔에서 빠져나온 뒤에도 두 사람은 잠깐 마주 보고 있었다. '감옥에 가더라도 이 사랑스러운 소녀와 함께라면 행복하겠구나.' 파브리스는 생각했다. '정말 깊은 생각이 깃들어 있는 이마를 가졌어! 이 소녀는 진정 사랑할

줄 아는 사람일 거야.'

중사는 위엄을 보이며 가까이 왔다.

"클렐리아 콘티가 어느 분입니까?"

"저예요." 소녀가 대답했다.

"그리고 나는" 노인이 소리쳤다. "파르마 대공전하의 시종장 파비오 콘티 장군이다. 나 같은 사람을 마치 도둑이라도 잡듯이 체포하다니 정말 괘씸하군."

"이틀 전 코모 호수에서 배를 탈 때 여권 검사를 하려는 김사관을 쫓아버리시지 않았습니까? 좋습니다! 오늘은 그 검사관이 당신을 구류합니다."

"그때엔 이미 배에 올라타 언덕에서 멀어져가고 있었네. 비바람이 칠 것 같아 급히 서둘렀었지. 제복도 입지 않은 사나이가 항구로 돌아오라고 둑에서 소리쳤지만, 난 이름을 대고 그대로 가버렸을 뿐이야."

"그리고 당신은 오늘 아침에도 코모에서 도망해왔죠?"

"나 같은 사람은 밀라노에서 호수 구경을 오는 데 여권 같은 걸 가지고 다니지 않아. 오늘 아침 코모에서 어떤 사람이 내게 성문에서 잡힐지도 모를 거라는 말을 했지만, 나는 딸을 데리고 마을을 걸어서 출발했다. 도중에 밀라노로 가는 마차를 잡아탈 작정이었어. 밀라노에 가면 물론 맨 먼저 지방사령관을 찾아가 항의할 작정이야."

중사는 겨우 안심한 듯한 모습이었다.

"좋습니다! 장군. 아무튼 당신은 체포된 거니까 내가 밀라노까지 동행하겠습니다. 그리고 도대체 당신은 누구죠?" 그는 파브리스에게 말했다.

"내 아들이에요." 백작부인이 대답했다. "피에트라네라 장군의 아들 아스카니오입니다."

"아드님도 여권이 없습니까, 백작부인?" 중사는 누그러진 투로 말했다.

"이런 어린애인 걸, 아직 여권 같은 건 받아본 적이 없어요. 혼자서 여행한 일도 없고, 언제나 나와 함께 다녔으니까요."

이런 말을 주고받는 동안, 콘티 장군은 헌병들을 상대로 점점 더 위엄을 깎아내리는 태도를 보이고 있었다.

"잔말 마시오!" 한 헌병이 말했다. "어쨌든 체포되었으니 더 이상 뭐라고 하든 소용없소!"

"당신이 어느 농부한테서고 말을 빌리는 걸 허락해줄 테니 천만다행으로 생각하시오." 이번엔 중사가 이렇게 말했다. "그것도 우리가 허락하지 않는다면, 아무리 파르마의 시종장이라고 떠들어봤댔자 이 먼지와 더위에도 우리가 탄 말들 사이를 걸어야 별수 없거든."

장군은 마구 욕을 퍼부었다.

"닥치지 못해! 당신의 장군 제복이 어디에 있어? 누군 자기가 장군이라는 말도 못할 줄 알아?"

장군은 더욱 화가 났다. 그러는 동안 마차 안에서는 모든 일이 순조로웠다.

백작부인은 헌병들을 마치 자기 집 하인처럼 다루었다. 부인은 그들 중 한 사람에게 1에퀴를 주고, 2백 걸음쯤 떨어진 곳에 보이는 오막살이집에서 포도주와 특히 찬물을 얻어오게 했다. 그녀는 언덕을 뒤덮은 숲 속으로 도망가려고 안달이 난 파브리스의 마음을 가라앉히려던 것이다. "난 좋은 권총을 가지고 있어요." 파브리스가 말했다. 부인은 화가 난 장군에게 청해서 그의 어린 딸을 마차에 태웠다. 그러자 자기 일이나 가족에 대해 이야기하기를 좋아하는 장군은 그의 딸이 1803년 10월 27일에 태어났으니까 이제 겨우 열두 살밖에는 안 되었지만, 워낙 성숙해서 남들은 열네댓으로 본다는 둥 얘기를 늘어놓았다.

"정말 속물이군요." 백작부인의 눈은 후작부인에게 이렇게 말하는 듯했다. 백작부인 덕택으로 한 시간가량의 교섭 끝에 모두 해결됐다. 이웃 마을에 볼일이 있다는 한 헌병은 다음과 같은 백작부인의 말을 듣고 난 뒤에야 콘티 장군에게 자기 말을 빌려주었다.

"당신에게 10프랑을 주겠어요." 중사는 장군과 단둘이서 떠났고, 다른 헌병들은 앞서 오막살이집에 보낸 헌병이 농부를 시켜서 날라온 조그마한 술통처럼 생긴 큰 포도주 병 4개를 둘러싸고 나무 그늘 밑에서 쉬고 있었다. 클렐리아 콘티는 허세가 당당한 시종장에게서 밀라노까지 부인들의 마차를 타도 좋다는 허락을 받았고, 이젠 누구도 용감한 장군 피에트라네라 백작의 아들을 잡으려고 하지 않았다. 첫인사를 나누고 가까스로 모면한 봉변에 대해서 서로 이야기하고 난 뒤에, 클렐리아는 백작부인과 같은 아름다운 부인이 정열적인 모습으로 파브리스에게 이야기를 건네는 것을 보았다. 부인이 그의 어머니가 아니라는 건 분명했다. 특히 그가 최근에 한 듯한 대단히 영웅적이며 대담한, 어떤 위험한 행동에 대해 자주 비치는 이야기가 몹시 궁금했다. 그러나 아무리 총명하다 해도 아직 어린 클렐리아로서는 도대체 무슨 이야기인지 통 알 수가 없었다.

다만 그 불타오르는 눈빛의 이 젊은 영웅을 아직도 경탄의 눈으로 바라볼 뿐이었다. 한편 파브리스는 열두 살밖에 안 되었다는 이 소녀의 빼어난 미모에 오히려 넋을 잃고 있었다. 그의 시선과 마주친 클렐리아는 얼굴을 붉혔다.

밀라노에 도착하기 4킬로미터쯤 못 미쳐서 파브리스는 삼촌을 만나러 가겠다며 부인들과 헤어졌다.

"시간이 나면 파르마의 아름다운 경치를 구경하러 가겠습니다." 클렐리아에게 말했다. "그때까지 파브리스 델 동고라는 이름을 기억해주시겠지요?"

"뭐라고?" 백작부인이 말했다. "이 앤 어쩌면 이렇게 가명을 잘 쓸까! 아가씨, 이 철부지는 내 아들로 피에트라네라라고 하지, 델 동고가 아니랍니다. 그걸 잊지 말아요, 알겠죠?"

그날 저녁 늦게서야, 파브리스는 당시 유행하던 산책길로 나가는 '렌차' 성문을 통해 밀라노에 들어갔다. 스위스로 두 사람이나 심부름을 보내느라 후작부인과 그의 시누이가 가진 얼마 안 되는 저축은 이젠 모두 없어지고 말았다. 다행히도 파브리스에게는 아직 몇 개의 나폴레옹 금화와 보석이 하나 있었으므로 그걸 팔기로 했다.

부인들은 밀라노에서 여러 사람의 사랑을 받았고, 마을 사람들과도 친했다. 오스트리아당의 열성자이고 가장 권세있는 사람들까지도 파브리스를 위해서 경찰국장 빈데르 남작에게 청을 해주었다. 겨우 열여섯밖에 안 되는 소년이 형과 다투고 집을 뛰쳐나갔다는 대수롭지 않은 일을 왜 그렇게 중시하는지 이유를 알 수 없다고들 했다.

"나의 직무는 모든 일을 신중히 생각하는 것입니다." 모든 일에 신중하고 침울한 성격을 지닌 빈데르 남작이 부드럽게 대답했다.

그 무렵 그는 저 유명한 밀라노 경찰을 조직해서, 제네바에서 오스트리아 사람들을 추방했던 1746년의 혁명을 미연에 방지하려고 노력했던 것이다. 이 밀라노 경찰은 펠리코(이탈리아 애국자·문학자. 카르 보나리당의 반란 때 체포됨) 사건과 앙드리앙(프랑스 공화주의자. 펠리코와 마찬가지로

정치범으로 오스트리아
관헌에게 체포됨) 사건 이래 대단히 유명해지는데, 그의 가혹한 면은 준엄한 법률을 합리적으로 그리고 철저히 실행하는 데서 비롯되었다. 황제 프란츠 2세는 이탈리아 사람 특유의 앞뒤 가리지 않는 상상을 공포로 없애려 하고 있었다.

빈데르 남작은 파브리스의 후원자들에게 같은 말을 되풀이했다. "젊은 델 동고 소후작의 하루하루 행동에 대해서 입증할 수 있는 보고를 해주십시오. 3월 8일 그리앙타를 떠났을 때부터 어젯밤 이 마을에 도착해서 어머니 방에 숨기까지의 일을 알고 싶습니다. 그렇게 하신다면 나는 언제라도 그를 이 도시에서 가장 사랑스럽고 장난기 많은 젊은이로 대접하겠습니다. 그리앙타를 떠났을 때부터 오늘까지의 모든 과정을 하루도 빠짐없이 보고하지 못한다면, 아무리 그가 명문 출신이라 할지라도, 또한 제가 아무리 그 집안의 친구분들을 존경한다 할지라도 저의 의무로써 어찌 그를 체포하지 않을 수 있겠습니까? 오스트리아 황제의 신하이면서도 이 롬바르디아에서 불평분자에 가담하고, 나폴레옹에게 그 전언을 가져가지 않았다는 증거를 보여주기까지는 그를 감옥에 넣어둠이 마땅하지 않을까요? 또한 여러분이 아셔야 할 것은, 비록 델 동고 청년이 위와 같은 점에서 자신의 결백함을 증명할 수 있다 하더라도, 정식 여권 없이 외국에 갔다는 점, 더구나 가명을 써서 천한 상인으로, 즉 그가 속해 있는 계급보다도 훨씬 낮은 계급에게 부여된 여권을 사용했다는 점에서는 엄연히 유죄입니다." 잔인할 정도로 이치에 맞는 말을 하면서도, 국장은 델 동고 후작부인과 그녀를 위해서 청을 하고 있는 고관들의 높은 신분에 대한 존경과 예의를 잃지 않았다.

후작부인은 이런 빈데르 남작의 답변을 전해듣고는 절망했다.

"파브리스가 체포되다니!" 그녀는 울면서 몸부림쳤다. "한번 감옥에 들어가면 언제 나올지 모르는 일인데! 그 애 아버지는 그를 외면할 거야."

피에트라네라 부인과 그의 올케는 몇몇 친한 친구들과 상의했으나, 그들이 아무리 간곡히 말려도 후작부인은 다음 날 밤에 아들을 떠나게 하고 싶어 했다.

"하지만." 백작부인이 말했다. "빈데르 남작은 그 애가 여기 있다는 걸 벌써 눈치챘으리라 생각해요. 그 사람이 그렇게 잔인한 사람일 것 같지는 않지만……."

"아녜요, 그자는 프란츠 황제의 환심을 얻으려는 사람인걸요."

"그러나 파브리스를 감옥에 집어넣는 것이 자기 출세에 도움이 된다고 생각했다면 벌써 했을 게 아녜요. 그런데 지금 우리 마음대로 도망시킨다면, 그 사람에 대한 모욕이자 그를 믿지 못한 게 돼요."

"하지만 파브리스의 거처를 알고 있다는 말은 곧 그 애를 빨리 도망시키라는 암시가 아닐까요. 그리고 그 애가 곧 감옥에 잡혀 들어간다는 생각을 늘 해야만 할 테니 그동안은 전 사는 것 같지 않을 거예요. 빈데르 남작이 아무리 야심가라 해도, 제 남편과 같은 지위의 사람을 관대하게 대했다 하면, 이 나라에선 자신의 개인적인 상황에 유리하다는 사실을 잘 알고 있을 거예요. 그 애가 어디에 숨어 있는지 잘 알고 있다는 둥 이상하게도 암시하는 말을 하는 것만 보아도 분명해요. 남작은 무정한 형이 고발한 파브리스의 두 가지 위법까지도 친절하게 설명해주었거든요. 그 두 가지 위법만으로도 충분히 감옥에 잡아넣을 수 있다고요. 즉 그것은 망명을 하는 편이 낫다면 그 길을 택하라는 뜻이 아닐까요?"

"만약 망명을 택한다면, 그야말로 평생 그 앨 다시는 볼 수 없을 거예요." 백작부인은 몇 번이고 되풀이 말했다.

파브리스는 조용히 이야기를 듣고 있었다. 후작부인의 오랜 친구로, 현재 오스트리아 정부 재판소의 판사를 하고 있는 사나이는 파브리스의 도망에 찬성했다. 그래서 그는 어머니와 고모를 태우고 스칼라 극장으로 가는 마차에 숨어서 집을 나왔다. 신용할 수 없는 마부는 그전처럼 술집으로 보내고, 심복 하인이 말을 지키는 동안에 농사꾼으로 변장한 파브리스는 마차에서 내려 마을을 빠져나갔다. 이튿날 아침 무사히 국경을 넘어, 몇 시간 뒤엔 피에몬테에 있는 어머니의 소유지에 도착했다. 그곳은 노바라 부근의, 바로 바야르가 살해된 로마냐노였다.

한편 스칼라 극장에 온 부인들이 무대에 집중했을 리 없다. 그녀들이 극장에 온 것은 다만, 몇몇 자유당 친구들과 의논하기 위해서였다. 칸막이 좌석에서 빈데르 남작에 대한 새로운 대책이 세워졌다. 이 청렴강직한 법관에게 뇌물을 준댔자 씨도 안 먹힐 것이다. 무엇보다 부인들에겐 그만한 돈도 없었다. 보석을 팔아서 쓰다 남은 돈도 모두 파브리스에게 억지로 주어 보냈다.

아무튼 남작의 결정적인 이야기를 들어둘 필요가 있었다. 그래서 백작부인의 친구들은 전에 부인에게 사랑을 품고 야비한 방법으로 고백한 참사회원 보르다라는 퍽 애교 있는 젊은 사나이의 이야기를 꺼냈다. 자기 사랑을 이루지 못하자 부인과 리메르카티와의 사이를 피에트라네라 장군에게 고자질을 하는 바람에 비열하다고 내쫓긴 자였다. 그런데 현재 이 참사회원은 매일 밤 빈데르 남작부인의 카드놀이 상대를 하며 남편과도 친한 사이였다. 마침내 백작부인은 그다지 달갑지 않은 참사회원을 만나러 가게 되었다. 다음 날 아침 일찍 보르다가 아직 외출하기 전에 부인은 그를 찾아갔다.

단 한 사람뿐인 하인이 백작부인의 방문을 알리자 참사회원은 너무 놀라 옷매무새를 가다듬을 겨를도 없었다.

"들어오시라 하고 너는 물러가 있어라." 그는 모기만 한 소리로 말했다.

백작부인이 들어오자 보르다는 몸을 던지듯 무릎을 꿇었다.

"이런 옷차림으로 뵙게 돼서 죄송합니다." 이날 아침, 약간 변장한 듯한 부인의 간단한 옷차림은 오히려 말로 표현할 수 없을 정도의 매력이 있었다.

파브리스와 헤어져야 한다는 큰 슬픔과, 자기에게 비열한 행동을 한 사나이를 방문하기 위해 억눌러야만 했던 고통으로 부인의 눈은 놀라울 정도로 빛났다.

"무슨 부탁이든 기꺼이 받겠습니다." 참사회원은 말했다. "무엇인지는 몰라도 저에게 부탁할 일이 있으시다는 것은 대충 짐작이 가는군요. 그렇지 않다면 이런 보잘것없는 자의 누추한 집을 찾아오실 리가 없을 테니까요. 그 옛날 사랑과 질투에 눈이 어두워 부인의 마음을 얻을 수 없음을 깨닫고는 부인에게 비열한 행동을 한 몸이니 말입니다."

이 말은, 대단히 정직한 데다 오늘날 이 참사회원의 권세가 대단했으므로 더욱 갸륵하게 들렸다. 부인은 눈물이 맺힐 정도로 감격했다. 굴욕과 불안으로 얼어붙었던 그녀의 마음은 어느덧 녹아 약간의 희망마저 보였다. 몹시 불행하던 심정이 순식간에 행복으로까지 변한 것이었다.

"손에 키스해줘요." 부인은 손을 내밀었다. "그리고 일어나세요(이탈리아에서는 이런 허물없는 말투는 사랑과 같은 감정을 나타내는 거나 매한가지로, 친절하고 솔직한 우정도 나타낸다는 걸 알아둘 필요가 있다). 내 조카인 파브리스의 일을 부탁하러 왔어요. 옛 친구이기에 조금도 숨김 없이 진실을 이야기하는 거예요. 사실은 조카가 아직 열여섯 살밖에 안 되는 어린 나이에 대단히 어리석고 철없는 행동을 했답니다. 우리가 코모 호수의 그리앙타 집에 있을 때 일입니다. 어느 날 밤 7시쯤 코모 호수로부터 한 척의 배가 와서는 황제가 주앙 만에 상륙했음을 알렸습니다. 그러자 다음 날 아침, 조카는 신분이 비천한 바지라는 기압계 상인에게서 여권을 얻어가지고는 그대로 프랑스로 떠나버렸습니다. 그러나 전혀 기압계 상인 같아 보이질 않아서, 프랑스에 들어서자마자 붙잡혔습니다. 북받쳐오는 감격을 서투른 프랑스 말로 지껄인 것이 의심을 받은 모양입니다. 얼마 뒤 도망을 쳐 제네바로 간 것을 우리가 루가노로 사람을 보내 데려왔습니다."

"말하자면 제네바에서의 일이로군요." 참사회원은 웃으면서 말했다.

백작부인의 이야기는 끝났다.

"부인을 위해서라면, 할 수 있는 일은 뭐든 하겠습니다." 참사회원은 감격해서 이렇게 말하고 나서 다시 말을 이었다. "무슨 말씀이라도 해주십시오. 무모한 짓이라도 마다하지 않겠습니다. 이런 누추한 곳에 천사와 같은 모습으로 와주셨다는 것은 제 삶의 한 시대를 열어주신 겁니다. 자, 제가 어떤 일을 하면 되겠습니까?"

"빈데르 남작의 집에 가서서, 당신이 파브리스를 태어날 때부터 귀여워했으며, 바로 당신이 우리를 자주 찾아오시던 무렵에 그가 태어났다는 이야기를 해주세요. 그리고 파브리스가 스위스로 떠나기 전, 남작이 감시하는 자유주의자와 만난 일이 있는지 부하 형사를 전부 내보내 조사시키라고, 남작이 당신에게 품고 있는 우정이란 이름 아래 부탁해주셨으면 합니다. 남작의 부하가 조금이라도 잘 움직여준다면, 이번 일은 어린애 같은 경솔한 짓에 지나지 않았음이 반드시 밝혀질 겁니다. 당신도 아시겠지만, 저의 뒤냐니 별장에는 나폴레옹의 승리를 그린 판화가 있습니다. 조카가 글을 읽을 줄 알게 된 것은 그 판화에 있는 여러 가지 설명을 읽으면서부터예요. 죽은 남편은 그 애가 다섯 살 때부터 그러한 전쟁 이야기만을 들려주었답니다. 우리는 그 애에게 남편의 투구를 씌워보기도 하고, 그 애는 긴 군도를 차고 질질 끌며 다녔지요. 그런데 어느 날 그 아이는, 남편이 하느님처럼 받들던 황제가 프랑스로 돌아온 것을 알았습니다. 그리하여 앞뒤 가리지 않고 무턱대고 황제군에 가담하려고 떠났습니다. 그러나 목적은 이루지 못했습니다. 이런 일시적인 경솔한 행동을 어떠한 형벌에 처하려는 것인지, 그것을 남작에게 물어봐주셨으면 합니다."

"제가 한 가지 잊고 있었습니다." 참사회원은 소리쳤다. "이걸 말씀드리면, 이 몸도 부인의 용서를 받기에 충분한 자격이 있는 자라 여기실 겁니다. 이것을 보세요." 그는 책상 위에 쌓인 서류를 뒤지면서 말했다. "여기에 그 비굴한 위선자의 고발장이 있습니다. 자, 보십시오. 아스카니오 발세라 델 동고라는 서명이 있지 않습니까? 이 고발장이 이번 사건의 발단입니다. 이건 어젯밤 경찰서에서 빼내온 것인데 이걸 가지고 곧 스칼라 극장으로 갔습니다. 당신의 칸막이 좌석에 그전처럼 누가 오셨으리라 희망을 품고, 어느 분이든 만나면 이 일을 당신에게 전해드릴 수 있지 않을까 생각해서였습니다. 이 서류의 사본은 훨씬 전부터 빈에 가 있습니다. 우리가 싸워야 할 상대는 이러한 적입니다."

그는 백작부인과 함께 고발장을 읽고는, 그날 안으로 믿을 만한 사람을 시켜 그 사본을 부인에게 보내주기로 했다. 부인은 기쁨에 차서 델 동고 저택으로 돌아왔다.

"옛날의 그 악당만큼 그렇게 친절한 사람도 없을 거예요." 그녀는 후작부인에게 말했다. "오늘 밤 스칼라 극장 시계가 10시 45분을 가리키면, 우리 칸막이 좌석에 있는 사람을 모두 돌려보내고, 촛불을 끄고선 문을 닫아야 해요. 11시쯤에, 그 참사회원이 교섭 결과를 알려주기로 했어요. 그렇게 하는 것이 그 사람에겐 가장 위험이 적다고 우리는 의견을 모았어요."

이 참사회원은 꽤 똑똑했기에 약속을 어기지 않았다. 그는 이때 허영심 때문에 나라에서는 상상도 못할 친절과 솔직한 태도를 내비쳤다. 그가 백작부인의 일을 그의 남편인 피에트라네라 장군에게 밀고한 것은, 그의 일생 동안의 후회거리였다. 그래서 이번에 그 후회를 깨끗이 씻어버릴 기회를 얻은 셈이었다.

그날 아침 백작부인이 돌아가자 그는 슬픈 듯이 중얼거렸다. "저 여인은 조카를 사랑하고 있군." 아직도 자기 사랑의 상처가 아물지 않았기 때문이었다. "그처럼 오만하던 여인이 내 집엘 찾아오다니…… 피에트라네라 백작이 죽은 뒤로 어떻게든 도우려고, 그것도 그녀의 옛 애인인 스코티 대령을 통해 예의를 갖추어 제안해도 깨끗이 거절당했었거든. 그토록 아름다운 피에트라네라 부인이 겨우 1천5백 프랑의 연금으로 생활하다니!" 참사회원은 방 안을 빙빙 돌며 생각에 빠졌다. "그리고 그리앙타 성에 가서 그 '송충이' 같은 델 동고 후작과 함께 살고 있단 말이야! ……이만 하면 분명히 알 수 있다! 그 젊은 파브리스는 잘생기고 늘씬한 게 키도 크고, 귀엽게 생겼을 거야……. 아니, 더욱이 그 눈은 남을 도취시키는 듯한 관능적 매력에 가득 차 있을 테고……. 코레지오(파르마 수도원에 벽화를 남긴 화가)의 그림 같은 얼굴이지." 참사회원은 분한 듯 중얼거렸다.

"나이 차이…… 그렇게 많이 나지는 않는다. 파브리스는 분명 프랑스군이 입성한 뒤인 1798년 무렵에 태어났어. 백작부인은 지금 스물여덟 살이니까 한창 아름다울 때란 말이야. 미인이 많은 나라에서도 특히 뛰어난 미모의 소유자거든. 마리니 양, 게라르디 양, 뤼가 양, 아레시 양, 피에트라그뤼아 양 등 어느 누구보다도 뛰어났지. ……저 아름다운 코모 호숫가에 둘이서 즐겁게 숨어 살고 있을 때, 젊은이가 나폴레옹 군대에 참가하겠다는 말을 했겠다. ……아직도 이탈리아엔 믿음직스러운 용기를 가진 자가 있다! 어쨌건 사랑하는 조국이여! ……아니," 질투에 불탄 사나이의 마음은 더욱 공상에 사로잡힌다. "그게 아니라면 그녀가 날마다 식사 때마다 델 동고 후작의 얼굴을 보고 불쾌함을 감추면서까지 시골에서 체념 속에 헛되이 세월을 보내온 수수께끼가 풀리지 않는다. 그뿐인가, 아버지보다 더한 아스카니오의 구역질 나는 창백한 얼굴을 대해야 했으니 말이다. 좋다! 어디 그 여자를 위해 힘써보자. 그러면 그나마 오페라 안경 너머로가 아니라 직접 만나볼 수 있는 기쁨을 얻을 테니 말이야."

보르다 참사회원은 부인들에게 이번 사건 전체를 확실하게 설명했다. 결국 빈데르의 본심은 한 가지뿐이었다. 그는 빈에서 명령이 전달되기 전에 파브리스가 도망쳐주기를 바라는 것이다. 본디 빈데르 남작은 무엇 하나 결정할 수 없으며, 이번 사건에 대해서도 다른 모든 사건과 매한가지로 명령을 기다리고 있을 뿐이었다. 그는 날마다 모든 보고의 정확한 사본을 빈으로 보낸다. 그리고 그에 대한 지시를 기다리는 것이다. 보르다 참사회원이 부인들에게 일러준 것은, 파브리스가 로마냐노에 숨어 있는 동안 지켜야 할 사항이었다.

첫째, 하루도 빠짐없이 미사에 나갈 것. 그리고 군주정체에 마음속 깊이 충실한 인물을 골라 고해신부로 삼고, 고해소에선 남이 책망할 수 없는 감정만을 고백할 것.

둘째, 재주가 있다 하는 인물과는 절대로 사귀지 말고, 기회가 있을 때마다 반역 행위는 결코 용서되어서는 안 된다는 식으로 증오를 품고 이야기할 것.

셋째, 카페 같은 곳엔 가지 말 것. 토리노와 밀라노의 어용 신문을 제외하고 다른 신문은 읽지 말고, 대체로 독서를 꺼리는 눈치를 보일 것. 특히 1720년 이후에 인쇄된 모든 작품을 읽지 말 것. 단, 월터 스콧의 소설은 예외임.

넷째, 끝으로 (참사회원은 어딘지 심술궂게 덧붙였다) 그 지방의 누가 됐든 아름다운 부인을 공공연하게 사모할 것. 물론 상류계급의 여인이라야 함. 이렇게 하면 그가 음모가 같은 음흉한 불평으로 가득 차 있지 않다는 걸 보여줄 수 있음.

자기 전에 두 부인은 파브리스에게 두 통의 긴 편지를 써서, 보르다에게서 받은 충고를 간곡하게 설명했다.

파브리스는 음모를 꾸미고 싶은 욕망은 전혀 없었다. 다만 그는 나폴레옹을 좋아했을 따름이다. 귀족으로 태어난 자로서 자기는 남보다 더 행복해지리라 믿었으며, 평민을 업신여기고 있었다. 학창시절에 예수회 신부가 정한 책을 읽었을 뿐으로 그 뒤 책 같은 건 펼쳐본 적도 없었다. 그는 로마냐노에서 조금 떨어진 장엄한 저택에 몸을 숨겼다. 그곳은 유명한 건축가 산 미켈리의 걸작 가운데 하나였지만 벌써 30년 이상 사람이 살지 않았으므로 모든 방에서 비가 샜고 제대로 닫히는 창문이라곤 하나도 없었다. 그는 집사의 말을 빼앗아서는 염치없이 온종일 타고 다녔다. 별말도 없이 사색에 잠겨 있을 뿐이었다. '급진왕당파' 가문에서 애인을 구하라고 한 충고는 꽤 재미있을 것 같아 그대로 지시에 따랐다. 고해를 들어줄 신부로는 스피엘베르그의 고해신부처럼 주교가 되고 싶어하는 젊은 책략가인 사제를 선택했다. 또한 〈입헌신문〉을 읽기 위해 일부러 12킬로미터 길을 걸어갔다. 이렇게 해서 그는 아무도 자기 비밀을 알지 못하리라고 생각했다. 이 신문은 정말 훌륭하다고 그는 감탄했다. "알피에리나 단테만큼 훌륭하다!" 중얼거리는 일도 자주 있었다. 파브리스의 사상은 온건한 애인을 생각하기보다는, 말이나 신문에 열중한다는 점에서 프랑스 청년과 비슷한 셈이다. 그러나 소박하고 견고한 그의 영혼은 프랑스 사람처럼 '타인 모방'이 스며들 여지는 아직 없었다. 이 커다란 지방 도시 로마냐노의 사교계에서 그에겐 친구가 생기지 않았다. 그의 단순한 태도를 거만하다고 여겼기 때문이다. 사람들은 이런 성격을 알 수가 없었다.

"그는 맏아들이 되지 못해 불만에 찬 둘째아들이거든요." 사제는 이렇게 말했다.

제6장

솔직하게 고백하건대 보르다 참사회원의 질투가 전혀 터무니없지는 않다. 파브리스가 프랑스에서 돌아왔을 때 피에트라네라 백작부인은, 전부터 잘 알던 미모의 외국인을 만나는 심정이었다. 만일 그가 사랑을 속삭였더라면 부인도 사랑했을 것이다. 이미 부인은 그의 행동이나 사람됨에 열정적인, 말하자면 몹시 감탄하는 감정을 품었던 게 아닌가? 그러나 파브리스는 언제나 순수한 감사의 뜻과 깨끗한 우정을 나타내며 부인을 포옹할 뿐이었으므로 모자 같은 사랑이라고 볼 수 있는 애정 속에 어떤 다른 감정을 찾아보려 했다면, 그녀는 틀림없이 자기혐오에 빠졌으리라. "그야 친구들 중에서도 6년 전 외젠 공의 궁정에 있을 무렵의 나를 아는 사람이라면, 아직 나를 아름답다 생각하고 젊다고까지 봐주는지 모르지만, 파브리스의 눈에 나는 이미 점잖은 아주머니로, ……더 솔직히 말하면 나이 먹은 여인으로만 보일걸." 백작부인은 자신의 현재 모습에 잘못된 생각을 품고 있었다. 하지만 평범한 여인들의 착각과는 좀 다른 점이 있었다. "더구나 그 애 같은 나이엔, 여자의 나이라는 걸 약간 과장해서 생각하기가 일쑤야. 좀더 세상을 아는 남자라면 ……."

부인은 살롱 안을 거닐다가 우연히 거울 앞에 서서는 방긋 웃었다. 몇 달 전부터 피에트라네라 부인은 진지하게 어떤 특별한 인물에게 마음을 써왔다. 파브리스가 프랑스로 떠난 지 얼마 안 되어서부터 부인 스스로가 그걸 확실히 의식하지는 못했으나, 그가 걱정이 되어서 깊은 우수에 잠기곤 했다. 모든 것이 재미없고 흥미를 가질 수 없어, 말하자면 그가 없는 생활은 한없이 무미건조할 따름이었다. '나폴레옹은 이탈리아인들의 지지를 얻기 위해 파브리스를 부관으로 삼을지도 몰라. 나는 이제 파브리스를 잃은 것이나 다름없어!' 부인은 울면서 이렇게 생각했다.

'다시는 만날 수 없을 거야. 편지는 오겠지만, 10년만 지나면 나 같은 건 그 애에게 어떤 존재가 될까?'

이런 걱정을 하고 있을 무렵, 그녀는 어느 날 밀라노에 갔다. 될 수만 있다면 거기서 나폴레옹에 대한 좀더 자세한 이야기를, 그보다도 오히려 파브리스의 소식이나 혹시 알 수 없을까 싶어서였다. 깨닫지 못했을 뿐 본성이 활발한 이 여인은 단조로운 시골 생활에 권태를 느끼기 시작했었다. 이래서야 죽지 않았을 뿐이지, 어디 사람이 사는 것이냐는 생각이 들었다. 매일 오빠와 조카인 아스카니오, 그 하인들의 머리분 칠한 얼굴을 대한다! 호수에서 물놀이를 한들 파브리스가 없으면 다 무슨 소용인가? 겨우 후작부인의 우정에서 유일한 위안을 얻을 뿐이었다. 그러나 파브리스의 어머니는 이제 나이도 많고 인생에 아무런 희망도 없는 사람이니, 예전 같은 매력을 느낄 수는 없었다.

피에트라네라 부인은 이런 묘한 처지에 놓여 있었다. 즉 파브리스가 없어지자, 이젠 미래에 아무런 희망도 느끼지 못했다. 위안과 신기한 사건이 일어나기만을 바랐다. 부인은 밀라노에 도착하자 당시 유행하던 오페라에 몹시 열중했다. 옛 친구 스코티 장군이 스칼라 극장의 칸막이 좌석을 그녀에게 내주었는데, 그 자리에 혼자서 몇 시간이고 틀어박히곤 했다. 나폴레옹과 그의 군대 정보를 듣기 위해서 일부러 찾아가 만난 사람들은 모두가 평범하고 천한 인간들처럼 보였다. 돌아와서는 새벽 3시까지 마음 내키는 대로 아무렇게나 피아노를 두들기기도 했다. 어느 날 밤 스칼라 극장에서 프랑스 소식을 들으려고 찾아간 여자친구의 칸막이 좌석에서, 파르마 공국의 대신 모스카 백작을 소개받았다. 백작은 붙임성이 있어 프랑스와 나폴레옹에 대해서 새로운 정보를 알려주었는데, 그로 말미암아 안심하기도 하고, 불안해하기도 했다. 다음 날도 그녀는 그 좌석을 찾아갔다. 역시 재치 있는 그 인물도 와 있었다. 오페라를 보는 동안 줄곧 부인은 그와 즐겁게 이야기를 나누었다. 파브리스가 가버린 뒤, 이렇게 즐거운 밤을 보낸 적이 없었다. 이처럼 부인을 즐겁게 해준 사람, 모스카 델라 로베레 소레자나 백작은 파르마 대공 에르네스트 4세의 육군, 경찰, 재정의 세 장관직을 겸하고 있었다. 파르마 대공은 그 무렵 밀라노의 자유주의자들로부터 가혹하다는 비난을 받을 만큼 준엄한 위정으로 유명했다. 모스카는 마흔네다섯이나 되었을까, 커다란 얼굴에 조금도 거만한 데가 없을뿐더러 소탈하고 쾌활한 태도는 더욱 사람들의 호감을 샀다. 받들고 있는 파르마 대공의 괴상한 취미 때문에 온건한 정치 사상의 표지인 듯 머리분 같은 걸 칠하지 않았더라면, 훨씬 더 매력적인 풍모였을 것이다. 이탈리아에선 상대의 허영심을 상하게 하지 않을까 하는 걱정 따위는 하지 않으므로 누구에게든 곧잘 친근하게 말을 붙이고, 개인적인 일까지도 서로 이야기한다. 그러다 자존심에 금이 가면 두 번 다시 만나지 않는데, 이러한 것이 중화제 역할을 했다.

"백작님, 왜 머리분 같은 걸 바르세요?" 피에트라네라 부인은 세 번째 만났을 때 이렇게 물었다. "머리분을 바르시다니! 당신처럼 붙임성 있고, 젊었을 때 우리나라 편을 도와 에스파냐에서 전쟁까지 하신 분이!"

"나는 에스파냐에서 무엇 하나 약탈하지 않았어요. 그래도 먹고 살아야 했으니까요. 당시 나는 명예심에 사로잡혔습니다. 지휘관인 구비옹 생 시르라는 프랑스 장군에게 한마디 칭찬받는 것만으로 만족했으니까 말입니다. 나폴레옹이 실각했을 때, 그동안 나는 그 인물에게 봉사하느라고 재산을 거의 다 써버렸는데도 공상가인 아버지는 마치 내가 벌써 장군이라도 된 듯 파르마에 큰 집을 짓고 계시더군요. 1813년에 내 재산이라곤 마저 지어야 할 커다란 집과 연금뿐이었습니다."

"연금이라면 3천5백 프랑인가요? 저희 남편처럼."

"피에트라네라 백작은 사단장이셨죠. 나야 보잘것없는 중대장이었으니까, 연금이라고 해봤자 겨우 8백 프랑밖에 되지 않았고, 그것도 내가 재무대신이 된 뒤에야 비로소 받았습니다."

칸막이 좌석에는 대단히 자유주의적인 의견을 지닌 부인의 친구들만이 있었으므로 두 사람의 이야기는 내내 솔직했고, 모스카 백작은 물어보는 대로 파르마의 생활 전부를 이야기했다.

"에스파냐에선 생시르 장군의 부하로서 오직 훈장을 받고 싶어서, 그리고 조금이라도 명예를 높이는 일만 생각하느라 총탄 속을 헤치고 다녔습니다만, 지금은 커다란 집에서 화려한 생활을 하고, 수천 프랑을 받기 위해선 희극에 나오는 배우 같은 옷을 입을 수밖에 없습니다. 더욱이 이런 장기놀음 같은 생활에 일단 발을 들여놓으니, 상관의 오만한 태도가 비위에 거슬려 역시 최고 지위에 올라가고 싶었습니다. 물론 소원은 이루어졌습니다만, 그런데도 나의 가장 행복한 시간이라고 해봐야 이따금 밀라노에 와서 보내는 며칠뿐입니다. 이곳은 아직도 이탈리아 원정군의 기풍이 살아 있는 것 같거든요."

그처럼 남들이 무서워하는 인물인 파르마 대공의 대신이 이처럼 담담하게 이야기함에 따라 백작부인도 호기심이 생겼다. 처음에 그녀는 그의 지위로 보아 거만한 태도의 눈꼴사나운 사나이일 거라고 상상했는데, 실상은 오히려 그 지위의 무거움을 부끄러워하는 인물이라는 걸 알았다. 모스카는 백작부인에게 프랑스에 대해서 수집할 수 있는 대로 정보를 전해주겠다고 약속했다. 이는 워털루 전투가 벌어지기 한 달 전의 일로, 밀라노에선 매우 조심성 없는 짓이었다. 그 무렵 이탈리아로서는 나라의 흥망이 걸린 문제였기 때문이다. 밀라노에선 모두들 저마다 희망에 들떠 있거나 공포에 사로잡혀 있었다. 세상이 이렇게 소란스러운 열병에 휩쓸리는 가운데서도 부인은 이 사람에 대해 조사했다. 남들이 그토록 부러워하는 지위를 유일한 생활 수단이라고 말하는, 더구나 그걸 농담처럼 아무렇지 않게 이야기하는 인물에 대해서였다.

호기심을 끄는 기묘하고도 재미있는 여러 사실이 피에트라네라 부인에게 전해졌다.

소문으로는 모스카 델라 로베레 소레자나 백작은 얼마 안 있으면 파르마의 전제군주로서 유럽에서도 가장 유복한 군주의 한 사람인 에르네스트 4세의 국무대신이 되어 공공연한 총애를 받을 거라 했다. 백작이 좀더 근엄한 표정만 짓고 있었더라면, 이미 이 최고 지위를 차지했으리라. 이 점에 대해서 대공은 늘 그를 꾸짖었다고 한다. "제가 국무만 잘 보고 있다면야, 제 태도쯤 그다지 걱정할 게 없으시리라고 생각합니다만." 백작은 이렇듯 거리낌 없이 대답했다 한다.

"그 사람의 행운에도 역시 애로가 없는 것은 아니다. 물론 대공은 상식도 있고 약간의 재치도 있지만, 군주라는 자리에 올라앉은 뒤로는 머리가 이상해졌는지 때로는 마치 여자 같은 의심을 품는다. 그런 사람의 비위를 맞춰야 하니까." 이렇게 사람들은 수군거렸다.

에르네스트 4세는 전쟁을 할 때만 용감했다. 전쟁터에서는 언제나 용맹한 장군으로서 부대를 지휘하면서 적진으로 돌격한 것은 누구나 다 아는 사실이다. 아버지 에르네스트 3세가 죽은 뒤, 고국에 돌아가 불행히도 절대권력을 쥐게 되자, 자유나 자유주의자에게 광적이라고 할 정도로 반대했다. 나중엔 남들이 모두 자기를 미워한다고 생각했다. 그래서 끝내 별다른 죄가 없는 자유주의자 두 사람을, 법무대신 격인 라씨라는 하잘것없는 인물의 말만 듣고 충동적으로 교살시키고 말았다.

이 숙명적인 사건이 일어난 뒤로 대공의 생활은 확 바뀌었다. 참으로 기괴한 의심들이 마음을 괴롭히는 듯했다. 아직 쉰 살도 안 된 나이였다. 그런데도 벌써 공포심 때문에 위축되어 과격당원이라든가 파리 위원회의 계획 등에 관한 이야기를 할 때엔 여든 살쯤의 노인 같았다. 마치 갓난아기에게서 볼 수 있는 허무맹랑한 공포에 사로잡히곤 한다. 그의 총애를 받고 있는 검찰총장 라씨는 군주의 공포심을 이용하는 것만으로 세력을 유지한다. 신임을 잃을 듯싶으면, 재빨리 가장 음흉하고 가공적인 새로운 음모를 어디서건 찾아낸다. 30명가량의 경망한 자들이 모여 〈입헌신문〉을 읽고 있는 현장을 덮친 라씨는 곧 음모라는 누명을 씌워, 온 롬바르디아의 공포 대상인 파르마의 요새에 죄수로 잡아넣었다. 요새는 굉장히 높아 50미터도 넘게 보이고, 끝없이 펼쳐진 평원 한가운데 우뚝 솟은 모습이 꽤 멀리서도 보인다. 여러 가지 공포의 전설이 존재하는 감옥의 외관이 밀라노에서 볼로냐로 펼쳐진 평원 일대를 위압하듯 내려다보고 있다.

"이런 이야기를 믿으시겠습니까?" 어느 나그네가 부인에게 말했다. "에르네스트 4세는, 밤엔 궁전 4층에 있는 방에서 50분마다 같은 구호를 큰 소리로 외치는 80명의 보초병에 둘러싸여 있음에도 공포에 떨고 있답니다. 문이라는 문은 모두 10개의 빗장으로 잠그고, 아래위 옆방에는 병사들로 가득 찼는데도 역시 과격파는 무섭거든요. 마룻바닥의 널빤지 한 장이라도 삐걱거리면, 곧 권총을 빼들고 침대 밑에 자유당원이 숨어 있다 한답니다. 그러면 지체 없이 궁전 안의 벨이 일제히 울리고, 시종무관이 모스카 백작을 깨우러 달려갑니다. 그런데 궁전에 달려온 이 경찰국장은 조금의 의심도 하지 않고 대공과 단둘이서 무장을 하고, 방 구석구석은 물론 침대 밑까지도 수색한다는 겁니다. 말하자면 망령난 노파들이나 할 듯한 우스꽝스러운 짓을 하는 겁니다. 이런 소심한 행동은, 아무리 대공일지라도 전쟁에 나가 총으로 마구 적을 쏘아죽이던 시절 같으면 틀림없이 비굴하게 여겨졌을 거예요. 그렇잖아도 대공은 매우 총명한 사람이라서 이런 소심한 행동이 부끄럽고, 몹시 쑥스러웠을 테죠. 모스카 백작이 대공의 무한한 신임을 얻고 있는 이유도, 대공이 수치를 느끼지 않도록 온갖 수단을 다 쓰기 때문입니다. 이 모스카가 경찰국장의 직권으로 가구란 가구 밑은 물론이려니와 심지어는 콘트라베이스 상자까지도 조사한다는 소문이 파르마에 자자합니다. 그렇게까지 할 필요는 없다고 반대하는 사람은 오히려 대공이며, 경찰국장의 지나친 꼼꼼함을 비웃을 정도라 합니다. 그러면 모스카 백작은 '아닙니다. 이건 노름이나 마찬가지니까요' 대답합니다. '만일 전하께 불행이 닥친다면, 과격파들이 어떤 풍자시를 만들어서 우리를 비웃을지 생각해보십시오. 저희는 단지 전하의 귀한 생명뿐만 아니라, 우리의 체면도 지키고 있는 것이니까요.' 그러나 대공도 바보는 아닙니다. 거리에서 누군가가 어젯밤 궁중에선 난리도 아니었다는 소문을 내면, 라씨는 그 말을 한 자를 곧장 감옥에 집어넣습니다. 더구나 그 높이 솟은, 이른바 파르마의 공기 좋은 집에 한번 들어가고 나면 그 죄수의 소식은 웬만한 기적이 일어나지 않는 한, 도저히 알 수가 없습니다. 대공이 고분고분하고 비굴한 라씨보다도 모스카 백작을 더 좋아하는 것은, 백작이 군인이며 에스파냐에선 권총을 들고 수많은 습격의 위험 속을 헤쳐왔기 때문입니다. 감옥에 잡혀 들어간 죄수들의 소식은 비밀로서 엄중히 지켜져, 여러 가지 소문만 떠돌고 있습니다. 이것도 라씨의 수작이지만 자유주의자의 말에 따르면, 감옥지기와 고해신부는 거의 한 달에 한 사람이 사형당한다고 죄수들에게 말하라는 명령을 받고 있다는 겁니다. 그날이 되면 죄수들을 모두 높이가 50미터나 되는 탑의 전망대로 올려 보내 죄수로 꾸민 밀정을 사형장으로 끌고 가는 행렬을 보게 한다는 것입니다."

이런 이야기는 그 밖에도 많고 그것들 또한 타당한 근거가 있었기에 피에트라네라 백작부인의 흥미를 자극했다. 다음 날 부인은 모스카 백작을 놀려대면서 좀더 자세하게 캐물었다. 부인은 백작을 재미있어하면서 당신 자신은 모르고 있지만 지독한 사람이라고 말했다. 어느 날 백작은 여관으로 돌아오면서 피에트라네라 부인은 단지 매력 있는 여자일 뿐만 아니라 그 여자의 칸막이 좌석에서 함께 밤을 보내고 있노라면, 생각만 해도 소름 끼치는 파르마의 일은 완전히 잊어버리게 됨을 깨달았다.

'이 대신은 그 경쾌한 듯한 태도와 화려한 행동에도 프랑스식 사고는 지니지 않았다. 그는 마음의 고통을 잊는 방법을 몰랐다. 베개에 가시가 들어 있을 때엔, 자기 맨살로 문질러서 가시를 꺾고 닳아 없앨 수밖에 없었다.' 이 구절은 이탈리아 원문의 번역임을 밝혀둔다.

백작은 부인에 대한 자기 감정을 깨달은 다음 날, 볼일을 보기 위해 밀라노에 왔음에도 하루하루가 지겨워 안절부절못하다 말이 지칠 정도로 마차를 몰고 다녔다. 6시쯤 되자, 말을 타고 산책로에 가보았다. 혹시 백작부인을 만날 수 있을는지도 모른다는 기대에서였다. 거기서도 만나지 못했으므로, 8시부터 스칼라 극장이 열린다는 것을 알고 그리로 들어갔다. 그러나 넓은 극장 안에는 10명의 손님뿐이었다. 그는 이처럼 빨리 온 것이 조금 창피했다. '벌써 마흔다섯이나 된 내가, 소위도 얼굴을 붉힐 창피스러운 행동을 하고 있다니!' 그런 마음을 다행히 아무도 눈치채지 못했다. 그곳을 빠져나와 스칼라 극장 주변의 아름다운 거리를 산책하면서 시간을 보내려 했다. 거기엔 카페가 즐비했고, 마침 이 시간엔 손님들이 가득 차 있었다. 어느 카페 앞에나 길 한복판까지 삐져나온 의자에 실없는 친구들이 걸터앉아 아이스크림을 먹으며 길 가는 사람을 비평하고 있다. 백작은 워낙 사람 눈에 잘 띄었다. 그래서 그는 여러 사람에게 발견되며 인사를 받았다. 함부로 뿌리치기 힘든 성가신 작자 서넛이 재빨리 이 기회를 틈타 유력한 장관과 면담하려 했다. 그 가운데 두 사람은 백작에게 청원서를 내밀었고, 세 번째 사나이는 백작의 정치행동에 대해서 충고 비슷한 이야기를 길게 늘어놓았다.

"사람이 너무 머리가 좋으면 잠을 잘 수 없고, 이렇게 권세가 있으면 산책도 할 수 없단 말이야." 그는 중얼거렸다. 그리고는 다시 극장에 들어가자 문득 셋째 줄의 칸막이 좌석표를 살 생각이 들었다. 부인이 둘째 줄 칸막이에 들어온다면 맘껏 내려다볼 수 있기 때문이다. 무려 두 시간을 기다리면서도 사랑에 불타는 이 사나이는 조금도 지루하지 않았다. 아무에게도 보이지 않는다는 안심에 미칠 듯 행복감에 도취되는 것이었다. '늙음이란 무엇보다 이런 달콤한 어린애 같은 짓을 마음대로 할 수 없다는 게 아닐까?' 그는 속으로 생각했다.

마침내 백작부인이 나타났다. 그는 도취되어 쌍안경을 눈에서 한시도 떼지 않았다. 젊고 황홀하며 새처럼 경쾌하다 생각했다. '아직 스물다섯도 안 됐으리라. 얼굴이 아름답다는 것은 그녀가 지닌 매력 가운데 가장 작은 부분에 지나지 않는다. 그보다는 언제나 진지한 마음, 결코 신중하게만 움직이지 않고 그때그때의 상황에 온몸을 바쳐, 어떤 신기한 대상이 이끌어주기를 간절히 바라는 성실한 영혼, 이런 사람이 또 어디에 있단 말인가? 나니 백작의 미칠 듯한 심정도 이해가 가는군.'

백작은 눈앞의 행복을 자기 것으로 만들고 싶은 욕망에서, 분별이 없는 행동을 변명할 만한 이유를 찾아보았다. 그러나 자기 나이와 또 일상생활에는 만족하지만 때로는 몹시 침울한 고민에 빠지는 것을 생각하면 별로 그럴싸한 이유가 떠오르지 않았다. 총명하면서도 공포 때문에 총명을 잃은 인물이, 자기를 대신으로 삼아서 호사스러운 생활과 막대한 돈을 제공해주고 있다. 허나 내일이라도 면직이 되면, 난 늙은 가난뱅이일 뿐이다. 다시 말해 세상에서 가장 멸시받는 인간이 되고 만다. 백작부인에게 참으로 어울리는 신랑감이로군! 이렇게 생각하니 몹시 우울해졌다. 그래서 그는 다시 피에트라네라 부인을 떠올렸다. 아무리 보아도 질리지 않는다. 부인에 대한 생각에 좀더 잠기고 싶어서 일부러 그녀의 자리로는 내려가지 않았다. 얼마 전 들은 바에 따르면, 부인이 나니를 가까이하는 것은 오직 그 바보 같은 리메르카티에게 본때를 보이기 위해서라고 한다. 리메르카티가 남편 살해범과 결투하는 것에도, 사람을 고용해 암살하는 것에도 동의하지 않았기 때문이다. "나 같으면 저 여자를 위해서라면 수십 번이라도 싸우겠다!" 백작은 흥분해서 중얼거렸다. 그는 쉴 새 없이 장내 시계를 쳐다보았다. 시계의 야광 문자는 어둠 속에서도 똑똑히 보여, 관객들에게 친한 사람이 있는 자리를 찾아갈 시간을 5분마다 알려주고 있다. '난 그 사람의 칸막이 좌석엔 기껏해야 30분밖엔 머무르지 못해. 최근에야 알았으니까. 그 이상 있으면 염치 없는 놈이지. 더구나 이 나이에 분까지 칠한 머리 꼬락서니는 마치 카상드르(이탈리아 희극에 나오는 인물, 아이들에게 속아 넘어가는 아버지로 조롱받는 노인)처럼 우스꽝스러울 테니 말이야.' 하지만 문득 어떤 생각에 미치자 그는 마침내 결심했다. "혹시 부인이 자리에서 일어나 다른 사람을 찾아간다면, 지금 이렇게 귀한 즐거움에 도취되는 희망이 헛일이 된다." 그는 백작부인의 자리로 내려가려고 일어섰다. 그러자 이번엔 그곳에 가고 싶지 않다는 생각이 문득 들었다. 정말 이상하군! 그는 자기를 비웃으며 계단 위에서 걸음을 멈췄다. "이야말로 정말 소심한 심정이로군. 이런 감정을 느껴본 지 25년쯤 된 것같은데."

그는 내키지 않는 마음을 달래며 칸막이로 들어갔다. 그러고는 총명한 사람답게 재빨리 자기 마음에 일어난 것을 이용해서 일부러 쾌활한 체하거나 농담으로 재치를 보이려 하지 않았다. 조심스런 용기를 지니고 우스워지지 않을 정도로, 마음의 동요를 상대가 눈치챌 수 있도록 했다. '부인이 오해하면 모든 게 끝장이다. 뭐라고! 머리분을 칠한 처지에 소심해지다니! 머리분이라도 칠하지 않았으면 흰 머리털이 희끗희끗 보이지 않는가!' 그러나 그건 사실이었다. 그러니까 그걸 과장하거나 너무 내세우지 않는 한 조금도 이상스러울 것은 없었다. 부인은 날마다 그리앙타 성에서 오빠며 조카들이며 그밖에 주위의 권태로운 온건사상을 지닌 작자들의 머리분 칠한 얼굴을 질리도록 보아왔으므로, 이 새로운 찬미자의 머리 같은 건 조금도 눈에 거슬리지 않았다.

부인은 배우가 등장할 때마다 나는 웃음소리는 아랑곳하지 않고, 언제나 모스카가 칸막이 안에 들어올 때마다 남몰래 들려주는 프랑스의 새로운 정보에만 주의를 기울였다. 아마 그것도 그가 아무렇게나 꾸며낸 것인지도 모른다. 둘이서 이야기를 하다 부인은 오늘 밤엔 유난히 그의 눈이 아름답고 부드러움을 깨달았다. "파르마에서 당신의 위엄에 떨고 있는 노예 앞에서는 그런 눈을 안 하실 테죠. 그런 눈은 당신을 파멸시킬 거예요. 누구나 사형은 당하지 않으리라 안심할 테니까요."

이탈리아의 최고 외교관이라 평가받는 인물에게 거만한 티가 전혀 없다는 점이 부인은 어쩐지 이상하게 여겨졌다. 점잖은 데가 있는 것 같기도 했다. 그는 대단히 정열적으로 이야기를 잘했기 때문에, 비록 하룻밤뿐인 사랑하는 남자로서의 태도였다 할지라도 부인의 기분은 조금도 상하지 않았다.

이는 두 사람 사이의 관계로 보아 커다란 진전이라고도 할 수 있고, 또한 위험한 고비이기도 했다. 파르마에서 여자한테 푸대접을 받아본 적 없는 대신으로서는, 부인이 그리앙타에서 온 지 2, 3일밖에 안 되어 그녀의 권태로운 시골생활로 굳어진 마음이 아직도 풀리지 않았다는 것은 다행스런 일이었다. 그녀는 농담조차 잊은 듯했다. 우아하고 경쾌한 생활에 관한 것이라면 모두 그녀의 눈에는 새롭기만 했고 신성한 것으로 비쳤다. 마흔다섯 살에 소심한 사랑에 빠져서 어쩔 줄 몰라했건만 그녀는 놀려줄 마음도 들지 않았다. 일주일만 더 지난 뒤였더라면 백작의 무례한 태도는 훨씬 다른 대접을 받았을지도 모른다.

스칼라 극장에서는 다른 사람의 칸막이 좌석을 찾아가면 20분 이상은 있지 않는 것이 관습이었다. 백작은 부인을 만난 이 칸막이에서 하룻밤을 지냈다. 젊었을 때의 정열을 되살리는 여인이라고, 그는 중얼거렸다. 그러나 한편으로 위험도 느꼈다. '이곳에서 불과 16킬로미터밖에 떨어지지 않은 국가의 전능한 위정자인 내가 이런 어리석은 짓을 해도 괜찮을까? 말하자면 그만큼 나는 파르마가 지겹다!' 이렇게 생각하면서 15분이 지날 때마다 이젠 그만 나가야지 하고 몇 번이나 다짐했는지 모른다.

"부인, 솔직히 말씀드립니다만" 백작은 웃으며 말했다. "저는 파르마가 지겨워 죽을 지경입니다. 그래서 조금이라도 즐거운 일이 생기면 그대로 도취되어버리는 것을 용서해주십시오. 그러니 단 하룻밤만이라도 당신 곁에서 애인 행세를 할 수 있도록 허락해주십시오. 온갖 근심걱정을 잊게 해주는, 아니 당신은 온갖 예의범절이라고 말하시겠지만, 이 칸막이 좌석과도 며칠 안 있어 이별해야 하니까요."

스칼라 극장에서 이런 심상치 않은 방문이 있은 뒤, 이야기하자면 길어질지도 모르는 사소한 사건이 여럿 있었다. 그렇게 일주일이 지나자, 백작은 완전히 사랑에 빠지고 말았다. 한편 부인 쪽도 혹시 상대가 기품 있는 사람이라면 나이 같은 건 문제가 되지 않는다는 생각마저 하게 되었다. 이런 기분일 때, 모스카는 급한 소식을 받고 파르마로 되돌아갔다. 대공은 혼자서는 무서워서 견딜 수 없었던 모양이었다. 부인도 그리앙타로 돌아갔다. 부인의 상상력은 이젠 이 아름다운 땅에서 아무런 자극도 받지 못했으므로 쓸쓸한 곳으로만 비쳤다. '그 사람이 좋아진 게 아닐까?' 생각해보았다. 모스카는 편지를 보냈다. 체면이고 뭐고 없었다. 부인과 헤어지고 나니 다른 것을 생각할 힘조차 없었다. 그의 편지에는 재미난 부분이 있었다. 우송료 내기를 싫어하는 델 동고 후작의 비난을 피하기 위한 약간 기발한 방법으로 그는 속달로 코모나 레코, 바레즈, 또는 호숫가의 조그마한 마을 같은 곳에 보내서, 그곳 우편국에 편지를 맡기기로 했었다. 이는 배달원에게 직접 답장을 받아 가지고 돌아오도록 하기 위해서이기도 했다. 그건 뜻대로 이루어졌다.

우편배달부가 오는 날은 백작부인에게 이제 중요한 날이 되었다. 우편배달부는 꽃이며 과일들이며 그 밖의 별로 대수롭지 않은 선물까지도 배달하여 부인뿐만 아니라 올케까지도 즐겁게 했다. 모스카 백작에 대한 추억은 그가 커다란 권력을 쥐고 있다는 사실과 이어져 있었다. 부인은 이 사람에 대한 소문 하나하나에 호기심을 품게 되었다. 자유주의자들까지도 그의 재능에 대해선 칭찬하고 있었다.

백작이 악평을 받게 된 중요 원인은, 그가 파르마 궁정에서 급진왕당파의 우두머리라는 것과, 또한 그의 적수인 자유당의 지도자가 무슨 짓이든 할 수 있고 하면 언제든 성공하는 책략가인 라베르시 후작부인이기 때문이다. 대공은 이 두 당파 중에서 정권을 쥐고 있지 않은 당이 완전히 용기를 잃지 않도록 늘 배려했다. 비록 라베르시 부인의 살롱에 드나드는 자들이 내각을 장악하더라도, 자신이 여전히 군주임을 잘 알고 있었다. 이런 세세한 속사정이 그리앙타에 자세하게 보고되었다. 뛰어난 재능을 가진 대신이며 행동가라는 세상의 소문만을 들으며 정작 모스카를 직접 만나지는 않으니, 우둔하고 음울의 상징인 분칠한 머리 따위는 잊어버렸다. 이미 그런 건 사소한 일이며, 그가 그런 훌륭한 일을 하고 있는 것은 궁정에서의, 신하로서의 의무일 뿐이다.

"궁정이란 괴상하죠. 규칙은 반드시 지켜야 하는군요. 휘스트(카드놀이의 하나)의 규칙이 괴상하다고 불평하는 사람이 있을까요? 일단 규칙에 익숙해지면 상대를 완벽하게 패배시키는 건 참 기분 좋거든요."

백작부인은 늘 이렇게 유쾌한 편지를 써보내는 사람을 자주 떠올렸다. 편지를 받는 날은 즐거웠다. 부인은 보트를 타고 플리니아나, 벨랑, 스폰드라타 숲 등 호숫가의 경치 좋은 곳으로 가서 편지를 읽었다. 이 편지가 파브리스 없는 쓸쓸한 마음을 어느 정도 달래주는 것 같았다. 아무튼 백작의 열렬한 사랑을 이쪽에서 거절할 수도 없는 노릇이었다. 한 달이 채 지나기도 전에 부인은 이 사나이를 생각하며 다정한 마음으로 사모하기에 이르렀다. 한편 모스카 백작은, 대신 직을 사임하고 밀라노가 아니면 다른 어느 곳에서라도 당신과 함께 살고 싶다는 말을 꺼냈다. 그것은 그의 본심을 드러낸 것이었다. 그리고 이렇게 덧붙여 써보냈다.

"나에겐 40만 프랑이 있습니다. 즉 한 해 동안 1만 5천 프랑의 돈이 항상 들어오는 셈입니다."

"새로운 극장의 칸막이 좌석이며 말이며, 여러 가지 것이……" 부인은 이렇게 중얼거렸다. 감미로운 공상이 이어졌다. 코모 호수 경치의 눈부신 아름다음에 다시금 강한 매력을 느꼈다. 호숫가에 서서, 부인은 이젠 불가능해졌음에도 예전의 화려하고 특별한 생활이 다시 돌아올 것 같은 기분이 들었다. 밀라노의 산책로를 부왕 시절처럼 행복하고 즐겁게 거니는 자신의 모습이 떠오른다.

"청춘이, 아니 적어도 활기찬 생활이 내게 다시 찾아올지도 모른다!"

때때로 그녀의 불꽃 같은 상상력이 사물의 진실을 숨기기도 한다. 그러나 이 여인은 비겁해져서 스스로를 속이는 착각 따위에 결코 빠지지 않았다. 무엇보다 그녀는 자신에게 충실했다. '나는 지각없는 짓을 하기엔 너무 나이가 많지만, 선망이라는 것도 사랑과 마찬가지로 가지가지 착각을 일으켜, 끝내는 밀라노에서의 내 생활을 타락시킬지도 모른다.' 이렇게 생각했다. "남편이 죽은 뒤, 가난 속에서도 기품 있게 행동했고 두 번이나 큰 부자와의 혼담을 거절했음에도 나는 인기 있었다. 모스카 백작쯤은 리메르카티와 나니, 두 바보가 내 발밑에 내던지려던 막대한 재산의 20분의 1도 가지고 있지 않다. 갖은 고생 끝에 얻은 얼마 안 되는 미망인의 연금, 집안 하인들을 내보냄으로써 세상 사람을 놀라게 한 일, 6층의 조그마한 방에 살면서도 문 앞에는 마차들이 늘어섰던 일, 그러한 모든 것이 예전에는 재미난 광경이었다. 하지만 내 소유의 재산이라곤 미망인의 연금뿐인 채로, 모스카가 사직하고 난 다음에 들어온다는 1만 5천 프랑을 가지고 밀라노에서 조금쯤 넉넉한 시민생활을 한다면, 아무리 잘 꾸려나간다 하더라도 가끔은 불쾌한 순간들이 있을 것이다. 선망이 그 무서운 무기로 삼을 커다란 장애는, 백작이 벌써 오랫동안 별거생활을 하고 있다고는 하지만 결혼한 몸이라는 점이다. 그의 별거생활을 파르마에선 모르는 사람이 없으나 밀라노에선 새로운 것일 테니, 그걸 내 탓으로 돌릴는지도 모른다. 그러니 아름다운 스칼라 극장이고, 코모 호수고…… 이젠 이별이다! 모든 걸 단념하자!"

이런 예상을 하면서도, 만일 부인에게 많은 재산이 있었다면 모스카의 사직하겠다는 말을 분명 받아들였을 것이다. 그녀는 자기를 한창 때가 지난 여인이라 여겼고, 궁정은 어쩐지 무서웠다. 그러나 알프스의 이쪽 편에서 볼 때 도저히 있을 수 없는 일로 생각되는 것은, 과연 백작이 자기 직업을 기꺼이 내던질까 하는 점이었다. 적어도 그런 심정이라는 걸 그는 사랑하는 여인으로 하여금 믿게 만들었다. 그는 편지를 보낼 때마다 점점 더 불타오르는 열정을 쏟아, 꼭 한 번만 더 밀라노에서 만나고 싶다는 말을 적었다. 그의 소원은 이루어졌다.

"제가 당신에게 미칠 듯 사랑한다고 맹세한다면, 그건 아마 거짓일 거예요." 어느 날 밀라노에서 부인은 이렇게 말했다. "그 옛날 스무 살이 됐을까 말까 한 나이에 사랑했을 때처럼 서른이 넘은 오늘날에도 사랑할 수 있다면 무척이나 행복하겠지요. 하지만 전 언제까지나 계속되리라 믿었던 것들이 무너져 내리는 것을 너무나 많이 봐왔어요. 전 당신이 참 좋아요. 그리고 믿을 수 있는 분이라고 생각해요. 남자분 중에서는 당신이 제일 좋아요."

부인은 자신이 진심을 말했다고 생각했으나, 마지막 말에는 약간의 거짓이 섞여 있었다. 모르긴 해도 파브리스만 원했다면, 부인의 마음을 가장 강하게 차지한 사람은 그였을 테니까. 그러나 모스카 백작이 보기에 파브리스 따위는 한낱 소년일 뿐이었다. 백작은 이 철없는 젊은이가 노바라로 떠난 지 사흘 뒤에 밀라노에 왔다. 그리고 곧 파브리스의 일을 빈데르 남작에게 잘 봐달라고 부탁했으나 추방은 어찌할 수 없는 일이라고 속으로 단념하고 있었다.

그는 밀라노에 혼자서 온 게 아니었다. 그의 마차에는 산세베리나 탁시스 공작이 타고 있었다. 이 사람은 예순여덟 살의 귀엽도록 몸집이 작은 노인으로, 백발이 다 된 머리에 단정하고 예의 바른 데다가 대단한 부자였지만 그다지 기품은 없었다. 이 사람의 할아버지 때 징세관이라는 직책을 이용하여 파르마 공국의 수입에서 수백만의 재산을 긁어모은 것이었다. 아버지는 ＊＊국의 궁정에 파르마 공의 파견대사로 임명되었다. 이 지위를 얻은 이유는 다음과 같다.

"전하께서는 ＊＊＊로 가는 사절에게 3만 프랑을 주고 계십니다만, 그것만으론 그쪽에서 체면이 서지 않습니다. 만일 저를 그 자리에 앉히신다면 저의 봉급은 6천 프랑으로 충분합니다. ＊＊＊에서 연간 10만 프랑 이상을 개인 비용으로 지출할 작정입니다. 그리고 저의 집 집사에게 매년 2만 프랑씩 파르마 공국의 외교비로 내도록 이르겠습니다. 이 금액을 가지고 누구건 적당한 사람을 대사관 서기관으로 임명하실 수 있을 겁니다. 외교상의 비밀 등, 혹시 그런 것이 있다면 전 그런 것엔 전혀 모르는 척하겠습니다. 저의 목적은 이제 갓 일어선 저희 가문을 빛나게 하고, 국가의 요직을 집안의 자랑으로 삼고 싶을 따름이니까요."

대사의 아들인 현 공작은 반자유주의자로 행세한 잘못이 있었으므로 지난 2년 동안 실의에 빠져 있었다. 나폴레옹 시대에 끝까지 외국에 머물러 있으려 했기 때문에 2, 3백만 프랑이라는 막대한 돈을 썼지만, 유럽의 질서가 회복된 뒤에도 아버지의 초상을 장식할 만한 훌륭한 훈장은 타지 못했다. 이 훈장을 타지 못해 그는 수척할 대로 수척해졌다.

이탈리아에서는 열렬한 연정에 이어 생겨나는 친밀한 단계로 들어서고 나면, 두 사람 사이의 허영심에서 오는 장애 같은 건 없는 법이다. 그래서 모스카는 열렬히 사랑하는 여인에게 자기 마음을 솔직하게 고백했다.

"당신에게 권하고 싶은 계획이 내게 두서너 가지 있습니다. 모두 나로선 심사숙고한 것입니다. 석 달 동안 다른 것은 통 생각하지도 않았습니다.

첫째, 내가 사직하고 밀라노나 피렌체나 당신이 좋아하는 곳에서 평범한 시민으로 살자는 것입니다. 그래도 얼마 동안은 대공에게서 받을 수 있는 돈과는 별도로 1만 5천 프랑의 연금이 있습니다.

둘째, 내가 지금 조금이나마 실권을 쥐고 있는 나라에 당신이 와주시는 것입니다. 이를테면 사카라는 토지를 사면, 숲 속에서 포 냇물을 내려다볼 수 있는 아름다운 집이 있는데, 일주일 안에 매매계약을 끝낼 수 있어요. 또한 대공은 당신을 반드시 궁정에 불러들일 겁니다. 그러나 여기 커다란 장애가 하나 있습니다. 궁정에선 물론 당신을 귀하게 대접할 테고, 내 앞에서 이상한 태도를 취할 사람은 없을 겁니다. 더욱이 대공비께서는 자기가 불행하다고 생각하시는 분으로, 그분에게는 당신을 위해서 최근 어느 정도 비위를 맞춰두었습니다. 하지만 역시 커다란 장애가 하나 있어요. 그건 대공의 신앙심이 독실하다는 점입니다. 그런데 아시다시피 난 불행히도 결혼한 몸이기 때문에, 그로 말미암아 여러 가지 불쾌한 일이 생기리라 봅니다. 물론 당신은 미망인이지요. 그도 상관은 없지만 달리 변경하는 게 좋겠어요. 그래서 나는 셋째 제안을 하려는 겁니다.

그건 조금도 문제되지 않는 새 남편을 찾는 것입니다. 무엇보다도 나이가 많은 노인이어야 합니다. 왜냐하면 그래야 내가 그 사람을 대신할 수 있을 테니까요. 그래서 말인데, 저는 이런 기묘한 거래를 산세베리나 탁시스 공작과 맺었습니다. 물론 공작은 미래의 부인이 어떤 사람인지 이름조차 모릅니다. 다만 이 새 부인의 덕택으로 대사가 되어 자기 아버지와 똑같은 훈장을 받을 수 있다는 사실만 알고 있을 뿐입니다. 그 사람은 이 훈장을 못 받았다는 이유로 자기가 가장 불행한 사람이라고 믿고 있거든요. 이 점만 빼면 공작은 그다지 어리석은 사람이 아닙니다. 옷이나 가발을 파리에서 주문해오거든요. 음모를 꾸밀 사람은 아닙니다. 훈장을 받음으로써 명예가 생긴다 굳게 믿으며 재산 같은 건 수치라 여깁니다. 1년 전에, 이 훈장을 받고픈 욕망에 병원을 세우겠다고 내게 말한 적이 있었지요. 난 웃어넘기며 상대도 하지 않았지만. 그런데 이번에 내가 결혼 이야길 꺼냈을 때 그는 조금도 날 비웃는 기색이 없었거든요. 물론 내가 첫째 조건으로 내세운 것은, 그가 절대로 파르마엔 오지 말아야 한다는 점이었습니다."

"하지만 당신이 권하시는 행동이 도리에 몹시 어긋난다고는 생각지 않으세요?" 백작부인은 말했다.

"우리 궁정이나 다른 여러 궁정에서 행해지고 있는 바에 비하면 조금도 부도덕한 것이 아닙니다. 절대권력이란 평민의 눈엔 모두가 신성하게 보이기 마련이니까요. 그러니 아무도 그 부도덕함을 깨닫지 못할 겁니다. 아마 앞으로 20년 동안 우리의 정치는 급진당에 대해서 공포를 품을 것입니다. 무서운 공포지요! 해마다 우리는 93년(^{1793년을 말함. 프랑스 대} ^{혁명 말기 공포정치의 해}) 전날 밤에 놓여 있는 기분입니다. 물론 이런 일에 대해서는 우리집 야회에서 점잖게 지껄이는 걸 들어주십시오. 그럴 듯합니다! 그러한 공포를 덜어주는 일이라면 무엇이든 귀족이나 신앙 깊은 사람에겐 더할 나위 없이 도덕적인 것입니다. 자, 그런데 파르마에선 귀족이나 신앙심 깊은 사람이 아니면 모두 감옥에 들어가 있거나, 머지않아 감옥에 들어가게 될 겁니다. 내가 실각하는 날까진, 이 결혼을 이상하게 여길 사람은 없습니다. 그건 믿으셔도 좋아요. 이번 거래는 누구도 속이지 않습니다. 이게 중요한 것이 아닙니까? 우리가 은혜를 입고, 거래를 하고 있는 공작은 승낙하는 데 단지 한 가지 조건만 붙였습니다. 그것은 미래의 공작부인은 귀족 출신이라야 한다는 것입니다. 작년에 내 지위로 얻은 수입은 모두 10만 7천 프랑이었습니다. 모든 수입을 합치면 12만 2천 프랑쯤은 될 겁니다. 그중 2만 프랑은 리용 은행에 맡겨두었지요. 자, 어느 쪽이고 선택하세요. 첫째, 12만 2천 프랑을 비용으로 해서 (이는 파르마에서 쓰면 밀라노에서의 40만 프랑에 해당할 것입니다) 호사스러운 생활을 할 것인가. 단 이 경우에는 이름을 얻을 뿐인 결혼을 해야 하는데, 상대는 그다지 나쁜 사람은 아니고 당신은 식장에서 한 번 만날 뿐입니다. 둘째, 그렇지 않으면 피렌체나 나폴리에서 1만 5천 프랑으로 검소한 시민생활을 하는 것인데 밀라노에선 당신이 너무 알려져 있으므로 부러워하는 사람들이 우리를 못살게 굴 테고, 아마 우리 기분도 상하게 될 겁니다. 파르마에서의 호화로운 생활은 외젠 공의 궁정을 알고 있는 당신에게도 얼마간 색다른 맛이 있지 않을까요. 인연을 끊기 전에 잠깐 그런 생활도 알아두시는 편이 현명하리라 생각됩니다. 내 의견으로 당신의 생각을 좌지우지하려는 것은 아닙니다. 나는 벌써 선택했습니다. 이러한 호사스런 생활을 혼자서 계속하기보다는 당신과 함께 5층에서 생활하는 편이 훨씬 좋습니다."

이로부터 매일같이 두 연인은 이 별난 결혼이 가능할지에 대해 의논했다. 백작부인은 스칼라 극장 무도회에서 산세베리나 탁시스 공작을 보았고, 그만하면 남부끄럽지 않은 사람이라 생각했다. 얼마 전에 만나 서로 이야기를 나누었을 때, 모스카는 자기 생각을 다음과 같이 간단히 말했다.

"우리가 얼마 남지 않은 인생을 재미있게 보내고 빨리 늙지 않으려면 과감한 결정을 내려야 합니다. 공작은 승낙했습니다. 산세베리나는 말하자면 좋은 사람이죠. 파르마에 굉장한 저택과 막대한 재산을 가지고 있습니다. 그는 예순여덟 살이나 되었고 훈장이 소원이거든요. 하지만 그 사람의 일생에 장애가 된 커다란 오점이 하나 있습니다. 이전에 카노바가 만든 나폴레옹 흉상을 1만 프랑이나 주고 산 일입니다. 그리고 두 번째 죄로, 이는 당신이 구해주지 않으면 그가 죽음을 당할지도 모르는 큰 실수입니다만, 페란테 팔라라는 사나이에게 나폴레옹 금화를 25개나 꾸어준 일이 있습니다. 이 사람은 우리나라에서 미치광이로 통하지만 약간의 천재성도 지닌 작자입니다. 우리는 다행히도 이 사나이에게 결석재판으로 인한 사형선고를 내렸습니다. 페란테는 살아 있는 동안 2백 행가량의 시를 썼는데 그 또한 따라올 자 없는, 정말 읽어드려도 좋습니다만, 단테 못지않은 아름다운 시거든요. 대공은 산세베리나를 ✱✱✱궁정에 파견키로 하셨습니다. 출발하는 날 당신과 결혼식을 올릴 겁니다. 2년 동안의 여행, 즉 그에겐 대사의 직책입니다만, 그것이 끝나면 비로소 그로서는 없으면 살아갈 수 없다는 훈장을 타게 됩니다. 공작은 당신에겐 조금도 불쾌하지 않은 오빠 같은 존재가 될 테죠. 내 요구대로 어떤 서류는 미리 서명할 것이고, 당신을 만나는 일은 별로 없을 테지만, 원하신다면 두 번 다시 만나지 않아도 좋습니다. 그로서도 할아버지가 징세관이었다는 사실과 자기가 자유주의자라는 평판이 있기 때문에 파르마에는 좀처럼 돌아오고 싶진 않을 테죠. 사형집행인 라씨의 말을 들으면, 공작은 페란테 팔라가 다리를 놓아주어 남몰래 〈입헌신문〉을 사서 읽었다고 합니다만, 이런 중상이 있었기에 오랫동안 대공의 승낙을 얻지 못했던 것입니다."

역사가가 자신이 들은 이야기를 세세한 것까지 충실하게 기술하는 것을 어떻게 나쁘다고 할 수 있을까? 작가가 불행히도 동감할 수 없는 정열에 이끌려 작중인물이 마침내 부도덕한 행위를 저질렀다 하더라도 그것은 작가의 죄일까? 물론 이런 행위는 모든 정열 가운데 영속되는 유일한 정열이 허영심의 수단인 금전이 되는 나라에선 볼 수 없는 것도 사실이다.

지금까지 이야기한 사건으로부터 석 달이 지났다. 부인은 산세베리나 탁시스 공작부인으로서 그 활발한 사교성과 고상하고 명랑한 재치로 파르마 궁정을 놀라게 했다. 부인의 집은 다른 집과 비교할 수 없을 만큼 마을에서 가장 상쾌한 곳이 되었다. 모스카 백작은 반드시 그렇게 되리라 대공에게 예언했다. 부인이 대공 에르네스트 4세와 대공비를 처음 알현하는 자리에서는 이 나라에서 가장 신분이 높은 귀부인 두 사람을 통해 소개되어 대단히 정중한 대접을 받았다. 공작부인은 자기가 사랑하는 사람의 운명을 손아귀에 쥐고 있는 이 군주를 만나는 일에 호기심을 느꼈다. 부인은 대공의 환심을 사려 애썼는데, 그 노력은 지나친 성공을 거둘 정도였다. 대공은 키가 크고 통통했다. 머리털, 수염이 모두 신하들의 말로는 아름다운 금빛이라지만, 그 퇴색된 듯한 빛은 다른 곳에서라면 아마 빛깔이라는 그다지 고상한 표현은 쓰지 않을 것이다. 커다란 얼굴 한가운데에 여자 같은 조그마한 코가 오똑 솟아 있었다. 그러나 공작부인은 이러한 추악한 특징이 눈에 띄는 것은 대공의 생김생김을 하나하나 자세하게 보려 했기 때문이라 생각했다. 전체적으로 보면 총명하고 심지가 굳어 보이는 풍채를 지니고 있었다. 대공의 풍채나 태도엔 본디 위엄이 없는 것도 아니었지만, 때때로 그는 만나는 상대에게 공연히 위압감을 주려 애썼다. 그러다가 스스로가 어색해져서 거의 쉴 새 없이 한쪽 발을 흔들었다. 아무튼 에르네스트 4세는 남을 꿰뚫어보는 날카로운 눈을 지니고 있었다. 손을 놀리는 품도 고상하며, 말은 정연하고 간결했다.

모스카는 공작부인에게, 대공이 접견할 때 쓰는 커다란 서재에는 루이 14세 조각상과 피렌체에서 만든 아름다운 대리석 탁자가 있다는 걸 미리 이야기해두었다. 대공의 모방심은 대단하다고 부인은 생각했다. 확실히 대공은 루이 14세의 눈짓이며 고상한 말투를 흉내내고, 요셉 2세식으로 대리석 탁자에 기대고 있었다. 그는 부인에게 몇 마디 말을 건네고 나서는 곧 자리에 앉았다. 부인의 신분에 알맞은 의자에 앉으라는 뜻이었다. 이 궁중에선 대공비, 공작부인, 에스파냐 대귀족의 부인들만이 자기 마음대로 앉는다. 그 밖의 부인들은 대공이나 대공비의 말이 떨어지기를 기다린다. 이 존엄하신 두 분은 계급의 차별을 나타내기 위해, 공작부인이 아닌 부인에게 자리를 권하기 전에 언제나 조금 뜸을 들인다. 공작부인은 대공의 루이 14세 모방이 때로는 너무 지나치다고 생각했다. 이를테면 머리를 뒤로 젖히고 인자한 듯 미소 짓는 품이 그러했다.

에르네스트 4세는 파리에서 유행하는 연미복을 입고 있었다. 그는 몹시 싫어하면서도 매달 파리에서 연미복, 프록코트, 모자 등을 주문해왔다. 그러나 공작부인을 접견하는 날에는 붉은 반바지, 비단 양말에 목이 긴 신발을 신어 묘하게 앞뒤가 맞지 않는 차림이었다. 이는 요셉 2세의 초상화를 본뜬 것이다.

대공은 산세베리나 부인을 환대했다. 그녀에게 재치 있고 멋진 말을 했다. 하지만 부인은 이러한 환대가 지나치다고는 느끼지 않았다.

"왜 그런지 아십니까?" 배알을 마치고 돌아오자 모스카 백작은 말했다. "그것은 밀라노가 파르마보다 크고 아름다운 도시이기 때문이지요. 대공은 내가 기대한, 그리고 자신이 암시했던 바와 같은 그런 환대를 당신에게 함으로써, 수도에서 내려온 아름다운 부인의 우아한 모습에 황홀해하는 시골뜨기 모습을 보이고 싶지 않았던 것입니다. 아마 그분은, 이건 당신에게 말하기 거북하지만, 한 가지 점에서는 기분이 좋지 않았다 할 수 있겠죠. 즉, 이곳 궁정에는 당신의 아름다움에 견줄 만한 여자가 한 사람도 없다는 점입니다. 어젯밤 잠자기 전에 시종장인 페르니체를 상대로 오직 그 이야기만 하셨다고 합니다. 이 사람은 나와 친해 가르쳐주더군요. 앞으로 궁정의 예법에 조금 변화가 일어나리라 생각됩니다. 이 궁정에서 나의 가장 큰 적수는 파비오 콘티 장군이라는 멍청한 사나이입니다. 평생에 단 하루 전쟁터에 있었을

뿐인데도, 프리드리히 대왕이나 된 것처럼 거만을 떠는 괴상한 작자랍니다. 더구나 라파예트 장군의 귀족적인 붙임성까지도 따르려 들거든요. 이곳 자유당의 우두머리라는 거죠. 흥, 자유당!"

"파비오 콘티라면 저도 알고 있어요." 공작부인이 말했다. "코모 근처에서 만났어요. 헌병과 말다툼을 하고 있더군요."

그러고는 독자가 아직 기억하고 있을 그 조그마한 사건을 이야기해주었다.

"앞으로 이 나라 예법의 까다로운 점까지 익숙해지면, 귀족의 딸은 결혼한 다음이 아니면 궁정에 나올 수 없다는 것도 아시게 될 겁니다. 그런데 대공은 자신의 파르마가 다른 어느 도시보다 훌륭해야 한다며 열정적인 애국심을 품고 계십니다. 그러니까 반드시 라파예트 흉내꾼의 딸 어린 클렐리아 콘티가 궁정에 나올 수 있도록, 무슨 방편이고 마련할 것입니다. 정말 이 소녀는 귀엽거든요. 지금부터 일주일 전까지는 이 나라에서 제일가는 미인이라고 했습니다."

백작은 말을 계속했다. "대공의 적들이 이분에 대해서 퍼뜨린 무서운 이야기가 그리앙타 성까지 전해졌는지 모르겠습니다만, 아무튼 소문으로는 짐승이란 말을 듣습니다. 사실 에르네스트 4세는 여러 가지 장점을 지닌 인물입니다. 만일 그분이 아킬레스처럼 불사신의 몸이었다면 끝까지 전제군주로서 모범 인물이 되었을 것입니다. 그러나 권태와 노여움에 사로잡혔던 때, 아마 루이 14세를 흉내내고 싶었던 게죠. 프롱드 사건 _(1948~53년에 걸쳐 프랑스에서 귀족이 일으킨 내란) 으로부터 50년이 지난 뒤, 루이 14세는 베르사유 부근의 영지에서 거만하게 조용히 살던 이 사건의 우두머리(누군지 그 이름은 잊었지만)를 잡아다가 목을 벤 적이 있지요. 에르네스트 4세는 어느 날 자유당의 두 사나이를 이런 식으로 교수형에 처했습니다. 이 불순분자들은 일정한 날에 모여서 대공의 욕을 하며, 페스트가 이 나라에 유행해서 폭군으로부터 민중을 해방시켜달라며 하느님에게 열렬한 기원을 올리기도 했었죠. 폭군이란 말을 사용한 사실도 실토했습니다. 라씨는 이를 음모라 단정하여 사형을 선고했습니다. 그중 한 사람인 L백작의 처형은 특히 참혹했습니다. 이는 내가 취임하기 전의 일입니다마는, 그 치명적인 날로부터(백작은 소리를 낮추어 계속 말했다) 대공은 남자답지 못한 공포심에 휩싸여 발작을 일으켰습니다. 하지만 그것은 내가 현재 총애를 받고 있는 유일한 이유입니다. 대공의 공포심이 없었더라면, 평범한 사람들뿐인 이 궁정에선 나의 수완도 지나치게 거칠며 가혹한 것으로 보였을 테니까요. 대공은 잠자기 전에 방 안 침대 밑을 일일이 들여다보고, 유능한 경찰을 두기 위해서 파르마로선 밀라노의 4백만 프랑에 해당되는, 1백만 프랑이라는 돈을 쓰고 있다면 믿겠습니까? 그리고 부인, 지금 이렇게 당신 앞에 있는 이 몸이 바로 그 무서운 경찰의 총수이거든요. 경찰인 덕분에, 즉 공포심 덕분으로 나는 육군대신과 재무대신까지도 겸하고 있습니다. 그런데 경찰 지휘 권한을 내무대신이 쥐고 있는 만큼 그가 명목상 나의 상관이 되는 셈이지요. 나는 이 직위를 쥐를라 콩타리니 백작에게 주었습니다. 이 작자는 일에만 몰두하는 인물로, 날마다 팔십 통이나 되는 편지를 쓰고는 혼자 기뻐하지요. 오늘 아침에도 난 쥐를라 콩타리니 백작이 손수 제 20715호라고 만족스러운 듯이 쓴 편지 한 통을 받았습니다."

산세베리나 공작부인은 파르마의 침울한 클라라 파올리나 대공비에게 소개되었다. 대공비는 남편에게 애인(상당한 미인으로 발비 후작부인)이 있었으므로 자기를 이 세상에서 가장 불행한 여자라 생각하고 있었다. 아마도 이런 생각이 그녀를 매력 없는 여인으로 만들었을 것이다. 만나 보니 대단히 키가 크고 마른 부인으로, 서른여섯이 채 안 되었는데도 쉰 살이 넘어 보였다. 균형 잡힌 고상한 얼굴은 빛을 거의 잃은 커다란 둥근 눈 때문에 약간 일그러졌다. 그러므로 만일 대공비가 자포자기한 듯한 심정만 버린다면 분명 아름답게 보였으리라. 공작부인을 맞는 태도가 너무 공손했으므로, 모스카 백작의 적들 중에는 마치 대공비가 인사를 올리는 것 같고 공작부인이 대공비 같다고 쑥덕공론을 할 정도였다. 공작부인도 깜짝 놀라 당황한 나머지 대공비보다도 겸손한 말을 찾으려 애썼다. 본디 재치도 있을 이 불쌍한 대공비의 마음을 가라앉히려면 부인은 식물학에 대한 이야기를 계속하는 수밖에 없다고 생각했다. 사실 대공비는 이 방면엔 박식하여 열대식물을 많이 가꾼 훌륭한 온실까지 가지고 있었다. 단순히 어색함에서 벗어나려는 것뿐이었는데, 이로 말미암아 부인은 클라라 대공비의 마음을 사로잡았다. 처음엔 소심해서 말도 제대로 못했던 대공비가 나중에는 마음을 터놓고, 예법조차 무시한 이 첫 알현은 1시간 15분 넘게 계속되었다. 다음 날 공작부인은 재빨리 이국식물을 사들여 대단한 식물 애호가인 척했다.

대공비는 파르마의 대주교 란드리아니 신부와 만나는 것이 일과였다. 학식과 재간도 있으며 또한 성실한 인물이었다. 그러나 이 사람이 진홍색 벨벳 의자에 앉아(이는 그의 신분상 가능한 일이었다) 귀부인들과 두 시종 부인으로 둘러싸인 대공비의 안락의자를 대하고 있는 꼴은 어딘지 괴이해 보였다. 긴 백발을 늘어뜨린 늙은 대주교는 말하자면 대공비보다도 더 소심했다. 두 사람은 매일 만나면서도 처음 15분 이상은 언제나 말이 없었다. 시종의 한 사람인 알비지 백작부인은 그들이 침묵을 깨고 이야기를 나눌 수 있도록 이끄는 재간 덕분에 총애를 받게 되었다고도 했다.

공작부인은 마지막 순서로 대공의 아들에게 소개되었다. 아버지보다 키가 크고, 어머니보다 더 소심한 인물이었다. 광물에 조예가 깊은 열여섯 살의 청년이었다. 그는 부인이 들어오는 것을 보고는 얼굴이 새빨개졌다. 그리고 당황해서 이 아름다운 부인에게 뭐라고 해야 좋을지 갈피를 잡지 못했다. 상당히 잘생긴 그는 날마다 망치를 손에 쥐고 숲 속에서 날을 보냈다. 침묵만이 흐르는 알현을 끝내려고 공작부인이 일어나려는데 대공의 아들이 큰 소리로 이렇게 말했다.

"아, 부인, 어쩌면 그렇게도 아름다우십니까!"

인사하러 온 부인 쪽에서는 이 말이 그다지 불쾌하게 들리지 않았다.

스물다섯 살의 젊은 부인인 발비 후작부인은 산세베리나 공작부인이 파르마에 오기 2, 3년 전까지는 이탈리아식 미인의 전형이라 여겨졌었다. 지금도 눈은 아름다웠다. 애교 있고 귀여운 얼굴이었다. 그러나 가까이서 보면 살결엔 벌써 잔주름이 많이 생겨나 젊은 노파라는 느낌이 들지만, 그래도 멀리서, 이를테면 극장의 칸막이 좌석 같은 데서 보면 역시 미인이었다. 그래서 아래층 홀에서 보는 사람들로선 대공의 눈은 꽤 높다고 생각했다. 대공은 매일 밤을 발비 후작부인 집에서 보내지만, 전혀 입을 열지 않는 때가 가끔 있었다. 그런 우울한 모습을 대하고 있는 부인은 수척할 대로 수척해졌다. 이 여인은 어디까지나 자기 머리가 좋다 여기며 늘 의미심장한 미소를 띠고 있었다. 아름다운 치아를 가지고 있었으므로 틈만 나면 교활한 미소를 지으며 말로 표현할 수 없는 무언가를 전하려 했다. 모스카 백작의 말에 의하면 그 여인이 그처럼 많은 주름살이 잡히게 된 것은, 마음속으론 하품을 하면서도 늘 미소를 짓고 있기 때문이다. 발비 부인은 어떤 사건에든 관여하려 했다.

정부는 이 여인에게 기념품(파르마에선 이것이 적절한 말이다)을 바치지 않고선 1천 프랑의 거래조차도 할 수 없었다. 소문으로는 부인이 영국에 6백만 프랑을 투자했다지만, 최근에 알려진 바로는 이 사람의 재산은 1백50만 프랑뿐이라 했다. 모스카 백작이 재무대신이 된 것은 이 부인의 약빠른 술책에 편승하여 이 여인을 자기 뜻대로 움직였기 때문이다. 후작부인의 오직 하나밖에 없는 정열적인 감정은 추악한 인색으로 가장된 공포였다. "전 가난 속에서 비참한 죽음을 맞이할 것만 같아요." 그녀는 때때로 대공에게 이런 말을 했는데 대공은 그런 얘기를 몹시 싫어했다. 공작부인은 발비 부인을 방문하면서, 저택의 호화찬란한 손님방을 밝히는 것은 훌륭한 대리석 탁자 위에 놓인 단 한 자루의 촛불뿐이고, 살롱의 문은 하인들의 손때가 묻어 시꺼멓게 더럽혀져 있는 것을 보았다.

"그 집에 찾아갔더니 그 여자는 마치 내게서 50프랑쯤 기부를 받고 싶은 듯이 대접하더군요." 공작부인은 백작에게 이렇게 말했다.

공작부인이 거둔 연속적인 성공은, 궁정에서 가장 수완이 좋기로 유명한 라베르시 후작부인과의 대면으로 자칫하면 무너질 뻔했다. 이 여자는 모스카 백작 일파를 적대시하는 당파의 우두머리로, 조금도 빈틈이 없는 술책가였다. 모스카를 실각시키려고 갖은 수단을 썼고, 더군다나 산세베리나 공작의 조카딸이기도 했으므로, 몇 달 전부터 새로운 공작부인의 매력 때문에 혹시 유산 상속에 어떤 지장이라도 생기지 않을까 두려워했다.

"라베르시 부인은 얕잡아볼 여자가 아닙니다. 무슨 짓이라도 능히 할 수 있는 여자죠. 내가 이혼한 단 한 가지 이유도 아내가 라베르시 부인과 친한 벤티보글리오를 애인으로 삼으려 했기 때문입니다." 백작은 공작부인에게 이렇게 말했다.

라베르시 부인은 머리털이 까만 여장부로, 아침부터 보석을 달고 뺨엔 온통 연지를 칠한 것이 인상 깊었다. 처음부터 공작부인을 적대하는 태도를 나타내어 자기 집에 초대해놓고는 시비를 걸 작정이었다. 산세베리나 공작이 부임지에서 보낸 편지에는 대사라는 자기 직위와 특히 훈장에 대한 약속으로 만족하는 듯한 사연이 적혀 있었으므로, 친척들은 요즘 그가 그곳에서 여러 가지 선물을 보내오는 새 부인에게 혹시 재산의 일부를 남길 의향이 아닌가 두려워하고 있었다. 라베르시 부인은 누가 보나 못생긴 얼굴이었지만, 궁정에서 으뜸가는 미남 발비 백작을 애인으로 두고 있었다. 요컨대 무엇이든 기어이 성공하고야 마는 여인이었다.

공작부인은 나름대로 호화로운 생활을 했다. 산세베리나 저택은 본디 파르마에선 호화로운 저택 가운데 하나였지만, 공작은 대사가 되었고 머지않아 훈장을 타게 됐으므로 거액을 들여 더욱 화려하게 만들려 했다. 공작부인이 그 공사를 지휘했다.

백작의 추측은 틀리지 않았다. 공작부인이 대공에게 소개된 지 얼마 안 되어 젊은 클렐리아 콘티가 궁정에 나타났다. 참사회 회원으로 만든 것이다. 이런 대우는 백작의 위신을 손상시킨다는 판단 아래 그에 대항할 셈으로 공작부인은 새로 단장한 정원을 선보인다는 핑계로 축연을 베풀었다. 그러고는 세련된 애교를 다해 클렐리아를 코모 호수의 젊은 친구라 부르면서, 이날 밤 파티의 여왕으로 만들었다. 클렐리아의 머리글자가 잘 보이는 정원 돌에 우연인 것처럼 새겨져 있었다. 클렐리아는 조금 근심스러운 표정이었으나, 호숫가에서 일어난 일과 그에 대한 고마움을 이야기하는 모습은 어딘지 귀여웠다. 소문에 따르면 이 소녀는 신앙이 두텁고 고독을 즐긴다고 한다.

"그 애는 현명해서 자기 아버지의 일을 부끄러워하거든요." 백작은 말했다.

공작부인은 이 소녀와 친해졌다. 마음에 들었고 질투하는 것처럼 보이고 싶지 않았으므로, 모임엔 반드시 불렀다. 요컨대 부인의 목적은 백작에 대한 온갖 반감을 조금이라도 부드럽게 하려는 데 있었다.

공작부인에겐 모든 일이 순조로웠다. 부인은 어느 때고 폭풍을 걱정해야 하는 이런 궁정생활이 재미있었다. 새로운 인생이 시작된 것 같았다. 부인은 백작을 다정한 연인으로 대해주었기에 백작은 행복감에 미칠 듯했다. 이렇듯 행복한 상태에 있었으므로, 야망에 관계되는 일에 대해선 어디까지나 냉정할 수 있었다. 그래서 공작부인이 온 지 두 달도 채 되지 않아, 그는 국무대신 직위와 명예를 차지했다. 이는 군주 자신에게 바쳐지는 명예와도 거의 비슷한 것이었다. 백작은 대공의 뜻을 마음대로 조종할 수 있었다. 그 증거로서 온 파르마 사람들을 놀라게 한 일이 일어났다.

도시에서 동남쪽으로 10분쯤 걸리는 곳에, 이탈리아에서 유명한 성채가 우뚝 서 있다. 그 커다란 탑은 높이가 50미터나 되어 멀리서도 보였다. 이 탑은 16세기 초에 파올로 3세의 자손인 파르네제 집안 사람들이 로마 아드리아누스 황제의 묘를 본떠 세운 것이다. 주위가 굉장히 넓어, 맨 위층 전망대에 성채 사령관의 저택과 파르네제라 불리는 새로운 감옥을 세울 수 있었다. 이 감옥은 의붓어머니와 불륜 관계를 맺은 라뉴체 에르네스트 2세의 만아들을 위해 세운 것으로 이 고장 사람에겐 아름답고 괴이하게 비쳤다. 공작부인은 호기심에서 이 탑이 보고 싶었다. 찾아간 날 파르마의 날씨는 몹시 무더웠다. 탑 위에 올라가자 바람이 불어 부인은 너무 기쁜 나머지 많은 시간을 보내고 말았다. 성채 관리인은 친절하게도 부인을 위해 파르네제 탑의 방을 보여주기도 했다.

공작부인은 커다란 탑의 전망대에서 한 자유당 죄수와 만났다. 그는 사흘마다 허락되는 30분 동안의 산책을 하러 나와 있던 참이었다. 절대군주의 궁정에서 갖추어야 할 신중성이 여전히 익숙치 않은 부인은 파르마로 돌아와서 신세타령을 한 죄수에 대해 이야기했다. 라베르시 후작부인은 이야기를 전해듣자, 틀림없이 대공이 펄펄 뛰며 화를 내리라 여겨 그 이야기를 주위에 퍼뜨렸다. 사실 에르네스트 4세는 사람의 상상력을 자극하는 일이 무엇보다도 중요하다고 늘 주장했다.

"'언제까지나(toujours)'라는 말은 강력한 힘을 지니고 있지. 이탈리아에선 다른 나라보다도 더욱 무서운 말이야."

따라서 지금까지 한 번도 특별사면을 내린 일이 없었다. 성채 구경을 한지 일주일이 되는 날, 공작부인은 대공과 대신이 서명한 감형장을 받았다. 이름을 적는 칸은 비어 있었다. 부인이 이름을 적어넣으면 그 죄수는 재산이 반환되어 미국으로 건너가 남은 생애를 보낼 허가를 얻는 것이다. 공작부인은 자기에게 이야기를 한 사나이의 이름을 적어넣었다. 불행히도 이 사나이는 파렴치한 인간이었다. 유명한 페란테 팔라가 사형을 당한 것은, 이자의 자백이 원인이었다.

이런 예외적인 총애는 산세베리나 부인의 지위에 더할 수 없이 감미로운 즐거움을 부여했다. 모스카 백작은 행복으로 미칠 듯했다. 이는 그의 일생에서 가장 빛나는 시기였고, 파브리스의 운명에 결정적인 영향을 미치게 되었다. 파브리스는 여전히 노바라 가까이의 로마냐노에서, 명령대로 고해성사에 나가고 사냥을 하며, 책은 전혀 읽지 않고, 어느 귀부인의 뒤만 쫓아다니

고 있었다. 공작부인은 늘 이 마지막 점을 불쾌하게 생각했다. 백작에게 달갑지 않은 또 하나의 태도로, 부인은 그의 앞에선 솔직담백하게 생각한 대로 내뱉으면서도 파브리스에 대해서만은 언제나 깊이 생각한 다음에야 말하곤 했다.

어느 날 백작이 부인에게 이런 말을 했다. "당신이 원하신다면 코모 호숫가에 사는 당신 오빠에게 편지를 쓸까 합니다. 나와 몇몇 친구들이 함께 노력하면, 델 동고 후작에게 파브리스의 사면청원서를 내게 할 수도 있습니다. 물론 의심하지는 않습니다만, 파브리스가 영국의 말을 밀라노 시내에서 몰고 다니는 청년들보다는 조금이라도 생각이 있는 청년이라면, 열여덟이 되었으면서도 별로 하는 일 없는, 또한 조금도 장래성 없는 생활을 하고 있다는 것이 말이 됩니까? 비록 무엇이 됐든 그가 한 가지 일에 정열을 가진다면, 그것이 낚시질일지라도 나는 경의를 표하겠습니다. 이를테면 특사를 받는다 하더라도, 밀라노에서 무엇을 하겠습니까? 영국에서 주문해온 말을 타거나 아니면 심심풀이로, 말보다도 좋아하지 않는 여자를 찾아다니거나 할 테지요…… 하지만 당신이 분부한다면 조카가 그런 생활을 할 수 있도록 온 힘을 쏟겠습니다만."

"난 그 애를 장교로 만들고 싶어요." 공작부인은 말했다.

"나라에 위기가 닥칠 때면 그래도 그런 젊은이에게 어느 정도 중요한 직책을 맡기도록 한 나라의 군주에게 당신은 추천해줄 수 있겠어요? 첫째, 쉽게 흥분하고 둘째, 워털루 전투에 참가하리만큼 나폴레옹에게 도취된 젊은이를 말입니다. 만일 나폴레옹이 워털루에서 승리했다면, 우리는 모두 어떻게 되었을지 생각해보세요. 하기야 귀찮은 자유주의자 같은 건 없어졌을지도 모르지만, 오랜 전통을 지닌 군주들은 나폴레옹 지휘 아래의 원수 딸과 결혼이라도 하지 않는다면 그 지위를 보존할 수 없었을 겁니다. 그러므로 파브리스에게 군인생활은 마치 쳇바퀴통 속에 든 다람쥐 생활이나 같은 거죠. 미친 듯 달려봐야 조금도 나아갈 수 없습니다. 신분이 낮은 자들의 헌신적인 노력 앞에 점점 뒤떨어지는 불쾌감만 맛볼 뿐이죠. 물론 우리가 공포를 느끼고 종교가 확립되지 않는 한 아마 50년은 계속되리라 생각됩니다만, 오늘날 청년들이 지닌 가장 뚜렷한 성격은, 어떤 일에건 열중치 못한다는 것과 재치가 없다는 것이지요.

내게 한 가지 좋은 생각이 있습니다만, 그걸 말하면 당신은 아마 깜짝 놀라 화를 내실 테고, 나도 2, 3일 동안은 마음의 고통을 겪을 테죠. 그러나 난 당신을 위해 그런 미친 짓을 해보려는 겁니다. 당신의 미소를 얻기 위해서라면, 어떤 미친 짓이라도 할 수 있다는 걸 아시죠?"

"그래서요?" 공작부인이 말했다.

"그럼 말하죠. 파르마엔 부인의 집안사람으로 세 사람의 대주교가 있었습니다. 책을 쓴 아스카니오 델 동고, 1699년에는 파브리스 델 동고, 그리고 또 다른 아스카니오가 1740년에 대주교를 지냈었지요. 혹시 파브리스가 성직자가 되어서 훌륭한 덕행으로 출세할 뜻이 있다면, 먼저 다른 곳의 주교로 있다가 곧 이곳 대주교로 데려오는 겁니다. 물론 그때까지 내 권세가 계속된다는 전제하에서 말입니다. 사실상의 난관이 바로 이 점이에요. 아무래도 몇 년 걸려야 할 이 계획이 이루어질 때까지 내가 대신직에 그대로 머무를 수 있을까요? 대공이 죽을지도 모르며, 나를 쫓아내는 쓸데없는 생각을 품을지도 모르는 일입니다. 그러나 요컨대 이것은 내가 당신의 마음에 들도록 파브리스를 위해 할 수 있는 단 한 가지 방법입니다."

오랜 시간 그들은 토론했다. 그런 생각이 공작부인은 썩 마음에 들지 않았다.

부인은 백작에게 말했다. "그 밖의 직업은 파브리스에겐 불가능하다는 걸 다시 한 번 똑똑히 설명해주세요."

백작은 설명했다.

"당신은 화려한 군복에 미련이 있습니다만, 그 방면은 나로선 어찌할 길이 없습니다."

공작부인은 차분히 생각해볼 여유를 달라고 한 다음 한 달이 지나자, 한숨을 쉬면서 대신의 현명한 의견을 따랐다.

"어느 도시에서 건달처럼 영국 말이나 타고 다닐 것인가." 백작은 같은 말을 되풀이했다. "그렇지 않으면 자기 출생에 알맞은 지위를 차지할 것인가 둘 중의 하나입니다. 다른 길은 없습니다. 이 시대는 변호사가 제일이지만 불행히도 귀족은 의사도 변호사도 될 수 없습니다.

아무튼 기억해두십시오. 당신은 조카에게 밀라노에서 또래의 가장 부자 청년들에 못지않은 생활을 마련해주는 겁니다……. 특사가 내리면 그 애에게 1만 5천이고 2, 3만 프랑이고 주세요. 당신에겐 그다지 어려운 일은 아니죠. 당신이나 나나 돈을 모아둘 생각은 없으니까 말입니다."

공작부인에겐 명예심이 있었다. 파브리스가 단순한 낭비가가 되는 것은 싫었다. 그래서 애인이 권유하는 계획에 동의했다.

백작은 다시 말했다. "잘 들으세요. 난 파브리스에게 모범적인 신부가 되라고 할 생각은 없습니다. 그게 아닙니다. 누가 뭐라든 그는 대귀족이거든요. 원한다면 학문 같은 건 하지 않아도 상관없습니다. 그래도 훌륭한 주교나 대주교가 될 수 있지요. 대공께 내가 필요한 존재로 있는 한 보증합니다.

만약 당신이 내 제안을 승낙해서 실행에 옮기기로 확정한다면, 파브리스가 허술한 신분으로 파르마에 나타나서는 절대로 안 됩니다. 평범한 수도자의 모습을 마을 사람들이 보면, 나중에 그 애가 당연히 차지할 신분이 되었을 때엔 모두들 불평합니다. 파르마에는 자색 양말(이탈리아에서는 유력한 사람의 보호를 받고 있든가 학식이 있는 젊은이는 monsignor(성직자)가 되기 위해서 따로 수도의 맹세를 하지 않는다. 자색 양말을 벗고 결혼할 수 있다)을 신고 상당수의 하인을 데리고 와야 합니다. 그러면 모두 당신 조카는 언제고 반드시 주교가 될 사람이라고 생각할 테고, 아무도 이에 대해서 불평하지 않을 겁니다.

내 말을 믿으신다면, 파브리스를 한 3년 동안 신학을 배우도록 나폴리로 보내는 게 좋을 듯합니다. 신학교 방학 중에 원한다면 파리나 런던을 구경가도 좋습니다. 그러나 절대로 파르마에 와서는 안 됩니다."

이 말에 공작부인은 등골이 서늘해졌다.

부인은 조카에게 서둘러 편지를 보내, 피아첸차에서 만나자고 했다. 편지와 함께 넉넉한 돈과 필요한 여권을 보냈음은 말할 것도 없다.

피아첸차에 먼저 도착한 파브리스는 공작부인을 마중나와 그녀를 얼싸안았다. 부인이 기쁨에 어쩔 줄 모르며 눈물을 흘렸다. 부인은 백작이 옆에 없는 것이 다행스러웠다. 두 사람이 연인이 된 뒤, 그녀가 이런 기분을 느낀 것은 처음이었다.

부인이 자기를 위하여 마련한 계획을 듣고 파브리스는 몹시 감동했고, 곧이어 비관했다. 그에게는 워털루 사건이 해결되면 기회를 틈타 어느 때고 군인이 되겠다는 소망이 있었다. 한 가지 일이 공작부인의 마음을 감동시켜, 부인이 조카에게 품고 있던 소설적인 생각을 부풀렸다. 그것은 파브리스가 이탈리아의 어느 큰 도시에서 카페나 드나드는 방탕생활을 즉석에서 거절한 일이었다.

"피렌체나 나폴리의 산책로를 훌륭한 영국말을 타고 다니거든. 밤엔 마차도 있고 아름다운 방도 있어서……." 부인은 이런 저속한 행복을 그럴듯하게 묘사했건만, 파브리스는 경멸하듯 거절했다. '영웅이야, 이 애는.' 부인은 생각했다.

"그러한 유쾌한 생활을 10년 동안 했다 한들 무슨 소용이 있겠습니까?" 파브리스는 이렇게 말했다. "제가 무엇이 되겠습니까? 마찬가지로 영국말을 타고 인생에 등장하는 철없는 미소년에게 자리를 양보해야 할 점잖은 젊은 이가 되는 거죠."

파브리스는 처음엔 성직 같은 건 생각조차 하지 않았다. 뉴욕 시민이 되어 아메리카 공화파의 군인이 되겠다고 했다.

"잘못된 생각이야. 이제 전쟁은 없어. 결국 너는 카페나 드나드는 생활을 하겠지. 다만 그곳엔 취미의 선택이나 음악이나 사랑이 없을 뿐이겠지." 공작부인은 다시금 강조했다. "내 말을 믿어라. 너나 내게 아메리카의 생활은 전혀 재미없을 거야." 부인은 달러를 신과 같이 믿어야 한다는 이야기와, 무엇이고 투표로 결정하는 평범한 직공을 존경해야만 한다는 이야기를 들려주었다. 다시 이야기는 성직 문제로 되돌아왔다.

"그렇게 화를 내기 전에 백작의 뜻을 잘 이해해야 돼. 무턱대고 블라네스 신부님처럼, 품행이 단정하고 덕이 높은 신부가 되라는 게 아니야. 파르마의 대주교였던 네 선조들을 생각해봐. 족보에 실린 그 사람들의 전기를 다시 한 번 읽어보란 말이야. 너와 같은 집안에 태어난 사람은 무엇보다도 고상하고 고결하며 정의를 지킬 줄 아는 대귀족이 되어야 해. 언제나 자기들과 똑같은 신분을 지닌 자들의 지도자가 되어야 하니까……. 그리고 일생 단 한 번 나쁜 짓을 하지. 그것도 대단히 유익한 나쁜 짓이야."

"제 꿈은 영원히 깨지고 마는군요." 파브리스는 한탄했다. "너무나 참혹한 희생이에요. 솔직히 말씀드려서 전 저의 열정이나 재간을 남들이 그렇게 두려워하리라고는 미처 생각지 못했어요. 자기들의 이익이 되었을 때조차 두려워하거든요. 그리고 이러한 공포는 앞으로 전제군주들 사이에 유행하게 될 겁니다."

"정열적인 사람은 무슨 선언이 있거나 변덕이 일어나면 자기가 목숨을 바쳐 받들어오던 당의 반대당일지라도 곧잘 뛰어들기 쉽단 말이야."

"제가 정열적이라고요!" 파브리스는 투덜거렸다. "참 이상한 비난인데요. 저는 사랑조차 할 수 없는데!"

"뭐라고?" 공작부인은 소리쳤다.

"어떤 아름다운 여인, 집안도 좋고 신앙도 두텁다는 부인과 교제했을 때에도, 전 서로 마주 대하고 있을 때만 그 여자를 생각했거든요."

파브리스의 고백으로 공작부인은 기묘한 감정에 휩싸였다.

"한 달만 기다려주세요." 파브리스는 말을 이었다. "노바라의 C부인과 이별하고, 그리고 이건 훨씬 더 어려운 일입니다만 제 일생의 공상을 마음속에서 없애버릴 시간적 여유를 주세요. 어머니에게 편지를 쓰겠습니다. 어머니는 반드시 마조레 호수 피에몬테 쪽에 있는 벨지라테까지 저를 만나러 오실 거예요. 그리고 31일째 되는 날에는 몰래 파르마로 가겠습니다."

"오면 안 돼!" 공작부인은 소리를 높였다.

파브리스와 이야기하는 장면을 모스카 백작에게 보이고 싶지 않았던 것이다.

두 사람은 다시 피아첸차에서 만났다. 공작부인은 이번엔 몹시 마음이 불안한 듯했다. 궁정에 파란이 일어 라베르시 후작부인 일당이 마침내 승리를 거둘 참이었다. 모스카 백작은 파르마의 이른바 자유당 우두머리 파비오 콘티 장군에게 자리를 물려줘야 할 것 같았다. 대공의 신임이 점점 두터워가는 경쟁자의 이름만 빼놓고, 공작부인은 전부를 파브리스에게 이야기했다. 그리고 파브리스의 장래에 대해서 여러 가지로 의논했다. 백작의 유력한 뒷받침을 기대할 수 없게 되었을 경우도 생각해야 했다. 파브리스는 말했다.

"나폴리 신학교에 3년 동안 가 있겠습니다. 무엇보다도 젊은 귀족다운 행실이 필요하니까요. 품행이 단정한 신학생의 엄격한 생활을 하지 않아도 된다면 나폴리에 가는 것쯤은 조금도 두렵지 않습니다. 로마냐노에 있는 것과 조금도 다를 바가 없을 테죠. 그곳의 상류사회에선 저를 과격한 사상을 가진 사람이라고 생각하더군요. 숨어 사는 동안 저는 라틴어의 철자법조차 모르는 무식쟁이라는 걸 알았습니다. 노바라에서 다시 공부할 작정이었죠. 나폴리에 가서 기꺼이 신학을 공부하겠습니다. 신학은 참 복잡한 학문이에요."

공작부인은 몹시 기뻤다.

"우리도 추방되면 네가 있는 나폴리로 가겠다. 하지만 앞으로 사정이 바뀔 때까지는 아무튼 자색 양말을 신는 계획에 네가 찬성했으니까 이제야 말하겠는데, 이탈리아의 현 정세에 밝은 백작이 네게 이런 충고를 해달라고 하더구나. 그들의 가르침을 믿거나 안 믿거나 그것은 네 자유다. 그러나 절대로 반대해서는 안 된다. 이를테면 네가 '휘스트'의 규칙을 배운다고 한다면, 그 규칙을 넌 반대할 테냐? 네가 하느님을 믿고 있다는 이야기를 백작에게 하니, 좋아하는 것 같더라. 이 세상에서나 저세상에서 도움이 되는 일이니까 말이야. 그렇지만 하느님을 믿는다 하더라도 볼테르, 디드로, 레날, 그 밖에 의회제도의 선구자가 된 프랑스 사람들을 욕하는 그런 저속한 짓을 해서는 못쓴다. 그런 사람들의 이름은 되도록 입 밖에 내지 말아야 해. 어쩔 수 없이 말해야 할 때에는 약간 우스갯소리처럼 하란 말이야. 이 사람들은 이미 오래전부터 논박당할 대로 당했으니까, 아무리 공격을 받는다 해도 이젠 효과가 별로 없거든. 학교서 배우는 것은 무엇이든 믿어라. 혹시 네가 어떤 것을 반대라도 하면 그걸 기록하려는 인간이 있다는 사실을 잊어서는 안 돼. 잘 말하면 사사로운 연애 사건쯤은 용서받을 수 있지만 절대 의심해선 안 돼. 나이를 먹을수록 조금씩 색정은 없어지지만, 의심은 더욱 커지는 법이니까. 고해성사도 마찬가지야. 나중에 나폴리 대주교 추기경의 대리집무를 보는 신부님에게 소개장을 써 보내마. 이 사람에게만은 네가 프랑스로 도피했던 일, 그리고 6월 18일엔 워털루 부근에 있었다는 것을 고백해야 한다. 물론 대충, 대단한 일도 아니었다는 듯이 말하란 말이야. 숨기고 있었다는 비난만 받지 않으면 되니까. 그땐 워낙 어렸어!

백작이 네게 주는 두 번째 충고는, 남을 놀래킬만한 이론이나, 화제를 바꾸는 멋진 대답이 머리에 떠올라도, 결코 남의 눈에 띄려는 욕구를 내비쳐선 안 돼. 침묵을 지킬 것. 총명한 인간이라면 네 눈만 봐도 재능을 알 수 있을 테지. 재능을 발휘하는 것은 주교가 된 다음부터라도 늦지 않아."

파브리스는 허술한 마차에, 고모가 보내준 하인 네 사람을 데리고 나폴리에 나타났다. 1년이 지나자 아무도 그에게 재치 있는 사람이라는 말을 하지 않았다. 몹시 거만하면서도 약간 방종한, 학문을 좋아하는 대귀족이라 여겼다.

파브리스에게는 상당히 유쾌했던 이 한 해가 공작부인에게는 두려운 해였다. 서너 번이나 백작은 실각의 고비를 겪었다. 그해 병에 걸려 더욱 공포심이 커진 대공은 백작을 면직시킴으로써 그가 장관에 취임하기 전에 이루어진 처형의 쓰디쓴 기억으로부터 벗어날 수 있으리라 생각했다. 반면 라씨는 절대 손에서 놓고 싶지 않은 사랑스러운 신하였다. 백작의 위험한 위치가 공작부인의 마음을 정열적으로 그에게 향하게 했다. 이젠 파브리스의 생각은 전혀 하지 않았다. 머잖아 있을지도 모를 두 사람의 퇴진에 평계를 마련해놓기 위해, 롬바르디아 지방은 어디나 그렇듯 파르마의 공기는 습기가 많아 그녀의 건강에 적합지 않다는 말을 하기까지 했다. 마침내 수상의 지위에 있는 백작이 때로는 20여 일 동안이나 군주와 직접 만날 수 없을 정도의 불화까지 겪은 뒤에, 모스카는 승리했다. 백작은 라씨의 판결을 받은 자유당원들을 감금해두는 성곽감옥의 책임자로, 자칭 자유당 우두머리인 파비오 콘티 장군이 임명되도록 했다. 모스카는 애인에게 이런 말을 했다. "만일 콘티가 죄수들에게 관대한 태도를 취한다면 정치적 의견 때문에 장군으로서의 의무를 저버린 급진사상가란 비난을 받게 됩니다. 반대로 엄격하고 냉혹하게 한다면, 아마 그 작자는 그럴 가능성이 많다고 생각됩니다만, 그렇게 되면 그땐 자기 당의 우두머리는 될 수 없고, 감옥에 친척이 있는 많은 가문으로부터 버림 받게 됩니다. 그자는 대공 앞에선 대단히 공손한 태도를 취하며, 경우에 따라선 하루에 네 번이나 옷차림을 바꾸거든요. 예의범절에 대해선 이러쿵저러쿵 논할 수 있지만, 자기가 빠져나올 수 있는 단 하나의 어려운 길을 제대로 걸어갈 만한 지능은 없습니다. 그리고 뭐니뭐니해도 내가 있으니까요."

내각의 위기에 마침표를 찍은 파비오 콘티 장군의 임명이 있은 다음 날, 파르마에서 극우왕당파 신문이 발간된다는 것이 알려졌다.

"그런 신문이 나오면 얼마나 시끄러울까요." 공작부인이 말했다.

"그 신문은." 백작은 웃으면서 대답했다. "내가 생각해낸 걸작이죠. 난 이 신문의 편집을 조금씩 극우파의 말썽꾸러기들에게 넘겨줄 작정입니다. 편집자에게는 급료를 많이 주기로 했거든요. 그러니까 자연히 여기저기에서 그 지위를 탐낼 겁니다. 그렇게 해서 한두 달 지나가면 모두 내가 빠졌던 위험 같은 건 잊어버릴 테죠. P나 D 같은 고명한 자들이 이미 물망에 오르고 있습니다."

"하지만 그런 신문은 정말 엉터리일 거예요."

"그건 나도 잘 알고 있습니다. 대공은 아침마다 신문을 읽고, 그걸 창간한 내 취지에 감탄하실 겁니다. 세부에 이르러선 물론 찬성하는 부분도 불쾌하신 부분도 있을 거예요. 아무튼 정무를 보시는 시간 가운데 이것으로 두 시간쯤은 넉넉히 소비할 테니까요. 신문은 여러 가지 문제를 일으킬 것입니다만 8, 9개월이 지나 불평이 커질 무렵에는 극우파 손에 넘어가 있을 겁니다. 내겐 귀찮은 존재인 그들이 거기에 대해서 대답해야 할 테고, 그렇게 되면 난 오히려 신문에 대한 항의를 더욱 부채질하렵니다. 결국 나는 한 사람을 사형에 처하기보다는 그자가 백 가지 참혹한 어리석은 짓을 하는 편이 훨씬 좋거든요. 어용신문이 발간되고 2년이 지나도 그런 어리석은 짓을 기억하는 자가 있을까요. 그러나 사형된 자의 자식이나 가족은 내가 살아 있는 한 나를 미워할 테고, 아마 난 그걸로 제 명을 다하지 못할 겁니다."

항상 무엇인가에 열중하고 늘 활발하게 움직이며 좀체로 한가한 시간을 보내지 않는 공작부인은, 파르마의 궁정 사람 모두를 상대해도 뒤떨어지지 않는 재치가 있었다. 하지만 마음먹은 일을 성공시키기엔 인내와 냉정이 모자랐다. 그러면서도 여러 당파의 이해관계를 마침내 캐낼 수 있었고, 대공의 개인적인 신뢰를 받기까지에 이르렀다. 클라라 파올리나 대공비는 명예에 둘러싸이고 낡아 빠진 예의에 얽매여서, 자신을 가장 불행한 여인이라고 생각하는 사람이었다. 산세베리나 공작부인은 대공비의 비위를 맞춰가며, 그녀가 그다지 불행하지 않다고 설득하려고 했다. 여기서 말해둬야 할 사실이 있는데, 대공이 아내를 만나는 건 만찬 때뿐이었다. 이 식사 시간은 30분가량으로, 대공은 몇 주일 동안이나 클라라 파올리나에게 말을 건네지 않는 일도 있었다. 산세베리나 부인은 이런 태도를 고치게 하려고 애썼다. 부인은 대공을 즐겁게 했다. 그러면서도 자기 자주성을 조금도 잃지 않았으므로 더욱 대공을 기쁘게 했다. 부인이 뜻하는대로 이 궁정 안에 우글대는 속물들의 노여움을 전부 피할 수는 없었다. 대개 5, 6천 리브르의 연금을 받고 있는 백작 또는 후작들의 속물스러운 궁정인들로부터 미움을 산 것도 그러한 약삭빠르지 못한 태도 때문이었다. 처음부터 부인은 이를 깨닫고는, 주로 군주 후계자인 대공세자를 뜻대로 할 수 있는 대공비의 마음에 들려 노력했다. 공작부인은 군주를 즐겁게 하는 비결이 있어, 대공이 자신의 사소한 이야기에도 몹시 관심을 가지고 있다는 점을 이용해서 자기를 미워하는 궁정인들을 조롱하기도 했다. 대공은 라씨 때문에 치졸한 짓을 저지른 뒤로, 피를 흘린 그런 어리석음을 다시 씻을 수 없었으므로, 때때로 공포에 사로잡혀 괴로워했다. 그럴 때에는 반드시 밖으로 나타나지 않는 질투심을 일으켰다. 자기는 조금도 즐겁지 않다고 생각하고, 남이 즐거워 보이면 우울해졌다. 누군가 행복한 모습을 보이면 공연히 화를 냈다. "우리 사랑을 숨겨야 해요." 부인은 애인에게 말했다. 그리고 대공에게는 백작은 훌륭한 사람이지만 그다지 좋아하지 않는다는 걸 넌지시 비쳤다.

이 말을 들은 날 대공은 행복했다. 때때로 공작부인은 해마다 몇 달 동안의 휴가를 얻어 아직 가보지 못한 이탈리아의 여러 지방을 돌아다니고 싶은 소망을 내비치기도 했다. 나폴리, 피렌체, 로마 같은 곳에 가보고 싶어했다. 그런데 자기 곁에서 떠나려는 이런 태도가 대공에게 괴로움을 안겨주었다. 이것은 대공에게는 커다란 약점의 하나로, 자기 나라의 수도에 대한 경멸에서 오는 듯한 행동은 무엇이든 몹시 감정을 상하게 했다. 그에게 산세베리나 부인을 잡아둘 방법은 없는 듯했다. 더욱이 산세베리나 부인은 파르마에선 아무도 견줄 수 없으리만큼 화려한 여성이 아닌가. 게으른 이탈리아 사람으로선 좀체로 없는 일이지만, 부인의 목요일 초대에는 언제나 가까운 시골에서 많은 사람이 모였다. 정말 잔치 같았다. 공작부인은 늘 무엇이고 새롭고 재미난 것을 마련해놓곤 했다. 대공은 이 목요일 잔치에 한번 가보고 싶어 견딜 수가 없었다. 그러나 어떻게 하면 될까? 한 개인의 집을 찾아간다니! 그의 아버지도 그도 이제까지 한 번도 해본 적 없는 일이었다!

어느 목요일, 비도 오고 쌀쌀했다. 저녁때부터 쉴 새 없이 궁정 앞 광장의 포도를 울리면서 산세베리나 저택으로 가는 마차 소리가 대공의 귀에까지 들려왔다. 견딜 수 없는 순간이었다. 남들은 마음껏 즐기고 있다. 그런데 주권자이며 절대군주인 자기는 권태를 느끼고 있지 않은가. 그는 시종무관을 불렀다. 궁전으로부터 산세베리나 저택까지의 거리에 믿을 수 있는 병사를 12명쯤 배치할 동안 기다려야만 했다. 그대로 위험을 무릅쓰고 아무런 경계 없이 가버릴까 하는 유혹과 계속 싸우느라 마치 100년이 지나는 듯 초조했던 한 시간 뒤, 그는 산세베리나 부인의 살롱에 모습을 나타냈다. 이 살롱에 벼락이 떨어져도 이처럼 놀라지는 않았을 것이다. 대공이 발을 들여놓자, 이

제까지 소란스럽게 떠들썩하던 장내가 갑자기 물을 끼얹은 듯 조용해졌다. 대공을 보는 눈들이 모두 휘둥그레졌다. 신하들은 어리둥절했다. 공작부인만은 조금도 놀라지 않았다. 겨우 입을 열 수 있게 되었을 때, 장내 사람들 모두가 의문을 품은 점이 있었다. '공작부인은 이 방문을 미리 알고 있었을까? 그렇지 않으면 다른 사람들과 마찬가지로 깜짝 놀랐을까?'

대공은 유쾌하게 놀았다. 공작부인의 충동적인 성격과, 그녀가 이 도시를 떠나겠다는 모호한 암시를 교묘히 사용하여 무한한 권력을 얻어냈다는 걸 누구나 충분히 느낄 수 있었다.

몹시 즐거운 듯 인사하는 대공을 배웅하면서 부인은 머릿속에 어떤 기묘한 생각이 떠올라, 그것을 대수롭지 않게 담담히 말했다. "전하가 저를 대해주실 때처럼 다정한 말을 서너 마디라도 대공비 마마께 건네주신다면, 저에게 아름답다고 칭찬해주시는 것보다 훨씬 기쁠 거예요. 전하의 이런 다시없는 호의를 받은 걸 대공비 마마께서 좋지 않게 생각하신다면 정말 저로선 죄송하니까요."

대공은 부인을 뚫어지게 쳐다보고는 쌀쌀맞게 대답했다.

"내가 어딜 가든지 그건 내 자유가 아닐까."

공작부인은 낯을 붉혔다.

그러고는 말을 받았다. "전 전하께서 공연한 외출을 하시지 않기만 바랐어요. 목요일 모임도 아마 오늘이 마지막일까 합니다. 얼마 동안 볼로냐나 피렌체에 갔다 올까 해요."

부인이 살롱에 돌아오자, 모두 부인에 대한 총애가 절정에 달한 거라 여겼다. 파르마에선 감히 아무도 할 수 없었던 일을 부인이 해냈던 것이다. 부인이 백작에게 눈짓을 하자 그는 휘스트 놀이를 하던 탁자에서 떠나, 아무도 없지만 불이 켜져 있는 조그마한 방으로 따라 들어갔다.

"정말 대담한 짓을 했군요. 나 같으면 그런 방법은 권하지 않았을 겁니다. 하지만 완전히 사랑에 도취된 마음으로선." 그는 웃으면서 말했다. "행복은 점점 더 사랑을 부채질합니다. 내일 아침 떠나신다면, 난 내일 밤에 뒤따라가겠습니다. 어리석게도 재무장관으로서 맡고 있는 귀찮은 일 때문에 좀 늦어질 수밖에 없습니다만, 네 시간가량 처리하면 회계 인계 사무쯤이야 간단히 끝낼 수 있을 거예요. 자, 저쪽으로 돌아갑시다. 그리고 아무 거리낄 것

없이 대신 행세를 한번 실컷 해봅시다. 아마 이것이 우리가 이 도시에서 하는 마지막 연극이 될는지도 모릅니다. 도전을 받았다고 생각한 남자란 무슨 짓이라도 할 수 있거든요. 본때를 보인다는 거죠. 저 사람들이 간 다음에는 먼저 오늘 밤 당신을 보호하기 위해 취해야 할 방책을 생각해봅시다. 가장 좋은 것은 포 근처 사카에 있는 당신 집으로 떠나는 겁니다. 그곳은 오스트리아 영토까지 30분이면 갈 수 있다는 이점이 있으니까요."

공작부인의 사랑과 자존심으로선 달콤한 순간이었다. 부인은 백작을 쳐다보았다. 눈엔 눈물이 글썽거렸다. 수많은 신하가 대공에게 바치는 것과 조금도 다를 바 없는 존경을 서로 다투어가며 바치고 있는 이 권세 있는 대신이 자기를 위해서, 그것도 아무렇지도 않은 듯이 모든 것을 내던진다니!

살롱에 돌아오자, 부인은 기쁨에 겨워 어쩔 줄을 몰랐다. 모두가 그녀 앞에 무릎을 꿇는 듯했기 때문이다.

"행복 때문에 공작부인은 사람이 달라진 것 같군. 그전 모습은 조금도 찾아볼 수 없을 정도란 말이야." 여기저기에서 이렇게 수군거렸다. "로마 사람처럼 모든 걸 내려다보던 이 여인도, 이제서야 군주로부터 과분한 총애를 받은 기쁨을 느낀 모양이지?"

야회가 끝날 무렵, 백작은 부인 곁으로 가까이 갔다.

"잠깐 알려드릴 것이 있는데."

곧 부인 곁에 있던 사람들이 자리를 피했다.

"대공은 돌아가자마자, 곧 대공비께 들르셨답니다. 대공비께서 얼마나 놀라셨을까 생각해보십시오. '산세베리나 집의 퍽 재미난 야회에 갔다온 이야기를 하려고 왔어. 그 허름한 낡은 저택을 얼마나 아름답게 고쳤는지, 자세한 걸 당신에게 전해달라고 공작부인한테서 부탁을 받았단 말이야.' 이렇게 말씀하시면서 대공은 앉으셔서 이 집 살롱에 대해 하나하나 자세하게 설명을 하셨다더군요.

대공은 20분 넘게 대공비님 곁에서 시간을 보내서 대공비님은 기쁨에 못이겨 눈물을 다 흘리셨답니다. 현명한 분인데도, 대공께서 자기를 위해 애써 하시는 가벼운 이야기에 흥을 돋우려고 했지만, 한마디도 말이 나오질 않더라는 거예요."

이탈리아의 자유주의자들이 뭐라고 해도 대공은 나쁜 사람은 아니었다.

사실상 그들의 상당수를 감옥에 넣긴 했지만 그것은 공포 때문이었다. 몇몇 기억으로부터 마음을 위로하려는 듯 때때로 이런 말을 되풀이했다. '악마에게 죽음을 당하기보다는 악마를 죽이는 편이 낫다.' 지금 이야기한 야회가 있은 다음 날 대공은 몹시 기분이 유쾌했다. 좋은 일을 두 가지나 했기 때문이다. 목요일 모임에 갔었다는 것과 대공비에게 말을 건넸다는 두 가지 일이다. 만찬 때에도 대공비와 이야길 했다. 요컨대 산세베리나 부인의 이 목요일 모임은 파르마 전체를 뒤흔들 만한 하나의 혁명을 일으킨 것이었다. 라베르시 부인은 당황했다. 그리고 공작부인은 또 다른 기쁨을 얻었다. 애인을 위해서 도움이 될 수 있었다는 것과, 그이가 자기에게 어느 때보다 더 반했다는 사실 때문이었다.

"이 모든 것은 그 원인을 따지자면, 우연히 제 머리에 떠오른 신중하지 못한 생각 때문이에요. 로마나 나폴리였다면 전 물론 훨씬 자유로웠으리라고 생각합니다만, 이런 재미난 놀이가 그곳에 있을까요? 아뇨, 절대로 있을 리 없어요. 백작님, 당신은 저를 정말 행복하게 해주셨어요." 부인은 백작에게 말했다.

제7장

　이로부터 계속되는 4년 동안의 이야기를 모조리 해야 한다면, 지금까지 이야기한 것이나 별반 다를 바 없는 무가치한 궁정 이야기를 일일이 적어야 한다. 델 동고 후작부인은 매년 봄이면 딸들과 함께 산세베리나 집에서, 혹은 포 기슭에 있는 사카의 영지에서 두 달을 지내기로 되어 있었다. 이 기간 동안 아주 즐겁게 지냈으며 함께 파브리스 이야기를 했다. 그러나 백작은 파브리스가 파르마를 찾아오는 것을 절대 허락하지 않았다. 공작부인과 대신은 청년이 저지른 경솔한 행동의 뒤처리를 해야 했다. 하지만 파브리스는 대체로 지시받은 방침을 좇아 신중하게 처신했다. 즉 출세를 위해서 자기 미덕에만 의지할 필요가 없는, 신학을 연구하는 대귀족으로서 행동하고 있었다. 나폴리에서는 고대연구에 몹시 열중하여 발굴을 하러 다녔다. 이 정열이 거의 이제까지의 말에 대한 흥미와 대치되었다. 영국산 말을 팔아 미제노에서 발굴을 계속하다가 로마 티베리우스 황제의 젊은 시절 흉상을 발견했다. 이것은 매우 아름다운 고대 유물 가운데 하나였다. 이 흉상의 발견은 그가 나폴리에서 맛본 가장 큰 기쁨이라고 할 수 있다. 훌륭한 정신의 소유자인 그로서는 다른 젊은이들처럼, 이를테면 사랑을 진실하게 속삭이는 짓은 도저히 할 수 없었다. 물론 여자가 없어서가 아니었다. 그러나 그런 여자들은 별반 그의 관심을 끌지 못했다. 그러고 보면 그는 그 나이에도 아직 사랑을 모른다고 할 수 있었다. 그래서 더욱 여자들의 사랑을 받았다. 그는 언제나 기특하리만큼 냉정하게 행동할 수 있었다. 왜냐하면 그에겐 어떠한 아름답고 젊은 여인들일지라도 모두 똑같이 느껴졌기 때문이다. 다만 얼마 전에 알게 된 여인은 재미있다고 생각했다. 나폴리에서 가장 찬미를 받고 있는 한 귀부인이 그의 체류 마지막 1년 동안 그를 미친 듯이 연모했다. 이 사랑은 처음엔 그를 즐겁게 했으나 점차 권태를 느꼈다. 결국 그가 이곳을 떠나는 걸 기뻐하는 마음속에는, 이 아름다운 A공작부인의 사랑으로부터 해방되었으면 하는 심정도 포함되었을 정도였다. 1821년의 일이었다. 시험을 모두 우수한 성적으로 마쳤으므로 그의 교육관이라는 가정교사도 십자훈장과 선물을 받았다. 그런 다음 파브리스는 그토록 그리던 파르마를 향해 마침내 길을 떠났다. 그는 '몬시뇰(가톨릭 고위 성직/자에 대한 경칭)'이라고 불리는 신분이 돼 있었다. 그의 마차에는 네 필의 말을 매달았다. 파르마에 도착하기 전의 역에서 두 필로 줄이고, 마을에 들어가자 성 요한 성당 앞에 마차를 세우게 했다. 거기엔《라틴계보》의 저자이며 그의 큰할아버지 뻘이 되는 아스카니오 델 동고 대주교의 훌륭한 묘가 있었다. 그는 묘 앞에서 기도를 올렸다. 그러고는 공작부인의 저택까지 걸어서 갔다. 부인은 그가 아직 며칠 뒤에야 도착하리라 생각하고 있었다. 마침 살롱엔 손님들이 많이 와 있었으나, 곧 모두 자리에서 일어났고 공작부인만 남았다.

"자, 제가 돌아오니까 기쁘세요?" 그는 부인 팔에 몸을 던지며 말했다. "고모 덕분에 4년 동안 나폴리에서 정말 즐겁게 지냈어요. 노바라에서 경찰이 허락해준 여인들을 상대로 무료한 세월을 보내지 않아도 되었으니 말입니다."

공작부인은 놀라서 좀처럼 정신을 못 차렸다. 아마도 거리에서 마주쳤더라면 파브리스를 알아보지 못했을 것이다. 부인은 그를 샅샅이 훑어보았다. 그는 이탈리아에서 가장 아름다운 젊은이였다. 특히 그 얼굴은 매력적이었다. 그녀가 파브리스를 나폴리로 보냈을 때엔 물불을 가리지 않는 개구쟁이였고, 늘 손에 쥐고 있던 말 채찍은 그의 몸에서 영원히 떠나지 않을 것처럼 보였었다. 그런데 지금은 남 앞에선 더할 나위 없이 점잖고 절제 있는 태도를 취했으며, 그러면서도 단둘이 있을 때에는 소년 시절의 열정이 그대로 남아 있었다. 틀림없이 영원한 다이아몬드 원석이었다. 파브리스가 도착한 지 한 시간도 채 되지 않아 모스카 백작이 찾아왔다. 백작은 너무 일찍 찾아온 셈이었다. 젊은이는 자기 가정교사에게 파르마의 십자훈장을 준 데 대한 감사의 말을 그럴 듯하게 늘어놓는가 하면, 내용은 확실히 말할 수 없으나 그밖의 여러 가지 호의에 대해서도 대단히 정중한 태도로 고마움을 표했으므로 대신은 첫눈에 이 청년을 좋게 평가했다.

"조카님은 앞으로 당신이 원하는 고위 고관 자리를 무엇이든 훌륭히 해낼

수 있는 인물입니다." 그는 낮은 목소리로 공작부인에게 이렇게 말했다.

여기까지는 모든 일이 아주 순조로웠다. 파브리스가 마음에 들어 여태껏 그의 동작이며 태도만 살펴보던 백작은 공작부인에게 눈을 돌리자 그녀의 이상하게 빛나는 눈초리를 깨달았다. "이 젊은이가 심상치 않은 인상을 준 모양인데." 그는 혼잣말했다. 이렇게 생각하니 몹시 괴로웠다. 백작의 나이 벌써 오십이 넘었다. 이는 진정 잔인한 말로, 아마 사랑에 도취된 인간만이 이 말이 풍기는 감각을 확실히 느낄 수 있을 것이다. 대신으로서의 준엄성을 제외하면 그는 정말 좋은 사람으로서 사랑을 받기에 조금도 손색이 없었다. 그러나 그에게 나이 오십이라는 잔인한 말은 모든 생활에 어두운 그림자를 던져, 자칫하면 자기 자신에 대해서 가혹해지기 쉬웠다. 공작부인에게 권해서 파르마에서 살게 한 뒤 5년이란 세월 동안 그는 때때로 부인에게 질투심을 느꼈다. 특히 처음엔 더욱 그러했다. 하지만 실제로 부인이 그에게 그런 불만을 품게 할 만한 원인을 만든 일은 한 번도 없었다. 공작부인이 궁정 안 미모의 청년들에게 호의를 보이는 체하는 것도 자기 마음을 더욱 단단히 잡아두고 싶기 때문이라 백작은 생각했고, 사실도 그러했다. 이를테면 대공이 보인 호의를 부인이 명백히 거절했다는 것도 믿고 있었다. 대공이 한마디 의미심장한 말을 넌지시 던졌을 때, 부인은 웃으면서 이렇게 말했다.

"하지만 전하의 말씀을 따른다면 무슨 낯으로 백작을 대하겠습니까?"

대공은 이렇게 대답했다.

"그때는 나도 당신 못지않게 어색한 얼굴을 해야겠지. 그처럼 친한 친구인 백작이니까! 그러나 그런 장애는 간단히 없앨 수 있거든. 벌써 다 생각해두었어. 백작을 앞으로 한평생 저 감옥에 넣어두면 된단 말이야."

파브리스가 왔을 때, 공작부인은 행복에 빠져서 자기 눈초리가 백작에게 무슨 생각을 일으키게 하는가조차 생각할 수 없었다. 그것이 준 효과는 너무나 깊었고 아물 수 없는 의혹을 품게 했다.

파브리스는 도착하고 두 시간 뒤 대공의 부름을 받았다. 공작부인은 이러한 배알이 틀림없이 남들에게 좋은 효과를 주리라 짐작하고 두 달 전부터 미리 부탁해두었던 것이다. 이런 호의는 곧 파브리스를 비할 바 없는 지위에 올려놓으리라 생각했었다. 부인이 내세운 핑계는, 그가 피에몬테에 있는 어머니를 만나러 가는 길에 파르마에 들렀다는 것이었다. 부인이 매력적인 글로 파브리스가 명령을 기다리고 있다는 사연을 대공에게 전했을 때, 대공은 몹시 무료해하던 참이었다. "만나주지. 틀림없이 융통성 없는 성직자일 거야. 속된 얼굴이 아니면 교활하게 생겼을 테고." 이렇게 혼자 중얼거렸다. 이미 파브리스가 큰할아버지인 대주교 묘에 맨 먼저 참배했다는 것은 보고가 들어와 있었다. 대공의 눈에 들어온 것은 키가 늘씬한 젊은이로, 만일 자색 양말만 신고 있지 않았더라면 청년 사관으로 볼 수도 있는 풍채였다.

이런 사소한 놀라움이 대공의 권태를 날려보냈다. 퍽 씩씩한 사나이같이 여겨졌다. '이자를 위해서 내가 할 수 있는 여러 가지 특별한 조치를 차례차례 해달라고 이제부터 부탁을 받는단 말이지. 이제 막 도착했으니, 흥분했을 거야. 어디 과격파 같은 정치 의견을 말해서, 뭐라고 대답하는가 들어보자.'

대공은 먼저 부드럽게 말을 건넨 다음 파브리스에게 이렇게 말했다.

"그런데 몬시뇰, 나폴리 민중은 행복하던가? 국왕은 사랑을 받고 있는지?"

"전하." 파브리스는 망설이지 않고 대답했다. "거리를 지나오면서, 국왕 폐하의 병사들이 훌륭한 몸가짐을 지니고 있는 것을 보고 감탄했습니다. 상류계급 사람들에게는 당연한 일입니다만, 군주를 존경하고 있습니다. 그런데 하류계급 사람들에 대해서는 뭐라고 말씀드릴 수가 없습니다. 저는 제가 보수를 지급해야 할 일이 아니라면, 그들이 저에게 말을 거는 것조차 허락지 않기 때문입니다."

'뭐라고!' 대공은 생각했다. '능청스런 녀석 같으니! 정말 훈련을 잘 시킨 새야. 산세베리나의 기풍 그대로군.'

승부에 흥미가 생긴 대공은 파브리스에게 이 까다로운 주제에 대해 실토하게 만들려고 온갖 책략을 동원했다. 위험을 느끼고 긴장한 청년은 매우 교묘한 대답으로 척척 넘겼다.

자기 나라 군주에게 새삼 사랑을 표명한다는 건 거의 무례한 일이다. 군주에 대해서 할 일은 오직 맹목적인 복종뿐이라는 등 그는 둘러댔다.

대공은 이처럼 상대가 너무 신중한 것을 보고 오히려 불쾌해지기까지 했다. '나폴리에서 굴러온 이 작자는 재치가 있겠는걸. 그러나 난 이런 종자는 좋아하지 않는단 말이야. 재치 있는 사나이는 가장 온건한 주의를, 그것도 성실하게 지니고 있다손 치더라도 안심할 수 없어. 언제나 어떤 점에서는 볼

테르나 루소의 사촌이거든.'

　대공은 학교를 갓 나온 이 청년의 빈틈없는 태도와 비난할 데 없는 대답에 오히려 쩔쩔맸다. 그가 예상한 일은 조금도 일어나지 않았다. 그래서 별안간 대공은 호인 같은 말투로 바꾸어 사회며 정부의 대원칙을 대충 설명했는데, 공직적인 알현에 대비해 소년 시절부터 암송해온 페늘롱의 시 몇 구절을 적용하면서 이야기했다.

　"젊은이, 이런 정치이론은 자넬 놀라게 할 테지. (그는 처음부터 파브리스를 몬시뇰이라 부르고 헤어질 때에도 그렇게 부를 작정이었으나, 말을 주고받는 사이에 좀더 친숙한 말로 부르는 편이 어색하지 않고 또한 감동적인 표현에 적합하다고 생각했다.) 틀림없이 놀랐을 거야. 이건 우리 정부 기관지에 실린 '절대군주주의적인 장광설'과는 조금도 닮은 데가 없거든. 아니, 이런! 내가 무슨 말을 자네에게 하는 거지? 이런 신문의 집필자는 자네가 전혀 알지 못하는 사람인데."

　"용서하십시오, 전하. 저는 파르마의 신문을 읽었을 뿐만 아니라, 퍽 잘 쓰였다고까지 생각하고 있습니다. 더욱이 이 신문의 주장에 동의하는 바, 1715년 루이 14세가 서거한 뒤에 일어난 일은 모두 범죄이며 어리석은 행동이라 생각합니다. 인간의 최대 관심사는 구원입니다. 이 점에 대해서 어떤 이견이 있을 리 없고, 이 행복이야말로 영원히 계속되어야 합니다. 자유니 정의니 대다수의 행복이니 하는 말은 인간에게 공연히 논쟁과 불신의 습관을 주는 것이므로 불순하고 죄가 있는 것입니다. 의회는 그자들이 내각이라고 부르는 조직을 의심합니다. 이 불신이라는 치명적인 습관이 붙으면, 약한 인간은 모든 일에 이를 적용하게 되고, 마침내는 성서, 교회의 규율, 전통, 그 밖의 모든 것을 의심하게 됩니다. 그렇게 되면 모든 게 끝장입니다. 입 밖에 내는 것조차 대단히 죄스럽고 허망한 일이지만 '하느님에 의해서 정해진' 군주의 권위를 조금이라도 의심함으로써, 비록 우리 개개인이 누릴 수 있는 2, 30년 동안의 생활에 행복을 가져온다 할지라도, 혹은 그것이 반세기나 1세기 동안만 지속된다 할지라도, 영겁의 형벌에 비하면 무슨 소용이 있겠습니까?"

　파브리스의 말투로 보아 분명 그는 자기 생각을 상대에게 되도록 알기 쉽게 정돈하고 있는 듯했다. 배운 그대로를 암송하는 게 아니었다.

대공은 더 이상 이 젊은이와 토론하고 싶지 않았다. 상대의 솔직하고 고지식한 태도에 흥이 식은 것이다.

　"그럼 잘 가시오, 몬시뇰." 대공은 갑자기 말했다. "나폴리 신학교의 교육이 훌륭하다는 사실을 잘 알았네. 그런 올바른 사상이 당신처럼 뛰어난 두뇌에 주입되면 눈부신 결과를 낳는다는 건 당연하겠지. 잘 가게."

　그러고는 곧 돌아서버렸다.

　"난 저자의 마음에 들지 못한 것 같군." 파브리스는 이렇게 혼잣말했다.

　"자, 이제 저 잘생긴 청년이 무엇에 열정을 가질 수 있는가를 봐야겠군." 대공은 혼자가 되었을 때 중얼거렸다. "만일 열정만 가질 수 있다면 완벽해······. 고모의 가르침을 그 이상 더 교묘하게 되풀이할 수 있을까? 정말 그 부인의 이야길 듣는 것 같았어. 이 나라에 혁명이 일어난다면, 전에 나폴리에서 산 펠리체(1800년 나폴리 왕당파를 위해 공화제에 대한 음모를 실패시켰다 하여 사형된 후작부인)가 한 것처럼 〈모니퇴르〉를 편집하는 건 그 부인의 역할일 거야. 산 펠리체는 스물다섯 살의 미인이었지만 사형을 당했지. 너무 약삭빠른 여자들에 대한 좋은 경고였어." 파브리스가 고모의 가르침을 받았다고 대공이 믿은 것은 잘못이었다. 왕이라는 신분으로 태어난 인간은 총명하더라도 곧 예리한 판단력을 잃는다. 그들은 주위 사람들에게 언론의 자유를 불온한 것이라 금한다. 단지 가면만을 보면서 내면의 아름다움까지 판단할 수 있다고 여긴다. 이번 경우를 보더라도 파브리스는 지금까지 자신이 말한 바를 거의 그대로 믿고 있는 것이다. 하기야 그처럼 중대한 사상에 대해서 그는 한 달에 두 번도 생각하지 않았던 것도 사실이었다. 그는 발랄한 취미와 재치를 지니고 있었으며, 신앙심 또한 깊었다.

　자유에 대한 동경, 대다수의 행복이라는 것의 유행과 숭배, 19세기가 열중했던 이런 사상들은, 그의 눈엔 다른 많은 일과 마찬가지로 한때 유행일 뿐이며, 페스트가 한 지방에 널리 퍼지면 많은 육체를 멸망시키듯 많은 영혼을 파멸시키는 사교(邪敎)에 불과했다. 이렇게 생각하면서도 그는 프랑스 신문을 즐겨 읽었으며, 그것을 구하기 위해선 온당치 못한 행동도 마다하지 않았다.

　파브리스가 궁정에서의 알현으로 기분이 몹시 상해 돌아와서는 고모에게 대공이 던진 질문들을 이야기했다.

　그러자 부인은 말했다. "이제 저 호인인 대주교 란드리아니 신부를 찾아

뵈야 한다. 걸어서 가거라. 도착하거든 조용조용 계단을 올라가, 대기실에서 얌전히 기다리고 있어라. 기다리라고 한다면 된 거야. 정말 다행이란 말이야. 한마디로 말해서 어디까지나 사도다운 태도가 중요해.”

“잘 알았습니다. 그는 타르튀프(몰리에르의 희극에 나오는 / 인물. 위선자를 뜻함)로군요.”

“별소릴 다 한다. 덕망 있는 훌륭한 사람이다.”

“팔란차 백작의 처형 때 그 사람이 그런 짓을 했는데도요?” 파브리스는 놀라운 듯 다시 물었다.

“물론, 그런 일이 있었어도 그렇지. 대주교의 아버지는 재무부 하급 관리였다. 그러면 다 이해되겠지. 란드리아니 신부는 영리하고 뛰어난 재치를 가진 사람이야. 성실하고 덕을 사랑하는 분이지. 만일 데키우스 황제가 이 세상에 다시 태어난다면 그 사람은 지난주에 상연된 오페라의 폴리왹트(코르네유의 동명 / 희곡에 나오는 인물)처럼 단연코 순교할 사람이라고 난 믿어. 여기까지는 좋은 일면이고 한편으로, 그 사람은 군주 앞에 나가거나, 단지 대신 앞에만 서도 위엄에 눈이 부셔 어쩔 줄 모르고 새빨개지거든. ‘아니오’란 말을 절대로 입 밖에 내지 못하는 사람이야. 그래서 그런 짓을 저질렀고 불쌍하게도 나쁜 평판이 온 이탈리아에 퍼지게 된 거야. 그런데 이것은 세상에 알려지지 않은 일로, 팔란차 백작 사건에 대한 진실을 여론을 통해 확실히 알았을 때에, 그는 다비드 팔란차(Davide Palanza)라는 이름의 글자 수대로 13주일 동안 빵과 물만 먹고 연명하는 속죄의 생활을 스스로 한 일이 있단다. 이곳 궁정에 라씨라는 대단히 간사하고 악질적인 법관이 있는데, 이자가 팔란차 백작의 사형 때 란드리아니 신부를 농락했거든. 13주 동안 속죄를 하면서, 모스카 백작이 동정에서인지 아니면 희롱하려는 뜻에서인지는 몰라도 일주일에 한두 번씩은 만찬 모임에 이 사람을 초대했더란 말이다. 그런데 사람 좋은 대주교는 행여나 실례가 될까 봐 남들과 조금도 다름없이 식사했어. 왕이 내린 형벌 때문에 남의 눈에 띄도록 속죄를 한다는 건 반항이며 과격사상이라고 오해를 받지 않을까 하는 두려움에서였지. 그러나 충성스러운 신하의 의무로서 마지못해 남들과 함께 만찬 모임에 나간 다음에는, 그때마다 빵과 물만 먹는 벌을 이틀씩 더 늘렸다는 거야.

란드리아니 신부는 뛰어난 두뇌를 가진 일류 학자이지만, 단 한 가지 약점이 있단다. 그건 남들이 자기를 좋아해주기를 바란다는 거야. 그러니까 그 사람을 볼 때에는 다정한 얼굴을 해야 돼. 그리고 세 번째 찾아갈 때에는 그 사람을 아주 좋아해야 한다. 그러면 너의 집안 체통으로 보아서도 그는 반드시 곧 너를 꾝 좋아해줄 거다. 계단까지 배웅을 받더라도 놀란 얼굴을 하지 말고, 그런 것에는 익숙한 듯한 태도로 있으란 말이야. 그 사람은 귀족 앞에 선 무릎을 꿇도록 태어난 사람이니까. 그리고 솔직하고 겸손하게 행동하고, 영리한 체한다거나 건방지고 날카로운 대답을 해서는 안 돼. 그 사람을 두렵게 하지만 않는다면 넌 그의 마음에 들 거야. 그 사람이 자진해서 널 부주교로 임명하게 만들어야 한다는 걸 잊지 말거라. 백작과 나는 그런 빠른 승진에 놀라고 불만 섞인 표정을 취할 거야. 하지만, 그건 대공을 대하는 데 있어 어쩔 수 없이 그래야만 하는 거란다."

파브리스는 대주교관으로 달려갔다. 요행이라고 해야 할지, 주교의 선량한 하인은 약간 귀가 어두워 델 동고라는 이름을 듣지 못해 단지 파브리스라는 젊은 신부가 찾아왔다고만 전했다. 대주교는 마침 품행이 좋지 못한 사제를 불러다 꾸짖고 있는 중이었다. 이런 일은 그가 몹시 싫어하는 일이었지만 언짢은 심정을 언제까지고 마음속에 남겨두고 싶진 않았다. 그래서 그는 위대한 대주교 아스카니오 델 동고의 손자를 거의 한 시간이나 기다리게 하고 말았다.

대주교는 야단맞은 사제를 보내면서 대기실 바깥방까지 따라 나갔다. 그러고는 다시 들어오다가 자기를 기다리고 있는 사나이를 보았다. "무슨 일입니까?" 이렇게 묻는데 얼핏 자색 양말이 눈에 띄었다. 그가 파브리스 델 동고라는 이름을 들었을 때 어떻게 변명했으며, 얼마나 절망했는가는 도저히 묘사하기 힘들다. 우리 주인공은 이것이 몹시 재미있어서, 첫 방문부터 어느새 다정하게 이 성직자의 손에 키스했다.

"델 동고 집안 분을 대기실에서 기다리게 했다니!"

이렇게 기가 죽은 듯 몇 번이고 되풀이했다. 변명으로 사제 이야기를 장황하게 늘어놓으면서 그의 과실이며 답변까지도 이야기하는 것이었다.

파브리스는 산세베리나 집으로 돌아오면서, 그 사람이 팔란차 백작의 처형을 재촉케 했다니 과연 그럴 수나 있었을까 하는 이상한 생각에 잠겼다.

"각하는 뭘 그렇게 생각하고 계신가?" 모스카 백작은 파브리스가 공작부인 집에 돌아온 것을 보고 웃으며 말했다. (백작은 파브리스가 자기를 각하라고 부르는 걸 바라지 않았다.)

"얼떨떨합니다. 전 사람의 성격에 대해 전혀 모르겠습니다. 만일 그의 이름을 몰랐더라면, 저는 그를 병아리가 피를 토하는 것조차 똑바로 쳐다보지 못할 사람이라고 생각했을 겁니다."

"그건 당신이 생각한 대로일 거요. 그 사람은 대공 앞에서는 물론이거니와, 내 앞에서도 결코 '아니오'라는 말을 못하니까요. 사실 그 사람에게 위엄을 보이려면, 언제나 누런 휘장을 달고 있어야 하죠. 평복을 입고 있으면 대들 것 같아, 난 그 사람과 만날 땐 언제나 예복을 입어요. 권위의 존엄을 깨뜨리는 건 우리가 할 일이 아니라오. 프랑스 신문들이 그걸 마구 무너뜨리고 있으니까요. 존경심은 우리가 살고 있는 동안에나 겨우 지속될 테고, 당신과 같은 젊은 사람의 시대엔 이미 존경 같은 건 없어질 테니까요. 당신도 좀 괜찮은 평민 정도의 취급을 받게 될 거요."

파브리스는 백작을 상대로 이야기하는 것이 퍽 기분 좋았다. 백작은 신분이 높은 사람 중에서 처음으로 아무 꾸밈없이 그에게 말을 건넨 사람이었다. 게다가 두 사람은 같은 취미를 가지고 있었다. 고대연구며 발굴이 그것이다. 백작으로서도 파브리스가 주의 깊게 이야기를 들어주는 게 기분 좋았다. 그러나 여기에 단 한 가지 중대한 문제가 있었다. 파브리스는 산세베리나 집에 방 하나를 차지하여 공작부인과 함께 생활하면서, 자신의 행복한 모습을 조금도 숨김없이 나타내 보이고 있었다. 또한 파브리스에겐 경쟁자를 절망시킬 만한 청순하고 아름다운 눈과 얼굴빛이 있었다.

라뉴체 에르네스트 4세는 자신에게 매정히 대하는 여인을 본 적이 없었다. 그러므로 공작부인이 궁정에서 아무리 정숙하기로 평판이 높았어도 자기를 예외로 삼지 않는 데 대해 전부터 화가 나 있었다. 파브리스의 총명함과 기지가 첫날부터 대공에게 불쾌감을 주었음은 이미 우리가 본 대로이다. 대공은 파브리스와 그의 고모가 경솔하게도 남의 눈에 띌 만큼 서로에게 나타내는 친밀감을 오해했다. 젊은이의 도착과 비정상적인 알현이 그로부터 한 달 동안 궁정의 이야깃거리이자 놀라움이 되었다. 그래서 대공은 한 가지 생각을 떠올렸다.

근위병 가운데 술이 굉장히 센 병사가 한 사람 있었다. 이 사나이는 날마다 술집에서 시간을 보내며, 군대의 기풍을 직접 대공에게 보고하고 있었다. 카르로네라는 사나이로, 교육만 잘 받았더라면 더 빨리 승진했을 것이다. 그의 임무는 매일 큰 시계가 정오를 치면 궁정에 나오는 일이었다. 대공은 정오 조금 전에, 몸소 탈의실로 이어지는 중이층 다락으로 갔다. 정오가 울리고 조금 뒤에 다시 이곳으로 돌아오니 그 병사가 와 있었다. 대공은 호주머니에서 종이 한 장과 잉크병을 꺼내어 병사에게 다음과 같은 편지를 받아쓰게 했다.

"확실히 각하는 재치 있는 분입니다. 이 나라가 이렇게 잘 다스려져 있음은 오직 당신의 뛰어난 총명 때문입니다. 그러나 친애하는 백작님, 이치럼 훌륭한 성공에는 반드시 때가 있는 법입니다. 그래서 당신의 총명함에도 어느 아름다운 청년이, 아마 본인이 의도한 바는 아닐지 모릅니다만, 가장 심상치 않은 사랑을 누군가에게 느끼게 한다는 사실을 모르신다면, 세상 사람들이 당신을 비웃지 않을까, 난 이 점이 몹시 두렵습니다. 이 행복한 인간은 겨우 스물세 살밖에 안 되었다고 하니, 여기서 문제가 복잡해지는 것은, 백작님, 당신이나 나나 이 나이의 배 이상 나이를 먹었다는 사실입니다. 밤 같은 때 좀 떨어져서 보면 백작님은 아직 깨끗하고 쾌활하며 총명하여 정말 매력이 있으십니다. 하지만 아침이 되어 찬찬히 본다면, 솔직히 말해 아마 새로 온 젊은이가 훨씬 산뜻한 매력을 많이 가지고 있을 겁니다. 여인들이란, 특히 나이 서른을 넘기면 젊은 사람의 이런 청순한 맛을 대단히 존중한답니다. 그 귀여운 젊은이에게 어떤 훌륭한 지위를 줘서 궁정에 영주시키려는 그런 이야기가 이미 나오지나 않았는지요? 그리고 이 일에 대해서 각하에게 가장 열심히 이야기하는 사람은 도대체 누구인지요?"

대공은 편지를 손에 쥐고, 병사에게 2에퀴를 주었다. "이건 수고비다." 그는 기분이 좋지 않은 듯한 얼굴로 말했다. "아무에게도 입 밖에 내서는 안 돼. 그렇지 않으면 성곽 감옥의 가장 질척한 지하실에 집어넣을 테다."

대공의 책상 서랍에는 궁정 사람 대부분의 주소를 써놓은 봉투가 들어 있다. 이것을 쓴 사람은 글을 모르는 것으로 알려져서, 밀고 편지조차 쓸 수 없는 바로 이 병사였다. 대공은 그중에서 필요한 봉투를 꺼냈다.

몇 시간 뒤에 모스카 백작은 편지 한 통을 받았다. 이 편지가 도착될 시각은 미리 계산돼 있어, 배달부가 조그마한 편지를 들고 관저에 들어갔다. 그가 다시 나올 무렵, 대공으로부터 모스카 백작을 호출하라는 명령이 전달되었다. 총애를 한몸에 받고 있는 이 신하가 이처럼 침울한 심정에 빠져 있는 모습은 처음 있는 일이었다. 대공은 마음껏 즐기려고 백작의 모습을 보자마자 말했다.

"잠깐 친한 친구와 잡담이나 하면 울적한 심정이 가실까 해서 불렀네. 대신과 정사를 의논하자는 것은 아냐. 오늘 밤은 몹시 머리가 아픈 데다가, 불쾌한 생각만 떠오른단 말이야."

수상(首相) 모스카 델라 로베르 백작이 군주로부터 물러가도 좋다는 허락을 받고 나왔을 때 얼마나 언짢았는가를 굳이 설명할 필요가 있을까? 에르네스트 4세는 사람 마음을 괴롭히는 술책이 교묘했다. 마치 호랑이가 먹이를 희롱하며 즐기는 것과 같았다.

백작은 자기 집으로 마차를 급히 달리게 했다. 집 안을 줄달음치며 아무도 자기 방에 올라와서는 안 된다고 호통을 치고, 당직 비서에게도 쉬도록 이르게 했다. (자기 목소리가 들리는 곳에 사람이 있는 것이 싫었다.) 그러고는 커다란 화랑(畫廊) 안에 틀어박혔다. 거기서야 비로소 분노의 발작에 마음껏 몸을 맡길 수 있었다. 그대로 그는 제정신을 잃은 사람처럼 불도 안 켜고 빙빙 돌며 밤을 새웠다. 자기가 취할 태도를 모색하는 데 모든 주의력을 집중하기 위해, 어떻게든 마음을 가라앉히려고 애썼다. 그를 가장 미워하는 적일지라도 동정했으리라고 짐작되는 고뇌 속에 몸부림치며, 그 자신에게 물어보았다. "내가 싫어하는 인간이 공작부인 집에 살며 늘 그녀와 같이 있단 말이야. 그 집 하녀 한 사람에게 그들의 동정을 물어볼까? 아냐, 이처럼 위험한 일은 없지. 그녀는 인정이 많아서 하녀에겐 급료를 후하게 주거든. 모두 주인을 극진히 생각한단 말이야. (도대체 그 누가 그녀를 사랑하지 않을 수 있을까?) 그런데 문제는 여기에 있단 말이야." 그는 화난 듯이 말했다. "지금 날 괴롭히고 있는 질투를 그녀에게 알릴까? 그렇지 않으면 조용히 덮어둘까? 만일 내가 잠자코 있으면 무엇 하나 내게 숨기지 않을 것이다. 난 지나를 잘 알고 있단 말이야. 그녀는 감정대로 움직이는 사람이거든. 그녀의 행동은 그 사람 자신조차 예측할 수 없어. 미리 할 일을 정해놓으려고 하면 어떻게 해야 좋을지 알지 못하는 성격이야. 언제나 뭘 하려는 순간에 그녀에겐 새로운 생각이 떠오른다. 그 생각을 가장 좋은 것이라 단정하고 정신없이 해치우다 결국 모든 일을 망치고 말거든.

이 괴로움을 표현하지 않는다면, 나에게 아무것도 숨기지 않을 것이다. 그러면 앞으로도 일어나는 일은 모두 알 수 있을 터……

그렇다, 하지만 말하면 사정은 달라진다. 반성을 시키고, 앞으로 일어나기 쉬운 불쾌한 일을 여러 가지로 경고해…… 아마 그 젊은이를 멀리하게 될 테지. (백작은 한숨을 쉰다.) 그렇게 되면 거의 내가 이긴 거나 다름없다. 당장엔 여자가 뾰로통해질지 모르지만, 잘 구슬리면 되지……. 틀어지는 것도 매우 자연스럽지 않은가……. 그녀는 그를 15년이나 아들처럼 귀여워해왔거든. 나의 온 희망도 거기에 있어, 내 아들처럼……. 그러나 워털루 싸움에 나간 뒤로는 못 만났지. 나폴리에서 돌아오자, 특히 그녀의 눈에는 완전히 딴사람으로 보였단 말이야. 한 남자로서! —백작은 화가 치민 듯 되풀이했다—그것도 퍽 매력 있는 사내란 말이지. 특히 그런 눈은 공작부인이 이곳 궁정 같은 곳에선 보려 한들 쉽게 볼 수 있는 눈이 아니라고! 이곳은 온통 빈정거리는 듯한 음침한 눈으로 가득하니까. 나만 하더라도, 일에 쫓기고 날 우롱하고 싶어하는 한 남성에게 조금이라도 내 힘이 미칠 수 있는 부분을 이용하여 겨우 정사를 다스리고 있는 형편이니, 이 눈이야말로 내 몸 중 가장 늙었을걸. 나의 유쾌함도 언제나 희롱과 비슷한 게 아닐까? ……아니, 그뿐이 아니다. 여기서 올바르게 봐야 한다. 나의 쾌활이라는 건, 그 바로 옆에 절대권력…… 그리고 악의를 엿보이게 하고 있지는 않은가? 이따금 화를 낼 때면 '난 하고 싶은 일을 할 수 있다' 속으로 중얼거리지 않았던가. 더욱이 '난 남이 가지지 않은 것을 가지고 있다. 대부분의 일에 대해서 주권을 쥐고 있으니, 남보다 행복해야 할 게 아닌가?' 자신에게 이런 어리석은 말까지 했었다. 그렇다, 흐리지 않은 눈으로 보자. 이런 사고방식에 젖은 내 웃음은 몹시 더러웠을 거야. 이기주의적인…… 만족스러운 듯한 냄새를 풍겼을 테지. 그런데 그 젊은이의 미소는 얼마나 매력이 있느냐 말이다! 싱싱한 젊음의 행복을 담아, 그것이 또 행복을 낳게 하거든."

이날 밤은, 백작에겐 불행하게도 무덥고 숨이 막힐 듯하여 금방이라도 소나기가 쏟아질 듯한 날씨였다. 다시 말해 극단적인 결심을 하게 하는 그런 날씨였다. 숨이 막힐 듯 괴로운 세 시간 동안, 사랑에 고민하는 사나이를 괴롭힌 가지가지 공상의 순서며 자기에게 닥친 일에 얼마나 상심했는가는, 여기에 도저히 적을 길이 없다. 마침내 신중히 처신하자는 결심을 굳혔으나, 그것은 정녕 다음과 같은 반성에 의해서였다. "내가 잠깐 미쳤던 거야. 옳은 이치를 세워 생각하는 체하면서도, 조금도 이치에 맞지 않는 생각을 하고 있거든. 지금보다 조금이라도 편한 상황만 찾아서 맴돌고 있을 뿐이 아닌가. 어떤 결정적인 명확한 이치가 있을지라도, 그것을 보지 않고 그대로 지나친다. 너무 심한 고통으로 눈이 멀었으니, 여기서 한번 지혜자들 모두가 좋다 하는 신중이란 규칙을 따르기로 하자.

또한 여기에서 질투라는 치명적인 말을 일단 입 밖에 내면 내 배역은 영원히 정해지고 만다. 반대로 침묵하고 있으면, 내일 다시 이야기를 나눌 수 있고, 전처럼 무엇이나 자유롭게 할 수 있지 않은가."

고민은 너무나 심각했다. 더 계속되었더라면 틀림없이 백작은 미쳤을 것이다. 잠깐 마음이 가라앉았다. 그의 주의력이 익명의 편지 위에 멈춰졌던 것이다. 누가 보냈을까? 그래서 머리에 떠오르는 이름을 차례차례 들어, 한 사람 한 사람 음미해갔다. 이것이 기분전환이 되었다. 마침내 백작은 알현이 끝날 무렵, 대공이 다음과 같이 말했을 때 그 눈에서 심술궂은 빛이 한순간 번쩍이던 것이 생각났다.

"여보게 친구, 자네도 그리 생각할 테지. 높은 야망을 이루었을 때의 기쁨이나 고생한 보람도, 아니 무한한 권력까지도, 사랑이나 애정이 주는 은근한 행복에 비하면 별것이 아니란 말일세. 난 군주이기 전에 먼저 한 남자란 말이야. 내가 다행히 사랑을 한다면 내 애인은 군주가 아닌 한 남자를 상대하는 것이거든."

백작은 대공이 이렇게 말했을 때의 심술궂은 모습을 '이 나라가 이렇게 잘 다스려져 있음은 오직 당신의 뛰어난 총명 때문입니다' 운운한 편지 구절과 비교해보았다.

"이 구절은 확실히 대공의 말투로군!" 그는 소리쳤다. "신하 중의 누가 쓴 것이라 하기엔 너무 막무가내의 글이거든. 이 편지의 주인은 전하임에 틀림없다."

이 문제가 해결되어 용케 알아맞혔다는 기쁨을 느낀 것도 잠깐, 다시금 파브리스의 매력 있는 자태가 잔인하게도 나타나 기쁨을 지워버리고 말았다.

불행한 사나이 마음에 커다란 짐이 털썩 얹혀졌다.

"그 편지가 누구에게서 왔든 그게 무슨 상관이야!" 노여움에 부들부들 떨면서 그는 외친다. "그것을 알아냈다 해서 편지에 써 있는 사실이 없어진단 말인가. 그러한 불장난을 한다면 내 생활도 변할지 모르지." 그는 이렇게 제정신을 잃은 자신을 변명하려는 듯이 중얼거렸다. "그녀가 그 젊은이를 그처럼 좋아한다면 먼저 함께 벨지라테고 스위스고 어디로든 가버릴 게 아닌가. 그 여자에겐 돈이 있지만, 설사 1년에 몇 푼 안 되는 돈을 가지고 지내야만 할 처지라도 조금도 두려워하지 않거든. 그처럼 잘 지은 훌륭한 집에서도 심심하다고 바로 얼마 전에도 말하지 않았던가. 그 젊은 마음은 신기한 것을 필요로 한단 말이야. 그리고 그러한 새로움에 가득 찬 행복은 얼마든지 쉽게 이루어질 게 아니냐! 그녀는 닥쳐올 위험이나 내 슬픔 따위에는 눈길조차 주지 않고 자기 마음이 이끄는 대로 마구 이끌려가리라! 나는 이렇게 불행한데도 말이야!" 백작은 눈물을 흘리며 소리쳤다.

백작은 오늘 밤 공작부인에게 가지 않으리라고 굳게 결심했으나 참을 수가 없었다. 부인의 모습을 보고 싶은 마음이, 오늘따라 더욱 간절했기 때문이다. 한밤중에 그녀의 집으로 찾아갔다. 부인은 조카와 단둘이 있었다. 10시에 손님들을 다 보내고 문을 닫게 한 것이었다.

이 두 사람 사이에 감돌고 있는 다정스러운 정감, 그리고 공작부인의 철없이 기뻐하는 모습을 보자, 순간 백작의 눈앞에 무서운 혼란이 일어났다. 그는 화랑을 서성대며 오랜 시간 이것저것 궁리했으면서도 자기 질투를 어떤 식으로 감출 것인가에 대해선 조금도 생각지 않았다.

그는 그럴싸한 핑계를 찾다 못해, 오늘 밤은 대공이 뜻밖에도 기분이 좋지 않아 자기 말에 일일이 반대를 했기 때문에……라는 둥 변명을 했다. 그러한 이야기를 건성으로 듣고 있는 부인의 태도는 더욱 백작을 고통스럽게 했다. 전날 밤 같으면 끊임없이 온갖 의논을 해왔을 그러한 사정을 이야기하고 있는데도 부인은 전혀 주의를 기울이지 않았다. 백작은 파브리스를 돌아다보았다. 롬바르디아식의 아름다운 얼굴이 이처럼 청순하고 고상하게 보인적이 없었다. 파브리스는 백작의 곤란한 사정 이야기를 부인보다는 주의 깊게 듣고 있었다.

'정말, 이자의 얼굴에는' 백작은 마음속으로 생각했다. '더없는 선량함과 자연스럽고 소박하며 정에 넘쳐흐르는 기쁨의 표정이 하나로 어우러져 있구나. 이 세상에선 사랑과 그것이 주는 행복만이 진실한 거라고, 그 얼굴은 말하고 있는 듯하다. 더욱이 기지가 필요한 어떤 일을 만나면, 그의 눈은 생기를 띠어 남을 놀라게 하고 어리둥절케 만든다.

무엇이든 높은 곳에서 내려다보므로 모든 것이 그의 눈에는 단순하게 보인다. 세상에! 이런 적과 어떻게 싸울 수 있단 말인가? 무엇보다 지나의 사랑을 얻지 못한 삶이 무슨 의미가 있겠는가? 이 청년이 젊은 재기로 쏟아놓는 이야기들에 어찌하여 그녀는 저토록 귀 기울이고 있느냐 말이다! 물론 젊은 재기란 여인들에게는 한없이 매력적인 것일 테지만.'

어떤 잔인한 생각이 경련하듯 백작을 사로잡았다. '저 사나이를 여기서, 그녀 앞에서 찔러 죽이고, 그리고 자살한다?'

그는 휘청거리는 다리로 겨우 몸을 가누면서, 떨리는 손에 단검을 잡고 방 안을 한 바퀴 돌았다. 두 사람은 모두 그가 하는 행동에 조금도 주의하지 않았다. 백작은 잠깐 하인에게 무슨 말을 일러놓고 오겠다고 말했다. 그것도 두 사람에겐 들리지 않는 것 같았다. 공작부인은 파브리스가 한 말에 무척 다정한 웃음을 짓고 있었다. 백작은 등불 가까이 가서 단검 끝이 잘 갈아져 있는가를 살폈다. '저 젊은이에게 정중하고 나무랄 데 없는 태도를 취해야 한다.' 이렇게 생각하며 돌아서서 두 사람에게 다가갔다.

그는 정신이 이상해진 듯싶었다. 둘이 지금 그의 눈앞에서 몸을 가까이 당겨 입을 맞추는 것처럼 보인 것이다. 내 앞에서 그럴 리가 없다고 생각했다. "내 머리가 어떻게 된 모양이군. 진정해야지. 여기서 난폭한 짓이라도 저지르면 자존심이 상했다는 생각만으로도 부인은 저 남자를 뒤쫓아 벨지라테로 떠나버릴 거야. 그러면 그곳에서고 여행 도중에서고, 서로 느끼고 있는 감정에 우연히 확실한 이름을 부여하게 될지도 모른다. 그렇게 되면 한순간에 모든 상황이 달라진다.

고독은 이를 실현시키리라. 그리고 공작부인이 내게서 멀리 떠나면 어떻게 될까? 대공의 곁에서 많은 어려운 일을 원만히 처리한 다음, 이 늙고 근심스러운 얼굴을 벨지라테에 나타낸다면 행복에 정신없이 도취된 저 두 사람 곁에서 나는 어떤 역할을 할 것인가?

여기서도 나는 완전히 테르조 인코모도(terzo incomodo)가 아닌가. (이 아

름다운 이탈리아 말은 정말 사랑 때문에 생겨난 말인가 보다.) 테르조 인코모도! (방해물인 제삼자!) 바보가 아닌 사나이가 이런 싫은 역할을 하고 있는 줄 알면서도 벌떡 일어나 돌아가지 못하다니, 이 무슨 괴로운 일이냐!"

백작은 당장에라도 감정을 폭발시키지 않고서는 견딜 수 없을 지경이었다. 참는다 하더라도 찌푸린 얼굴에 고통이 나타날 것만 같았다. 살롱을 이리저리 거닐다 문 앞에 왔을 때, 그는 호인 같은 다정한 말투로 소리치고는 쏜살같이 달아났다.

"여러분, 그럼 안녕히!"

"피는 피해야지." 이렇게 중얼거리면서.

이 무서운 밤을 겪고 집으로 돌아간 백작은 밤이 새도록 파브리스가 지닌 유리한 점을 곰곰이 생각해보기도 하고, 잔인하기 짝이 없는 질투에 광폭한 발작을 일으키기도 문득 떠오른 생각에 젊은 하인을 불렀다. 이 젊은이는 공작부인의 시녀인 케키나라는 아가씨와 사랑을 속삭이고 있었다. 다행히도 이 젊은 하인은 품행이 단정하고 인색하여, 파르마의 어느 관청이건 문지기 자리가 소원이었다. 백작은 그에게 애인인 케키나를 곧 데려오도록 분부했다. 하인은 명령에 따랐다. 한 시간쯤 뒤에 백작은 이 소녀가 약혼자와 함께 있는 방에 예고 없이 나타났다. 그리고는 두 사람에게 많은 액수의 돈을 줘서 놀래주고는, 부들부들 떨고 있는 케키나의 얼굴을 똑바로 쳐다보며 다짜고짜 물었다.

"마님은 젊은 친구와 사랑을 하는 것 같더냐?"

그녀는 잠깐 입을 다물고 있다가 결심한 듯이 대답했다. "아뇨, 아직은 그렇지 않아요. 하지만 그분은 이따금 마님 손에 키스를 합니다. 웃고 있지만 아주 열정적이에요."

이 증언의 보충으로서 백작이 열을 띠고 물어보는 갖가지 질문에 하나하나 대답했다. 그의 초조하고 불안한 열정은 두 남녀에게 바로 전에 던져준 많은 돈의 대가가 될 만한 봉사를 하도록 만들었다. 마침내 그는 하녀가 하는 말을 믿게 되었고, 전과 같은 불행한 심정은 좀 누그러졌다.

"공작부인께서 오늘 이야기한 것을 눈치채게 되면, 네 약혼자를 20년 동안 감옥에 집어넣을 테다. 그러면 백발이 다 되어서야 만날 수 있을걸."

며칠이 지났다. 그동안에 파브리스가 활기를 잃었다.

"모스카 백작은 아마 저를 싫어하는 모양이죠." 그는 말했다.

"만일 그렇다면 자기만 손해지." 부인은 약간 기분이 상한 듯 대답했다.

파브리스의 쾌활함을 잃게 한 진짜 원인은 그게 아니었다. '우연한 일로 이런 처지에 있지만, 이는 오래 가지 못할 것이다. 물론 고모는 입 밖에 내서 말하지는 않으리라. 너무 노골적인 말은 근친상간이나 되는 것처럼 몸서리치게 혐오할 거야. 그러나 분별없이 미칠 듯한 하루를 보낸 다음에, 고모가 문득 자기 마음을 되돌아보았다고 하자. 고모가 자신이 내게 품고 있는 애정을 나 또한 알고 있으리라고 깨닫는다면, 그때 나는 고모 앞에서 어떠한 역할을 하게 될까? 그야말로 "카스토 주세페(casto Giuseppe : 주세페가 환관 퓨티파의 아내로부터 순결을 지키기 위해 우스꽝스런 행동을 한 것에서 비롯된 이탈리아 속담)"가 아닌가.

나는 진실한 사랑을 할 수 없는 인간이라고, 터놓고 이야기해서 이해를 시킬까. 그러나 그러한 것을 실례가 안 되도록 멋지게 넘길 수 있는 말솜씨가 내겐 없는 것 같다. 그렇다면 나폴리에서 하다만 발굴의 정열을 꺼내는 수밖에 없다. 스물네 시간 안에 그곳으로 돌아간다. 현명한 결심이긴 하지만, 가슴 아픈 일이다. 이곳 파르마에서 저속한 사랑을 하는 방법도 있긴 하다. 고모에겐 불쾌하겠지만, 그러나 알면서도 모르는 체하는 달갑지 않은 역할보다는 아무래도 낫다. 이 마지막 방법은 내 앞날을 위해선 좋지 않으리라. 되도록 신중히, 돈으로 세상 사람의 입을 틀어막고 위험을 줄이는 수밖에 없다.'

이런 생각에 잠기면서도 그가 괴로워하는 것은, 전부터 파브리스가 사실상 누구보다도 공작부인을 사랑했기 때문이다. "이다지도 진실한 것을 상대에게 확실히 알릴 수 없음을 두려워하다니, 나도 어지간히 얼간이야!" 그는 이렇게 화를 내며 자신에게 말했다. 현재의 상황에서 빠져나올 재간이 없었으므로 우울하고 불쾌했다. '아! 이 세상에서 열정을 다해 사랑하고 있는 단 한 사람과 사이가 틀어지면 난 어떻게 한단 말인가!' 한편으론, 파브리스는 이토록 달콤한 행복을 주책없는 한마디로 깨뜨려버릴 결심이 서지 않았다. 지금의 처지는 그처럼 매력에 가득 찬 것이었다. 이렇게 사랑스럽고 아름다운 여성의 다정한 우정은 정말 달콤했다. 일상생활만 보더라도 고모의 보호가 있으니만큼 이곳 궁정에서 지금과 같은 유쾌한 지위를 차지한 것이고, 궁정 이면의 속사정도 고모의 설명으로 희극처럼 재미있는 게 아닌가.

'하지만 언제 벼락을 맞고 꿈에서 깨어날지 모르는 일이야.' 그는 생각했다. "이렇게 매력 있는 고모와 거의 단둘이서만 지내는 즐겁고 애정에 가득 찬 매일 밤, 만일 이것이 그 이상의 무엇으로 변한다면, 고모는 나를 애인처럼 생각하리라. 그 다음부터는 내게서 더 열광적인 흥분을 구할 게 틀림없다. 내가 그녀에게 줄 수 있는 건 우정뿐으로, 사랑의 감정은 없다. 나는 본성적으로 그런 숭고한 광기 따위는 가지고 있지 않은 인간이다. 그러한 점에서 지금까지 몇 번이나 비난을 받았던가! 아직도 A공작부인의 목소리가 귀에 들리는 것 같다. 그 부인에게는 진심이 아니었다! 그 여잔 내게 애정이 부족하다고 생각할 거야. 사실상 사랑이란 것이 내겐 없어. 고모는 이런 나를 이해하진 못할걸. 궁정의 일화를 언제나 우아하게 재미있게 이야기해준다. 고모 말고는 절대로 갖지 못할 그 유쾌한 장난스런 말투, 그것이 또한 내게는 대단히 유익한 것이지만, 그런 이야기가 끝난 다음 나는 고모의 손에, 때로는 뺨에도 입을 맞춘다. 만일 그 손이 내 손을, 어떤 독특한 짓으로 꼭 잡아쥔다면 어떻게 하지?"

파브리스는 매일, 파르마에서 가장 존경을 받고 있는, 그리고 가장 재미가 없는 집들을 찾아다녔다. 공작부인의 교묘한 충고에 이끌려 대공 부자, 클라라 파올리나 대공비, 대주교 등등, 이런 자들을 상대로 그들의 비위를 맞추기에 힘썼다. 끝내는 그것이 성공하여 평판이 좋았으나, 그러한 성공도 공작부인과 자기의 사이가 어색해지지나 않을까 하는 불안한 마음을 풀어주지는 못했다.

제 8장

 이렇듯 파브리스는 궁정에 온 지 한 달이 되기도 전에 궁정인으로서의 온갖 고초를 다 겪었고, 삶의 보람을 느끼게 했던 공작부인과의 친밀한 교제마저도 금이 가고 말았다. 어느 날 밤, 역시 그러한 생각에 괴로워하면서 자기가 가장 사랑을 받고 있는 듯한 공작부인의 살롱을 뛰쳐나왔다. 거리를 정처 없이 걷는 동안, 훤히 불 켜놓은 극장 앞을 지나치려다 그 안으로 들어갔다. 이는 그처럼 성직에 있는 몸으로서 대단히 건실치 못한 행동이며, 어쨌든 인구 4만에 불과한 조그마한 도시 파르마에선 하지 않으리라고 마음먹었던 일이었다. 하기야 그는 이곳에 처음 온 날부터 공식적인 옷차림은 하지 않았었다. 밤에 일류 사교계에 나갈 때를 빼고는 상중에 있는 사람처럼 간소한 검은 옷을 입고 있었다.
 극장에선 사람의 눈을 피해 셋째 줄 칸막이 좌석표를 샀다. 마침 골도니의 〈젊은 여주인〉을 상연하고 있었다. 그는 극장 내부 구조를 살피느라고 무대엔 거의 눈을 돌리지 않았다. 그러나 수많은 관객은 계속 큰 소리로 웃고 있었다. 파브리스는 여주인 역을 하고 있는 젊은 여배우를 문득 보고, 우스운 여자라고 생각했다. 더욱 자세히 살펴보니, 아주 귀엽게 생겼고 특히 그 행동이 몹시 순진한 것만 같았다. 골도니가 쓴 유쾌한 대사를 읊으면서, 마치 그런 대사를 하는 데 놀랐다는 듯 자기가 먼저 웃고 있는 순진한 여자였다. 그는 여배우의 이름을 물어보았다.
 마리에타 발세라라고 했다.
 "허, 내 이름 하나와 같다니! 신기한 일이로군." 그는 처음 마음먹었던 것과 달리 공연이 끝날 때까지 극장을 나오지 않았다. 다음 날에도 갔다. 사흘 뒤에 그는 마리에타 발세라의 주소를 알아냈다.
 그가 어지간히 고생한 끝에 이 주소를 찾아낸 날 밤, 백작의 얼굴빛이 몹시 밝은 것을 깨달았다. 사랑의 질투로 상기된 이 가련한 사나이는, 되도록 신중함을 잃지 않으려고 애쓰면서도 밀정을 시켜 젊은이의 뒤를 밟게 하여 극장에서의 그 분별없는 행동을 알고는 몹시 기뻐했다. 그가 파브리스에게 다정하게 대한 다음 날, 푸른색 프록코트로 변장한 젊은이가 극장 뒤 낡은 집 5층에 있는 마리에타 발세라의 초라한 방으로 올라간 사실을 알았을 때, 그 기쁨이란 이루 말할 수 없었다. 파브리스가 가명을 썼으며, 더욱이 질레티라는 건달의 질투를 일으키게 했다는 이야기를 듣고 그 기쁨은 곱절이 되었다. 그 건달은 마을 공연에선 하인과 같은 단역을 맡았고, 시골에 가서는 줄타기를 하는 자였다. 마리에타의 이 의젓한 정부가 파브리스에게 욕을 퍼부으며 죽이겠다고까지 했다.

오페라 극단에는 흥행주가 있어, 급료를 줄 만한 인간이나 놀고 있는 자들을 여기저기에서 구해다가 고용한다. 닥치는 대로 주워 모아다놓은 단원들은 한 철이나, 잘해야 두 철밖엔 같이 일하지 않는다. 하지만 희극 극단은 그렇지가 않다. 이 마을에서 저 마을로 흘러다니며 두세 달마다 자리를 바꾸지만, 그래도 하나의 가족 같은 형태를 이루어 단원들은 모두 서로 좋아하기도 하고 미워하기도 한다. 이들 가운데도 뚜렷이 부부 행세를 하는 쌍쌍이 있어, 흥행을 부추기는 마을 건달패에게 걸려도 그 사이를 찢기란 어지간히 힘들었다. 우리 주인공이 만난 것이 바로 이러한 쌍쌍이었다. 마리에타는 그가 싫지는 않았으나, 질레티가 두려웠다. 질레티는 이 여자를 독차지할 생각으로 엄중히 감시하고 있었다. 그는 그 '젊은 신부' 녀석을 죽이겠다고 가는 곳마다 떠들어댔다. 파브리스의 뒤를 밟아 그 본명까지도 캐내어 알고 있었다. 이 사나이는 지독히 못생겨, 도대체 연애와는 인연이 없을 듯한 얼굴이었다. 유난히 키가 큰 데다가 비쩍 말랐고, 얼굴은 곰보에다 약간 사팔뜨기였다. 그러나 재주는 많아서, 단원들이 모여 있는 무대 대기실에 들어올 때면 재주넘기 등 갖가지 재주를 부리며 나타난다. 그는 얼굴을 밀가루로 하얗게 칠하고, 막대기로 마구 맞거나 때리는 역할을 아주 잘해냈다. 파브리스의 이 만만치 않은 연적은 월급 32프랑을 받으면서도 자신을 큰 부자로 착각하는 남자였다.

밀정들로부터 이러한 이야기를 다 듣자, 모스카 백작은 다시 살아난 듯한 심정으로 사교적인 정신을 되찾았다. 공작부인의 살롱에서도 지금까지와 달리 쾌활하고 상냥해졌다. 물론, 이렇게 생기를 되찾게 된 원인인 이번 사건에 대해선 조금도 내색하지 않았다. 부인에겐 오히려 이 사실을 되도록 늦게 알리려고 무진 애를 썼을 정도였다. 비로소 그는 이성에 귀를 기울일 용기가 생겨났다. 그 이성은 사랑을 하는 남자의 매력이 줄어들었을 때에는, 그 남자는 먼저 여행을 해야 한다고 한 달 전부터 말하고 있었던 것이다. 어떤 중요한 일로 그는 볼로냐에 갔다. 하루에 두 번씩, 정부의 통신 연락관이 관청의 공문서보다도 빈번하게 마리에타의 연애며 질레티의 노여움이며 파브리스의 술책에 관한 보고를 그에게 전했다.

백작의 심복 한 사람이 질레티의 장기 가운데 하나인 〈빼빼 광대와 파이〉를 몇 번씩이나 다시 하라고 주문했다(이 극에서 질레티는 자기 경쟁자 역할인 브리겔라가 파이를 자르려는 순간 그 안에서 나와 브리겔라를 막대기로 때린다). 질레티에게 1백 프랑을 안겨주려는 핑계였다. 빚투성이의 이 사나이는 이런 좋은 돈벌이를 남에겐 말하지 않고 가만히 있었으나, 몹시 거만해졌다.

파브리스의 일시적인 변덕은 자존심이 상한 반감으로 변했다. (그 나이에 여러 가지 마음의 고통은 그를 어느새 변덕쟁이로 만들었다!) 그는 이제 허영심에 극장엘 갔다. 여자는 쾌활한 연기로 그를 즐겁게 해주었다. 극장을 나와 한 시간쯤은 연애하는 기분이 되었다. 파브리스가 실제로 위험한 변을 당할 것 같다는 이야기를 듣고 백작은 파르마로 돌아왔다. 나폴레옹의 우수한 용기병 연대에 있었던 질레티는 진심으로 파브리스를 죽이겠다 공언했고, 해치운 다음 로마냐노로 도주할 준비까지 마친 상태였다. 독자가 젊은 사람이라면, 작자가 백작의 이러한 행동을 칭찬하는 것이 비위에 거슬릴지도 모른다. 하지만 볼로냐에서 돌아온 까닭은 그로선 어떤 영웅심에서가 아니었다. 그는 아침에 몹시 피곤한 얼굴빛이었지만, 파브리스는 정말 명랑하고 아무런 근심도 없는 듯한 모습이었으니 말이다. 백작이 자리를 비운 사이에 파브리스가 그런 어리석은 일로 죽었다 하더라도 누가 그를 비난할 것인가. 그러나 그는 자기가 할 수 있는 사나이다운 행동을 그때 하지 않으면 한평생 후회하는, 그런 드문 마음씨를 지닌 사람이었다. 그리고 자기 실수로 공작부인에게 슬픔을 준다는 건 참을 수 없는 일이었다.

돌아와 보니, 부인은 말이 적어지고 몹시 침울해 보였다. 이러한 일이 있었기 때문이다. 시녀 케키나는 후회로 괴로워하면서, 그렇게 많은 돈을 받았으니 자기가 한 짓은 나쁜 일에 틀림없다고 착각하고는 병이 들었다. 이 시녀를 귀여워하는 부인은 어느 날 밤 그녀의 방으로 문병을 갔다. 시녀는 그런 친절에 더 이상 견딜 수가 없었다. 울음을 터뜨리며 받은 돈의 나머지를 주인에게 내놓고 용기를 내어 백작에게서 여러 가지 질문을 받은 일, 그리고 그에게 대답한 일을 말했다. 부인은 재빨리 등불 곁으로 가서 불을 껐다. 그러고는 케키나에게 오늘 밤의 일은 아무에게도 입 밖에 내서는 못쓴다, 그것을 지킨다면 용서해주마고 말했다.

"백작은 남의 웃음거리가 될까 봐 걱정이신가 보군. 남자란 모두 그런 거야." 부인은 아무렇지도 않은 듯 가볍게 덧붙였다.

공작부인은 자기 방으로 서둘러 내려갔다. 열쇠를 잠그고는 곧 울음을 터뜨렸다. 태어나는 것까지 본 파브리스와 자기가 사랑을 한다, 이러한 생각에는 무언지 몸서리칠 만큼 더러움이 있었다. 하지만 지금까지 자기 태도는 어떠했을까? 백작이 왔을 때 부인이 빠져 있던 우울한 기분의 첫째 원인은 이것이었다. 이 남자의 모습을 보자, 그녀는 짜증을 냈다. 그에게나 파브리스에게도 마찬가지였다. 두 사람 다 보고 싶지 않았다. 그녀는 파브리스가 마리에타를 두고 벌이는 그 우스꽝스러운 노릇을 알고 화가 났다. 백작은 사랑에 빠진 사나이답게 비밀을 간직하지 못하고 모든 걸 그녀에게 털어놓고 말았다. 우상처럼 여기던 인간에게도 결점이 있었다고 생각하니, 슬픈 마음은 쉽사리 가라앉지 않았다. 겨우 백작에 대한 감정이 풀어졌을 때 도움말을 구했다. 백작에겐 즐거운 순간이었다. 비로소 파르마에 돌아온 갸륵한 행동의 대가를 받은 셈이었다.

"아주 간단한 일입니다!" 백작은 웃으면서 말했다. "젊은 남자는 누구나 여자를 모두 자기 것으로 만들고 싶어하거든요. 그리고 다음 날이면 다 잊어버립니다. 파브리스는 델 동고 후작부인을 만나뵈러 벨지라테로 가는 게 좋지 않을까요? 떠나보냅시다. 그가 없는 동안에 극단은 다른 곳으로 떠나가도록 내가 힘써보겠습니다. 여행 경비는 이쪽에서 대기로 하죠. 그러나 어느 때고 또 어디서든 미인을 만나면 그는 곧 사랑을 할 겁니다. 당연한 일이죠. 그 사람은 그래도 괜찮다고 난 생각합니다만. 필요하시다면 후작부인께 편지를 보내달라고 부탁하십시오."

백작은 술술 이야기했다. 공작부인은 갑자기 환한 빛이 비치는 듯했다. 그녀는 질레티가 두려워서 견딜 수 없었다. 그날 밤, 백작은 지나가는 말로,

밀라노를 지나 빈으로 가는 우편마차가 있다는 사실을 알렸다. 그로부터 사흘 뒤 파브리스는 어머니로부터 편지 한 통을 받았다. 그는 이미 마리에타가 양어머니를 통해 약속한 호의를, 질레티의 질투로 방해를 받아 받아들일 수 없었음을 화내며 떠났다.

파브리스는 벨지라테에서 어머니와 누이동생을 만났다. 이곳은 마조레 호숫가에 있는 피에몬테의 커다란 마을이었다. 건너편은 밀라노 영토, 곧 오스트리아 땅이다. 이 호수는 코모와 나란히 북에서 남쪽으로 뻗어 80킬로미터가량 서쪽에 자리잡고 있다. 산의 공기, 아름다운 호숫가의 장엄하고 조용한 풍경은 그가 소년 시절을 보낸 코모 호수의 경치를 생각나게 했고, 파브리스의 노여움에 가까운 고뇌를 감미로운 우울로 변화시켰다. 지금 그의 마음에 떠오르는 공작부인에 대한 추억은 무한한 애정에 젖어 있었다. 훨씬 오래전부터 어느 여자에게서도 느껴본 일이 없는 사랑을 품어온 것만 같았다. 그녀와 영원히 헤어지는 것보다 괴로운 일은 없으리라. 만일 그가 이러한 심정에 놓여 있을 때, 부인 쪽에서 조금이라도 교태를 보였더라면 이 젊은이의 마음을 완전히 사로잡을 수 있었을 것이다. 이를테면 연적을 만들어 적대시키는 일을 꾸몄다면. 하지만 그런 확실한 태도를 취하기는커녕, 부인은 자기 마음이 언제나 이 젊은 여행자의 뒤만 쫓고 있음을 깊이 뉘우치고 있었다. 그녀는 자기 감정을 마치 증오의 대상이나 되는 듯 마음속으로 꾸짖고 있었다. 그녀는 백작에게 더욱 다정하고 친절하게 대했다. 백작은 그러한 호의에 매혹되어, 다시 볼로냐로 가라는 진정한 이성의 부르짖음에 귀를 기울이지 않았다.

델 동고 후작부인은 밀라노 공작에게 시집보낼 큰딸의 결혼 준비로 바쁜 나머지, 사랑하는 아들과는 겨우 사흘밖엔 함께 있지 못했다. 아들이 이처럼 다정했던 적은 없었다. 점점 번져나가는 우울 속에서, 파브리스에게 어떤 기묘하고 우스꽝스러운 생각이 떠올랐다. 그러고는 갑자기 그 생각에 따르기로 했다. 블라네스 신부에게 의논해보자는 생각이었다. 사람 좋은 이 늙은이는, 거의 같은 힘을 지닌 몇몇 어린애 같은 정열로 분열된 마음 따위는 전혀 이해할 줄 모르는 사람이었다. 파브리스가 파르마에서 잘 처리해나가야 할 이해관계에 대해서 그 일부라도 알리면 일주일은 걸렸을 것이다. 그러나 신부에게 의논하리라 생각하니, 파브리스에겐 열여섯 살 때의 감각이 생생하게 되살아났다. 그런 일을 남들이 믿어줄까? 파브리스가 이 사람과 이야기하고 싶어한 것은 다만 현명한 사람, 마음으로부터 자기를 생각해주는 친구로서뿐만은 아니었다. 이번 여행의 목적이며, 이틀 남짓한 동안 우리 주인공의 가슴속을 오간 감정은 너무나도 비상식적인 것이므로 이야기의 흥미를 위해선 아마 생략하는 게 좋을 것이다. 나는 파브리스가 무엇이든 곧잘 믿어버리는 마음 탓에 독자의 동정을 잃지나 않을까 걱정된다. 하지만 그는 그런 사람이었다. 그를 다른 사람보다 특별히 아름답게 꾸며야 할 이유가 어디에 있겠는가? 모스카 백작도 대공도, 나는 결코 필요 이상으로 잘 쓰진 않았다.

그래서 파브리스는—모든 것을 말하기로 하고—어머니를 마조레 호수의 왼편 언덕, 즉 오스트리아 영토에 있는 라베노 항구까지 배웅했다. (호수는 중립지대로 간주되어, 상륙하지 않는 자에겐 여권을 요구하지 않는다.) 그러나 해가 지자마자, 그는 같은 오스트리아 땅 물가에까지 삐져나온 작은 숲속으로 상륙했다. 세디올라를 한 대 빌려두었다. 이는 빨리 달릴 수 있는 시골의 두 바퀴 마차로, 이것을 타고 어머니의 마차 뒤를 5백 걸음 가량 뒤쳐져 쫓아갈 수 있었다. 그는 델 동고 집안의 하인 모습으로 변장했기 때문에 많은 경관이나 국경 감시원들도 여권을 보자고는 하지 않았다. 후작부인과 누이동생을 태운 마차는 코모 호수에 1킬로미터쯤 못 미친 곳에서 멈춰 하룻밤 묵기로 했다. 그는 왼쪽 좁은 길로 접어들었다. 이 길은 비코 마을로 뻗어, 호수 맨 끝 얼마 전에 새로 난 조그마한 길과 이어졌다. 파브리스는 헌병을 만날 걱정도 없었다. 길이 꼬불꼬불 뚫려 있는 조그마한 숲 속의 나무들은 엷은 안개로 뒤덮여 별도 총총한 하늘에 나뭇잎 그림자의 검은 테두리를 그렸다. 물도 하늘도 깊은 정적에 잠겨 있다. 파브리스는 이 숭고한 아름다움에 넋을 잃었다. 걸음을 멈추고 조그마한 곶처럼 호수 위로 삐져나온 바위 위에 앉았다. 주위의 정적을 깨뜨리는 것은, 규칙적으로 모래사장을 스치는 호수의 잔잔한 물결뿐이었다. 파브리스는 이탈리아 사람의 성정을 지니고 있었다. 이 점은 너그러이 용서해주기 바란다. 그러한 결점은 이 인물에 대한 흥미를 덜게 할지 모를, 특히 다음과 같은 성질을 말한다. 그는 다만 발작적으로 허영심을 가질 뿐, 숭고한 아름다움에 직면하면 그것만으로도 곧 감동해서, 마음의 어두운 우울은 그 무섭고 냉혹한 날카로움을 잃고 만다. 이 쓸쓸한 바위에 걸터앉아, 경찰의 눈을 경계할 필요도 없이 깊은 밤

과 아득한 정적에 감싸여 있으면 감미로운 눈물이 눈시울을 적신다. 이토록 쉽게, 오랫동안 맛보지 못했던 가장 행복한 순간을 지금 바로 여기서 찾을 수 있었다.

그는 공작부인에게 절대 거짓말을 하지 않으리라 결심했다. 그녀에게 "난 당신을 사랑합니다"라는 말은 절대로 하지 않으리라고 맹세한 까닭은, 이 순간 그의 마음속에 떠오르는 부인에 대한 감정은 숭배에 가까운 것이므로 사랑이란 말은 옳지 않기 때문이다. 부인 곁에서 어떠한 일이 생길지라도 사랑이란 말은 입 밖에 내지 않으리라, 세상에서 사랑이라고 일컫는 그러한 열정을 그는 잘 알지 못하니까. 이 순간 더없는 행복감을 준 고귀한 도덕적인 감정의 흥분 속에서, 이번에 다시 만나면 부인에게 모든 것을 고백하리라 그는 결심했다. 자기는 아직 한 번도 사랑이란 감정을 느껴본 적이 없다고. 이렇게 단단한 결심이 서자, 그는 무거운 짐에서 벗어난 듯싶었다. "고모는 아마 마리에타와의 일을 꾸짖을 것이다. 흥, 마리에타는 두 번 다시 만나지 말자." 쾌활한 기분으로 그는 자신에게 이렇게 대답했다.

전날 낮 동안의 참을 수 없던 무더위도 새벽의 산들바람으로 많이 가셨다. 벌써 새벽의 희미한 햇빛은 코모 호수 동북쪽으로 우뚝 솟은 알프스 산봉우리의 선을 뚜렷이 그려냈다. 6월이 되었는데도 흰 눈을 머리에 인 산봉우리들이 연푸른 하늘을 배경으로 자태를 드러내고 있다. 하늘은 그처럼 높은 곳에서는 언제나 활짝 개어 있었다. 알프스의 한 지맥은 남쪽 행복한 이탈리아로 뻗어나가, 코모 호수와 가르다 호수를 갈라놓았다. 파브리스는 이런 숭고한 산의 지맥을 하나하나 눈여겨보았다. 새벽녘 빛이 밝아짐에 따라 계곡 밑에서 올라오는 엷은 안개들이 걷히고, 산 사이의 골짜기가 똑똑히 보이기 시작했다.

조금 전부터 파브리스는 다시 걷기 시작했다. 뒤리니 반도라 불리는 언덕을 넘었다. 그러자 마침내 그가 자주 블라네스 신부와 별을 관측하던 그리앙타의 종루가 보였다. "그때 나는 어쩌면 그리도 무식했을까! 선생님이 책장을 넘기면서 보여주던 점성술 책의 대단치 않은 라틴어조차 읽을 줄 몰랐거든. 생각해보면, 내가 그런 책을 존경한 것은 간혹 가다 두서너 마디밖엔 몰라서, 상상으로 제멋대로 해석하고, 그리 되도록 소설적인 의미를 부여했었기 때문일 거야." 그의 공상은 조금씩 다른 방향으로 흘러갔다.

"그 학문에 어떤 진실한 면이 있을까? 어째서 다른 학문과 다르단 말인가? 일정한 수의 어리석은 자와 교활한 자들이 공모하여, 이를테면 자기들은 멕시코 말을 알고 있다고 치자. 그리고 그들이 이런 능력을 가졌다고 사회나 정부에 자랑한다. 사회는 그들을 존경하고 정부는 돈을 준다. 그러한 자들은 어리석고, 그들이 민중을 선동한다든가 고귀한 감정으로 비분케 한다든가 할 우려가 조금도 없으므로 권력자는 여러 가지 은전을 베푸는 것이다. 예를 들면 바리 신부가 그렇다. 그 신부에게 에르네스트 4세는 며칠 전에 4천 프랑의 연금과 자기 나라의 훈장을 주었지만, 그건 그리스의 술의 신 디오니소스에 대한 서정시를 열아홉 줄 뜯어고쳤기 때문이 아닌가! 하지만 내게 그런 일들을 비웃을 자격이 있을까? 불평을 하려면 자신에게 함이 어떨까?"

그는 갑자기 걸음을 멈추고 생각했다. "나폴리에서 공부할 때 내 가정교사도 그와 똑같은 훈장을 타지 않았던가?" 파브리스는 몹시 불쾌해졌다. 조금 전까지 그의 마음을 설레게 하던 도덕적인 고상한 열정이, 훔친 물건을 분배 받는 그런 비열한 쾌감으로 변했다. "무슨 상관인가!" 자신에게 만족하지 못하는 인간의 광채 없는 눈빛으로 중얼거렸다. "내 집안이 그러한 악습을 이용할 권리를 주었으니까, 자기 몫을 차지하지 않는 것은 쓸데없는 자기기만이거든. 아무튼 이러한 악습을 세상에선 나쁘게 말해선 안 된단 말이야." 이런 사고방식은 옳지 않은 것도 아니었다. 그러나 파브리스는 한 시간쯤 전에 젖어 있던 그 숭고한 행복감으로부터는 이미 굴러떨어지고 말았다. 특권이란 의식은 행복이라고 불리는, 늘 약하기만 한 식물을 시들게 만드는 것이었다.

"점성학을 믿어선 안 된다고 하면" 그는 정신을 딴 곳으로 돌리려고 애썼다. "만일 이 학문도 수학적이 아닌 다른 대부분의 학문과 마찬가지로 이에 미쳐버린 바보들과 봉사하고 있는 상대로부터 돈을 받는 교활한 위선자들의 결합이라고 하면, 내가 그 숙명적인 사건에서 왜 그토록 자주 감동받는 것일까? 나는 전에 B의 감옥에서 탈출했다. 그러나 그건 정당한 이유로 투옥된 병사의 군복과 여권을 가지고 한 짓이었다." 파브리스의 추리는 결코 더 이상 깊이 파고들지 못했다. 어려운 문제의 주위를 맴돌 뿐, 그걸 타고 넘어가진 못했다. 그는 아직 너무 젊었던 것이다. 한가한 때 그의 마음은, 상상력이 마음대로 꾸며내는 소설적인 상황에서 느끼는 감각을 즐기기에 여념이 없었다. 그 원인을 파악하기 위해서 사물의 현실적인 특성을 끈기 있게 관찰하느라고 시간을 소비하지는 않았다. 현실은 또한 그에겐 평범하고 더러운 것으로 보였다. 인간이 현실을 외면하는 건 이해할 수 있으나, 그렇다고 그걸 마음대로 판단해서는 안 된다. 특히 무지의 파편을 가지고 항의하는 건 더욱 나쁘다.

이처럼 파브리스는 총명하긴 했으나, 전조 같은 걸 어지간히 믿고 싶어하는 성격이 그에겐 하나의 종교이며, 인생에 첫발을 내딛으면서 받은 깊은 인상이라는 사실을 깨닫지 못했다. 그에게 전조에 대한 믿음이란 느낌이었고 하나의 행복이었다. 그래서 그는 이것이 어떻게, 이를테면 기하학처럼 증명된 현실적인 학문일 수 있을까, 하는 점을 끝끝내 밝히려고 했다. 기억을 더듬어, 자기가 본 전조로 그것이 예언한다고 여겨진 행복한 또는 불행한 사실이 일어나지 않았던 경우를 열심히 찾았다. 그러나 올바른 사고로 진실에 다다르려고 노력하면서도 그의 주의력은 걸핏하면 전조가 예언한 대로였던 행복과 불행의 사건이 거의 그대로 일어났던 경우를 회상하는 쪽으로 쏠려, 그의 마음은 경탄으로 가득 차 감격하는 것이었다. 누군가 전조를 부정하거나 특히 희롱하기라도 한다면 참을 수 없는 혐오를 느꼈으리라.

파브리스는 얼마나 왔는지도 모른 채 걷고 있었다. 결론을 내리지 못하고 깊은 생각에 잠겨 있다가 문득 머리를 드니 아버지 집 정원 벽이 보였다. 이 벽은 위에 훌륭한 흙산이 버티고 있어, 오른편 길바닥에서 12미터 높이까지 솟아 있다. 그보다도 훨씬 높이, 난간 옆에 뾰족한 돌들이 줄지어 세워져 마치 기념비 같은 풍취를 자아냈다. '나쁘지 않은데.' 파브리스는 냉정하게 생각했다. '좋은 건축이야. 거의 로마 취미라고 할 수 있지.' 그는 고대 미술에 관한 자신의 새로운 지식을 적용해서 생각했다. 그러자 다시 씁쓸한 듯 외면했다. 아버지의 냉혹한 태도, 특히 프랑스에서 돌아왔을 때 형 아스카니오에게 고발당한 일이 머리에 떠오른 것이었다.

"그런 패륜적인 고발 때문에 오늘과 같은 생활이 시작된 것이다. 그걸 증오하거나 경멸하는 건 자유지만 아무튼 그 사건으로 내 운명이 변한 것만은 사실이다. 노바라로 도망쳐서 아버지의 집사 집에서 모든 걸 참고 견디는 것 말고는 별 도리가 없었으니까. 만일 고모가 권세 있는 대신과 사랑을 하지 않았던들 난 어떻게 되었을까? 만일 고모가 그처럼 다정하고 한결같은 마음과 신기할 정도의 열정으로 날 사랑해주질 않고, 무정하고 비속한 마음씨의 소유자였다면 난 어떻게 되었을까? 만일 공작부인이 오빠인 델 동고 후작과 같은 인품이었다면, 난 지금쯤 어떻게 되었을까?"

이런 달갑지 않은 추억에 기가 죽어 파브리스는 터덜터덜 걸었다. 가까스로 저택의 호사스러운 정면 바로 건너편에 있는 연못에 다다랐다. 시간이 흐르며 검어진 이 장대한 건물에 그는 눈길조차 돌리지 않았다. 건축이 속삭이는 고상한 말에 그는 무감각해졌다. 아버지와 형에 대한 추억은 마음속 모든 아름다운 감각을 마비시킨 것이다. 오직 위선자이며 위험한 적 앞에 온 것으로, 충분히 경계해야 한다는 의식이 있을 뿐이었다. 1815년까지 머무르던 4층 방의 조그마한 창문을 힐끔 쳐다보았지만, 그것도 분명 혐오의 정을 품고서였다. 아버지의 성격 때문에, 소년 시절의 추억에서 온갖 매력이 모조리 사라졌다. '저 방에는 3월 17일 밤 8시 이후 들어간 일이 없다. 바지라는 이름의 여권을 가지고 그곳을 나와, 그 다음 날 감시원이 두려워 곧 떠나버렸지. 프랑스에서 돌아와 잠깐 들렀을 때도 내가 좋아하는 그림을 보러 올라갈 틈조차 없었다. 모두가 형의 고발 때문이다.'

파브리스는 증오를 참을 수 없는 듯 외면했다. "블라네스 신부님은 이제 여든세 살이 넘었을걸." 그는 슬픈 듯이 중얼거렸다. "누이동생 이야기로는, 이제 집엔 거의 찾아오지 않는다고. 나이를 먹어 건강이 좋지 못한 탓이겠지. 그 고상하고 착실한 마음도 나이와 더불어 굳어진 것이다. 내가 저 종루에 가지 않은 지도 벌써 몇 년이 흘렀구나! 신부님이 잠을 깰 때까지 지하실의 술통이나 절구 밑에 숨어 있자. 노인의 단잠을 방해해서는 안 된다. 아마 내 얼굴도 완전히 잊어버렸을 거다. 그의 나이로선 6년이란 긴 세월이니까! 다정한 친구의 무덤을 만나는 것과 같겠지, 틀림없이. 아버지 집을 보고 불쾌해지려고 일부러 찾아오다니 정말 유치한 짓이로군."

파브리스는 성당 안 조그마한 뜰로 들어섰다. 낡은 종루 3층에 있는 블라네스 신부의 조그마한 남포에 비친 좁고 긴 창문을 쳐다봤을 때, 파브리스는 너무나 놀라 정신착란을 일으킬 뻔했다. 신부는 관측소로 쓰는 판자로 벽을 두른 이 방에 들어갈 때, 등불이 평면구형도를 보는 데 방해가 되지 않도록, 언제나 남포를 그곳에 놔두는 습관이 있었다. 이 천체 도면은 그 옛날 오렌지나무를 심었던 커다란 화분에 붙어 있었다. 화분 밑바닥 구멍 있는 데에 소형 남포가 달려 있어, 조그마한 양철통으로 남폿불의 그을음을 화분 밖으로 빼내는 장치였다. 양철통의 그림자가 도면의 북쪽을 가리키고 있다. 이런 대수롭지 않은 추억이 파브리스의 마음을 감동으로 가득 채웠고, 행복감에 설레게 했다.

거의 무의식적으로 그는 두 손을 입에다 대고 나지막하게 휘파람을 불었다. 이것이 그 옛날 방문하던 때의 신호였다. 그러자 줄을 몇 번이고 잡아당기는 소리가 들렸다. 관측소 위에서 내려오지 않고도 종루로 올라가는 문의 빗장을 열 수 있게 만든 줄이었다. 그는 흥분해서 정신없이 계단을 뛰어올라갔다. 신부는 옛날처럼 나무 의자에 앉아 벽에 걸린 사분의(四分儀)의 조그마한 망원경을 들여다보고 있었다. 왼손으로 관측을 방해하지 말라고 신호를 했다. 곧이어 한 장의 골패에다 숫자를 적어넣고, 의자를 이쪽으로 돌리고는 우리 주인공을 향해 두 팔을 벌렸다. 그는 울면서 안으로 뛰어들었다. 블라네스 신부야말로 그의 참된 아버지였다.

"네가 올 줄 알고 기다리던 참이다." 쌓이고 쌓인 정과 사랑의 인사가 끝나자 블라네스 신부는 이렇게 말했다. 점성학자로서의 허세를 부려본 것일까? 그렇지 않으면 파브리스를 늘 생각했기 때문에, 우연히 점성술의 어떤 징조로 그가 돌아오리란 사실을 알았을까?

"이젠 내가 죽을 때가 되었구나." 블라네스 신부는 말했다.

"뭐라구요?" 파브리스는 놀라서 소리를 질렀다.

"그래." 신부는 근엄하게, 조금도 슬픈 빛 없이 말을 계속했다. "너를 다시 만나고 나서 다섯 달 반이나 여섯 달 반이면, 내 생명불은 행복하게 끝을 맺고 꺼지리라.

Come face al mancar dell' alimento

(기름이 떨어진 조그마한 남포처럼 죽기 전 한두 달은 아마 난 말없이 지낼게다.) 그러고 나서 아버지 품에 안기리라. 물론 천주께서 파수꾼으로 보내신 임무를 이 몸이 다했다고 인정하신다면 말이다.

넌 몹시 피곤한 데다가 그처럼 흥분했으니 좀 쉬고 싶을 테지. 네가 올 줄 알고 기구를 넣어둔 상자에 빵과 브랜디 한 병을 숨겨놓았다. 그걸 먹고 기

운 내거라. 그리고 체력이 회복되거든, 내 이야기를 조금만 더 들어다오. 날이 밝아올 때까진 여러 가지 이야기를 할 수 있을 거야. 난 내일보다는 지금이 더 정신이 뚜렷할 거거든. 우리는 언제나 약한 자이며, 약하다는 사실을 늘 마음속에 두어야 하니까 말이다. 아마 내일이 되면 내 속에 있는 노인, 지상의 인간이 죽음의 준비로 바쁠 게다. 그리고 내일 밤 9시엔 너는 돌아가야만 한다."

파브리스는 습관대로 말없이 복종했다.

"그런데, 네가 워털루를 보러 간다고 떠났을 때, 먼저 감옥에 갇혔다는 게 사실이냐?"

"그렇습니다." 파브리스는 놀라서 대답했다.

"좋아! 그건 좀처럼 없는 행운이었다. 내 말을 잘 듣고 조심한다면 너의 영혼이 앞으로 겪어야 할, 또 다른 괴롭고 훨씬 무서운 감옥에 미리 대비할 수 있기 때문이다. 아마 그 감옥으로부터 넌 죄를 짓지 않고는 나올 수가 없을 게다. 그러나 다행히도 그런 죄를 네가 저지르는 것은 아니다. 어떠한 유혹에 빠지더라도 절대 죄를 범해서는 안 된다. 그것은 아마 무의식중에 너의 권리를 빼앗으려는 죄 없는 인간을 죽이게 될지도 모른다. 만일 네가 명예라는 점에서 볼 때 도리에 어긋난 일이 아니라고 말할 수 있을지 모르나, 그런 강렬한 유혹만 극복한다면 너의 일생은 세상 사람들이 보기에 대단히 행복하다 여겨질 게 틀림없다. 아니, 현명한 사람의 눈에도 어지간히 행복하게 보일 게다." 잠깐 생각에 잠긴 뒤, 신부는 이렇게 덧붙였다. "어느 때고 너도 나처럼, 나무 의자에 앉아 모든 사치를 멀리하고 사치로부터 해탈하여 죽을 인간이야. 나처럼, 아무것도 양심에 거리낄 것 없이 말이다.

이걸로 장래에 대한 이야기는 끝났다. 이 이상 더 말할 것은 없다. 앞서 말한 감옥이 얼마 동안이나 계속될지 알고 싶었으나 헛일이었다. 6개월이 될지 1년이 될지 10년이 될지, 나로선 끝끝내 알아낼 수가 없었다. 이것은 분명 내가 나쁜 일을 했기 때문에, 천주께서 걱정하시며 내게 벌을 내리시는 거라고 생각한다. 내가 알 수 있는 바는, 감옥을 나와서인지 아니면 바로 나올 무렵인지 분명치 않으나, 내가 죄라고 말한 그 사건이 일어날 거라는 사실이다. 하지만 다행히도 그걸 범하는 사람이 네가 아니라는 것만은 확실한 듯싶다. 만일 네가 약해서 이 죄에 스스로 빠져든다면, 그 밖의 내 계산은 모두 기나긴 실수가 되고 만다. 그렇게 되면, 넌 나무 의자에 앉아 흰옷을 입고 마음 편하게 죽을 수는 없을 것이다."

이렇게 말하고 나서 블라네스 신부는 일어서려 했다. 그때야 비로소 파브리스는 세월의 가혹함을 깨달았다. 신부가 일어나서 파브리스 쪽으로 향하는 데 1분 가까이 걸렸다. 파브리스는 아무 말 없이 꼼짝 않고 신부의 동작을 보고만 있었다. 신부는 몇 번이나 젊은이의 팔 안으로 쓰러지듯, 진한 애정을 담아 껴안았다. 그리고는 예전처럼 쾌활하게 말했다.

"이 흩어진 기구들 속에서라도 어떻게 단잠을 좀 이루도록 해라. 내 외투를 걸치는 게 좋을 거야. 4년 전에 산세베리나 부인이 보내준 값비싼 외투가 여러 벌 있다. 부인에게서 너의 장래를 예언해달라는 간청으로 외투와 훌륭한 사분의는 받아두었으나, 예언을 들려주지는 않았어. 미래를 예언한다는 것은 규칙을 어기는 일이야. 게다가 사건을 변화시킬 위험도 있거든. 그렇게 되면 학문이 마치 어린애 장난처럼 되어버려 추락하니까 말이다. 그리고 언제나 아름다운 그 부인에겐 차마 말하기 괴로운 일도 있었다. 그건 그렇고, 잠자는 동안 7시 미사를 알리는 시끄러운 종소리에 놀라지 말거라. 그 뒤 아래층에서 치는 풍금 소리에 내 기구들이 울려 흔들릴 게다. 오늘은 순교자며 병사였던 성 지오비타의 날이다. 너도 알고 있듯이 이 그리앙타의 조그마한 마을은, 커다란 브레시아의 마을과 똑같은 수호신을 받들고 있다. 그래서 여담이지만, 내 스승인 라벤나의 지아코모 마리니 선생님은 퍽 재미난 잘못을 저지르셨단다. 그분은 내게 '넌 신부로서 상당히 출세할 것'이라고 늘 말씀하시면서, 나중엔 브레시아의 지오비타 성당 주임사제가 되리라고 믿고 계셨지. 그러나 나는 7백50가구밖에 없는 조그마한 마을의 사제가 됐다! 오히려 잘된 일이었어. 아직 그로부터 10년이 채 못 되었으나, 만일 브레시아의 사제가 돼 있었더라면, 모라비아 언덕의 감옥 스피엘베르그에 갇혔으리라는 걸 난 알고 있었으니까. 내일은 이곳의 대(大)미사에 노래를 부르러 오는 이웃 마을 사제들에게 대접을 한다. 몰래 맛있는 걸 많이 가져다주마. 아래층까지 가져다주겠다만, 날 만나려고는 하지 마라. 내가 나가는 소리가 들리거든 가지러 내려와. 해가 있는 동안은 나를 만나선 안 된다. 내일은 해가 지는 시간이 7시 27분이니까 8시가 될 때까지는 네게 오지 않을 게다. 그리고 넌 큰 시계가 10시를 치기 전, 즉 9시가 되면 떠나야 한다. 종루의 창에 몸이 비치지 않도록 주의해라. 헌병에겐 네 얼굴이 다 알려져 있다. 그들은 말하자면 네 형의 지휘를 받고 있는 셈이거든. 그자는 대단한 폭군이야. 델동고 후작은 몹시 쇠약해졌어." 블라네스 신부는 슬픈 듯이 덧붙였다. "후작은 널 만나면, 아마 몰래 뭘 주려고 할 테지. 그러나 그런 떳떳치 못한 선물은 너처럼 장차 자기 정신에서 힘을 발견하려는 사람에겐 적당치 못하다. 후작은 자기 아들인 아스카니오를 몹시 미워하고 있지만 5, 6백만의 재산은 머지않아 그 아들이 물려받게 된다. 이것도 당연한 결과야. 너는 아버지가 돌아가시면 4천 프랑의 연금과 하인들의 상복용으로 60미터가량의 검정 나사지를 받게 될 것이다."

제 9 장

파브리스는 노인의 이야기와 긴장된 주의력, 그리고 극도의 피로 때문에 흥분되어 좀처럼 잠이 오지 않았다. 잠이 든 다음에도 여러 꿈을 꾸며 몸부림쳤는데, 이는 아마 미래의 전조였는지 모른다. 아침 10시 무렵, 온 종루가 뒤흔들리는 듯한 소란에 잠을 깼다. 요란스러운 소리는 밖에서 나는 것 같았다. 정신없이 일어나 이젠 이 세상도 마지막인가 싶었다. 이어 자기는 지금 감옥에 들어가 있는 것이 아닌가 하는 생각조차 들었다. 위대한 성 지오비타에게 경의를 표하기 위해 40명의 농부들이—10명쯤이면 충분할 것을—커다란 종을 흔드는 소리라는 걸 알기까진 잠깐 시간이 걸렸다.

파브리스는 다른 사람에게 들키지 않고 내다볼 수 있는 적당한 장소를 찾아보았다. 그러고 보니 이렇게 높은 곳이라면, 정원 일대에서 아버지 집 안뜰까지 보인다는 걸 깨달았다. 아버지의 일은 잊고 있었다. 머지않아 돌아가실 아버지를 생각하니 품었던 증오가 사라졌다. 식당으로 이어지는 커다란 난간에서 빵 부스러기를 찾아다니는 참새들까지도 똑똑히 보였다. '저건 전에 내가 길들인 참새의 자손들이로군.' 그 난간에는 집 안에 있는 다른 난간과 마찬가지로 크고 작은 화분에다 심은 수많은 오렌지나무가 줄지어 서 있다. 이 전망은 그를 감동시켰다. 눈부신 햇빛을 받아 선이 뚜렷한 그림자 하나하나가 선명하게 그려져 있는 안뜰의 광경은 정말 웅장하고 화려했다.

아버지가 쇠약해졌다는 이야기가 다시 떠올랐다. '하지만 이상한데. 아버지는 나보다 서른다섯밖엔 많지 않다. 서른다섯과 스물셋이면 겨우 쉰여덟이 아닌가.' 한 번도 자기를 사랑해준 적 없는 엄격한 그의 창문을 바라보는 눈에 눈물이 가득 고였다. 별안간 몸서리를 쳤다. 혈관 속으로 찬 기운이 흘러갔다. 아버지 방으로 이어지는 오렌지나무가 가득한 난간을 지나간 사람의 모습이 아버지 같았기 때문이었다. 하지만 그것은 하인이었다. 종루 바로 밑에서는 흰옷을 입은 소녀들이 여러 무리로 나뉘어, 행렬이 지나갈 길가에 붉은 꽃이며 푸른 꽃이며 누런 꽃으로 장식을 만들고 있었다. 그러나 파브리스의 마음을 더욱 강하게 자극한 다른 경치가 있었다. 종루 위로부터 그의 눈은 몇 리 떨어진, 호수가 두 갈래로 갈라진 곳에 쏠렸다. 이 숭고한 전망으로 말미암아 곧 다른 것은 생각할 수 없었고, 가장 고결한 감정이 솟구쳤다. 소년 시절의 온갖 추억이 무리를 지어 마음속에 몰려왔다. 이 종루에 갇혀 보낸 하루는 아마도 그의 일생에서 가장 행복한 하루였을 것이다.

　행복감으로 그는 성격에도 맞지 않는 고상한 생각에 잠겼다. 아직 이렇게나 젊은 청년이 벌써 삶의 마지막에 이른 듯한 기분으로, 인생의 갖가지 사건을 되새기고 있었다. 몇 시간 동안이나 즐거운 몽상에 잠기고 난 뒤 중얼거렸다. "확실히 파르마에 간 다음부터는 나폴리에서 보메로의 길을 말로 달리고, 미제노의 강기슭을 뛰어다니던 때의 안정되고 진정한 기쁨을 맛볼 수 없게 되었어. 그 까다롭고 좁은 궁정의 복잡한 이해관계가 날 심술궂게 만들었거든. 난 미워한다는 것에 기쁨을 느끼지 못한다. 적이 있더라도 그에게 모욕을 준다는 건 한심한 쾌감이라고까지 생각해. 그렇다고 내게 적이 있다는 건 아니다……. 아냐! 생각해보니 질레티라는 적이 있군……. 이상한 일인데, 그 못난 사나이가 죽는 걸 보는 쾌감이 내가 마리에타에게 품고 있는 사소한 애정보다도 오래 지속될 것 같군……. 그 여자는 A공작부인보다는 그나마 좀 나은 편이었는데. 나폴리에 있을 때 그 공작부인에게 당신이 좋다는 말을 무심코 했다가, 정말로 사랑에 빠진 흉내를 내야 했지. 정말 그 아름다운 부인이 허락해준 오랜 밀회 동안, 난 얼마나 여러 번 권태를 느꼈던가! 그런데 마리에타는 단 두 번, 그것도 고작 2분 동안 만났을 뿐이지만, 부엌을 겸한 지독한 방에서도 그런 기분은 조금도 일어나지 않았어.

　아니, 정말 그들은 뭘 먹고 살까? 불쌍하다. 그녀와 양어머니에게, 매일 고기라도 세 끼 먹을 수 있게 돈을 보내주었어야 했어……. 마리에타는 내게 그 궁정 가까이에 있음으로 해서 일어나는 심술궂은 생각을 잊게 해주었는데.

　아마 나는 공작부인의 말대로 카페나 드나드는 생활을 했으면 좋았을지 모른다. 고모도 그걸 바랐고, 나보다도 현명했으니까. 고모의 신세를 지거나, 그렇지 않으면 또 4천 프랑의 연금과 어머니한테서 얻을 수 있는 리용에 투자한 4만 프랑의 재산만으로도 나는 어느 때고 말 한 필은 가질 수 있고,

발굴을 하거나 수집실을 만들 만한 돈은 마련할 수 있었을 게다. 아무래도 나는 사랑을 못 느끼는 듯하니, 그편이 행복할 것 같다. 죽기 전에 다시 한 번 워털루의 전쟁터를 가보고 싶다. 그리고 내가 그처럼 어리석게 말에서 끌려내려와 땅바닥에 엉덩방아를 찧은 풀밭을 돌아보고 싶단 말이야. 순례가 끝나면 자주 이 아름다운 호숫가에 찾아오자. 이렇게 아름다운 곳은 적어도 내겐 이 세상에서 일어날 단 한 번의 기회다. 뭣 때문에 멀리까지 행복을 찾으러 갈 필요가 있는가, 바로 눈앞에 있지 않은가!"

"아, 그러나" 파브리스는 자기 마음에 맞서듯 중얼거렸다. "경관이 날 코모 호수에서 쫓아내려 한다. 하지만 경찰을 지휘하고 있는 자들보다는 내가 더 젊다. 여기야—웃으면서—A공작부인 같은 여인은 없을 테고. 난 지금 저기서 길을 꽃으로 장식하고 있는 소녀들 가운데 하나를 찾아내면 되지. 정말 그런 소녀라도 사랑할 수 있을 것 같다. 위선이란 연애의 경우에도 내 마음을 차갑게 한다. 우리나라 귀부인들은 너무 고상하게만 보이려고 하지. 나폴레옹이 그녀들에게 예절과 정조 관념을 심어줬기 때문이야."

"망할 자식! 헌병이 왔군." 종에 비가 들이치지 않도록 달아놓은 커다란 나무 차양 그늘에 숨었음에도, 행여나 들킬까 걱정되어 창에서 목을 움츠렸다. 실제로 하사관 4명을 포함해 헌병 10명이 마을 큰길에 나타났다. 상사는 그들을 행렬이 지나갈 길을 따라 1백 보 간격으로 세웠다. '이곳에선 나를 모르는 사람은 하나도 없다. 발견되면 코모 호수에서 스피엘베르그 감옥까지 바로 끌려간단 말이야. 그곳에 가면 두 발에 1백10근이나 되는 쇠사슬에 묶인다. 공작부인이 얼마나 슬퍼할까!'

파브리스는 2, 3분이 지나서야 겨우 몇 가지 사실을 깨달았다. 먼저 그는 지금 땅 위에서 24미터나 되는 높은 곳에 있었다. 더구나 이곳은 상당히 어둡고 햇빛이 눈부셔, 그가 눈에 띌 걱정은 없었다. 요컨대 그들은 성 지오비타 축제 때문에 석회를 희게 칠한 지 얼마 안 된 집들이 늘어선 거리를 다만 눈을 크게 뜨고 돌아다닐 뿐이었다. 그와 같은 뚜렷한 이치에도 역시 파브리스의 이탈리아 사람다운 마음은, 낡아빠진 헝겊을 창문에다 못으로 걸어서 헌병의 눈을 가리기 전까진 아무런 기쁨도 느낄 수 없었다. 밖을 내다보기 위해 그 헝겊에다 구멍을 2개 뚫었다.

10분 전부터 종소리가 공기를 흔들며 번져나갔다. 행렬이 성당에서 나오자 작은 대포(모르타레티)들이 축포를 터뜨리는 소리가 들렸다. 파브리스는 머리를 돌려 호수를 내려다보는 난간이 달린 조그마한 조망대를 보았다. 어렸을 때엔 곧잘 그곳까지 나가 바로 발밑에서 작은 대포들이 발사되는 걸 보려고 했다. 그래서 어머니는 축제 날엔 그를 곁에서 떼어놓지 않았다.

작은 대포들이라 해도 실제로는 12센티 정도로 자른 소총의 총신이었다. 1796년 이래, 유럽의 정치 정세가 롬바르디아 평야에 다량으로 뿌려놓은 총신을 농민들이 혈안이 되어 주워 모은 것은 이것을 만들기 위해서였다. 12센티로 줄인 총신에 화약을 가득 담아 땅 위에 수직으로 세워서 도화선을 이어놓는다. 이런 것을 행렬이 지나가는 길 옆에 2, 3백 개 정도 마치 대대처럼 세 줄로 나란히 세워둔다. 성체(聖體)가 가까워지면, 도화선에 불을 붙인다. 그러면 이 세상에서 둘도 없이 불규칙한, 괴상한 소리가 연달아 일어나는 것이다. 여자들은 기뻐서 어쩔 줄을 모른다. 호수 위로부터 파도 소리에 섞여 멀리서 울려오는 이 작은 대포 소리처럼 유쾌한 것은 없었다. 소년 시절에 그처럼 언제나 즐겨 듣던 이 기묘한 소리가, 지금 우리 주인공의 마음속에 뭉쳐 있는 너무나 고지식한 생각을 흩어놓았다. 그는 스승의 관측용 망원경을 가져다가 행렬에 끼여 있는 대부분 낯익은 남녀의 얼굴들을 내려다보았다. 파브리스가 이곳을 떠날 때 열한 살이나 열두 살밖에 안 되던 소녀들이 지금은 훌륭한 여자가 다 되어 모두 젊음에 활짝 핀 꽃송이 같았다. 이런 모습들이 그의 용기를 돋우었다. 소녀들에게 말을 걸기 위해서라면 헌병 따위는 조금도 두려워하지 않았을 것이다.

행렬이 끝나 파브리스의 눈엔 보이지 않는 옆문으로 모두가 성당에 들어갔다. 얼마 되지 않아 이 높은 종루에 있는데도 더위는 점점 심해졌다. 사람들은 저마다 집에 돌아가 마을은 조용해졌다. 여러 척의 배들이 벨라지오, 메나지오, 그 밖의 호숫가 마을로 돌아가는 농부들을 태웠다. 노 젓는 소리가 파브리스의 귀에도 들려왔다. 이런 대수롭지 않은 일이 그를 황홀하게 만드는 것이었다. 그가 지금 맛보고 있는 기쁨은 궁정 같은 까다로운 생활에서 느낀 온갖 불편, 불행으로부터 온 것이다. 만일 지금 이 조용한, 하늘의 깊이를 그대로 비치고 있는 호수 위를 4킬로미터쯤 배를 타고 갈 수 있다면 얼마나 행복할까! 종루 밑 문이 열리는 소리가 들렸다. 블라네스 신부의 나이든 하녀가 커다란 광주리를 갖다놓은 것이다. 그는 이 여인에게 말을 걸지 않으려고 무진 애를 썼다. "저 여인은 블라네스 신부나 매한가지로, 나와는 친한 사이였다. 더욱이 난 오늘 밤 9시면 이곳을 떠난다. 맹세를 한다면 저 여인도 몇 시간쯤은 비밀을 지켜주리라. 아니다, 그런 짓을 하면 블라네스 신부님의 기분을 상하게 한다! 헌병의 의심을 사서 신부님에게 화가 미칠지도 모른다!" 이렇게 생각하고는 하녀 기타에겐 말을 걸지 않고 돌아갈 때까지 참고 기다렸다. 아주 맛있는 식사를 한 다음, 잠깐 잠을 자려고 누웠다. 잠에서 깨자 저녁 8시 30분이었다. 블라네스 신부가 팔을 흔들었다. 벌써 주위는 어두컴컴했다.

블라네스 신부는 몹시 피곤한지 어제보다도 쉰 살은 더 늙어보였다. 오늘은 진지한 이야기는 그다지 하지 않았다. 나무 의자에 걸터앉아, "이리 온" 하고 파브리스에게 말하고는 몇 번이고 팔로 껴안았다.

그러고 나서 이런 말을 했다. "이렇게 긴 일생에 막을 내리려는 죽음도 지금의 이별처럼 무서울 것 같지는 않구나. 기타에게 지갑을 맡겨두겠다. 그녀가 필요한 만큼 꺼내 쓰게 하고, 네가 필요하다 하면 나머지는 네게 넘겨주라고 일러둘 테다. 난 그 여자를 잘 알고 있다. 이렇게 말해두면 네가 일일이 주의를 주지 않는 한, 너를 위해 절약해서 1년에 단 네 번도 고기를 사지 않을 거야. 너도 돈에 궁해지지 않으리라는 보장은 없다. 옛 친구의 쥐꼬리만 한 돈이 도움이 될 때도 있겠지. 형에게서는 냉혹한 대우 말고는 기대하지 마라. 사회에 유용한 인간이 되게 하는 일을 해서 돈을 벌어야지. 내 예감으로는, 기이한 파란이 일어날 성싶구나. 아마 50년 뒤에는 세상이 게으른 자를 외면하게 될 거야. 네 어머니도 고모도 이 세상 사람이 아닐지 모르고, 네 누이들은 남편에게 복종해야만 될 테지. ……자 가거라, 빨리 몸을 피해라!"

블라네스 신부는 다급하게 말했다. 10시를 치기 전, 시계의 조그마한 소리를 들은 것이다. 신부는 파브리스가 마지막으로 한 번 더 껴안으려는 것조차 허락하지 않았다.

"서둘러라! 빨리!" 신부는 그에게 소리쳤다. "계단을 내려가는 데 1분은 걸린다. 넘어지지 않도록 조심해라. 그건 나쁜 전조거든." 파브리스는 계단을 뛰어내려 안뜰에 나오자 달음질을 쳤다. 아버지 집 앞에 다다랐을 때 마침 10시를 알리는 종소리가 울렸다. 그 소리는 가슴에 울려퍼지며 이상하게도 설레게 했다. 잠깐 지난날을 추억하기 위해 걸음을 멈췄다기보다는, 전날 밤 그처럼 냉정하게 비판한 이 장려한 건물을 쳐다보고 솟아오르는 정열적인 감정에 잠겼다. 한참 몽상에 잠겨 있을 때 사람의 발소리가 들려 깜짝 놀라 정신을 차렸다. 둘러보니 헌병 네 사람이 그를 둘러싸고 있었다. 그는 고급 권총 두 자루를 가지고 있어, 식사 중에 뇌관을 갈아 넣어두었었다. 그는 권총의 안전장치를 풀었다. 그 조그마한 소리가 헌병 한 사람의 주의를 끌어 하마터면 잡힐 뻔했다. 그는 위험을 느끼고는 먼저 총을 쏠까 생각했다. 그 것은 그의 권리였다. 왜냐하면 무장한 네 사나이에게 저항하는 유일한 수단이었으니까. 다행히 헌병들은 술집의 손님들을 쫓기 위해서 순찰 중이었는데, 그런 유쾌한 장소에서마다 받는 다정한 대접을 그대로 거절하진 않았기에 좀 취한 상태였다. 그래서 그들은 재빨리 자기들의 의무를 수행할 태세를 갖출 수 없었다. 파브리스는 쏜살같이 달아났다.

헌병들은 "서라, 서!" 소리치며 몇 발자국 뒤쫓았다.

그리고 다시 조용해졌다. 3백 걸음가량 도망간 뒤 파브리스는 서서 숨을 돌렸다. '권총으로 달가닥 소리를 내는 바람에 하마터면 잡힐 뻔했는걸. 이런 짓을 하여 공작부인의 아름다운 눈을 다시 한 번 마주하게 된다면 핀잔을 들을 것만 같군. 네 마음은 공연히 10년 뒤의 일을 생각하려고만 하지, 현재 자기 바로 곁에서 일어나는 일은 까맣게 잊고 있다고 말이야.'

파브리스는 벗어난 위험을 생각하고는 몸을 떨었다. 걸음을 곱절로 빨리 했으나, 곧 마음이 다급해져서 뛰기 시작했다. 이는 그다지 신중한 행동은 아니었다. 집으로 돌아가는 수많은 농부들의 눈에 잘 띄었기 때문이다. 그리앙타로부터 4킬로미터 이상 떨어진 산속에 와서야 겨우 발을 멈출 생각이 들었다. 그러나 걸음을 멈추고서도 스피엘베르그 생각을 하면 아직도 식은 땀이 흘렀다.

"정말로 겁먹었구나!" 그는 중얼거렸다. (자기 목소리이면서도 몹시 부끄러운 생각이 들었다.) '하지만 고모가 내게 가장 필요한 일은 자기를 용서할 줄 아는 것이라고 말했어. 나는 언제나 불가능하고 완벽한 본보기에 나를 비교하거든. 좋다, 내 두려움을 용서해야지. 조금 전엔 자유를 지키려는 욕구가 어찌나 간절했던지 감옥에 날 끌고 가려 했으면 그 네 사람이 무사하지 않았을 거야. 그런데 지금 내가 하려는 짓은 전술적이지 못해. 목표를 이루고, 적이 경계하게 만든 뒤에도 빨리 도망하지 않고, 훌륭한 신부님의 예언보다도 더 괴상한 정신 나간 짓을 하려는 거니까.'

실제로 그는 가장 가까운 지름길로 곧장 빠져서 조각배가 기다리고 있는 마조레 호수 기슭으로 가지 않고, '자기 나무'를 보기 위해서 굉장히 먼 길을 돌아서 가는 것이었다. 독자는 아마, 그의 어머니가 23년 전에 심은 마로니에 나무에 파브리스가 애착을 갖고 있다는 사실을 기억할 것이다. '그 나무를 베어버렸다면 그건 형의 짓이다. 하지만 그런 자들은 섬세함을 모르는 인간이야. 아마 거기엔 생각이 미치지도 않았을걸. 혹시 잘렸다 하더라도 나쁜 전조는 되지 않을 것이다.' 그는 애써 이렇게 생각했다. 두 시간 뒤 그는 자신의 나무를 보고 몹시 놀랐다. 심술궂은 인간의 짓인지 폭풍 때문이었는지, 어린 나무의 중요한 가지 하나가 꺾인 채 말라서 늘어져 있었다. 파브리스는 단도로 그 가지를 조심스럽게 잘라내고, 빗물이 나무줄기에 흘러들어가지 않게 잘린 데를 깨끗이 깎았다. 벌써 날이 밝아오고 있어서 여유가 없었음에도, 한 시간이나 걸려서 사랑하는 나무 주위의 흙을 갈아주었다. 그는 이런 어리석은 짓을 끝낸 다음에야, 서둘러 마조레 호수로 가는 길을 걷기 시작했다. 그는 전혀 슬프지 않았다. 나무는 잘 자랐으며 5년 동안에 거의 두 배가 되어 있었다. 가지 같은 건 사소한 사고일 뿐이었다. 잘라내도 나무 자체에는 아무런 해도 없다. 오히려 더 높은 곳에서 가지가 자라게 되었으니 나무는 더 미끈해질 것이다.

파브리스가 채 4킬로미터도 가기 전에, 이 지방에서는 유명한 산인 레제공디레크의 산봉우리들이 하얗게 빛나는 한 줄기 햇살을 받으며 동쪽 하늘에 우뚝 솟아 올랐다. 그가 걸어가는 길엔 농부들이 점점 많아졌다. 그러나 파브리스는 들키지 않고 무사히 빠져나갈 생각을 하기는커녕, 코모 호수 주변 삼림의 숭고하고도 감동적인 경치에 도취되어 넋을 잃고 있었다. "아마 이 숲은 세계에서 가장 아름다울 거야. 스위스 사람 말처럼, 새 돈을 가장 많이 낳는다고는 말하고 싶지 않다. 하지만 분명 인간의 영혼에 많은 이야기를 속삭여준다고 말할 수는 있다." 롬바르디아 베네치아 왕국의 헌병들에게 쫓기고 있는 파브리스의 입에서 이런 말을 듣는 건 정말 어린애 같은 헛소리라고 할 수밖에 없다. '이제 국경까지 2킬로미터쯤 되는 곳에 왔군.' 비로소 이 점에 생각이 미쳤다. '아침 순찰을 도는 국경 감시원이나 헌병에게 들키기 쉽겠는걸. 이런 고급 나사 옷은 반드시 놈들의 의심을 살 거다. 여권을 보자고 할 테지. 그런데 그 여권에는 당연히 감옥에 가야 할 이름이 똑똑히 적혀 있단 말이야. 이거 아무래도 사람을 죽여야 할 궁지에 빠진 것 같은데. 헌병들이 평소처럼 둘이서 함께 다닌다고 하면, 그중 하나가 내 목덜미를 쥐려고 할 때까지 총을 쏘지 않고 그대로 기다릴 수도 없지. 그 작자가 쓰러지면서 잠깐이라도 날 붙잡고 놓지 않을 땐, 곧장 스피엘베르그 행이란 말이야.' 파브리스는 피에트라네라 백작의 옛 부하였을지도 모를 사나이에게 총을 쏘아야 한다는 것이 특히 내키지 않았으므로, 커다란 밤나무 둥치에 생긴 굴 속에 뛰어가 숨었다. 권총의 뇌관을 새것으로 바꾸고 있으려니, 그 무렵 롬바르디아에서 유행하던 〈메르카당테〉의 유쾌한 노래를 퍽 멋들어지게 부르면서 한 사나이가 숲 속으로 들어왔다.

'이건 좋은 전조인걸.' 파브리스는 생각했다. 얌전히 노래를 듣고 있는 동안, 여러 가지 생각으로 화가 나려던 기분이 사라져버렸다. 길 양편을 잘 살펴보았으나 아무도 없었다.

"저 노래를 부르고 있는 자는 분명 어떤 샛길로 오는 모양이야." 이렇게 중얼거리는 것과 거의 같은 순간에, 영국식으로 말쑥하게 차려입은 한 하인의 모습이 보였다. 그는 수행용 말을 타고, 좀 마르긴 했으나 훌륭한 말을 끌면서 천천히 다가왔다.

'자, 만일 여기서 모스카식의 논리로 생각한다면, 즉 그가 늘 말하듯이, 한 인간에게 닥치는 위험이 그가 타인에 대해 갖는 권리의 척도라고 한다면, 난 이 하인의 머리에다 권총을 한 방 쏘아야만 하리라. 그리고 저 마른 말에 올라타고 나면, 아무리 헌병이 쫓아온다 해도 안심이거든. 파르마에 돌아가선 저 하인에게나, 그렇지 않으면 그의 과부에게 돈을 보내준다. ……그러나 이 얼마나 가증스러운 일인가!'

제 10 장

　마음속으로 반성하면서, 파브리스는 롬바르디아에서 스위스로 통하는 큰
길로 뛰쳐나왔다. 바로 이곳부터 길은 숲 속보다도 1미터 이상 낮아진다.
'저자가 겁이 나면 말을 몰아 나를 치고 도망갈 테지. 그러면 난 얼빠진 사
람처럼 멍하니 서 있을 수밖에 없겠구나.' 이때 그는 하인 모습의 사나이와
열 걸음쯤 떨어진 곳에 있었다. 상대는 이미 노래를 그쳤다. 그의 눈에는 공
포의 빛이 보였다. 어떻게 할까 망설이고 있는 동안에 파브리스는 날쌔게 앞
으로 덤벼들어 마른 말의 고삐를 잡고 말했다.

　"이봐! 난 보통 도둑이 아니다. 먼저 네게 20프랑을 줄 테니까. 하지만
네 말은 무슨 일이 있더라도 빌려야 해. 빨리 도망치지 않으면 난 죽는다.
너도 아마 알 테지만 그 이름난 사냥꾼, 리바의 4형제에게 쫓기고 있는 몸이
야. 그들의 누이동생 방에 있다가 들켜서 창문으로 뛰어나와 여기까지 도망
쳤거든. 놈들은 총을 갖고 개를 몰며 숲 속까지 뒤쫓아왔어. 그중 한 놈이
길을 건너는 걸 보고 이 커다란 밤나무 굴 속에 숨어 있었지만 곧 개가 냄새
를 맡겠지. 이제부터 네 말을 타고 코모 건너편 4킬로미터까지 쏜살같이 달
릴 작정이다. 밀라노에 가서 부왕(副王)에게 탄원할 테다. 네가 기분 좋게
승낙한다면 말은 나폴레옹 금화 2개와 함께 역에다 맡겨놓을 생각이지만,
만일 조금이라도 반항한다면 이 권총으로 널 쏠 테다. 그리고 내가 떠난 다
음 헌병에게 일러 뒤쫓게 한다면, 황제의 측근자로 내 사촌인 용감한 알라리
백작이 널 그대로 내버려두진 않을 거야."

　파브리스는 더할 나위 없이 침착한 태도로, 이런 엉터리 이야기를 생각나
는 대로 꾸며댔다.

　"그건 그렇고," 그는 웃으면서 말했다. "이름을 숨길 필요는 없겠지. 난
아스카니오 델 동고 후작이야. 집은 여기서 가까운 그리앙타에 있다. 이놈

아!" 그는 소리를 높였다. "이제 말을 놔!"

하인은 얼이 빠져서 한마디도 못 했다. 파브리스는 권총을 왼손에 옮겨 쥐고, 하인이 놓은 고삐를 잡고선 말에 올라타자 쏜살같이 달렸다. 3백 걸음쯤 갔을 때 20프랑을 주겠다는 약속을 잊은 걸 깨닫고 그는 말을 멈췄다. 큰길에는 말을 달려 뒤쫓아오는 하인밖엔 아무도 없었다. 그는 손수건으로 이리 오라는 신호를 하고, 그가 50걸음쯤 되는 곳에 다가왔을 때 돈을 한 움큼 길 위에 던졌다. 그러고는 다시 달리기 시작했다. 멀리서 뒤돌아다보니, 하인이 은전을 주워보고 있는 모습이 보였다. "정말 사리를 판단할 줄 아는 사나이였군. 쓸데없는 말은 한마디도 하지 않던데." 파브리스는 웃으면서 이렇게 중얼거렸다. 그는 서둘러 말을 몰아, 정오쯤에 마을에서 외따로 떨어진 한 채의 집에서 잠깐 쉬었다가 몇 시간 뒤에 다시 길을 떠났다. 새벽 2시에 마조레 호수에 다다랐다. 곧 호수 위에 떠 있는 자기 배를 발견했다. 신호를 하자 다가왔다. 말을 맡기려고 했으나 농부가 한 사람도 눈에 띄지 않았으므로 그는 이 갸륵한 동물을 놓아주었다. 세 시간 뒤에는 벨지라테에 도착했다. 이곳은 마음을 놓을 수 있는 곳이었으므로 잠깐 휴식을 취했다. 그는 몹시 유쾌했다. 모든 일이 뜻대로 성공한 것이다. 그가 기뻐한 진정한 이유는, 그의 나무가 훌륭하게 자라고 있었으며, 블라네스 신부의 팔에 안겨서 받은 감동으로 마음이 신선해졌기 때문이다. '신부님은 내게 말한 예언의 내용을 정말 믿는 걸까? 그렇지 않으면 형이 나를 과격파로, 신앙도 법률도 없이 무슨 짓을 저지를지 모르는 인간인 것처럼 소문을 퍼뜨렸기 때문에, 신부님은 내가 누구건 시비를 거는 자를 그 자리에서 죽이고 싶은 유혹에 빠지지 않도록 주의를 주려는 것이었을까?' 이틀 뒤 파브리스는 파르마에 도착했다. 그는 여행 중에 일어난 일을 언제나 그렇듯 자세히 이야기하며 공작부인과 백작을 몹시 즐겁게 했다.

도착하자 산세베리나 저택의 문지기고 하인들이고 모두가 검은 상복을 입은 모습이 파브리스의 눈에 띄었다.

"누가 돌아가셨습니까?" 그는 공작부인에게 물었다.

"내 남편으로 돼 있는 분이 바덴에서 돌아가셨단다. 이 집을 내게 남겨주었지. 그건 처음부터 약속된 것이지만, 호의의 표시로 그 밖에도 30만 프랑을 남겼기 때문에 아주 난처해졌어. 상속을 포기해서 늘 내게 못된 짓을 하는 그 사람의 조카딸 라베르시 부인에게 넘겨주기도 싫고. 넌 미술엔 안목이 높으니까 누구건 뛰어난 조각가를 찾아내다오. 30만 프랑으로 공작의 묘를 세울 작정이야."

백작은 라베르시 부인과 관련된 일화를 이야기해주었다.

"그 여자는 호의를 보이면서 비위를 맞추려 해도 소용이 없어." 공작부인이 말했다. "공작의 조카는 모두 내가 대령이나 장군으로 앉혀놓았거든. 그 은혜에 대한 보답인지, 내게 가증스러운 익명 편지를 보내지 않는 달이 없단 말이야. 그런 편지를 읽기 위해 비서를 한 사람 고용해야 할 정도였단다."

"하지만 그런 익명 편지는 그들의 짓 치고는 가장 온순한 편이죠." 모스카 백작이 말을 받았다. "실로 악랄한 고발을 하는 것이 그들의 전매특허거든요. 나는 여러 번 그 일당을 모조리 법정에 세울 수 있었습니다만, 그러나 각하도 상상할 수 있겠지요." 백작은 파브리스를 보며 말했다. "우리의 훌륭한 판사들이 과연 이들에게 유죄를 선고할 수 있을는지."

"그렇습니다, 때문에 전 다른 모든 것이 싫어집니다." 파브리스는 궁정에서 웃음을 살 정도로 솔직하게 말했다. "그런 자들이 정말 양심을 가지고 재판하는 법관에게 유죄 판결을 받는 장면을 한번 보고 싶습니다."

"당신은 공부하러 여러 곳을 여행했으니까, 그런 법관의 주소를 가르쳐줬으면 고맙겠는데. 그러면 곧바로 자기 전에 그 사람에게 편지를 쓰겠어요."

"제가 대신이라면 그런 정직한 판사가 한 사람도 없다는 걸 부끄럽게 생각할 겁니다."

"그렇게 말한다면, 그처럼 프랑스 사람을 좋아하고, 있는 힘을 다해 그들을 도우려고까지 한 각하가 프랑스 사람들이 사랑하는 격언 하나를 잊고 있는 것 같군요. 악마에게 죽음을 당하기보다는 악마를 죽이라는 말을. 온종일 《프랑스 혁명사》를 읽고 있는 이런 열정적인 사람들을, 내가 고발하는 인간을 모두 무죄 석방해버리는 판사들과 함께, 당신 같으면 과연 어떻게 다스릴지 한번 솜씨를 보고 싶어요. 그들은 이미 죄상이 명백해진 악당에게도 유죄를 내리지 않고, 자기를 브루투스로 자처하려는 속셈이죠. 그래서 하나 묻겠는데, 당신의 인정 깊은 마음은 마조레 호숫가에서 버린 그 마른 말 때문에 혹시 어떤 후회를 하고 있진 않은가요?"

"전 물론……." 파브리스는 몹시 진지한 태도로 대답했다. "그 말 주인에게 말을 찾기 위한 광고비며 그 밖의 비용을 모두 지급할 작정입니다. 저는 주인 잃은 말을 찾는 광고를 살펴보면서 밀라노 신문을 읽으렵니다. 그 말의 특징은 잘 기억하고 있으니까요."

"정말 순진한 사람이군요!" 백작은 공작부인에게 말했다. 그러고는 웃으면서 말을 계속했다. "만약 각하가 빌린 말로 쏜살같이 달렸을 때, 잘못해서 말이 자빠졌으면 어떻게 됐을까요? 아마 지금쯤은 스피엘베르그에 있을 겁니다. 그렇게 되면 내가 갖은 노력을 다해도, 친애하는 조카님, 마지막에는 당신의 두 발에 묶어놓은 쇠사슬의 무게를 30근쯤 줄이는 게 고작일 테죠. 당신은 그 별장 같은 곳에서 10년쯤 살게 되고, 아마 당신의 두 발은 부어올라 썩을 겁니다. 그러면 그 발을 잘라버려야……."

"아! 그만두세요. 그런 슬픈 이야기는." 공작부인은 눈물을 글썽거렸다. "이 애는 여기에 무사히 돌아왔어요." "그건 나도 기쁘게 생각하고 말고요. 당신보다 기뻐하고 있습니다. 하지만 이 무정한 사람은 롬바르디아에 가고 싶으면 왜 내게 적당한 이름을 적은 여권이 필요하다고 한마디 해주질 않았습니까? 이 사람이 잡혔다는 소식만 들으면 나는 곧 밀라노로 달려갈 게 아닙니까. 그러면 그 나라의 내 친구들은 눈을 감아줄 것이고, 헌병이 파르마 왕국의 국민을 체포한 걸로 해줄 테죠. 당신의 여행담은 정말 꾀가 있어 재미있군요." 백작은 약간 부드러운 어조로 말했다. "숲에서 큰길로 뛰어나온 장면은 퍽 마음에 들었어요. 우리끼리 하는 이야기지만, 그 하인이 당신의 목숨을 손아귀에 쥐고 있었던 만큼 당신도 그자의 생명을 빼앗을 권리가 있었던 겁니다. 우리는 각하에게 빛나는 미래를 마련해줄 작정이에요. 적어도 여기에 계신 부인께서 그렇게 하도록 내게 명령하시니까. 나를 세상 누구보다 증오하는 적일지라도, 내가 이분의 명령을 한 번이라도 어긴 적이 있다고는 감히 말하지 못할 겁니다. 만일 그 종루를 찾아간 여행에서 당신이 탄 말이 쓰러졌다고 하면 부인과 내가 얼마나 슬퍼했겠습니까? 차라리 말에서 떨어져 그 자리에서 목이 부러지는 편이 더 나을 테지요."

"당신은 오늘 밤에 정말 슬픈 이야기만 하시는군요." 몹시 흥분한 부인은 이렇게 말했다.

"그건 주위에 비극적인 사건이 너무나 많기 때문입니다." 백작도 감동한 태도였다. "여기는 프랑스가 아닙니다. 그 나라에서라면 모든 일이 노래 아니면 1, 2년의 감옥살이로 끝납니다만. 이런 이야기를 웃으면서 하는 나도 잘못입니다. 참! 그런데 조카님, 이제 당신을 주교 자리에 앉힐 때가 된 것 같군요. 처음부터 파르마 대주교로 시작할 수는 없으니까요. 물론 여기 계신 공작부인께서는 그러기를 바라시고, 아주 당연한 일이기는 하지만. 만일 우리의 충고를 들을 수 없는 어느 먼 지방의 주교로 가게 된다면, 당신은 어떠한 정책을 쓸 건가요?"

"악마에게 죽음을 당하기보다는 악마를 죽인다, 이것입니다. 제가 좋아하는 프랑스 사람이 곧잘 이야기하듯이 말입니다." 파브리스는 눈을 빛내며 대답했다. "온갖 수단을 다해서, 필요하다면 권총을 쏘는 것도 마다 않고 당신이 마련해주신 자리를 지키렵니다. 델 동고 가문 족보에서, 그리앙타 성을 세운 한 조상의 이야기를 읽은 일이 있습니다. 만년에 그 사람은 친한 친구였던 밀라노 공 갈레아스에게 파견되어 우리네 호숫가에 있는 그 성을 시찰하러 갔었지요. 스위스인이 다시 쳐들어올 우려가 있었던 겁니다. 출발할 때 밀라노 공은 "성채 대장에게 몇 마디 인사말을 써보내야겠군" 하면서 두 줄의 편지를 써서 주었다가 다시 편지를 돌려받아 봉했습니다. "이렇게 하는 편이 정중하니까" 하면서 말입니다. 베스파시앙 델 동고는 출발했고, 배로 호수를 건너가는 도중, 그리스의 옛이야기가 생각났습니다. 그는 학식이 있었거든요. 그래서 군주의 편지를 뜯어보니, 성채 대장에게 이자가 도착하거든 곧 죽이라고 적혀 있더랍니다. 그런데 이 스포르차 가문 군주는 적의 조상을 속여 넘기려는 데만 정신이 쏠렸기 때문에, 편지 사연의 마지막 줄과 서명 사이에 그만 빈 자리를 남겼던 겁니다. 베스파시앙 델 동고는 그 여백에다 자기를 호수 주위에 있는 모든 성의 총대장으로 대우하라는 명령을 적어넣고 편지의 앞쪽은 찢어버렸습니다. 성에 도착해서 명령대로 인정을 받자, 그는 그곳의 대장을 우물 속에 던져버리고는 스포르차 집안에 선전포고를 했습니다. 그리고 몇 년 뒤에는 성을 광대한 토지와 맞바꾸었죠. 이 땅이 현재 우리 집안의 재산이 되었고 그 덕분에, 머지않아 저에게 4천 프랑의 연금이 들어오게 됩니다."

"정말 아카데미 회원처럼 이야기를 하시는군." 백작은 웃으면서 말했다. "그 이야긴 참 통쾌하고도 대담한 행위예요. 그러나 그런 통쾌한 일을 할 수 있는 기회는 10년에 한 번 있을까 말까 하죠. 조금 우둔한 사람이라도 조심성 있게, 아니 날마다 신중하게 행동하면 공상적인 사람에게 이기는 쾌감을 때때로 맛볼 수 있습니다. 나폴레옹이 미국으로 건너가지 않고 조심성 있는 영국인에게 항복한 것은, 공상으로 저지른 어리석은 짓이에요. 존 불(영국 사람의 별명) 은 계산대 뒤에서 테미스토클레스(고대 그리스의 장군·정치가. 아테네를 제일의 해군국으로 만듦)를 인용한 그의 편지를 보고 몹시 웃었습니다. 어느 시대나 비천한 산초 판사가 결국은 숭고한 돈키 호테에게 이기는 법이죠. 만일 당신이 어떤 괴이한 짓만 하지 않겠다고 약속 한다면 당신은 반드시 누구나가 존경하는 인물은 아닐지라도, 몹시 존경을 받는 주교가 되리라는 걸 나는 의심치 않습니다. 아무튼 내 염려는 전과 변 함이 없어요. 각하는 말 사건으로 경솔하게 행동했고, 자칫하면 종신형으로 감옥에 들어갈 뻔했다는 거죠."

이 말에 파브리스는 등골이 서늘해졌다. 그는 놀라움에서 헤어나질 못했 다. '내가 잡혀 들어갈 위험이 있다는 건 그 감옥이었을까? 그것이 저질러 서는 안 된다는 죄였나?' 대수롭지 않게 여겼던 블라네스 신부의 예언이 틀 림없는 전조 같은 중요성을 띠며 다시 보이기 시작했다.

"애야, 왜 그러니? 백작님의 이야길 듣고 불길한 생각을 하는 게로구나." 공작부인은 놀란 듯이 말했다.

"새로운 진실이 저에게 빛을 비춰주었어요. 그 진실에 거스르지 않고 그 걸 받아들이겠습니다. 정말 저는 영원히 빠져나올 수 없는 감옥 바로 옆을 지나온 셈이군요. 하지만 영국식 옷차림을 한 그 하인의 인상이 어찌나 좋았 는지! 그런 사람을 죽인다는 건 정말 못할 짓이어서."

대신은 이런 분별 있는 태도가 몹시 마음에 들었다.

"정말 이 사람은 착하군요." 그는 공작부인을 돌아다보며 말했다. "그런데 파브리스 군, 당신은 어떤 사람의 마음을 완전히 사로잡았더군요. 아마 가장 보람 있는 사람의 마음을 말입니다."

'아하, 이것은 마리에타의 일을 조롱하려는 거로군.' 파브리스는 생각했다. 그것은 잘못된 생각이었다. 백작은 말을 이었다.

"당신의 복음서 같은 순진성이 란드리아니 대주교의 마음을 사로잡았어 요. 머지않아 당신을 보좌주교로 임명하겠지만, 이번 희극의 유쾌한 점은, 현재 보좌주교 세 사람이 대주교에게 편지를 써서 당신을 자기들 직위의 수 석으로 임명해달라는 청원을 내기로 돼 있는 거죠. 세 사람 다 재능 있고 성실하며 부지런한 인물들로, 그중 두 사람은 아마 당신이 태어나기 전부터 보좌주교로 있는 분일걸요. 청원의 이유로는, 첫째 당신의 인격이 고결하다는 것, 둘째 당신이 유명한 아스카니오 델 동고 대주교의 조카라는 점. 당신의 인격을 칭찬한다는 말을 듣고, 나는 곧장 최고참 보좌주교의 조카를 대위로 승진시켰습니다. 이 사람은 쉬세 원수의 타라고네 포위작전 때부터 줄곧 중위로 있었으니까요."

"지금 바로 입고 있는 차림으로 대주교에게 가거라. 우정을 표시하는 방문으로." 공작부인은 말했다. "네 누이동생의 결혼 이야기를 해라. 누이동생이 공작부인이 된다는 걸 알면 그 사람은 너를 더욱더 신부의 자격이 있다고 생각할 테니까. 하지만 백작께서 말씀하신 보좌주교 임명에 대해선 전혀 모르는 체해야 한다."

파브리스는 대주교관으로 달려갔다. 그는 솔직하고 겸손하게 행동했다. 그러한 태도를 취하기란, 그로서는 매우 쉬운 일이었다. 오히려 대귀족 역할을 하는 게 힘들었다. 란드리아니 대주교의 수다스러운 이야기를 들으며, 그는 속으로 되뇌어보았다. '난 그 마른 말을 끌고 온 하인을 권총으로 쏘아야만 했을까?' 이성은 그렇다고 했다. 그러나 그의 마음은 그 아름다운 젊은이가 처참한 상처를 입고 말에서 떨어지는 피투성이 장면을 상상만 해도 견딜 수 없었다.

'말이 쓰러지기만 했더라면 영락없이 잡혀 들어갔을 감옥이, 그토록 많은 전조를 보여주며 나를 위협하고 있는 바로 그 감옥일까?'

이 문제는 그에겐 무엇보다도 중대한 것이었다. 대주교는 그의 주의 깊은 태도에 매우 흡족해했다.

제11장

대주교관을 나와, 파브리스는 곧장 마리에타네 집으로 갔다. 멀리서 질레티의 괄괄한 목소리가 들려왔다. 술을 받아다 놓고, 친구인 프롬프터 ^(대사를 숨어서
일러주는 사람)와 초 심지를 자르는 작자와 한잔하던 참이었다. 마리에타의 양어머니만이 파브리스의 신호에 대답했다.

"당신이 없어진 뒤로 사건이 있었죠. 우리 배우 두세 사람이 나폴레옹 축제 때 떠들었다고 고발을 당했어요. 그래서 극단은 과격파로 몰려, 파르마 영내에서 물러가라는 명령을 받았죠. 흥, 나폴레옹 만세지 뭐예요. 하지만 그래도 대신이 철거 비용은 주었다는군요. 어쨌든 질레티가 돈을 가지고 있다는 것만은 확실해요. 얼마나 되는지는 알 수 없어도, 은전을 한 움큼 가진 걸 봤거든요. 마리에타는 단장에게서 만토바와 베네치아까지 갈 여비로 5에퀴 받았고, 난 1에퀴 받았죠. 그 애는 역시 당신을 퍽 좋아한 모양이지만 질레티가 겁을 주고 있어요. 사흘 전 우리가 마지막으로 공연할 때 그자가 기어이 그 애를 죽이겠다고 야단법석을 떨었죠. 뺨을 두 번이나 세게 갈기고서도, 나쁜 놈이 그 애의 파란 숄을 찢어버리지 않았겠어요. 당신이 파란 숄을 다시 사주신다면 얼마나 좋겠어요. 경품에 당첨되었다고 해둘 게요. 내일은 헌병대 군악대장이 경기를 연다더군요. 거리마다 광고가 붙었으니까 몇 시에 시작하는지 알 수 있을 거예요. 이리로 오세요. 그자가 경기에 나가 집을 비울 것 같으면, 내가 창가에 나가 올라와도 좋다는 신호를 할 테니. 뭐 좋은 걸 가지고 와요. 그러면 마리에타는 당신에게 홀딱 반할 테니까요."

이 지저분한 집의 계단을 내려오며, 파브리스는 후회로 몹시 입맛이 썼다. '난 조금도 변치 않았다. 그 호숫가에서 철학자나 된 듯 인생을 관조하며 세운 훌륭한 결심도 어디론가 깨끗이 사라져버렸다. 내 영혼은 평소의 자리에서 들떠올랐었다. 그때 생각한 것은 모두가 꿈이었다. 가혹한 현실 앞에서 모두 사라졌다. 이제 실행할 때가 왔나 보다.' 그날 밤 11시쯤, 산세베리나 저택으로 돌아오면서 파브리스는 생각했다. 그러나 코모 호숫가에서 보내던 날 밤, 그처럼 쉽게만 여겨졌던 대담한 솔직성을 가지고 이야기할 용기는 지금의 마음속에는 아무리 찾아보아도 없었다. '내가 세상에서 가장 사랑하는 사람을 화나게 하게 될 거야. 그런 이야기를 하는 나는 서투른 배우처럼 보이겠지. 나라는 인간에게 실제로 어떤 가치가 있다면, 그건 때때로 마음이 흥분되었을 때뿐이니까.'

대주교관을 방문한 경과를 보고한 뒤, 그는 공작부인에게 말했다. "백작님은 제게 정말 친절하시군요. 제가 그다지 그분 마음에 들지 않는 것 같아서 더욱 그분의 태도는 훌륭하다고 생각합니다. 그러니 저도 그분을 깍듯이 대해야겠지요. 백작님은 지금 상기냐에서 발굴 작업을 하고 있는데, 이틀 전에 그곳으로 간 걸 보면 여전히 열심이신 모양이죠. 단 두 시간가량 인부들의 작업 현장을 보려고 50킬로미터나 말을 달렸으니 말입니다. 상고 시대 사원(寺院)의 토대를 얼마 전에 발굴했기 때문에, 조각상의 파편이라도 발견되면 그걸 도둑맞지나 않을까 걱정하시는 거예요. 제가 하루 반나절가량 지나 상기냐에 가서 보살피겠다고 그분께 말해보렵니다. 내일 5시쯤 대주교를 다시 만나야 하지만, 밤엔 떠날 수 있어요. 밤의 선선한 공기를 이용해서 갈 수 있으니까요."

공작부인은 바로 대답하지는 않았다.

"너는 내 곁을 떠날 핑계만 찾는 것 같구나." 조금 뒤 고모는 몹시 다정하게 이렇게 말했다. "벨지라테에서 돌아왔는가 했더니, 어느새 떠나가려는 핑계를 찾다니."

'지금이야말로 그 이야기를 할 좋은 기회다.' 파브리스는 생각했다. '하지만 호숫가에 있었을 때는 난 정신이 좀 이상했어. 정직해지려는 나머지, 나의 그런 말이 결국 예의에 어긋난다는 사실을 깨닫지 못했었지. 저는 고모를 정말 헌신적인 우정으로 사랑합니다……. 그러나 제 마음은 사랑이란 것을 느끼지 못합니다. 이렇게 말한다는 것은, 곧 고모가 저를 사랑하고 있다는 건 저도 잘 알고 있습니다. 하지만 이것은 아셔야 합니다. 저는 같은 방식으로 고모에게 답례할 수는 없습니다, 이런 이야기가 아닌가? 만일 공작부인이 연정을 품고 있다면 그 사실을 들켰다는 데 화를 낼 지도 몰라. 만일 내게 단순한 우정밖에 가지고 있지 않다면, 나의 뻔뻔스러운 말에 분개할 테지……. 이러한 모욕이야말로 누구나 절대로 용서할 수 없는 일이니까.'

이런 중대한 일을 요모조모 궁리하면서 파브리스는 무의식적으로 어떤 불행을 코앞에 둔 사람처럼 진지하고 점잖은 태도로 살롱을 이리저리 거닐었다.

공작부인은 황홀한 마음으로 그 모습을 바라보고 있었다. 이제 그는 태어나는 모습을 지켜보았던 그 어린아이가 아니었다. 늘 자기 말에 복종하는 조카도 아니었다. 그는 이미 한 사람의 성실한 남자, 사랑을 받는다면 몹시 기쁘리라고 생각되는 남자였다. 그녀는 의자에서 일어나 그의 팔 안에 뛰어들었다.

"넌 내게서 도망치고 싶니?"

"아뇨……." 그는 로마 황제와 같은 태도로 대답했다. "다만 저는 올바른 분별을 갖고 싶습니다."

이 말은 여러 가지 의미로 들렸다. 파브리스에겐 그 이상의 말로 아름다운 부인의 마음을 상하게 할 용기가 없었다. 아직 그는 너무 젊었고, 너무 감동을 잘했다. 하고 싶은 말을 제대로 전달할 적당한 표현이 떠오르지 않았다. 이성적이라고 했는데도 그만 흥분에 못 이겨 그는 이 아름다운 여인을 힘껏 껴안고는 키스를 퍼부었다. 마침 그때 안뜰까지 들어온 백작의 마차 소리가 들렸다. 곧 백작이 살롱에 나타났다. 몹시 흥분한 태도였다.

"당신은 남에게 심상치 않은 정열을 불러일으키는군요." 그는 파브리스에게 말했다. 파브리스는 그 말에 어지간히 당황했다.

"대주교는 오늘 밤 대공을 뵈었죠. 매주 목요일로 정해진 일이긴 합니다만. 그런데 대공의 이야기를 들어보니, 그 사람은 침착하지 못한 태도로 먼저 암송한 매우 유식한 이야기를 꺼내어, 처음엔 대공은 무슨 말인지 조금도 알 수가 없었다는 겁니다. 나중에서야 란드리아니는 분명히 이렇게 말했다는군요. 파브리스 델 동고를 수석 보좌주교로 임명하여, 만 24세가 되면 '대주교 계승권'을 주는 것이 파르마 교회로서 긴요한 일이라고요.

솔직히 말해서 이 말에는 나도 놀랐습니다. 좀 빠른 듯싶어서. 분명 대공도 불쾌한 얼굴을 하리라 걱정했죠. 그런데 대공은 싱글벙글 웃으면서 내게 프랑스 말로 이렇게 말하더군요―'Ce sont là de vos coups, monsieur! (이게 다 자네가 꾸민 짓이지, 선생!)'―'아닙니다. 천주와 전하 앞에 맹세하고 말씀드립니다만' 나는 있는 성의를 보이며 말했습니다. '정말, 대주교 계승권 이야기는 제가 전혀 알지 못하는 일입니다.' 그러고는 모든 진실을, 곧 몇 시간 전에 우리가 여기서 말한 내용을 그대로 이야기했죠. 그런 다음 전하께서 먼저 어디고 조그마한 주교직을 하명해주신다면 그 이상 더 바랄 게 없다고 덧붙였습니다. 대공은 내 말을 믿으신 모양이죠. 은전을 베풀어주려는 기분이 되신 걸 보니. 그분은 정말 솔직하게 이렇게 말씀하셨어요. '이 일은 나와 대주교 사이의 공무이니까, 자네는 이러쿵저러쿵 끼어들지 마시게. 그 노인은 몹시 장황하고 따분한 보고를 하고 난 다음에 공식적인 제안을 했어. 나는 아주 냉정하게 대답을 했지—당사자는 아직 젊고, 특히 이 궁정에 온 지도 얼마 안 된다. 롬바르디아 베네치아 왕국의 고관 아들에게 그러한 높은 지위에 올라앉을 희망을 준다는 것은 오스트리아 황제가 내 이름으로 뗀 어음을 지급하는 것이나 다름없다고 말이야. 대주교는 그런 방면으로부터의 추천은 전혀 받은 바가 없다고 항변하더군. 그런 말을 내게 하다니 어리석기 짝이 없단 말이야. 알 만한 사람이 그래서 놀랐어. 그 사람은 내게 이야기할 땐 언제나 침착하지 못하지만, 오늘 밤은 특히 더하더란 말이야. 그걸 보니 일을 바라는 열성이 대단하다고 생각했어. 그래서 난 델 동고에게 높은 곳에서부터 추천이 없었다는 것은 내가 더 잘 알고 있다고 말했지. 우리 궁정에서 그 사람의 재능을 부정하는 자도 없고, 품행에 대해서도 나쁜 소문은 듣지 못했다. 그러나 나는 그자가 열정에 쏠리기 쉬운 성품이 아닌가 걱정하고 있다. 그런 부류의 미치광이들은 절대로 중요한 지위에 올려놓지 않으려고 마음먹고 있다. 군주는 그런 인간에겐 마음을 놓을 수 없다고 말이야. 그랬더니 처음에 들었던 것과 조금도 다름없는 긴 비분강개가 또다시 시작되었어. 대주교는 내가 교회에 베푸는 정성을 찬미하더군. 서툴다는 생각이 들었어. 그대의 판단은 틀렸다. 그런 식이면, 임명을 허가하는 쪽으로 거의 기울다가도 그런 마음이 싹 가신단 말이야. 그런 이야기는 깨끗이 집어치우고 내게 진심으로 감사하면 되지 않는가, 하고 말해주고 싶더군. 그러나 그는 좀처럼 그럴 생각은 하지 못하고, 우스꽝스러울 정도로 대담하게, 쓸데없이 속 보이는 설교만 계속하는 거야. 나는 델 동고의 아들에게 너무 불리하지 않은 대답은 없을까 궁리하다가 가까스로 그걸 찾아냈지. 그럴 듯한 대답이라고 생각하는데 자넨 어떤가? —대주교 피우스 7세는 위대한 교황으로 대단한 성자였다. 수많은 군주 가운데 이 사람만이 유럽 전체를 발아래로 내려다보던 폭군에게 아니오라는 말을 할 수 있었지. 그런데 이 사람은 열정에 이끌리기 쉬웠거든. 그러니까 이몰라의 주교로 있을 때, 치살피나 공화국을 위해 저 유명한 목가 〈시민추기경 키아라몽티〉를 쓴 것이야.

가련하게도 대주교는 어리둥절해하더군. 나는 완전히 그의 정신을 빼려고, 정색하고 이렇게 말했지―잘 가오, 대주교. 당신의 제안은 하루 동안 생각해본 뒤에 답하기로 하지. 내가 잘 가라고 한 이상 그만두는 편이 좋으련만, 그는 또 서투른 말솜씨로 짓궂게도 애원을 하더란 말이야. 그런데 모스카 델라 로베르 백작, 자네가 공작부인에게, 내 본 마음은 부인이 기뻐할 일을 일부러 하루나 늦추고 싶지 않다는 것을 꼭 좀 전해주게. 거기 앉아서 이번 일을 완전히 처리한 인가장(認可狀)을 대주교 앞으로 써주게나.' 내가 그걸 쓰자, 대공이 서명을 하고는 곧 이것을 공작부인에게 가지고 가라고 분부했습니다. 이것이 그 인가장이에요. 덕분에 오늘 밤에도 당신을 다시 만날 수 있는 핑계가 생겼습니다."

공작부인은 매우 기뻐하며 그 인가장을 읽었다. 백작이 긴 이야기를 하는 동안, 파브리스는 마음을 가라앉힐 수 있었다. 그는 이 사건에 놀란 빛을 조금도 내비치지 않았다. 일개 시민이라면 제정신을 잃을 정도로 흥분할 그런 각별한 승진, 일신상의 변화를 당연히 그것은 자기에게 권리가 있는 것처럼 믿고 있는 대귀족답게 받아들였을 뿐이었다. 더할 수 없이 예절 바르게 감사하다는 말을 하고는 백작에게 이렇게 말했다.

"훌륭한 궁정인이 되려면 상대가 가장 좋아하는 취미에 도움이 되는 일을 해야겠죠. 어제 당신은 상기냐의 인부들이 고대 조각상의 파편을 발견하면 훔쳐 가지나 않을까 걱정하셨죠. 저도 발굴을 퍽 좋아합니다. 허락만 하신다면 제가 가서 인부들을 감독하겠습니다. 내일 밤 궁정과 대주교에게 감사하다는 인사를 한 다음에 상기냐로 떠날 작정입니다만."

"그런데 당신은 대주교가 왜 파브리스를 그렇게 두둔하는지 아세요?" 공작부인은 백작에게 물었다.

"구태여 알아볼 필요도 없었습니다. 내 힘으로 그의 동생을 대위로 승진시켜준 보좌주교가 어제 내게 말하더군요. 란드리아니 신부는, 대주교는 보좌직보다 계급이 높다는 확실한 원칙에서 출발하신 거라고. 그래서 그는 델 동고 집안의 한 사람을 자기 부하로 두고서 그에게 은혜를 베푸는 일이 무엇보다도 기쁜 겁니다. 파브리스가 명문 출신임을 세상 사람들에게 밝히는 일이라면 무엇이든 간에 그의 마음에 기쁨을 더해줄 거예요. 그것은 그가 명문가 인물을 보좌신부로 데리고 있다는 사실을 세상에 알리는 것이니까요. 둘째로는 파브리스의 인품이 그의 마음에 든 것 같습니다. 이 사람 앞에서라면 마음을 놓을 수 있으니까요. 끝으로, 그는 피아첸차 주교를 10년 전부터 미워하고 있거든요. 이 주교는 다음번 파르마 대주교직을 이어받으려는 욕심을 뚜렷이 보이고 있습니다. 더구나 이 사람은 제분업자의 아들이거든요. 피아첸차 주교가 라베르시 후작부인과 친해진 것도 대주교 계승권이 목적입니다. 이 두 사람의 친한 관계가 있으므로, 대주교는 자기의 중요한 계획, 곧 델 동고 집안사람을 보좌신부로 삼아서 부리고 싶은 계획이 좌절되지나 않을까 몹시 애태우고 있습니다."

그 다음다음 날 아침, 파브리스는 콜로르노(이는 파르마 대공의 베르사유에 해당한다) 맞은편에 있는 상기냐에서 발굴 작업을 지휘하고 있었다. 이곳 발굴 현장은 파르마에서 오스트리아 영토에 가장 가까운 마을인 카살 마조레의 다리로 통하는 큰길가의 평야에 펼쳐져 있었다. 인부들은 이 평야에 깊이 2미터가 조금 넘는, 되도록 좁은 구덩이를 팠다. 이 지방에 내려오는 전설로 중세까지도 남아 있었다는 제2사원의 유적을 옛 로마 도로를 따라 찾아내려는 것이었다. 대공의 명령이 있었음에도, 많은 농민들은 자기들 토지가 긴 고랑으로 잘려가는 것을 조금 못마땅한 눈초리로 바라보고 있었다. 누가 뭐라건 그들은 보물을 찾고 있는 거라고 여겼었다. 그래서 파브리스가 온 것은, 특히 사소한 폭동이라도 일어나는 걸 막는 데 큰 도움이 되었다. 그는 조금도 심심치가 않았다. 이 일에 정열을 쏟았다. 때때로 고대 화폐가 나왔으나 그는 인부들이 서로 짜고서 후무릴 틈을 주지 않았다.

좋은 날씨였다. 아침 6시쯤이었을 것이다. 그는 낡은 단발총을 빌려 종달새를 몇 마리 쏘았다. 그중 한 마리가 상처를 입고 한길 위로 떨어졌다. 파브리스가 그걸 쫓아가는데, 멀리 파르마 쪽에서 마차 한 대가 카살 마조레의 국경을 향해서 달려오는 게 보였다. 그가 소총에 탄환을 다시 재는 사이에 마차가 털털거리며 다가왔다. 그 안에 앉아 있는 마리에타의 모습이 보였다. 옆에는 흉측하게 생긴 키가 큰 질레티와, 마리에타의 양어머니가 앉아 있었다.

질레티는 파브리스가 이렇게 길 한복판에, 더구나 총을 가지고 버티고 서 있는 건 분명히 자기를 모욕하기 위해서가 아니면, 마리에타를 빼앗으려는 거라고 생각했다. 용감한 모습을 보이려는지 곧장 마차에서 뛰어내렸다. 왼손에는 지독히 녹슨 큰 권총을 쥐고, 오른손에는 자루에 든 칼을 쥐고 있었다. 그 칼은 극단의 형편상 어쩔 수 없이 후작의 배역을 맡았을 때 사용하고 있었다.

"이 도둑놈아! 이 국경 근처에서 널 만나다니 정말 잘된 일이다. 자, 결판을 내자. 여기선 자색 양말을 신었다고 빼길 순 없어."

파브리스는 마리에타를 쳐다보느라고, 질레티의 질투에 찬 욕지거리가 들리지 않았다. 그래서 가슴에서 불과 1미터밖에 안 되는 곳에서 녹슨 권총이 자신을 겨눈 것을 보았을 땐, 가까스로 총을 막대기 대신 휘둘러 그 권총을 뿌리칠 여유밖엔 없었다. 권총은 불을 뿜었으나 아무도 다치지 않았다.

"거기서 꼼짝 말고 기다려!" 질레티는 마부에게 호령했다.

동시에 상대의 총 끝으로 날렵하게 달려들어 자신을 향한 총구를 멀리 뿌리쳤다. 파브리스와 그는 온갖 힘을 다해 총을 서로 잡아당겼다. 질레티가 훨씬 힘이 세서, 한 손씩 앞으로 뻗치며 총 한가운데까지 이르러, 곧 빼앗길 성싶었다. 파브리스는 상대가 총을 사용치 못하도록 방아쇠를 당겼다. 총구가 질레티의 어깨에서 10센티쯤 위에 있는 걸 미리 봐두었던 것이다. 총소리는 질레티의 바로 귀 옆에서 터졌다. 그는 약간 주춤했으나 곧 정신을 차렸다.

"뭐, 내 머리에 총을 쏘려고? 이놈아! 어디 받아봐라!"

질레티는 후작용 칼자루를 내던지고, 비호같이 파브리스에게 덤벼들었다. 아무런 무기도 갖지 못한 파브리스는 이제 끝장이라고 생각했다.

그는 질레티 뒤쪽으로 열 걸음쯤 떨어져 서 있는 마차 쪽으로 도망쳤다. 그리고 마차 왼쪽을 지나 한 손으로 마차 용수철을 잡고 재빨리 한 바퀴 돌아서는, 열려 있는 오른쪽 승강구 곁으로 왔다. 바싹 뒤쫓던 질레티는 용수철을 잡는 걸 알아채지 못하고, 그만 몇 발자국 그대로 지나쳤다가 멈췄다. 열린 승강구 곁을 지날 때, 파브리스의 귀에 마리에타가 조그마한 소리로 말하는 게 들렸다. "조심해요! 죽어요. 자!"

그와 동시에 사냥용 커다란 칼 같은 것이 승강구에서 떨어졌다. 파브리스는 그것을 주우려고 몸을 굽혔으나, 그 순간 질레티가 내미는 칼에 어깨를 맞았다. 몸을 일으키자, 바로 눈앞에까지 다가온 질레티가 칼 손잡이로 힘껏 얼굴을 후려쳤다. 너무나 세게 맞았으므로 파브리스는 정신이 아찔해졌다. 그는 이 길로 죽는구나, 생각했다. 다행히도 질레티는 너무 가까이 다가섰기 때문에 칼로 찌를 수가 없었다. 파브리스는 정신을 차리자 줄행랑쳤다. 뛰면서 사냥용 칼의 자루를 빼버렸다. 그러고는 갑자기 뒤돌아서자 뒤쫓아온 질레티가 세 걸음가량 되는 곳에 있었다. 질레티는 덤벼들고, 파브리스는 칼을 앞으로 내밀었다. 질레티는 칼로 사냥용 칼을 약간 뿌리치긴 했으나, 왼쪽 뺨을 상당히 깊게 찔렸다. 그대로 파브리스의 바로 옆을 날쌔게 빠져나갈 때, 파브리스는 넓적다리에 칼날이 박힌 걸 느꼈다. 질레티가 다른 단도를 꺼내 찌른 것이다. 파브리스는 오른쪽으로 몸을 날려 뒤돌아섰다. 이제야 두 사람은 싸우기에 알맞은 거리를 두고 맞선 것이었다.

질레티는 미친 사람처럼 욕을 퍼부었다.

"목을 따 죽이겠다, 거지 같은 신부 놈아!" 쉴 새 없이 소리쳤다.

파브리스는 숨이 차서 말이 나오지 않았다. 칼 손잡이로 얻어맞은 얼굴이 몹시 아팠고, 코피가 나왔다. 여러 번 상대의 칼을 뿌리치고, 정신없이 찔렀다. 관중 앞에서 겨루고 있는 듯한 착각이 희미하게 들었다. 이는 인부 2, 30명이 둥글게 에워싸긴 했으나 너무 가까이 다가서지 않고 경건하게 두 사람이 서로에게 달려드는 모습을 보고 있었기 때문이었다.

싸움은 약간 기세가 누그러들었다. 서로 찌르는 움직임도 처음처럼 빠르진 않았다. 파브리스는 이렇게 얼굴이 아픈 것은, 분명 얼굴에 심한 상처를 입었기 때문이라고 생각했다. 그렇게 생각하자, 분노가 치밀어 사냥칼을 겨누고 적에게 덤벼들었다. 칼끝은 질레티의 오른쪽 가슴을 뚫고 왼쪽 어깨로 빠졌다. 동시에 질레티의 칼은 파브리스의 팔 위쪽을 뚫었다. 그러나 칼은 피부 밑을 뚫었을 뿐으로 상처는 그다지 깊지 않았다.

질레티는 쓰러졌다. 왼손에 칼을 쥐고 있는 것을 보면서 파브리스가 가까이 가는 동안에 그 손은 저절로 펴져 무기를 떨어뜨렸다.

"망나니 놈이 죽었구나." 파브리스는 중얼거렸다.

얼굴을 보니, 질레티는 많은 피를 토하고 있었다. 파브리스는 마차 쪽으로 뛰어갔다.

"거울 가지고 있어요?" 마리에타에게 말했다.

마리에타는 핏기가 하나도 없이 그를 쳐다본 채, 대답하지 않았다. 노파가 침착하게 푸른 바느질 가방을 열어 손바닥만 한 손거울을 파브리스에게 넘겨주었다. 파브리스는 거울을 들여다보면서 얼굴을 만져봤다. "눈은 아무렇지도 않군. 이만하길 다행이야." 그러고는 이를 살펴보았다. 하나도 부러진 게 없었다.

"그런데 왜 이렇게 아플까?" 그가 중얼거렸다.

노파가 말했다.

"빰 위쪽이 질레티의 칼 손잡이와 뼈에 눌려서 뭉그러진 거예요. 빰이 무섭게 부어서 시퍼렇군. 빨리 거머리를 상처에 붙이면 아무렇지도 않을 게요."

"거머리를 붙이란 말이죠?" 파브리스는 웃으면서 말했다. 그는 냉정을 되찾았다.

인부들이 질레티를 둘러싸고 어떻게 해야 좋을지를 몰라 바라만 보고 서 있는 것이 눈에 보였다.

"그놈을 살려줘라. 옷을 벗겨……."

말을 계속하려고 얼굴을 드니, 3백 걸음가량 저쪽 길에서 남자 대여섯이 이쪽으로 천천히 걸어오는 게 보였다.

'헌병들이구나' 생각했다. '사람을 죽였으니, 당장에 날 체포할 것이다. 그러면 난 정말 훌륭한 꼬락서니로 파르마에 끌려간다. 라베르시 부인의 한패이며 고모를 미워하는 자들에게 이는 얼마나 유쾌한 이야깃거리가 될까!'

이런 생각이 들자 그는 곧 번갯불처럼 재빠르게, 얼이 빠져 있는 인부들 앞에 호주머니 속에 있는 대로의 돈을 몽땅 뿌리고는 마차에 올라탔다.

"헌병이 내 뒤를 쫓는 걸 방해해줘. 그러면 돈을 더 많이 주겠다. 그들에게 나는 죄가 없다, 이 사나이가 먼저 덤벼들어 날 죽이려 했다고 말하란 말이야."

그리고 마부에게 말했다. "빨리 말을 몰아라. 저놈들에게 붙잡히기 전에 포 강을 건너게 되면 나폴레옹 금화 4개를 주겠다."

"알았습니다!" 마부는 대답했다. "하지만 무서워하실 건 없습니다. 저자들은 걸어오거든요. 내 말을 천천히 뛰게만 해도 넉넉히 뒤떨어지게 만들걸요."

이렇게 말하면서 말을 몰아대기 시작했다.

우리 주인공은 마부의 '무서워 말라'는 말에 화가 났다. 사실 질레티에게 칼로 얼굴을 얻어맞은 뒤부터 몹시 공포를 느꼈기 때문이다.

"앞에서 말을 타고 오는 사람을 만날지도 모르죠. 그러면 뒤쫓아오는 놈들이 그 자에게 말을 멈추게 하라고 소리칠지 모르니까요." 조심성 많은 마부는 나폴레옹 금화 4개를 생각하며 이렇게 말했다. 이 말은 총에 탄환을 재어두라는 뜻이었다.

"아, 당신은 정말 용감하군요. 나의 귀여운 신부님." 마리에타는 파브리스에게 키스하면서 말했다. 노파는 창밖을 내다보다가 곧 머리를 안으로 들이밀었다.

"아무도 쫓아오지 않아요." 침착하게 파브리스에게 말했다. "길 앞쪽에도 아무도 없다구요. 오스트리아 경찰이 얼마나 까다로운지 알죠. 이렇게 빨리 포 강을 달려가는 걸 보면 반드시 붙잡혀요."

파브리스는 창밖을 내다봤다.

"천천히 몰아." 이렇게 마부에게 이르고 나서는 노파에게 물었다. "어떤 여권을 가지고 있죠?"

"하나가 아니라 3개 있어요. 하나에 4프랑 들여서 얻은 거예요. 1년 내내 여행만 하는 가난한 광대들에겐 너무 지독하지 않아요? 자, 이것이 배우 질레티의 여권. 그러니까 앞으로는 당신 거예요. 나머지 둘은 내 것과 마리에타 것이죠. 그런데 질레티가 우리 돈을 모두 가지고 있었는데, 이제 어떻게 해요?"

"얼마나 가지고 있었는데요?" 파브리스가 말했다.

"5프랑 에퀴를 40개." 노파는 대답했다.

"실은 6프랑하고 잔돈뿐이에요." 마리에타가 웃으면서 말했다. "나의 귀여운 신부님을 속이다니 못써요."

"내가 당신에게 34에퀴 속이려 했던들, 뭐 탓할 게 있어요." 노파는 뻔뻔스럽게 말했다. "당신에게야 34에퀴쯤 아무것도 아니죠. 나는 소중한 보호자를 잃었으니까요. 여행을 할 때 잠자리를 마련하며 마부와 삯을 흥정하고, 다른 사람들이 업신여기지 못하게 하는 일을 앞으론 누가 하죠? 질레티는 잘생기지는 않았어도 쓸모는 있었거든요. 이 앤 금방 당신에게 반해버렸지만, 사실 이 애가 꾀만 있었더라면 질레티는 눈치채지 못했을 거예요. 그리고 당신한테서 돈도 듬뿍 받았을 게 아녜요. 정말 우리는 가난하거든요." 파브리스는 그들이 불쌍해졌다. 그는 지갑을 꺼내서 나폴레옹 금화를 몇 개 노파에게 주었다.

그리고 말했다. "당신 눈으로 보듯이 이제 15개밖엔 안 남았어요. 앞으로는 아무리 짜내려고 해도 소용없다고요."

마리에타는 그의 목에 매달리고, 노파는 두 손에 입을 맞췄다. 마차는 훨씬 느리게 달렸다. 멀리 오스트리아 영토임을 표시하는 검은 무늬가 들어 있는 누런 울타리가 보이자 노파는 파브리스에게 말했다.

"당신은 질레티의 여권을 호주머니에 넣고서 걸어 들어가는 게 좋을 것 같아요. 우리는 화장을 한다는 핑계로 조금 뒤처지겠어요. 세관 사람들이 아무래도 짐을 조사할 테니까요. 내 말을 들어요. 당신은 어슬렁어슬렁 시치미를 떼고 카살 마조레를 건너가요. 그리고 카페에라도 들어가서 브랜디를 한 잔 드는 게 좋을 거예요. 마을을 빠져나오거든 곧장 도망쳐요. 오스트리아 경찰은 놀라울 정도로 재빠르거든요. 살인이 있었다는 사실을 곧 알게 될 거예요. 당신은 남의 여권을 쓰고 있으니, 그것만으로도 2년 동안 감옥에서 보내야 하거든요. 될 수 있는 대로 빨리 오스트리아 영토를 빠져나가야 돼요. 2루이만 주면 세관 사람에게서 다른 여권을 살 수는 있지만 위험하거든요. 사람을 죽였다는 걸 절대 잊어서는 안 돼요."

파브리스는 카살 마조레의 배다리로 걸어가면서 다시 한 번 천천히 질레티의 여권을 읽었다. 우리 주인공은 몹시 마음이 떨렸다. 모스카 백작이 오스트리아 영내에 들어가면 얼마나 위험한가를 주의시키던 말이 지금 똑똑히 생각났다. 그런데 2백 걸음 앞에 그 나라로 발을 들여놓는 무서운 다리가 보이지 않는가. 그 나라의 수도는 그에겐 스피엘베르그 감옥이었다. 그렇다고 다른 무슨 수가 있겠는가. 파르마 남쪽에 인접한 모데나 공국은 특별 조약을 맺어 도주자를 서로 돌려보내주기로 되어 있었다. 제노바 쪽 산악지대로 뻗어 있는 나라는 너무 멀다. 산까지 가기도 전에 그가, 저지른 범죄는 파르마에 알려질 것이다. 결국 포 강 왼쪽 언덕 오스트리아령밖에 없다. 오스트리아 관헌에게 그를 체포하라는 서면이 도착하기까지 아마 하루 반이나 이틀은 걸릴 것이다. 이리저리 궁리한 끝에 파브리스는 담뱃불로 자기 여권을 태워버렸다. 오스트리아령에서는, 파브리스 델 동고이기보다는 일개 부랑인인 편이 낫다. 그리고 몸수색을 당할지도 모르는 일이었다.

죽은 질레티의 여권에다가 자기 목숨을 맡겨야 한다는 것도 물론 불쾌했으나, 그건 상관 않더라도 이 여권은 실제 여러모로 곤란했다. 파브리스의 키는 불과 165센티미터로 여권에 적혀 있는 것처럼 178센티가 되지 않는다. 그리고 그는 만 스물네 살이 채 되지 않았으며 나이보다도 어려 보였다. 질레티는 서른아홉 살이었다. 솔직히 말해서 우리 주인공은 배다리로 내려갈 결심이 서기까지 다리 가까이의 포 강둑을 30분 넘게 서성대고 있었다. '남이 지금의 나와 같은 처지에 있다면 나는 뭐라고 충고할까? 물론 건너가라고 할 것이다. 파르마 영내에서 우물쭈물하는 건 위험하다. 아무리 정당방위라고 하더라도 사람을 죽였으니 체포하려고 헌병이 반드시 뒤쫓아올 것이다.' 파브리스는 다시 호주머니를 뒤져 서류는 모두 찢어버리고 손수건과 담뱃갑만 남겼다. 앞으로 받아야 할 검사를 되도록 간단하게 하고 싶었다. 자기에게 물어볼지 모르는 까다로운 질문을 생각하니, 아무래도 대답이 어색해질 것 같았다. 질레티의 이름을 대야 할 텐데, 몸에 걸친 속옷엔 모두 F. D. 라는 머리글자가 적혀 있었다.

이처럼 파브리스는 자기 상상으로 말미암아 괴로워하는 불행한 성격의 소유자였다. 이는 이탈리아의 총명한 인간에겐 흔히 있는 결점이다. 용기 면에서 그와 같거나 또는 그보다 못한 프랑스 병사라면, 앞으로 닥쳐올 곤경을 미리 재보는 일 없이 그대로 다리를 건너갔을 터이며 조금도 동요하지 않았으리라. 다리 건너편 끝에서 회색 옷을 입은 조그마한 사나이가 다음같이 말했을 땐, 파브리스는 냉정이고 뭐고 없었다.

"여권을 조사할 테니 검문소로 들어가시오."

그 검문소는 지저분한 벽에 못을 박아, 경관들의 더러운 모자며 파이프를 걸어놓았다. 그들이 건너편에 걸터앉아 있는 커다란 전나무 책상은 잉크며 술 자국투성이였다. 녹색 가죽으로 칠한 2, 3권의 두터운 장부에도 온갖 색의 자국이 묻어 있고, 페이지 언저리는 손때로 시꺼매져 있었다. 겹겹이 쌓아올린 장부 위에는 이틀 전 황제 축제일에 사용했던 훌륭한 월계관이 얹혀 있었다.

파브리스는 이런 자세한 것까지 살펴보고 나니 몸이 움츠러드는 듯했다. 이제까지 산세베리나 저택의 아름다운 방에서 화려하고 깨끗한 사치에만 익숙해진 데 대한 벌이었다. 그는 이 더러운 사무실에, 그것도 잔뜩 풀이 죽은 채 들어가야 했다. 이제부터 심문을 받기 위해서였다.

여권을 받아 쥐려고 누런 손을 내민 경관은 얼굴이 시꺼먼 작달막한 사나이였다. 넥타이에다 놋쇠로 만든 핀을 꽂고 있었다. "기분이 나빠 보이는 듯한데." 파브리스는 중얼거렸다. 그 사나이는 여권을 들여다보고 몹시 놀란 모양이었다. 다 읽는 데 5분이나 걸렸다.

"무슨 사고가 있었군요." 그는 이 외국인의 뺨을 보며 말했다.

"마부란 놈이 우리를 포 강둑 밑으로 내동댕이쳤습니다."

그러고는 다시 침묵이 흘렀다. 경관은 날카로운 시선을 여행자에게 던졌다.

'이젠 마지막이다.' 파브리스는 생각했다. '이제 곧 이렇게 나올 테지. 안됐지만 나쁜 통지가 벌써 와 있다, 널 체포해야만 한다고 말이야.' 이 순간 그다지 논리적이 아니었던 우리 주인공의 머리에, 온갖 어처구니없는 궁리들이 떠올랐다. 활짝 열려 있는 문으로 뛰어나갈까 생각해보는 것이었다.

'옷을 벗고 포 강으로 뛰어들어 건너편 기슭까지 헤엄쳐 가는 거야. 뭐가 됐든 스피엘베르그 감옥보다는 낫겠지.' 그가 이런 무모한 계획의 성공률을 계산하고 있을 때, 경관은 그를 유심히 쳐다보고 있었다. 이렇게 마주 보는 두 사람의 얼굴은 재미있었다. 위험에 직면하면 이성적인 인간은 천재성이 솟아올라, 말하자면 자기 능력 이상의 기지를 발휘할 수 있다. 반면 공상적인 인간은 대담하긴 하지만 터무니없는 소설을 꾸며내곤 한다.

놋쇠 핀을 꽂은 경관의 무엇을 캐내려는 듯한 시선 밑에서, 우리 주인공이 화난 눈을 번득이고 있는 모습은 볼 만했다. '만약 이 사나이를 죽이면 나는 살인죄로 몰려 20년의 중노동이나 사형에 처해지겠지. 차라리 그 편이 스피엘베르그 감옥보다는 낫다. 그곳에선 120근이나 되는 쇠사슬에 두 발을 묶인 채 하루 2백 그램이 조금 넘는 빵만으로 20년을 살아야 하니까. 그렇게 되면 나는 마흔네 살이 되어야 겨우 나올 수 있어.' 파브리스의 논리는, 자기 여권을 태워버린 이상 그가 파브리스 델 동고라는 불온한 인간임을 경관에게 알릴 아무런 물증도 없다는 사실을 잊고 있었다.

이와 같이 우리 주인공은 상당히 겁이 났었다. 그러나 그가 만일 이 경관의 머리에 오가는 생각을 알았다면 더욱더 공포에 사로잡혔을 것이다. 이 사나이는 질레티의 친구였다. 질레티의 여권이 다른 사람의 손안에 있는 걸 보았을 때의 그 놀라움은 누가 말하지 않아도 짐작할 수 있으리라. 먼저 생각한 것은 상대를 체포하는 일이었다. 하지만 다시 생각을 고쳐, 질레티가 파르마에서 무슨 나쁜 짓을 한 듯한 이 잘생긴 청년에게 자기 여권을 팔았는지도 모른다고 생각했다. 이자를 잡으면 질레티도 위험하다. 여권을 판 것이 곧 들통날 테니까. 한편 질레티의 친구인 내가 다른 사람이 가지고 있는 여권에 입국허가를 냈다는 걸 알면 상관이 뭐라고 할까? 경관은 하품을 하며 일어서더니 파브리스에게 말했다.

"잠깐 기다리시오."

그러고는 경찰답게 덧붙였다. "좀 곤란한 일이 생겼소."

파브리스는 속으로 중얼거렸다. '그래, 나도 이제 곧 도망갈 참이다.'

실제로 경관은 문을 열어놓은 채 밖으로 나갔다. 여권은 전나무 책상 위에 놔둔 채였다. 분명 위험하다고 파브리스는 생각했다. '여권을 집어넣고 다리를 몰래 다시 건너가자. 헌병이 뭐라고 하면, 파르마령 앞마을에서 당국의 입국허가를 받는 걸 잊었다고 말하면 돼.' 파브리스는 이미 여권을 손에 쥐고 있었다. 그때 놋쇠 편을 단 경관의 목소리가 들려와서 그는 몹시 당황했다.

"정말 참을 수가 없군. 더워서 숨이 막힐 지경이야. 카페에 가서 한잔하고 오겠네. 그 파이프 담배를 다 피우거든 사무실에 들어가보게. 입국허가를 내주어야 할 여권이 하나 있으니까. 외국인이 와 있거든."

몰래 빠져나오려던 파브리스는 한 잘생긴 젊은이와 마주쳤다. 그 사나이는 노래하듯 혼자서 지껄였다. "어디, 여권의 사증을 합시다. 내 서명을 넣어드리지."

"어디로 가십니까?"

"만토바, 베네치아, 그리고 페라라."

"페라라, 좋습니다." 경관은 휘파람을 불면서 이렇게 대답했다.

그는 검인(檢印)을 집어 푸른 잉크로 사증인을 찍고 검인의 여백에다 만토바, 베네치아, 페라라라고 재빨리 적어넣은 다음 손을 몇 번씩이나 돌리고 나서 서명을 했다. 파브리스는 펜의 움직임을 하나하나 지켜보고 있었다. 경

관은 자기 서명을 만족스러운 듯이 내려다보며 거기에 5, 6개의 점을 찍고
는, 경쾌하게 하고 여권을 파브리스에게 돌려주었다.

"여행 잘하시오, 선생."

파브리스는 걸음이 급해지는 걸 보이지 않으려 애쓰면서 검문소를 뒤로
했다. 그러자 갑자기 왼팔을 잡혔다. 그는 본능적으로 단도 자루에 손이 갔
다. 만일 인근에 집이 많지 않았더라면 경솔한 짓을 저질렀을지도 모른다.
왼팔에 손을 댄 사나이는 그의 놀란 모습을 보고 사과하듯이 말했다.

"세 번이나 불렀지만 대답이 없어서. 뭐 세관에 신고하실 것은 없습니
까?"

"가진 것은 손수건뿐입니다. 나는 바로 근처에 있는 친척집으로 사냥을
가는 길이니까요."

그 친척의 이름을 대라고 했으면, 정말 말문이 막혔을 것이다. 지독한 더
위와 이런 흥분 때문에 파브리스는 포 강에 빠진 것처럼 흠뻑 젖어 있었다.

"난 희극배우들 상대로는 용기가 있으면서도, 놋쇠 핀을 꽂은 경관을 만
나면 제정신도 못 차리겠는걸. 이것을 주제로 공작부인에게 풍자시를 지어
보내면 좋겠군."

카살 마조레에 들어서자, 곧 파브리스는 포 강으로 내려가는 험한 길을 택
했다. "지금 나는 바쿠스와 케레스(바쿠스는 주신이며, 케레스는 대지의 여신으로 곡물의 성장을 관장함. 여기서는 '술과 음식'을 의미)의 도움이
매우 간절하다." 이렇게 중얼거리며 문 밖에 더러운 쥐색 헝겊을 막대기에
달아 내놓은 가게 안으로 들어갔다. 헝겊에는 Trattoria(간이식당)라고 적혀
있었다. 2개의 커다란 나뭇가지로 걸어놓은 허술한 홑이불 한 장이 땅으로
1미터가량 축 늘어져, 가게 문으로 내리쬐는 햇빛을 가리고 있었다. 마침 거
의 벌거벗은 아름다운 여인이 우리 주인공을 정중하게 맞아들였으므로 그는
몹시 기분이 좋아졌다. 배가 고파 죽을 지경이라고 서둘러 말했다. 여자가
식사를 준비하는 동안, 서른 살쯤 된 남자가 들어왔다. 들어올 때 인사도 하
지 않았다. 단골손님처럼 자기 멋대로 앉은 의자에서 이 사나이는 갑자기 일
어나며 파브리스에게 말했다.

"Eccellenza, la riverisco(잘 오셨습니다, 각하)."

파브리스는 이때 몹시 기분이 좋던 참이라, 일을 시끄럽게 하고 싶지 않아
웃으면서 대답했다.

"어떻게 내가 각하인 걸 아시오?"

"허허! 산세베리나 댁에 있던 마부 루도빅을 잊으셨습니까? 해마다 모시고 갔던 사카의 별장에선 전 언제나 열이 났습죠. 그래서 마님께 연금을 주십사 청을 하고 일을 그만두었습니다. 넉넉한 형편이 되었습죠. 뭐 저 같은 건 1년에 12에퀴 받으면 알맞은 신세입니다만, 마님은 제가 노래라도 지을 여가쯤은 생기게끔 마음을 쓰셔서 24에퀴를 주십니다. 이래 봬도 전 속어(俗語)의 시인입죠. 그리고 백작께서도 곤란한 일이 있으면 언제라도 의논하러 오라고 말씀하셨습니다. 도련님이 벨레자 수도원으로 가실 때, 제가 한 정거장 모시고 간 일이 있습죠."

파브리스는 이 사나이의 얼굴을 보고 어렴풋이 생각이 났다. 그는 산세베리나 집에선 가장 머리가 좋은 마부 가운데 한 사람이었다. 넉넉한 형편이라고 말하고는 있지만 입고 있는 건 찢어진 속옷에다, 본디 검은색이었을 무릎에도 겨우 닿을까말까 한 짧은 무명바지뿐이었다. 게다가 단화와 값싼 모자가 그 옷차림의 전부였다. 수염은 2주일 동안이나 밀지 않은 얼굴이었다. 파브리스는 오믈렛을 먹으면서 신분 따위는 개의치 않고 이 사나이와 이야기를 나누었다. 아마 루도빅이 이 집 여주인의 정부일 거라고 추측했다. 그는 빨리 식사를 끝내고 나서 조그마한 소리로 루도빅에게 말했다. "할 이야기가 있는데."

"이 여자 앞에서 말씀하셔도 상관없습니다. 정말 착한 여자니까요." 루도빅은 정다운 듯이 말했다.

"그럼 말하겠네." 파브리스는 망설이지 않고 말을 계속했다. "실은 곤란한 일이 있네. 자네들의 도움을 받고 싶어. 물론 정치와 관련은 없네. 내가 한 남자를 죽였는데, 그는 내가 어떤 여인에게 말을 걸었다고 나를 죽이려던 사나이였지."

"딱해라." 여주인은 말했다.

"각하, 제게 맡기십쇼." 마부는 몹시 충성스러운 눈이었다. "그래, 여기서 어디로 가시렵니까?"

"페라라로. 여권은 있어. 하지만 헌병은 되도록 피하고 싶네. 사건을 알고 있을지 모르니까."

"그 사나이를 죽인 건 언젠데요?"

"오늘 아침 6시."

"옷에 피라도 묻지 않았나요?" 여주인이 말했다.

"저도 그 생각을 했는데……." 마부는 말했다. "첫째, 이 옷감은 너무 고급입니다. 이런 시골에선 좀처럼 볼 수 없습지요. 남의 눈에 띄기 쉬우니 유대인한테 뛰어가서 옷을 사옵시다. 각하는 대충 저와 비슷한 몸집이군요, 약간 마르긴 하셨지만."

"제발 각하 소리는 그만두게. 그것도 남의 눈에 띄니까."

"알았습니다, 각하." 그는 이렇게 대답하고는 밖으로 나갔다.

"여봐, 돈!" 파브리스가 불렀다.

"돈이라니요!" 여주인이 말했다. "그 사람도 67에퀴쯤은 가지고 있으니 넉넉히 당신을 도울 수 있을 거예요. 그리고 저도—소리를 낮추어—40에퀴쯤은 기꺼이 드릴 수 있어요. 이런 뜻하지 않은 사고가 생겼을 땐 누구나 충분한 돈을 몸에 지니고 있지 않으니까요."

파브리스는 이 식당에 들어올 때 더워서 윗옷을 벗고 있었다.

"그 조끼론 누가 들어오면 귀찮을지도 몰라요. 그런 훌륭한 영국 옷감은 남의 눈에 띕니다."

이렇게 말하면서, 여인은 자기 남편의 검은 조끼를 내주었다. 키가 큰 젊은 남자가 안채에서 가게로 나왔다. 조금 화려한 옷차림이었다.

"제 남편이에요. 피에르 앙투안, 이분은 루도빅의 친구 되시는 분인데 오늘 아침, 강 건너에서 어떤 사고가 생기는 바람에 페라라로 도망가시는 길이래요."

"그래, 잘 보내드려야지. 샤를 조제프의 배가 마침 있군." 주인은 몹시 친절하게 말했다. 앞서 우리 주인공이 다리 밑 검문소에서 조사받을 때의 공포를 그대로 이야기한 것처럼 솔직하게 고백하지만, 그는 다른 한 가지 약한 마음씨 때문에 지금 이 자리에서도 벌써 눈물이 고여 있었다. 이 같은 시골 사람들의 극진한 친절에 몹시 감동해서였다. 또한 고모의 남다른 인정에도 감사했다. 이런 사람들을 모두 잘살게 하고 싶었다. 루도빅이 보따리를 안고 돌아왔다.

"옷을 갈아입으면 영 딴사람이 되겠군." 주인은 다정한 투로 말했다.

"그게 문제가 아냐." 루도빅은 몹시 불안한 것 같았다. "벌써 소문이 퍼지기 시작했어요. 이 골목에 들어올 때 우물쭈물하시는 걸 누가 봤다는 겁니다. 몸을 숨기려는 듯 큰길에서 없어졌다는 거예요."

"빨리 방으로 올라가십쇼." 주인은 말했다.

그 방은 크고 상당히 잘 꾸며놓아 2개의 창문에는 유리 대신 쥐색 천이 쳐져 있었다. 길이 1미터 80센티에 폭이 1미터 50센티의 침대가 4개 놓여 있었다.

"자, 빨리, 빨리." 루도빅은 말했다. "얼마 전 이곳에 온 거만한 헌병이 있는데요, 그자가 아래층의 저 예쁜 여자에게 마음이 있거든요. 전 그자에게 거리 순찰 도중에 나에게 한 방 얻어맞을지도 모른다고 을러두었습죠. 만일 그자가 당신 이야기를 들으면, 저희를 골탕 먹이려고 당신을 이 집에서 잡으려 들 겁니다. 그렇게 해서 어떻게든 테오돌린다 가게의 평판을 나쁘게 할 속셈으로 말입니다."

"이키!" 루도빅은 파브리스의 피투성이 셔츠와 손수건으로 동여맨 상처를 보고 소리쳤다. "놈이 몹시 저항했나 보군요? 이래 가지고야 영락없이 잡히고 말 테죠. 셔츠까지는 사오지 않았는데."

그는 함부로 주인의 옷장을 열어, 셔츠 한 벌을 파브리스에게 꺼내주었다. 이리하여 곧 시골 갑부 같은 차림이 되었다. 루도빅은 벽에 걸린 그물을 떼어내어, 파브리스의 옷을 물고기를 넣는 바구니에 쑤셔넣고는 계단을 내려가 뒷문으로 나갔다. 파브리스도 뒤를 따랐다.

"테오돌린다!" 가게 옆을 지나며 소리쳤다. "위층에 있는 걸 숨겨놔. 우리는 버드나무 있는 데서 기다릴 테야. 그리고 피에르 앙투안, 곧 우리에게 배를 보내줘. 사례는 두둑히 할 테니."

루도빅과 파브리스는 도랑을 20개 넘게 건넜다. 도랑의 폭이 넓은 곳에는 퍽 기다랗고 낭창거리는 널빤지가 다리처럼 걸쳐 있었다. 그리고 루도빅은 도랑을 건널 때마다 하나하나 널빤지를 집어 치웠다. 마지막 도랑을 건너자 그는 재빨리 널빤지를 잡아당기고는 말했다.

"자, 좀 쉽시다. 헌병이 여기까지 쫓아오려면 8킬로미터는 걸어야 할 테죠. 어허, 얼굴빛이 창백하시군요. 그럴 줄 알고 브랜디를 한 병 가지고 왔습죠."

"마침 잘됐군. 넓적다리 상처가 아프기 시작하는군그래. 사실 말이지, 그

다리 곁 검문소에선 정말 떨었어."

"그야 그러실 테죠. 그러한 피투성이 셔츠를 입은 채, 어떻게 그런 곳에 들어가셨는지 놀랍습니다. 상처는 제가 치료할 줄 압니다. 시원한 곳으로 모시고 갈 테니, 거기서 한 시간가량 쉬시는 게 좋겠습니다. 잘하면 배가 우리를 데리러 올 겁니다. 만일 오지 않는다면 조금 쉰 다음 다시 8킬로미터쯤 걸어서 물레방앗간까지 가서 제가 배를 구하겠습니다. 이미 아실 거라 생각하지만, 마님께서 이런 사고를 들으신다면 얼마나 걱정하시겠습니까? 당신은 몹시 다치셨고, 상대 남자를 비겁한 방법으로 죽였다는 소문은 나고. 라베르시 후작부인은 마침 잘됐다고 갖은 나쁜 소문을 퍼뜨려 마님을 상심케 할 테죠. 각하께서 편지를 쓰시면……." "그 편지를 어떻게 전한담?"

"이제 우리가 가려는 물레방앗간의 젊은이들은 하루 품삯으로 12수를 받고 있습죠. 그들이라면 하루하고 반나절 만에 파르마까지 갈 수 있을 테니, 경비로 4프랑, 신발 값으로 2프랑. 우리처럼 가난한 사람이 부탁하면 이렇게 6프랑이면 됩니다만, 각하의 심부름이니 12프랑 줍시다."

느티나무와 버드나무가 우거진 숲 속의 선선한 곳에 도착하자, 루도빅은 한 시간도 넘게 걸리는 곳으로 잉크와 종이를 구하러 갔다. "허, 정말 이곳은 기분이 좋은데!" 파브리스는 소리를 내어 중얼거렸다. "입신출세도 이젠 끝이 났군. 난 이제 대주교는 될 수 없어."

루도빅이 돌아와 보니 그는 깊이 잠들어 있어 그대로 놔두었다. 배는 날이 다 저물 무렵에야 도착했다. 멀리 배가 보이자 루도빅은 파브리스를 흔들어 깨웠다. 그는 편지를 두 통 썼다.

"저 같은 것보다는 각하가 더 생각이 깊으실 텐데, 제가 또 이런 말을 하면, 겉으론 그러지 않으시더라도 속으로는 분명 화를 내시리라고 생각합니다만……." 루도빅은 몹시 거북스러운 듯한 얼굴로 말했다.

"난 그토록 바보는 아냐." 파브리스는 대답했다. "자네가 무슨 말을 해도 자네는 고모의 충실한 하인으로, 나를 대단히 난처한 곤경으로부터 구하기 위해 온 힘을 다해준 사람이라는 덴 조금도 변함이 없을 걸세."

루도빅에게 이야기를 털어놓게 하기 위해선 더욱 여러모로 달래야만 했다. 그제야 털어놓고 이야기할 마음을 먹어도, 역시 장황하게 머리말을 늘어놓는 데만 5분이 걸렸다. 파브리스는 답답했으나 곧 이렇게 중얼거렸다.

"이게 누구의 탓일까? 이 사나이가 마차에서 속속들이 들여다본 우리의 허영심 때문이 아닌가?" 루도빅의 충성심이, 기어이 제대로 이야기해야 한다는 결심을 서게 했다. "이제 파르마로 보내실 심부름꾼한테서 이 두 통의 편지를 빼앗기 위해서라면 라베르시 후작부인은 분명 돈을 아끼지 않을 겁니다. 자필로 된 편지니까 재판 때의 증거가 됩니다요. 저를 정말 무례한 호기심을 가진 놈이라고 생각하시거나, 마부 따위의 필적을 마님에게 보이는 걸 창피하다고 생각하시겠지만, 아무리 무례한 놈이라고 생각하시더라도 각하의 안전을 생각하면 말씀드릴 수밖에 없으니까요. 그 편지를 읽으셔서 다시 제가 받아쓰도록 하실 수는 없을까요? 그렇게 하면 위험한 건 저뿐이고, 그것도 대단한 일은 아닙니다. 만일의 경우에는 전 당신이 들 한가운데서 한 손에 필기도구와 다른 한 손엔 권총을 들고, 쓰라는 명령을 했다고 말할 테니까요."

"손을 이리 내게, 루도빅. 자네와 같은 친구에겐 비밀이 없다는 증거로 이 두 통의 편지를 그대로 베껴주게나."

루도빅은 이런 신뢰의 표시에 감격했다. 그러나 몇 줄 베끼고 나자, 배가 강 위를 빨리 달려오는 것이 보였으므로 그는 파브리스에게 말했다.

"수고스러우시겠지만 각하가 읽어주시는 편이 빨리 쓸 수 있으니까요."

편지를 다 베끼고 나자, 파브리스는 마지막 줄에 A와 B 두 글자를 적어 넣었다. 따로 조그마한 쪽지에다 'A와 B를 믿으라'고 써서 이를 작게 뭉쳤다. 심부름꾼이 뭉친 쪽지를 옷 속에다 숨겨넣고 가기로 했다.

말소리가 들리는 곳까지 배가 가까이 오자, 루도빅은 뱃사공들을 본명이 아닌 다른 이름으로 불렀다. 뱃사공은 대답을 않고, 감시원에게 들키지나 않았을까 사방을 살펴보면서, 1킬로미터 아래쪽으로 배를 대었다.

"명령대로 하겠습니다만, 제가 직접 편지를 파르마에 전할까요? 그렇지 않으면 페라라로 따라갈까요?"

"페라라까지 같이 가주면 정말 고맙겠는데. 내가 먼저 말을 꺼내기 어려운 일이었지만. 어디서고 상륙해서는 여권을 보이지 않고 마을에 들어가야만 할 테니까. 솔직히 말해서 질레티의 이름으로 여행하는 건 정말 싫거든. 내게 다른 여권을 얻어줄 사람은 자네밖에 없지 않은가."

"왜 카살 마조레에서 말씀 안 하셨을까! 제가 잘 아는 첩자에게 말하면 알맞은 여권을 살 수 있었을 텐데요. 4, 50프랑쯤이면 되었을걸."

두 뱃사공 중 한 사람이 포 강 오른쪽 기슭 태생이어서 파르마로 가는 데 여권이 필요 없었으므로 그 자에게 편지를 보내기로 했다. 루도빅은 경험이 있어 나머지 한 사람과 함께 배를 저었다.

"포 강 하류에는 무장한 감시선이 많습니다. 그들을 멋지게 피할 테니 보십쇼."

그들은 버드나무로 뒤덮인, 수면보다 별로 높지 않은 조그마한 섬들 사이에 열 번이 넘게 숨어야 했다. 감시선 앞을 배를 비우고 지나가기 위해 상륙한 적도 세 번이나 있었다. 이러한 틈을 이용해서 루도빅은 자작시 몇 편을 파브리스에게 들려주었다. 감정은 그런대로 정확했으나 표현 때문에 평범해져 써둘 만한 가치는 없는 것이었다. 기묘하게도 이 마부 출신의 사나이는 정열이 있어, 발랄하고도 회화적으로 사물을 관찰했다. 그러나 그걸 글로 쓰면 열기를 잃고 평범해진다. '이는 우리가 사교계에서 보는 바와는 정반대로군.' 파브리스는 생각했다. '요즈음은 무엇이든 우아하게 표현할 줄은 알지만, 마음은 무엇 하나 말할 게 없이 텅 비어 있다.' 이 충실한 사나이를 가장 기쁘게 해주는 일은, 그의 시에서 틀린 글자를 골라내 고쳐주는 것임을 파브리스는 깨달았다.

"제 수첩을 보이면 모두들 저를 놀립니다요." 루도빅은 말했다. "하지만 각하께서 철자를 한 자 한 자 고쳐주신다면, 이번엔 저를 시기하는 자들도 기껏해야 '옳은 철자법은 천재를 낳지 못한다'고밖엔 말할 수 없을 테지요."

파브리스가 폰테 라고 오스쿠로 항구에서 4킬로미터쯤 못 미쳐 있는 느티나무 숲으로 안전하게 상륙한 것은 이튿날 밤이었다. 온종일 그는 삼(麻)밭에 숨어 있었다. 루도빅은 한 걸음 먼저 페라라로 가서 가난한 유대인의 집에 조그마한 방 하나를 빌렸다. 유대인은 잠자코만 있으면 돈이 생기는 일임을 금세 알아챘다. 그날 저녁 해가 질 무렵에, 파브리스는 작은 말을 타고 페라라로 들어갔다. 강 위에서 더위에 지쳤으므로 말의 도움이 꼭 필요했다. 넓적다리에 입은 단도의 상처와 싸움을 시작했을 때 질레티의 칼에 찔린 어깨의 상처가 곪아서 열이 났다.

제 12 장

하숙집 주인인 유대인은 비밀을 지킬 만한 외과의사를 불러왔다. 의사도 돈이 있음직한 상대라고 짐작하자 루도빅에게, 당신의 아우라는 자의 부상에 관해선 경찰에 보고하지 않을 수 없다, 이는 내 양심이 명하는 바이므로, 하고 말했다.

"법률은 어길 수 없으니까요. 당신의 아우가 칼을 손에 쥔 채 계단에서 굴러떨어져서 다쳤다고 말씀하시지만, 그런 상처가 아니라는 건 너무나 분명한걸요."

루도빅은 이 고지식한 의사에게, 당신이 그 양심이라는 것에 기어이 따르겠다면 페라라를 떠나기 전에 난 칼을 든 채로 당신 위에 떨어질 작정이라고 으름장을 놓았다. 이 일을 파브리스에게 이야기하자 몹시 꾸중했다. 그러나 이곳에서 되도록 빨리 떠나야 했다. 루도빅은 하숙집 주인에게, 아우를 잠깐 산책시키려 한다고 마차를 빌려오게 했다. 그리고 두 사람은 그곳을 도망쳤다. 독자는 여권이 없는 탓에 일어나는 이런 가지가지 복잡한 이야기가 너무 길다고 생각할 것이다. 이러한 걱정은 프랑스에선 이미 필요가 없다. 하지만 이탈리아에선, 특히 포 강 부근에선 모두가 여권을 문제로 삼는다. 일단 산책을 하듯 별 사고 없이 페라라를 빠져나오자, 루도빅은 빌린 마차를 돌려주고 자신은 다시 다른 문을 지나 마을로 들어갔다. 그리고는 이번엔 50킬로미터 길을 가기 위해 이륜마차를 빌려가지고 파브리스를 맞으러 왔다. 볼로냐 가까이 오자, 들판을 가로질러서 피렌체로부터 볼로냐로 난 큰길을 달렸다. 그날 밤은 허술하기 짝이 없는 여인숙을 하나 발견하고 거기서 묵었다. 다음 날 파브리스는 걸을 수 있을 만큼 체력을 회복했으므로, 둘은 산책하듯 어슬렁어슬렁 걸어서 볼로냐 마을로 들어갔다. 질레티의 여권은 태워버렸다. 그 광대의 죽음은 이미 널리 알려졌을 터이므로 죽은 사람의 여권을 가지는 것보다는 여권 없이 잡히는 편이 위험이 적었다.

　루도빅은 잘 아는 권세 있는 집 하인이 볼로냐에 2, 3명 있었으므로, 이들을 만나 형세를 살피기로 했다. 루도빅이 그들에게 말했다. "피렌체로부터 아우와 둘이서 오는 길인데, 아우는 졸리다고 하여 나 혼자서 날이 밝기 전에 출발했어. 아우는 내가 한나절의 더위를 피해 쉴 마을에서 뒤쫓아 와 만날 약속이었지. 그런데 아무리 기다려도 아우가 오지 않기에 되돌아가 보니, 아우는 돌에 맞고 단도로 여러 곳을 찔러 쓰러져 있지 뭔가. 게다가 싸움을 건 놈들에게 돈까지 몽땅 도둑맞았다군. 내 동생은 잘생긴 데다가 말을 길들일 줄도 알고, 쓰고 읽는 일도 할 수 있으니까, 어디 좋은 집이 있으면 일자리를 얻었으면 하는데." 파브리스가 쓰러졌을 때 도둑놈들이 두 사람의 속옷이며 여권이 든 조그마한 보따리까지 빼앗아갔다고 덧붙이는 것은 다음 기회로 미뤄두었다.

　볼로냐에 도착하자 파브리스는 몹시 피로했다. 또한 여권 없이 여관으로 갈 용기도 없었으므로, 웅장한 산 페트로니오 성당 안으로 들어갔다. 그곳은 기분이 좋으리만큼 선선했다. 곧 그는 완전히 체력을 회복했다. "죄송한 일이다." 갑자기 그는 중얼거렸다. "카페에 들어가 앉는 기분으로 성당엘 들어오다니!" 그는 무릎을 꿇었다. 질레티를 죽인 뒤, 줄곧 하느님의 가호를 뚜렷이 입었음을 진심으로 감사했다. 여전히 생각하면 소름 끼치는 일은, 카살마조레의 검문소에서 정체가 밝혀질까 봐 조마조마했던 그 위험이다. "어째서 그 경관은 그처럼 의아스러운 눈초리로 세 번이나 여권을 살펴봤으면서도, 내 키가 175센티미터가 못 되며, 몹시 얽은 얼굴도 아니라는 걸 깨닫지 못했을까요! 하느님 아버지시여, 당신께서 제게 얼마나 큰 은총을 내려주셨는지요! 그런데 이 몸은 지금까지 당신 발밑에 꿇어앉아 감사 기도를 드리는 것조차 게을리했습니다. 이 몸을 단번에 삼키려고 입을 벌린 스피엘베르그 감옥에서 천신만고 끝에 빠져나온 것을, 천박한 이 인간의 조심성 때문이라고 이 오만한 마음은 믿고 싶었던 것입니다."

　파브리스는 천주의 무한한 자애를 느끼며 한 시간 이상이나 깊은 감동에 잠겼다. 루도빅은 들리지 않게 살살 다가와서는 그의 앞에 섰다. 두 손으로 얼굴을 가리고 있던 파브리스는 얼굴을 들었다. 충실한 하인은 그의 뺨에 눈

물이 흐르는 걸 보았다.

"한 시간쯤 있다가 오너라." 파브리스는 몹시 쌀쌀맞게 말했다.

루도빅은 이런 말투가 기도 때문이라고 생각하고는 그를 탓하지 않았다. 파브리스는 암송하고 있는 일곱 가지 속죄의 성시(聖詩)를 몇 번이고 되풀이하면서, 현재의 자기 신앙과 연관성이 있는 구절에 이르러서는 천천히 암송했다.

파브리스는 여러 가지 일로 천주께 용서를 빌었다. 그러나 주목할 것은, 자신이 대주교가 되려는 계획은 죄로 간주하지 않으려 했다. 다만 그는 모스카 백작이 수상이므로, 그리고 대주교의 지위와 그로 말미암아 누릴 수 있는 호화스러운 생활은 공작부인의 조카에게 알맞은 것이라고 생각했던 까닭으로 그러한 자리에 앉으려는 것이었지만, 물론 그가 그것을 열렬히 소망했던 건 아니다. 하지만 결국 그는 그러한 직위를 장관이나 장군의 지위와 매한가지라고 생각했다. 공작부인의 이러한 계획 때문에 그의 양심에 생긴 오점에 관해선 조금도 반성하지 않았다. 이는 그가 밀라노에서 예수회 신부의 교육으로 받은 종교심의 두드러진 특색이었다. 이 종교는 익숙지 못한 것을 생각하는 용기를 제거하고, 특히 '개인의 반성 정신'을 최대의 죄로서 금한다. 그것은 신교로의 전진이다. 자기가 어떠한 죄를 저질렀는지 알려면 담당 사제에게 물어보아야 한다. 또는 《속죄의 비결》이라는 표제의 책 속에 적혀 있는 죄의 일람표를 읽어야 한다. 파브리스는 나폴리의 신학교에서 배운, 라틴어로 된 죄의 표를 암송하고 있었다. 이 표를 암송하면서 살인 항목에 오자, 정당방위이긴 했지만 사람을 죽였다는 사실을 천주 앞에 뉘우쳤다. 그러나 시모니아(금전이나 물품으로 성직을 사는 것) 항목에는 조금도 주의를 하지 않고 넘겨버렸다. 파르마 대주교의 수석 보좌신부를 시켜줄 테니 1백 루이 내라고 한다면 그는 그런 생각을 증오하며 거절했으리라. 그러나 재치와 특히 논리에는 부족하지 않은 그였는데도, 모스카 백작의 권세를 자기 입신출세에 이용한다는 것은 시모니아에 해당한다는 걸 전혀 깨닫지 못했다. 예수회 교육의 승리는 이런 것이다. 한낮의 햇빛보다도 명백한 일에 주의하지 않는 습관을 길러준다. 파리의 개인적인 이해관계와 풍자에 얽혀서 자라난 프랑스 사람이라면, 특별히 악의에서는 아니라 해도, 파브리스가 성의를 다해 가장 깊이 감동한 마음을 천주에게 털어놓고 있는 이 순간을 가리켜 위선이라 비난했을지 모른다.

파브리스가 성당을 나온 것은 다음 날 하기로 마음먹었던 고해의 준비를 하고 나서였다. 루도빅은 산 페트로니오 성당 앞 큰 광장에 서 있는 커다란 돌기둥 아래 계단에 걸터앉아 있었다. 심한 폭풍우 뒤에 하늘이 활짝 개이듯 파브리스의 영혼은 조용하고 행복하며 깨끗해진 것 같았다.

"몹시 기분이 좋아졌는걸. 상처는 이제 별로 아프지 않아." 그는 루도빅에게 가까이 가면서 말했다. "먼저 사과를 해야지. 조금 전에 자네가 성당 안에서 말을 건넸을 때, 불쾌한 듯 대답을 했지. 마침 나는 양심의 검토를 하던 중이었어. 그래, 형편은 어떻던가?"

"모든 게 잘될 것 같습니다. 친구의 부인 집에 방을 하나 얻어놓았습죠. 하기야 도저히 각하의 마음에 들 만한 방은 못 됩니다만. 그 부인은 상당히 아름답고, 더구나 한 고위 경찰과 아주 친한 사이거든요. 내일 가서 우리 여권을 도둑맞은 경위를 신고할까 합니다. 이렇게 신고해두면 잘 처리될 거예요. 경찰에선 카살 마조레에 루도빅 산미켈리라는 자가 살고 있는가, 그에게 파브리스라는 동생이 있으며, 파르마의 산세베리나 공작부인 집의 하인인가 아닌가를 조회할 테지만, 우편료는 제가 내겠습니다. 이것으로 모든 일이 해결됩니다. Siamo a cavallo (이탈리아의 속담. 우리는 살았다)."

파브리스는 갑자기 몹시 근엄한 얼굴이 되었다. 그는 루도빅에게 잠깐만 기다리라고 이르고는 성당 안으로 뛰어들어갔다. 들어서자 또다시 재빨리 무릎을 꿇었다. 그는 돌 제단에 경건하게 입을 맞추었다. "주여, 이것은 기적입니다." 그는 눈물이 글썽해서 소리쳤다. "제 영혼이 의무에 복귀하려는 걸 보시고, 당신은 저를 구해주신 것입니다. 천주님, 앞으로 저는 어떤 일로 죽음을 맞이할지도 모릅니다. 그때엔 지금 제 영혼의 상태를 기억해주소서." 파브리스는 기쁨에 취해, 또다시 속죄의 시 일곱 편을 암송했다. 성당에서 나오기 전, 파브리스는 커다란 성모상 앞에 앉아 있는 노파에게 가까이 갔다. 그 곁에는 쇠다리 발판 위에 똑같은 금속으로 만든 삼각형이 수직으로 놓여져, 언저리에 많은 못이 뾰족하게 서 있었다. 그것은 신자들이 치마부에가 만든 유명한 성모상에 바치는 조그마한 초를 세우기 위한 것이었다. 파브리스가 다가갔을 때 일곱 자루의 초가 켜 있었다. 그는 이 광경을 나중에도 두고두고 기억하려고 머리에 똑똑히 새겼다.

"초 값이 얼마요?" 노파에게 물었다.

"한 자루에 2바요입니다."

사실 그것은 펜대 정도의 굵기로 길이도 30센티미터가 안 되었다. "저 삼각대 위에 몇 자루나 더 세울 수 있소?"

"예순세 자루입니다. 지금 일곱 자루가 꽂혀 있으니까요."

'음, 예순셋과 일곱이면 일흔이 된다. 이것도 기억해두자.' 파브리스는 생각했다. 그는 초 값을 치르고, 스스로 일곱 자루를 먼저 촛대에 꽂아 불을 붙이고, 무릎을 꿇고 봉헌기도를 올렸다. 그러고는 일어서서 노파에게 말했다.

"은총을 입었다오."

"배가 고파 죽겠다." 그는 루도빅 곁에 가서 말했다.

"카페 같은 데 가지 말고 숙소로 돌아가시죠. 안주인이 먹을 것은 전부 사 올 겁니다. 20수쯤 떼어먹을 테지만, 그만큼 손님을 소중히 여기겠죠."

"그러면 아직도 한 시간은 빈 배를 움켜쥐고 있어야겠군." 파브리스는 어린애처럼 천진난만하게 웃었다. 그리고 산 페트로니오 가까이 있는 카페로 들어갔다.

그런데 놀랍게도 그가 앉은 바로 옆 탁자에 고모의 수석하인인 페페가 있지 않은가. 언젠가 제네바까지 맞으러 왔던 사나이였다. 파브리스는 아무 말 말라는 신호를 하고 서둘러 식사를 마친 뒤, 입 언저리에 만족스러운 미소를 띠며 일어섰다. 페페는 따라 나왔다. 그래서 우리 주인공은 세 번째로 산 페트로니오 성당에 들어갔다. 루도빅은 사양하는 마음으로 광장에서 망을 보고 있었다.

"도련님, 상처는 좀 어떠십니까? 마님이 몹시 걱정하고 계십니다. 하루 동안은, 도련님께서 포 강 어느 섬에 쫓겨 들어가 숨이 끊어진 채 쓰러져 계실 거라고 생각하셨죠. 이제 곧 사람을 보내서 알리겠습니다. 저는 엿새 전부터 찾아다녔습니다. 그중 사흘은 페라라의 여인숙이란 여인숙은 이 잡듯이 뒤졌습니다."

"내 여권은 있는가?"

"각각 다른 세 가지를 가지고 왔습니다. 하나는 이름과 직위가 적혀 있는 것, 또 하나는 이름만 적힌 것, 나머지 하나는 조제프 보씨라는 가명으로 돼 있습죠. 어느 여권이고 두 통씩 만들어왔으니까 피렌체고 모데나고 마음대로 지나갈 수 있습니다. 마을 밖에까지 가시면 좋겠는데요. '펠레그리노 여관'에 묵으시도록 백작께서 주선하셨습죠. 여관 주인은 백작님과 잘 아는 사이입니다."

파브리스는 무심히 성당 안 오른쪽으로 가, 자기가 기증한 초가 불타고 있는 곳까지 와서 치마부에의 성모를 쳐다보았다. 그리고 무릎을 꿇으면서 페페에게 말했다.

"잠깐 감사를 올리련다."

페페도 그가 하는 대로 따랐다. 성당을 나오며 페페는 파브리스가 구걸하는 거지에게 20프랑짜리 금화를 주는 것을 보았다. 거지는 큰 소리로 사례를 했다. 그 소리에 성당 앞 광장에 늘 모여 있는 온갖 거지 떼들이 이 자선가의 뒤를 줄줄 따라왔다. 모두 나폴레옹 금화를 받으려는 것이었다. 떼거리 속에 끼어드는 걸 단념한 여자들은 파브리스에게 덤벼들었다. 금화를 주신건 모두가 사이좋게 나눠가지라는 뜻이라며 페페는 금 손잡이가 달린 지팡이를 흔들며 각하에게서 물러서라고 호령했다.

"아, 각하, 불쌍한 여자들에게도 금화를 한 닢 베풀어주십쇼." 저마다 목따는 소리를 질러댔다.

파브리스는 걸음을 빨리했다. 여기저기에서 많은 남자 거지들도 달려와, 마치 무슨 폭동과 같은 광경이었다. 뭐라고 말할 수 없이 더러운 원기왕성한 떼거리가 외쳐댔다.

"각하 각하!"

파브리스는 고생 끝에 겨우 그 소동에서 빠져나왔지만, 이 광경은 그의 공상을 지상으로 끌어내리고 말았다. '저런 천한 자들과 교제한다는 건 내 분수에 맞는 일이로군.' 그는 생각했다.

두 여자는 사라고사 문까지 뒤쫓아왔다. 그는 이 문을 거쳐 마을을 빠져나왔다. 페페는 무서운 얼굴로 지팡이를 쳐들어 위협하고는, 잔돈푼을 얼마쯤 던져서 여자들을 쫓아버렸다. 파브리스는 산 미켈레 인 보스코의 아름다운 언덕에 올라가, 성벽 바깥쪽으로 마을의 일부분을 돌아 좁은 길을 지나서, 피렌체 큰길로부터 5백 걸음가량 되는 곳에 왔다. 그리고 다시 볼로냐의 마을로 들어가 경관 앞에 위엄 있게 여권을 내보였다. 거기에는 그의 특징이 정확하게 적혀 있고 이름은 신학생 조제프 보씨라고 쓰여 있었다. 파브리스는 여권의 오른쪽 밑 모퉁이에 조그마한 붉은 잉크 자국이 있는 걸 보았다. 두 시간 뒤에 밀정 한 사람이 그의 뒤를 밟고 있었다. 여권에는 하인에게 각하라고 불릴 만한 직위가 하나도 적혀 있지 않은데, 산 페트로니오 성당의 거지들 앞에서 하인이 각하라고 불렀기 때문이다.

파브리스는 밀정의 모습을 보았지만 태연했다. 그는 이제 여권이나 경찰 따위는 개의치 않았다. 페페는 파브리스를 모시라는 명령을 받고 있었으나 루도빅을 대단히 신뢰하는 것을 보고, 자기는 이 좋은 소식을 공작부인에게 전하러 돌아가고 싶었다. 파브리스는 그리운 사람들에게 긴 편지를 두 통 썼다. 그리고 문득 생각이 나서, 세 번째 편지는 란드리아니 대주교한테 쓰기로 했다. 이 편지는 굉장한 효과를 얻었다. 그 속에 질레티와의 싸움 경위를 실로 정확하게 보고했다. 몹시 감동한 선량한 대주교는 곧 이 편지를 대공 앞에 읽으러 갔다. 대공은 젊은 '몬시뇰'이 그런 무서운 살인사건을 어떻게 변명하는지를 알고 싶었으므로 듣는 것을 승낙했다. 라베르시 후작부인 일당으로부터 수없이 사건의 이야기를 들었기 때문에, 대공은 파르마의 백성들과 마찬가지로 파브리스가 2, 30명의 농부들을 불러 모아 자기와 마리에타를 겨눈 무례한 광대를 때려죽였다고 믿고 있었다. 전제군주의 궁정에서는, 마치 파리에서 유행이 '진실'을 좌우하듯 맨 먼저 교묘하게 책동하는 자가 '진실'을 좌우한다.

"그러나 어리석기 짝이 없군!" 대공은 대주교에게 말했다. "그러한 짓은 남을 시키는 거야. 직접 한다는 건 관습에 어긋나는 짓이지. 그리고 질레티 같은 광대 따위는 죽이는 게 아냐. 돈을 주면 그만 아닌가."

파브리스는 파르마에서 어떤 일이 일어나고 있는가를 조금도 생각지 않았다. 실제로, 살아 있을 때 한 달에 겨우 32프랑밖에 못 벌던 이 광대의 죽음이, 극우당 내각과 그의 우두머리인 모스카 백작이 실각하느냐 않느냐 하는 문제로까지 확대되고 있었다.

질레티의 죽음을 안 대공은 공작부인의 태연한 태도에 화가 나서, 이 사건을 자유주의자를 취급하는 것과 똑같이 처리하라고 검찰총장 라씨에게 명령했다. 한편, 파브리스는 자기와 같은 신분을 가진 자는 법률에 구속당할 리가 없다고 믿고 있었다. 명문 출신이 절대로 처벌당하지 않는 나라에선 책략이 전능이라는 것, 그것이 명문 출신에게까지 힘을 미친다는 것을 그는 생각지 않았다. 그는 루도빅에게 자신의 무죄는 얼마 지나지 않아 공포될 거라고 몇 번씩이나 되풀이했었다. 그 커다란 이유는 자기에겐 아무 죄가 없다는 것이었다. 그에 대해서 루도빅은 어느 날 이렇게 말했다.

"각하처럼 재치 있고 학식 있는 분이 저같이 충성심 하나만 가지고 있는 하인 놈에게 왜 그런 말씀을 일부러 하시는지 모르겠습니다요. 각하는 너무 조심성이 많으십니다. 그런 말씀은 남들 앞에서나 재판 때 하시는 거예요."

'이 사나이는 분명히 나를 살인자라고 생각하는 게로군. 나에 대한 호의는 변함이 없겠지만.' 갑자기 현실로 돌아온 기분으로 파브리스는 이렇게 속으로 중얼거렸다.

페페가 떠난 지 사흘 뒤에, 그는 루이 14세 시대처럼 비단 리본으로 봉한 두툼한 편지를 받고 놀랐다. 수신인은 '파르마 교구 수석 보좌주교 파브리스 델 동고 각하'로 돼 있다.

'어, 아직도 난 이런 자였던가?' 파브리스는 웃으면서 생각했다. 란드리아니 대주교의 편지는 논리와 명석의 걸작이었다. 커다란 종이로 19장이나 되며, 질레티의 죽음과 관련해서 파르마에서 일어난 모든 사태가 자세히 적혀 있었다.

"네(Ney) 원수가 지휘하는 프랑스 군대가 이 도시를 향해 진격해온다 하더라도 이보다 더한 소동은 일어나지 않았으리라—선량한 대주교는 이렇게 썼다. 공작부인과 나를 제외하고는 누구나 다, 당신이 광대 질레티를 장난삼아 죽인 것이라고 믿고 있소. 비록 그와 같은 졸렬한 짓을 당신이 했다 하더라도, 2백 루이의 돈과 6개월의 피신이면 해결할 수 있는 일입니다. 그런데 라베르시 부인은 이 조그마한 사건을 이용해서 모스카 백작을 실각시키려 하오. 세상 사람들이 당신을 책망하는 건 살인이라는 무서운 죄가 아니라 정녕, bulo(자객)를 쓰지 않은 어리석음과 그 오만함입니다. 나는 여기서 현재 우리 주위에서 하고 있는 이야기를 그대로 당신에게 하는 것이오. 왜냐하면 그 유감스러운 사건 이후, 나는 매일같이 이 도시의 가장 유력한 세 집을 찾아다니며 당신을 변명하려고 애써왔으니까요. 천주께서 주신 변변치 못한 웅변을 이보다 더 성스러운 일에 쓴 적은 이제까지 없었소."

파브리스는 이제야 모든 것을 깨달았다. 공작부인으로부터의 애정이 넘쳐 흐르는 편지에는 이런 이야기는 조금도 없었다. 부인은 파브리스가 머잖아 떳떳하게 돌아올 상황이 되지 않으면 자기도 영원히 파르마를 떠날 작정이었다. 대주교의 편지와 함께 도착한 편지에 공작부인은 이렇게 써 보냈다.

"백작은 너를 위해서 할 수 있는 데까지 힘을 쏟을 것이다. 나는 너의 그 난폭한 사건 덕분에 성격이 완전히 변해버렸단다. 나는 지금 은행가 톰본처럼 인색해졌어. 하인들은 모두 내보냈지. 그뿐이 아니다. 백작의 도움을 받아 내 재산목록을 작성해보았는데 생각했던 것보다 적더구나. 피에트라네라 백작이 돌아가셨을 때—다른 이야기지만, 넌 질레티 같은 사나이와 목숨을 걸고 싸울 바에는 차라리 백작의 복수를 했어야 옳았다—내게 남은 것은 1천2백 프랑의 연금과 5천 프랑의 빚이었다. 아직까지도 기억에 생생한데, 파리에서 주문해온 흰 새틴 구두는 36켤레나 있는데도 막상 거리에 신고 나갈 구두는 한 켤레도 없었지. 난 공작이 내게 준다는 30만 프랑을 받으려고 한다. 그 돈은 그 사람을 위해 훌륭한 묘를 세우는 데 모두 쓰려고 생각했었지만. 그건 그렇고, 너의 가장 큰 적은 라베르시 후작부인이다. 곧 내 적이야. 볼로냐에서 혼자 심심하다면 언제든 이야기하려무나. 곧 그리로 갈 테니. 여기 환어음 4장을 동봉한다……."

공작부인은 그의 사건에 대해 파르마에서 떠도는 소문은 한마디도 파브리스에게 적어 보내지 않았다. 무엇보다도 먼저 그를 위로하려 했다. 그녀가 생각하기에 질레티처럼 보잘것없는 인간의 죽음은, 진정 그것 때문에 델 동고 집안의 한 사람이 비난을 받을 만한 일은 아니었다. 그녀는 백작에게도 말했다.

"우리 조상들은 질레티 같은 인간을 몇 사람 저승에 보냈는지 알 수 없습니다. 그러나 아무도 그걸 책망하지 않았거든요."

비로소 사태의 진실을 알아차린 파브리스는 너무 놀라서 대주교의 편지를 다시 검토해보았다. 불행하게도 대주교는 파브리스가 어느 정도 사실을 알고 있으리라고 믿었다. 특히 라베르시 후작부인이 승리감을 만끽할 수 있는 이유가 그 결투 장면을 목격한 증인이 발견되지 않는 데 있다는 사실을 깨달았다. 처음 소식을 파르마에 전한 하인은 싸움이 일어났을 때 상기냐 마을의 여인숙에 있었으며, 마리에타와 그의 양어머니인 노파는 그 뒤 도무지 종적을 찾을 수 없었다. 그리고 라베르시 부인은 그 마차의 마부를 매수했기 때문에 마부는 지금 어처구니없는 진술을 하고 있다.

대주교는 키케로식의 문장으로 엮어 나갔다.

"이 사건의 심리는 깊은 비밀에 싸여 라씨 검찰총장이 진행하고 있는데—이 인물에 대해선 난 단지 기독교도로서의 동포애 때문에 욕을 삼갈 뿐, 그는 마치 사냥개가 산토끼를 뒤쫓듯 불행한 피고들을 학대해서 입신출세한 인물이라오—그의 파렴치와 금전욕은 당신 상상력으로는 도저히 판단하기 힘들 것이오. 그러한 라씨가 화를 내고 있는 대공으로부터 심리의 실권을 위임받기는 했어도, 나는 veturino(마부)의 세 가지 진술을 읽을 수 있었소. 다행히도, 이 가증스러운 사나이의 진술은 모순에 가득 차 있었죠. 그리고 나는 지금 수석 보좌주교, 곧 내 후계자로서 이 교구를 관리해야 할 사람에게 이야기하고 있는 것이니까, 덧붙여 말하겠소—그것은 내가 그 길 잃은 죄인이 살고 있는 소교구의 어느 사제를 소환했다는 것이오. 고해의 비밀은 지킬 것을 전제로 하고 말하겠지만, 이 사제는 마부의 아내 입을 통해, 마부가 라베르시 후작부인에게서 받은 금액을 다 알고 있소. 후작부인이 그에게 당신을 중상하도록 요구했다고는 단정지을 수 없으나 충분히 있을 법한 일이오. 그 돈은 후작부인의 측근으로 하찮은 일을 보고 있는 한 신부의 손을 통해 전해졌소. 그래서 나는 이자에게 두 번째로 미사 집전을 금해야 했어요. 그 밖에 분명 당신이 기대했을, 또한 내가 의무로서 마땅히 해야 했던 몇 가지 노력에 대해선 생략하겠소. 대성당에서 당신의 동료인 한 참사회원으로, 마침 하느님의 뜻에 의해서 유일한 상속인이 되어 자기 집 재산의 세력을 내세우기 좋아하는 인물이 있습니다. 그런데 이자가 내무대신 쥐를라 백작의 집에서, 이번 사건은 모든 입증이 당신에게 아주 불리하다고 말했다고 하오. (질레티의 살해에 대해서 그렇게 말한 거지요.) 나는 곧 이자를 불러들여 다른 보좌주교 세 사람과 나의 측근 사제, 그리고 마침 별실에 와 있던 사제 두 사람을 입회시켜, 그가 성직 동료 한 사람에 대해서 얻은 확증의 근거를 밝히라 요구했소. 그자는 불확실한 이유만 중얼거릴 뿐이었고, 모두들 그를 반박했어요. 나는 몇 마디밖에 할 수 없었으나, 그는 눈물을 흘리며 우리 앞에서 자기 잘못을 인정했소. 그래서 나는 그가 두 주일 전부터 퍼뜨린 말로 인해 생긴 세간의 소문을 바로잡는 데 힘쓰겠다는 조건으로, 나와 함께 있던 모든 사람의 이름을 걸고 비밀을 지켜주기로 약속했다오. 당신이 이미 잘 알고 있으리라 믿기에 다시 되풀이하고 싶진 않으나, 모스카 백작이 계획한 발굴 작업에 고용된 34명의 인부 중—라베르시 부인은 당신이 범죄를 돕도록 이들에게 돈을 주었다고 하오—32명은, 당신이 별안간 덤벼든 사나이에게 목숨을 지키기 위해 사냥칼을 들고 대항했을 때 도랑 속에서 일하고 있지 않았소. 인부 두 사람이 도랑 밖에 있다가 "누가 각하를 죽인다!" 다른 자들에게 소리쳤어요. 이 소리만으로도, 당신의 무죄를 명백히 입증하는 것이 되오. 그런데 라씨는 이 두 사람이 행방불명이라고 주장하고 있소. 더구나 도랑에 들어가 있던 자들 가운데 8명이 발견되어, 첫 번째 심문에서 그중 6명은 '누가 각하를 죽인다!'는 소리를 들었다고 증언했었죠. 그러나 내가 간접으로 탐문한 바에 의하면, 어제 오후에 열린 다섯 번째 심문에선 5명이 이 외치는 소리를 직접 들었는지, 또는 어느 친구한테서 이야기로 들었는지 분명히 기억이 안 난다고 말했다는 것이오. 나는 이들 인부의 주소를 조사시켰소. 그들의 사제들이 돈 몇 푼을 받기 위해 진실을 숨기는 일은 지옥에 빠질 죄라고 타이를 것이오."

이와 같은 내용을 보아 알 수 있듯이, 대주교의 편지는 아주 자세했다. 거기에 또 라틴어로 덧붙여 있었다.

"이 사건은 전적으로 현 내각을 타도하려는 의도 말고는 아무것도 아니오. 당신이 유죄 선고를 받으면 반드시 징역 아니면 사형에 처해질 텐데, 그럴 경우 난 대주교 자리에 있는 사람으로서 다음과 같이 선언하며 간섭하겠소—당신에겐 죄가 없다, 어떤 난폭한 자의 공격으로부터 자기 생명을 지켰을 뿐이라고. 또한 당신이 파르마에 돌아오는 것을, 적이 유리한 형세에 있는 동안 내가 금했다고 하겠소. 당연한 일이지만, 나는 검찰총장 라씨에게 망신을 줄 작정이오. 그의 성격은 세상 사람들이 다 알고 있을 뿐 아니라, 그에 대한 증오는 누구나 다 가지고 있소. 그래도 결국 검찰총장이 부정한 판결을 내린다면, 그 전날에 산세베리나 공작부인은 이 도시를, 아마도 파르마 공국을 떠날 겁니다. 그 경우 백작이 사직하리라는 것은 분명하고. 그때엔 틀림없이 파비오 콘티 장군이 입각하여, 라베르시 후작부인이 승리하는 결과를 낳을 것이오. 이번 사건에서 곤란한 점은, 당신의 무죄를 밝히기 위해 증인들을 매수하는 적의 흉계를 막아낼 유능한 사람이 없다는 사실이죠. 백작은 이 역할을 자신이 하고 있는 줄 알지만 이런 사소한 사건을 직접 취급하기에는 그의 직위가 너무 높아요. 더구나 그는 경찰국장으로서, 맨 처음부터 당신에 대한 준엄한 명령을 내릴 수밖에 없었소. 마지막으로 이런 이야기를 해도 될지 모르나 우리 군주는 당신의 유죄를 믿고 계시죠. 적어도 믿는 체하고 계시죠. 이것도 이번 사건을 상당히 까다롭게 만드는 요인이지요."

('우리 군주'와 '믿는 체'에 해당하는 말은 그리스어로 쓰여 있었다. 파브리스는 그런 말을 써준 대주교가 진심으로 고마웠다. 그는 주머니칼로 편지의 이 줄을 잘라내어 곧 찢어버렸다.)

이 편지를 읽으면서, 파브리스는 도중에 몇 번이나 쉬었다. 더없는 감격과 흥분으로 가슴이 설레었다. 곧 8장이나 되는 답장을 썼다. 눈물이 종이 위에 떨어지지 않게 하려고, 자주 고개를 들어야 했다. 다음 날 편지를 봉하려고 할 때, 아무래도 편지의 어투가 너무 세속적인 것만 같았다. '라틴어로 쓰자. 그 편이 존경하는 대주교에겐 어울릴 것이다.' 그는 생각했다. 그러나 키케로를 모방한 긴 라틴어의 미문을 지으려 애쓰고 있을 때, 문득 어느 날 대주교가 나폴레옹 이야기를 하면서 일부러 뷰오나파르트(Buonaparte: _{보나파르트의 이탈리아식 이름. 나폴레옹은 이탈리아인이므로 반대파에서는 경멸적으로 이렇게 불렀다})라 한 것이 떠올랐다. 그러자 곧 전날 눈물을 흘렸을 정도의 감동이 사라져버렸다. "아, 이탈리아 왕이시여!" 그는 외쳤다. "당신이 살아 계실 때, 그렇게 많은 인간이 당신에게 맹세한 충성을 나는 당신이 죽은 뒤까지도 간직하겠습니다. 대주교는 나를 아끼고 있지만, 그것은 내가 델 동고 집안의 한 사람이며, 그 사나이가 평민 출신이기 때문입니다." 파브리스는 이탈리아어로 써놓은 아름다운 편지를 휴지로 만들고 싶지 않았으므로 몇 군데만 고쳐 모스카 백작에게 보냈다.

바로 그날, 파브리스는 거리에서 마리에타를 만났다. 여인은 기뻐서 낯을

붉히며, 조금 떨어져서 따라오라고 신호를 했다. 그녀는 재빨리 한적한 성당 앞으로 갔다. 거기서도 이 지방의 풍속으로 사람들에게 얼굴이 보이지 않도록 머리에 쓴 검은 레이스를 앞에 가리고서 획 돌아섰다.

"어떻게 됐어요? 그렇게 마음대로 거리를 쏘다녀도 괜찮은가요?"

파브리스는 그녀에게 그 뒤의 이야기를 해주었다.

"어머나! 페라라에 계셨다고요! 내가 그곳에서 당신을 얼마나 찾아다녔는데요. 난 그 할멈과 옥신각신했어요. 날 베네치아로 데리고 간다는 거예요. 당신은 오스트리아에서 수배당한 사람이니까 그곳으론 가지 않을 거라고 난 생각했었죠. 내 금목걸이를 팔아서 볼로냐에 온 거예요. 어쩐지 이곳에 오면 당신을 만날 수 있을 것만 같았어요. 할멈은 나보다 이틀 늦게 왔죠. 그러니까 우리집에 오시라고 권하고 싶지는 않아요. 또 돈을 긁어내려고 할 테니까요. 원 창피해서. 그 사건이 있은 날부터 우리는 줄곧 편하게 지내왔죠. 당신이 주신 돈의 4분의 1도 아직 다 쓰지 않았어요. 나는 당신을 딴 나라 '펠레그리노' 여관으론 가고 싶지 않아요. 그런 짓을 하면 당신과의 관계를 광고하는 거나 다름없으니까요. 어디고 사람이 적은 거리에 조그마한 방을 빌려줘요. 그러면 아베 마리아의 시각(해가 질 무렵)에 내가 이곳으로 올게요."

이 말을 남기고 여인은 도망치듯 가버렸다.

제 13 장

이 사랑스러운 여인의 뜻하지 않은 출현으로 성실한 생각은 깡그리 사라지고 말았다. 파브리스는 볼로냐에서 기쁘고 안정된 생활을 하기 시작했다. 일상생활 속에서 일어나는 모든 일에 행복을 느끼는 그런 철없는 기분이 공작부인에게 써 보내는 편지에도 자연스레 풍겨 있어, 부인은 그 때문에 기분이 언짢을 정도였다. 파브리스는 그것을 깨닫지 못했다. 오직 그는 회중시계 문자판에 약자로 이렇게 써놓았을 뿐이다―'D(D는 공작부인 duchesse의 머리글자)에게 편지를 쓸 때엔, 내가 고위 성직자였을 때라든가, 내가 성직자였을 때란 말은 절대로 쓰지 말 것. 그녀의 기분을 상하게 한다.' 그는 조그마한 말 두 필을 샀는데 그것이 몹시 마음에 들었다. 마리에타가 볼로냐 근교의 어디건 경치 좋은 곳에 가고 싶어하면, 언제고 이 말에 세 낸 마차를 달았다. 거의 매일 밤 그녀를 '레노의 폭포'로 데리고 갔다. 돌아오는 길에는, 공연히 여인의 아버지인 체하는 인상 좋은 크레센치니의 집에 들렀다.

'허! 이런 것이 조금이나마 가치 있는 인간에겐 어리석은 짓이라고 생각됐던 카페 생활이라면, 그동안 증오해온 것이 잘못이었어.' 파브리스는 생각했다. 카페에 가는 것은 다만 〈입헌신문〉을 읽기 위해서이며, 볼로냐의 상류사회에는 전혀 교제가 없고, 현재의 행복에 겉치레의 만족은 조금도 섞여 있지 않다는 사실을 그는 잊고 있었다. 마리에타와 함께가 아닐 땐, 그는 언제나 천문대에 모습을 나타냈다. 그는 거기서 천문학 강의를 듣고 있었다. 교수는 그에게 커다란 호의를 베풀었다. 파브리스는 교수가 일요일에 아내를 데리고 몽타놀라의 산책로로 나갈 때 자기 말을 빌려주었다.

그는 아무리 하찮은 인간일지라도 불행하게 두는 것을 싫어하는 성품이었다. 마리에타는 그가 노파와 만나는 걸 몹시 꺼려했으나, 어느 날 여인이 성당에 가고 없는 동안, 그는 노파가 있는 곳에 올라갔다. 노파는 그의 모습을 보자 노여움으로 얼굴이 새빨개졌다. '한번 델 둥고다운 점을 보여주어야겠군.' 파브리스는 생각했다.

"마리에타가 극단에서 일할 때 한 달에 얼마나 받았죠?" 그는 거만한 젊은이가 파리에서 부프 극장의 상등석에 들어올 때와 같은 태도로 말했다.

"50에퀴."

"여전히 거짓말을 하는군요. 사실대로 말해보시죠. 그렇지 않으면 한 푼도 주지 않을 테니까요."

"그래, 그 애는 불행히도 당신을 만났을 때, 그 파르마의 극단에 나가고 있을 때엔 22에퀴를 받았죠. 나는 12에퀴고. 그리고 우리 보호자였던 질레티에게 우리는 다같이 3분의 1씩 바쳤어요. 그 대신 질레티는 거의 매달 마리에타에게 무엇이든 사줬으니까. 적어도 2에퀴는 가는 물건을 말이죠." "아직도 거짓말을 하는군요. 당신은 4에퀴밖엔 못 받았으면서. 그러나 마리에타에게 잘해주면, 흥행주가 하듯이 내가 두 사람에게 급료를 주겠소. 매달 당신에겐 12에퀴, 그리고 딸한텐 22에퀴를. 하지만 딸이 울어서 눈이 빨개지거나 하면 그땐 그만둘 거요."

"흥, 꽤 뻐기는군요. 그따위 친절을 받아들이면 우리가 더 곤란해요." 노파는 악에 받쳐 이렇게 대답했다. "단골손님이 없어지죠. 그리고 당신의 고마운 비호를 받을 수 없게 될 때가 오면, 그때는 이미 어느 극단도 우리를 알아주지 않을 테고, 자리가 차서 써줄 리 없죠. 덕분에 우리만 굶어 죽을걸요."

"마음대로 하시오!" 파브리스는 나가면서 말했다.

"마음대로 할 테다. 죄 받을 놈 같으니! 경찰서에 뛰어가서 당신이 신부였고, 조제프 보씨란 이름이 엉터리라는 걸 일러바치겠어."

파브리스는 벌써 몇 계단을 내려가 있었지만, 다시 되돌아 올라왔다.

"알아두시오. 경찰은 내 본명을 당신보다 더 잘 알고 있소. 하지만 만일 나를 밀고하거나, 그런 어리석은 짓을 했다가는……." 그는 정색하고 말했다. "그때엔 루도빅이 당신을 찾아갈 거요. 당신의 늙어빠진 뼈가 5, 6개 찔리는 것쯤으로는 끝나지 않을걸요. 적어도 24개는 각오하시오. 그러면 여섯 달은 병원에서 담배도 못 피우게 될 테니."

노파는 새파랗게 질려서 파브리스의 손에 달려들어 입을 맞추려고 했다.

"당신의 뜻을 받들겠습니다. 마리에타도 나도 기꺼이 그렇게 하겠어요. 사람이 너무 좋아 보이니까 바보인 줄 알았지 뭐예요. 조심하세요, 다른 사람들도 틀림없이 그렇게 보기 쉬우니까요. 내 말대로, 좀더 높은 사람 같은 태도를 취하는 게 좋을 거예요."

그러고는 정말 뻔뻔스럽게도 말을 이었다.

"내가 한 말을 나중에 잘 생각해보세요. 그리고 곧 겨울이 닥쳐오니 마리에타와 내게 고급 영국제 옷을 사줘요. 옷감은 산 페트로니오 광장의 큰 상점에서 팔고 있어요."

귀여운 마리에타의 사랑으로 파브리스는 가장 달콤한 애정의 온갖 매력을 다 맛보았다. 그것은 또한 공작부인 곁에 머물러 있었다면 누릴 수 있었을 행복과 같았다.

'하지만 남들이 사랑이라고 부르는 배타적이며 정열적인 그런 긴장된 기분을 나는 조금도 느낄 수 없다는 것은 정말 이상하지 않은가.' 그는 때때로 이런 생각이 들었다. '노바라나 나폴리에서 우연히 알게 된 여자와 만날 때에도 그랬었지. 그녀들과 보내는 얼마 안 되는 시간조차도, 새로 구한 좋은 말을 타고 산책하는 것보다 즐겁다고 느낀 적이 한번이나 있었을까? 사랑이라는 것은 역시 거짓에 지나지 않는 걸까? 하기야 나도 여자가 좋아지기는 한다. 그것은 마치 6시가 되면 식욕이 생기는 것과 같다. 세상의 거짓말쟁이들이 말하는 오셀로의 사랑이니 탕크레드(볼테르의 비극 〈탕크레드〉의 주인공)의 사랑이니 하는 것은 이런 비속한 경향을 말하는 걸까? 만약 그렇지 않다면 나는 다른 사람들과는 다른 건가? 내 영혼에는 한 가지 정열이 부족하다. 왜 그럴까? 참으로 이상한 운명이로군.'

나폴리에선, 특히 마지막 무렵에 만난 여자들은 신분이나 얼굴을 내세우고, 또 그를 위해서 사교계에서 이러이러한 지위를 가진 자들까지도 거절했다고 자랑하면서 그를 자기네 마음대로 휘어잡으려 했다. 그러한 속셈을 눈치챈 파브리스는 냉담하게 곧장 관계를 끊어버렸다. '그런데 내가 산세베리나 공작부인이라는 아름다운 여인과 친밀하다는 기쁨, 그 커다란 기쁨에 도취되어 무아지경이 되는 일이 있다면, 나는 마치 황금 알을 낳는 닭을 죽인 경솔한 프랑스 사람과 다를 게 뭐 있겠는가. 내가 부드러운 애정으로 맛보는 유일한 행복을 지닌 것도 고모 덕분이다. 고모에 대한 나의 우정은 내 생명인데, 만약 고모가 없었으면 나는 무엇이 되었을까? 노바라 교외의 쓰러져 가는 집에서 가까스로 목숨만 부지하는 추방자일 뿐이었으리라. 지금도 기억하건대 가을장마가 계속되는 동안 밤이면 비 새는 것이 걱정되어 침대 위에 우산을 달아놓았었다. 그리고 집사의 말을 타고 다녔다. 그는 나의 푸른 피(내 집의 권력)를 생각해서 참고 있었지만, 점차 내가 너무 오래 묵는다 생각했었지. 아버지는 내게 1천2백 프랑의 연금을 주었지만, 위험한 사상을 지닌 인간에게 빵을 준다는 생각에 한심하게 여겼었다. 어머니나 누이들은 자기들 옷도 넉넉지 못하면서, 내가 애인에게 작은 선물쯤은 할 수 있게 해주었다. 이런 친절을 생각하면 나는 마음이 괴로워 견딜 수가 없었다. 게다가 남들이 나의 가난한 생활을 눈치채고, 마을의 귀족 젊은이들은 나를 동정하기 시작했다. 누구건 오만한 자가 계획이 좌절된 가난한 급진 사상가에게 마음속의 경멸을 머잖아 노골적으로 나타낼 성싶었다. 그자들의 눈엔 나는 분명 그렇게 비쳤으니까. 그러면 나는 칼로 상대를 찌르든가 찔리든가 해서 프네스트렐 감옥에 잡혀 들어갔거나, 아니면 그대로 1천2백 프랑의 돈을 받고 다시 스위스로 도망쳤을 것이다. 이런 불쾌한 일을 겪지 않게 된 것은 오직 공작부인 덕분이었다. 더구나 이 여인은 내가 당연히 고모에게 바쳐야 할 열렬한 애정을 오히려 내게 베풀고 있지 않은가.

더 있었으면 음침하고 우둔해졌을 그런 어리석고 비참한 생활 대신, 나는 4년 전부터 커다란 도시에서 살며 훌륭한 마차도 가지고 있다. 덕분에 선망이라든가 그 밖의 촌스러운 비속한 감정을 조금도 느끼지 않게 되었다. 다정한 고모는 내가 은행에서 돈을 자주 찾아 쓰지 않는다고 꾸지람을 한다. 나는 이렇게 남들이 부러워하는 처지를 일부러 부숴버릴 작정일까? 세상에 단 하나뿐인 친구를 잃어도 괜찮다는 말인가? 거짓말 한마디면 된다. 아마 세상에 다시없을 매력 있는 부인에게, 그리고 내가 가장 열렬한 애정을 느끼고 있는 사람에게 이 말만 하면 되는 것이다—나는 당신을 사랑합니다. 마음을 다해 사랑한다는 것이 무엇인지를 알지 못하는 이 몸이 말이다. 고모는 내가 알지 못하는 정열이 부족하다고 온종일 나무랄 것이다. 마리에타는 이런 내 기분을 알 리 없고, 애무를 진정한 열정이라 착각하고 있는 만큼, 내가 사랑에 도취되었다고 생각하며 자기를 가장 행복한 여자라 믿고 있다.'

'사실 내가 세상 사람들이 사랑이라고 부르는 그런 감정을 잠깐 느껴본 것

은 벨기에 국경 가까이 있는 존데르라는 여관집 딸 아니캥에게뿐이었다.'

유감스러운 일이지만, 파브리스의 가장 나쁜 행동 중 하나를 여기서 적을 수밖에 없다. 이러한 평온한 생활을 하는 동안에도 쓸데없는 허영심이, 도무지 사랑과는 인연이 먼 마음을 사로잡아 너무 깊이 빠져든 것이었다. 마침 볼로냐에 그가 있을 때, 유명한 파우스타도 와 있었다. 그녀는 두말할 것 없이 당대 최고 가수이며 다시 보기 힘들만큼 변덕스러운 여자였다. 베네치아의 뛰어난 시인 뷔라티는 그녀를 위해 유명한 풍자시를 지었는데, 이 노래가 그 무렵 왕을 비롯하여 거리의 악동에게까지 불리고 있었다.

"하루에도 마음이 있었다가 없어지고, 반했다 미워졌다 열두 번은 변하네. 변하는 것이 아니면 만족하지 못하고, 세상 사람들이 좋아하고 동경하는 건 경멸한다네. 파우스타에겐 이것 말고도 나쁜 버릇이 있다네. 그러니까 이 뱀을 절대로 보지 마시기를. 어쩌다 한번 보고 나면 그 여자의 변덕도 잊고, 노래를 부르면 자기 자신을 잊게 되니까. 순간의 사랑은 그 옛날 키르케가 율리시스의 친구들에게 맛보인, 그런 맛을 내게 보일 테니까."

그 무렵 이 보기 드문 미인은 젊은 M백작의 탐스러운 구레나룻과 오만한 성격에 반해서, 뭇 남자들의 성가신 질투에도 전혀 개의치 않는 듯했다. 파브리스는 볼로냐의 거리에서 이 백작을 본 일이 있었다. 그리고 온통 거리를 휘젓고 다니는 그의 오만한 태도에 반감을 가졌다. 이 젊은 사나이는 대단한 부자로, 자기는 무슨 짓이든 할 수 있다고 믿었다. 너무 무례하고 교만하여 적을 많이 만들었기 때문에, 브레시아 가까이 있는 영지에서 buli(자객) 10명쯤을 불러와 자기 집안의 문장이 박힌 옷을 입혀 늘 데리고 다녔다. 파브리스는 이 철부지 백작과 눈이 마주친 일이 한두 번 있었다. 바로 그즈음에 그는 우연히 파우스타의 노래를 들었다. 천사와 같은 아름다운 목소리에 놀랐다. 이런 목소리는 다시 없을 것 같았다. 그는 이 목소리에 무한한 행복을 느꼈다. 그것은 현재 자기 생활의 평범함과 좋은 대조였다. '그러면, 이것이 사랑이라는 걸까?' 생각해보았다. 이러한 기분을 경험하고픈 호기심에, 그리고 어떤 고적대 대장보다도 험상궂게 생긴 M백작에게 도전하는 게 재미있어, 우리 주인공은 M백작이 파우스타를 위하여 빌려준 타나리 저택 앞을 필요 이상으로 지나다니는 어린애 같은 장난을 하기 시작했다.

어느 날 저녁, 파브리스가 어떻게 해서든 파우스타에게 자기 모습을 보이려고 애를 태우자, 갑자기 자신을 비웃는 웃음소리가 들려왔다. 그것은 타나리 저택 문 앞에 있던 백작의 자객들이 웃는 소리였다. 그는 재빨리 집으로 되돌아가 쓸만한 무기를 손에 쥐고, 다시 저택 앞에 나타났다. 창문 뒤에 숨어 있던 파우스타는 그가 되돌아오기를 은근히 기다리고 있었다. 그리고 그가 되돌아온 것을 보고 마음이 동요되기 시작했다. 뭇 남자들에게 질투를 느끼는 M백작은, 특히 조제프 보씨를 질투하기 시작하여 괴상한 말을 하며 화를 냈다. 그래서 우리 주인공은 매일 아침, 단지 다음과 같은 사연만을 적은 편지를 백작에게 줄곧 보냈다.

"조제프 보씨 씨는 불쾌한 벌레들을 없애버린다. 숙소는 라르가 거리 79번지 펠레그리노 여관."

막대한 재산과 훌륭한 가문과 용감한 30명의 하인들 덕분에 어디를 가든 늘 존경만을 받아오던 M백작은 이 짧은 편지 내용에 그대로 참고 있을 수만은 없었다.

파브리스는 파우스타에게도 편지를 썼다. M백작은 애인이 그다지 싫어하지 않는 것 같은 눈치인 이 연적의 주변에다 사람을 보내 그 정체를 염탐시켰다. 먼저 그 본명을 알아내고, 다음에 그가 얼마 동안은 파르마에 돌아갈 수 없는 신세임을 알았다. 며칠 뒤 M백작은 그의 자객과 훌륭한 말과 파우스타를 데리고 파르마를 향해 떠났다.

파브리스는 짓궂게도 그 다음 날 뒤를 쫓았다. 루도빅이 진심으로 말렸으나 파브리스는 들으려 하지도 않았다. 용감한 루도빅도 감탄할 정도였다. 게다가 이번 여행으로 카살 마조레에 있는 귀여운 여자 곁에도 갈 수 있지 않은가. 루도빅이 힘써준 덕에, 나폴레옹 군대의 병사였던 사나이 10명가량이 하인이라는 이름으로 조제프 보씨 주위에 모였다. 파우스타의 뒤를 쫓는다는 미친 짓을 하면서 파브리스는 생각했다. '이는 경찰국장 모스카 백작에게도 공작부인에게도 알리지 않고 하는 행동으로, 위험한 건 나뿐이다. 고모에게는 나중에 사랑이라는, 아직 한 번도 경험하지 못한 그 아름다운 것을 구하러 간 거라고 말하자. 사실 나는 눈앞에 보이지 않을 때에도 파우스타를 생각하고 있으니까……. 그러나 내가 좋아하는 것은 그녀의 목소리에 대한 추억일까, 그렇지 않으면 그 여자 자신일까?' 이미 신부라는 신분을 고려하지 않았으므로, 파브리스는 M에게 지지 않을 만한 탐스러운 구레나룻이며 수염을 길러 퍽 인상이 달라졌다. 그는 거처를 파르마가 아닌—그것은 너무 경솔한 짓이었다—근교의 어느 마을 숲 속에 두었다. 고모의 집이 있는 사카로 가는 도중에 있었다. 루도빅의 의견에 따라, 이 마을에선 어떤 괴상한 영국 대귀족의 하인 행세를 했다. 사냥을 즐겨 해마다 그 때문에 10만 프랑을 쓰는 그 영국 귀족은 지금은 코모 호수에서 송어 낚시를 하고 있지만, 머잖아 이곳으로 올 거라고 했다. 다행히도 M백작이 파우스타를 묵게 하는 아담한 저택은 파르마 남쪽 끝, 사카로 가는 한길 바로 옆에 있었다. 더욱이 파우스타의 방 창문은 성곽 높은 탑 밑으로 뻗은 아름다운 가로수길을 향해 나 있었다. 파브리스는 한적한 이 부근에선 그다지 얼굴이 알려져 있지 않았다. 그는 곧 백작의 동정을 살피게 했다. 그러던 어느 날 그가 아름다운 가수의 집에서 나간 것을 알자, 대담하게도 대낮에 거리로 나섰다. 물론 그는 좋은 말을 타고 빈틈없이 무장까지 했다. 이탈리아의 마을을 떠돌아다니는 악사들 중엔 간혹 솜씨 좋은 자가 있었는데, 그런 자들이 와서는 파우스타의 창문 아래다 콘트라베이스를 마련해놓았다. 그들은 전주곡을 연주한 뒤 여자에게 바치는 노래를 멋들어지게 불렀다. 파우스타가 창가에 나타났다. 그러자 거리 한가운데에 말을 세운, 예의 바른 젊은이의 모습이 곧 눈에 띄었다. 젊은이는 먼저 인사를 하고는 곧이어 의미 있는 눈초리를 보내기 시작했다. 파브리스가 괴상한 영국식 옷을 입고 있었음에도, 여인은 자기가 볼로냐를 떠난 원인이 된 그 열정적인 편지를 써 보낸 사람이라는 걸 곧 알아챘다. '퍽 이상한 사람이다.' 그녀는 생각했다. '왜 그런지 난 저 사람이 좋아질 것만 같아. 마침 손안에 1백 루가 있으니 저 무지한 M백작을 차버릴 수도 있지. 정말 그 사람은 재치도 없고 색다른 맛이 없단 말이야. 단지 그를 둘러싸고 있는 자들의 잔인한 면모가 재미있을 뿐이지.'

다음 날 파브리스는 파우스타가 매일 마을 한가운데, 그의 증조할아버지 아스카니오 델 동고 대주교의 묘가 있는 성 요한 성당으로 미사를 드리러 간다는 것을 알자 대담하게도 뒤를 쫓아갔다. 루도빅은 그를 위해서 훌륭한 영국제 붉은 가발을 준비해주었다. 파브리스의 가슴을 태우는 불꽃과도 같은 이 머리 색깔을 주제로 루도빅은 소네트 하나를 지었는데, 파우스타는 이것을 재미있다고 생각했다. 누구 짓인지, 이 소네트는 그녀의 피아노 위에 놓여 있었던 것이다. 이런 대수롭지 않은 전투가 일주일 동안 계속되었다. 그러나 온갖 짓을 해도 사실상 아무런 진전도 없음을 파브리스는 깨달았다. 파우스타는 그를 집 안에 들이지 않았던 것이다. 어딘지 그의 방법에는 괴팍스러운 데가 있었다. 나중에 여자가 말한 바에 의하면, 어쩐지 좀 꺼림칙했다는 것이다. 파브리스는 흔히들 말하는 사랑이라는 감정을 느껴보려는 한 가닥 희망으로 이 일을 계속하고 있었으나, 때때로 권태를 느끼곤 했다.

"이젠 물러납시다요." 루도빅은 몇 번이고 말했다. "당신은 조금도 사랑을 하고 계시지 않아요. 제가 보기엔 몹시 냉정하시고 정신 또한 말짱합니다. 더구나 조금도 진전이 없지 않습니까. 체면을 생각해서라도 물러날 때라고 생각합니다."

파브리스도 비위에 거슬리는 무슨 일이라도 생기면 물러날까 생각하고 있었다. 그때 파우스타가 산세베리나 공작부인의 저택에서 노래를 부르기로 돼 있다는 말을 들었다. '그 아름다운 목소리를 들으면 내 마음은 더욱 불타오를 거야.' 그는 생각했다. 그래서 대담하게도 그곳에선 누구 하나 그를 모르는 사람이 없는 저택으로 변장하고 들어갔다. 음악회가 거의 끝날 무렵, 넓은 거실 문 가까이 사냥용 하인복을 입고 서 있는 젊은이의 모습을 우연히 보았을 때 공작부인의 놀라움은 이만저만이 아니었다. 그 모습은 누군가를 떠올리게 한 것이다. 부인은 모스카 백작을 부르러 갔다. 그리고 백작에게 비로소 파브리스의 심상치 않고 믿기지 않는, 미친 짓이나 다름없는 행동에 대해 들었다. 백작은 그런 짓을 나쁘게 여기지는 않았다. 파브리스가 공작부인 말고 다른 여자를 사랑하는 것은, 그로선 마음에 드는 일이었다. 정치를 제외한 일에서는 어디까지나 성실한 신사인 백작은, 부인이 행복하지 않으면 자기도 행복해질 수 없다는 원칙에 따라 행동했다. "내가 어떻게 해서든 그를 구하리다. 이 집에서 잡힌다면 그야말로 적이 얼마나 기뻐하겠습니까. 그래서 나도 이곳에 심복을 1백 명이나 배치해두었어요. 당신에게 저수탑의 열쇠를 달라고 부탁한 것도 그 때문입니다. 그는 지금 파우스타에게 미쳐 애를 태우고 있죠. 아직껏 저 경박한 여자에게 호화로운 생활을 시키고 있는 M백작에게서 빼앗지 못하고 있거든요."

공작부인의 얼굴에는 비통한 표정이 떠올랐다. '파브리스는 부드럽고 진지

한 기분은 조금도 느끼지 못하는 난봉꾼이었던가?'

"우리를 만나러 오지 않다니! 그건 도저히 용서할 수 없어요. 나는 날마다 볼로냐로 편지를 보내고 있는데." 부인은 마침내 말을 꺼냈다.

"그가 참고 있는 것은 대견합니다." 백작은 대답했다. "자신의 철없는 행동으로 우리에게까지 화를 미치게 하고 싶지가 않아서이죠. 이번 일을 그에게서 직접 들으면 정말 재미있을 겁니다."

파우스타는 상식에서 벗어난 여자였으므로, 자기 마음속에 있는 것을 숨기지 못했다. 그녀는 음악회에서 부른 노래가 모두 그 사냥옷을 입은 키 큰 젊은이에게 보내는 것이라는 듯 묘한 눈길을 던졌고, 그 다음 날은 M백작에게 모르는 남자가 자기를 쫓아다닌다고 이야기했다.

"그 남자를 어디서 봤지?" 백작은 화가 머리끝까지 치밀어 소리쳤다.

"거리에서도, 성당에서도." 파우스타는 조금 당황해서 대답했다.

그녀는 곧 자신의 주책없는 말을 얼버무려, 최소한 파브리스를 떠올리게 하는 말은 피해야 함을 깨달았다. 그래서 붉은 머리털의 키가 큰 젊은이의 생김새에 대해 자세히 말하기 시작했다. 푸른 눈을 하고 있으며, 분명 돈 많고 맵시 없는 영국인이거나, 어느 대귀족의 아들일지도 모른다고 둘러댔다. 그 말을 들은 M백작은 그다지 통찰력이라곤 없었으므로, 그 연적은 파르마의 공자(公子)임에 틀림없으리라 여겼다. 이는 백작의 허영심을 만족시키는 일이었다. 대여섯이나 되는 가정교사·보조교사·보육교사에게 둘러싸여, 그들의 합의 끝에 겨우 외출이 허용되는 그 우울한 듯한 젊은이는 가까이 갈 기회가 있는 괜찮은 여자라면 누구에게나 이상한 눈초리를 보냈다. 공작부인의 음악회에서도 공자라는 신분을 내세워 청중의 맨 앞줄의 따로 놓여 있는 의자에 앉았는데, 세 걸음 정도 떨어진 거리에서 파우스타를 뚫어지게 쳐다보는 그 눈초리에 백작은 몹시 불쾌했다. 이러한 공자를 경쟁자로 갖는다는 허영심에서 나온 망상을 재미있게 생각한 파우스타는 희롱하듯 그럴싸한 이야기를 늘어놓아 그 생각을 더욱 확신하게 만들었다.

"당신 가문은 그 젊은이의 파르네제 가문만큼이나 오래 됐나요?" 그녀는 백작에게 말했다.

"뭐라고? 그만큼 오래됐느냐고! 우리 집안엔 사생아는 한 사람도 없어."

(파르네제 가문의 첫 군주로, 덕망 높은 피
에르 루이는 교황 파올로 3세의 사생아였다)

우연히도 M백작은 연적인 이 사나이를 자세히 볼 기회가 없었다. 그것이 공자를 경쟁상대로 가졌다는 자기만족을 더욱 굳힌 결과가 되었다. 사실 파브리스는 계획을 실현하는 데 있어 파르마에 갈 필요가 없을 때에는 사카에 가까운 숲이나 포 강 부근에 틀어박혀 있었다. M백작은 자기가 파우스타의 마음을 놓고 공자와 다투고 있다고 믿게 된 뒤로는 몹시 득의만만했으나, 한편 전보다 신중해지기도 했다. 그는 파우스타에게 행실을 조심해달라고 애원했다. 질투하는 정열적인 애인답게 여자 앞에 무릎을 꿇고, 자기 명예는 당신의 마음이 그 젊은 공자에게 속아 넘어가지 않는 데 달려 있다고 호소했다.

"잠깐만, 만일 내가 그 사람이 좋아진다면 속아 넘어가는 게 아니지요. 전 공자 같은 분의 사랑을 받아본 적이 없거든요."

"비록 당신이 그 유혹에 넘어가더라도……." 백작은 거만한 눈초리로 말했다. "난 공자에게 복수할 수는 없을 거야. 아니, 하지만 기어코 복수하고 말겠어."

이렇게 말하고는 문을 세차게 닫고 밖으로 나갔다.

만일 파브리스가 이때 나타났다면 승리자가 됐을 것이다. 그날 밤 극장을 나와 헤어질 때 백작은 여자에게 말했다. "목숨이 아깝거든 그 공자가 당신 집에 들어오는 걸 내게 알려서는 안 돼. 유감이지만 난 그 사나이에게 손을 댈 수는 없어. 그렇지만 당신에게는 무슨 짓이라도 할 수 있다는 걸 명심해."

"아, 귀여운 파브리스, 어디로 가면 만날 수 있을까." 파우스타는 중얼거렸다.

부자인 데다 어렸을 때부터 늘 자기에게 굽실거리는 사람들만 대해오던 젊은이가 자존심이 상하면 자칫하다간 어처구니없는 짓을 저지르기 쉽다. M백작이 파우스타에게 품은 진정한 정열은 더욱 불타올랐다. 지금 자신이 머물고 있는 나라의 군주 아들을 상대로 싸우는 데서 오는 위험을 예상하면서도 그만둘 수는 없었다. 그러면서도 그 공자를 만나보거나, 그 뒤를 밟아볼 생각은 하지 못했다. 달리 어떻게 할 길이 없었으므로 상대에게 창피를 주려고 단단히 마음먹었다. '나는 파르마에서 추방당할 테지만 무슨 상관이람!' 만일 백작이 적의 정세를 자세히 살펴볼 뜻이 있었다면, 가련한 공자는 지루한 예의범절의 수호자인 서너 사람의 노인을 데리고서가 아니면 절대로 외출하지 않으며, 이 세상에서 허용된 유일한 즐거움은 광물학이라는 것을 알았으리라. 밤이나 낮이나 파르마의 상류 인사들이 모이는 파우스타의 아담한 저택은 감시원에게 둘러싸여 있었다. 그녀가 한 짓, 특히 남이 그녀 옆에서 한 짓을 M백작은 한 시간마다 보고하게 했다. 질투에 휩싸인 이 사나이가 취한 조심 중에서 칭찬할 만한 것은, 이 변덕스러운 여인이 이처럼 감시가 훨씬 엄중해졌다는 사실을 조금도 깨닫지 못하게 한 일이었다. 감시원의 보고는 한결같이 붉은 머리털의 젊은 사나이가 자주 파우스타 저택의 창 밑에 나타나는데, 그때마다 변장이 다르다는 이야기였다. '공자가 틀림없어.' M백작은 생각했다. '그렇지 않다면 왜 변장을 하느냐 말이다. 흥, 난 그런 자에게 질 사람이 아냐. 베네치아를 공화국 놈들에게 빼앗기지 않았더라면 나 또한 한 나라의 군주가 아닌가.'

산스테파노 축제 날, 감시원들의 보고는 한층 더 우울했다. 보고에 따르면, 파우스타가 그 알지 못하는 남성의 열정에 응하기 시작한 모양이라는 것이다. '난 그 여자를 데리고 곧 여기를 떠날 수도 있다.' 이렇게 M백작은 생각했다. '하지만 이럴 수 있나! 볼로냐에서 난 델 동고를 피해 왔다. 여기서 또다시 공자가 두려워 도망가다니! 그 젊은 녀석이 뭐라고 할까? 자기가 무서워서라고 생각할 테지. 나도 그자 못지않은 좋은 가문 출신이다.' M백작은 화가 머리끝까지 치밀었다. 그러나 가장 괴로운 것은, 희롱하기를 좋아하는 파우스타에게 질투하는 우스운 꼴을 숨기는 일이었다. 그래서 산스테파노 축제 날, 그는 그녀와 한 시간가량 보내며 어쩐지 어색하고 거짓으로밖엔 보이지 않는 다정한 대접을 받은 뒤, 여자가 성 요한 성당에 미사를 드리러 가기 위해 옷을 갈아입는 걸 보고는 11시쯤 돌아왔다. M백작은 자기 집에 돌아와서 젊은 신학생의 낡은 검정 옷을 입고서, 곧 성 요한 성당으로 달려갔다. 그리고 오른쪽으로 셋째 번 예배소를 장식하는 묘 뒤에 몸을 숨겼다. 거기서부터라면 묘비 위에 무릎을 꿇고 앉은 자세로 조각된 한 추기경 상의 팔 밑으로 성당 안의 동정을 전부 살펴볼 수 있었다. 이 조각상이 빛을 가려 예배소 안쪽이 어두워져 그의 모습도 눈에 띄지 않았기 때문이다. 얼마 안 되어, 여느 때보다 더욱 아름다운 파우스타가 들어왔다. 멋지게 차려입고 상류 인사들에게 둘러싸여 있었다. 눈에도 입가에도 미소와 기쁨이 빛나고 있었다. '분명히 저 여자는 좋아하는 남자와 여기서 만나기로 되어 있을 거야.'

질투로 불타오르는 불행한 사나이는 마음속으로 중얼거렸다. '내가 곁에 있어서 오랫동안 만나지 못한 게로군.' 갑자기 파우스타의 눈에 몹시 생생한 행복의 표정이 솟아나는 것같이 보였다. '내 경쟁자가 이곳에 있구나.' 이렇게 생각하자, M백작의 자존심으로부터 오는 노여움은 극도에 다다랐다. '변장한 귀공자에게 끌려다니는 꼬락서니라니!' 그러나 아무리 애써도, 구석구석까지 찾아 헤매는 그의 굶주린 눈은 끝끝내 연적을 발견할 수 없었다.

한편 파우스타는 몇 번씩이나 성당 안을 훑어본 다음, 으레 사랑과 행복이 넘쳐흐르는 눈초리를 M이 숨어 있는 어두운 구석에 보내는 것이었다. 열정적인 마음속에서 사랑이란 것은, 정말 아무것도 아닌 사사로운 일까지도 과장함으로써 가장 기묘한 결론을 끄집어내기 일쑤다. 가련한 M은 파우스타가 자기 모습을 발견한 거라 믿어버렸다. 그토록 숨기려 했던 자신의 질투를 여자 쪽에서 눈치채고, 저런 다정한 눈초리로 꾸짖는 동시에 위로하려 하지 않는가……

M이 숨어서 감시하고 있던 추기경의 묘는, 성 요한 성당 안의 대리석 제단보다도 1미터 이상 높았다. 당시 유행하던 방식으로 진행된 미사가 1시쯤 끝나자 대부분의 신자는 돌아갔다. 파우스타는 좀더 기도하고 싶다는 핑계로 이 도시의 미남자들을 쫓아버렸다. 의자에 기대어 꿇어앉은 그녀의 눈은 더욱 다정하게, 열렬히 줄곧 M쪽을 바라보고 있었다. 성당 안에 사람이 거의 없어진 뒤로 그 시선은 주위를 둘러보는 일 없이 곧장 추기경 상을 향해 기쁜 듯 불타고 있었다. "이 얼마나 다정한 마음이냐." 자기를 보는 것이라 믿는 M은 이렇게 중얼대는 것이었다. 마침내 파우스타는 일어섰다. 그리고 손으로 이상한 동작을 하더니 서둘러 밖으로 나갔다.

M은 사랑에 도취되어 어리석은 질투의 고민에서 깨어난 기분으로, 곧 애인 집으로 달려가 천 번이고 만 번이고 진정으로 사례를 하리라 마음먹으며 그 자리를 떠나려 했다. 바로 그때였다. 추기경의 묘 앞을 지나려 하자, 검은 옷을 입은 젊은 남자의 모습이 보였다. 이 얄미운 사나이는 그때까지 묘비에 찰싹 달라붙어 꿇어앉아 있었으므로 그를 찾고 있던 질투에 찬 사나이의 눈은 그 머리 위를 언제나 스치고 지나 찾지 못한 것이었다.

그 젊은이가 일어서서 빠른 걸음으로 나가자, 순식간에 이상한 차림새를 한 부하같이 보이는 7, 8명의 거친 사나이들에게 둘러싸였다. M도 재빨리 뒤를 쫓았으나, 출입문 옆에 나무로 만들어놓은 방 때문에 좁아진 통로에서 연적을 수호하는 그 서투른 사나이들에게 가로막혀 앞으로 나갈 수가 없었다. 겨우 그자들의 뒤를 따라 거리로 나서자, 마침 허술한 겉모습의 마차 문이 닫히는 찰나였다. 더구나 기묘한 점은 대조적으로 훌륭한 두 필의 말이 끌고 있다는 사실이었다. 순식간에 그 마차는 보이지 않았다.

그는 분노로 숨을 헐떡이며 집으로 돌아갔다. 곧 감시를 보냈던 자들이 돌아와 그의 기분은 아랑곳없이 다음과 같은 내용을 보고했다. 그날 신부의 모습으로 변장한 그 신비한 애인은 성 요한 성당의 어두컴컴한 예배소 출입구 가까운 묘지에 바짝 붙어 꿇어앉아 있었다. 파우스타는 사람이 거의 없어질 때까지 성당 안에 남아 있다가, 그 낯모르는 사나이와 재빨리 무언가 신호를 나누었다. 손으로 성호를 긋는 시늉으로……. M은 곧 부정한 여인에게 달려갔다. 그때에야 비로소 그녀는 마음의 동요를 숨길 수가 없는 모양이었다. 그녀는 정열적인 여자답게 순진한 체하면서 오늘도 여느 때처럼 성 요한 성당에 갔지만, 자기를 쫓아다니는 남자의 모습은 볼 수 없었다고 꾸며댔다. 이 말을 듣자, M은 흥분해서 여자에게 짐승을 대하듯 욕하며 자기가 본 것을 모두 털어놓았다. 그가 심하게 책망하면 책망할수록 그녀의 거짓말도 점점 뻔뻔스러워졌다. 그는 단도를 빼어들고 여자에게 덤벼들었다. 파우스타는 아주 침착하게 이런 말을 했다.

"그래요, 당신이 말하는 대로예요. 하지만 난 당신이 부질없는 복수를 꾸미다가 결국 두 사람 모두 곤경에 처할까 봐 숨기려고 했어요. 다시 한 번 잘 생각해봐요. 그처럼 나를 쫓아다니는 사람은 내 생각에는 적어도 이 나라에선 무슨 일이든 뜻대로 할 수 있는 사람인걸요."

파우스타는 교묘한 수법으로, 요컨대 M이 자신에 대해 아무런 권리도 가지고 있지 않음을 깨우쳐준 다음, 자기도 앞으로는 성 요한 성당에 가지 않을 작정이라고 했다. 사랑은 M의 눈을 멀게 했다. '아마 신중하게 대처하기 위해 그놈에게 약간 미태를 부리려한 것이 이 젊은 여자의 속마음일지도 모른다.' 이렇게 생각하니 그의 노여움도 조금 누그러졌다. 파르마를 떠나자는 생각이 들었다. 젊은 공자가 아무리 세력이 있다 하더라도 설마 뒤를 쫓아오지는 못할 테고, 쫓아온다면 그땐 이쪽과 대등해진다. 그러나 이렇게 떠나는 것은 도망으로 보일지 모른다는 자존심이 다시 고개를 쳐들었다.

"저 사람은 내가 좋아하는 파브리스가 와 있다는 걸 깨닫지 못했군." 여가수는 기뻐서 중얼거렸다. "이제 우리는 멋지게 저자를 속여 넘길 수 있어."

파브리스는 그 다음 날 여가수의 집 창문이 꼭 닫혀 있는 걸 보고, 자기 행복을 짐작할 수가 없었다. 여자의 모습을 볼 수 없게 되자, 이번 장난은 너무 길었다는 생각이 들기 시작했다. 여러 가지로 후회가 되었다. "모스카 백작을 얼마나 곤란한 처지에 몰아넣으려는 짓인가. 그 사람은 경찰국장이 아닌가. 세상 사람들은 그가 나와 공모하고 있다고 생각할 것이다. 나는 그 사람의 앞날을 방치려고 이 나라에 온 거나 다름없다. 하지만 이토록 오랫동안 계속해온 계획을 여기서 끝낸다면, 여느 때와 같이 나의 연애 이야기를 공작부인에게 할 때 부인은 뭐라고 할는지?"

어느 날 밤, 이제 장난은 그만둘 생각으로 파우스타의 집과 성곽 사이에 있는 가로수길을 어슬렁어슬렁 거닐면서 자기반성에 잠겨 있을 때였다. 몹시 몸집이 작은 밀정이 뒤를 밟고 있는 것을 눈치챘다. 아무리 따돌리려 해도 헛일이었다. 몇 번씩이나 길을 바꿔도 이 조그마한 녀석은 잘도 뒤를 밟아 따라다녔다. 귀찮아진 그는 미리 부하들을 매복시켜놓은 파르마 강에 인접한 한적한 거리로 뛰어들었다. 그가 신호를 하자, 부하들은 그 몸집 작은 밀정에게 덤벼들었다. 그자는 당황해서 부하의 발에 매달렸다. 뜻밖에도 파우스타의 하녀 베티나였다. 사흘 동안 감금당하듯 갇혀서 여주인도 자기도 M백작의 단도가 무서워 견딜 수 없게 되자, 그걸 모면하려고 남장을 하고 쫓아온 것이다. 아씨는 파브리스를 좋아하며 몹시 만나고 싶어한다, 이 말을 전하러 온 거라 했다. 이제 아씨는 성 요한 성당에는 갈 수 없다는 이야기였다. '이제야 때가 왔군.' 파브리스는 생각했다. '끈기가 있어야지!'

하녀는 아주 귀엽게 생긴 여자로, 파브리스는 아까부터 계속 생각하던 도덕적인 반성을 잊어버리고 말았다. 하녀의 말에 따르면, 그날 밤 그가 지나간 산책로도 거리도 M의 첩자들이 물샐틈없이 감시하고 있었다. 그자들은 아래층과 이층에 방을 빌려 문 뒤에 숨어서, 언뜻 보면 인적이 없는 것 같은 거리에서 일어나는 일을 하나도 빼놓지 않고 감시하며 이야기를 엿듣고 있다는 것이다. "감시하는 자가 내 목소리를 들었다면, 난 집에 돌아가자마자 가차 없이 단도에 찔려 죽을 거예요. 아마 아씨도 저와 같은 꼴을 당할걸요." 베티나는 이렇게 말했다.

그 무서워하는 모습이 파브리스에겐 귀엽게 보였다.

"M백작은 몹시 화가 나 있으며, 아씨도 그이가 무슨 짓을 할는지 모를 사람이라는 걸 잘 알고 있으니까요……. 아씨는 당신과 함께 여기서 멀리 떨어진 곳으로 가고 싶다는 말을 전하라고 하셨습니다."

그러고는 산스테파노 축제 날, 싸움이 일어났던 이야기며, M이 화낸 이야기를 했다. 그날 백작은 파우스타가 파브리스에게 도취되어 멀리서 사랑의 표시를 보낸 것을 하나도 놓치지 않고 다 보았으며, 단도를 빼어 들이대면서 파우스타의 머리를 움켜쥐었고, 만일 그녀에게 임기응변의 꾀가 없었더라면 당장에 찔려 죽었을 것이라 했다.

파브리스는 베티나를 근처에 빌려놓은 집으로 데리고 갔다. 그리고 자기는 토리노 사람으로 지금 잠깐 파르마에 와 있는 아무개 고관의 아들인데, 그 때문에 여러모로 행실을 조심해야 한다고 말했다. 베티나는 웃으면서 대꾸했다. "당신은 말씀하시는 것보다도 훨씬 더 신분이 높은 분이시죠." 우리 주인공은 시간이 좀 지나서야, 이 하녀가 자기를 파르마 공자라고 믿고 있다는 걸 깨달았다. 파브리스가 좋아지기 시작한 파우스타는 꽤 겁을 먹고 있었다. 그래서 하녀에게는 본명을 말하지 않고, 공자로 해두었던 것이다. 파브리스는 마침내 하녀에게, 용케도 알아맞췄다고 고백하고 말았다.

"그러나 내 이름이 소문나면 여전히 네 아씨를 사랑하면서도 다시는 만날 수 없게 될 거야. 그리고 대신들은 모두 심술궂은 인간들뿐이기 때문에, 나중에는 내가 면직시킬 작정이지만, 그들은 아씨에게 곧장 이곳을 떠나라는 명령을 내릴 거란 말이야. 그녀 덕분에 이 나라가 아름다워졌는데."

아침 무렵까지, 파브리스는 이 하녀와 함께 파우스타를 만나러 가기 위한 방법을 여러 가지로 의논했다. 그는 루도빅과 또 한 사람의 날쌘 부하를 불러들여, 두 사람에게 베티나와 앞으로의 행동을 짜놓게 했다. 그동안에 그는 파우스타에게 터무니없이 과장된 내용이 담긴 편지를 썼다. 지금 상황은 비극의 온갖 요소를 다 갖추고 있다고 하면서 그가 그 비극의 주인공인 것처럼 적었다. 젊은 귀공자의 태도에 몹시 만족한 젊은 하녀와 헤어진 것은 날이 밝은 뒤였다.

이것으로 이미 파우스타와 그의 애인의 마음은 서로 통했으니까 집에 와도 좋을 때에는 신호를 하겠다, 그렇지 않을 때엔 창문 밑을 서성대지 말라고, 하녀는 그에게 간곡히 부탁했다. 그러나 파브리스는 베티나가 사랑스러워져서 파우스타하고는 결별할 때가 가까워졌다고 생각했다. 그는 파르마로부터 8킬로미터나 떨어진 마을에서 가만히 앉아 있을 수 없었다. 다음 날 한밤중에 그는 말을 타고 부하들을 데리고 파우스타의 창문 아래로 갔다. 그리고 유행가의 가사를 바꾸어 불렀다. '연애하는 남자는 이렇게 해야 하는 걸까?' 속으로 이렇게 중얼거리면서.

파우스타가 만나고 싶다는 의사를 표시한 뒤로 파브리스에겐 이런 과정이 어쩐지 귀찮기만 했다. '아니, 난 연애하고 있는 게 아냐.' 조그마한 저택의 창문 밑에서 몹시 서투른 노래를 부르며 이렇게 생각했다. '베티나가 파우스타보다 훨씬 낫다. 지금 곁에 가고 싶은 건 그 여자다.' 파브리스는 무료함을 느끼며 마을 쪽으로 되돌아갔다. 파우스타의 집에서 5백 걸음가량 가자, 15명에서 20명 가까이 되는 사나이들이 별안간 덤벼들었다. 그중 네 사람이 말고삐를 잡고, 두 사람이 그의 팔에 매달렸다. 루도빅이며 다른 자들도 공격을 받았으나 다행히 도망칠 수 있었다. 그들은 권총을 몇 방 쏘았다. 모두가 눈 깜짝할 사이에 일어난 일이었다. 곧 50개가량의 횃불이 마술을 부린 것처럼 거리로 튀어나왔다. 이들은 모두 빈틈없이 무장을 하고 있었다. 파브리스는 그를 억누르는 힘을 뿌리치고 말에서 뛰어내렸다. 달아날 길을 찾았다. 억센 힘으로 팔을 잡아당기는 한 사나이에게 부상을 입혔다. 그러자 놀랍게도 그는 이렇게 말했다.

"전하(殿下)는 이 상처에 충분한 보상을 해주시리라고 믿습니다. 고귀한 분에게 칼을 빼서 불경죄로 몰리는 것보다는 이편이 낫습니다."

'내가 저지른 어리석은 행동의 벌이 이것일까?' 파브리스는 생각했다. '아무런 재미도 없는 죄를 짓고 벌을 받게 되는구나.'

별로 대단치 않은 격투가 끝나자, 곧 훌륭한 옷차림을 한 하인들이 여러명 나타나 번쩍거리는 괴상한 가마를 가지고 왔다. 사육제 때에 가면을 쓴 사람이 타는 그런 기묘한 가마였다. 단검을 손에 쥔 6명의 사나이가 권했다. "밤의 찬 공기는 몸에 해롭습니다. 전하, 어서 올라타십시오." 가장 공손한 태도를 가장하고, 전하, 전하 하며 외치듯이 큰 소리로 말했다. 행렬은 움직이기 시작했다. 파브리스의 눈에 50명 이상의 남자들이 횃불을 들고 가는 것이 비쳤다. 벌써 1시쯤은 되었을 텐데, 모두들 창가로 나와 밖을 내다보았다. 장중하게 일이 진행되어갔다. '나는 M백작의 단검에 찔릴까 두려워했는데, 그자는 날 우롱하는 것으로 만족할 모양이군. 그가 이런 취미를 가진 줄은 몰랐는데. 하지만 이쪽을 공자라고 정말 믿고 있는 걸까? 만일 내가 파브리스라는 걸 안다면 그때야말로 단도를 피할 수 없을 거다.'

햇불을 가진 50명과 무장한 20명의 사나이들은 파우스타 집 창문 아래서 잠깐 멈췄다가는 마을의 가장 훌륭한 집들 앞을 보란듯 행진해 갔다. 가마 양쪽에 집사처럼 붙어 있는 사나이는 때때로 "전하, 무슨 분부하실 것은 없으십니까?" 묻는다. 파브리스는 냉정했다. 햇불의 불빛 너머로 루도빅과 부하들이 되도록 가까이 미행하는 모습이 보였다. '루도빅은 자기편이 모두 8, 9명밖에 안 되니까 공격을 못 하는군.' 파브리스는 생각했다. 가마 속에서 파브리스는 이런 흉악한 장난을 하는 일당들이 단단히 무장을 하고 있는 것을 보았다. 그는 자기 곁에 붙어 있는 집사인 체하는 사나이에게 거짓 미소를 띠고 있었다. 의기양양하게 두 시간이 넘게 행진한 다음, 행렬은 산세베리나 저택이 있는 길목을 지나가려 하는 걸 그는 알았다.

저택으로 가는 길모퉁이를 돌려고 했을 때, 그는 별안간 가마의 앞문을 열어젖히고는 밀대를 하나 뛰어넘어 얼굴에 햇불을 내미는 사나이를 단검으로 찔러 넘어뜨렸다. 자기도 어깨를 한 번 찔렸다. 다시 햇불을 휘두르며 덤비는 사나이에게 수염을 그을렸다. 그러나 마침내 파브리스는 루도빅 곁까지 와서 소리쳤다.

"죽여라, 햇불을 가진 자를 모조리 죽여라!"

루도빅은 뒤쫓아온 두 사람에게 칼을 휘두르며 파브리스를 구했다. 파브리스는 뛰어서 산세베리나 저택의 문까지 왔다. 문지기는 마침 호기심이 일어 대문 귀퉁이에 있는 높이 1미터가량의 조그마한 문을 열고, 이 수많은 햇불들을 눈이 휘둥그레져서 보고 있었다. 파브리스는 쏜살같이 뛰어들어가 조그마한 문을 닫았다. 그러고는 정원을 질러서 한적한 뒷길로 난 문으로 나갔다. 한 시간 뒤 그는 도시 밖으로 빠져나와 있었다. 새벽녘에는 모데나 공국의 국경을 넘어 안전한 곳에 이르렀다. 저녁이 되자 볼로냐로 들어갔다. "흥, 대단한 원정(遠征)이었군. 좋아하는 여자에게 말 한번 해보지 못하다니." 혼자 중얼거렸다. 그는 급히 공작부인과 백작에게 편지를 썼다. 단지 자기 마음속에 일어난 일만 자세하게 적어, 적들이 보아도 무엇 하나 눈치챌

수 없을 만큼 신중한 편지였다. '저는 사랑을 사랑했던 겁니다.' 그는 공작부인에게 썼다. '사랑이란 것을 알기 위해서 온갖 노력을 다 했습니다. 그러나 자연은 제게 사랑을 하거나 우울해지는 마음을 주지 않은 것 같습니다. 저는 오직 비속한 쾌락 이상의 것은 끝끝내 맛볼 수 없었습니다……'

이 사건이 파르마에 얼마나 큰 소동을 일으켰는가는 도저히 말로 다 표현할 수 없을 정도다. 무슨 영문인지 알 수 없었으므로 더욱 호기심을 자극했다. 횃불과 가마를 본 사람은 수없이 많았다. 그러나 납치되어가면서도 더할 나위 없이 정중한 대접을 받던 그 남자는 도대체 누구였을까? 그 다음 날, 도시의 저명인사 가운데 자취를 감춘 사람은 하나도 없었다.

가마 안에 잡혀 있던 인물이 도망친 거리에서 사는 하층민들은 분명히 시체를 하나 보았다고들 했다. 그러나 아침이 되어서, 모두들 비로소 밖에 나왔을 때에는 싸움의 흔적이라곤 다만 길 위에 흥건히 뿌려진 핏자국뿐이었다. 그날 하루 동안, 2만 명 이상의 구경꾼들이 이 거리로 몰려들었다. 이탈리아의 도시는 기괴한 사건에 익숙하지만 언제나 '왜' '어떻게'인가를 알고 있었다. 이 사건에서 파르마 사람들이 이상하게 여긴 점은, 그로부터 한 달이 지나 이젠 횃불 행렬에 대한 쑥덕공론이 없어진 무렵까지도, M백작에게서 파우스타를 빼앗으려던 경쟁자의 이름을 누구 하나 캐내지 못한 일이었다. 그건 물론 모스카 백작이 신중한 조치를 취해두었기 때문이었다. 질투심 많고 복수심 강한 애인은 행렬이 시작되자 곧 도망쳐버렸다. 파우스타는 백작의 명령으로 성곽에 갇혔다. 대공의 호기심을 막기 위해서 백작이 어쩔 수 없이 이런 몰인정한 조치를 취한 것을 알고 공작부인은 몹시 웃었다. 이렇게라도 하지 않으면 대공은 파브리스의 이름을 떠올렸을지도 모르는 일이었다.

바로 그 무렵 파르마에는 중세 역사를 쓰기 위해 한 학자가 북방에서 와 있었다. 그는 여러 서고(書庫)를 다니며 참고 자료를 조사했고, 백작은 가능한 한 편의를 봐주었다. 그런데 이 학자는 아직 나이가 퍽 젊었고 성질이 급했다. 이를테면 파르마에서는 누구나가 다 자기를 놀린다고 생각하고 있었다. 사실 거리의 장난꾸러기들은 이 사나이의 길게 기른 연한 붉은빛 머리가 우스워서 뒤를 졸졸 따라다니기도 했다. 또한 이 학자는 자기가 묵고 있는 숙소에선 무엇이든 비싼 값을 청구한다고 생각해, 허술한 물건 하나를 사는 데도 일일이 스타크 부인의 여행기에서 그 값을 조사해본 다음이 아니면 돈을 내지 않았다. 이 책은 오늘날까지 벌써 20판(版)을 출판했는데, 그것은 꼼꼼한 영국인에게 칠면조 한 마리, 사과 한 개, 우유 한 컵의 값을 가르쳐주기 때문이다.

붉은 머리를 길게 기른 이 학자는 파브리스가 행진을 강요당한 날 밤, 대단치 않은 복숭아 하나에 2수를 청구한 하녀에게 울화통을 터뜨리고 있었다. 그는 하녀를 혼내주려고 호주머니에서 소형 권총을 꺼내 들었다. 그런데 소형 권총을 휴대한 것은 중대한 범죄이기에 그는 체포됐다.

이 성급한 학자는 키가 크고 말랐기 때문에, 그 다음 날 아침 백작은 이자가 M백작으로부터 파우스타를 빼앗으려다가 욕을 본 치한이라고 대공에게 꾸며댈 생각을 했다. 소형 권총의 휴대는 파르마에선 3년의 징역형에 처해진다. 그러나 이 형벌은 좀처럼 적용되지 않았다. 학자가 감옥에 갇혀 있는 2주 동안에 만난 단 한 사람의 변호사는, 정권을 잡고 있는 자들이 자기네 공포심 때문에 비밀 무기를 가진 자에게 얼마나 가혹한 법률을 적용하는가를 설명해서 그를 겁주고 돌아갔다. 그 다음에 다른 변호사가 감옥에 찾아와서는, M백작이 미지의 경쟁자를 납치해다가 행렬을 시킨 이야기를 했다.

경찰로서는 이 경쟁자라는 인물이 누군지를 파악 못하고 있는 걸 대공에게 고백하고 싶지는 않았다. "당신이 파우스타에게 구애를 했다고 자백하지 않겠소? 그 여자의 집 창문 아래서 노래를 부르고 있는데 50명가량의 폭한들이 덤벼들어, 한 시간 동안 입으로는 정중하게 인사만 하고 가마에 태워 끌고 다녔다고 말이오. 이런 자백은 조금도 당신에게 치욕이 아니고, 한마디만 하면 모든 일은 해결되는 거요. 그 한마디로 경찰의 체면만 세워준다면, 역마차에 태워 국경까지 보내서 거기서 작별하게 될 터인데." 학자는 한 달 동안이나 이를 거절했다. 대공은 두서너 번 이자를 내무부까지 끌어내다가, 심문에 직접 입회해볼까 하는 생각을 하기에 이르렀다. 그러나 마침내 이 역사가는 몹시 무료해져서 그대로 고백할 결심을 하고, 국경으로 호송되어갔을 때에는 벌써 그런 것은 조금도 마음속에 두지 않았다. 대공은 M백작의 연적이 붉은 머리를 텁수룩하게 기른 그 학자라고 믿어버리고 말았다.

행렬 사건 사흘 뒤, 볼로냐에 숨어 있던 파브리스는 충실한 루도빅과 함께 M백작의 행방을 찾을 방법을 여러 가지로 의논했다. 그러다 M백작 또한 피렌체로 가는 길 옆 산속 마을에 숨어 있다는 것을 알았다. 백작은 세 사람의 부하만을 데리고 있었다. 다음 날 그는 산책에서 돌아오는 길에, 파르마의 경관이라고 자칭하는 가면을 쓴 8명의 사나이들에게 붙잡혔다. 눈가림을 당하고, 그곳에서 8킬로미터나 더 산속으로 들어간 어느 여인숙으로 끌려갔다. 여인숙에서는 정중한 대접을 받았다. 저녁상도 푸짐하게 차려나왔다. 이탈리아와 에스파냐의 최고급 포도주까지 상에 나왔다.

"그럼, 나는 국사범(國事犯)으로 체포된 겁니까?" 백작이 물었다.

"천만의 말씀을!" 가면을 쓴 루도빅은 정중하게 대답했다. "당신은 어떤 사람을 가마에 태워서 끌고 다님으로써 한 개인을 모욕했습니다. 그분은 내일 아침에 당신과 결투하기를 원하고 있습니다. 당신이 상대를 죽이면 훌륭한 말 두 필과 돈, 그리고 제노바로 가는 도중 역마다 바꿔 탈 말이 준비돼 있습니다."

"그 허세를 부리는 자의 이름은?" 화난 얼굴로 백작은 말했다.

"봄바체라고 합니다. 무기의 지정은 당신의 자유이고, 정당한 입회인도 준비합니다. 다만 승부는 두 사람 가운데 한 사람이 죽을 때까지로 합니다."

"그건 살인이야!" 백작은 겁이 난 모양이었다.

"천만의 말씀. 다만 당신이 한밤중에 파르마의 거리를 끌고 다닌 젊은 사람을 상대로, 목숨을 걸고 결투를 하는 것뿐입니다. 당신이 살아 있는 한 그 젊은이는 체면을 세울 수 없습니다. 두 사람 가운데 한 사람은 이 세상에서 사라져야 하니까, 상대를 죽이기만 하면 됩니다. 단검·권총·장검 등, 몇 시간 내에 구할 수 있는 거라면 어떤 무기라도 가능합니다. 서둘러야 하니까요. 아시다시피 볼로냐 경찰은 민첩합니다. 당신에게 농락당한 젊은 사람의 명예를 위해 필요한 이 격투가 방해를 받아선 안 됩니다."

"하지만 그 젊은이가 공자라면……."

"걱정 마십시오. 그 사람은 당신과 똑같은 한낱 평민일 뿐이니까요. 게다가 당신만큼 부자도 아닙니다. 그러나 그는 꼭 목숨 건 결투를 바라고 있어요. 아마 강제로라도 당신에게 결투를 시킬 겁니다."

"난 조금도 두렵지 않아!" M은 소리쳤다.

"당신이 그러시기를 상대도 진심으로 바라고 있습니다." 루도빅은 대답했다. "내일은 아침 일찍부터 당신의 목숨을 지킬 준비를 단단히 하십시오. 상대는 충분히 노할 만한 이유가 있는 사람이니 가차 없을 테니까요. 다시 말씀드립니다만, 무기는 당신이 원하는 걸 택할 수 있습니다. 유서를 써두십시오."

다음 날 아침 6시쯤 M에게 아침식사가 배달되었다. 그러고는 닫혀 있던 방문이 열리더니 여인숙의 안뜰로 나오라 했다. 이 마당은 상당히 높은 담과 울타리로 둘러싸였고 대문은 빈틈없이 닫혀 있었다.

한쪽 구석 탁자 앞으로 인도되어 가까이 가니, M백작은 그 위에 포도주와 브랜디가 두서너 병, 권총·단검·장검이 각각 두 자루씩, ㄱ 밖에 종이와 잉크가 놓여 있는 걸 보았다. 20명가량의 농부들이 마당 쪽으로 난 여인숙 창문으로 내다보고 있었다. 백작은 그들에게 동정을 구하듯 소리쳤다.

"날 죽이려고 한다! 사람 살려라!"

"그건 오해다! 아니면 다른 사람들을 속이려는 속셈이냐." 마당 반대쪽 구석에서 파브리스가 소리를 질렀다. 그는 무기를 놔둔 탁자 옆에 서 있었다.

윗옷을 벗고, 얼굴엔 검술 도장에서 사용하는 것 같은 철망으로 된 가면을 쓰고 있었다.

"너도 거기에 있는 가면을 써. 그리고 칼이건 권총이건 뭐든지 마음대로 갖고 덤벼라. 어젯밤에 말해두었듯 무기는 네가 선택해라."

M백작은 끊임없이 불평하며, 어떻게 해서든 결투를 피하고 싶은 모양이었다. 한편 파브리스는 볼로냐에서 20킬로미터나 떨어진 산속이라고는 하나, 경찰이 올까 봐 걱정되었다. 그는 상대에게 가장 심한 욕을 퍼부었다. 비로소 M백작은 화가 치밀어, 칼을 들고 파브리스 쪽으로 다가왔다. 싸움은 매우 미적지근하게 시작되었다.

몇 분이 지났을까, 떠들썩하는 소리에 싸움은 중단되었다. 우리 주인공은 이번 행동이 한평생 비난을 받게 되거나, 아니면 적어도 중상(中傷)의 원인이 되리라고 판단했으므로 자기를 위해 증인이 되어줄 사람을 모으도록 루도빅을 보냈던 것이다. 루도빅은 가까운 산에서 일하고 있던 다른 지방 사람들에게 돈을 뿌렸다. 이 작자들은 돈을 준 사람의 적을 죽이면 된다고 멋대로 생각하고는 환성을 올리며 몰려왔다. 루도빅은 그들에게 여기서 결투하고 있는 두 젊은이 중에서 누가 비겁한 행동을 하며, 누가 상대에게서 부정한 이득을 얻으려 하는지 눈을 똑바로 뜨고 봐달라고 부탁했다.

농부들의 살기에 찬 함성으로 일단 중단되었던 결투는 꾸물거리며 좀처럼 다시 시작되지 않았다. 파브리스는 다시 큰 소리로 백작의 어리석음을 꾸짖었다.

"백작, 무례한 인간은 용감한 거야. 하기야 이런 처지는 당신에겐 퍽 괴로울 테지. 언제나 용감한 사람을 돈으로 사는 것만 좋아하니까."

백작은 다시 분노가 터져, 자기는 나폴리의 유명한 바티스티니 검술 도장에 오래 다녔으므로 무례한 말을 용서 않겠다고 소리쳤다. 화가 난 다음부터 M백작은 맹렬히 덤벼들었다. 그러나 파브리스는 마침내 상대의 가슴을 멋지게 찔러 쓰러뜨렸다. 백작은 이 때문에 몇 달 동안 누워 있어야 했다. 루도빅은 부상자에게 응급치료를 하면서 귀에다 속삭였다.

"이 결투를 경찰에다 알리면, 네가 누워 있을 때 찔러 죽일 테다."

파브리스는 피렌체로 달아났다. 그는 볼로냐에선 주소를 숨기고 있었으므로, 피렌체에 와서야 비로소 공작부인에게서 질책하는 편지를 받았다. 부인은 그가 음악회에 와 있으면서도 자기에게 말을 걸려고도 하지 않은 것을 용서할 수 없다고 썼다. 파브리스는 백작의 편지를 보고 진심으로 기뻐했다. 거기에는 솔직한 우정과 몹시 고귀한 감정이 생생하게 나타나 있었기 때문이었다. 그는 백작이 볼로냐로 편지를 보낸 것은 결투에 관해서 걸릴지도 모르는 혐의를 되도록 피하게 하기 위해서라고 짐작했다. 경찰의 판단은 옳았다. 조사한 바에 따르면, 두 외국인—그중 한 사람만이 부상당하고, 이름도 밝혀졌다(M백작)—이 30명 이상의 농부들 앞에서 칼을 가지고 결투했다. 그 군중 속에는 마을의 사제가 있어서, 결투하는 사람들을 말리려고 했으나 소용없었다는 것이다. 조제프 보씨의 이름은 전연 나오지 않았으므로, 두 달도 지나기 전에 파브리스는 대담하게도 볼로냐로 돌아왔다. 자기는 사랑의 고귀하고 지적인 부분은 도저히 알 수 없는 인간의 운명을 지녔다고 더욱 확신하게 되었다. 이것을 그는 공작부인에게 자세히 설명해서 보냈다. 그는 고독한 생활에 싫증이 났고, 백작이며 고모와 함께 지내던 즐거운 밤이 그리워 견딜 수 없었다. 그들과 헤어진 뒤로는 고상한 사교의 즐거움을 맛본 일이 없었다. 그는 공작부인에게 이런 편지를 썼다.

"어떻게 해서든 경험해보고 싶었던 사랑도, 파우스타라는 여자에게도, 저는 이제 넌덜머리가 났습니다. 그 여자의 변덕스러운 마음이 아직도 제게 이익이 된다 하더라도, 약속을 지키길 재촉하러 일부러 80킬로미터 길을 걸어갈 생각은 없습니다. 고모 말씀대로, 그 여자가 대호평 속에 데뷔하는 파리까지 내가 뒤쫓아가지나 않을까 하는 걱정은 하실 필요 없습니다. 고모와 그처럼 우정이 두터운 백작과 함께 하루 저녁을 보내기 위해서라면 그야말로 몇십 킬로미터 길이라도 가겠습니다만."

제2권

Par ses cris continuels, cette république nous empêcherait de jouir de la meilleure des monarchies.

이 공화제는 쉴 새 없이 떠들어대어 군주정치의 태평세월을 누릴 수 없게 하리라.

제14장

파브리스가 파르마 부근의 마을에 있으면서 사랑을 쫓아다니는 동안, 라씨 검찰총장은 그가 그처럼 가까운 곳에 있는 줄은 모르고, 한 사람의 자유주의자를 다룰 때와 마찬가지로 그의 사건을 처리해가고 있었다. 곧 그의 무죄를 입증할 만한 증인이 발견되지 않는 것처럼 꾸미고 있었는데, 그는 증인을 위협해서 나타나지 못하게 했다. 마침내 1년 동안 계속된 교묘한 공작 끝에, 라베르시 후작부인은 자기 집 거실에서 공공연하게 기쁨에 떠들어댈 수 있었다. 파브리스가 볼로냐로 돌아간 지 두 달가량 지난 어느 금요일의 일이었다. 한 시간쯤 전에 젊은 델 동고에게 판결이 내려졌고, 아마 내일 대공의 서명을 받기 위해 제출되어 틀림없이 결재가 나리라는 것이었다. 그로부터 몇 분 뒤에 공작부인도 적의 입에서 나온 이러한 말들을 알게 되었다. '백작의 부하가 틀림없이 실수한 거야.' 부인은 생각했다. "오늘 아침까지도 그 사람은 일주일 내엔 판결이 내려지지 않을 거라고 말했는데. 그이는 내 젊은 보좌주교를 파르마에서 몰아내는 게 그다지 싫지는 않은 모양이지. 하지만 ……." 부인은 노래하듯 덧붙였다. "그 애는 언제고 돌아올걸. 그리고 우리의 대주교가 되는 거야." 공작부인은 초인종을 울렸다. 그리고 하인에게 말했다.

"집안사람들 모두에게 기다림방에 모이도록 일러라. 요리사들까지 전부. 누구든 수비대 사령관한테 가서 역마를 네 필 전세 낼 허가를 받아가지고 오도록. 그리고 30분 안에 그 말을 우리집 마차에 매달아놓아라." 집안의 여자들은 모두 짐을 꾸리느라고 바빴다. 공작부인은 서둘러 여행갈 차림을 했다. 모든 걸 백작에게는 알리지 않았다. 그를 무시하고 있다는 기분이 그녀를 즐겁게 했다. 부인은 하인들이 모이자 이렇게 말했다.

"여러분, 내 조카가 어떤 미친놈 같은 무뢰한의 습격을 받고 자기 목숨을 용감하게 지켰다고 해서, 유죄 판결을 내린다는 거예요. 질레티 쪽에서 조카를 죽이려고 했는데 말이에요. 여러분은 모두 파브리스가 성질이 온순해서 그런 난폭한 짓을 할 리가 없다는 걸 잘 알고 있을 테죠. 이런 불공평한 처사를 참을 수 없기에 난 피렌체로 떠나기로 했습니다. 당신들 모두에게 10년 치 급료를 놓고 가겠어요. 혹시 앞으로 곤란한 일이 생기거든 편지를 줘요. 내게 금화 하나라도 남아 있는 한, 반드시 도울 테니까요."

공작부인은 마음속에 있는 말을 그대로 하고 있었다. 그래서 마지막 말을 듣고 하인들은 눈물을 흘렸다. 부인도 눈물을 글썽였다. 그리고 감동에 떨리는 목소리로 덧붙였다.

"나와 파르마 교구의 수석 보좌주교 파브리스 델 동고를 위해 기도해줘요. 내일 아침 그 사람은 징역형이 아니면, 차라리 이것이 더 좋겠지만, 사형선고를 받을 거예요."

하인들은 점점 더 눈물을 쏟다가 점차 폭동이라도 일으킬 듯이 울부짖었다. 공작부인은 마차를 타고 대공의 궁전으로 달려갔다. 적절치 않은 시간이었지만 부인은 당직 시종 폰타나 장군을 통해서 만나뵙기를 청했다. 부인이 정식 궁정복을 입지 않은 걸 보고 시종무관은 몹시 당황했다. 대공은 이런 배알 요청에 조금도 화를 내지 않았을뿐더러 놀라지도 않았다. "아름다운 눈에서 눈물이 흘러내리는 걸 어디 한번 볼까." 그는 손을 비비며 중얼거렸다. "애원하러 왔을 테지! 마침내 저 거만한 미인도 무릎을 꿇는다! 그 오만한 태도는 정말 눈꼴사납거든. 조금이라도 마음에 들지 않으면, 그 눈은 언제든지 내게 '나폴리나 밀라노는 당신의 조그마한 파르마와는 달라서 즐거운 곳이에요' 하고 말하는 것만 같단 말이야. 물론 나는 나폴리나 밀라노의 영주는 아니지. 아무튼 그 거만한 여인은 오직 내게 결정권이 있는 일로, 애를 태우고 있는 어떤 일을 부탁하러 온 것이다. 그의 조카가 이곳에 오는 탓에 여러 가지로 이용할 수 있다고 난 전부터 생각했었지."

대공은 이런 생각을 하며 빙긋이 웃고, 온갖 유쾌한 상상을 즐기면서 넓은 집무실을 이리저리 왔다 갔다 했다. 그 방문 앞에는 폰타나 장군이 '받들어 총'을 하는 병사처럼 경직된 자세로 서 있었다. 장군은 대공의 번쩍이는 눈을 힐끔거리면서 공작부인의 여행복 차림새를 떠올리자, 이 군주국이 이젠 망하는구나 하는 생각이 들었다. 대공이 입을 열어 다음과 같이 말했을 때 그의 놀라움은 비길 데가 없었다.

"공작부인에게 15분쯤 기다려달라고 전해라."

시종무관은 열병식 때처럼 '뒤로 돌아'를 했다. 대공은 다시 빙그레 웃었다. "폰타나는 그 오만한 공작부인이 기다리는 걸 아직 본 일이 없었거든. 그가 놀란 얼굴로 '15분쯤 기다리시기를' 이렇게 전하면, 이제 이 방에서 흘릴 눈물의 준비는 할 수 있겠지." 15분 동안 대공은 아주 기분이 좋았다. 그는 반듯한 걸음걸이로 방 안을 돌았다. 그는 군주였다. "이런 때일수록, 조금이라도 흠 잡힐 말은 하지 않아야 한다. 공작부인에 대한 내 감정이 어떻든 간에, 아무튼 그 여자는 내 궁정에서 가장 신분이 높은 귀부인이라는 걸 잊어서는 안 된다. 루이 14세는 자기 딸인 공주들에게 무슨 못마땅한 점이 있을 때, 어떻게 말을 했을까?" 이런 생각을 하면서 그의 눈은 위대한 왕의 초상화를 바라보았다.

재미있는 일은, 대공은 파브리스에게 특별사면을 내려야 할까, 그리고 특사를 내린다면 그 내용은 어떠해야 할까에 대해선 조금도 생각지 않았다는 점이다. 마침내 20분 뒤에 충실한 폰타나가 아무 말도 않고, 다시 문 앞에 나타났다.

"산세베리나 공작부인을 이리로 모셔라." 대공은 연극 같은 태도로 말했다.

'자, 눈물이 시작된다.' 속으로 이렇게 중얼거리고는, 그런 광경에 대비하기 위해서인 듯 손수건을 꺼냈다.

공작부인이 이렇게 경쾌하고 아름답게 보인 적은 없었다. 스물다섯도 안 된 것처럼 보였다. 사뿐사뿐 융단을 스치듯 옮겨놓는 걸음걸이를 보고, 가련한 시종무관은 정신이 아득해지는 것 같았다.

"전하께 사과의 말씀을 올려야겠습니다." 부인은 낭랑한 목소리로 말했다. "예의에 어긋나는 줄 알면서도 이런 옷차림으로 뵙게 되어 죄송합니다. 하지만 평소에 늘 너그럽게 보아주셨으니 오늘도 용서해주시리라 믿습니다."

부인은 천천히 말을 했다. 대공의 표정을 보고 즐길 시간적 여유를 가지려는 속셈이었다. 확실히 무척이나 놀란 듯한 표정과, 그러면서도 머리며 두 손의 위치는 여전히 오만한 태도를 취하고 있는 모습은 정말 보기에도 즐거운 것이었다. 대공은 벼락을 맞은 것처럼 멍하니 서 있었다. 날카롭고 당황한 목소리로 이따금 개미 같은 목소리로 말했다.

"뭐라고! 어떻게!" 공작부인은 인사말을 다 마치고 나자, 예의를 차리려는 듯이 상대에게 충분히 대답할 여유를 주었다. 그러고는 다시 계속했다.

"전하께서는 저의 이런 옷차림을 용서해주실 테죠."

그러나 이렇게 말하는 부인의 두 눈이 조롱하는 듯 빛나고 있었으므로, 대공은 그 눈빛을 견딜 수 없었다. 그는 천장을 쳐다보았다. 이것은 그가 극도로 당황했다는 표시이다.

"뭐라고! 뭐라고!" 여전히 이 말밖엔 나오지 않았다.

그러다가 가까스로 한마디가 생각났다.

"공작부인, 좀 앉으시지요."

그러면서 그는 자기 손으로 의자를, 그것도 다정하게 앞으로 내밀었다. 부인도 이런 정중한 대접에 무심할 수가 없어 날카로운 눈초리를 부드럽게 했다.

"뭐라고! 뭐라고!" 대공은 다시 이렇게 되풀이하면서, 자기 의자 속에서 몸을 꿈틀거렸다. 왠지 거기서도 편치 않은 듯한 모습이었다.

"저는 이제부터 밤의 선선한 공기를 이용해서 역마차를 탈까 합니다. 그리고 얼마 동안은 아마 이곳에 안 돌아올지도 모르기 때문에, 5년 동안 여러 가지로 친절을 베풀어주신 데 대해, 일단 전하께 감사의 말씀을 드린 다음 떠나고 싶었습니다."

이 말에 대공은 비로소 이해를 했다. 얼굴이 창백해졌다. 그는 자기 예상이 맞지 않는 걸 무엇보다도 괴롭게 여기는 사람이었다. 이내, 그는 바로 눈앞에 있는 루이 14세의 초상과 완전히 어울리는 당당한 태도가 되었다. '이제야 사내대장부 같군.' 부인은 생각했다.

"그래, 그처럼 갑자기 떠나는 이유는 뭔가요?" 대공은 꽤 침착한 어조였다.

"벌써 오래전부터 그럴 생각이었습니다. 그러던 중 마침 델 동고 경이 모욕을 당하는 일이 일어나, 내일은 그 애에게 사형 아니면 징역형의 선고를 내린다고 하기에 떠날 결심을 했습니다."

"그럼 어디로 가실 작정이오?"

"나폴리로 갈까 합니다."

부인은 일어서면서 말을 이었다.

"이제 그만 전하 앞을 물러나겠습니다. 이제까지의 친절에 진심으로 감사를 표하는 바입니다."

그녀는 또한 결심이 확고한 듯한 태도로 일어섰기 때문에, 대공은 이 2초 안에 모든 일은 끝나리라고 보았다. 부인이 일단 밖으로 나가버린 다음엔, 어떠한 조정도 불가능하다는 걸 알고 있었다. 부인은 자기가 시작한 일을 번복하는 여자가 아니었다. 그는 뒤를 쫓아갔다.

　"하지만 공작부인." 그는 부인의 손을 잡고 말했다. "부인도 아실 테지만 나는 언제나 당신을 좋아했었죠. 그 우정은, 당신이 어떻게 마음먹느냐에 따라 다른 이름의 것으로 바뀔 수도 있었소. 어쨌든 살인이라는 죄를 저질렀으니, 이건 아무도 부정할 수 없을 기요. 난 사건의 심리를 이 나라의 가장 훌륭한 재판관들에게 맡겼으니까……."

　이 말을 듣자 공작부인은 발딱 몸을 뒤로 젖혔다. 순식간에 공손한 태도와 우아한 겉모습조차 사라지고 말았다. 모욕을 당한 여자의 생김새가 뚜렷이 나타났다. 그리고 모욕당한 여자가, 성실치 못하다는 걸 알고 있는 인간에게 정면으로 대드는 자세였다. 부인은 한 마디 한 마디에 힘을 주면서, 가장 격렬한 분노와 경멸까지 섞인 표정으로 대공에게 똑똑히 말했다.

　"저는 이제 전하의 나라를 영원히 떠나겠습니다. 라씨라고 하던가요? 제 조카와 그 밖의 많은 사람들을 사형대로 몰아낸 그 몰염치한 살인자들의 이야기를 앞으로 듣고 싶지가 않기 때문이에요. 속지 않으셨을 때에는 친절하고 총명하신 군주 곁에서 보내는 이 마지막 순간에, 정녕 불쾌한 기분을 느끼지 않으시려거든, 1천 에퀴와 훈장 하나에 매수되는 그런 더러운 재판관들의 이야기는 제 앞에서 꺼내지 말아주세요."

　이런 말을 한 그 훌륭하고, 특히 진실이 담긴 목소리는 대공을 소름 끼치게 했다. 한순간 그는 대놓고 퍼붓는 이런 비난에 위엄을 상하지나 않을까 두려워했으나, 결국 부인으로부터 받은 인상은 기분 좋은 것이었다. 그는 공작부인을 훌륭하다고 생각했다. 그 인품이 숭고하리만큼 아름답게 보였다. '정말 아름다운 여자로군. 이탈리아를 다 뒤져도 아마 다시는 없을 게다. 이런 특별한 여성에겐 얼마쯤 양보할 수밖에 없군……. 그렇지, 좀더 정략을 쓴다면 앞으로 이 여자를 애인으로 만드는 일도 불가능하진 않을 거야. 그녀에 비하면 인형 같은 발비 부인쯤은 아직도 멀었어. 게다가 그 여잔 가난한 내 신하들로부터 해마다 적어도 30만 프랑을 착취하고 있단 말이야. ……그런데 이 여자가 지금 뭐라고 말했더라? 자기 조카며 그 밖의 많은 사람을

사형에 처했느니 어쨌느니 했겠다.'

그렇게 생각하니 노여움이 다시 고개를 쳐들었다. 잠시 뒤, 대공은 군주다운 위엄을 갖추고 말했다.

"그래서, 그대가 이곳을 떠나지 않도록 하려면 뭘 하면 되겠소?"

"전하가 하실 수 없는 일입니다." 부인의 대답에는 심한 비웃음과 노골적인 경멸의 투가 담겨 있었다.

대공은 벌컥 화가 치밀었으나 절대군주라는 직책의 습관으로, 충동적인 감정을 제법 억제할 수 있는 힘을 가지고 있었다. '이 여자를 내 것으로 만들어야 한다. 그것이 내 의무다. 그런 뒤에 경멸로 이 여자를 죽게 할 테다. 만일 이 여자가 지금 이대로 나가버리면, 두 번 다시는 만날 수 없을 테지.' 그러나 지금처럼 분노와 증오로 정신이 뒤집힌 상태에서 어떻게 자기 의무를 수행하는 데 적합한, 그와 동시에 이 궁정을 떠나려 하는 공작부인을 붙잡아둘 그럴싸한 말을 궁리해낼 것인가? '같은 몸짓을 되풀이하는 것도, 그것을 우스꽝스럽게 하는 것도 좋지 못하다.' 이런 생각이 들자 그는 부인과 방문 사이를 가로막고 섰다. 조금 뒤에 그 방문을 가볍게 두드리는 소리가 났다.

"누구야?" 대공은 벼락같이 소리를 질렀다. "이런 곳에 어슬렁어슬렁 나타나는 바보 같은 놈은 누구냐?"

가련한 폰타나 장군은 몹시 당황한 나머지 창백해진 얼굴을 내밀어, 마치 당장에라도 숨을 거둘듯한 사람처럼 잘 들리지 않는 목소리로 말했다.

"모스카 백작이 뵙겠다고 해서."

"들어오라고 해!" 대공은 꾸짖듯 말했다.

모스카가 들어와 인사를 했다.

"응, 마침 산세베리나 공작부인이 와 있네. 이제 곧 파르마를 떠나 나폴리에 정착하러 가신다는군. 아까부터 내게 무례한 말을 자꾸 하시면서 말이야."

"뭐라고요?" 모스카 백작은 얼굴색이 변했다.

"뭐, 자네도 부인이 떠난다는 걸 몰랐단 말인가?" "전혀 몰랐습니다. 6시에 헤어졌습니다만, 그땐 즐겁고 만족스러워 보였습니다."

이 말은 대공에게 뜻하지 않은 효과를 주었다. 먼저 모스카를 주의 깊게 살

펴보았다. 백작의 더욱 창백해진 얼굴빛은, 그 말이 거짓이 아니며 공작부인의 느닷없는 결심에 대해선 무엇 하나 아는 바 없다는 걸 나타내고 있었다. '그렇다면 정말 저 여자는 내 곁에서 영원히 떠날 결심을 한 거로군. 쾌락과 복수, 모든 것이 한꺼번에 사라지는 셈이야. 나폴리에서 저 여자는 조카인 파브리스를 상대로 파르마의 대단치 않은 군주가 몹시 화낸 것을 얼마나 조롱할 터인가.' 대공은 공작부인 쪽을 보았다. 격렬한 경멸과 노여움이 그녀의 마음속에서 싸우고 있었다. 부인의 두 눈은 모스카 백작을 보고 있었으나, 그 아름다운 입술의 멋진 윤곽은 더없이 매서운 경멸을 나타내고 있었다. 그 얼굴 전체가 '비굴한 신하!'라고 비웃고 있었다. 그 표정을 살핀 대공은 생각했다. '이렇게 되면 이젠 이 여자를 이 나라에 다시 불러올 핑계도 없어진다. 지금 이 방을 그대로 나가버리면 그땐 영원히 내 손에서 잃고 만다. 나폴리에 가서 이 나라 재판관들에 대해 뭐라고 흠잡고 다닐는지 누가 알겠는가……. 타고난 재치와 사람을 믿게 하는 그 무서운 힘에, 누구나 그녀의 말을 믿게 될 거야. 저 여자 때문에, 나는 밤중에 일어나 침대 밑을 조사하는 괴상한 전제군주라는 평을 받게 될 테지…….' 여기서 대공은 교묘한 수단으로, 그리고 마음의 동요를 억제하기 위해 거닐려는 것처럼 다시 방문 앞에 가 섰다. 그 오른쪽에는 세 발자국쯤 떨어져서 백작이 있었다. 창백하고 당황하여 어떻게 될까 하는 걱정으로, 조금 전 공작부인이 앉아 있던 의자 등에 기대고 서 있는 품이, 그렇게라도 하지 않으면 곧 쓰러질 것만 같았다. 그 의자는 대공이 화가 나는 바람에 멀리 밀어놓은 것이었다. 백작은 사랑에 빠져 있었다. '부인이 이곳을 떠난다면 나도 따라가겠다. 하지만 과연 부인은 내게 따라오라고 할까? 그것이 문제다.'

대공의 왼쪽에는 공작부인이 팔짱을 끼어 가슴에 대고 서서, 탄복하리만큼 거만한 태도로 그를 쳐다보고 있었다. 그 아름다운 얼굴을 늘 빛내주던 생기 있는 혈색은 이젠 새파랗게 변했다.

대공은 곁에 있는 두 사람과는 반대로 얼굴빛이 붉었으며, 불안한 듯한 표정이었다. 왼손은 윗옷 밑에 단 휘장에 달린 십자훈장을 초조한 듯이 매만지고, 오른손으론 턱을 문지르고 있었다.

"어떻게 하면 좋을까?" 그는 백작에게 물었다. 자신이 하고 있는 일을 자기도 이해할 수 없어, 무엇이든 늘 의논하던 버릇이 무심코 나온 것이다.

"저도 정말 잘 모르겠습니다." 백작은 마치 마지막 숨을 쉬는 사람처럼 대답했다.

이만한 대답도 겨우 나온 것이었다. 그 목소리를 들은 대공은 비로소 상처받은 자존심에 위안을 얻었다. 이런 조그마한 행복감으로 다음과 같은, 자기에겐 몹시 편리한 말이 튀어나왔다.

"좋아, 세 사람 중에서 내가 가장 이성적인 것 같군. 난 이 자리에서 내 신분 따위는 전혀 상관 않고 말하고 싶소. 그러니까 한 사람의 친구로서 이야기하려는 거요."

그러고는, '친구가 친구에게 이야기하듯이'라고 말한 행복했던 시절의 루이 14세를 흉내내어, 너그럽고 다정한 미소를 지으며 덧붙였다.

"공작부인, 그대의 갑작스러운 결심을 잊게 하려면 어떻게 하면 되겠소?"

"사실을 말씀드리면, 저도 잘 알 수 없습니다." 공작부인은 한숨을 크게 쉬며 대답했다. "정말 몰라요. 어쩐지 파르마가 무서워졌어요."

이 말은 조금의 비웃음도 섞이지 않았다. 느낀 그대로가 솔직하게 입에서 나온 것임을 누구나 알 수 있었다.

백작은 부인 쪽으로 몸을 휙 돌렸다. 신하로서의 그의 마음이 상한 것이었다. 그러고는 대공에게 애원하는 듯한 눈초리를 보냈다. 대공은 몹시 위엄과 냉정을 갖추며 잠깐 입을 다물고 있다가 백작에게 말했다.

"자네의 아름다운 친구는 정말 정신이 이상해졌군. 이유는 간단해. 조카가 못 견디도록 사랑스러운 거야."

그리고 공작부인 쪽으로 돌아서서는, 정말 사랑스러운 듯한 눈초리를 보내며 연극 대사를 인용할 때와 같은 말투로 덧붙였다.

"이 아름다운 눈을 기쁘게 하려면 어떻게 해야 좋을까?"

공작부인은 벌써 냉정을 되찾아 생각할 여유를 지니고 있었다. 마치 최후통첩을 선언하듯 단단한 결의가 담긴 말로 느릿느릿 대답했다.

"어떻게 써야 하는지 잘 알고 계시는 자비로우신 전하는 편지를 한 장 써주시면 됩니다. 수석 보좌주교 파브리스 델 동고의 죄를 믿지 않으니까, 판결문을 제출하더라도 서명을 않겠다고 써주세요. 그리고 이번의 부정한 재판절차는 앞으로도 아무런 효력을 갖지 못한다고요."

"뭐, 부정하다고!" 대공은 다시 화가 치밀어 눈까지 빨개져서 소리쳤다.

"또 있습니다." 공작부인은 로마식의 대담한 태도로 시계를 쳐다보며 말을 받았다. "오늘 밤 안에, 벌써 11시 15분이지만, 오늘 밤 안에 라베르시 후작부인에게 사람을 보내서, 오늘 연회 때 살롱에서 어떤 재판에 대한 이야기를 하느라 분명 피곤할 테니까 잠깐 시골에 가서 휴양하도록 지시를 내려주셨으면 합니다."

　대공은 미친 사람처럼 방 안을 왔다 갔다 했다. "이런 여자를 지금까지 본 적이나 있었을까? ……내게 이처럼 조금도 예의를 지키지 않다니."

　공작부인은 얌전하게 대답했다.

　"저는 결코 전하께 무례한 말을 올릴 생각은 없습니다. 전하는 친구가 친구에게 이야기하듯이 하라고 너그럽게 말씀하시지 않으셨습니까? 그리고 전 파르마에 남아 있고 싶은 생각은 조금도 없어요." 부인은 몹시 경멸하는 눈으로 백작을 보면서 말했다.

　이 눈빛을 본 대공은 결심이 섰다. 지금까지 말로는 약속해줄 듯 행동하면서도, 사실 속으로는 내키지 않았던 것이다. 그는 말로 한 약속 따위 개의치 않았다.

　다시 몇 마디 말이 오갔으나 마침내 공작부인이 요구한 사면장을 쓰라는 명령이 모스카 백작에게 내려졌다. 그는 '이 부정한 재판은 앞으로 아무런 효력을 갖지 못한다'는 한 구절은 빼놓았다. '제출되는 판결문에 대공이 서명하지 않겠다는 약속만으로도 충분하다'고 생각했던 것이다. 대공은 서명하면서, 힐끗 눈짓으로 그에게 감사의 뜻을 보냈다.

　백작은 커다란 실수를 한 것이다. 대공은 몹시 피곤했으므로 어떠한 것에도 틀림없이 서명했을 것이었다. 대공은 이것으로 이 장면을 멋지게 모면했다고 생각했으며, 이 사건으로 가장 걱정이 된 것은, '만약 공작부인이 떠나버린다면, 일주일도 지나지 않아 내 궁정은 권태롭기 그지없는 곳이 되리라'는 점이었다. 백작은 대공이 날짜를 다음 날로 고치는 것을 보았다. 시계를 보니 벌써 자정이 다 되었다. 대신은 날짜의 수정이 정확과 훌륭한 통치를 과시하려는 뜻이라고만 생각했다. 라베르시 부인의 추방에 대해선 아주 간단했다. 대공은 사람을 쫓아내는 데 각별한 기쁨을 느끼는 터였다.

　"폰타나 장군!" 문을 조금 열고 불렀다.

　나타난 폰타나 장군은 몹시 놀라고 궁금해 죽겠다는 얼굴이었으므로, 공작부인과 백작은 유쾌한 눈빛을 주고받았다. 이렇게 시선을 나누자 서로의 감정이 조금 누그러졌다.

"폰타나 장군." 대공은 말했다. "지금 당장 현관 앞에 대기하고 있는 내 마차를 타고 라베르시 후작부인의 집으로 가시오. 만나뵙기를 청하되 이미 부인이 잠들었다면, 내 심부름으로 왔다고 말한 뒤 방에 들어가 다음을 똑똑히 전하게. '대공전하는 라베르시 후작부인에게 내일 아침 8시 이전에 벨레자 별장으로 떠나기를 권한다. 부인이 파르마에 돌아올 수 있는 날은 나중에 전하의 지시가 있을 것이다."

대공은 공작부인의 눈을 살펴보았다. 부인은 그가 기대했던 감사의 말도 없이 공손히 인사를 하고 그대로 나가버렸다.

"굉장한 여자로군!" 대공은 모스카 백작을 돌아다보며 말했다. 백작은 라베르시 부인의 추방으로, 대신 업무를 편히 볼 수 있단 생각에 몹시 기분이 좋아져, 노련한 신하답게 30분 가까이 이야기를 늘어놓았다. 그는 군주의 상처받은 자존심을 위로하려고 했다. 그러고는 루이 14세의 일화 중에도 오늘밤 대공이 미래의 역사가들에게 제공한 것만큼 훌륭한 이야기는 찾아볼 수 없다는 말을 대공이 믿는 걸 보고서야 물러나왔다.

공작부인은 집에 돌아오자 곧 방문을 닫고, 아무도―백작이라도―들여보내지 말라고 일렀다. 그녀는 혼자 있고 싶었다. 그리고 조금 전의 일을 어떻게 받아들여야 할 것인지 되새겨보고 싶었다. 그녀는 다만 우연에 따라 행동했다. 순간순간의 기쁨을 즐겼다. 그러나 비록 행동에 따라 나오는 결과가 어떠했든 끝까지 단호하게 해냈을 것이다. 냉정을 되찾은 뒤에도 그녀는 조금도 자신을 탓할 생각이 없었다. 그녀가 서른여섯이 되어서도, 궁정에서 가장 매혹적인 여인일 수 있는 것은 이러한 성격 때문이었다.

이제 부인은 마치 오랜 여행에서 돌아온 듯한 기분으로, 파르마에서 어떠한 즐거운 일이 일어날까 하고 멍하니 생각에 잠겨 있었다. 9시에서 11시까지는 영원히 이 나라를 떠날 작정이었으니까.

"대공에게서 내가 떠난다는 사실을 들었을 때 백작의 얼굴이 볼만하더군. 정말, 그 사람은 다정하고 좀처럼 보기 드문 성실한 사람이야. 내 뒤를 따르기 위해서라면 대신 자리도 깨끗이 내던질걸……. 또한 5년이란 세월 동안 한번도 내게 잔소리를 한 적이 없었지. 정식으로 결혼한 여자라도 자기 남편에 대해 이렇게 말할 수 있는 사람이 몇이나 될까. 그이는 조금도 거드름을 피우거나 잘난 체하지 않는다. 그이를 기만하는 사람은 아무도 없지. 내 앞에서는 언제나 자기 권세를 부끄럽게 여기는 것 같고……. 대공 앞에서는 정말 우스꽝스러운 표정이었어. 지금 여기에 있다면 입을 맞춰줄 텐데……. 하지만 면직된 대신의 비위를 맞춘다는 건 딱 질색이야. 그거야말로 불치병이나 매한가지이고 나까지 죽이는 거야. 젊어 대신이 된다는 건 얼마나 불행할까! 그 사람에게 이를 편지로 써야 한다. 대공과 사이가 나빠지기 전에 확실히 알아둘 필요가 있으니까……. 아, 그렇지. 우리집의 마음씨 고운 하인들을 그만 잊고 있었군그래."

공작부인은 종을 울렸다. 여자들은 아직도 짐을 꾸리기에 바빴다. 마차는 문 앞에 벌써 도착하여, 거기에 짐을 싣고 있었다. 할일 없는 하인들은 눈물을 글썽거리며 그걸 둘러싸고 서 있다. 오직 한 사람, 부인 방에 드나들 수 있는 케키나가 그런 광경을 하나하나 보고했다.

"모두들 오라고 해."

조금 뒤에 부인은 기다림방으로 갔다.

"조카의 판결문에 영주님 (이탈리아에서는 이렇게 부른다)께서 서명하지 않기로 했어요. 떠나는 걸 미루겠어요. 적들이 이 결정을 번복할 힘이 있는지 없는지, 어디 두고 봅시다."

일순간 물을 끼얹은 듯 조용하다가 하인들은 "공작부인 만세!" 함성을 올리고는 열렬한 박수를 쳤다. 부인은 일단 옆방으로 들어갔으나, 갈채에 답하는 여배우처럼 다시 나타나 하인들에게 가볍게 상냥한 경례를 하고 말했다.

"여러분, 고마워요."

부인의 한마디로 모두가 궁정이라도 공격하러 갔을지 모른다. 부인이 마부한 사람에게 손짓을 하자 그가 뒤를 따랐다. 전에 밀수를 하던 사나이로 지금은 충실하게 주인을 섬기고 있었다.

"너는 유복한 농부로 가장하고, 되도록 빨리 파르마를 빠져나가거라. 1인승 마차를 빌려서 서둘러 볼로냐로 달려가. 볼로냐에선 산책하듯 피렌체 쪽 성문으로 들어가서, '펠레그리노' 여관에 있는 파브리스에게 꾸러미를 하나 전해다오. 그 꾸러미는 케키나가 줄 게다. 파브리스는 숨어 있기 때문에 그곳에서는 조제프 보씨라는 이름을 쓰고 있지. 남들이 눈치채지 못하도록 정신 똑바로 차려야 해. 그 사람을 아는 체하지는 마라. 아마 적들도 누군가를 시켜 뒤를 따르게 할 게다. 파브리스는 몇 시간 아니면 며칠 뒤에 너에게 돌아가라고 할 테지만, 돌아오는 길엔 특히 그 사람의 이름이 알려지지 않도록 더욱 주의해야 한다."

"아, 라베르시 후작부인의 일당 말입니까? 우리는 놈들과 맞닥뜨리는 걸 기다리고 있는뎁쇼. 마님이 원하신다면, 지금 당장에라도 한 녀석도 남기지 않고 모조리 처치해버리겠습니다."

"나중에 부탁하시! 하지만 내 지시 없이 멋대로 행동해서는 안 된다는 걸 명심해야 한다."

부인이 파브리스에게 보내고 싶어한 것은, 대공의 사면장 사본이었다. 그를 기쁘게 해주고 싶어 참을 수가 없었다. 그리고 이 사면장을 손에 넣기까지의 과정을 몇 마디 적어넣었다. 이 몇 마디는 결국 10장이 넘는 편지가 되었다. 그러고 나서 다시 마부를 불러 말했다.

"4시에 성문이 열린 다음이 아니면 떠날 수 없다."

"하수구를 뚫고 갈 작정이었습죠. 목까지 물에 빠지더라도, 꼭 뚫고서……."

"안 돼, 우리집의 가장 소중한 하인 한 사람이 감기에 걸리는 꼴을 보고 싶진 않다. 너 혹시 대주교관에 아는 사람은 없느냐?"

"두 번째 마부가 친구입죠."

"자, 이건 대주교님께 보내는 편지다. 몰래 집으로 들어가서 시종에게 가거라. 노인의 잠을 방해해선 안 되니까. 벌써 잠자리에 드셨다면 하룻밤을 거기서 지내도록 해. 그분은 늘 새벽에 일어나시니까 내일 아침 4시엔 내 심부름이라고 전하게 해서, 대주교님께 축복을 부탁드리고는 그 편지를 드려라. 그러면 아마 볼로냐로 보낼 편지를 주실 테니, 그걸 받아 가지고 와."

공작부인은 대주교에게 대공의 사면장 원본을 보내려 했다. 이 서면이 수석 보좌주교의 일신상에 관한 것이므로, 이것을 대주교청의 문서 보관소에 넣어두도록 부탁했다. 그리고 조카의 동료인 보좌주교나 참사회원들에게 이를 알리기를 원했다. 물론 모든 것을 비밀로 해둔다는 조건에서였다.

공작부인은 란드리아니 대주교, 이 선량한 평민 출신을 기쁘게 하기에 알맞은 다정한 투로 썼다. 다만 서명만은 세 줄에 걸쳐 썼다. 친밀감을 내비친 편

지 끝에 '앙젤리나 코르넬리아 이조타 발세라 델 동고, 산세베리나 공작부인'
이라고 서명했다.

'이렇게 길게 쓴 것은, 그 불쌍한 공작과의 결혼계약서 이후 처음이로군.'
부인은 웃으면서 생각했다. '하지만 그런 사람들을 조종하려면 이렇게 해야만
하는걸. 시민들에겐 풍자화가 아름답게 보이는 거야.' 그녀는 잠자리에 들기
전, 불쌍한 백작에게 조롱하는 편지를 쓰고 싶은 유혹을 이겨내지 못했다. 왕
관을 쓴 사람들을 상대로 할 때의 처세훈으로서, 자신은 군주의 총애를 잃은
대신을 즐겁게 해드릴 수 없다고 분명하게 적었다. '당신은 대공을 두려워하
십니다. 당신이 대공을 만날 수 없는 처지가 되면, 당신이 두려워할 사람은
분명 내가 될 겁니다.' 이 편지를 곧 보내게 했다.

한편 다음 날 7시가 되자, 대공은 내무대신 쥐를라 백작을 불러들였다.

"각지의 경찰서장에게 파브리스 델 동고를 체포하도록 다시 엄중한 명령을
내리시오. 보고에 의하면, 그자는 대담하게도 이 나라 영내에 다시 나타날지
도 모르네. 그 탈주범은 볼로냐에 있으면서 이 나라 법정의 사법권을 모독하
는 모양이오. 그 사나이를 잘 알고 있는 경관을, 첫째 볼로냐에서 파르마로
오는 길목 마을마다, 둘째 사카의 산세베리나 저택 주변에, 셋째 모스카 백작
의 저택 주위에 각각 배치하도록 하시오. 내 명령을 모스카 백작이 눈치채게
해서는 안 되네. 그 점에 있어선 자네의 총명한 두뇌를 믿겠소. 파브리스 델
동고의 체포를 내가 원한다는 걸 잊지 말도록."

대신이 물러나자, 다른 비밀 문으로 검찰총장 라씨가 들어와, 한 걸음마다
몸을 굽히고 경례를 하면서 대공에게 가까이 왔다. 이 악당의 얼굴은 확실히
특징이 있었다. 이만하면 어떠한 나쁜 짓을 한들 능히 그럴 수 있으리라고 여
겨지는 생김새였다. 한편 그의 쓸데없이 빨리 움직이는 눈은 자기 재능에 대
한 자신감을 나타내고, 그 입언저리의 오만하고 심술궂은 침착함은 타인의 멸
시와 싸울 줄 안다는 걸 암시하는 것 같았다.

이 인물은 파브리스의 운명에 상당히 중대한 영향을 미치게 되므로 몇 마디
설명을 덧붙인다. 키가 큰 데다 몹시 아름답고 영리한 듯한 눈을 하고 있으나
얼굴은 마마자국으로 덮여 있다. 그리고 재치가 넘치는 편으로 아주 날카롭
다. 법률에 대한 학식이 훌륭하다는 평가를 받고 있으나, 이 남자의 재능이
빛을 발하는 경우는 책략을 써서 교묘하게 일을 꾸밀 때이다. 사건의 성질이

어떻든 간에, 그는 쉽게, 더구나 신속히 그것을 처형 또는 무죄방면으로 처리하는 데 충분한 법적 근거를 기초로 하는 방법을 찾아냈다. 특히 이자는 검사로서 민첩하고 수완이 있다는 점에선 으뜸이었다. 이 인물을 데리고 있음으로써 얼마나 많은 군주들이 파르마 대공을 부러워했는지 모른다. 이 사나이의 정열은 단 하나밖에 몰랐다. 그것은 높은 사람과 친밀하게 이야기를 나누고, 광대 같은 태도로 그들의 환심을 사고 싶어하는 일이었다. 권세 있는 사람이 그의 말이나 그의 인간성을 비웃건, 라씨 부인에 관해 좋지 못한 농담을 하건 별로 개의치 않는다. 상대가 웃어주고 자기에게 친근하게 대해주기만 하면 그는 만족했다. 때때로 대공은 이 대사법관의 위엄을 땅에 떨어뜨리려면 어떻게 해야 좋을지 모를 땐 발로 툭툭 찼다. 발길에 채여 아프면 울음을 터뜨린다. 그러나 그의 광대 본능은 몹시 강해서, 나라 안 사법관을 모아놓고 전제적으로 군림하는 자기 집 살롱보다도, 오히려 그를 조롱하는 대신 집 살롱에 날마다 가고 싶어했다. 특히 아무리 오만한 귀족이라도 그를 마음껏 모욕할 수는 없었다. 이자는 종일 남에게서 받은 모욕에 복수하는 방법으로서, 그것을 모두 대공에게 고해바쳤기 때문이다. 그는 대공에게 무슨 이야기를 해도 괜찮다는 특권을 부여받았으니까. 물론 대공에게서 대답 대신 상당히 아프게 뺨을 얻어맞는 일도 여러 번 있었지만, 조금도 노여워하지 않았다. 대공의 기분이 좋지 않을 때는 이런 위대한 사법관을 만나는 것이 위안이 되었으므로, 그럴 때엔 이자에게 온갖 창피를 주면서 즐기곤 했다. 라씨가 거의 완전한 궁정인이었다는 사실은 이것으로 충분히 알 수 있으리라. 명예심도 줏대도 없는 인간이라는 사실을.

"무조건 비밀로 해야 한다." 대공은 누구에게나 정중한 사람인데도, 그에게 답례도 하지 않고 마치 하인을 부리는 것처럼 호령했다. "판결은 어느 날짜로 돼 있지?"

"전하, 어제 아침입니다."

"거기에 서명한 판사는 몇 명인가?"

"다섯 사람 모두가 했습니다."

"형은?"

"전하의 지시대로 20년의 성채 금고형입니다."

"사형이었더라면 한바탕 소동이 날 뻔했는걸." 대공은 혼잣말을 하듯 말했다. "유감이야. 그 여자에게 어떤 효과를 줄는지! 아무튼 델 동고 집안이거든. 거의 대를 이어 3대나 대주교를 냈으니까, 그 이름은 파르마에서 존경을 받고 있단 말이야……. 20년의 금고라고 했지?"

"예." 그대로 선 채 몸을 굽히며, 라씨 검사는 대답했다. "그리고 복역 전에 전하의 초상 앞에 공개적으로 사죄를 하기로 돼 있습니다. 그 밖에 금요일과 모든 주요한 축제일 전날은 빵과 물만의 식사로 근신할 것. '피고는 뚜렷한 불신자이므로', 이는 장래를 생각하여 그 입신출세의 길을 막기 위해서입니다."

"써라." 대공은 명령했다.

"대공전하는 범행 당시 죄인의 나이가 어렸고 피해자 질레티의 아내에 대한 미칠 듯한 정열 때문에 정신상태가 정상이 아니었다는, 피고의 어머니 델 동고 후작부인과 고모 산세베리나 공작부인의 탄원을 받아들여, 이러한 살인죄는 더할 수 없이 가증스러운 것임에도 파브리스 델 동고에게 선고된 형을 성채 금고 12년으로 감형한다."

"이리 내라. 서명하게."

대공은 서명하고 전날의 날짜를 적어넣었다. 그러고는 판결문을 라씨에게 주면서 말했다.

"이 서명 아래에다 곧 써넣어라.

'산세베리나 공작부인은 다시 전하의 무릎 아래에 엎드려 탄원했으므로, 대공은 죄인이 매주 목요일 속칭 파르네제 탑이라고 불리는 사각형 탑의 난간을 한 시간 산책하는 걸 허가함.'

거기다 서명해. 거리에서 뭐라고들 떠들든 간에, 절대로 입을 다물고 있어야 한다. 금고 2년으로 형을 줄이자고 투표하고 그런 우스꽝스러운 의견을 지지해서 변론한 데 카피타니 평정관에겐 법률이나 규칙을 잘 읽어보라고 전해. 그럼 이걸로 끝났지. 아무 말도 해선 안 된다. 잘 자게."

라씨는 천천히 세 번이나 절을 했다. 대공은 거들떠보지도 않았다.

이는 아침 7시의 일이었다. 몇 시간 뒤엔 라베르시 후작부인을 추방했다는 소문이 온 거리에 퍼져 모두들 이 대사건에 관한 이야기꽃을 피웠다. 후작부인의 추방은, 소도시나 조그마한 궁정의 크나큰 적이라고 할 수 있는 권태를 잠깐 파르마에서 몰아낸 셈이었다. 이제야 대신이 되나 보다고 자신만만했던 파비오 콘티 장군은 신경통 발작을 핑계로, 며칠 동안 밖에 나오지 않았다. 중산층과 하층민들은, 이 사건으로 대공이 델 동고에게 파르마 대주교직을 주기로 결정한 것이 분명하다고 해석했다. 카페에 드나드는 정계의 소식통들은, 현 대주교 란드리아니 신부는 신병을 이유로 사표를 내도록 권고 받았다는 둥 쑥덕거렸다. 대주교에겐 담배 소작지에서 생기는 막대한 연금을 주기로 약속이 돼 있다며 확실하다고까지 했다. 이런 소문이 대주교의 귀에까지 들어오자 노인은 몹시 불안해졌다. 그 때문에 우리 주인공에게 품은 호의가 며칠 동안 상당히 엷어졌을 정도였다. 두 달 뒤 이 유쾌한 소문은 파리의 신문에까지 실렸다. 그러나 대주교가 된다는 사람이 산세베리나 공작부인의 조카인 모스카 백작이란 이름으로 바뀌어 있었다.

라베르시 후작부인은 벨레자 별장에서 화를 참지 못했다. 본디 적에게 어떤 모욕적인 말이나 퍼부으면 복수한 기분이 드는 그런 소심한 여성은 아니었다. 대공의 역정을 산 다음 날, 부인의 명령으로 기사 리스카라와 그의 세 친구들이 대공을 뵙고, 별장으로 부인을 방문할 허가를 청원했다. 대공은 이들을 맞아들여 몹시 상냥하게 대했다. 그래서 그들이 벨레자에 온 것은 부인에게 커다란 위안이 되었다. 두 주가 채 되기도 전에 이 별장엔 30명이나 모였다. 모두가 자유당 내각이 실현될 때엔 한자리씩 차지할 사람들이었다. 매일 밤, 부인은 일당 중에서 가장 정세에 밝은 사람들을 모아놓고 정식회의를 열었다. 파르마와 볼로냐로부터 많은 편지를 받은 어느 날, 부인은 일찌감치 자기 방으로 물러났다. 그곳에 심복하녀가 먼저 현재 애인인 발디 백작을 안내해왔다. 대단히 잘생기긴 했지만 매우 평범한 사나이였다. 다음에는 옛 애인 리스카라가 들어왔다. 이자는 얼굴이나 뱃속 모두 새까만 조그마한 몸집의 사나이로, 처음엔 파르마 귀족학교에서 기하학의 복습교사로 있었으나, 지금은 참사관으로 여러 개의 기사훈장을 가지고 있었다. 후작부인은 이 두 사람에게 말했다.

"난 습관상, 어떠한 서류도 절대 찢지 않아요. 그것이 도움이 되었어요. 여기 있는 건 산세베리나 부인이 여러 가지 일로 내게 보낸 아홉 통의 편지예요. 두 분이 제노바에 가서 복역 중인 죄수 가운데 뷔라티라든가—어째 베니스의 대시인 이름 같군요—뒤라티라든가 하는, 전에 공중인이었던 남자를 찾아내주세요. 발디 씨, 당신은 내 책상에 앉아 이제부터 내가 말하는 대로 적어줘요.

'생각나는 대로 이 편지를 쓴다. 난 이제부터 카스텔노보 근처에 있는 별장으로 갈까 한다. 혹시 네가 반나절이라도 내 곁에 와서 지낼 의향이 있다면, 얼마나 기쁘겠느냐. 요사이 같으면, 그다지 위험한 것 같지도 않다. 마치 구름 걷힌 맑은 날씨와 같단다. 그러나 카스텔노보에 들어오기 전에, 잠깐 서서 기다려라. 길에 하인이 한 사람 기다리고 있을 테니까. 그들은 모두 널 사랑한다. 물론 이번 여행에도 보씨라는 이름으로 행세해라. 소문에 따르면, 넌 훌륭한 카푸친회 수도사처럼 수염을 길렀다지. 파르마 사람들은 보좌주교의 단정하고 고상한 얼굴밖엔 모르니까.'

이해하겠어요, 리스카라 씨?"

"알고말고요. 하지만 제노바에 가는 건 시간 낭비입니다. 난 파르마에 아는 사람이 하나 있습니다. 아직 죄수는 아니지만, 이 사람이라면 산세베리나 부인의 필적을 흉내 내서 똑같이 쓸 수 있죠."

이 말을 들은 발디 백작은 그 아름다운 눈을 크게 떴다. 비로소 알았다는 표정이었다.

라베르시 후작부인은 말했다. "당신이 출세를 시키려는 파르마의 그 유능한 사람 말인데⋯⋯ 당신이 잘 알고 있다면, 그쪽에서도 당신을 잘 알고 있을 게 아닙니까. 그 사람의 정부라든가, 고해신부라든가, 친구들 중에는 산세베리나 부인에게 매수된 사람이 있을 수 있어요. 난 이 장난이 2, 3일 더 걸리더라도, 실패만은 하고 싶지 않아요. 두 시간 뒤에 당신은 양처럼 순순히 떠나세요. 제노바에서는 아무도 만나지 말고 바로 되돌아와야 해요."

기사 리스카라는 웃으면서 나갔다. 그는 장난하듯 뛰면서 광대 같은 콧소리로 말했다. "여행 준비를 해야지." 그는 부인 곁에 발디를 홀로 놔두고 싶었다. 닷새 뒤, 리스카라는 상처투성이의 발디 백작을 데리고 부인에게 돌아왔다. 24킬로미터쯤 지름길을 택하려고 산길로 노새를 타고 넘어온 것이었다. 백작은 이제 그런 여행은 하지 않겠노라고 진저리를 냈다. 발디는 후작부인에게 그녀가 구술한 편지 세 통과, 그것과 똑같은 필적으로 리스카라가 베껴 쓴 편지 대여섯 통을 내놓았다. 나중 것은 앞으로 또 이용할 때가 있으리라 예상하고 미리 마련한 것이었다. 그중 한 통은 대공이 밤중에 공포심에 사로잡힌다는 이야기이며, 애인인 발비 후작부인이 의자에 잠깐 앉기만 해도 쿠션 위에 핀셋 자국 같은 게 남을 만큼 야위었다는 사실을 재미있게 놀려대고 있었다. 이런 편지는 모두 산세베리나 부인의 손으로 쓴 것이라고밖엔 여겨지지 않았다.

"이제야 확실히 알았어요." 후작부인은 말했다. "그리운 저 파브리스는 볼로냐가 아니면 그 근처에 있다는 걸……."

"난 몸이 너무 불편해서." 발디 백작은 말을 가로막으며 말했다. "두 번째 여행은 빠졌으면 하는데요. 아니면 적어도 사나흘 쉬어서 건강을 회복하고 싶습니다."

"내가 자네를 위해 변명하지." 리스카라는 이렇게 말하면서 일어서더니 부인에게 뭐라고 속삭였다.

"그래요, 그럼 그렇게 합시다." 부인은 빙그레 웃으며 대답했다. 그러고는 발디에게 조금 경멸하는 듯한 태도로 말했다. "안심하세요. 당신은 가지 않아도 좋으니까."

"고맙습니다." 백작은 진심으로 기쁜 모양이었다.

실제로 리스카라는 혼자서 역마차를 탔다. 볼로냐에 도착한 지 이틀도 되지 않아서, 그는 파브리스가 마리에타와 함께 지붕 없는 마차를 타고 가는 모습을 보았다. '흥, 미래의 대주교님께서는 팔자 좋으시군. 이 광경을 공작부인에게 알려주고 싶군그래. 얼마나 기뻐할까.' 리스카라는 얼마 미행하지 않고서도, 곧 파브리스의 주소를 알아낼 수 있었다. 다음 날 아침, 파브리스는 제노바에서 만든 그 편지를 받았다. 좀 간단한 편지라고 생각했지만, 조금도 의심하지 않았다. 공작부인과 백작을 다시 만날 수 있다는 기쁨으로 행복에 도취되었다. 루도빅이 말리는 대도 듣지 않고, 역마차에 올라타 서둘러 말을 몰았다. 본인은 깨닫지 못했으나, 조금 거리를 두고 리스카라가 뒤를 쫓았다. 리스카라는 파르마에서 24킬로미터 떨어진 카스텔노보 역에 거의 다다랐을 때, 그곳 교도소 앞 광장에 많은 사람이 모여 있는 걸 보고 쾌재를 불렀다. 우리 주인공은 역에서 말을 바꾸고 있을 때 쥐를라 백작이 선발해서 파견한 두 헌병에게 발각되어 이곳까지 끌려온 참이었다.

리스카라의 작은 눈은 기쁨으로 번쩍였다. 곧 이 마을에서 일어난 일을 자세히 조사해서 라베르시 후작부인에게 급히 알렸다. 그러고 나서 자기는 대단히 진귀한 성당을 구경하는 사람처럼, 또는 이 지방에 있다는 소문을 들은 파르미자니노^{(이탈리아 르네상스}_{시대의 화가})의 그림을 찾아다니는 사람처럼 마을을 이리저리 거닐다가 마침내 경찰서장을 만났다. 경찰서장은 이 참사관에게 재빨리 경의를 표했다. 리스카라는 모처럼 쉽게 잡은 국사범을 왜 지체 없이 파르마의 성채에 보내지 않느냐며 의아한 표정을 해보였다.

"걱정거리가 있소." 리스카라는 쌀쌀하게 덧붙였다. "이틀 전부터 그자의 일당이 대공전하의 영내를 그가 무사히 통과할 수 있도록 방법을 찾고 있습니다. 그놈들이 헌병과 마주치지 않으리란 법도 없죠. 그 반역자들은 분명히 열대여섯은 되고, 말도 타고 있더군요."

"Intelligenti pauca! (똑똑한 자에게는 몇 마디 말이면 충분합니다)" 경찰서장은 대답했다.

제15장

두 시간 뒤 불쌍한 파브리스는 수갑을 차고 올라 탄 마차에 긴 쇠사슬로 묶여서, 헌병 8명의 호위를 받으며 파르마 성채를 향해 출발했다. 헌병들은 호송 행렬이 통과하는 마을마다 배치되어 있던 헌병을 모두 집결시켜서 함께 돌아오도록 명령을 받았다. 경찰서장도 이 중대한 죄수 뒤를 따라왔다. 저녁 7시쯤 마차는 파르마의 악동들과 30명의 헌병들에게 둘러싸여, 아름다운 산책로를 가로질러 몇 달 전에 파우스타가 살았던 집 앞을 지나서, 마침내 성채 외곽문 앞에 도착했다. 마침 파비오 콘티 장군이 딸을 데리고 외출하려던 참이었다. 성채 사령관의 마차는 파브리스가 묶인 마차를 들여보내려고, 도개교 앞에 멈춰섰다. 사령관은 곧 성채의 문을 닫으라고 큰 소리로 명령하고, 자기는 주위 상황을 잠깐 살피기 위해 출입구의 사무실로 갔다. 거기서 죄수가 누구라는 걸 알자 그는 적지 않게 놀랐다. 먼 길을 마차에 묶여온 죄인은 몸이 굳어 있었다. 헌병 넷이 그를 안아 내려 신병관리소로 데려갔다. "그 유명한 파브리스 델 동고가 마침내 내 손아귀에 들어왔군." 허영심이 강한 사령관은 생각했다. "거의 1년 동안 파르마의 상류사회는 이 사나이의 소문뿐이었거든."

장군은 파브리스를 궁정이나 공작부인의 집, 그 밖의 곳에서 여러 번 만난 일이 있었다. 그러나 되도록 아는 체하지 않았다. 자기에게 화가 미칠까 봐 두려워서였다. 그는 감옥 서기에게 일렀다.

"카스텔노보 경찰서장이 호송해온 죄수 인도의 상세한 조서를 작성해라."

텁수룩한 수염과 군인 같은 태도로 무섭게 보이는 바르보네 서기는 그날 따라 더욱 위엄을 부렸다. 마치 독일의 감옥지기 같았다. 자기 상관이 육군 대신이 되는 것을 방해한 사람은 특히 산세베리나 공작부인이라고 믿어왔으므로, 죄수에 대해서 여느 때보다 더 오만불손하게 대했다. 상대를 부를 때

Voi(너희)라는 말을 썼는데, 이는 이탈리아에선 하인에게나 쓰는 말이다.

"나는 로마 성교회에 소속된 신부로, 이 교구의 보좌주교이기도 하다. 내가 태어난 가문의 이름만 보더라도 마땅히 경의를 받을 권리가 있어." 파브리스는 뻣뻣하게 말했다.

"그거야 내 알 바 아니지." 서기는 퉁명스럽게 대답했다. "그런 훌륭한 직함이 있다면 서류를 보여서 증명을 해."

파브리스는 서류를 가지고 있을 리 없어 잠자코 있었다. 파비오 콘티 장군은 서기 옆에 서서 쓰는 것을 들여다보고 있었다. 죄수 쪽은 조금도 보려 하지 않았다. 이 사나이가 파브리스 델 동고가 맞다고 자기 입으로 말해야 할 곤란에 빠져서는 안 된다고 생각해서였다.

마차 안에서 기다리고 있던 클렐리아 콘티의 귀에 갑자기 위병소 근처에서 일어난 소동이 들려왔다. 죄수의 일신상에 관해서 바르보네 서기는 장황하게 조서를 꾸미며, 질레티 사건 때 입은 상처의 수와 그 상태를 검증할 테니 옷을 벗으라고 말했다.

"그건 할 수 없는데." 파브리스는 쓴웃음을 지었다. "당신 명령에 복종하려 해도 수갑이 채워져 있으니 어떻게 할 도리가 없군."

"뭐!" 장군은 시치미를 떼며 말했다. "수갑을 채웠다니! 요새 안까지 데리고 와서…… 그건 규칙 위반이다. 특별명령이 있어야지. 얼른 수갑을 풀어라."

파브리스는 장군을 쳐다보며 생각했다. '웃기는 위선자로군. 내가 이 수갑 때문에 고통스러워 하는 걸 한 시간 전부터 알고 있었으면서 이제서야 놀라는 척을 하다니!'

헌병이 수갑을 풀었다. 그들은 파브리스가 산세베리나 공작부인의 조카라는 말을 듣고 갑자기 친절해졌는데, 그것은 서기의 포악한 태도와는 좋은 대조를 이루었다. 그걸 보고 몹시 기분이 상한 듯한 서기는 꼼짝 않고 있는 파브리스에게 말했다.

"자, 빨리 해! 질레티를 죽일 때, 그에게 입은 상처를 보여라."

파브리스는 별안간 서기에게 뛰어들어 얼굴을 호되게 후려쳤다. 바르보네는 의자에서 굴러 장군 발밑에 쓰러졌다. 헌병들은 꼼짝 않고 서 있는 파브리스의 두 팔을 잡았다. 장군과 옆에 있던 두 헌병이 재빨리 서기를 잡아 일으켰다. 얼굴에서 피가 많이 흘렀다. 조금 떨어져 서 있던 두 헌병은 죄수가 도망할까 봐 뛰어가서 문을 닫았다. 지휘관인 헌병 반장은 성채 안으로 끌려온 이상 델 동고도 설마 도주할 의사는 없으리라고 생각했으나, 아무튼 소란을 막기 위해, 그리고 헌병의 본능으로 창가로 뛰어갔다. 그 열린 창 너머 바로 가까이에 장군의 마차가 서 있는 것이다. 클렐리아는 위병소 안의 울적한 장면을 보고 싶지가 않아서 마차 안에 웅크리고 있었는데, 소동을 듣고 밖을 내다보았다.

"무슨 일이에요?" 반장에게 물었다.

"아가씨, 파브리스 델 동고가 무례하게 굴던 바르보네를 때린 거예요."

"뭐라고요! 그럼 여기에 데려온 사람이 델 동고 씨인가요?"

"그렇습니다. 워낙 신분이 높은 사람이니까, 이렇게 절차가 복잡합니다. 아가씨도 잘 알고 계신 줄 알았는데요."

클렐리아는 이젠 마차의 승강구에서 물러나려고 하지 않았다. 탁자 주위에 있던 헌병이 조금 물러나자, 죄수의 모습이 보이기 시작했다. '코모 호숫가에서 만났을 때, 오늘의 이런 가련한 모습으로 다시 만나리라고 누가 상상이나 했을까? ……어머니의 마차에 타려는 내게 손을 빌려주셨지……. 그때에도 공작부인과는 함께였었다……. 두 사람의 사랑은 그때 벌써 싹트고 있었을까?'

독자에게 다음과 같은 사실을 알려야겠다. 라베르시 후작부인과 콘티 장군이 지휘하는 자유당 안에선, 파브리스와 공작부인 사이를 연인이라고 모두가 확신하고 있었다. 그들에게 미움을 받는 모스카 백작은 자신이 속은 줄도 모르는 사나이라며, 언제나 비웃음을 받고 있었다.

'이렇게 잡혔으니.' 클렐리아는 생각했다. '적의 포로가 되었군! 모스카 백작이 아무리 좋은 사람이라 하더라도 결국에는 이분이 이렇게 잡힌 것을 기뻐할 거야.'

사무실에서 웃음소리가 터졌다.

"자코포, 무슨 일이야?" 클렐리아는 흥분한 목소리로 말했다.

"사령관께서 왜 바르보네를 때렸느냐고 엄하게 질책하셨죠. 그러니까 파브리스가 태연히 '저자는 나를 살인범이라 했다. 나를 그렇게 부를만한 입증 서류를 보여달라'고 대답해서, 그래서들 모두 웃은 거예요."

글을 쓸 줄 아는 감옥지기가 바르보네를 대신했다. 클렐리아는 이 사나이가 추한 얼굴에서 흐르는 피를 손수건으로 계속 닦으면서 나가는 걸 보았다. 그는 이교도처럼 더러운 욕을 퍼부었다.

"파브리스, 이 죽일 놈!" 고래고래 소리쳤다. "반드시 내 손으로 죽일 테다. 어떻게 해서든 내가 사형집행인 자리를 맡고 말 테다……."

그는 파브리스의 모습을 한 번 더 보려고 사무실 창문과 장군 마차 사이에서 걸음을 멈췄다. 그러자 그의 욕지거리는 다시 심해졌다.

"빨리 가. 아가씨 앞에서 그런 더러운 욕을 하는 게 아냐." 반장은 꾸짖었다.

바르보네가 마차 안을 들여다보려고 얼굴을 들자, 그 눈이 클렐리아의 눈과 마주쳤다. 소녀의 입에서 공포의 한숨이 새어나왔다. 이처럼 흉악한 표정은 본 적이 없기 때문이다. "저자는 파브리스를 죽일 거야. 동 체사레에게 알려야지……." 동 체사레는 그녀의 작은아버지로서 이 마을에서 존경받는 신부였다. 형인 콘티 장군 덕분에 그는 감옥 재무관과 수석 부속사제 지위를 차지하고 있었다.

장군은 다시 마차에 올라탔다.

"넌 집에 돌아가고 싶으냐?" 딸에게 물었다. "아니면 좀 오래 걸리겠지만, 궁정의 안뜰에서 기다리겠니? 이 일을 대공에게 보고해야 하니까."

파브리스는 세 헌병에게 에워싸여 사무실 밖으로 나왔다. 배치된 방으로 끌려가는 것이었다. 클렐리아는 마차의 창으로 보고 있었다. 죄수는 바로 옆에까지 왔다. 이때 그녀는 아버지의 물음에, "저도 따라가겠어요." 대답했다. 파브리스는 바로 옆에서 이 소리를 듣고 문득 얼굴을 들었다. 그의 눈이 소녀의 눈과 마주쳤다. 그는 특히 그녀의 우울한 표정에 감명받았다. "코모 호숫가에서 만났을 때보다 더 예뻐졌군! 어쩌면 그렇게도 생각이 깊은 표정일까……. 이 소녀를 공작부인과 자주 비교하는 것도 무리가 아니구나. 어쩌면 얼굴이 저렇게도 천사 같을까!" 피투성이가 된 서기 바르보네가 마차 곁에서 머뭇거린 것은 속셈이 있어서였다. 그는 파브리스를 데리고 가는 세 헌병을 몸짓으로 세우고는 마차 뒤로 돌아서, 장군의 얼굴이 보이는 승강구로 갔다.

"죄수는 성채 안에서 폭력을 썼으므로, 규칙 제157조에 의해서 3일 동안 수갑을 채워야 하지 않습니까?"

"쓸데없는 참견 말아!" 장군은 소리를 꽥 질렀다. 이 체포는 그에겐 아무리 생각해봐도 난처한 일이었다.

　그로서는 공작부인이나 모스카 백작을 너무 궁지로 몰아서는 안 된다고 생각했다. 그런데 백작은 이 사건을 어떻게 볼까? 요컨대 질레티의 살해 자체는 대수롭지 않은 일이지만, 정략적인 음모가 그것을 중대하게 만든 것이다.

　이런 짧은 대화를 주고받는 동안, 헌병에게 둘러싸인 파브리스의 태도는 훌륭했다. 참으로 거만하고도 품위 있는 얼굴이었다. 섬세하고 아름다운 용모와 입가에 띤 멸시하는 듯한 미소는, 옆에 있는 헌병의 천한 모습과 재미있는 대조를 이루고 있었다. 그러나 얼굴이 그리 보였을 뿐, 그는 클렐리아의 천사 같은 아름다움에 넋을 잃고 그의 눈빛은 놀라운 마음을 그대로 나타내고 있었다. 한편 소녀는 생각에 빠진 듯, 창문에서 물러나 안쪽으로 들어앉을 생각조차 하지 않았다. 그는 경의가 가득 담긴 미소를 보내며 인사했다. 그러고는 얼마 있다가 이렇게 말했다.

　"아가씨, 전에 호숫가에서, 헌병들과 함께 있을 때 만난 적이 있는 것 같은데요."

　클렐리아는 얼굴이 붉어졌다. 너무 당황해서 뭐라고 대답할지를 몰랐다. '저런 거친 사람들에게 잡혀 있으면서도, 어쩌면 저렇게 기품이 있을까.' 파브리스가 말을 건넸을 때 그녀는 이렇게 생각했다. 깊은 동정이라기보다는 몹시 가슴이 설렌 그녀에겐, 어떤 말을 찾을 만한 마음의 여유가 없었다. 그녀는 자기가 아무 말도 못하고 있는 사실을 깨닫자 더욱 얼굴이 붉어졌다. 바로 이때 성채의 정문 빗장이 커다란 소리를 내면서 벗겨졌다. 사령관의 마차는 1분쯤 더 기다렸을까? 그 소리는 둥근 천장 아래서 크게 울렸으므로 비록 클렐리아가 어떤 대답을 했을지라도, 파브리스에겐 그 말이 들리지 않았을 것이다.

　도개교를 건너자, 곧장 달리기 시작한 마차 안에서 클렐리아는 마음속으로 생각했다. '그분은 나를 바보라 여겼을 거야!' 그리고 곧 덧붙였다. '바보라고 여겼을 뿐 아니라, 분명 천한 마음씨를 가진 여자라고 생각했을 테지. 난 자기를 죄수로 모는 성채 사령관의 딸이어서 인사를 받고도 대답하지 않았다고.'

　이런 생각은 고결한 마음씨를 가진 이 소녀에겐 견딜 수 없는 일이었다. '처음에 그 사람을 만났을 때, 아까 그 사람이 말한 것처럼 헌병과 함께였었지만 그땐 내가 죄수의 처지였었지. 그런데 그는 친절히 대해주었고, 나를 아주 난처한 상황에서 구해줬거든……. 그런데 내 태도는 너무나 비겁하고 배은망덕했어. 아, 불쌍한 분! 지금 이렇게 불행해졌으니, 앞으로는 모두가 그 사람에게 등을 돌릴 게 틀림없다. 언젠가 내게 이렇게 말씀했었지—파르마에 가더라도 파브리스 델 동고라는 이름을 기억해주겠지요? 지금은 틀림없이 나를 경멸하고 있을 테지. 예의상 대답쯤 어렵지 않았는데. 정말 내 태도는 심했어. 앞서 그 사람이 자기 어머니의 마차를 권해주지 않았더라면, 헌병에게 끌려 먼지 속을 걸어가야 했다. 그렇지 않으면 더욱 질색이지만, 헌병의 말꼬리에 타고 끌려갔을 게 아닌가! 그때는 아버지가 잡혀서 난 정말 무력했었다. 그렇다, 내 태도는 너무나 속이 들여다보였어. 그리고 그분 처지로는 그것이 얼마나 뼈아프게 느껴졌을까! 그 고상한 용모와 내 태도와는 정말 좋은 대조였다. 어쩌면 그렇게도 품위 있고 침착할까! 마치 비열한 적에게 둘러싸인 영웅 같은 자태였어. 나는 이제 공작부인의 마음을 알 것 같다. 이런 불운한, 더구나 어떤 무서운 결과가 닥쳐올지도 모르는 사건 속에서도 저러하니, 그의 마음이 정말 행복할 때에는 어떤 모습일까!'

사령관의 마차는 궁정 안뜰에 한 시간 반 이상이나 서 있었다. 그래도 사령관이 대공 앞을 물러나왔을 때, 클렐리아는 그다지 오랜 시간을 기다린 것 같지 않았다.

"대공님의 생각은 어떠하세요?" 클렐리아는 물었다.

"말씀으론 '금고'라고 하셨지만, 눈초리는 '사형'이었어."

"사형이요! 너무해요!" 클렐리아는 소리를 높였다.

"얘, 입을 다물고 있어." 장군은 기분이 상한 듯 말했다. "어린애 질문에 대답을 다 하고, 나도 정말 바보로군."

그 무렵, 파브리스는 파르네제 탑으로 통하는 3백80개의 계단을 올라가고 있었다. 이것은 놀라울 정도로 높은 커다란 탑의 난간 위에 새로 만들어진 감옥이었다. 그는 자기 운명에 일어난 커다란 변화에 대해선 깊이 생각하지 않은 채 클렐리아의 눈빛만을 떠올렸다. '그 눈은 얼마나 많은 것을 말하고 있었던가! 한없이 깊은 동정심! 그녀는 이렇게 말하는 성싶었다—인생은 이처럼 불행이 얽혀 있는 것입니다. 일어난 일을 너무 슬퍼하지 마세요. 우리는 불행을 짊어진 채 이 세상에 태어난 게 아닙니까? 말이 커다란 소리를

내며 정문을 빠져나갈 때까지도, 그 아름다운 눈이 언제까지나 나를 바라보고 있지 않았던가.'

파브리스는 자기 불행을 완전히 잊고 있었다.

클렐리아는 아버지를 따라서 여러 저택의 사교모임에 갔다. 야회가 시작된 무렵에는 아직 아무도 '대죄인'의 체포를 알지 못했다. 그로부터 두 시간 뒤에 궁정 안 사람들은 그 무분별한 젊은이에게 그러한 이름을 붙인 것이다.

그날 밤, 사람들은 클렐리아의 얼굴에서 평소보다도 발랄한 생기를 느꼈다. 그런데 이 생기, 자기 주위에 흥미를 갖는 듯한 이런 태도야말로 이 아름다운 소녀에겐 늘 부족했던 성품이었다. 그녀의 아름다움이 공작부인과 비교될 때에는 특히 이처럼 무엇에도 감동하지 않는 듯한 모습, 모든 것에 초연한 태도 때문에 언제나 공작부인이 승리했던 것이다. 영국이나 프랑스 같은 허영심이 많은 나라에서는 아마 이와 반대의 의견이 나올 듯싶다. 클렐리아 콘티는 구이도(볼로냐 출
신의 화가)가 그린 미녀와도 비교할 수 있을 만큼 날씬한 여자였다. 그리스적인 아름다움의 조건으로 볼 때, 그녀의 얼굴 윤곽이 너무 뚜렷하다고 흠을 잡을 수 있을지 모른다. 이를테면 가장 매력 있는 아름다움이 감도는 입술은 선이 강하여 억세 보였다.

순진한 아름다움과 고상한 마음의 깨끗한 표정 속에 빛나는 이 얼굴이 놀라우리만큼 독특하게 여겨지는 것은, 이처럼 드문 아름다움인데도 그리스 조각의 얼굴과는 조금도 닮지 않은 점이었다. 이와 반대로 공작부인에게는 비교적 누구나 공통적으로 느끼는 이상적 아름다움이 있었다. 그녀의 완벽한 롬바르디아적인' 얼굴은 레오나르도 다빈치의 아름다운 에로디아드가 보여주는 관능적인 미소와 부드러움이 감도는 우수를 떠오르게 한다. 공작부인 쪽은 사람들의 대화 흐름에 따라 자기 마음을 자극하는 화제 하나하나에, 말하자면 정열적으로 뛰어들어 재치와 야유를 마음껏 발휘하는 유형이라면, 클렐리아는 주위 사람에 대한 경멸 때문인지, 또는 어떤 먼 환상에 정신을 빼앗겨서인지 냉정했고 쉽사리 감정을 드러내지 않았다. 사람들은 오랫동안 이 여인은 분명 수도원에 들어갈 거라고 믿었다. 스무 살이 되었는데도 무도회에 가는 걸 좋아하지 않는 모양이었다. 아버지를 따라 그런 곳에 드나들긴 했으나, 단지 자식으로서 복종하고 아버지의 야심에 방해가 되지 않기 위해서인 것 같았다.

장군의 비천한 마음은 늘 이렇게 생각하고 있었다. '하느님이 이 나라 제일의 미인이라는, 더구나 더없이 품행이 단정한 딸을 내려주셨으니 출세를 위해서 이 딸을 이용하지 말라는 법은 없다. 내 생활은 너무나 쓸쓸하다. 이 세상에 딸아이 하나밖엔 없다. 내게 무엇보다 필요한 건 내 뒤를 받쳐줄 가족이다. 내 재능과 대신으로서의 자질을 어떠한 정치논쟁에도 흔들리지 않는 견고한 기초로서 다져줄 피붙이가 있어야 한다. 그런데도 딸아이는, 그처럼 아름답고 품행이 좋으며 신앙심이 두터운데도 궁정에서 유망한 젊은이가 다가오면 오히려 버럭 화를 내거든. 일단 구혼자를 거절하고 나면 딸의 성격은 훨씬 명랑해져서 다음 구혼자가 나타날 때까지는 몹시 쾌활한 것 같다. 궁정 제일의 미남자 발디 백작도 그중 한 사람이었지만 딸은 싫어했다. 이 나라에서 첫째가는 부자인 크레센치 후작이 그 다음에 나타났지만, 그런 사람은 날 불행하게 해요, 라는 게 아닌가.'

어느 땐 또 이렇게 생각하기도 했다. '확실히 내 딸의 눈은 공작부인의 눈보다 아름답다. 그건 특히 내 딸의 눈은 언제나 그런 것은 아니지만, 참으로 깊다 느껴지는 일이 있기 때문이다. 그런데 그런 아름다운 깊은 표정을 언제 누가 본단 말이냐. 남들을 감탄시켜 명성을 얻을 수 있는 사교계에선 조금도 그런 빛을 나타내지 않으니 말이다. 그런 표정을 드러내는 것은 오직 나와 단둘이서만 산책할 때, 이를테면 더러운 거지의 불쌍한 모습을 보고 동정할 경우에 나타난다. 나는 가끔 딸에게 그런 아름다운 눈빛을 조금이라도 좋으니, 오늘 밤 가는 살롱을 위해서 간직해두라고 말한다. 그러나 소용없다. 억지로 나를 따라 사교계에 나오긴 하지만, 그 고상하고 아름다운 얼굴은 순순히 복종하겠습니다 하는 듯한, 어지간히 거만하고 애교 없는 표정을 짓고 있을 뿐이거든.'

장군은 마음에 드는 사위를 고르기 위해서라면 무슨 짓이든 저지를 작정이었다. 하지만 그의 불평은 사실이었다.

자기 마음을 반성할 줄 모르는 궁정인은 밖에서 일어나는 모든 일에 주의를 기울인다. 그런 자들은, 클렐리아가 자신이 평소 품고 있는 공상들을 뿌리치지 못하는, 애써 무엇에 흥미가 있는 척하기 힘들어하는 날이면 유달리 공작부인이 그녀 곁에 머무르며 그녀에게 말을 걸려 애쓴다는 것을 주목하고 있었다. 클렐리아는 회색빛이 나는 금발로, 그것이 아름답게 반짝이며 언제나 창백한 뺨 위에 아주 부드럽게 조화를 이루고 있었다. 이마의 모양만 보더라도 주의 깊게 관찰하는 사람에게는 그 고상한 모습, 세속적인 매력으로부터 완전히 초연한 그 태도가 주로 비속한 것에 대한 무관심에서 오는 것임을 느낄 수 있으리라. 그것은 모든 일에 흥미를 가질 수 없다는 게 아니라, 흥미를 느끼지 못한다는 의미였다. 아버지가 성채 사령관이 된 뒤로 클렐리아는 그 높은 곳에 살면서 행복했다. 적어도 불쾌한 일을 피할 수가 있었다. 커다란 탑 위에 있는 관저로 가려면 수없이 많은 계단을 올라가야 했지만, 덕분에 귀찮은 방문객은 찾아오지 않게 되었다. 클렐리아는 이러한 물질적인 이유로 수도원 생활과 같은 자유를 즐기고 있었다. 그녀가 때때로 수도원 생활에서 얻으려 했던 행복의 이상이 여기에 있었다. 남편이라는 권리로 자기 내면생활을 뒤흔들어놓을 한 젊은 남자의 손에 자신의 중요한 고독이나 마음속 생각을 맡긴다는 것만 상상해도 그녀는 공포에 사로잡혔다. 고독한 생활로 행복이 얻어지지 않는다 하더라도 최소한 그녀는 너무나도 고통스러운 심정을 피할 수는 있었다.

파브리스가 성채에 갇힌 날, 공작부인은 내무대신 쥐를라 백작 집 야회에서 클렐리아를 만났다. 두 사람을 에워싸고 모두들 모여들었다. 이날 밤은 클렐리아의 아름다움이 공작부인을 넘어섰다. 소녀의 눈에 독특하고 깊은 표정이 있어, 거의 버릇없어 보일 정도였다. 그 눈초리에는 동정의 빛이 서려 있었다. 또한 불만과 노여움도 섞여 있었다. 공작부인의 쾌활한 태도며 입에서 나오는 재치 있는 생각은, 클렐리아를 때로는 공포에 몰아넣을 만큼 고통을 주는 듯했다. '이 불쌍한 분이 그처럼 훌륭하고 고상한 얼굴의 젊은 애인이 오늘 감옥에 잡혀 들어갔다는 사실을 알면 얼마나 한탄하며 소리칠까! 게다가 대공은 눈짓으로 사형을 명령했다지 않은가. 아, 전제적인 강권, 언제쯤이면 그런 것이 이탈리아를 괴롭히지 않을까? 비굴하게 돈으로만 움직이는 사람들, 그리고 나는 감옥지기의 딸이다! 파브리스의 인사에 대답조차 하지 않음으로써 나는 정말 이 같은 '귀족적인' 성격을 그대로 보여주지 않았던가. 전에 그 사람은 내 은인이었는데! 지금쯤 홀로 방 안에 조그마한 남폿불을 대하고 앉아, 그는 나를 어떻게 생각하고 있을까?'

그렇게 생각하자 반항심이 치밀어 클렐리아는 내무대신 집 살롱의 휘황한 등불을 향해 몹시 증오에 가득 찬 시선을 던졌다.

'저 두 사람이 이렇게 활발하게, 그리고 지금까지 이토록 친밀하게 이야기를 나누는 일은 없었다. 수상이 하는 일로 말미암아 일어나는 반감을 덜게 하려고 언제나 애쓰는 공작부인이니까, 클렐리아를 위한 어떤 훌륭한 결혼이라도 주선하려는 게 아닐까.' 사교계의 여왕인 두 미녀를 둘러싸고, 그 대화에 끼고 싶어 애를 태우는 궁정인들은 그런 말들을 했다. 이 추측의 근거가 되는 것은 이제까지 궁정인들이 보지 못했던 광경이었다. 소녀의 눈이 아름다운 공작부인의 눈보다도 훨씬 더 힘차게 타올라, 말하자면 훨씬 강한 정열을 나타내고 있었기 때문이다. 부인도 놀랐다. 놀랐다기보다는 이 여자의 좋은 점으로서, 이 고독한 소녀에게 여태껏 없었던 아름다움을 발견하고 완전히 매혹되어 있었다. 한 시간 전부터, 부인은 연적을 보았을 때 사람이 느끼는 감정 중에서는 보기 드문 기쁨으로 소녀를 바라보고 있었다. '도대체 웬일일까? 지금까지 클렐리아가 이처럼 아름다웠던 적은 없었다. 가련하다고도 할 수 있는, 그 마음속을 활짝 드러낸 걸까? 하지만 그렇다면, 분명 그것은 불행한 사랑이리라. 평소에 없는 활기의 밑바닥에 어딘지 어두운 괴로움이 보인다……. 그러나 불행한 사랑은 잠자코 있는 법인데. 사교계에서 인기를 얻어, 그걸로 변절한 애인의 마음을 다시 이끌려고 하는 것일까?' 공작부인은 그 가까이에 있는 젊은 남자들을 주의 깊게 둘러보았다. 아무리 보아도 이렇다 할 특색 있는 표정은 눈에 띄지 않았다. 얼마쯤 차이는 있을지언정 여전히 자기만족을 하고 있는 얼굴들뿐이었다. '이건 도무지 알 수가 없는걸.' 확신이 서지 않아 기분이 상한 부인은 생각했다. '뭐든지 알아내는 그 머리 좋은 모스카 백작은 어디 있을까? 아냐, 난 완전히 잘못 생각하진 않았어. 클렐리아는 나를 찬찬히 주의해서 바라보고 있다. 마치 내가 지금까지와는 전혀 다른 새로운 흥미의 대상인 듯이. 이것은 그 야비한 신하인 아버지의 명령일까? 나는 이 젊고 고결한 소녀가 금전욕으로 얽힌 관계에 휩쓸려 들어가는 그런 비굴한 짓은 하지 못하리라고 생각했었다. 파비오 콘티 장군은 백작에게 부탁하고 싶은 어떤 중대한 일이라도 있는 걸까?'

10시쯤, 공작부인과 친한 사람 하나가 가까이 와서 낮은 소리로 몇 마디 속삭였다. 부인의 얼굴이 더할 수 없이 창백해졌다. 클렐리아는 부인의 손을 힘껏 잡아주었다.

"고마워요. 이제야 당신 마음을 이해했어요……. 아름다운 마음을 가졌군요."

　부인은 자기를 억제하며 이 말밖엔 못했다. 그녀는 이 말 몇 마디를 하기도 힘에 겨웠다. 부인은 이 집의 안주인에게 많이 웃어 보였다. 여주인은 일어서서 가장 바깥쪽 살롱 문까지 배웅했다. 이는 왕실 여인들에 한해서 베풀어지는 예의였으므로, 지금 같은 처지의 공작부인으로선 살을 베어내는 듯한 야유처럼 느껴졌다. 그래서 부인은 쥐를라 백작에게 되도록 부드러운 미소를 보냈지만, 갖은 애를 썼는데도 단 한마디의 인사말도 할 수 없었다.

　클렐리아의 눈은 공작부인이 그 무렵 사교계의 이렇다 할 사람들이 모여 있는 살롱을 빠져나가는 모습을 바라보면서 눈물을 글썽였다. '불쌍한 분, 마차 속에서 혼자가 되면 얼마나 상심할까? 그렇다고 내가 배웅해드리겠다고 말하기도 쑥스럽고…….할 수 없지…….하지만 어느 더러운 방구석에서 조그마한 남포와 마주앉아 갇혀 있는 불쌍한 분이, 이처럼 사랑을 받고 있는 줄 안다면 얼마나 큰 위로가 될까! 그는 얼마나 무서운 고독에 잠겨 있을까! 그런데 우리는 이런 화려한 살롱에 있다니, 아, 끔찍하다! 그에게 한마디 말을 전할 방법은 없을까? 아니, 그런 짓을 하면 아버지를 배반하는 게 된다. 아버지는 두 당파 사이에 끼어서 어지간히 난처한 처지가 될 거야. 공작부인에게 큰 원한을 사면 아버지도 어떻게 될지 모른다. 부인은 이 나라에서 일어나는 일의 대부분을 지배하는 수상의 생각을 마음대로 할 수 있는 사람이니까. 한편, 대공은 성채 안의 사건에도 언제나 관심을 가져 이런 문제에 대해선 조금의 농담도 허용치 않아. 공포심으로 냉혹해진 것이다…….어쨌든 파브리스는 (클렐리아는 이젠 델 동고 씨라고 부르지 않았다) 유난히 딱한 처지에 놓였구나! ……높은 수입의 지위를 잃는 위험과도 다르다! 그리고 공작부인! ……사랑이란 얼마나 치명적인 정열일까! 그런데 세상의 모든 거짓말쟁이들은 그것을 행복의 원천인 것처럼 말한다! 나이 먹은 여자는 사랑을 할 수도, 사랑을 불러일으킬 수도 없다고 불쌍하다고 말한다! ……아까 이 눈으로 본 것을 난 한평생 잊지 못할 거야. 어쩌면 그렇게도 얼굴색이 갑자기 변할까! N후작에게서 중요한 일을 들었을 때, 공작부인의 그 아름답고 맑은 눈이 어쩌면 그렇게도 우울해지고, 빛을 잃고 말았을까? ……파브리스란 사람은 정말 사랑을 받을 만한 가치가 있는 분인가 보다!'

　이런 진지한 생각에 깊이 빠지자, 클렐리아는 주위 사람들의 알랑거리는 말이 평소보다도 불쾌해서 견딜 수 없었다. 그것을 피하려고 창가로 갔다. 얇은 비단 커튼으로 반쯤 가려진 창문은 열려 있었다. 이런 구석진 곳까지는 아무도 쫓아오지 않으리라고 생각했다. 그 창문으로 정원 한가운데에 조그마한 오렌지 숲이 보였다. 오렌지 나무는 겨울이 되면 지붕을 만들어 덮어준다. 클렐리아는 꽃향기를 기분 좋게 맡았다. 이 기분 좋은 향기로 얼마큼 마음이 진정되는 것 같았다. '그 사람의 태도는 확실히 늠름하고 훌륭했어. 그러나 그처럼 뛰어난 여성에게 이만한 정열을 갖게 하다니! ……공작부인은 대공의 호의조차 훌륭하게 물리쳤다고 한다. 만일 뜻만 있다면 그분은 대공비도 되었을 텐데……. 아버지 이야기로는, 대공님은 자유의 몸이 된다면 그분과 결혼까지 해도 좋다는 심정이라고 하셨다지……. 더욱이 파브리스 씨에 대한 애정은 퍽 오랫동안 계속되고 있어. 코모 호숫가에서 만난 일도 벌써 5년 전이다……. 그렇군, 5년 전이었지.' 이렇게 속으로 중얼거리며, 그녀는 잠깐 생각에 잠겼다. '아직 어린 눈에는 확실히 보이지 않은 게 많았지만, 그때도 나는 강한 인상을 받았었다. 두 부인이 얼마나 파브리스 씨를 애지중지했던가!'

클렐리아는 조금 전까지 열심히 말을 걸던 젊은 사람들이 이 난간에 가까이 오지 않는 걸 다행이라 생각했다. 그중 한 사람, 크레센치 후작이 이쪽으로 몇 걸음 걸어왔지만 노름판 탁자 옆에서 걸음을 멈췄다. '성채 안의 저택, 내 방의 창, 그곳만이라도 그늘이 있는 창문 앞에 하다못해 이런 아름다운 오렌지의 전망이라도 있다면, 내 생각도 그다지 음산해지진 않을 텐데. 눈에 보이는 건 파르네제 탑의 커다란 돌조각뿐…….' "아, 그 사람은 분명 그 탑 안에 갇혀 있을 거야!" 그녀는 무의식중에 몸부림치며 외쳤다. '빨리 체사레 작은아버지와 이야기하고 싶다. 그분은 아버지처럼 엄격하진 않으니까. 아버지는 성채에 돌아가서도 아무 말도 해주시지 않을 테지만, 동 체사레에게서 모두 들을 수 있을 거야……. 내게 돈이 있으니까 오렌지 나무를 몇 그루 사다가, 그걸 새들이 있는 방문 아래에 심어놓으면, 저 파르네제 탑의 커다란 벽이 보이지 않게 되겠지. 내가 잘 아는 사람을 빛으로부터 차단시킨 그 탑이 앞으로 얼마나 미워질까! 그래, 내가 그를 만난 것은 세 번째구나. 한번은 궁정에서, 대공비의 생일 무도회 때다. 오늘은 헌병 3명에게 호위되어 그 못생긴 바르보네가 수갑을 채우려 했을 때다. 그리고 또 한번은 코모 호숫가……. 그로부터 벌써 5년이 지났어. 그때는 정말 장난꾸러기 같은 모습이었지. 헌병을 노려보던 그 눈초리. 그리고 어머니와 고모가 그 사람을 기묘하게 바라보던 눈초리! 확실히 그날은 그 사람들 사이에 비밀 같은, 어떤 심상치 않은 일이 있었다. 그때 나는 그도 헌병을 두려워하는 거라 생각했어…….' 클렐리아는 몸서리쳤다. '아, 나는 아무것도 모르는 어린애였어. 틀림없이 그때부터 공작부인은 그를 사랑했을 거야……. 시간이 좀 지나 그는 재미난 말로 우리를 웃게 해주었어. 그래서 두 부인은 어떤 걱정거리가 있으면서도 낯선 소녀와 어느 정도 친근해졌지. 그런데 오늘은 그분이 말을 걸었는데도 대답을 하지 않다니! 무지와 소심……. 이 둘은 어쩌면 그렇게도 자주 사악한 마음과 비슷한 걸까! ……벌써 내 나이 스물인데도. 그 전부터 수도원에 들어가고 싶어한 것도 무리가 아니야. 나라는 인간은 은둔 생활과 맞는 사람인가 보다. '정녕 감옥지기의 딸'이라고 그이는 생각할 거야. 나를 경멸할 테지. 그리고 공작부인에게 편지를 쓸 수 있게 되면, 내가 실례한 것을 이야기할 테고. 그러면 부인은 날 거짓말쟁이라고 생각하겠지. 오늘 밤은 내가 그분의 불행을 몹시 동정하고 있는 줄 믿으실 테니까.'

클렐리아는 누가 가까이 다가오는 걸 알아챘다. 더구나 분명히 그 사람은 이 창문 곁 난간에 있는 그녀 곁으로 오는 듯싶었다. 낭패라 여기며 조금 화도 났다. 방해만 받지 않는다면 앞으로 할 명상은 즐거운 것이었기 때문이다. '귀찮은 사람이 오는군. 난 어지간히 시큰둥한 얼굴을 할 테지.' 그녀는 생각했다. 오만한 눈초리로 휙 돌아서자, 대주교의 소심한 얼굴이 보였다. 대주교는 슬금슬금 창가로 다가온 것이다. '예의도 모르시는 신부님.' 클렐리아는 생각했다. '나와 같은 불쌍한 여자의 마음을 왜 가만히 내버려두지 않을까. 이 조용한 마음만이 내가 가지는 유일한 것인데.' 그녀는 얌전하게 인사를 했으나, 역시 오만한 태도였다. 대주교는 말을 걸었다.

"아가씨, 당신은 무서운 소문을 알고 있나요?"

소녀의 눈은 바로 전까지와는 아주 다른 표정으로 변했다. 그러나 아버지에게 여러 번 지시를 받았으므로, 눈이 이야기하는 것과는 전혀 반대의 엉뚱한 대답을 했다.

"전 아무것도 모릅니다."

"내 수석 보좌주교인 파브리스 델 동고가 조제프 보씨라는 가명으로 숨어

있던 볼로냐에서 붙잡혀 왔답니다. 그는 질레티라는 악당의 죽음에 대해 아무런 잘못이 없습니다. 마치 내가 죄가 없는 것과 같아요. 그는 지금 당신이 있는 성채에 투옥됐습니다. 마차에 쇠사슬로 묶여서 끌려왔다는군요. 전에 형제를 죽이고도 은사를 입은 바르보네라는 감옥지기가 화를 내어 파브리스에게 난폭한 짓을 했답니다. 나의 젊은 친구는 그런 모욕을 참지 못하는 사람이기 때문에, 곧 그자를 때려눕혔죠. 그래서 파브리스는 수갑을 차고 지하 6미터나 되는 감방에 갇힌 겁니다."

"수갑은 차지 않았습니다."

"허, 그럼 당신도 어느 정도 그 광경을 보았던 모양이군요." 그 순간 노인의 얼굴에서 깊은 실망의 표정이 조금 사라졌다. "그러나 이런 곳에선 남들의 방해가 있을지도 모르죠. 부탁입니다만 내 주교 반지를 당신 손으로, 동 체사레에게 전해주겠습니까?"

소녀는 반지를 받았으나 그걸 잃어버리지 않으려면 어디다 넣어두어야 할지 몰라 머뭇거렸다.

"엄지손가락에 끼워요." 대주교는 자기 손으로 끼워주었다. "이걸 전해주리라 믿어도 괜찮겠지요?"

"예."

"지금부터 내가 하는 말을 비밀로 하겠다고 약속해주겠습니까? 당신에게 어떠한 상황이 닥치더라도 말입니다."

"그러겠습니다." 노인의 갑작스런 우울하고 긴장한 모습을 보고, 소녀는 몸을 떨며 대답했다.

"저, 대주교님의 말씀인데 옳은 일이 아니겠어요……."

"동 체사레에게 내 양아들을 맡기니, 잘 보살펴달라고 전해줘요. 그 애를 체포한 경관들은 성무일과서(聖務日課書)를 가지고 갈 틈조차 주지 않았거든요. 동 체사레에게 자기 것을 주라고 부탁하고 싶습니다. 만일 당신의 작은아버지가 내일 내게 사람을 보내면, 파브리스에게 준 책 대신에 내가 다른 것을 하나 보내줄게요. 그리고 당신의 아름다운 손가락에 끼운 반지도 체사레 씨를 통해 델 동고에게 전해지도록 부탁합니다."

대주교의 이야기는 그녀를 마차에 태워 데리고 돌아가기 위해서 온 파비오 콘티 장군에 의해서 중단되었다. 이 자리에서 대주교는 교묘한 말을 구사하며 얼마 동안 담화를 나누었다. 새 죄수의 이야기는 조금도 하지 않고, 도덕이며 정치에 관해서 몇 가지 격언 비슷한 말이 입에서 자연히 나오는 것처럼 이야기를 했다. 이를테면 궁정생활에는 가장 훌륭한 인물의 생활조차 장기적인 것으로 결정짓는 위기가 흔히 있는 법이다. 단지 서로 대립되는 처지에서 비롯된 결과인 정치적 불화를 개인적 증오로 바꾸는 것은 몹시 경솔한 태도이다. 현재의 지위를 지키는 것은 분명 중요한 일이지만, 세상에서 잊히지 않는 일을 해서 뒷날 사람들의 깊은 원한을 사는 일은 주의해야 한다……. 뜻하지 않은 체포로 깊이 상심한 대주교는 무의식중에 이런 말까지 했다.

장군은 딸과 마차에 올라타자 이렇게 말했다.

"그건 말하자면 협박과 같은 거야……. 내게 협박을 하다니!"

20분 동안 아버지와 딸 사이에 주고받은 말은 이것뿐이었다.

대주교한테서 반지를 받은 클렐리아는 마차에 타면 부탁받은 일을 아버지에게 이야기하리라 생각했었다. 그러나 화를 내며 협박 운운 하는 말을 듣자, 아버지는 이런 부탁을 들어주지 못하게 방해하리라는 예감이 들었다. 그녀는 반지를 몰래 왼손으로 가리고, 꼭 쥐었다. 내무 대신의 관저에서 성채로 돌아가는 동안 이것을 아버지에게 말하지 않는 것은 죄가 되지 않을까 하는 생각뿐이었다. 그녀는 신앙심이 돈독하고 소심했다. 평소의 냉정함이 처음으로 흔들렸다. 하지만 클렐리아가 아버지에게 바로 거절당하지 않도록 적당한 말을 생각해낼 여유도 없이, 정문 위 감시대에 있는 초병이 다가온 마차를 향해서 지르는 검문 소리가 울렸다. 그녀는 아버지에게 거절당하는 게 두려웠다. 관저로 통하는 3백60계단을 올라가면서도 클렐리아는 끝끝내 한마디도 꺼내지 못했다.

그녀는 서둘러 작은아버지에게 그 이야기를 했으나, 작은아버지는 그녀를 꾸짖으며 그런 일은 할 수 없다고 거절했다.

제 16 장

"여봐!" 장군은 아우인 동 체사레를 보자 소리쳤다. "이제부터 공작부인이 10만 에퀴의 돈을 뿌려 나를 골탕 먹이고 저 죄수를 구해내려고 갖은 수를 다 쓸 테지."

그러나 지금으로선 우리는 파브리스를 파르마의 성채 꼭대기에 있는 감옥에 잠깐 놔둘 수밖에 없다. 도망칠 염려는 없다. 얼마 있으면 조금 모습이 변한 그를 다시 만날 수 있을 것이다. 그때까지는 궁정으로 주의를 돌리고 싶다. 거기선 복잡하기 짝이 없는 책략과 한 불행한 여자의 정열이 불을 뿜으며 그의 운명을 결정지으려 하고 있으니 말이다. 파르네제 탑 감옥으로 통한 3백90계단을 올라가는 파브리스는 이런 순간을 그처럼 무서워했었는데, 지금의 자신은 불행을 생각할 여유조차 없음을 깨달았다.

공작부인은 쥐를라 백작의 연회에서 돌아오자, 손짓 하나로 하녀들을 물러나게 했다. 그러고는 옷을 입은 채로 침대 위에 쓰러져 큰 소리를 질렀다.

'파브리스가 적에게 잡히고 말았어. 나에 대한 복수로 독약을 먹일지도 몰라.'

이처럼 그녀는 그다지 이성적이라고는 할 수 없을 만큼 지금의 감정에 사로잡혀 있었다. 더욱이 비록 자신은 느끼지 못하나, 젊은 죄수를 열렬히 사랑하고 있는 이 여인이 얼마나 절망 속에서 몸부림쳤겠는가를 도저히 다 적을 순 없다. 무슨 말인지 확실히 알아들을 수 없는 절규, 극도에 다다른 분노, 경련적인 몸부림이 이어졌다. 그러나 눈물은 한 방울도 나오지 않았다. 그녀는 이러한 광기를 보이고 싶지 않아 하녀를 모두 물리쳤다. 혼자가 되면 곧 눈물이 나오리라고 생각했다. 그러나 눈물이라는, 고통의 제일 큰 위안은 전혀 찾아오지 않았다. 분노와 격분, 대공에게 지고 말았다는 패배감이 자존심 강한 이 여인의 마음을 옥죄고 있었다.

"나는 큰 모욕을 당했다!" 그녀는 수없이 되풀이했다. "지독한 모욕을 당하고, 더구나 파브리스의 목숨이 위태롭다. 그런데도 난 복수를 할 수 없다니! 대공전하, 기다려요! 당신이 날 죽인다고요? 좋아요, 당신 힘으로 할 수 있겠죠. 하지만 나도 그 뒤에 당신의 목숨을 빼앗고 말걸. 아, 그러나 파브리스, 그런 짓을 한다 한들 네게 무슨 소용이 있겠니? 내가 파르마를 떠나겠다는 날과 이 얼마나 다르냐! 그런데도 그때 나는 스스로 불행하다고 생각했었지……. 어쩌면 그렇게도 앞을 내다보지 못했을까. 나는 유쾌한 생활 습관을 모두 포기하는 것이라 여겼다. 아, 그런 줄도 모르고 그때 완전히 자기 운명을 결정짓는 사건을 대했던 게 아닌가. 백작이 쓸데없는 신하 근성으로, 대공이 허영심에서 승낙한 그 중요한 편지에서 부정한 재판이라는 말을 빼놓지 않았더라면 아무 일 없이 끝났을 것이다. 생각하면, 대공에게 그 사람의 중요한 파르마 일로 자존심을 자극한 것은 좋은 방법이었다기보다는 나 자신을 즐겁게 했을 뿐이었다. 그때는 이곳을 떠나겠다고 협박했고, 난 자유였지! 아, 그러나 지금은 완전히 노예가 아닌가! 지금 나는 이 더러운 쓰레기통에 처박혔고, 파브리스는 성채 안에 묶여 있다. 그곳은 많은 훌륭한 사람들이 죽음을 기다리던 방이다. 그리고 내게는 이제 그의 소굴에서 떠나겠다는 협박으로 그 호랑이를 온순하게 할 기력조차 없다!

대공은 현명하니까, 내 마음이 쇠사슬로 매달아놓은 저 탑에서 절대로 떨어지지 않으리라는 걸 알고 있다. 자존심이 상한 오늘날, 그는 상식에서 벗어난 생각을 할지도 모른다. 그런 생각이 지닌 기이한 잔인성은 그 무서운 허영심을 더욱 자극할 것이다. 만일 그 사람이 전처럼 재미없는 사랑의 말을 끄집어내서 '당신의 노예와 같은 기분으로 있던 남자의 호의를 받으시오. 그렇지 않으면 파브리스는 죽습니다' 한다면 그야말로 옛날 유디트(주 아시리아의 군 홀로페르네스를 죽이고 유대 민족을 구한 여성)와 같은 처지가 아닌가……. 그렇다. 그렇게 되면 난 자살해버리면 그만이지만, 파브리스 또한 죽게 된다. 멍청한 상속인 공자와 가증할 사형집행인 라씨가 파브리스를 내 공범자로 몰아 교수형에 처할 것은 뻔하다."

공작부인은 고통스러운 소리를 질렀다. 거기에서 도저히 빠져나올 수 없는 소용돌이가 이 불행한 마음을 끝없이 괴롭혔다. 혼란스럽기만 한 머릿속에는 앞날에 대한 어떤 가능성도 보이지 않았다. 그녀는 10여 분 동안 정신이상자처럼 몸부림쳤다. 마침내 이 무서운 상태에 이어, 얼마 안 되는 시간이었지만 맥없이 잠들었다. 생명력이 다 소모된 것이었다. 몇 분 지나자 깜짝 놀라 잠에서 깨어 침대 위에 벌떡 일어나 앉았다. 자기 눈앞에서 대공이 파브리스의 목을 자르려고 했다. 그런 착각을 일으키며 주위를 미친 사람처럼 둘러보았다. 이윽고 대공도 파브리스도 없음을 알자, 다시 침대에 쓰러져 정신을 잃을 뻔했다. 몸은 축 늘어져 자세를 고칠 기운도 없었다. '이대로 죽었으면……. 하지만 그건 비겁하다. 파브리스를 저 상태로 그냥 내버려두다니! 내 정신이 좀 이상해졌나 보구나. 자, 사태를 파악해보자. 아무 생각 없이 장난처럼 뛰어든 이 한심스러운 처지를 냉정하게 관찰하자. 후회해야 소용없지만 너무 경솔했다! 전제군주의 궁정으로 제 발로 걸어 들어가다니. 자기가 희생시킨 인간을 모두 잘 알고 있는 폭군! 그들의 눈 하나하나가 이 사람에겐 자기 권력에 도전하는 것으로 보인다. 아, 밀라노를 떠날 때 백작도 나도 이걸 깨닫지 못했었다. 나는 다만 즐거운 궁정의 우아한 면만을 봐왔었지. 어느 정도 기대에 미치지 못할지라도, 외젠 대공의 화려했던 시절과 같은 생활만을 생각했던 거야.

모든 신하를 파악하고 있는 전제군주의 권력이 어느 정도인지를 멀리서는 가늠할 수 없었다. 전제정치도 겉모습만은 다른 정권이나 매한가지였으니까. 이를테면 재판관도 제대로 있다. 그러나 그것이 저 라씨와 같은 인간이다. 짐승과 다름없는 인간, 대공의 명령이라면 자기 아버지라도 목매어 죽이길 망설이지 않는……, 그리고 그자는 그걸 의무라고 부를 거야. 라씨에게 미끼를 던져야겠어! 가련한 사람은 나야! 그 길밖에 없어. 그자에게 무얼 주나? 10만 프랑쯤! 요전에 어떤 자객이 그에게 단도를 휘둘렀지만, 이 불쌍한 나라에 대한 하느님의 노여움 때문인지 그는 살아났고, 그때 대공은 그 자에게 위로금으로 금화 1만 개를 담은 상자를 보냈다던가. 도대체 얼마쯤이면 유혹할 수 있을까? 진흙처럼 마음이 더러운 그 사나이는 남의 눈에서 경멸만 보아왔으나, 이번엔 공포나 존경을 보고 즐길 수도 있을 테지. 경찰국장이 될지도 모른다. 되어서 안 될 이유가 어디 있어? 그렇게 되면 이 나라 대부분의 인간은 아양을 떨며 그자의 비위를 맞추고, 그자가 대공을 두려워하듯이 그 앞에서 부들부들 떨게 되겠지.'

"어차피 나는 지긋지긋한 이곳에서 빠져나갈 수 없으니 파브리스에게 도움이 되어야 해. 사람들과 동떨어져 혼자 절망 속에서 나날을 보내고서야 어떻게 파브리스를 위해 일할 수 있겠어? 자, 기운내자. 불행한 여인이여! 네 의무를 다하는 거야. 사교계에 나가 파브리스의 일 따윈 잊어버린 체해라……. 널 잊은 체하는 거야, 귀여운 천사야!"

이 말을 하고 나자 공작부인은 눈물이 쏟아졌다. 비로소 울 수가 있었다. 한 시간쯤 인간이 지닌 약한 마음에 흠뻑 젖어 있다가, 겨우 머릿속의 생각이 확실해지는 듯싶어 마음이 가라앉기 시작했다. '마법의 양탄자를 손에 넣을 것, 파브리스를 성채에서 구해내 그와 함께 어딘가 행복한 곳으로 도망친다면. 이를테면 파리처럼 누구에게도 박해를 받지 않는 곳으로 가서 숨어야겠다. 먼저 파브리스 아버지의 집사가 신기하리만큼 정확하게 보내오는 1천 2백 프랑으로 살자. 내 나머지 재산을 긁어모으면 10만 프랑은 될 거야.' 공작부인의 공상은 파르마에서 1천2백 킬로미터나 떨어진 곳에서 꾸려나갈 생활의 상세한 모습까지 차례차례로 즐겁게 그려냈다. '그곳에 가면 파브리스는 이름을 바꾸어 군인이 될 수도 있을 거야……. 용감한 프랑스 연대에 들어가면, 얼마 안 있어 틀림없이 젊은 발세라는 명성을 올리겠지. 그러면 그 애도 비로소 행복해지리라.'

이런 밝은 앞날을 마음속에 그리자 다시 눈물이 솟아났으나 이번엔 감미로운 눈물이었다. 그러니까 또 어딘가에 행복이 있기는 있었다. 이런 상태는 오래 계속되었다. 가련한 부인은 무서운 현실을 되풀이해 생각하는 게 무서웠다. 마침내 날이 밝아 햇빛이 정원 나뭇가지에다 흰 선을 긋기 시작할 시간이 되어서야 그녀는 마음이 가라앉았다.

"앞으로 몇 시간 있으면 나는 싸움터에 나가는 거야." 그녀는 혼잣말했다. "행동을 해야 해. 신경을 자극하거나, 대공이 파브리스와 관련된 이야기를 하면, 난 태연할 수 있을지 모르겠다. 그러니까 지금 여기서 확실히 결심을 해둘 필요가 있어."

만일 내가 국사범이라는 선고를 받으면 라씨는 집 안에 있는 것은 모조리 압수할 거야. 이 달 초하룻날, 백작과 나는 습관대로 경찰에서 악용될 만한 서류는 모두 태워버렸다. 그 사람이 경찰국장이어서 유쾌하군. 난 조금 값나가는 다이아몬드를 3개 가지고 있다. 내일 그리앙타에서 뱃사공 노릇을 하던 퓔장스를 제네바로 보내서 안전한 곳에 숨겨두자. 언젠가 파브리스가 탈옥하면 ('하느님, 살펴주시옵소서!' 그녀는 성호를 그었다) 세상에 둘도 없이 비겁한 델 동고 후작은 정당한 한 나라의 군주로부터 쫓기고 있는 자에게 빵을 보내주는 일도 죄라고 여기겠지. 그럴 때 파브리스가 이 다이아몬드를 손에 넣으면 빵을 구할 수는 있을 거야.

백작과는 만나지 않는다……. 이렇게 된 이상, 나는 그이와 단둘이서 만날 수는 없어. 불쌍한 사람! 그는 나쁜 사람이 아니다, 절대로. 단지 마음이 약할 뿐이지. 그 사람의 비속한 영혼은 우리만큼 고상하지 못하거든. 가련한 파브리스! 왜 너는 지금 여기서 우리가 위험한 때에 의논 상대가 되어주질 않니?

백작의 지나칠 정도로 세심한 신중성은 지금의 내 계획에 오히려 방해가 될 거야. 그리고 내가 궁지에 빠질 때 그 사람이 화를 입게 하고 싶지도 않다. 그 허세 가득한 폭군은 나를 감옥에 집어넣을지도 모르는 일이 아닌가? 내가 정치적인 음모를 꾸몄다고 하겠지……. 그걸 증명하는 것은 식은죽먹기다. 만일 나도 그 성채에 갇히게 된다면 그리고 돈을 써서 잠깐이라도 파브리스와 이야기를 나눌 수 있게 된다면 우리는 함께 얼마나 태연하게 죽을 수 있을까! 하지만 그런 어리석은 생각은 그만두자. 라씨란 놈은 그 애에게 독약을 먹이고 나와 함께 죽으라고 권할 것 같다. 내가 형장으로 가는 마차를 타고 거리에 나타나면, 파르마 사람들은 동정해줄까? ……무얼 생각하는 거야, 여전히 소설 같은 생각만 하다니! 아, 현재의 나는 이런 슬픈 운명에 빠진 가련한 여자인걸. 이런 어리석은 생각만 하는 걸 용서해줄 거야. 무엇보다 확실한 점은, 대공은 그리 쉽게 나를 죽게 해주지 않을 거라는 사실이다. 감옥에 넣어서 그대로 가둬두는 것은 정말 쉬운 일이니까. 대공은 전에 L에게 한 것처럼 내집 어느 구석에 의심스러운 서류를 숨겨두겠지……. 그러면 그것이 이른바 증거물이 되니까, 대단한 악당도 아닌 3명의 판사와 12명의 가짜 증인만 있으면 충분하다. 나는 음모에 가담했다는 죄목으로 사형 선고를 받을 테고, 대공은 더없는 관용을 베풀어, 지난날 내가 궁정에 드나들었다는 점을 고려해서, 성채 금고 10년으로 감형을 할 거야. 그러나 나는 싫다. 난 라베르시 부인이나 그 밖의 적들에게서 쓸데없는 말을 듣게 한 이 과격한 기상을 끝까지 지켜 깨끗하게 독약을 먹고 죽으리라. 적어도 세상은 내가 그랬으리라고 믿겠지. 하지만 라씨가 대공의 뜻이라며 친절한 체하면서 스트리키니네나 페루즈 아편이 든 조그마한 병을 내 감옥에 가져올 게 분명해.

그래, 난 백작과는 공공연하게 깨끗이 헤어져야 해. 그 사람까지 내 실패로 화를 입게 하고 싶지는 않아. 그 불쌍한 사람은 나를 그처럼 순진하게 사랑해주었어. 참된 궁정인에게도 사랑할 수 있을 만한 영혼이 남았으리라고 생각했지만, 내가 어리석었다. 아마 대공은 나를 감옥에 가둘 적당한 핑계를 찾을 거야. 파브리스의 일 때문에 내가 여론을 나쁜 쪽으로 끌고 가지 않을까 두려울 테니까. 백작은 명예심이 충만해서 지금이라도 이 궁정의 속물들이 크게 놀라, 미쳤다고 할지도 모르는 일을 저지를 것 같다. 곧 궁정을 떠나는 것이지. 사면장을 쓰게 한 날 밤, 난 대공의 권위에 도전하는 일을 서슴지 않고 했으니까, 자존심에 상처를 입은 그가 무슨 짓을 할지 각오해야 한다. 군주로 태어난 인간이 그날 밤 내게서 받은 모욕을 잊을 리가 있겠는가? 그리고 백작은 나와 사이가 나빠져야만 파브리스에게 도움을 줄 수 있는 유리한 위치에 놓이게 된다. 하지만 내 결심을 알고 절망한 백작이 복수하려 한다면? ……아냐, 절대로 그 사람은 그런 야비한 생각을 가질 리가 없어. 그는 정당치 못한 명령서에 서명하게 되더라도, 명예가 무엇인지는 알고 있다. 그리고 무엇 때문에 복수를 한단 말인가?

5년 동안 그의 사랑을 받았고, 게다가 그 사랑을 욕되게 하는 일은 조금도 하지 않았는데. '그리운 백작님, 전 당신을 사랑한다는 행복을 가졌었습니다. 그런데 그 정열은 식었어요. 이젠 조금도 사랑하지 않아요. 하지만 당신의 마음은 잘 알고 있어요. 당신에겐 언제까지나 깊은 경의를 품을 것이고, 당신이 언제나 나의 가장 좋은 친구임에는 변함이 없어요.' 이렇게 말한다고 해서 복수하려 들 것인가?

이처럼 성실한 이야기에, 분별 있는 남자라면 감히 뭐라고 대답할 수 있을까?

나는 새로운 애인을 가져야겠다. 적어도 세상 사람들이 그렇게 믿게 해야지. 그 애인에게 이렇게 말해두는 거야. '사실, 대공이 파브리스의 경솔한 행위를 벌하시는 건 당연해요. 하지만 다정한 분이시니까 생신 축일엔 분명 풀어주실 거예요.' 이렇게 해서 6개월은 단축시킬 수 있을 거야. 책략으로 선택하는 새 애인이란 그 절조 없는 재판관, 가증한 사형집행인 라씨……. 그 사나이는 귀족이 된 기분으로 기뻐할 테고, 실제로도 난 그를 상류사회에 드나들 수 있도록 해주는 셈이다. 용서해줘, 파브리스! 이런 짓을 하는 건 내 힘에 벅찬 일이야. 뭐라고! 아직도 저 P백작이며, D의 피가 묻어 있는 그 잔인한 야수 같은 사나이를! 그자가 다가오면 나는 무서워서 기절하거나 아니면 칼을 손에 쥐고 그 미운 가슴을 찌를 것이다. 불가능한 일을 시키지 말 기를!

그래, 무엇보다도 먼저 파브리스를 잊어야 한다! 그리고 대공에겐 조금도 화난 빛을 보이지 말고, 전과 같은 쾌활한 태도를 가져야 해. 그렇게 하면 그자들은 더욱 잘 봐줄 거야. 왜냐하면 첫째, 내가 마음으로부터 순순히 그들의 군주에게 복종하고 있는 것처럼 보일 테니까 말이다. 다음엔, 그자들을 멸시하지 않고 사소한 장점이라도 추켜세우면서 애쓸 작정이니까. 이를테면 쥐를라 백작에겐 모자의 흰 깃털장식이 아름답다고 칭찬을 해주자. 그는 리옹에서 주문해 가져온 그 깃털장식에 대단히 만족하고 있으니까.

라베르시 일파 중에서 애인을 고르자……. 백작이 사직하면 그 일파가 여당이 될 것이다. 그쪽으로 실권이 넘어가겠지. 파비오 콘티는 입각을 할 테니까, 라베르시 일파 가운데 하나가 성채 사령관이 된다. 백작의 본디 고상하고 총명한 데다가 능숙한 집무에 익숙해진 대공이, 소처럼 우둔하며 속물 중에서도 속물인 데다가, 한평생 마음을 써온 중대 문제라고는 공국의 병사 제복 가슴에 단추를 7개 달아야 하는가 9개 달아야 하는가 따위밖에 없는 사나이를 상대로 어떻게 정무를 처리해나갈까? 그 일파는 모두 나를 질투하고 있다. 짐승 같은 자들이라서 거기는 위험해. 파브리스! 그러니까 백작이 사직하는 걸 가만히 보고만 있을 수 없단 말이야. 모욕을 받는 한이 있더라도 그는 물러나지 않아야 해. 그이는 사표를 내는 것이 수상으로서 할 수 있는 최대의 희생이라고 언제나 생각하고 있어. 그리고 자기 얼굴을 비춰주는 거울이 '당신은 늙었어요' 할 때마다, 내게 이 희생을 바치겠다고 하지. 그러니 깨끗하게 헤어지자. 그래, 그가 완전히 떠나려 하면, 그때 다시 화해를 하자. 물론 헤어질 때에는 되도록 다정하게 대할 작정이다. 하지만 그 신하 근성으로 부정한 재판이란 말을 일부러 뺀 이후, 그 사람을 미워하지 않으려면 몇 달 동안 만나지 않는 방법밖엔 없을 것 같아. 그 결정적인 밤에 그가 기지를 발휘할 필요는 없었어. 그냥 내가 말한 대로만 받아썼어야 해. 내 성격대로 내뱉은 그 낱말을 쓰기만 하면 되었는데. 그러나 그의 비굴한 신하로서의 습성이 고개를 들고 말았어. 너무 터무니없는 말을 써서 대공에게 서명시킬 수 없었다, 사면장만 받으면 그만이었으니까, 라고 다음 날 내게 변명했었지. 아, 그런 사람들을 상대로는, 파르네제 가문이라는 허영과 원한으로 가득 찬 인간 아닌 인간들을 상대로는 빼앗을 수 있는 건 무슨 수를 써서라도 모조리 빼앗아야 한다."

이렇게 생각하자, 공작부인의 노여움이 다시 치밀었다. '대공은 나를 속인 거야. 더구나 그 방법이 얼마나 비열한가! 그 사람은 변명할 여지도 없다. 재치 있고 날카로운 데다 사리에도 밝다. 그의 정열만이 야비하다. 나와 백작이 이따금 느낀 일이지만, 그 사람은 남에게 모욕당했다고 느낄 때, 천박하게 변한다. 파브리스의 죄는 정치와는 전혀 관계가 없다. 그것은 이 나라에선 1년에 1백 번은 있는 사소한 살인사건에 지나지 않는다. 백작도 가장 정확한 정보를 수집하여 검토한 결과 파브리스는 무죄라고 입증하지 않았던가! 질레티는 상당히 대담한 자로, 마침 국경에서 가까운 곳에 와 있는 걸 알고, 자기 여자가 좋아하는 경쟁 상대를 죽이고 싶었던 것이다.'

공작부인은 과연 파브리스가 유죄일까 하고 한참 동안 생각해보았다. 그녀의 조카와 같은 신분의 한 귀족이 무례한 광대를 죽였다 한들 그것이 큰 죄가 되리라곤 애당초 생각지 않았으나, 이제부터는 파브리스의 결백을 증명하기 위해서 자기도 싸워야 한다는 예감이 어렴풋이 들었기 때문이다. '아니, 죄는 없다. 확실한 증거가 있어. 그 애는 죽은 남편 피에트라네라처럼 언제나 호주머니마다 권총을 넣어 가지고 다녔다. 그런데 그날은 단발총 한 자루밖엔 가지고 있지 않았어. 그것도 인부 한 사람한테서 빌렸다고 하던데.

난 대공을 증오한다. 날 속였으니까. 더구나 가장 비겁한 방법으로 속였으니까. 사면장을 내고서는 그 애를 볼로냐로부터 잡아오게 했어. 하지만 어디 두고보자.' 새벽 5시 무렵, 이렇게 오랫동안 절망적인 발작이 계속된 뒤 몹시 피곤해진 부인은 하녀들을 불렀다. 달려온 하녀들은 깜짝 놀라 소리를 질렀다. 보석을 달고 옷도 입은 채로 창백한 얼굴을 한 부인이, 눈을 감고서 침대 위에 누워 있는 걸 보고, 마치 숨을 거둔 뒤 침대에 안치되어 있는 듯한 착각이 들어서였다. 초인종이 울리지 않았더라면 기절해 있는 줄로 알았을 것이다. 이따금씩 그 무감각해진 뺨으로 눈물이 흘러내렸다. 부인의 손짓으로, 옷을 벗겨 눕혀달라는 걸 하녀들은 알아차렸다.

쥐를라 내무대신의 연회에서 돌아온 뒤로 백작은 공작부인의 집을 두 번이나 찾아갔다. 번번이 거절당하자 자신의 일로 의논할 게 있다고 편지를 썼다. "이와 같은 모욕을 받고도 내 자리를 지키고 있어야 할지요?" 백작은 덧붙여 썼다. "그 젊은이는 무죄입니다. 그러나 설사 유죄라 하더라도, 평소 보호자로 나서 왔던 내게 한마디 기별도 없이 체포한다는 게 말이 됩니까?" 부인은 이 편지를 다음 날이 되어서야 보았다.

백작은 덕이 있는 사람은 아니다. 자유당에서 '덕'이라고 말하는 것(대다수의 행복을 추구하는 것)을, 그는 기만이라고까지 여겼다. 그는 무엇보다도 먼저 모스카 델라 로베레 백작의 행복을 추구해야 된다고 믿었다. 하지만 그가 사직을 입 밖에 낼 때는 명예심과 성실함에 의한 것이었다. 지금까지 한 번도 공작부인에게 거짓을 말한 적은 없었다. 그러나 부인은 이 편지에 아무런 관심도 두지 않았다. 그녀는 이미 괴로운 결심을 했다. '파브리스를 잊은 체하자'는 결심이었다. 이 노력만 할 수 있다면 다른 것은 아무래도 좋았다.

다음 날 정오 무렵, 그때까지 열 번이나 산세베리나 저택에 헛걸음을 한 백작이 비로소 안으로 안내되었다. 백작은 부인의 모습을 보고 깜짝 놀랐다. '마흔 살은 되어 보이는구나. 어제까지도 그처럼 생생하고 젊었던 사람이……. 클렐리아 콘티와 이야기하던 때에는 그 소녀만큼이나 젊게 보였고, 또 그 애와는 다른 매력이 있다고 모두들 수군거렸었는데.'

부인의 목소리와 말투도 그 용모와 매한가지로 변해 있었다. 열정도, 인간에 관한 흥미도, 노여움도 완전히 사라진 듯한 그 말투에 백작은 얼굴색이 변했다. 그는 두세 달 전, 이미 병자성사를 받은 뒤 죽음을 기다리면서 만나고 싶다던 한 친구의 모습이 생각났다.

몇 분 지나서야 부인은 겨우 이야기할 수 있게 되었다. 백작을 똑바로 바라다보았으나, 그 눈엔 생기가 없었다.

"우리 이제 그만 헤어져요." 나지막했으나 똑똑한 목소리로, 그리고 되도록 다정하려고 애쓰면서 부인은 말했다. "헤어져요. 그렇게 해야 해요. 5년 동안 제가 당신에게 충성한 것은 하느님도 아실 거예요. 당신은 그리앙타의 집에서 제가 짊어질 슬픈 운명 대신에 명랑하고 화려한 생활을 주셨어요. 당신이 없었더라면 전 더 빨리 늙었을 거예요. 저로서는 당신을 행복하게 해드리고만 싶었어요. 이렇게, 프랑스 사람들이 말하듯 평화롭게 헤어지자는 것은 당신을 사랑하기 때문입니다."

백작은 무슨 말을 하는지 알아들을 수가 없었다. 부인은 몇 번씩이나 되풀이해야 했다. 그는 몹시 창백해져 부인의 침대 곁에 무릎을 꿇고, 열정적으로 사랑에 빠진 재치 있는 남자가 심한 놀라움과 절망감으로부터 나오는 온갖 말들을 다 늘어놓으며 호소했다. 거듭 사직할 것을 맹세하며, 사랑하는 사람을 따라 파르마에서 멀리 떨어진 곳으로 가겠다고 말했다.

"당신은 제게 여기를 떠나서 다른 곳으로 가자는 말씀을 하시는군요. 파브리스는 이곳에 있어요."

공작부인은 마침내 몸을 반쯤 일으키고 말했다. 그러나 파브리스의 이름은 상대에게 괴로운 인상을 준 듯 싶었으므로 부인은 잠깐 입을 다물었다가, 백작의 손을 잡아쥐며 말을 이었다.

"그야 저는 당신을…… 서른이 넘은 여자라면 느낄 수 없는, 그런 연정이나 열정으로 당신을 사랑했다고는 생각지 않아요. 저는 이미 그럴 수 있는 나이를 훨씬 넘었는걸요. 제가 파브리스를 사랑한다고, 누가 당신에게 말했을지도 몰라요. 그러한 소문이 이곳의 심술궂은 궁정에 퍼졌다는 건 저도 알고 있어요. ('심술궂은'이란 말을 했을 때, 비로소 부인의 눈이 번쩍였다.) 전 하느님 앞에서, 그리고 파브리스의 목숨을 걸고 맹세해요. 그 애와 나 사이에는 제삼자의 눈에 안 좋게 비춰질 그런 일은 전혀 없었어요. 하기야 저는 그 애를 단순히 여동생처럼 사랑한다고 말하는 건 아니에요. 뭐라고 해야 좋을지, 말하자면 본능적으로 사랑하는 거예요. 전 그 애 자신은 깨닫지 못하고 있을 그 단순하고 뛰어난 용기를 좋아해요. 제 기억으로는 그 애가 워털루에서 돌아왔을 때부터 이런 감탄하는 마음을 느낀 것 같아요. 열일곱이었지만 아직 어린애였어요. 그 애는 자신이 정말 전쟁에 참가했던 것인지를 알고 싶어서 몹시 애를 태웠지요. 만일 정말이라고 한다면, 자기는 적의 어느 중대도 대대도 공격한 적이 없었는데, 그것으로 싸웠다고 할 수 있느냐는 거예요. 그런 중요한 문제를 둘이서 진지하게 토론하는 사이, 전 그 애에게 말로 표현할 수 없는 매력을 느끼기 시작했죠. 그 애의 고귀한 마음을 저는 확실히 깨달았어요. 훌륭한 교육을 받고 자라난 젊은이라 해도 그와 같은 처지라면 얼마나 그럴듯한 거짓말을 늘어놓았겠어요! 그러니 그 애가 행복하지 않으면, 전 행복해질 수 없어요. 간단히 말하면 제 마음이 그런걸요. 이것이 비록 진실이 아닐지라도 전 이렇게밖에 생각할 수가 없어요."

백작은 이런 가식 없는 솔직함과 다정한 태도에 힘을 얻어, 부인의 손에 입을 맞추려고 했다. 부인은 무언가를 두려워하듯 그 손을 움츠렸다.

"이젠 안 돼요. 전 벌써 서른일곱 살이나 된 여자예요. 노년의 문턱에 서 있는 기분이에요. 이미 나이에서 오는 약한 마음을 여러모로 느끼는걸요. 아마 무덤 가까이 와 있나 봐요. 이 순간을 남들은 무섭다고 하지만, 전 왜 그런지 빨리 와주었으면 싶어요. 노년의 가장 나쁜 징후가 나타난 거죠. 이번의 무서운 불행을 만나 거의 다 죽은 것만 같아 이젠 사랑은 할 수 없게 되었어요. 당신에게서도 어쩐지 전에 소중했던 사람이라는 인상만 받을 뿐이에요. 좀더 정확히 말해, 이런 말을 하는 것도 단지 감사하는 마음에서인걸요."

"그럼 나는 앞으로 어떻게 됩니까?" 백작은 되풀이했다. "스칼라 극장에서 처음 뵈었을 때보다도, 지금 훨씬 더 당신에게 빠져 있는 나는?"

"저, 분명히 말씀드리겠어요. 저에게 사랑 이야기는 불쾌해요. 그리고 천박한 것 같은 생각마저 들어요. 자, 용기를 내세요!" 부인은 이렇게 말하고, 미소를 지으려 했으나 헛일이었다.

"재주 있고 판단이 정확한 사람, 어떠한 경우에도 유능하고 믿음직한 사람이 돼주세요. 저를 상대로 해서도 다른 사람이 생각하는 것처럼, 지난 몇세기 이래 이탈리아에 나타난 사람 중에서 가장 수완이 좋고 가장 위대한 정치가가 돼주세요."

백작은 일어섰다. 잠깐 아무 말 없이 서성거리다가 마침내 입을 열었다.

"불가능합니다. 나는 지금 가장 격심한 정열의 고뇌에 사로잡혔어요. 그런데 당신은 내게 이성을 찾으라고 합니다. 이제 내겐 이성 따윈 없어요."

"정열이란 말은 꺼내지도 마세요." 부인은 쌀쌀맞게 말했다.

두 시간 동안 이야기를 나누면서 그녀의 목소리에 억양이 생긴 것은 이것이 처음이었다.

백작은 절망에 빠지면서도 부인을 위로하려고 애썼다.

"그 사람이 절 속인 거예요." 부인은 백작이 설명하려는, 희망이 있음직한 이유에는 전혀 대답하려고도 않고 말을 계속했다. "그 사람이 저를 정말 비

겁한 방법으로 속인 거예요."

이렇게 외치는 얼굴에서 한순간 창백한 빛이 사라졌다. 그러나 이렇게 몹시 흥분을 하면서도 부인은 팔을 올릴 힘조차 없다는 걸 백작은 깨달았다.

'야단났군! 병일까? 그렇다면 아주 심각한 병이 시작된 걸지도 모른다.'

그렇게 생각하자 불안해져 그는 이 나라의, 그리고 이탈리아 안에서 첫째로 손꼽히는 의사인, 유명한 라조리를 부르자고 제안했다.

"당신은 저의 이 절망상태를 속속들이 진단시켜서 남을 즐겁게 해줄 생각이신가요? 그것은 배신자의 충고입니까, 아니면 친구의 충고입니까?"

그러고는 부인은 이상한 눈초리로 쳐다보았다.

"이젠 끝이다." 그는 실망해서 중얼거렸다. '이 여인은 이젠 내게 조금도 애정을 가지고 있지 않다. 그뿐이 아니라, 세상의 도리를 아는 인간으로도 취급해주지 않는구나.'

백작은 다시 열정적으로 말했다. "나는 무엇보다도 먼저, 이렇게 우리를 절망시킨 그 체포의 자세한 경위를 알고 싶습니다. 이상하게도 아직 무엇 하나 확실한 것을 알 수가 없어요. 가까운 곳에 있는 검문소의 헌병을 조사해 보니, 그 죄수는 카스텔노보로 이어지는 길로 왔다는군요. 그리고 그가 묶인 마차를 호송하라는 명령을 받았다는 겁니다. 나는 곧 브뤼노를 그곳으로 보냈어요. 그가 충실하고 임무에 열심이라는 건 당신도 잘 알 겁니다. 그에게 역을 하나하나 거꾸로 살펴 올라가면서 파브리스가 어디서 어떻게 체포되었는지 알아오라고 일러두었습니다."

파브리스의 이름을 들은 공작부인은 가벼운 경련을 일으켰다.

가까스로 입을 열 수 있게 되자 그녀는 백작에게 말했다. "용서하세요. 전 그 얘기를 몹시 듣고 싶어요. 하나도 빼놓지 말고 알려주세요."

"알겠습니다." 백작은 부인의 마음을 조금이라도 풀어주려고 애써 무감각한 말투로 이야기를 계속했다. "또 한 사람 믿을 수 있는 사람을 보내서 브뤼노더러 볼로냐까지 가보라고 전할까 합니다. 아마 그곳에서 잡혔을 테니까요. 그에게서 온 마지막 편지는 며칠 날짜로 돼 있습니까?"

"닷새 전 화요일이에요."

"역에서 누가 뜯어본 흔적은 없던가요?"

"뜯어본 흔적은 조금도 없었어요. 하지만 더러운 종이에 쓰여 있었죠. 이쪽 주소는 여자 글씨로, 제 시녀의 집안사람인 세탁을 하는 노파에게로 돼 있었어요. 노파는 무슨 사랑 편지나 아닌가 생각했었고, 케키나는 다만 우편 요금만 치러주었을 뿐이에요."

이미 완전히 사무적인 어조가 된 백작은 부인과 여러 가지 의논을 하면서, 볼로냐에서 체포된 날이 며칠인가를 밝혀내려고 했다. 평소에 그처럼 기지가 있던 그는 이때가 되어서야 비로소 처음부터 이런 식으로 했어야 했다고 느꼈다. 그런 자세한 이야기는 불행한 부인의 관심을 끌어, 어느 정도 마음을 가라앉힌 듯싶었다. 백작이 사랑의 포로가 돼 있지 않았더라면, 방에 들어왔을 때부터 이런 간단한 생각쯤은 곧 머리에 떠올랐을 것이다. 부인은 백작이 곧장 브뤼노에게 사람을 보내야겠다고 하기에 돌려보냈다. 그러나 이야기 끝에, 대공이 부인에게 준 사면장에 서명했을 때 이미 형의 선고가 내려진 게 아닌가 하는 걸 문제 삼았을 때, 그녀는 기회를 놓치지 않고 백작에게 한마디 못 박는 것을 잊지 않았다.

"당신이 써서 대공이 서명한 그 사면장 말이죠. 그 속에서 당신이 부정한 재판이라는 말을 일부러 빼신 걸, 저는 새삼스럽게 탓하고 싶지는 않아요. 당신은 신하로서의 본능에 사로잡혀 있었으니까요. 당신은 무의식중에 애인의 이익보다는 군주의 이익을 지키신 거예요. 당신은 오랫동안, 무엇이든 저를 위해서 애써주셨습니다. 그러나 자기 본성을 바꾸는 건 당신의 힘으론 어쩔 수 없어요. 당신은 대신의 임무를 다하는 데 훌륭한 재능을 가지셨어요. 하지만 또 그런 직업적인 본능도 가지고 있죠. 그 '부정'이란 글자를 빼버렸기 때문에 저는 솟아날 구멍이 없어졌습니다. 그래도 저는 당신을 책망할 뜻은 조금도 없어요. 그건 본능의 결과이지 의지의 결과는 아니니까요."

그러고는 부인은 목소리를 바꾸어, 몹시 거만한 태도로 말을 이었다. "하지만 잊지 마세요. 전 파브리스가 잡혔다고 해서 그다지 슬퍼하지 않는다는 것을. 그리고 이 나라를 떠날 생각은 조금도 없고, 대공에게는 진심으로 존경심을 가지고 있다는 걸. 이런 말은 오히려 당신이 하고 싶을 거예요. 그렇지만 저 또한 당신에게 하고 싶은 말이에요. 앞으로 제가 해야 할 일은 혼자서 생각해서 해나갈 작정이에요. 당신과는 사이좋게 헤어지고 싶어요. 오랜 좋은 친구로서 말입니다. 저를 벌써 예순이 넘은 할머니라고 생각해주세요. 제 속에 있는 젊은 여자는 벌써 죽었습니다. 이미 이 세상에선 저는 무엇 하나 내세울 것이 없으며, 사랑할 줄도 몰라요. 그러나 만일 당신에게 제 일로 말미암아 화가 미치는 일이 생기면, 제 마음은 더욱 괴로울 거예요. 젊은 애인을 갖는 체하는 것도 앞으로의 계획 가운데 하나가 될지도 모르고, 그런 일로 당신을 불쾌하게 하는 것도 싫어요. 이는 파브리스의 행복을 걸고 맹세합니다만," 그러고는 잠깐 입을 다물었다. "전 당신을 배신하는 일은 결코 하지 않았어요. 5년 동안 그래왔지요. 퍽 오랫동안이었어요." 그러고는 웃으려 했다. 창백한 뺨이 경련을 일으켰다. 끝내 입술은 열리지 않았다. "그런 더러운 짓을 하려고 계획한 일도, 그런 바람을 가져본 일도 없다는 것은 맹세해도 좋아요. 그걸 아신다면 그만 돌아가주세요."

백작은 절망 속에 산세베리나 저택을 나왔다. 부인이 자기와 헤어지고 싶다는 의사를 뚜렷이 했음에도, 지금까지보다도 한층 더 그는 사랑에 애를 태웠다. 이러한 일은 이탈리아 말고는 상상조차 할 수 없는 일이기에 나는 몇 번이고 되풀이 말할 작정이다. 집에 돌아오자, 그는 6명에게 편지를 주어 카스텔노보와 볼로냐 가도로 보냈다.

"아직 이것만으로는 안심할 수 없어." 백작은 중얼거렸다. "대공은 이번에는 그 가엾은 아이를 사형시키려 할지도 모른다. 그 문제의 사면장을 쓴 날의 공작부인 태도에 복수하기 위해서일 테지. 나는 부인이 절대로 넘어서는 안 될 선을 넘었다고 느꼈다. 그래서 어떻게든 사태를 완화시키려는 생각으로 '부정한 재판'이라는 글자를 빼버린 실수를 저지르고 말았어. 그 한마디가 대공의 행동을 속박할 수 있었는데……. 하지만 그런 사람들이 도대체 무엇에 속박받을 것인가? 확실히 이번 일은 내 일생에서 가장 큰 실책이다. 나 자신에게 중요한 결과를 초래할 일을 아무렇게나 멋대로 처리하고 말았으니. 이 경솔함을 최대한의 활동과 수완으로 메워야 한다. 그러나 얼마간 위엄을 잃는 일까지 했는데도 아무런 소득이 없을 경우엔 대공을 저버리자. 최고의 정치를 행하려는 꿈과 롬바르디아의 입헌군주가 되려는 꿈을 가진 그 사람이 내가 없어진 뒤 어떤 사람을 대신 쓰는지 어디 두고 보자……. 파비오 콘티는 바보일 뿐이고, 라씨의 재능이라고는 정부의 미움을 받은 인간을 합법적으로 교살하는 것뿐이다."

파브리스에 대한 처분이 잠깐 구류하는 정도 이상의 것이 된다면, 내각을 사직하겠노라 단단히 결심한 뒤 백작은 생각했다. '잘못 자극하는 바람에 상처를 받은 그 인물의 허영심에서 나오는 변덕으로 내가 행복을 잃게 되더라도, 적어도 내 명예는 잃지 않게 된다. 그건 그렇고, 내가 이처럼 내 직분을 경멸한다면, 오늘 아침까지 불가능하게 여겨진 일이라도 가능할 게 아닌가. 이를테면 파브리스를 탈출시키기 위해 내가 가진 모든 힘을 쏟자…… 아, 그렇지!' 백작은 생각을 중지하고 소리쳤다. 그 눈은 뜻하지 않은 행복을 발견했을 때처럼 큼지막해졌다. '부인은 탈출이란 말은 전혀 하지 않았다. 그녀는 처음으로 내게 마음속 말을 숨긴 걸까? 그리고 그처럼 기분이 좋지 않은 건 내가 대공을 배신했으면 하는 욕망 때문이 아닐까? 그렇다, 이제야 알았다!'

백작의 눈은 타고난 매서운 통찰력으로 번쩍였다. '그 얄미운 라씨는 유럽에서 우리 체면을 망치게 하는 판결을 내리기 위해 대공으로부터 돈을 받고 있는 사나이지만, 내게 매수되면 또 군주의 비밀을 폭로할 인물이다. 그자에겐 애인과 고해신부가 있다. 애인은 정말 천한 여자로 도저히 이야기 상대가 안 된다. 다음 날이면 이웃 야채 장수 부인들에게 나와 만났다는 걸 털어놓을 여자거든.' 이러한 희망이 비치자 다시 살아난 듯한 기분이 된 백작은 이미 대성당을 향해 길을 걷고 있었다. 발걸음이 가벼운 데 스스로 놀라며, 근심 속에서도 미소를 지었다. '대신을 그만둔다는 건 얼마나 좋은 일인가!' 이 대성당은 이탈리아의 많은 성당과 매한가지로 한 거리에서 다른 거리로 빠지는 통로 구실을 하고 있었다. 백작의 눈에 보좌주교의 한 사람이 본당을 가로질러 걸어오는 게 보였다.

"마침 여기서 만나뵈었으니 말씀드립니다만, 난 신경통이 있으니 대주교의 방까지 올라가지 않게 좀 부탁합니다. 그분이 제의실까지 내려와 주셨으면 정말 고맙겠습니다만."

이 말을 전해 듣고 대주교는 몹시 기뻤다. 파브리스의 일로 수상에게 하고 싶은 말이 태산 같았다. 그러나 수상은 그런 이야기가 결국 쓸데없는 말뿐이라는 걸 깨닫고 조금도 귀담아듣지 않았다.

"성 요한 성당의 사제 듀냐니는 어떤 사람입니까?"

"평범한 사람이지만 야심이 대단합니다. 경솔하고 몹시 가난하지요. 우리에게도 여러 가지 결점은 있으니까요." 대주교는 대답했다.

"허, 대주교님께선 타키투스처럼 인물을 묘사하시는군요." 장관은 이렇게 말하고는 웃으면서 헤어졌다.

　관저로 돌아오자마자 듀냐니 신부를 불러들였다.

　"당신은 나의 훌륭한 친구 라씨 검찰 총장의 고해신부로 계신다면서요. 그가 내게 무슨 하고 싶은 말이 없을까요?"

　이 말만 하고 그대로 듀냐니를 돌려보냈다.

제 17 장

    백작은 이미 수상의 직위를 그만둔 기분이 되어 있었다. '세상에선 내 사직에 대해서 대공의 역정을 사 쫓겨났다고 이야기할 테지. 어쨌든 그렇게 되면 말을 몇 필이나 가질 수 있을는지 어디 계산을 좀 해볼까.' 백작은 자기 재산 상태를 조사해보았다. 수상이 됐을 때에는 8만 프랑의 재산을 가지고 있었다. 놀랍게도 이것저것 다 합해도 지금은 50만 프랑이 채 되지 않는다. '이래서야 연간 겨우 2만 리브르의 수입밖엔 더 되는가? 나도 어지간히 경솔한 사람이로군. 파르마 시민이라면 누구나 내 연수입이 5만 리브르도 안 된다는 사실을 믿지 않을 것이다. 그리고 이 점에서 대공은 누구보다도 세속적인 견해를 갖고 있거든. 그들은 내가 검소한 생활을 하는 걸 보면 재산을 교묘하게 숨겨두었다고 할 거야. 앞으로 석 달만 더 대신 자리에 있는다면 이 재산을 갑절로 만들 텐데.' 이런 생각을 하던 그는 공작부인에게 편지를 쓸 좋은 핑계인 듯해서 곧 이 기회를 이용했다. 그러나 지금 같은 관계에 편지도 삼가야 할 성싶어, 그는 되도록 숫자와 계산만을 늘어놓았다. '당신과 파브리스와 나와 셋이 나폴리에서 살기로 하고, 연수는 2만 리브르밖엔 없을 것 같습니다. 파브리스와 내가 타고 다닐 말을 공용으로 한 마리 사는 게 어떻겠습니까?' 이 편지를 막 보내고 나자 라씨 검찰총장이 찾아왔다. 그는 거의 무례하다 할만큼 거만한 태도로 손님을 맞았다.

    "내가 담당하고 있는 국사범을 마음대로 볼로냐에서 체포하게 하고, 더구나 그 사나이의 목을 자르려 하면서도 내게는 한마디도 하지 않다니! 대체 무슨 까닭인가? 자넨 내 뒤를 이을 자가 누구인지 벌써 알고 있나? 콘티 장군인가? 그렇지 않으면 자넨가……."

    라씨는 몹시 당황했다. 상류계급 인사들의 습관에 익숙지 못한 그는 백작의 말이 진심인지 아닌지 도무지 분간할 수 없었던 것이다. 그는 낯을 붉히고 잘 알아들을 수 없는 말을 몇 마디 중얼거렸다. 백작은 이자의 당황하는 모습이 즐거웠다. 별안간 라씨는 몸을 후들후들 떨더니, 알마비바(《세빌리아의 이발사》, 《피가로의 결혼》에 나오는 백작)에게 나쁜 짓을 하던 현장을 들킨 피가로처럼 완전히 속을 드러내놓고 말했다.

"허허, 백작님, 각하께 모든 걸 솔직히 털어놓겠습니다. 물어보시는 말에 빠짐없이, 고해신부에게 말하듯이 대답한다면 무얼 주시겠습니까?"

"성 요한 십자훈장(이는 파르마 공국의 훈장이다), 아니면 돈이 좋은가? 아무튼 자네 쪽에서 그걸 받기에 충분한 핑계를 만들어준다면 말일세."

"성 요한 십자훈장으로 해주십시오. 그러면 저도 귀족이 되니까요."

"허허, 아직도 우리의 귀족이라는 간판을 존중하는가?"

"만일 제가 귀족 태생이라면, 제가 사형을 내리는 사람들의 가족이 물론 저를 미워는 하겠지만 경멸은 하지 않을 테죠." 라씨는 자신의 직업상 몸에 밴 몰염치한 태도로 대답했다.

"좋아! 그런 경멸을 받지 않게 해주지. 그럼, 내가 모르는 걸 가르쳐주게. 도대체 파브리스를 어떻게 할 작정인가?"

"실은 대공도 몹시 난처하신 모양입니다. 대공은 백작님이 아르미드(타소의 《해방된 예루살렘》에 나오는 전형적인 미녀)의 아름다운 눈에 매혹되어, '약간 노골적인 표현은 용서하십시오. 이건 대공의 말씀 그대로니까요.' 곧, 대공 자신도 마음이 움직일 정도의 대단히 아름다운 눈에 당신이 매혹되어서 자기를 버리고 떠나지나 않을까 걱정하고 계십니다. 더구나 롬바르디아의 정무를 맡을 만한 사람은 당신 말고는 없고 하니…… 그뿐이 아니라—라씨는 더욱 목소리를 낮추었다—지금 당신에겐 정말 중대한 기회로, 제게 성 요한 십자훈장을 주실 충분한 가치가 있습니다. 대공은, 만일 당신이 파브리스 델 동고의 일신상의 일에 앞으로는 일체 관여를 않는다든가, 적어도 그 일을 공공연하게 밖에 이야기하지 않겠다고 약속한다면, 국가적 보상으로서 60만 프랑에 상당하는 훌륭한 토지나, 30만 에퀴의 은사금을 내리실 의향이신 것 같습니다."

"난 좀더 좋은 것을 기대했는데. 파브리스의 일에 관여하지 않는다는 건 공작부인과의 사이를 끊는 일이 되니까."

"그렇죠. 대공도 그렇게 말씀하시더군요. 이건 여기서만의 이야기입니다만, 그분은 공작부인에게는 몹시 안 좋은 감정을 품고 계십니다. 그래서 그 아름다운 부인과 헤어지는 대가로, 독신이 된 당신이 혹시 대공의 사촌누이인 이조타 노공녀에게 구혼을 하지나 않을까, 그런 것을 마음에 두고 계시거든요. 노공녀의 나이 아직은 오십이시니까요."

"잘 맞추셨군. 우리 군주는 정말 이 나라에선 머리가 제일 좋으시거든."

백작은 이 노녀와 결혼한다는 괴이한 생각은 꿈에도 하지 않았었다. 궁정 의식에 진저리가 난 인간에게 이처럼 격에 맞지 않은 것은 또 없었다.

그는 의자 옆 조그마한 탁자 위에 놔둔 담뱃갑을 손으로 만지작거리기 시작했다. 라씨는 이런 초조한 듯한 태도 속에, 자기 이득을 얻을 수 있는 가능성이 엿보였으므로 눈을 반짝이기 시작했다.

"백작님, 각하께서 혹시 60만 프랑의 토지나 은사금을 받으실 의향이 있으시다면, 제발 그 흥정을 제게 맡겨주시기 바랍니다. 저는 온 마음을 다해 노력하겠습니다." 그는 목소리를 낮추었다. "은사금을 더 많게 하든가, 소유지에다 상당히 좋은 숲을 더 붙이도록 말입니다. 만일 각하가 그 감금된 젊은 신부의 일을 대공에게 이야기하실 때 잘 살피어 좀 온화한 태도를 보이시면, 국가적 보상으로 내리시는 영지를 공작령으로 승격시키실지도 모릅니다. 몇 번씩이나 말씀드립니다만, 대공은 현재 공작부인을 미워하고 계십니다. 하지만 본인도 몹시 당황하시는 걸로 보아 무엇인지 제게도 말씀하실 수 없는 사정이 있으리라는 생각이 들 정도입니다. 사실, 여기에 금광이 있는 것이지요. 저는 그분이 가장 깊숙이 간직하고 있는 비밀을 각하께 파는 게 됩니다. 세상에선 저를 각하의 적이라고 생각하고 있으니까요. 대공은 공작부인에게 몹시 화를 내고는 계시지만, 실은 우리 모두와 마찬가지로 밀라노를 상대로 여러 비밀 정책을 제대로 수행할 수 있는 사람은 각하밖엔 없다고, 역시 믿고 계시거든요. 대공의 말씀을 그대로 옮기는 걸 각하는 용서하시겠습니까?" 라씨는 흥분된 듯 말을 계속했다. "말이라는 건 그 순서에 따라 어떤 특징이 있습니다. 다른 사람의 말로 전하면 그걸 표현할 수가 없습죠. 각하라면 그 말에서 제가 깨닫지 못하는 점도 확실히 눈치챌 수 있으실 테니까요."

"아무 말이건 하게나. 무슨 말을 해도 상관없네. 감사히 여기겠네." 백작은 넋을 잃은 듯 여전히 담뱃갑으로 탁자를 두들기며 말했다.

"훈장과는 별도로 세습 귀족 증서를 주실 수는 없겠습니까? 그러면 아주 좋겠습니다만. 대공게 이런 말을 비치면, '너 같은 악당을 귀족으로 만들다니! 그러면 내일부터 가게 문을 닫아야 하지 않을까. 파르마의 인간은 누구하나 귀족을 원치 않게 될걸' 하시거든요. 그런데 그 밀라노 건입니다만, 이건 아직 사흘도 안 된 일인데, 대공은 이렇게 말씀하셨습니다. '우리 책략을 멋지게 계속해나갈 수 있는 건 저 꾀 많은 사나이밖엔 없어. 그를 추방하거나 그가 공작부인의 뒤를 쫓아가면, 온 이탈리아로부터 존경받는 자유주의적인 군주가 된다는 희망을 난 버려야 한다'고요."

이 말을 들은 백작은 한숨을 내쉬었다. '파브리스는 사형당하지 않을 것이다.'

라씨는 이제까지 수상과 친밀한 이야기를 나눌 기회를 한 번도 가져본 적이 없었다. 그는 행복감으로 이성을 잃을 정도였다. 이 나라에선 비천하고 열등한 것과 동의어가 되어버린 라씨란 이름을 이제야 버릴 수 있을 것만 같았다. 하층민들은 미친개에다 라씨란 이름을 붙였다. 얼마 전에는 병사들이 동료에게 라씨라고 불렀다 해서 결투까지 벌어진 일이 있었다. 매주 이 더러운 이름이 어떤 지독한 풍자의 노래에도 올랐었다. 그의 아들인, 아무런 죄도 없는 열여섯 살짜리 소년은 그 이름 때문에 카페에서 쫓겨났었다.

자기 신분 탓으로 일어나는 이런 모든 불쾌한 사건의 뼈저린 기억이 있었기에 그는 분별없는 말까지 내뱉은 것이었다.

"저는 토지를 하나 가지고 있습니다." 의자를 수상 쪽으로 가까이 당기면서 말했다. "'리바'라는 곳입니다. 리바 남작이 되고 싶습니다만."

"안 될 것도 없지." 수상은 대답했다.

라씨는 좋아서 어쩔 줄을 몰랐다.

"그럼 백작님, 너무 당돌한 것 같습니다만, 제가 짐작하건대 각하의 소망은……. 이조타 공녀와 결혼을 바라고 계신 거죠? 고상한 야심이십니다. 그렇게 해서 대공과 인척관계를 맺으신다면 역정을 사실 걱정도 없고, 그분을 제법 손아귀에 넣으실 수도 있지 않겠습니까. 솔직히 말씀드리면, 대공은 이조타 공녀와의 결혼을 두려워하십니다. 하지만 이 일을 충분한 보상과 함께 수완 있는 사람에게 맡기시면, 그다지 불가능한 일도 아닙니다."

"친애하는 남작, 난 그건 가망이 없다고 단념한 지 이미 오래야. 자네가 내 이름을 내세워 여러 가지 이야기를 해준다 하더라도, 나는 그것을 모두 부정하고 싶네. 그러나 만일에라도 뒷날 그런 훌륭한 혼담이 생겨 소원이 이루어져서 내가 이 나라의 높은 지위에 올라앉게 되는 날엔, 자네에게 내 돈 30만 프랑을 주지. 그렇지 않으면 대공에게 말씀드려서 그 돈보다도 자네가 좋다고 생각하는 어떤 은전을 내리도록 주선하겠네."

독자는 분명 이런 대화를 지루하다고 생각할 것이다. 하지만 이는 두 시간이나 계속되었다. 라씨는 행복에 겨워 백작 집을 나왔다. 한편 백작은 파브리스를 구할 커다란 희망이 생긴 것 같아, 사직할 결심은 더욱 굳어졌다. 그는 라씨나 콘티 장군과 같은 인물을 정권에 참여시켜 자기 위신을 더욱 높여야 할 필요가 있다고 느꼈다. 대공에게 복수할 가능성이 얼마큼 보이기 시작한 것을 마음속으로 기뻐했다. '공작부인을 쫓으려면 쫓으라지. 하지만 그렇게 되면 롬바르디아의 입헌군주가 되려는 희망은 버려야 할걸.' (이 공상은 가소로운 것이었다. 대공은 재치 있는 사람이었지만, 너무 이런 공상을 하던 끝에 사랑에 도취된 사람같이 되어버린 것이었다.)

신이 난 백작은 라씨와의 대담을 보고하려고 공작부인 집으로 달려갔다. 그런데 안으로 들여보내주질 않았다. 문지기는 여주인에게서 직접 받은 명령을 말하기가 몹시 거북스러운 듯했다. 백작은 우울한 마음으로 집에 돌아왔다. 이렇게 되고 보니, 조금 전에 대공의 심복 신하와 나눈 대화로 얻은 기쁨도 완전히 사라져버렸다. 이젠 의욕을 상실해서 어두운 심정으로 화랑을 이리저리 거닐었다. 15분 뒤 다음과 같은 편지를 받았다.

'친근한 벗에게. 우리는 이젠 친구일 뿐이니 일주일에 세 번 이상 찾아오시면 안 됩니다. 보름 뒤부터는, 저에겐 물론 언제나 소중한 방문일 테지만, 한 달에 두 번으로 해주시기 바랍니다. 당신이 저를 기쁘게 해주시려면, 이렇게 헤어졌다는 사실을 세상에다 널리 퍼뜨려주세요. 만일 당신이 전에 제가 당신에게 품었던 사랑을 그대로 돌려주실 생각이 있으시다면, 새 애인을 만드시기 바랍니다. 저는 마음껏 방탕할 커다란 계획을 가지고 있습니다. 사교계에도 실컷 나갈 작정이며, 이 불행을 잊게 해줄 재간 있는 사람을 구할지도 모릅니다. 물론, 친구의 자격으로서 제 마음에는 당신에게 첫째 자리를 남겨놓겠습니다. 그러나 저는 제가 하는 일이 무엇이건 당신의 지혜를 빌린 거라는 말은 듣고 싶지 않습니다. 특히 저는 이젠 당신의 결심에 영향을 줄

만한 힘을 완전히 잃었다는 걸 세상에 알리고 싶습니다. 한마디로 말해서, 당신은 저의 가장 소중한 친구이며, 결코 그 이상은 아니라고 생각해주세요. 바라건대 옛날로 돌아갈 생각은 하지 마세요. 이미 모두 끝났습니다. 언제까지고 제 우정을 믿어주세요.'

이 마지막 구절은 백작의 용기를 꺾기에 충분했다. 그는 대공에게 모든 공직을 사퇴하고 싶다는 훌륭한 문장의 편지를 쓴 다음, 이걸 궁정으로 전해달라고 덧붙여서 공작부인에게 보냈다. 곧 사표는 찢겨서 되돌아왔다. 그리고 종이의 여백에 공작부인은 이렇게 써놓았다. '안 됩니다. 절대로 안 됩니다.'
이 가련한 대신의 절망은 어떻게 묘사해야 할지 알 수가 없다. "그녀의 말이 타당하다. 나도 그렇게 생각한다." 그는 몇 번씩이나 되풀이하면서 중얼거렸다. '부정한 재판이란 말을 뺀 것은 큰 잘못이었다. 그 때문에 파브리스가 죽게 될지도 모르며, 또한 내 죽음까지 초래할는지 모른다.' 부름을 받을 때까지는 궁정에 나가지 않을 작정이었던 백작은 라씨를 성 요한 십자훈장의 수훈자로 만들어, 세습 귀족권을 부여하는 사령장을 손수 썼지만, 그건 마음속에 이미 죽음을 각오한 기분에서였다. 백작은 거기다 반 장가량의 보고를 덧붙여서, 이런 조처를 하게 된 정치적 이유를 대공에게 설명해놓았다. 그러고는 우울한 쾌감을 느끼며, 이 서류를 두 통 복사해서 공작부인에게도 보냈다.
그는 온갖 억측 속을 헤매고 있었다. 자신이 사랑하는 여자가 이제부터 취하겠다는 행동이 무엇인지 몹시 궁금했다. '그녀 자신도 모를 것이다' 생각했다. '그러나 단 하나 확실한 게 있다. 그건…… 내게 이렇게 하겠다고 공언한 결심을, 그것이 어떤 일일지라도 그 사람은 기어이 해내고 만다는 것이다.' 더욱 그를 괴롭힌 것은, 아무리 생각해보아도 공작부인에겐 비난할 점이 발견되지 않는 일이었다. '그녀가 나를 사랑한 것은 자진해서 호의를 보여준 것이다. 내가 무의식중에……라고는 하나 무서운 결과를 초래하는 실책을 저지른 뒤로는 이젠 사랑하지 않게 되었다. 나로선 불평을 말할 권리조차 없는 것이다.' 다음 날 아침, 백작은 부인이 다시 사교계에 나타나기 시작한 것을 알았다. 부인은 그 전날 밤 초대받은 집을 빠짐없이 방문했다. 같은 살롱에서 만나면 어떻게 될까? 어떤 식으로 말을 건다? 어떤 투로 이야기를 시작할까? 그렇다고 말을 걸지 않고 견딜 수 있을까?

다음 날은 기분 나쁜 하루였다. 파브리스가 이제 사형을 받는다는 소문이 온 거리에 퍼졌다. 온 동네가 떠들썩했다. 그의 높은 신분을 고려해서 대공이 참수형에 처하기로 결정했다는 말까지 떠돌았다.

'파브리스를 죽이는 사람은 나다. 두 번 다시 공작부인에게 만나고 싶다는 말을 할 염치가 없지 않은가.' 백작은 스스로에게 대답했다. 이런 몹시 단순한 이치를 생각하면서도, 그는 그 집 문 앞을 세 번이나 지나가지 않고는 견딜 수 없었다. 사실, 남의 눈에 띄지 않게 걸어갔다. 절망하면서도 편지를 쓸 용기는 있었다. 그는 라씨를 두 번이나 부르러 보냈다. 검찰총장은 나타나지 않았다. '그놈이 배반했군.' 백작은 생각했다.

그 이튿날, 세 가지 커다란 소문이 파르마의 상류뿐만이 아니라 중류 시민들까지도 떠들썩하게 했다. 파브리스의 사형은 더욱 확실시되었다. 이 소문의 기괴한 점으로서, 공작부인이 그다지 슬퍼하는 모습이 아니더란 말들을 했다. 겉으로 보아 부인은 나이 어린 애인에게 가벼운 애석함밖엔 보이지 않는 것 같았다. 더구나 파브리스의 체포와 동시에 상당히 중한 급병에 걸려 창백해진 얼굴색을 애인을 생각하는 슬픔인 것처럼 이용하더라고 했다. 마을 사람들은 이런 이야기를 듣고, 그것이야말로 궁정의 귀부인다운 차가운 마음이라고 생각했다. 그들의 추측으로는, 아무래도 부인은 세상에 대한 체면도 있고, 젊은 파브리스에게 미안한 마음에서 모스카 백작과 헤어진 것이라고도 했다.

'얼마나 부도덕한 일이냐!'며 파르마의 예수회 사람들은 개탄했다.

그런데 정말 믿어지지 않는 이야기지만, 공작부인은 이미 궁정의 젊은 미남자들의 달콤한 이야기에 귀를 기울이는 것 같았다. 갖가지 이상한 일 중에서도 공작부인이 라베르시 부인의 현재 애인인 발디 백작과 유쾌하게 지껄이며, 그가 자주 벨레자의 별장으로 가는 걸 놀리는 모습이 눈에 띄었다. 소시민이나 하류계급에선 파브리스의 죽음에 분개하고 있었다. 이런 선량한 사람들은 이것이 모스카 백작의 질투로 생긴 일이라고 생각했다. 궁정 중심의 사교계에서도 역시 백작의 이야기를 많이 했지만, 그것은 이 사나이를 비웃기 위해서였다. 앞서 예고한 세 가지 큰 풍문 중 마지막 것은, 두말할 것도 없이 백작의 사직에 대해서였다. 쉰여섯 살이나 되어 자기보다 젊은 남자를 사랑한 무정한 여자에게 차인 슬픔으로, 훌륭한 지위까지 내던지려는 괴상한 인간을 모두가 비웃었다. 오직 한 사람, 대주교만은 자기가 보호하고 있던 젊은이를 한마디 양해도 없이 사형에 처하는 나라에서 그대로 수상으로 머물러 있다는 건 백작의 명예가 용서치 않으리라는 사실을 짐작할 수 있는 두뇌 또는 마음을 가지고 있었다. 백작이 사직하리라는 소문은 파비오 콘티 장군의 신경통을 쾌유시키는 효력이 있었다. 이는 온 도시가 처형 시기에 대해 여러 가지로 쑥덕거리고 있는 동안 파브리스가 어떤 일을 하고 있었던가를 이야기할 때 다시 나올 것이다.

다음 날 백작은 브뤼노를 만났다. 이자는 볼로냐에 보냈던 충실한 부하이다. 이 사나이가 서재에 들어오는 모습을 보고 백작은 감동했다. 공작부인과 거의 의견이 일치해서, 그를 볼로냐로 보내기로 했던 그때의 행복한 일들이 떠올랐기 때문이다. 브뤼노는 볼로냐에서 아무것도 찾아내지 못하고 되돌아왔다. 루도빅도 만나지 못했다. 루도빅은 카스텔노보의 경찰에 체포되어, 마을 감옥에 갇혀 있었다. 백작은 브뤼노에게 말했다.

"다시 한 번 볼로냐로 가봐라. 공작부인은 파브리스 사건을 자세하게 알고 싶어하시니까. 카스텔노보의 부서를 지휘하고 있는 헌병대장에게 말해라
……"

백작은 도중에서 말을 멈췄다. "아니, 아니다! 곧 이제부터 롬바르디아로 가거라. 통신 연락을 하는 자들에게 돈을 담뿍 안겨놓도록 해. 그들에게서 좋은 보고를 받는 게 내 목적이니까."

브뤼노는 그 사명의 목적을 제법 이해하고, 신용장을 쓰기 시작했다. 백작이 마지막 지시를 내리고 있는데 편지 한 통이 배달되었다. 가식적인 말을 늘어놓은, 그러나 훌륭한 편지였다. 친구가 친구에게 무슨 부탁을 하는 느낌이었다. 글쓴이는 다름이 아니라 대공이었다. 사직 어쩌고 하는 소문을 듣고, 그의 친구 모스카 백작이 수상으로 머물러 있기를 간청했다. 우정과 조국의 위기라는 이름 아래 그것을 요구하며, 또한 군주로서 명했다. ***의 국왕이 그 나라 훈장을 2개 보내왔는데 하나는 자기가 갖고 다른 하나는 친애하는 모스카 백작에게 주고 싶다고 쓰여 있었다.

"이 뻔뻔스러운 인물은 정말 구제불능이군!" 백작은 놀라는 브뤼노 앞에서 소리쳤다. "아직도 이런 위선적인 말로 날 유혹할 수 있으리라고 생각하

는 건가? 이건 우리 둘이서 바보 같은 자를 유혹하기 위해 몇 번씩이나 꾸며냈던 말이 아닌가?"

그는 대공이 보내겠다는 훈장을 거절했다. 그리고 답장에다 얼마 동안은 내각의 고된 일을 감당하기 어려울 만큼 건강이 나쁘다고 써넣었다. 백작은 울화가 치밀었다. 얼마 뒤 라씨가 들어왔을 때에는 그를 검둥이처럼 취급했다.

"흥, 귀족으로 만들어주니까 벌써 거만해졌군. 왜 어제는 인사를 하러 오지 않았나? 자네의 소중한 의무가 아닌가?"

라씨는 이런 모욕에는 태연했다. 대공에겐 날마다 이런 식으로 당해왔기 때문이다. 그러나 무슨 일이 있어도 남작이 되고 싶은 마음이 간절했으므로, 교묘하게 변명을 했다. 그로서는 이런 것쯤은 손쉬운 일이었다.

"어제는 온종일 대공이 책상 옆에 붙들고 놔주시질 않아서 궁정을 나올 수가 없었습니다. 전하께서 저 같은 재판소 관리의 서투른 글씨로 산더미같이 쌓인 외교 문서들을 베끼라고 하셔서요. 그것은 모두 쓸데없고 소용없는 서류들이어서, 이것은 나를 옆에 붙잡아두려는 목적이라고 생각되었습니다. 겨우 5시쯤, 배가 고파 죽을 지경이 되어서야 풀려날 수 있었습죠. 곧장 집으로 돌아가라, 밤중에 외출하지 말라는 명령도 함께 말입니다. 실제로, 눈에 익은 밀정 두 사람이 한밤중까지 저의 집 주변을 서성대는 걸 보았습니다. 오늘 아침이 되어서야 겨우 자유로워져 마차를 불러 대성당 문 앞까지 와서 천천히 내려서는, 재빨리 성당 안을 빠져나와 여기로 달려온 겁니다. 현재로서는 제가 누구보다도 환심을 사고 싶은 분은 각하이니까요."

"흐흥, 웃기는군. 그런 꾸며댄 이야기에 난 속지 않네. 그저께, 자네는 파브리스의 이야기를 하러 오지 않았지. 난 자네의 비밀에 관한 맹세나 걱정을 존중했었네. 하기야 자네와 같은 인간에겐 맹세 같은 건 도피 수단일 뿐이겠지만. 오늘은 어디 진실을 들어보세. 그 젊은이를 배우 질레티의 살해범으로서 사형에 처한다는 어리석은 소문은 어찌된 일인가?"

"그 소문에 대해서 각하께 정확하게 설명할 수 있는 사람은 저밖에 없습니다. 왜냐하면 그 소문은 제가 대공의 명령으로 퍼뜨린 거니까요. 참! 생각났습니다. 어제 저를 온종일 붙잡아둔 것은 이번 일을 당신에게 알리지 못하게 하기 위해서가 아닐까요. 대공은 저를 바보라 여기지는 않으니, 제가 훈장을 이리로 가지고 와 각하께 이 가슴에 달아주십사 하지나 않을까 의심했던 겁니다."

"묻는 거나 대답하게. 쓸데없는 말은 그만두고."

"아마, 대공은 델 동고 씨에게 사형 선고를 내리길 원하시겠죠. 그러나 아시다시피 형(刑)은 20년의 금고였다가 다시 선고 다음 날에는 대공 자신이 12년의 성채 금고로 감형하셨거든요. 매주 금요일마다 빵과 물만 먹어야 하고, 그 밖에 여러 가지 종교상의 의무가 있습니다만."

"나로서는 금고라는 것밖엔 모르고 있었으니까. 곧 사형이 된다는 소문이 퍼져 있기에 걱정했지. 자네가 교묘한 방법으로 해치운 팔란차 백작의 죽음이 생각나서 말이야."

"그때 저는 훈장을 받았어야 했습니다." 라씨는 조금도 거리낌 없이 말했다. "기회를 잡았을 때 몰아쳤어야 하는 건데. 더구나 그자는 스스로 죽기를 바라고 있었으니까요. 그때 전 바보였죠. 저는 이미 이런 경험이 있으니까, 이번에 각하께서 저의 전철을 밟지 않도록 충고를 드리고 싶습니다."(본인을 이러한 이야기에 빗대는 것이 몹시 악취미로 여겨져, 라씨를 발길로 차고 싶은 심정을 꾹 참느라고 무진 애를 썼다.)

"먼저" 라씨는 사법관다운 논리와 어떠한 모욕에도 굴하지 않는 사나이의 침착성을 가지고 이야기를 계속했다. "델 동고의 사형은 말도 안 됩니다. 대공도 설마 그걸 주장하지는 않을 겁니다. 시대가 변했으니까요. 그리고 저는 귀족이 되고, 각하의 힘으로 남작이 되고 싶은 만큼 그런 일엔 손을 대지 않겠습니다. 그런데 아시다시피 극형 집행명령을 내리는 건 바로 저거든요. 맹세하겠습니다만, 귀족 라씨는 델 동고 경에 대해서 그런 명령은 절대로 내리지 않을 작정입니다."

"그러는 게 자네로서는 현명할 걸세." 백작은 위엄 있는 얼굴로 상대를 똑바로 쳐다보며 말했다.

"하지만 이건 이해해주셔야 합니다." 라씨는 빙긋이 웃었다. "저는 단지 공식적인 죽음에 대해서만 책임이 있습니다. 만일 델 동고 씨가 복통으로 죽거나 했을 때에는 저를 책망하시진 마십시오. 왜인지는 모르나, 대공은 산세베리나에게 몹시 화가 나셨거든요."(사흘 전이라면 라씨는 공작부인이라고 불렀을 것이다. 그러나 그는 세상 사람들과 매한가지로 부인이 수상과는 사이가 틀어진 것이라 여겼다.)

백작은 이런 사나이의 입에서 존칭이 빠진 그녀 이름을 듣고 깜짝 놀랐다. 그것이 얼마나 묘한 기쁨을 주었는지는 짐작할 수 없으리라. 하지만 그는 온갖 증오에 가득 찬 눈초리를 라씨에게 던졌다. 이어서 '그리운 이여, 당신에게 사랑을 보이려면 당신의 명령에 눈을 감고 복종할 수밖엔 없겠군요.' 이렇게 마음속으로 생각했다. 그래서 검찰총장에게 말했다.

"솔직하게 고백하면, 난 공작부인의 유난스러운 변덕에 그다지 흥미 없네. 그렇기는 해도 그녀가 나폴리에 가만히 있었으면 우리를 귀찮게 하지도 않았을 파브리스란 말썽꾼 신부를 내게 대면시키고 부탁한다고 했으니 말일세. 그러니 내가 재임하는 동안에 그가 사형되는 걸 그대로 보고 있을 수만은 없는 노릇이라. 그가 감옥에서 나오면 그로부터 일주일 안에 자네를 남작으로 만든다는 약속을 해도 좋네."

"그럼 제가 남작이 되는 건 만 12년 뒤의 일입니다. 대공은 정말 노하셨고, 공작부인에 대한 증오는 대단하셔서 숨기려고도 하지 않으시니까요."

"전하도 생각이 깊으신 분이야! 당사자인 수상이 공작부인을 더는 감싸지 않으니, 그런 증오를 숨기실 필요가 없지 않은가? 나는 다만 세상 사람들로부터 비열하다든가, 특히 질투를 하고 있다는 말을 듣고 싶지가 않네. 부인을 이곳으로 데리고 온 것은 나일세. 만일 파브리스가 감옥에서 죽는다면 자네는 남작이 될 수 없어. 암살당할지도 모르지. 아냐, 이런 쓸데없는 이야기는 그만두세. 사실은 내 재산을 계산해보았지. 겨우 2만 리브르의 연금이 있을까 말까 하거든. 이걸 의지하고 삼가 사표를 제출하려는 거지. 하기야 나폴리 국왕이 써줄 희망은 조금 있어. 그런 대도시에 가면 지금의 내게 필요한, 그리고 이 파르마처럼 좁은 곳에선 얻을 수 없는 위안을 얻을 수 있을 테지. 하지만 자네의 힘으로 이조타 공녀와의 결혼이 가능한 한 이곳에 그대로 머무를 작정이지만……."

이런 이야기는 끝이 없었다. 라씨가 일어서 돌아가려 하자, 백작은 태연하게 말했다.

"파브리스가 나를 속이고 있었다는 소문은 자네도 들었을 걸세. 즉 그자가 공작부인의 애인 가운데 한 사람이었다는 의미에서 말이야. 나는 그런 소문에 수긍하고 싶진 않아. 그런 평판을 부정하기 위해서 이 지갑을 파브리스에게 전해주기 바라네."

"하지만 백작······." 라씨는 얼떨떨한 듯 지갑을 보면서 말했다. "이건 대단한 금액인데요. 규칙상으로는······."

"자네 눈으로 보면 대단한 금액일지도 모르겠네." 백작은 몹시 경멸하는 투로 말했다. "자네와 같은 시민은 감옥에 있는 친구에게 10스갱만 보내도 파산할 것 같은 생각이 들 테지. 나는 파브리스가 이 6천 프랑을 받길 원하네. 성채 사람들에겐 이 돈에 관해선 일체 모르도록 해주게, 알겠나?"

겁이 난 라씨가 무슨 말을 하려는 걸, 백작은 귀찮은 듯이 문을 닫아버렸다. "저자는 거만하게 대해주지 않으면 권력을 모르거든." 이렇게 중얼거리고는 이 위대한 대신은 여기에 적기에도 쑥스러운 행동을 했다. 그는 자기 방에 달려가서는, 공작부인의 조그마한 초상화를 손에 쥐고 정열적인 키스를 퍼부었다. "용서해요, 귀여운 여인. 당신에 관한 이야기를 불경한 말로 한, 그 사람 같지 않은 놈을 창문으로 내던지지 못한 것을. 그러나 이렇게 마음이 아픈 걸 참는 것도 모두 당신의 명령에 따르기 위해서요. 언젠가 때가 되면 단단히 혼을 내겠소."

초상화를 바라보며 오랫동안 이야기하고 난 뒤, 가슴속 심장이 멈추는 듯한 심정이 된 백작은 어떤 괴이한 행동이 머리에 떠올라, 어린애 같은 열성으로 그것을 하기 시작했다. 그는 훈장을 여러 개 단 연미복을 가져오게 하여 그것을 입고는 이조타 노공녀를 찾아갔다. 그녀에게는 새해 인사 때 말고는 찾아간 일이 없었다. 가보니 공녀는 수많은 개에 둘러싸여, 온갖 장신구를 몸에 걸치고, 마치 궁정에 나갈 때처럼 다이아몬드까지 달고 있었다. "전하, 어디 출타하시는 걸 방해한 것은 아닌지요······." 이렇게 백작이 걱정하자, 파르마의 공녀라면 언제나 이런 차림을 해야 한다고 대답했다. 백작은 연인에게 버림받는 불행을 겪고 나서 처음으로 유쾌한 기분이 되었다. '오길 잘했군. 오늘로 곧 사랑 고백을 해야 한다.' 공주는 재주 있기로 유명한 사람이었다. 더구나 수상이 찾아준 것이 너무 기뻤다. 가련한 노처녀는 이러한 방문에 익숙지 못했다. 백작은 머릿말부터 그럴 듯하게 꺼내, 한낱 평귀족과 왕실에 계신 분들과는 너무나 거리가 멀어서 그렇다는 이야기를 했다.

"다른 곳과는 약간 다른 데도 있어요." 공주는 말했다. "이를테면 프랑스 국왕의 딸들은 절대로 왕위에 올라갈 수 없어요. 그러나 파르마는 그렇지 않거든요. 우리 파르네제 가문 사람들은 늘 몸단장이나 그 밖의 일로도 품위를 지키고 있어야 해요. 나도 보시다시피 가련한 공녀입니다만, 앞으로 당신이 나의 수상이 돼주시는 것도 절대로 불가능한 일은 아니니까요."

이런 생각은 엉뚱했던만큼, 가련한 백작을 다시 한 번 유쾌하게 했다.

자신의 사랑 고백을 듣고 새빨개진 이조타 공녀를 두고 물러나온 백작은 그를 기다리던 궁내 관리 한 사람을 만났다. 대공이 급히 만나고 싶다는 것이었다.

"난 병자야." 군주에게 무례한 짓을 할 수 있는 게 기뻐서 대신은 이렇게 대답했다.

'흥, 당신은 나를 빠져나올 수 없는 궁지에 몰아넣고도, 또 봉사를 하라고 하십니까! 대공, 잘 생각해보십시오. 오늘날에는 하늘에서 권력이 주어졌다는 것만으로는 무리입니다. 훌륭한 두뇌와 위대한 성품이 없으면 전제군주가 될 수 없습니다.'

몹시 건강한 듯한 병자의 모습에 기분이 상한 궁정 사자가 돌아가자, 백작은 파비오 콘티 장군에게 대단한 위력을 미치는 궁정인 두 사람을 찾아가볼 생각이 들었다. 수상을 특히 두렵게 하고 그의 용기를 꺾은 것은, 이 성채 사령관이 이전 자신의 개인적인 적이었던 한 대위를 페루즈 독약을 음식에 섞어 죽였다는 비난을 받고 있는 일이었다.

일주일 전부터 공작부인이 어떻게 해서든 성채 안의 정보를 얻으려고 막대한 돈을 뿌리고 있다는 건 백작도 알고 있었다. 그러나 그의 생각으로는 성공의 희망은 거의 없는 것 같았다. 아직도 이 사건은 여러 사람이 주목하고 있었기 때문이었다. 독자들에게 그 불행한 부인이 시도한 매수 수단을 하나하나 설명하는 건 그만두겠다. 그녀는 절망의 구렁텅이에 빠져 있었다. 여러 방면의 충성스러운 심복들이 그녀를 돕고 있었다. 그러나 대개 조그마한 전제군주의 궁정에서 완전무결하게 수행되는 일은 오직 하나 있다. 그것은 정치범의 감시다. 공작부인이 뿌리는 황금은 성채로부터 여러 계급의 사람들 10명쯤을 해고시키는 효력밖엔 얻지 못했다.

제18장

　이렇듯 공작부인과 수상은 죄인을 위해 온갖 성의를 다했건만, 실제로 그다지 도움이 되지는 않았다. 대공은 화가 나 있었다. 궁정도 일반 시민도 다 같이 파브리스에게 나쁜 감정을 가지고 있어, 그에게 불행이 일어난 걸 통쾌하게 여겼다. 이제까지 너무 행복했다는 것이다. 막대한 돈을 뿌렸는데도, 공작 부인의 성채 공략은 진전이 없었다. 매일같이 라베르시 후작부인과 기사 리스카라가 파비오 콘티 장군에게 어떤 새로운 충고를 전하러 왔다. 장군의 약한 의지를 이렇게 해서 떠받치고 있는 것이다.

　앞서 말했듯이, 파브리스는 투옥된 날 먼저 성채 사령관 관저로 끌려갔다. 이것은 앞 세기에 반비텔리의 설계로 건축된 아담한 건물로, 둥근 거대한 탑 전망대 위에 세워져 높이가 36미터나 되었다. 거대한 탑 등에 마치 낙타의 혹처럼 불쑥 나온 이 조그마한 집 창문으로 파브리스는 평야의 경치와 멀리 알프스의 산봉우리들을 내다보았다. 눈을 돌리면, 성채 밑에 파르마 강이 흐르는 게 보인다. 하나의 급류로 마을로부터 16킬로미터 되는 곳에서 오른쪽으로 구부려져 포 강으로 흘러들고 있다. 푸릇푸릇한 평야 속에 커다란 흰 반점을 줄지어놓은 듯한 이 강의 왼쪽 기슭을 멀리 바라다보면, 이탈리아 북부에 우뚝 솟은 알프스의 커다란 산봉우리가 눈을 황홀하게 했다. 그 봉우리는 8월의 무더운 날 타는 듯한 이 평야에 있으면서도, 추억으로 찬 기운을 느끼게 한다. 그 세부까지도 똑똑히 눈에 보였지만, 실제로는 파르마의 성채에서 1백20킬로미터 이상이나 떨어져 있는 것이다. 사령관의 아담한 저택에서 보이는 이런 커다란 조망이 남쪽은 파르네제 탑 때문에 막혔다. 이 탑 안에 파브리스를 감금해둘 방이 급히 준비되어가고 있었다. 독자도 아마 기억하고 있겠지만, 이 제2의 탑은 테세우스의 아들 히폴리투스와는 달리 젊은 의붓어머니의 사랑을 물리치지 못한 대공의 아들을 가두기 위해 거대한 탑

전망대 위에 세워진 것이다. 그 대공비는 몇 시간 뒤에 죽었지만, 아들은 17년 뒤 부왕이 죽고나서야 비로소 자유의 몸이 되어 대공의 자리에 올랐다. 45분 뒤에 파브리스가 끌려 올라간 이 파르네제 탑은 외관이 대단히 흉하며, 전망대에서 15미터나 더 높고, 많은 피뢰침이 달려 있었다. 부정한 아내에게 화가 나서 사방에서 잘 보이는 이 감옥을 세운 그 대공은 신하들에게, 이것은 옛날부터 있었다는 걸 믿게 하려는 괴이한 생각을 품었었다. 그래서 파르네제 탑이라는 이름을 붙인 것이다. 이 탑의 건축에 대한 이야기를 하는 건 금지되어 있었다. 하지만 파르마 시내의 어디서도, 또한 부근의 평야에서도 석공들이 돌을 하나하나 쌓아 올리며 이 오각형 건물을 세우는 모습을 똑똑히 볼 수 있었다. 이것이 고대로부터 내려온 것임을 증명하기 위해 폭 60센티에 높이 1백20센티의 문 위에다가, 유명한 장군 알렉산드르 파르네제가 앙리 4세를 파리에서 퇴각시키는 훌륭한 장면을 돋을새김해 놓았다. 이런 아름다운 경치를 대하고 서 있는 파르네제 탑은 적어도 40 걸음이나 되는 길이와 폭을 가진 지하실이 있어서, 거기에 굵고 나지막한 둥근 기둥이 늘어서 있다. 이곳은 위병소로, 중앙으로부터 계단이 원기둥을 한 바퀴 돌아 올라가 있다. 그것은 겨우 폭이 60센티 될까말까 한 작고 가벼운, 쇠로 된 사닥다리였다. 호위하는 간수들의 무게로 흔들거리는 이 계단을 올라가서 파브리스는 넓은 방이 몇 개 있는 곳에 다다랐다. 높이 6미터 이상이나 되는 정말 훌륭한 2층이었다. 일생 중의 가장 좋은 때를 17년 동안이나 이곳에서 보낸 젊은 대공을 위해, 이 방은 되도록 호화롭게 장식되어 있었다. 감옥지기들은 새 죄수 파브리스에게 2층 한구석에 자리잡고 있는 몹시 장려한 예배당을 보여주었다. 벽과 둥근 천장은 검은 대리석으로 꾸며졌고, 역시 검은색의 균형 잡힌 아름다운 원기둥이 검은 벽을 따라 벽엔 닿지 않게 늘어서 있었다. 그리고 이 벽은 흰 대리석에 조각한 몹시 커다란 죽은 사람의 얼굴로 장식되어 있었다. 그 얼굴은 X자로 묶은 뼈 위에 올려져 있었다. '이는 마음대로 죽일 수 없다는 증오에서 나온 발상이다. 이런 걸 내게 보이는 것은, 도대체 무슨 뜻일까!' 파브리스는 생각했다.

역시 가벼운 쇠 사닥다리가 원기둥 하나를 돌아 이 감옥의 3층으로 인도한다. 이 3층의 높이가 1백50센티쯤 되는 몇 개의 방, 이 속이야말로 파비오 콘티 장군이 1년 전부터 그 재간을 다 발휘해온 곳이었다. 전에 공자의 하인들을 넣어두었던 곳으로, 거대한 탑 전망대의 포석으로부터 9미터가 넘는 높이에 있는 이들 방의 창문에는, 먼저 그의 지시로 튼튼한 창살이 끼워졌다. 창문이 2개씩 있는 이들 방에 가려면 건물 중앙에 난 어두침침한 복도를 지나야 하는데, 파브리스는 이 좁은 복도에 천장까지 닿는 커다란 창살이 달린 철문이 세 곳에 있는 것을 보았다. 지난 2년 동안 장군이 매주 한 번씩 군주를 배알할 수 있었던 것은, 이런 훌륭한 생각을 살린 단면도·정면도·설계도 때문이었다. 정치범이 이런 방에 일단 들어오면 비인도적인 처우를 한다고 여론에 호소할 수도 없으며, 외부와의 연락은 완전히 차단되고, 몸이 움직이는 소리까지 감시할 수 있었다. 장군은 방마다 떡갈나무 판자로 만든 높이 90센티의 의자를 놔두었다. 이는 중요한 고안으로, 이로 말미암아 그는 경찰청에 의견을 내세울 수 있는 권리를 얻었다. 이 두꺼운 널빤지 위에 높이 3미터의 판잣집을 세웠다. 이 판잣집은 창 쪽으로만 벽에 꼭 붙어 있어 소리가 잘 울린다. 다른 삼면 주위엔 판자벽과 커다란 돌을 쌓아올린 바깥쪽 벽 사이에 폭이 넉 자 되는 통로를 만들었다. 판잣집의 벽은 호두나무·떡갈나무·전나무 등 이중으로 된 넉 장의 널빤지를 대어, 쇠 나사못과 많은 못으로 튼튼하게 박아놓았다.

파브리스가 들어간 곳은 1년 전에 만들어진 이러한 독방 가운데 하나였다. 정녕 파비오 콘티 장군의 걸작으로, '맹종'이라는 훌륭한 이름이 붙어 있었다. 그는 창가로 뛰어갔다. 이 창살문에서 보이는 조망은 훌륭했다. 단지 북서쪽으로 수평선 한 귀퉁이가 아담한 사령관 관저의 삐죽 나온 지붕으로 막혀 있을 뿐이었다. 사령관 관저는 3층 건물이었는데 1층은 간부 사무실로 사용되고 있었다. 먼저 파브리스의 눈은 3층 창문 하나에 이끌렸다. 거기엔 아름다운 새장에 넣어 여러 종류의 새를 많이 기르고 있었다. 감옥지기들이 주위에서 왔다 갔다 하는 동안, 파브리스는 새들이 저녁노을의 마지막 햇빛에 인사하듯 지저귀는 것을 즐겁게 듣고 있었다. 이 새를 기르고 있는 방의 창은 그가 있는 방의 창 하나와 7미터밖엔 떨어지지 않았고, 2미터쯤 아래에 있었다. 그러므로 바로 위에서 새 있는 곳을 들여다볼 수 있었다.

그날 밤은 달이 떴다. 파브리스가 이 방에 들어왔을 때, 달은 지평선 오른쪽 트레비소 부근 알프스의 산줄기 위에 장엄하게 떠오르고 있었다. 아직 8시 30분쯤으로, 지평선의 반대쪽 멀리 서쪽 하늘에는 오렌지빛 나는 붉은 황혼이 몬테비소 산을 비롯하여, 니스에서 체니스 산과 토리노 쪽으로 계속되는 알프스의 험한 산봉우리의 선을 뚜렷이 그려내고 있었다. 파브리스는 자기 불행은 개의치 않고 이 숭고한 경치에 감동받아 황홀해져 있었다. '클렐리아는 언제나 이런 아름다운 세계에 살고 있었구나! 생각이 깊고 성실한 마음씨를 지닌 여자니까, 누구보다도 이 경치를 즐겨 볼 것이다. 여기에 있으면 파르마에서 1천 리나 떨어진 쓸쓸한 산속에 있는 듯한 기분이 드는군.' 두 시간 이상을 창가에서 어딘지 영혼에 호소하는 듯한 이 지평선을 감상하고 또 여러 번 그 눈을 아담한 사령관 관저 위로 돌리면서 보낸 뒤에 문득 파브리스의 입에서 다음과 같은 말이 새어나왔다. "도대체 이것이 감옥일까? 내가 그처럼 무서워했던 곳이 이런 데란 말인가?" 조금도 불쾌하거나 화낼 동기를 찾아볼 수가 없어, 우리 주인공은 감옥의 기분 좋은 분위기에 매혹되었다.

별안간 요란한 소리가 들렸다. 깜짝 놀란 그는 현실로 돌아왔다. 꼭 새장처럼, 특히 소리가 잘 울리도록 나무로 만든 이 방은 몹시 흔들렸다. 이상한 소리에 이어 개 짖는 소리와 날카로운 목소리가 들렸다. '무슨 일이지! 이렇게 빨리 탈옥하는 건가?' 파브리스는 생각했다. 잠시 뒤, 그는 아마 감옥에서 이런 웃음을 터뜨린 자는 없었을 만큼 웃어댔다. 장군의 명령으로 감옥지기들과 함께 성질 나쁜 개 한 마리가 올라와 있었다. 이 개는 중죄인을 감시할 목적으로, 밤엔 파브리스가 있는 독방 주위에 만들어진 공간 속에 넣어두기로 되어 있었다. 감옥지기와 개는 방의 밑바닥 포석과 판자벽 사이의 1미터가량 되는 공간에서 자기 때문에, 그 판자 위를 죄수가 한 발자국만 움직여도 소리가 들리게 마련이다.

그런데 파브리스가 들어왔을 때, '맹종'의 방에는 백 마리나 되는 큰 쥐들이 뒤끓다가 사방으로 도망쳤다. 개는 영국산 폭스와 스패니얼의 잡종으로 그다지 좋은 개는 아니지만 몹시 날쌨다. 처음엔 나무로 만든 방 밑바닥 돌 위에 매놓았으나, 옆에서 쥐가 뛰어다니자 맹렬히 몸부림을 쳐 목줄에서 머리를 빼내고 말았다. 그래서 대격투가 시작되었고, 그 소동이 기분 좋은 몽상에 잠겨 있던 파브리스를 놀래킨 것이다. 갑자기 물리는 걸 모면한 쥐들은 조그만 나무 방으로 도망쳐 들어갔고, 개는 그걸 쫓아 바닥돌에서 파브리스가 있는 방 안으로 붙여놓은 여섯 계단을 올라갔다. 그래서 이제까지와는 또

다른 요란스러운 소동이 일어났다. 판자방은 밑바닥부터 흔들렸다. 파브리스는 미친 사람처럼 웃어대다가 눈물까지 흘렸다. 감옥지기 그릴로도 웃으며 문을 닫았다. 방 안에는 가구는 물론 무엇 하나 놔둔 게 없어서, 개가 쥐를 쫓는 데 거칠 것이 없었다. 있다면 구석에 있는 쇠 난로만이 사냥개가 날뛰는 데 방해가 될 뿐이었다. 개가 적들을 완전히 퇴치하자, 파브리스는 옆에 불러다가 쓰다듬어주며 길을 들였다. '언젠가 내가 벽을 뛰어넘는 걸 보아도 이렇게 해두면 짖지 않을 테지.' 그러나 이러한 세세한 정략까지 생각했다는 건 약간 과장이다. 현재 그의 정신 상태로는 이 개와 노는 일에 행복을 느끼고 있었던 것이다. 아직 생각해보지는 않았으나 이상하게도 그의 마음속에는 남모르는 기쁨이 감돌고 있었다.

개와 함께 헐떡이며 뛰어다닌 뒤, 파브리스는 감옥지기에게 말했다.

"당신의 이름은?" "그릴로라 합니다. 규칙에 벗어나는 것만 아니면 무엇이든 각하의 분부를 들어드리겠습니다."

"그래요, 그릴로 씨. 질레티란 사나이가 길 한복판에서 날 죽이려 했거든요. 난 그걸 막고 상대를 죽였죠. 다시 한 번 같은 일이 일어나더라도 그런 자는 죽여 마땅해요. 그러나 당신의 손님으로 지내는 동안, 난 기분 좋게 지내고 싶소. 상관의 허가를 얻어 산세베리나 집에서 속옷을 갖다 줄 수 없나요? 그리고 아스티산 네비올로를 넉넉히 사다주길 바랍니다만."

이것은 피에몬테 지방 알피에리 (이탈리아의 비극작가)의 고향에서 만들어지는 상당히 맛있는 거품 나는 포도주로, 특히 감옥지기와 같은 계급의 애주가들에게 인기가 있었다. 10명 남짓한 감옥지기들이 파브리스가 들어 있는 나무 방에, 공자가 쓰던 2층 방으로부터 금박을 칠한 구식 가구를 나르고 있었는데, 그들은 모두 네비올로 포도주를 갖다달라는 말에 귀가 솔깃해졌다. 아무리 치장을 해본들 파브리스가 첫 밤을 보낼 이곳의 설비는 비참한 것이었다. 하지만 그는 맛 좋은 네비올로 한 병이 없어서 아쉽다는 얼굴을 하고 있었다.

"저자는 마음씨가 좋은 것 같은데." 밖으로 나가며 감옥지기들이 말했다. "그자에게 보내오는 돈을 상관들이 눈감아주었으면 좋겠는데……."

혼자가 되어 소동 뒤의 기분이 얼마쯤 가라앉았다. '이것이 감옥이라니, 정말일까?' 파브리스는 또다시 트레비소에서부터 몬테비소 산에 걸친 넓은 지평선, 알프스의 산맥, 눈에 덮인 험준한 봉우리, 하늘의 별들을 보면서 속으로 중얼거렸다. '더욱이 이것이 감옥의 첫날밤이라니! 이제 알겠다, 클렐리아는 이 높은 장소에서 누리는 고독한 생활을 좋아하리라. 여기라면 아래 세계에서 우리 마음에 얽히는 자질구레한 것, 사악한 것으로부터 멀리 떨어져 있을 수 있다. 내 창 밑으로 보이는 새들이 그녀의 것이라면 그 소녀를 볼 수 있을 것이다……. 나를 보고 얼굴을 붉힐까?' 이런 중요한 문제를 이리저리 생각하느라고 죄수는 밤이 이슥해져서야 잠이 들었다.

감옥에서의 첫날밤을 단 한 번의 상심도 없이 보냈다. 그러나 이튿날이 되자 이젠 파브리스도 오직 영국종 폭스 개를 상대로 이야기할 수밖엔 별 도리가 없었다. 감옥지기 그릴로는 역시 상냥한 눈초리를 하고는 있었으나, 새로운 명령에 따라 입을 열지 않았고 속옷도 술도 가져오지 않았다.

'클렐리아를 볼 수 있을까?' 잠이 깨자마자 파브리스는 생각했다. '새는 그 소녀의 것일까?' 새들은 지저귀며 노래하기 시작했다. 이렇게 높은 곳에서는 새들의 지저귐만이 공중에 들려오는 유일한 소리였다. 이 높은 곳을 지배하고 있는 광막한 정적은 파브리스에겐 새롭고 기분 좋게 느껴졌다. 그는 가까이서 새들이 태양에게 인사를 보내는, 이따금씩 멈추곤 하는 활발한 지저귐 소리를 넋을 잃고 듣고 있었다. '저 새들이 그녀 것이라면, 그녀는 잠시라도 이 창 바로 밑으로 보이는 방에 나타날 만한데.' 파브리스는 알프스의 높은 산봉우리들을 바라보고 있었다. 이 산맥의, 말하자면 2층쯤 되는 높이와 마주 견주어 파르마의 성채가 보루처럼 우뚝 솟아 있는 격이었다. 그의 눈은 자주 산 쪽에서 레몬 나무와 마호가니 재목으로 된 훌륭한 새장 쪽으로 옮겨졌다. 새장은 금철사로 꾸며졌고, 큰 새장으로 쓰이는 몹시 밝은 방 한복판에 매달아두었다. 파브리스가 나중에 안 일로, 이곳은 3층에선 11시부터 4시까지 그늘이 지는 유일한 방이었다. 파르네제 탑으로 햇빛이 가려지기 때문이다.

'만일 내가 기대하고 있듯이 청순하고 생각이 깊은 듯한, 이쪽을 보고 낯을 붉히는 그런 얼굴 대신에, 새 시중을 분부받은 천한 하녀의 투박스러운 얼굴이 나타난다면 얼마나 실망이 클까! 그러나 이쪽에선 보이더라도 클렐리아 쪽에서 나를 똑똑히 알아볼 수 있을까? 그렇다, 똑똑히 알아보게 하려면 이쪽에서도 약간 수작을 부려야지. 나도 이런 신세가 됐으니까, 어느 정도 염치없이 굴어도 상관없을 거야. 무엇보다, 여기는 세상에서 동떨어진 곳으로 우리 둘만 있을 뿐이 아닌가. 나는 죄수, 확실히 콘티 장군이나 그런 족속의 보잘것없는 작자들의 눈으로 볼 땐 그들의 밥줄이겠지만, 그 소녀는 현명하다기보다는 백작이 상상했듯이 고상한 마음을 지녀, 아버지의 직업을 경멸하는 것 듯싶었다. 그처럼 우울한 것도 그 때문이리라. 슬픔의 동기로서는 고상하다. 아무튼 나는 그녀에게 있어 완전한 타인은 아니다. 어제만 하더라도 얼마나 정숙하게 인사를 해주었던가! 이전에 코모 호숫가에서 만났을 때 "한가해지면 파르마의 아름다운 경치를 구경하러 가겠습니다. 그때까지 파브리스 델 동고라는 이름을 기억해주시겠지요?"라고 했던 말을 아직 기억하고 있다. 그녀는 잊었을까? 그땐 워낙 나이가 어렸으니까.'

'그런데⋯⋯.' 파브리스는 깜짝 놀라 생각을 멈추었다. '나는 화내는 것도 잊은 모양이로군. 나는 옛날 흔히 있었던 그런 호걸의 한 사람일까? 스스로는 의식하지 못하지만 나는 그런 영웅일까? 뭐라고! 그처럼 감옥을 무서워했던 내가 아닌가. 그런 내가 지금 감옥에 있다. 그런데도 슬프지 않다. 정말, 공포가 실제의 재앙보다도 백배 나쁘다는 말은 이걸 두고 한 말이다. 뭐야! 블라네스 신부가 말한 것처럼 10년이 될지 열 달이 될지 모르는 이 감옥생활을 슬퍼하기 위해서 이치를 따져야만 하다니. 지금까지와는 다른 이런 새로운 생활에 들어간 놀라움 때문에, 마땅히 느껴야 할 고통을 느끼지 않는 건가? 아마, 현재와 같은 쾌감은 의지에서 오는 게 아니라 비이성적인 것이므로 다시 갑자기 사라져버려, 순식간에 당연히 느껴야 할 암담한 슬픔에 빠져들어가리라.

어쨌든 간에 감옥에 들어와 슬퍼하기 위해 이론을 캐내야 한다는 것은 참 이상한 일이다! 역시 조금 전의 가정이 옳을까? 나는 호탕한 성격일지도 모른다.'

파브리스의 깊은 생각은 성채를 드나드는 목수에 의해 방해받았다. 이 사나이는 창문의 차양 치수를 재러 온 것이다. 이 독방이 실제로 사용되기는 처음이었으므로, 그런 중요한 설비가 아직도 갖추어지지 않았다.

'그러면 저 장엄한 경치가 전혀 보이지 않게 된다.' 파브리스는 이렇게 생각하고 애써 슬퍼하려 했다.

그러고는 갑자기 목수에게 말을 걸었다. "허허, 저 귀여운 새까지 여기서 보이지 않게 하려는 거요?"

"아, 아가씨의 새 말입니까? 참 귀여워하시죠. 새고 뭐고 다 가려져서 보이지 않을걸요." 이 사나이는 마음씨가 좋은 것 같았다.

말하는 것은 목수도 감옥지기와 마찬가지로 금지되어 있었다. 그러나 이 사나이는 죄수가 젊은 데 동정해서, 이 커다란 차양을 두 창의 손잡이에다 붙여, 벽에서 훨씬 위쪽 바깥으로 밀어 달면, 방 안에 있는 죄수에게는 다만 하늘이 보일 뿐이라고 가르쳐주었다.

목수는 이런 말도 덧붙였다. "정신 수양을 위해서죠. 죄수의 영혼 속에 유익한 슬픔과 행실을 고치고 싶은 욕망을 불러일으키기 위해서입니다. 장군은 이런 감옥의 유리창을 기름종이로 바꿀 것도 고안해냈어요."

파브리스는 이탈리아에서 매우 드문 이런 풍자시적인 말이 아주 재미있었다.

"심심치 않게 나도 새나 한 마리 있었으면. 새를 좋아해서요. 클렐리아 아가씨의 하녀에게 부탁해서 한 마리 얻어줄 수 없을까요?"

"이런, 당신은 아가씨를 아십니까? 이름까지도 정확히?"

"그처럼 유명한 미인이니까, 누구나 소문은 듣고 있어요. 난 그녀를 궁정에서 여러 번 만났었죠."

"아가씨도 쓸쓸해하십니다. 새를 상대하며 지내시거든요. 오늘 아침에는 좋은 오렌지 나무를 사셨죠. 그것을 분부대로 당신이 있는 창문 밑 탑 출입구에다 심었습니다. 저 벽이 튀어나오지만 않았으면 여기서도 잘 보일 터입니다만."

이 대답에는 파브리스에게 몹시 귀중한 말이 있었다. 그는 상냥한 태도로 목수에게 얼마큼 돈을 주었다.

"나는 한 번에 두 가지나 나쁜 일을 했군요……. 각하에게 이야기를 했고, 돈을 받았으니. 내일모레 다시 창문 차양 일을 하러 올 때 새를 호주머니에 숨겨가지고 오죠. 누가 곁에 있어 여의치 않으면 여기서 날려 보내는 체하겠습니다. 그리고 가능하면 기도책도 갖다드리죠. 기도를 올릴 수 없어서야 곤란하실 테니까."

'역시 새는 그녀의 것이었구나.' 파브리스는 혼자가 되자 곧 생각했다. '하지만 앞으로 이틀만 있으면 그걸 볼 수 없게 된다.' 그렇게 생각하자 그의 눈은 불행의 빛으로 어두워졌다. 그런데 이 얼마나 기쁜 일인지! 오랫동안 바라보며 기다리던 끝에, 마침내 정오쯤 클렐리아가 새를 돌보러 올라온 것이 아닌가. 파브리스는 꼼짝 않고 숨을 죽이며 창문의 커다란 창살에 바싹 붙어서 있었다. 소녀가 일부러 그가 있는 쪽으로 시선을 돌리지 않는다는 걸 그도 알 수 있었다. 그러나 그녀의 행동은 남의 시선을 받는 사람처럼 부자연스러웠다. 한편 소녀로서는, 전날 헌병에게 끌려갈 때 죄수가 입가에 지은 고상한 미소를 도저히 잊을 수 없었다.

소녀는 새가 있는 방 창문 가까이 왔을 때, 할 일에 열중하고 있는 태도였으나, 그래도 확실히 눈에 뜨일 정도로 얼굴을 붉혔다. 창살에 바싹 붙어 있는 파브리스에게 먼저 떠오른 생각은, 유치하지만 이 창살을 손으로 두들겨볼까 하는 것이었다. 조그마한 소리가 날 것이다. 하지만 그런 점잖지 못한 생각을 했다는 사실조차 싫어졌다. '그런 짓을 하면, 앞으로 일주일을 하녀에게 새의 시중을 맡기는 벌을 받더라도 할 말이 없지 않은가.' 이런 자상한 마음씨는, 나폴리나 노바라였더라면 떠오르지도 않았으리라.

그는 소녀의 움직임을 열렬한 눈초리로 뒤쫓고 있었다. '분명 그녀는 이 불쌍한 창문 쪽은 거들떠보지 않고 나가버릴 것이다. 정말 여기서는 똑바로 마주볼 수 있는데.' 그러나 클렐리아는 방구석에서 되돌아오자—파브리스는 높은 곳에서 내려다보고 있으므로 그 모습이 잘 보인다—걸으면서 눈을 치켜 그를 쳐다보지 않고는 견딜 수가 없었다. 그것만으로도 벌써 파브리스는 충분히 이쪽에서 인사를 해도 괜찮다는 생각이 들었다. '여기서야 우리 둘뿐이 아닌가?' 그는 용기를 내려고 마음속으로 이야기했다. 인사를 받은 소녀는 가만히 서서 눈을 감았다. 그러자 곧 그 눈이 천천히 올라가는 것을 파브리스는 보았다. 분명히 그녀는 무진 애를 쓰면서 되도록 진지하고 쌀쌀맞게 인사했다. 하지만 그녀는 자기 눈까지 속일 수는 없었다. 무의식적이었겠지만 그녀의 두 눈은 한순간 너무나 뚜렷이 깊은 동정의 빛을 나타냈다. 파브리스는 소녀가 새빨개져, 어깨 있는 데까지 붉게 물든 것을 볼 수 있었다. 새가 있는 방에 왔을 때, 더워서 어깨에 둘렀던 검은 레이스 숄을 벗어놓았기 때문이었다. 파브리스가 인사에 답하여 무의식중에 보낸 시선은 더욱 소녀를 당황케 했다. '지금 내가 보는 저분을, 그 가련한 부인께서 잠시라도 볼 수 있다면 얼마나 기뻐하실까.' 소녀는 공작부인을 떠올렸다.

파브리스는 그녀가 나갈 때 다시 한 번 인사하지 않을까 하는 가느다란 희망을 품고 있었으나, 클렐리아는 또 그런 예의를 받는 걸 피하려고, 나중에는 방문 가까이에 있는 새장을 손질해야 하는 것처럼 새장에서 새장으로 교묘하게 점점 뒤로 물러나가, 마침내 밖으로 나가버렸다. 파브리스는 소녀의 모습이 사라진 문을 계속해서 꼼짝 않고 바라보고 있었다. 그는 이미 딴사람 같았다.

이 순간부터 그는 어떻게 하면 그녀를 계속 볼 수 있을까 하는 생각뿐이었다. 사령관 관저 쪽으로 나 있는 창문 앞에 끔찍한 그 차양을 설치하게 되더라도 말이다.

전날 밤 자기 전에, 그는 가지고 있던 금화 가운데 가장 비싼 것을 나무 방 여러 곳에 난 쥐구멍에다 숨겨두느라고 무진 애를 썼다. '오늘 밤은 시계를 숨겨두어야겠다. 시계 태엽의 톱니를 날카롭게 갈아서 끈기 있게 문지르면 나무는 물론 쇠라도 자를 수 있다는 말을 들은 적이 있다. 그러면 저 창문 차양도 자를 수 있을 거야.' 시계를 감춰두기까지 많은 시간이 걸렸으나 그는 조금도 지루하지 않았다. 그는 목적을 이루기 위해 여러 방법을 궁리하느라고, 목공일에 대한 지식을 모조리 짜내고 있었다. '잘만 하면 창문턱에다 차양의 판자 한 칸을 조그맣게 네모로 잘라낼 수 있을 거야. 이 잘라낸 판자 조각을 임시로 뺐다 끼웠다 하면 된다. 이 작업을 못 본 체 해달라고 그릴로에게 가진 걸 몽땅 줘버리자.' 이처럼 파브리스는 이 작업이 제대로 잘 될 거라는 가능성에 행복감을 느끼느라 다른 것은 깡그리 잊고 말았다. '그녀의 얼굴을 볼 수만 있다면 난 행복할 텐데…… 아니, 그녀도 내가 보고 있는 걸 눈치채야 한다.' 밤새도록 그의 머리는 판자를 자르는 일로 가득 차, 파르마의 궁정도 대공의 노여움도 고려하지 않았다. 솔직히 말해, 공작부인의 슬픔 또한 잊고 있었다. 그는 다음 날이 몹시 기다려졌다. 그러나 목수는 나타나지 않았다. 확실히 그 사나이는 감옥 안에서 제멋대로인 인간으로 지목됐는지, 그를 대신하여 이번에는 잘 가려 뽑아서 아주 밉상스러운 사나이를 보냈다. 이자는 파브리스가 계속 다정하게 말을 걸어도, 기분 나쁘다는 듯 투덜거리며 대답할 뿐이었다. 공작부인이 파브리스와 연락을 하려고 시도한 수많은 일 가운데 몇몇은 라베르시 부인이 풀어둔 수많은 심복들에게 탐지되고 말았다. 부인에게서 날마다 그러한 상태를 보고받고 있는 파비오 콘티 장군은 불안에 떨기도 하고, 또 자존심이 상하기도 했다. 여덟 시간마다 6명의 위병이 1층 원기둥이 늘어선 넓은 방에서 교대하고, 복도를 하나

하나 가로막고 있는 3개의 쇠문에다 성채사령관이 직접 감옥지기를 한 사람 씩 배치했다. 죄수를 직접 만날 수 있는 건 그릴로 한 사람이었지만, 그도 일주일에 한 번만 파르네제 탑을 나올 수 있으므로 몹시 불만이었다. 그런 참을 수 없는 불만을 파브리스에게도 내비추기에, 파브리스는 그 틈을 타 "네비올로 포도주를 많이" 하면서 돈을 쥐어주었다.

"아! 그것만 있으면 모든 고통을 참을 수 있을텐데." 그릴로는 분개하며 소리쳤지만 그의 목소리는 죄수에게 들릴까 말까한 낮은 목소리였다. "그것 조차 받으면 안 된다 하네요. 그러니 거절해야겠지만 일단은 받아두겠습니 다. 하지만 헛수고예요. 난 아무것도 해드릴 수 없습니다. 정말이지 당신은 큰 죄를 저지른 모양이더군요. 이 안은 당신 때문에 아주 야단법석입니다. 공작부인이 여러 가지로 애를 쓰시는 덕택에 동료가 벌써 세 사람이나 모가 지가 쫓겨났습죠."

'창문의 차양은 오전 중에 완성될까?' 이 기나긴 아침 동안 파브리스의 가 슴을 설레게 한 문제는 이것이었다. 15분마다 치는 성채의 괘종시계 소리를 세어보았다. 마침내 11시 45분을 쳤는데도, 아직 차양은 가져오지 않았다. 클렐리아가 새를 돌보러 다시 나타났다. 파브리스는 다급한 심정에서 대담 한 동작을 취했다. 이제 다시는 그녀를 볼 수 없게 된다는 위험은 그에게 있 어 중대사건이었다. 그는 클렐리아를 뚫어지게 바라보면서, 손가락으로 차 양의 널빤지를 자르는 흉내를 해보였다. 소녀는 감옥에 있는 사람의 이러한 당치 않은 동작을 보자, 인사를 하다 말고 사라져버렸다.

파브리스는 깜짝 놀랐다. '이게 웬일이냐! 다급한 심정에서 한 몸짓을 무 례한 행실로 오해할 만큼 그녀는 우둔하단 말인가! 나는 그녀가 새를 돌볼 때, 비록 커다란 나무 문으로 가려진 뒤에라도 이 창문을 봐달라고 부탁할 작정이었다. 당신의 모습을 보기 위해서라면 어떤 짓이라도 하겠다는 이 심 정을 표현하고 싶었을 뿐이다. 야단났군! 그런 넉살 좋은 손짓을 했기 때문 에, 내일은 올라오지 않을는지도 모른다.' 이런 걱정으로 파브리스는 잠을 이 루지 못했지만, 역시나 그것은 현실로 다가왔다. 다음 날 3시 파브리스의 창 문에는 커다란 차양 2개가 덧붙었지만 클렐리아의 모습은 보이지 않았다. 인부들이 창살 밖에 매단 밧줄과 도르래로 탑의 전망대로부터 차양을 끌어 올렸다. 자기 방문 뒤에 숨어서, 클렐리아는 인부들의 동작을 걱정스럽게 바라보고 있었다. 그녀는 파브리스의 애처로운 불안을 분명히 짐작할 수 있었다. 그러나 마음속에 세운 맹세를 저버릴 용기는 없었다.

클렐리아는 소녀의 몸으로 자유주의를 신봉했다. 어렸을 때부터 아버지 곁으로 모이는 사람들이 자유주의적인 이야기를 하는 걸 듣고, 그것을 진지하게 받아들였다. 아버지는 단지 자기 지위를 쌓아올리는 것밖엔 생각지 않았다. 그런 까닭으로 그녀는 궁정인의 나긋나긋한 성격을 경멸하고 거의 증오했다. 결혼에 대한 반감도 그 때문이었다. 파브리스가 이곳에 온 뒤로 그녀는 양심의 가책을 받고 있었다. '나의 확고하지 못한 마음은 아버지의 적에게 이끌리고 있다. 그 사람은 차양을 자르는 시늉을 해보였지……' 이렇게 생각하면서도, 곧 슬픔이 치밀었다. '하지만 거리에선 사람들이 그가 곧 사형된다고 떠들어대고 있어. 내일이 그 운명의 날이 될지도 몰라. 이곳에서 정치를 하고 있는, 인정이라곤 티끌만큼도 없는 사람들은 무슨 짓을 할지 모르니까. 그의 눈…… 이제 곧 감을지도 모르는 그 눈은 어쩌면 그렇게도 부드럽고, 그렇게도 용감하게 맑은 빛일까! 공작부인이 얼마나 걱정하고 있을까! 그분은 몹시 절망에 빠졌다고 하던데. 나 같으면 여걸 샤를로트 코르데 ^(프랑스 혁명 때 급진파인 자코뱅당의 지도자 장 폴 마라를 암살한 여인)처럼 대공을 찔러 죽이러 가련만!'

투옥 사흘째 되는 날, 파브리스는 온종일 화가 치밀어 견딜 수가 없었다. 클렐리아가 전혀 모습을 보여주지 않았기 때문이었다. "노여움엔 노여움으로 대하라. 당신을 사랑한다고 나는 확실히 말했어야 했거늘." 그는 소리쳤다. 그제서야 그는 깨달았다. '내가 감옥에 있다는 걸 잊고, 블라네스 신부의 예언이 맞지 않는다고 생각하는 것은 결코 호탕한 성격 때문은 아니다. 나는 그런 명예는 받을 수 없어. 나는 헌병에 호위되어 위병소를 나왔을 때 클렐리아의 부드럽고 동정어린 시선을 떠올리고 있을 뿐이야. 그 시선이 내 모든 과거를 지워버렸다. 그런 장소에서 그런 부드러운 시선과 만나리라고 누가 상상할 수 있었을까. 더욱이 바르보네며 이곳 사령관의 얼굴을 보고 내 눈이 더럽게 흐려졌을 때에 말이다! 그런 야비한 자들에게 둘러싸여 있다가 갑자기 눈앞에 맑은 하늘이 펼쳐진 듯한 기분이었어. 아름다운 것을 사랑하고, 그것을 다시 보고 싶은 기분을 어떻게 억누를 수 있으랴. 그래, 내가 감옥에 있으면서 받는 온갖 굴욕을 조금도 개의치 않는 것은, 결코 영웅적인 성격이라서가 아니다.' 파브리스는 가능한 일을 신속히 전부 상상한 뒤, 자기가 자유의 몸이 되는 일에 대해 생각했다. '반드시 공작부인은 사람의 힘으로 할 수 없는 일까지도 해줄 거야. 그래서 자유를 찾아준들 나는 고모에게 감사하다는 입에 발린 말을 할 뿐이겠지. 이곳으로는 두 번 다시 돌아올 수 없다. 한번 나가면, 서로의 환경이 너무나 달라서 클렐리아를 다시는 만날 수 없을지도 몰라. 도대체 이 감옥에 있으면서, 나는 어떤 고통을 느끼고 있는가? 만일 클렐리아가 화를 내거나 해서 나를 괴롭히지 않는다면, 그 이상 나는 하느님께 무엇을 더 바라겠는가.'

아름다운 이웃을 만나지 못하고 밤을 지새며 그는 굉장한 생각을 했다. 투옥과 동시에 모든 죄수에게 나누어준 묵주에 달린 쇠 십자가로 차양 판자에 구멍을 뚫기 시작했는데, 그것이 성공했다. '너무 무모하지 않을까?' 시작하기 전에 생각했다. '목수들이 내 앞에서 내일은 칠장이와 교대한다고 했지. 그자들이 와서 차양에 구멍이 뚫린 걸 보면 뭐라고 할까? 그렇다고 이런 무모한 짓을 안 하면 내일은 그녀를 볼 수 없다. 아니! 망설이고만 있었던 죄로 또 하루 그녀를 볼 수 없게 되다니 말이 되나!' 파브리스의 무모한 행위는 보람이 있었다. 열다섯 시간이나 열심히 일한 끝에 클렐리아를 볼 수 있었다. 더구나 즐겁게도, 그녀는 자기가 바라보고 있는 줄을 모르기 때문에, 오랫동안 꼼짝 않고 커다란 차양을 쳐다보고만 있었다. 그는 그 눈 속에서 아주 부드러운 동정의 빛을 자세히 읽을 수 있었다. 마지막엔 그녀는 새를 돌보는 일도 잊은 듯 한참 동안 창문을 바라보며 움직이지 않았다. 그녀의 마음은 몹시 헝클어져 있었다. 다시없는 불행에 빠져 있는 불쌍한 공작부인을 생각했다. 그러다가 부인이 미워지기 시작했다. 자기 성격을 잠식해가는 깊은 우수가 무엇 때문인지 알 수가 없었다. 자신이 싫어졌다. 소녀가 이러는 동안에 파브리스는 여러 번 차양을 흔들어 움직여보고 싶은 초조함을 느꼈다. '그러나 이렇게 쉽사리 내가 보고 있다는 걸 알면, 소심하고 내성적인 저 소녀는 도망갈지도 몰라.'

그 다음 날 그는 훨씬 더 행복했다. '사랑이란 것은 몹시 하잘것없는 일에서 행복을 찾는 거다!' 소녀가 슬픈 듯이 차양을 바라보고 있는 동안, 파브리스는 쇠 십자가로 뚫은 구멍에다 조그만 철사를 집어넣어서 여러 가지 신호를 했다. 소녀는 그것을 분명히 알아볼 수 있었다. 적어도 그 신호가 말하려는 '나는 여기에서 당신을 보고 있습니다'라는 의미를.

그 뒤로 계속되는 날들 동안 파브리스는 기분이 좋지 않았다. 그는 커다란 차양으로부터 손바닥만 한 크기의 널빤지를 잘라내고 싶었다. 마음대로 끼웠다 뺐다 할 수 있고, 거기로 내다보면서 또 보이게 할 수 있을, 말하자면 마음속을 신호로라도 표현할 수 있지 않은가. 그러나 시계태엽에 십자가로 톱니 자국을 내어 만든 작고 불완전한 톱이 내는 소리를 그릴로는 이상히 여겨, 그의 방에 들어와서 한참 동안이나 나가지 않았다. 파브리스에게 서로 통신하는 걸 방해하는 물질적인 곤란이 더해갈수록 클렐리아의 준엄한 태도는 점점 부드러워지는 것 같았다. 조그마한 철사로 여기에 있다는 신호를 할 때에도, 이제 그녀는 일부러 눈을 피하거나 새를 보는 체하지 않게 되었다. 11시 45분을 알리는 종소리가 들리면 정확하게 새들이 있는 방에 찾아온다는 사실도 알았다. 이렇게 어김없이 시간을 지키는 것은 나 때문이다, 하는 자만심까지도 생겼다. 무엇 때문일까? 이런 생각은 이치에 맞지 않는 듯싶었다. 그러나 사랑은 아무 의미도 담지 않는 시선 속에서도 온갖 사소한 느낌들을 가지고 끝없는 결론을 이끌어내는 법이다. 이를테면 클렐리아는 죄수가 보이지 않게 되면서부터 새들이 있는 방에 올라오면 곧 이쪽 창문으로 눈을 돌리는 것이었다. 그녀는 요즈음 암담하고 우울한 나날을 보내고 있었다. 파르마에선 누구나 파브리스가 곧 사형될 거라 믿었다. '그 사람 혼자만이 모르고 있다.' 그런 무서운 생각이 클렐리아의 마음에서 떠나질 않았다. 파브리스에게 관심이 지나치다고 자책할 만한 여유가 있을 리 없다. '저 사람은 죽는다. 더욱이 자유를 위해서! 단지 광대에게 칼을 휘둘렀다고 해서 델 동고라는 성을 가진 한 사람을 사형에 처한다는 것은 너무나 어처구니없는 일이다. 저 상냥한 젊은이가 다른 여성에게 애정을 가지고 있는 것은 사실이지만……' 클렐리아는 몹시 불행했다. 그의 운명에 대한 자기 관심이 어떠한 감정인지 확실히 의식하려고는 하지 않았지만. '저 사람이 사형을 당하면, 나는 반드시 수녀원에 틀어박힐 거야. 그리고 한평생 궁정의 사교계에는 얼굴을 비치지 않을 테다. 아, 무섭구나. 예의 바른 살인자들!'

파브리스가 투옥된 지 8일째 되는 날, 그녀는 몹시 부끄러웠다. 그날도 그녀는 죄수가 있는 창문을 가린 차양을 바라보며 슬픈 생각에 잠겨 있었다. 그날은 아직 그에게서 아무런 신호도 없었다. 그런데 별안간, 차양 판자의 손바닥보다도 큰 일부분이 빠지더니, 그가 쾌활한 얼굴로 이쪽을 보고 있었

다. 그의 눈이 인사를 하고 있음을 그녀는 알 수 있었다. 뜻하지 않게 일어난 이 난처한 상황을 견딜 수 없어, 그녀는 새장 쪽으로 후다닥 돌아서서는 새를 돌보기 시작했다. 그러나 떨고 있었으므로 새에게 주는 물을 흘릴 정도였다. 파브리스는 그녀가 당황하는 모습을 모두 볼 수 있었다. 그녀는 일어난 상황에 어찌할 바를 몰라 뛰어서 도망쳤다.

이는 파브리스의 일생에서 비할 바 없는 가장 아름다운 순간이었다. 이때 누가 자유롭게 풀어 주겠다는 말을 했더라도, 그는 완강하게 거절했을 것이다.

그 다음 날은 공작부인에게 몹시 절망적인 하루였다. 거리에선 모두가 파브리스의 운명은 끝났다고 확신하고 있었다. 클렐리아는 일부러 마음에도 없는 냉혹한 태도를 보일 만한 헛된 용기도 없었으므로, 새들이 있는 방에서 한 시간 반 동안 있으며, 그가 보내는 신호를 모두 보았다. 그리고 몇 번씩이나 진심에서 나오는 동정어린 표정으로 답했다. 때로는 눈물을 감추기 위해서 모습을 보이지 않는 일도 있었다. 그녀의 여자다운 심정은 지금 주고받는 신호가 너무나 불안정하다고 뼈저리게 느꼈다. 만일 떳떳하게 이야기를 나눌 수 있다면, 파브리스가 공작부인에게 품고 있는 마음은 어떠한 것인가, 그것을 여러 가지 방법으로 탐지할 수 있으련만! 클렐리아는 이제 자신을 속일 수 없었다. 그녀는 산세베리나 부인을 미워하고 있었다.

어느 날 밤 파브리스는 어느 정도 진지하게 고모 생각을 했다. 하지만 놀랍게도, 그에겐 고모의 얼굴이 마치 딴사람 같아 알아볼 수가 없었다. 그녀에 대한 기억이 완전히 달라졌다. 현재의 그에게 있어 고모는 오십이 다 된 여인처럼 여겨졌다.

"정말이지, 고모에게 사랑한다고 말하지 않기를 잘했다."

그는 진심으로 외쳤다. 왜 고모를 그처럼 아름답다 생각했을까, 거의 이해할 수 없을 정도였다. 마리에타의 인상은 전과 크게 다르지 않았다. 곧 마리에타에게 품고 있던 사랑에는 자기 영혼을 송두리째 바쳤다고 생각한 일은 없었으나, 이제까지 공작부인에게는 자기 영혼 전부가 연관되어 있다고 자주 믿어왔기 때문이다. A공작부인이나 마리에타는 지금까지 여자다운 연약함과 순진한 매력이 있는 두 마리의 비둘기 같은 느낌이었다. 한편 클렐리아 콘티의 숭고한 용모는 완전히 그의 영혼에 뿌리박혀 무서운 생각조차 들었다. 자기 일생의 영원한 행복은 아무래도 사령관의 딸과 헤어져서는 얻을 수 없고, 자기를 세상에서 가장 불행한 남자로 만드는 힘도 그녀의 손아귀에 있다는 걸 확실히 느끼고 있었다. 날마다, 그의 뜻으로는 어떻게 할 수 없는 변덕 하나 때문에 이렇게 그녀 옆에서 지내고 있는 기이한 생활이 갑자기 끝나버리지나 않을까, 그것이 너무나 두려웠다. 그러나 그녀는 감방 생활의 처음 두 달을 무한한 행복으로 채워주었다. 바로 그 무렵 파비오 콘티 장군은 매주 두 번씩 대공에게 이렇게 말하고 있었다.

"전하에게 맹세합니다만, 감옥의 델 동고는 어느 한 사람과도 이야기하지 못해, 지독한 절망 속에 빠져 넋을 잃고, 잠만 자면서 나날을 보내고 있습니다."

클렐리아는 하루에 두서너 번씩 새를 보러 왔다. 때로는 잠깐만 머물 때도 있었다. 만일 파브리스가 그처럼 사랑에 빠져 있지 않았더라면, 그 자신 또한 그녀에게 사랑 받고 있다는 걸 확신할 수 있었으리라. 하지만 이 점에선 몹시 의심하고 있었다. 클렐리아는 새들이 있는 방에 피아노를 가져다두었다. 악기 소리로 자기가 있는 것을 알리고, 또한 창문 밑을 서성대고 있는 보초의 눈을 속이기 위해 건반을 두들기며 눈으로는 파브리스의 물음에 답하고 있었다. 단 한 가지 그녀가 절대로 대답하지 않는 일이 있었다. 일이 중대해지면 도망까지 했다. 때로는 그대로 온종일 모습을 나타내지 않기도 했다. 그것은 파브리스의 신호가 너무나도 확실한 감정을 고백할 때였다. 이 점에 관한 한 그녀는 너무도 엄격했다.

이리하여 파브리스는 조그맣고 갑갑한 우리 속에 갇혀 있으면서도, 몹시 바쁜 시간을 보내고 있었다. 그녀는 나를 사랑하고 있을까? 이 중요한 문제 해결에 아침부터 밤까지 몰두하고 있었다. 헤아릴 수 없는 관찰에 쉴 새 없이 새로운 견해를 덧붙이고 다시 그것을 의심한 결과는 다음과 같은 것이었다. '그녀의 의식적인 동작은 모두 '아니다'라고 말하고 있다. 그러나 무의식적인 눈동자의 움직임은 나를 좋아하고 있음을 말하는 듯하다.'

클렐리아는 자기 감정을 고백해야 할 상황에 빠지고 싶지 않았다. 파브리스가 몇 번에 걸쳐 호소하는 절실한 소원을 몹시 화난 듯 뿌리친 것도 이 위험을 피하기 위해서였다. 가련한 죄수가 사용하고 있는 수단들이 클렐리아의 마음에 더욱 동정심을 불러일으킨 모양이었다. 그는 난로 속에서 용케 찾아낸 숯 부스러기로 손바닥에 글씨를 써서, 그걸로 그녀와 소통하려 했다. 한 자 한 자 써서 낱말을 만들었다. 이 새로운 생각은 이만하면 정확한 것을 말할 수 있다는 점에서 이야기할 수단이 풍부해질 것이다. 하지만 그의 창문은 클렐리아의 창문에서 8미터쯤이나 떨어져 있으며, 사령관 관저 앞을 왔다 갔다 하는 보초의 머리 위에서 이야기를 나누는 건 너무 위험했다. 파브리스는 사랑을 받고 있는지 의심스러웠다. 만일 그에게 사랑의 경험이 있었더라면, 조금도 의심할 필요는 없었을 것이다. 그러나 지금까지 한 번도 여자가 그의 마음을 사로잡은 일은 없었다. 그건 그렇다 치고, 그가 알면 절망에 빠질 한 가지 비밀을 그는 전혀 모르고 있었다. 클렐리아 콘티와 궁정 제일의 부자 크레셴치 후작의 결혼이 큰 문제로 대두된 것이다.

제19장

모스카 백작의 재직 중에 이와 같은 분규가 생겨 실각의 징조가 보이자, 파비오 콘티 장군의 야심은 더욱 불타올라 딸을 못살게 굴었다. "네가 결심하지 않으면 아비의 앞날을 망치고 만다." 쉴 새 없이 이런 말을 하고는 화를 냈다. "벌써 스무 살이 넘었으니 남편을 선택할 나이가 아니냐? 너의 그 쓸데없는 고집 때문에 나는 이리도 비참하게 고립된 것이다. 이제 더는 참을 수 없다……."

클렐리아가 새들이 있는 방에 도망 오는 것은 무엇보다도 이런 집요한 아버지의 성화에서 벗어나기 위해서였다. 이 방에 오려면 오르기 힘든 나무 계단이 있었으므로, 신경통에 걸린 장군에겐 그것이 만만치 않은 장애물이었다.

몇 주일 전부터 클렐리아의 마음에서 혼란이 일어나, 자기가 무엇을 원하는지 자신도 모를 정도였다. 그래서 아버지에게 확실하게 대답한 적은 단 한 번도 없었지만, 거의 약속한 듯한 결과가 되어 있었다. 장군은 몹시 화를 내면서 이런 말을 했었다. 파르마의 가장 비참한 수녀원에 보내서 실컷 권태를 느끼게 해주마. 마땅한 남편을 고를 때까지는 거기서 썩도록 내버려둘 테다…….

"너도 알고 있을 테지. 우리집은 역사 깊은 가문이지만, 연수입은 모두 합해서 6천 리브르도 안 된다. 그런데 크레셴치 후작의 재산은 연수 10만 에퀴가 넘어. 그리고 궁정에선 모두가 그를 정말 온순한 성격을 가진 사람으로 평하고 있다. 누구에게도 불평 들을 만한 일은 한 적이 없다더구나. 잘생긴 데다가 젊고, 대공도 마음에 들어한다. 그런 사람의 청혼을 거절한다는 건 아주 미친 짓이다. 물론 거절하는 게 이번이 처음이라면 나도 참을 수 있다. 하지만 벌써 다섯 번짼가 여섯 번째가 아니냐. 상대는 언제나 궁정에서 제일가는 사람들뿐, 그것을 철없는 어린애처럼 번번이 거절하다니. 한번 생각해보거라. 내가 지금의 자리에서 물러나기라도 하면 넌 어떻게 되겠느냐. 늘 내각에 들어간다는 소문이 나 있는 내가 어느 3층 방에 틀어박혀 있게 되면, 적들이 얼마나 손뼉을 치고 기뻐하겠니! 절대로 안 된다. 나도 이젠 바보처럼 카상드르 ^{(이탈리아 희극에 등장하는 인물.} ^{자식에게 잘 속는 어리석은 아버지)} 역할만 하기는 싫다. 도리에 맞게 반대할 수 있다면 어디 들어보자. 그쪽에서 먼저 너를 좋아한다고 말했고, 지참금도 없이 결혼하고, 더구나 3만 리브르의 연금까지 네 몫으로 주겠다고 하지 않느냐. 그 정도만 있으면 나도 남부끄럽지 않은 집에서 살 수 있어. 자, 똑똑히 대답해라. 그렇지 않으면 두 달 뒤에는 결혼을 승낙할 테니……."

아버지가 말한 이야기 중에서, 클렐리아에게 강한 인상을 준 유일한 말은 수녀원에 보내겠다는 협박이었다. 그렇게 되면 이 성채로부터는 멀리 떠나야 한다. 더욱이 파브리스의 생명이 한 가닥 실에 매달린 것처럼 위태로운 이때에 말이다. 그의 죽음이 가까워졌다는 소문이 날마다 거리 궁정에 퍼지고 있었다. 자신이 바라던 곳이지만, 어떤 이유를 들어보아도 그녀는 파브리스와 헤어진다는 것, 그것도 그가 죽을까 봐 이렇게 두려움에 떨면서 이 기회를 이용해 도망칠 결심은 서지 않았다. 그것이야말로 최대의 불행, 최소한 가장 직접적이고 확실한 불행인 것처럼 느껴졌다.

파브리스와 헤어지지 않는다고 해서, 그녀의 마음이 행복해질 수 있다는 건 아니었다. 공작부인이 파브리스를 사랑한다고 굳게 믿었다. 그리고 마음은 심한 질투로 갈기갈기 찢겼다. 그처럼 세상 사람들이 누구나 칭찬하는 부인의 장점을 늘 생각하고 있었다. 파브리스에겐 되도록 소극적인 태도를 취해, 상대가 어떤 분별없는 짓이나 하지 않을까 하는 걱정으로 함부로 신호를 못 하게 자제시켰으므로, 여러 가지 일이 겹쳐 파브리스와 공작부인과의 관계를 확실히 알아낼 방법은 그녀로서는 달리 없었다. 그래서 날이 갈수록 그녀는 파브리스의 마음속에 연적이 자리 잡고 있다는 사실에 괴로워했고, 또 행여나 자기 본마음을 그에게 털어놓게 될까 봐 조심스러워졌다. 그러나 상대가 진심을 고백하는 걸 듣는 것은 그녀에게 얼마나 매력적이었던가! 자기 마음을 좀먹고 있는 무서운 의혹을 한번에 풀어버릴 수 있었다면 클렐리아는 얼마나 행복했을까?

파브리스는 그리 신중하지 못했다. 나폴리에서는 언제나 거리낌 없이 애인을 바꾼다는 평판이 나 있었다. 클렐리아는 참사회원의 자격을 얻고 궁정에 드나들게 된 뒤에도, 양갓집 규수다운 정숙한 태도로 이쪽에서 묻지 않아도, 귀를 기울이면 자기에게 차례차례 구혼해오는 젊은이들에 대한 평판을 들을 수 있었다. 그런데 그런 젊은이들에 비해 파브리스는 연애에 있어서는 가장 변덕스러운 것 같았다. 그는 지금 감옥에 있다. 고독을 느끼고 있다. 그리고 자신이 이야기를 나눌 수 있는 오직 한 여인의 비위를 맞추려고 한다. 이보다 간단한 게 있을까? 이보다 더 뻔한 답이……. 이렇게 말할 수도 있다. 그렇게 생각하자, 클렐리아는 슬퍼졌다. 설령 파브리스가 이제 공작부인을 사랑하지 않는다는 고백을 할지라도, 그런 말을 그녀는 어느 정도 믿을 수 있을까? 그 말의 성실성을 믿는다 하더라도, 그의 심정이 오래 계속되리라는 걸 어느 정도 확신할 수 있을까? 더욱이 그녀 마음을 절망의 구렁으로 몰아넣는 것은, 파브리스가 이미 신부로서 높은 직위에까지 올라간 일이었다. 머지않아 영원한 맹세를 세우게 되지는 않을까? 그러한 생활을 하는 고위고관 자리가 그를 기다리고 있는 게 아닐까? 불행한 클렐리아는 혼자만의 생각을 한다. '내게 조금이라도 분별이 남아 있다면 도망가야 하지 않을까? 아버지에게 부탁해서 어느 먼 수녀원에 보내달라는 것이 좋지 않을까……. 그런데 가장 곤란한 것은, 요즘 내 모든 행동이 이 성채를 떠나 수녀원에 갇히지나 않을까 하는 걱정에 좌우되고 있다는 점이야. 이런 걱정이 있기에 나는 본마음을 속이기도 하고, 크레센치 후작이 공공연하게 배려하고 참견하는 걸 흔쾌히 받아들이는 그런 창피스럽고 추한 거짓을 꾸미고 있는 것이다.'

클렐리아의 성격은 대단히 이성적이다. 지금까지 무분별한 짓을 저지르고 후회한 적은 한 번도 없다. 그런데 현재 그녀의 행동은 전혀 신중치 못했다. 그녀가 얼마나 괴로울지 짐작할 수 있으리라. 마음의 눈은 뚜렷했기에 그만큼 괴로움은 더 날카로웠다. 궁정 제일의 미인으로 자기보다도 여러 가지 면에서 뛰어난 여자로부터 열렬한 사랑을 받고 있는 한 남자에게 완전히 마음을 빼앗겼다. 그리고 그 남자는 설혹 따로 애인이 없다 하더라도 진지하게 사랑을 할 수 없는 인간인 것이다. 자기는 이미 확실히 스스로도 인식하고 있었다. 일생에 한 번뿐인 사랑이라고.

클렐리아는 날마다 이런 고통에 찢기는 마음으로 새들이 있는 방에 올라왔다. 무의식중에 이곳으로 오면, 그녀의 불안은 어느 정도 가라앉았다. 괴로운 죄책감은 잠깐 사라진다. 그녀는 가슴을 설레며 파브리스가 그 차양에 만들어놓은 들창문 같은 것이 열리기를 초조하게 기다렸다. 때로는 감옥지기 그릴로가 방에 들어와, 그가 여자친구와 신호로 이야기하는 걸 방해하기도 했다.

어느 날 밤 11시쯤, 파브리스는 성채 안에서 정체불명의 이상한 소리를 들었다. 어둠 속에서 몸을 창문에다 대고 그 조그마한 창으로 얼굴을 내밀고 들어보니 '3백 계단'이라 불리는 큰 계단이 있는 쪽에서 소리가 들려왔다. 그 계단은 원탑의 안쪽 정원으로부터 사령관 관저와 파르네제 감옥이 세워진 돌 전망대로 난 것이었다.

그리고 이 계단은 그 중간쯤, 바로 1백80계단쯤 되는 곳에 넓은 안뜰 남쪽에서부터 북쪽으로 빠져, 그곳에 가볍고 좁은 철교가 걸렸고, 그 다리 중앙에 감시원이 있다. 이 사나이는 여섯 시간마다 교대한다. 누구건 이 다리를 지나려면 감시원이 일어서서 옆으로 몸을 비켜야 하고, 사령관 관저나 파르네제 탑으로 가려면 반드시 이곳을 지나야 한다. 게다가 사령관이 가지고 있는 열쇠로 어느 나사를 두 번만 돌리면, 이 철교는 30미터 이상이나 아래인 안뜰로 떨어지는 구조이다. 성채 안에는 이것 말고 계단은 없으며, 매일 밤 자정에 부관이 모든 우물의 밧줄을 모아다가는 사령관에게 와서, 그의 거실을 통해서만 갈 수 있는 한 방에다 놓고 간다. 이런 간단한 경계만 취하면, 사령관 관저에 이르는 통로는 완전히 없어진다. 동시에 누구도 파르네제 탑에 갈 수 없게 된다. 파브리스는 이곳에 도착한 날 벌써 이를 확인했지만, 또한 이러한 것은 그릴로가 다른 감옥지기들과 매한가지로 자랑하듯 이 감옥의 설비를 여러 번 설명해주었다. 그러기 때문에 그도 도망할 희망 따위 거의 가지고 있지 않았다. 그러나 또한 그는 블라네스 신부가 말한 격언이 생각나기도 했다.

"사랑을 하는 사나이는, 남편이 아내를 지키리라 생각하는 것보다 더 자주 애인에게 갈 생각을 한다. 죄수는 감옥지기가 문을 잠그자 생각하는 것보다 더 자주 도망할 생각을 한다. 때문에 어떤 장해가 있을지라도, 사랑을 하는 남자와 죄수는 으레 성공할 수 있는 것이다."

그날 밤 파브리스는, 옛날 달마치야 출신 노예가 감시원을 다리에서 마당으로 밀어뜨려 탈주에 성공한 뒤부터 '노예의 다리'라는 이름이 붙은 이 철교 위로 많은 사람들이 지나가는 소리를 분명히 들었다.

'이곳에 있는 누군가를 데리러 왔구나. 나를 끌어내다가 목을 매달려는 것인지도 모른다. 하지만 분명 혼란이 일어날 거야. 그 틈을 이용하자.' 그는 무기를 손에 쥐고, 이미 숨겨둔 곳에서 금화를 꺼내기 시작했다. 그러나 문득 깨닫고 손을 멈췄다.

'인간은 우스운 동물이다. 정말 그렇다! 내가 이런 준비를 하고 있는 것을 숨어서 보는 자가 있다면 뭐라 할까? 도대체 난 왜 도망가고 싶어하는 거지? 내가 파르마로 돌아간다면 다음 날은 어떻게 될까? 또다시 무슨 짓을 해서라도 클렐리아 곁에 되돌아가고 싶은 생각이 나지 않을까? 혹시 혼란이 일어나 틈이 나면 관저로 숨어 들어가자. 아마 클렐리아에게 말을 걸 수 있을 테고, 그녀 손에 입 맞출 수 있을지도 모른다. 콘티 장군은 의심이 많은데다가 허영심도 강하니까, 보초 5명으로 관저를 지키게 해서 집 네 모퉁이에 하나씩, 그리고 문 앞에 한 사람을 배치해놓고 있다. 그러나 다행히도 오늘 밤은 몹시 캄캄하다.' 파브리스는 발소리를 죽여 그릴로와 개의 동정을 살폈다. 감옥지기는 판자에 4개의 밧줄로 달아놓은 쇠가죽에 누워 곤히 잠들어 있었다. 개가 눈을 뜨고 일어나 조용히 파브리스 곁에 와서는 꼬리를 흔들었다.

우리 죄수는 다시 나무 방으로 난 계단 6개를 살그머니 올라갔다. 파르네제 탑 아래 바로 문 앞이 더욱 소란스러웠으므로, 그릴로가 깨어날 것 같았다. 파브리스는 가지고 있던 무기를 몸에 지니고, 언제라도 행동할 수 있는 태세를 갖추어, 오늘 밤이야말로 눈부신 활약을 하리라 각오했다. 그때 갑자기 말로 표현할 수 없는 감미로운 음악이 들려왔다. 장군 아니면, 그의 딸을 위해 바치는 세레나데였다. 그는 미친 듯이 웃으며 쓰러졌다. '나라는 사람은 단도로 남을 찌를 생각만 했었군그래. 죄인 한 사람을 끌어내는 데 80명을 동원하거나 폭동이 흔히 있는 일이라면, 세레나데는 더 흔히 있는 일이 아닌가!' 음악은 상당히 좋았다. 몇 주일 동안 오락이 없었던 파브리스에겐 즐거운 것이었다. 그는 감동의 눈물을 흘렸다. 또한 그는 황홀 속에서 아름다운 클렐리아를 향해 참지 못할 그리운 심정을 다 털어놓고 있었다. 그러나 다음 날 정오쯤에 보았을 때 그녀는 몹시 우수에 젖어 얼굴은 창백하고, 이쪽을 바라보는 시선 속에 때때로 노여움 같은 것조차 느껴졌으므로, 그는 세레나데에 대해서 물어볼 용기가 없었다. 실례가 될까 두려웠던 것이다.

클렐리아가 우수에 젖은 데는 이유가 있었다. 그 세레나데는 크레셴치 후작이 그녀를 위해 마련한 연주였다. 이런 공공연한 행동은 말하자면 결혼의 공식 통지와 같은 것이다. 이 세레나데가 연주된 날 밤 9시까지도 클렐리아는 완강히 저항했었다. 그러나 아버지가 당장에라도 수녀원에 보내겠다고 협박하는 바람에 마음 약한 그녀는 그만 굴복하고 말았다.

'그 사람을 다시 만날 수 없다니……' 그녀는 울면서 생각했다. 이성은 다음과 같이 속삭였지만, 아무런 소용이 없었다. '나를 온갖 방법으로 불행하게 하는 그런 사람은 다시 만나지 않으리라. 공작부인의 애인 따위는 이젠 보지 않겠어. 만일 지금의 무거운 형벌에서 벗어나 목숨을 유지한다면 다시 신부가 되어 출셋길에 오르려는 그런 야심가는 만나지 않으리라. 그가 이 성채를 나간 뒤에도 다시 만난다는 건 내게는 죄야. 그 사람의 갈대와 같은 마음은 그의 유혹에 내가 넘어가지 않게 할 것이다. 하지만 그에게 있어 나는 어떠한 존재인가? 감옥 생활의 매일 몇 시간을 어느 정도 심심치 않게 보내기 위한 핑계가 아닌가?' 이런 식으로 상대를 한참 나쁘게 생각하고 있던 클렐리아는 그가 파르네제 탑에 올라가려고 사무소를 나왔을 때, 호위하는 헌병들을 보면서 띄우던 그 미소가 머리에 떠올랐다. 그러자 눈물이 눈에 가득 고였다. '그리운 사람, 당신을 위해서라면 나는 무슨 짓이라도 하겠습니다. 당신 때문에 내가 불행해진다는 건 나도 알고 있어요. 그것은 내 운명입니다. 오늘 밤 저 끔찍한 세레나데를 들으면서 나 스스로 자신에게 잔인한 상처를 주었습니다. 하지만 내일 낮이면 당신을 만나게 될 테니까요.'

클렐리아가 열렬한 정열로 사랑하는 젊은 죄수에게 이와 같이 커다란 희생을 바친 다음 날, 그의 결점을 전부 정확하게 파악하면서도 자기 일생을 그를 위해서 희생시킨 다음 날 파브리스는 그녀의 쌀쌀맞은 태도를 보고 낙심했다. 비록 자유롭지 못한 신호로만 이야기했을지라도, 그가 클렐리아의 마음을 강하게 두드려보았다면 아마 그녀도 눈물을 참지 못했을 것이며, 파브리스는 그녀의 진심어린 고백을 들을 수 있었으리라. 그러나 그에게는 대담성이 없었다. 클렐리아를 화나게 할까 두려웠다. 엄한 벌을 받을 것만 같았다. 다시 말하면 파브리스는 사랑하는 여자가 주는 감동의 경험이 전혀 없었던 것이다. 그러한 감정은 아주 미약하게조차도 맛보지 못했다. 그가 클렐리아와 그 전처럼 친밀한 사이가 되기까지는, 세레나데 연주가 있던 날로부터 일주일이나 지난 뒤였다. 그녀로서는 자기 진심을 자칫 눈치채지나 않을까 두려워 몸가짐을 엄격히 했고, 파브리스에게는 날이 갈수록 그녀와의 사이가 어색해지는 듯한 느낌이 들었다.

파브리스가 감옥에 갇혀 외부와의 연락이 끊어진 채, 그러면서도 스스로는 조금도 불행을 느끼지 않고 지낸 지 어느덧 석 달이 가까워져 갔다. 그릴로가 아침나절을 줄곧 방 안에 들어와 있어, 파브리스는 그를 어떻게 쫓아내야 할지 몰라 낙심하고 있었다. 그가 비로소 차양 위에 만든 30센티가량의 조그만 들창문을 열 수 있게 된 것은, 이미 정오가 훨씬 넘어서였다.

클렐리아는 새들이 있는 방의 창가에 서서, 파브리스가 있는 창 쪽을 뚫어져라 바라보고 있었다. 그녀의 긴장된 표정은 심한 절망을 나타내고 있었다. 파브리스를 보자마자, 그녀는 모두 끝났다는 의미의 신호를 보내고는 서둘러 피아노 옆으로 갔다. 그리고 그 무렵 유행하던 오페라의 노래를 부르는 체하면서, 절망과 창 밑을 거니는 보초에게 들키지나 않을까 하는 걱정으로, 여러 번 이야기를 중단하면서 다음과 같이 말했다.

"아, 당신은 아직 무사하시군요! 하느님께 뭐라고 감사해야 할지! 당신이 여기에 오신 날, 무례함을 벌준 바르보네 감옥지기는 모습을 감추어 이 성채 안에는 없었습니다. 그런데 그제 저녁에 다시 돌아왔어요. 어제부터 그 사나이가 당신을 독살하려 한다는 믿을 만한 정보가 있습니다. 당신의 식사를 만드는 특별주방에 와서 어슬렁거리고 있죠. 확실한 것은 알 수 없습니다만, 그 무서운 얼굴의 사나이가 주방에 오는 것은 당신의 목숨을 빼앗으려는 것이라고 저의 하녀는 말합니다. 당신 모습이 보이지 않아 얼마나 걱정했는지 모릅니다. 벌써 무서운 일을 당하신 건 아닌가 하고요. 제가 알리기 전까지는 아무것도 먹어선 안 됩니다. 어떻게든 초콜릿을 좀 보내드릴게요. 혹시 실이 있으시다면, 아니면 속옷으로 가느다란 줄을 만들 수 있으시면 그걸 창에서부터 오렌지 나무 위로 내려주세요. 그 끝에 밧줄을 매달 테니, 끌어당기세요. 그 밧줄로 빵과 초콜릿을 보내드리겠습니다."

파브리스는 방 안 난로에서 찾아낸 숯 부스러기를 보물처럼 소중하게 집어두었었다. 그는 클렐리아의 감동이 식기 전에 해야 한다는 듯 재빨리 손바닥에 글자를 썼다. 지우고 쓰고 지우고 써서, 그걸 연결하면 이런 말이 되었다.

"나는 당신을 사랑합니다. 내 인생은 당신을 볼 수 있어서 소중한 것입니다. 무엇보다도 종이와 연필을 보내주십시오."

파브리스가 바랐던 바와 같이, 클렐리아의 얼굴에는 무척 걱정스러운 듯한 표정이 나타났지만 '당신을 사랑합니다'는 대담한 말을 한 뒤에도 곧 이야기를 끊어버리려고는 하지 않았다. 다만 그녀는 몹시 기분이 언짢은 듯한 태도를 보였을 뿐이었다. 파브리스는 순간적인 기지로 이렇게 덧붙였다.

"오늘은 바람이 세서, 당신이 노래부르며 충고해주는 것을 잘 알아들을 수 없습니다. 피아노 소리 때문에 목소리가 들리지 않아요. 도대체, 당신이 말하는 독이란 뭡니까?"

이 말에 소녀의 불안한 표정은 다시 뚜렷이 나타났다. 그녀는 책 한 권을 뜯어 그 종이 위에다 잉크로 커다란 글자를 썼다. 파브리스는 이제까지 바라면서도 실현할 수 없었던 이런 통신기법이 석 달 동안의 노력 끝에 겨우 이루어진 걸 보고, 기뻐서 어쩔 줄을 몰랐다. 모처럼 성공한 이 책략을 버리지 않으려고 했다. 그는 편지가 쓰고 싶어서 견딜 수 없었다. 그래서 일부러 클렐리아가 연달아 써서 보이는 글자의 의미를 아직도 잘 알 수 없다는 시늉을 했다.

그녀는 새들이 있는 방을 나가 서둘러 아버지의 거실로 가야 했다. 아버지가 여기까지 찾으러 올라오면 큰일이다. 그녀의 아버지는 의심이 많았다. 이 방 창문과 죄수 방 창문을 가린 차양이 너무 가깝다는 게 마음에 들지 않을지도 모른다. 클렐리아는 아까 파브리스의 모습이 보이지 않아 애가 탔을 때, 조약돌을 종이에 싸서 차양 위로 던져볼까 하는 생각이 떠올랐었다. 마침 파브리스를 감시하고 있는 감옥지기가 그때 방 안에 없었다면, 그것은 확실한 통신 수단이었다.

우리 죄수는 재빨리 속옷으로 리본과 같은 모양의 줄을 만들었다. 그날 밤 9시가 조금 지났을 무렵, 창 아래 오렌지 나무 화분을 또닥또닥 두들기는 소리가 들렸다. 재빨리 줄을 내려뜨리자, 꽤 긴 노끈이 달려 올라왔다. 그 노끈엔 먼저 초콜릿 한 상자와 무엇보다도 기쁜 것이, 종이 한 권과 연필이 달려 있었다. 다시 노끈을 내려뜨렸으나 아무것도 올라오지 않았다. 분명히 보초가 오렌지 나무 곁에 가까이 온 모양이었다. 그러나 그는 그것만으로도 기뻐서 어쩔 줄을 몰랐다. 서둘러 클렐리아에게 긴 편지를 썼다. 다 쓰자 곧 그것을 노끈에 매달아 내려뜨렸다. 세 시간 동안 기다렸으나 가지러 오는 기색이 없었다. 몇 번이나 잡아 올려서는 고쳐 쓰기도 했다. '클렐리아가 독살을 걱정하고 있는 오늘 밤, 내 편지를 받아보지 않으면, 아마 내일은 더욱 받지 않을 것이다.'

사실 클렐리아는 어쩔 수 없이 아버지와 함께 시내에 나가야 했었다. 자정이 넘어서야 장군의 마차가 돌아오는 소리를 들은 파브리스는 대강 짐작이 갔다. 그는 말발굽 소리를 알 수 있었다. 장군이 전망대를 지나, 보초가 '받들어 총!'을 하는 소리가 들리고 난 뒤 얼마 안 있어, 그가 여전히 팔에 감아두었던 줄이 잡아당겨지는 것을 느꼈을 때의 기쁨은 도저히 형언하기 어려웠다! 줄에는 무엇인지 무거운 것이 달렸다. 끌어올리라는 신호로 두 번을 천천히 잡아당겼다. 그는 끌어올린 무거운 물건을, 창 밑에 비쭉 나온 홈통을 넘기느라고 어지간히 애를 썼다.

힘들여 끌어올린 이 물건은 물이 든 병으로, 숄로 싸여 있었다. 오랫동안 이런 고독 속에서 생활해온 가련한 청년은 이 숄에 다시없이 감미로운 기분으로 입을 맞췄다. 그러나 매일같이 보람 없는 희망만 품어온 그가, 마침내 숄에 핀으로 꽂혀 있는 종이쪽지를 발견했을 때의 감동은 그야말로 말로 표현할 수 없었다.

"이 물과 초콜릿 말고는 아무것도 드시면 안 됩니다. 내일은 반드시 빵을 보내드릴게요. 빵 네 귀퉁이에 잉크로 십자가를 그려놓겠습니다. 말로 하기도 두렵습니다만, 알아두셔야만 하니까요. 바르보네가 당신을 독살하라는 명령을 받은 것 같아요. 그런데 당신이 연필로 쓰신 편지 내용은 제가 좋아하지 않는다는 걸 왜 몰라주십니까? 저는 우리를 위협하는 어떤 중대한 위험이 없는 한 다시는 편지를 쓰지 않겠어요. 얼마 전 공작부인을 만났습니다. 백작도 그분도 안녕하십니다. 하지만 그분은 몹시 여위셨지요. 다시는 그런 것은 쓰지 마세요. 당신은 저를 화나게 할 작정이신가요?"

이 편지의 끝에서 둘째 번 줄은, 클렐리아의 도덕적인 감정이 몹시 노력한 부분이었다. 궁정의 사교계에서는 산세베리나 부인이 발디 백작과 아주 가깝게 지낸다는 소문이 자자했다. 이 미남자는 라베르시 후작부인의 옛 애인이었다. 백작은 6년 동안 어머니처럼 뒤를 돌봐주고 사교계에 기반을 세워준 후작부인과 안 좋게 헤어진 것이 확실하다고들 했다.

클렐리아는 급히 쓴 이 편지를 다시 고쳐야만 했다. 처음 쓴 글에 세상 사람들이 짓궂게 떠들고 있는 공작부인의 새로운 사랑을 슬쩍 비쳤기 때문이다. '이 무슨 비열한 짓이냐! 파브리스가 사랑하는 여인을 험담하다니……'

다음 날 아침 날이 밝기도 전에 그릴로가 파브리스의 방에 들어와 꽤 무거워 보이는 꾸러미를 놓고는, 아무 말도 없이 나가버렸다. 그 꾸러미에는 네 귀퉁이에 조그만 십자 표지가 그려진 상당히 큰 빵이 들어 있었다. 파브리스는 그것에 키스를 퍼부었다. 그는 사랑하고 있었다. 빵 옆에 겹으로 된 종이로 싼 길쭉한 것이 있었는데 그 속에 스갱 금화로 6천 프랑이 들어 있었다. 마지막으로 파브리스는 훌륭한 새 성무일과서를 발견했다. 이미 눈에 익은 필적으로 여백에는 이렇게 쓰여 있었다.

"독약! 물, 포도주, 모든 것에 주의하세요. 초콜릿을 식사로 드세요. 음식에는 손대지 말고, 먼저 개에게 먹여보세요. 의심하는 듯한 얼굴을 해선 안 됩니다. 적은 다른 방법을 생각해낼 테니까요. 절대로 방심하지 말고, 제발 경솔한 짓은 하지 마세요."

파브리스는 클렐리아에게 화가 미치지 않도록 서둘러 정다운 글이 담긴 쪽지를 없애버리고, 성무일과서에서 여러 장을 찢어내어 그것으로 알파벳을 만들었다. 그 한 자 한 자를, 곱게 빻은 숯가루를 넣은 포도주로 썼다. 11시 45분에 클렐리아가 새들이 있는 방 창문에서 두 걸음쯤 떨어진 곳에 나타났을 때, 이렇게 만들어진 알파벳은 완전히 말라 있었다. '하지만 이제부터 그녀에게 이걸 사용하는 법을 이해시키는 일이 문제다.' 그런데 다행히도 그녀는 독살 계획에 대해 젊은 죄수에게 여러 가지 하고 싶은 말이 있었다. 관저의 하녀들이 기르던 개가 그에게 주기로 돼 있던 음식을 먹고 죽었다. 클렐리아는 알파벳의 사용에 반대하기는커녕, 자기도 잉크로 쓴 훌륭한 것을 준비해 왔다. 이 방법으로 이어가던 대화는 처음엔 상당히 불편했지만, 그래도 한 시간 반이나 계속되었다. 그것이 클렐리아가 새들이 있는 방에 최대한 머물 수 있는 시간이었다. 두서너 번 파브리스는 금지된 말을 꺼내보았다. 그녀

는 대답하지 않았다. 그리고 잠깐 새를 돌보러 갔다.

파브리스는 밤에 보내주는 물을 받을 때, 그녀에게 잉크로 쓴 잘 보이는 알파벳을 한 벌 보내달라고 부탁했더니 들어주었다. 물론 그는 긴 편지를 쓰는 걸 잊지 않았다. 애정에 관한 것은 되도록 상대가 화낼 만한 투로는 쓰지 않으려 애를 썼다. 이 방법은 성공하여, 편지는 전달될 수 있었다.

다음 날 알파벳 대화를 하면서도 클렐리아는 그를 나무라는 말은 전혀 하지 않았다. 그녀는 독약의 위험이 줄어들었다는 걸 알려주었다. 바르보네는 관저의 주방 하녀들에게 연정을 품은 사내들에게 붙잡혀 맞아 죽을 뻔했다. 아마 앞으로 이자는 주방에 들어오지 못할 것이다. 클렐리아는 또한 아버지에게서 해독제를 훔쳐냈다는 것까지 고백했다. 나중에 이것을 보내겠다. 중요한 것은, 조금이라도 맛이 이상한 음식은 곧 버리라는 것이었다. 클렐리아는 동 체사레에게 여러 가지로 물어보았으나, 파브리스에게 보내온 6천 스갱의 돈은 누구 손에서 나온 것인지 알 수 없었다. 어쨌든 좋은 징조였다. 엄중한 감시에 틈이 생기기 시작한 것이다.

이 독약 사건은 우리 죄수가 바라던 것을 상당히 진전시켜주었다. 하기야 사랑 고백 같은 건 아직도 소녀의 입에서 들을 수는 없었지만, 클렐리아와 몹시 친밀하게 지낼 수 있는 행복을 얻었다. 그들은 매일 아침, 때때로 저녁 때도 알파벳으로 긴 이야기를 했다. 밤 9시에 클렐리아는 긴 편지를 받았고, 이따금 짧은 답장을 보냈다. 신문과 책도 몇 권 보냈다. 그릴로는 교묘하게 매수되어, 클렐리아의 하녀가 날마다 보내는 빵과 포도주까지 파브리스에게 나르게 되었다. 감옥지기 그릴로는 젊은 신부의 독살을 바르보네에게 명령한 자들과 이곳 사령관과의 의견이 일치되지 않은 거라고 생각했다. 그리고 아주 기뻐했다. 이는 그의 다른 동료들도 매한가지였다. 감옥 안에 다음과 같은 소문이 떠돌고 있었기 때문이다. "델 동고 씨의 얼굴을 보고만 있으면, 돈을 받을 수 있다."

파브리스의 얼굴은 몹시 창백했다. 전혀 운동을 하지 않았으므로 건강이 나빠진 것이다. 그러나 이처럼 행복했던 적은 이제껏 없었다. 클렐리아와 그가 나누는 대화는 아주 친밀했고, 때로는 매우 쾌활하기까지 했다. 클렐리아의 생활 가운데 암담한 예감이나 후회로 괴로워하지 않아도 되는 것은 오직 그와 이야기를 나누는 시간뿐이었다. 어느 날, 그녀는 무의식중에 이런 이야기를 꺼내고 말았다.

"전 당신의 고운 마음씨에 정말 감탄하고 있어요. 제가 사령관의 딸임에도 여기를 나가 자유로워지고 싶다는 말은 한 번도 안 하시는군요."

"나는 그런 어리석은 희망을 갖지 않으려 하기 때문입니다. 파르마로 돌아가면 어떻게 다시 당신을 만날 수 있겠습니까? 내가 생각하고 있는 것을 모두 당신에게 말할 수 없게 된다면 내 삶은 견디기 힘든 고통뿐일 텐데…… 아니, 내가 생각하고 있는 것 모두라고는 말하지 않겠습니다. 당신은 또 꾸짖을 테니까. ……그러나 당신이 나를 아무리 차갑게 내할지라도 매일 당신을 보지 않고 지낸다는 것은 내게는 이 감옥과는 또 다른 혹독한 형벌일 겁니다! 태어나 지금처럼 행복했던 적은 없습니다. ……감옥에 행복이 기다리고 있었다는 건 참 재미있지 않습니까?"

"거기에 대해서는 할 얘기가 많아요." 그렇게 대답한 클렐리아의 표정은 갑자기 굳어지고 몹시 침울한 것만 같았다.

"뭐라고요!" 파브리스는 궁금해서 말했다. "겨우 얻을 수 있었던 당신 마음의 이 작은 자리를 다시 잃을 수도 있다는 말입니까? 그것만이 이 세상에서 나의 유일한 기쁨인데요."

"그래요. 당신은 사교계에서는 대단히 훌륭한 신사라는 평이 있습니다만, 제가 당신을 성실치 못하다고 믿는 이유가 있습니다. 하지만 오늘은 그 이야길 하고 싶지 않아요."

이런 이상한 말로 시작된 대화는 어쩐지 어색해졌다. 둘은 여러 번 눈에 눈물을 글썽거렸다.

검찰총장 라씨는 여전히 이름을 바꾸고 싶은 욕망이 절실했다. 지금까지 가지고 있던 자기 이름에 진저리가 나 하루빨리 리바 남작이 되고 싶었다. 한편 백작은 온갖 수단을 동원해 남작이 되길 원하는 이 지조 없는 재판관의 욕망을 부채질하면서, 더불어 롬바르디아의 입헌군주가 되려는 대공의 야심에 불을 지르기에 여념이 없었다. 이것이 파브리스의 죽음을 늦추기 위해 그가 생각해낼 수 있는 전부였다.

대공은 라씨에게 이렇게 말하고 있었다.

"절망의 15일과 희망의 15일, 이 방법을 끈기 있게 되풀이하면 그 거만한 여자의 성격을 꺾을 수 있다. 야생마를 길들이는 데도 채찍과 당근을 번갈아

쓰는 법이거든. 이 강력한 약을 단단히 써라."

사실 파르마에선 보름마다 파브리스의 죽음이 닥쳐왔다는 새로운 소문이 퍼졌다. 그런 소문을 들을 때마다 공작부인은 절망의 구렁으로 빠졌다. 부인은 백작을 자기 파멸에 휩쓸리게 하고 싶지 않다는 결심을 지켜 한 달에 두 번만 만났다. 그러나 이 불쌍한 사나이에게 그런 냉혹한 태도를 취하는 대가로 그녀는 연달아 암담한 절망에 쫓기는 나날을 보내고 있었다. 백작은 잘생긴 발디 백작이 부인의 꽁무니를 따라다니는 걸 보며 질투를 억눌러야 했다. 그래도 부인을 만날 수 없을 때는 편지를 써서 미래의 리바 남작의 야심을 이용해 손에 넣은 여러 가지 정보를 알려주었다. 하지만 그것만으로 충분하지 않아, 공작부인은 쉴 새 없이 퍼지는 파브리스에 관한 무서운 소문에 대항하려면 모스카 백작처럼 재간 있고 다정한 마음씨를 가진 인물과 함께 생활할 필요가 있었다. 무능한 발디 백작은 의논 상대도 안 되었으므로 홀로 마음을 태우며 답답한 나날을 보낼 뿐이었다. 백작은 백작대로 부인이 희망을 가질 만한 이유를 이해가 가도록 설명할 수 없었다.

수상은 여러 가지 교묘한 핑계를 만들어 대공에게 귀중한 서류를 롬바르디아의 중부 지방, 사로노 가까이 있는 어느 우호적인 성채에다 보관하는 것을 허락받았다. 이 서류는 라뉘체 에르네스트 4세가 이 훌륭한 국가의 입헌 군주가 되려는 야심으로 기록한 복잡하기 이를 데 없는 문서들이었다.

그중 20개 이상의 극비 서류는 대공 자신이 썼거나 혹은 서명한 것이다. 백작은 파브리스의 생명에 위험이 닥쳤을 때에는, 말 한마디로 대공을 파멸시킬 수 있는 대권력자에게 이 서류를 넘기겠다고 대공에게 선언할 생각을 품고 있었다.

모스카 백작은 미래의 리바 남작을 대체로 믿어도 좋으리라고 생각했지만, 단 하나 걱정이 되는 것은 독약이었다. 바르보네의 계획에는 몹시 놀랐다. 마침내 그는 얼핏 보아 미친 사람 같은 행동을 취할 결심을 하기에 이르렀다. 어느 날 아침, 그는 성채 문 앞까지 와서 파비오 콘티 장군을 불러냈다. 장군은 문 위의 보루까지 내려왔다. 그 위를 백작은 그와 나란히 다정한 듯 거닐면서, 먼저 얼마쯤 가시가 있는 인사말을 한 다음 딱 잘라 말했다.

"파브리스가 미심쩍은 죽음을 당한다면, 그것이 나 때문이라는 말이 날 우려도 있소. 내가 질투 때문에 그를 죽였다고 말이오. 그건 나로서는 참을

수 없는 일이고 절대 용서치 않을 거요. 그러니까 그가 병으로 죽는다 해도 내 누명을 씻기 위해서 내 손으로 당신을 죽이겠소. 이 점을 명심하시오."

파비오 콘티 장군은 당당하게 대답을 하고, 자기 용기에 대해 이야기했다. 그러나 백작의 시선은 그의 마음속에 각인되었다.

그로부터 며칠 뒤, 라씨 검찰총장은 마치 백작과 미리 짠 듯이 이 사나이로선 기괴할 정도의 무모한 짓을 했다. 거리의 천민들이 헐뜯고 빈정대는 자기 이름에 대한 사회의 경멸이, 그 이름을 바꿀 수 있을 것 같은 희망이 확실히 보이기 시작한 뒤부터 견딜 수 없어져 몹시 우울했다. 그는 파비오 콘티 장군에게 파브리스를 12년의 성채 금고에 처한다는 선고의 공식 사본을 보냈다. 법률로 따지면, 이것은 파브리스의 투옥 이튿날에 이미 보냈어야 하는 것이었다. 하지만 이것은 파르마와 같은 비밀 술책이 횡행하는 나라에서도 이제까지 없던 일로, 재판소가 군주의 특별명령 없이 저지른 것이었다. 실제로 최고 사법부로부터 선고의 공식 사본이 나온 마당에, 공작부인의 공포를 보름마다 부채질하고, 대공의 말을 빌리면 그 거만한 성격을 꺾는 일 따위를 앞으로 어떻게 할 수 있을 것인가? 라씨 검찰총장으로부터 공문서를 받기 전날, 파비오 콘티 장군은 바르보네가 밤늦게 성채에 돌아왔다가 몰매를 맞았다는 이야기를 들었다. 장군은 이것으로 파브리스를 암살하는 건 어느 의미에선 이미 문제되지 않는다는 결론을 내렸다. 그래서 대공을 그 다음에 만났을 때 죄수의 선고문을 받았다는 말을 하지 않았으므로, 라씨도 그런 온당치 못한 잘못을 저지른 벌을 받지 않게 된 것이다. 백작은—이는 다행히도 공작부인의 기분을 가라앉히는 결과가 되었지만—바르보네의 서투른 음모는 개인적인 원한에서 한 짓에 불과하다는 걸 알았다. 그래서 이 사나이를 죽도록 두들겨패서 경고하는 것으로 그쳤다.

파브리스가 답답한 독방에서 1백35일의 감금 생활을 보내던 어느 목요일이었다. 감옥 부속사제인 동 체사레가 그를 데리러 와서, 파르네제 탑의 망루 위를 산책하게 해주었다. 파브리스는 뜻밖의 일에 기뻐했다. 그러나 갑자기 바깥공기를 쐰 파브리스는 10분도 채 되기 전에 속이 울렁거렸다.

동 체사레는 이 사소한 핑계를 구실로 매일 30분의 산책을 허락했다. 이 허락은 어리석었다. 자주 산책을 한 덕택에 우리 주인공은 체력을 회복하고, 그것을 악용했다.

세레나데는 여러 번 연주되었다. 규칙이 까다로운 사령관이 이것을 모르는 체한 것은, 딸 클렐리아와 크레센치 후작의 결혼이 원만히 이루어지기를 바랐기 때문이었다. 그는 딸의 성격을 두려워하고 있었다. 이 두 사람 사이에 서로 접촉할 계기가 조금도 없음을 그는 어렴풋이나마 느꼈고, 딸이 어떤 분별없는 짓이라도 할까 봐 조마조마했다. 딸은 홀연히 수녀원으로 도망쳐 버릴지도 모르며, 만약 그렇게 된다면 그로서는 정말 어떻게 할 도리가 없었다. 그건 그렇고, 저런 음악은 가장 악랄한 자유주의자들을 감금해둔 깊숙한 곳의 감옥에까지 들릴지도 모르고 무슨 신호가 되지나 않을까, 장군은 그것을 걱정했다. 악사라는 자들 또한 의심이 갔다. 그래서 세레나데가 끝나자마자 악사들을 낮엔 부관들의 사무실로 쓰고 있는 관저의 커다랗고 낮은 방에 가두어, 이튿날 아침이 되기까진 열어주지 않았다. 사령관이 몸소 '노예의 다리'에 서서 악사들의 신체검사에 입회하고, 죄수에게 어떠한 일이든 부탁 받아 연락을 하는 자가 있으면 즉각 교수형에 처하겠다고 여러 번 엄포를 놓은 뒤 비로소 놓아주는 것이었다. 그는 세상 체면을 두려워하여 한 번 꺼낸 말은 꼭 실행하는 인물이라는 걸 모두들 잘 알고 있었다. 그래서 악사들은 감옥에서 하룻밤을 보내는 걸 몹시 불쾌하게 여겼으므로, 크레센치 후작은 세 배의 보수를 줘야 했다.

공작부인은 무진 애를 쓴 끝에, 가까스로 이 악사들 가운데 한 사람에게 편지를 부탁할 수 있었다. 그런데 그 겁 많은 사나이는 그것을 사령관에게 넘겨주고 말았다. 편지는 파브리스에게 보낸 것이었다. 그가 감옥에 갇힌 지 5개월이 넘었지만 밖에 있는 친구들에게는 아무리 애써도 그와 연락할 방법이 없다는 것을 한탄하는 내용이었다.

매수된 악사는 성채에 들어오자 파비오 콘티 장군 앞에 무릎을 꿇고, 낯모르는 한 신부가 제발 델 동고 씨에게 보내는 편지를 전해달라고 애원하기에 거절할 수가 없었다, 그러나 자기는 의무를 배반할 수는 없기 때문에 이걸 각하에게 곧바로 넘겨드리기로 했다고 말했다.

각하는 몹시 기분이 좋았다. 공작부인이 가지가지 책략을 사용하는 걸 알고 있었으므로 혹시 그 책략에 걸리지나 않을까 대단히 두려웠기 때문이다. 매우 기뻐, 장군은 이 편지를 대공에게 자랑하러 갔다. 대공도 몹시 만족했다.

"이렇게 나의 단호한 정책에 의해서 복수가 성공한 것이다. 그 거만한 여인이 5개월 내내 괴로워하고 있으니! 가까운 시일 안에 교수대를 하나 준비시켜야겠어. 그러면 그 여자는 미친 듯 공상에 빠져서, 그것이 틀림없이 델 동고 청년을 위한 것이라 믿겠지."

제20장

    어느 날 밤 오전 1시쯤, 파브리스는 창가에 몸을 기대어 차양 판자에 만든 구멍으로 얼굴을 내밀고는 파르네제 탑 위에서 볼 수 있는 별이며 아득하게 넓은 지평선을 바라보고 있었다. 그의 눈이 포 강 하류와 페라라 평원 근처를 헤매고 있을 때, 문득 어느 탑 위에서 비추는 듯한 아주 작지만 강한 불빛을 발견했다. '저 불빛은 평지에선 보이지 않을 것이다.' 파브리스는 생각했다. '저 탑은 폭이 넓으니까 밑에선 보이지 않을 것이다. 이는 먼 곳에 보내는 신호인가 보다.' 갑자기 그는 이 불빛이 짧은 간격을 두고 깜빡깜빡하는 걸 깨달았다. 어느 곳의 젊은 아가씨가 이웃 마을의 애인에게 이야기를 하는 거겠지. 세어보니 아홉 번 깜빡였다. '이것은 I다.' I는 자모(字母)의 아홉 번째다. 그리고 얼마 지나지 않아 이번엔 열네 번 번쩍였다. '이는 N이다.' 또 잠깐 쉬었다가, 다시 한 번 깜빡였다. '이는 A다. 문자는 Ina이다.'

    이렇게 해서 조금씩 사이를 두고 계속되는 불빛이 다음과 같은 말이 되는 걸 알았을 때, 그의 기쁨과 놀라움은 이루 말할 수 없었다!

INA PENSA A TE.

분명히, Gina pense à toi! (지나는 너를 생각하고 있다)였다.
그는 곧 구멍으로 남폿불을 반짝여 대답했다.

FABRICE T'AIME! (파브리스는 당신을 사랑하고 있다.)

    통신은 새벽까지 계속되었다. 그날 밤은 그가 투옥된 지 1백73일째 되는 날이었다. 네 달 전부터 매일 밤 이 신호가 되풀이되어 왔다는 걸 그는 신호로 알았다. 이것은 남에게 눈치채일 우려가 있으므로, 첫날 밤부터 생략 암호를 사용하기로 했다. 대단히 빨리 세 번 연속해서 깜빡이면 공작부인을, 네 번 깜빡이면 대공을, 두 번이면 모스카 백작을 의미한다. 두 번 천천히, 계속해서 빨리 두 번 깜빡이면 탈옥을 의미하기로 했다. 앞으로는 alla Monaca의 구식 자모를 사용하기로 했다. 이렇게 하면 이상하게 여기는 사람도 의미를 알 수 없을 것이다. 자모의 보통 순서를 바꿔, 임의로 차례를 정하는 것이다. 이를테면 A는 10번, B는 3번이라는 식으로. 즉 남포가 계속해서 세 번 꺼지면 B를 의미하고, 열 번 꺼지면 A이다. 그리고 잠깐 불빛이 없어지면 글자와 글자와의 사이가 생기는 셈이다. 다음 날 오전 1시에 다시 이 신호의 교환을 약속했다. 그래서 다음 날 밤, 공작부인은 시내에서 1킬로가량 떨어진 그 탑으로 달려갔다. 하루에도 서너 차례나 이제는 죽은 것으로 믿었던 파브리스가 보내는 신호를 보고, 그녀의 눈은 눈물로 가득 찼다. 그녀는 손수 불빛을 깜박여서 다음과 같이 이야기했다. '난 너를 사랑한다. 용기와 건강과 희망을 잃지 말도록! 실내에서 체력을 잘 단련해둬라. 앞으로 팔 힘이 필요할 때가 올 거야.' 그러고는 생각했다. '저 애와는 라 파우스타의 음악회 뒤로 만나질 못했구나. 그때 사냥복을 입고, 내 집 살롱 문 앞에 난데없이 나타났었지. 그때엔 이런 운명이 기다리고 있는 줄 누가 알았을까!'

공작부인은 곧 '전하의 자비'로(남에게 탐지될 우려가 있었기 때문이다) 석방될 거라는 내용의 신호를 보내게 했다. 그러고는 다시 자기 손으로 애정의 말을 보냈다. 그와 가까이 있다고 생각하니 발걸음이 떨어지질 않았다. 파브리스를 위해 여러 가지로 애썼기에 공작부인의 온갖 심부름을 맡고 있는 루도빅이 거듭 말린 끝에, 날이 밝기 시작해서야 겨우 신호를 끊었다. 적에게 들키면 안 된다는 이유였다. 이처럼 곧 석방된다는 신호를 받고, 파브리스는 큰 슬픔에 잠기고 말았다. 다음 날 우수에 잠긴 모습을 본 클렐리아는 그 이유를 물었다.

"나는 공작부인이 싫어할 대답을 할 것 같습니다."

"그분은 당신이 거절할 만한 무슨 말을 했나요?" 클렐리아는 강한 호기심에 무의식적으로 말했다.

"그분은 내가 여기서 나가기를 바라고 있습니다. 나는 그건 절대로 싫습니다."

클렐리아는 대답을 하지 못했다. 그녀는 파브리스를 똑바로 쳐다보고는 울음을 터뜨렸다. 그에게 좀더 가까이 가서 이야기할 수 있었다면, 확인할 수가 없어 그렇게도 자주 실망했던, 상대의 심정 고백을 아마 이때는 분명히 파악할 수 있었으리라. 클렐리아의 사랑이 없으면, 인생은 쓰디쓴 고뇌가 아니면 견딜 수 없는 권태의 연속일 뿐이라고, 그는 뼈저리게 느끼고 있었다. 사랑을 알기 전에 꽤나 즐겼던 쾌락을 다시 한 번 맛보기 위해서 살아갈 필요는 없을 것 같았다. 그리고 아직 이탈리아에서는 자살이 유행하지 않았으나, 만일 클렐리아와 헤어지는 것이 운명이라면, 그는 하나의 수단으로 자살을 생각하고 있었다.

다음 날 그는 소녀에게서 긴 편지를 받았다.

"당신은 진실을 알아야 합니다. 당신이 이곳에 들어온 뒤, 파르마에선 모두가 마침내 당신의 생명이 끝나는 날이 가까워졌다고 믿었습니다. 당신은 12년의 금고형을 받고 있을 뿐이죠. 그러나 불행히도, 당신은 막강한 권력을 가진 사람의 미움을 받고 있다는 의심이 들어요. 독약으로 당신의 목숨이 위험해져 저는 몇 번이나 걱정을 했는지 모릅니다. 그러니까 이곳을 떠나기 위해 가능한 노력을 다해 주시기 바랍니다. 제가 가장 중요한 의무에 반대되는 일을 하고 있다는 건 아시겠죠. 제 입으로는 차마 말할 수 없는 일을 이렇게 말씀드리는 것으로, 위험이 급박해왔음을 알아주시기 바랍니다. 아무래도 그래야 할 필요가 있고, 따로 살아날 방법이 없다면 도망하세요. 이 성채 안에서 보내는 순간순간이 당신의 생명을 위태롭게 할지도 모르니까요. 궁정에는 죄가 되는 것이라도 계획한 일이라면 태연히 실행하는 사람들이 있다는 걸 생각하셔야 해요. 지금까지, 이 일파의 계획이 모두 모스카 백작의 뛰어난 수완으로 좌절돼왔다는 걸 모르시진 않겠죠? 그런데 그들이 백작을 파르마에서 쫓아낼 확실한 방법을 찾았답니다. 그것은 공작부인의 절망이라는 거죠. 젊은 죄수의 죽음으로 이 절망을 일으키게 하는 것은 얼마나 좋은 방법입니까? 이 한마디만으로도, 당신의 처지가 어떻다는 걸 충분히 아셨겠죠. 당신은 저에게 호의를 품었다고 하셨습니다. 그런 심정이 우리 사이에 어떤 확고한 것으로 되기엔, 도저히 극복할 수 없는 장애가 있다는 걸 잊지 마셔야 해요. 우리는 젊었을 때 우연히 만나, 불행할 때 서로 구원의 손길을 내민 게 아닐까요. 당신의 괴로움을 조금이라도 덜어주기 위해, 운명이 저를 이런 감옥에 놔둔 겁니다. 하지만 절대로 용서받을 수 없고 앞으로도 용서받을 리 없는 환상 때문에 당신이 이 무서운 위험으로부터 자기 목숨을 구할 온갖 기회를 잡으려고 하지 않는다면, 저는 영원히 후회로 괴로울 거예요. 저는 당신과 다정한 신호를 나누는 그런 경솔한 짓을 했기에 마음의 안정을 잃었습니다. 만일, 우리의 어린애 같은 알파벳 장난이 당신에게 도움이 되지 않고 아무런 근거도 없는 환상을 품게 한 것이라면, 제가 자기변명을 하기 위해서 바르보네가 하려던 음모를 떠올려본들 아무런 소용도 없을 테죠. 저는 당신을 눈앞의 위험에서 지키려 하다가, 오히려 이 손으로 더 무서운 위험 속에 밀어넣었는지도 모릅니다. 경솔한 짓을 했기 때문에 당신으로 하여금 공작부인의 충고를 듣고 싶지 않다는 심정을 품게 했다면, 저는 한평생 용서받을 수 없는 죄를 짓게 됩니다. 당신에게 몇 번이고 이런 말을 할 수밖에 없는 사정을 생각하시기 바랍니다. 이곳을 도망치세요. 저는 당신에게 그걸 명령합니다……."

이 편지는 아주 길었다. 여기에 우리가 베낀 내용 중 '저는 당신에게 그걸 명령합니다'라고 말한 글은 파브리스의 연정에 달콤한 희망을 되살아나게 했다. 문장은 대단히 신중했으나, 마음속엔 애정이 간절했음을 엿볼 수 있었다. 한편 이러한 거래에는 아무것도 몰랐던 까닭에 상대의 심정을 짐작할 수 없는 순간도 있었다. 클렐리아의 편지에서 그는 단지 평범한 우정 내지는 흔히 있는 인정밖엔 느끼지 못했었다.

아무튼 간에 그녀가 여러 가지를 가르쳐주었는데도 그의 마음은 조금도 흔들림이 없었다. 설사 그녀가 설명한 위험이 진실일지라도, 눈앞에 닥친 위험을 얼마쯤 각오하고라도 날마다 그녀와 만날 수 있는 행복을 원하는 것이 그다지도 값비싸단 말인가? 또한 볼로냐 피렌체로 도망가 숨는다고 해서, 거기서 어떠한 생활을 하게 될까? 이 성채에서 도망치면 파르마에서 살 수 있는 허가는 도저히 얻지 못할 게 아닌가. 그리고 대공의 마음이 변해 그를 풀어준다 하더라도, (이는 도저히 있을 수 없는 일이다. 강력한 한 당파에게 파브리스는 모스카 백작을 실각시킬 수단이므로) 두 당파를 반목시키고 있는 증오가 너무 심해서 클렐리아와의 사이가 갈라질 수밖에 없을 텐데. 그러면 파르마에서 어떻게 살아간단 말인가? 아마 한 달에 한두 번은 우연히 같은 살롱에서 만날 수는 있겠지. 그러나 그런 때인들 그녀와 무슨 이야기를 할 수 있단 말인가? 지금 날마다 몇 시간씩 즐기고 있는 이 친밀감을 어떻게 다시 발견할 수 있을까? 지금 둘의 알파벳 대화에 비하면, 사교계의 담화 따위가 대체 뭐란 말이냐? 얼마쯤 위험을 각오한 이 즐거운 생활, 행복의 유일한 기회를 택한다고 해서 무엇이 나쁜가? 그리고 이렇게 해서 자기 사랑의 증거를 상대에게 보일 수 있는 기회를 만드는 것도, 또한 하나의 행복이 아닐까?

파브리스가 클렐리아의 편지에서 본 것은, 그녀를 직접 만날 수 있는 기회, 그것뿐이었다. 이것이 그의 모든 욕망의 변치 않는 유일한 목적이었다. 그는 투옥되던 날 단 한 번, 무척 짧은 순간 그녀에게 말 한마디를 건넸을 뿐이었다. 그로부터 2백 일이 넘었다.

그는 클렐리아를 만날 쉬운 방법을 찾아냈다. 심성이 착한 동 체사레 신부가 파브리스에게 매주 목요일 낮에, 파르네제 탑 난간을 30분씩 산책하는 걸 허락해주었다. 그 밖의 날은, 이 산책이 파르마나 인근 주민들의 눈에 뜨일지도 모르고 사령관의 비난을 받을지 모른다는 두려움으로 해가 지면 하기로 돼 있었다. 파르네제 탑 난간에 올라가려면, 예배당에 딸린 조그마한 종루 계단을 사용해야 했다. 이 예배당은 흑백의 대리석으로 음침한 분위기로 장식을 해놓았는데, 독자는 아마 기억하리라 생각한다. 그릴로가 파브리스를 이 예배당까지 데리고 와서, 종루의 조그마한 계단 문을 열어주었다. 이 사나이의 임무는 옥상까지 따라가는 것이지만 밤이면 쌀쌀해졌으므로, 감옥지기는 파브리스 혼자만을 올려보낸 다음 난간으로 통하는 종루 안에 자물쇠를 잠가놓고 자기는 방으로 불을 쬐러 돌아갔다. '그렇다! 클렐리아가 하녀를 데리고 밤에 몰래, 이 검은 대리석 예배당까지 올 수는 없을까?'

파브리스가 클렐리아에게 쓴 긴 답장 속엔, 이 만남의 기회를 어떻게 해서든 마련하려고 애쓴 흔적이 뚜렷하게 나타났다. 한편 그는 자기가 성채를 나가지 않겠다는 결심의 온갖 이유를 솔직하게, 마치 남의 일인 듯 털어놓았다.

'나는 이제 한시라도 그만둘 수 없는 알파벳 통신으로 당신과 이야기할 수 있는 행복을 얻기 위해서라면, 날마다 천 번 죽음의 위협을 받는다 해도 두렵지 않습니다. 그런데도 당신은 내게 볼로냐로, 피렌체로 어디든 먼 곳으로 도망갈 궁리를 하라고 말하는군요. 당신에게서 멀리 떠나라고 말입니다. 그런 노력이 나에겐 불가능하다는 걸 알아주길 바랍니다. 아무리 약속한들, 나는 그걸 지킬 수 없으니까요.'

이렇게 만나주기를 애원한 결과, 클렐리아는 이제 완전히 모습을 드러내지 않았다. 그것이 닷새 동안이나 계속됐다. 그동안 그녀는 파브리스가 차양 판자의 구멍을 이용할 수 없다는 걸 알고 있는 시간에만 새들이 있는 방에 갔다. 파브리스는 절망했다. 그녀가 이렇게 모습을 보이지 않자 그는 다음과 같이 결론을 내렸다. 가끔 다정한 눈길을 받으면서 어리석은 희망을 품긴 했으나, 클렐리아는 자신에게 평범한 우정을 갖고 있을 뿐이라고. '그렇다면 내 생명 따위가 뭐란 말이냐? 대공이 이 목숨을 빼앗을 생각이라면, 얼마나 고마운 일인가. 점점 더 나는 이 성채를 떠날 수 없다.' 매일 밤 조그마한 남폿불 신호에, 그는 몹시 증오하는 심정으로 대답하고 있었다. 공작부인은 아침마다 루도빅이 가지고 오는 신호 내용이 적힌 쪽지에서 "나는 도망가고 싶지 않다. 여기서 죽고 싶다." 이런 이상한 말을 읽고는, 분명 파브리스는 미친 거라고 생각했다.

파브리스에게 더없이 고통스러웠던 지난 닷새 동안, 클렐리아는 그보다도 훨씬 더 불행했다. 고결한 마음을 지닌 그녀는 몹시 안타까운 생각을 품고 있었다. '내 의무는 성채에서 멀리 떨어진 수녀원으로라도 도망가는 일이다. 내가 여기 있지 않다는 사실을 파브리스가 알면, 그건 그릴로나 그 밖의 다른 감시원을 통해 알릴 작정이지만, 그러면 그는 탈옥할 결심을 할 거야. 그러나 수녀원에 간다는 건, 영원히 파브리스를 만나는 걸 단념하는 일이다. 더구나 이전에 그 사람과 공작부인을 사이좋게 맺어주었는지도 모르는 감정이 이젠 없어졌다 확신하는데도 그를 포기해야 한다니! 젊은 남성이 이보다 더 감격스러운 사랑의 증거를 보여줄 수 있을까? 몸을 몹시 상하게 한 7개월이라는 기나긴 감옥생활을 하고서도, 아직도 자유가 되는 걸 거부하고 있어.' 궁정 사람들이 평하던 모습대로라면 파브리스는 이 성채 감옥을 하루라도 빨리 나가기 위해선, 애인을 20명이라도 희생시켜야 했다. 하루하루 독약으로 생명을 단축시킬 위험이 있는 감옥에서 나가기 위해선 무슨 짓이라도 했을 텐데!

클렐리아에겐 용기가 없었다. 마음을 독하게 먹고 수녀원으로 도망치지도 못했다. 이는 분명히 잘못이었다. 그렇게 했으면 크레센치 후작과의 관계를 끊는 수단도 되었을 것이다. 한번 이 잘못을 저지른 이상, 창문으로 그녀의 모습을 보기만 한다는 행복을 찾아 무서운 위험에 목숨을 걸고 있는 그 사랑스럽고 순진한 젊은이의 마음을 어떻게 거부할 수 있는가? 스스로를 경멸할 때도 많았던 닷새 동안의 고민 끝에, 클렐리아는 검은 대리석 예배당에서 만나 이야기하고 싶나는 파브리스의 편지에 대답하기로 결심했다. 실제로 그녀는 명백히, 그것도 상당히 냉혹한 말로 거절했다. 그러나 이때부터, 그녀의 마음은 완전히 침착성을 잃고 말았다. 순간순간 그녀는 독약 기운에 죽어가는 파브리스의 모습이 떠올랐다. 하루에도 일고여덟 번이나 새들이 있는 방으로 갔다. 파브리스가 살아 있다는 걸 자기 눈으로 확인하고 싶은 열정적인 욕구를 느꼈기 때문이다.

'저 사람이 지금까지도 성채 안에 남아 있는 것은, 라베르시 일파가 모스카 백작을 몰아내려는 목적으로 저 사람에 대해 꾸미고 있는 무서운 음모에 몸을 내맡기고 있는 것은 내가 마음이 약해 수녀원으로 도망가질 않았기 때문이다. 내가 이제 영원히 이곳에서 떠났다는 사실을 확실히 안다면, 저이에겐 여기에 머물러 있을 핑계가 없어지겠지.'

지나치게 소심하면서 대단히 기품 있는 그녀는 감옥지기 그릴로에게 거절당할지도 모르는 말을 마침내 입 밖에 꺼내고야 말았다. 뿐만 아니라, 이 사나이가 그녀의 기이한 행동을 어떻게 생각하는지 그런 위험까지도 저지른 것이다. 그녀는 비굴하게도 이 사나이를 일부러 불러다가는 자기 비밀을 다 드러낸 떨리는 목소리로 이렇게 말했다. 파브리스는 곧 풀려난다. 산세베리나 공작부인이 그러한 희망을 품고 더욱 맹렬히 교섭을 벌이고 있다. 여러 가지 안건을 내놓고 그것에 대한 죄수의 조속한 대답을 원하는 일이 자주 일어난다. 그러니 죄수의 창문을 가린 차양에 구멍을 하나 뚫는 걸 모르는 체해주길 바란다. 그러면 산세베리나 부인한테 하루에도 몇 번씩 받는 의견을 신호로 전할 수 있을 테니까.

그릴로는 빙긋 웃으며 존경과 복종의 뜻을 표했다. 그가 아무 말도 덧붙이지 않는 게 클렐리아는 더없이 기뻤다. 이 사나이는 몇 달 전부터 일어나는 일을 잘 알고 있음이 분명했다.

감옥지기가 나가자, 클렐리아는 긴급할 때에 파브리스를 부르는 데 사용하기로 했던 신호를 통해 자기가 한 일을 모두 고백했다. 그리고 이렇게 덧붙였다.

"당신은 스스로 독약을 먹고 죽고 싶어합니다. 저는 용기를 내서 아버지 곁을 떠나 어디든지 먼 수녀원으로 도망가려 해요. 이것은 제가 당신을 위해서 해야 할 일입니다. 그렇게 되면, 당신은 이곳에서 당신을 구해내려는 계획에 반대하지 않으실 테죠. 당신이 이곳에 있는 한, 저는 무서운 생각과 무분별한 생각으로 마음을 괴롭혀야 합니다. 저는 이제까지 아무도 불행하게 한 적이 없어요. 당신이 죽게 된다면 그것은 저 때문이라 생각합니다. 상대가 전혀 모르는 사람이라도, 틀림없이 가슴 아프리라 생각해요. 그런데 그런 분별없는 말로 저를 난처하게만 하는 사람일지언정, 오랫동안 매일 만나고 있는 당신에게 지금 이 순간 죽음의 고통이 닥쳐오고 있다고 생각할 때 제 심정이 어떻겠어요. 때때로 저는 당신이 살아 있다는 걸, 당신에게 직접 확인받고 싶은 생각이 간절해집니다.

이 무서운 고통에서 벗어나려고 저는 부탁을 거절할지도, 더욱이 배반할는지도 모르는 아랫사람에게 창피를 무릅쓰고 부탁했습니다. 하기야 그자가 제가 한 일을 아버지에게 일러바친다면 오히려 저는 행복해질 겁니다. 곧 저는 수녀원으로 갈 테고, 저도 모르게 당신의 짓궂은 바보짓을 돕지 않아도 될 테니까요. 하지만 내 말을 믿어주세요. 이런 상태가 오래가진 못할 겁니다. 당신은 공작부인의 말씀에 따라야 해요. 전 지금 제 아버지를 배반하라고 권하는 겁니다. 만족하시나요, 짓궂은 분이여! 그릴로를 불러서 뭘 좀 주세요."

사랑에 너무나 애가 탄 파브리스는 클렐리아가 가장 단순한 의사표시만 해도 그저 불안해 했으므로, 지금처럼 의미심장한 뜻밖의 말을 들었으면서도 자기가 사랑을 받고 있는 확증이라 생각지 못했다. 그는 그릴로를 불러 지금까지의 호의에 대한 보수를 후하게 주었다. 앞으로도 날마다 차양 구멍을 사용케 해줄 때마다 1스갱씩 주겠다고 말했다. 그릴로는 이 조건에 몹시 만족했다.

"각하, 이제 모든 걸 정직하게 말씀드리죠. 당신은 매일 식은 음식(찌지 않은 요리란 뜻)만 드실 작정입니까? 독약을 피하시려는 거라면, 아주 간단한 방법이 있습니다. 하지만 이건 절대 비밀로 하셔야 합니다. 감옥지기란 자는 무엇이나 다 봐야 하지만 절대로 알려고 해서는 안 되니까요. 개를 몇 마리 구해드리죠. 그러면 당신이 드시는 요리를 개한테 먼저 먹여보면 됩니다. 포도주는 제 것을 나눠드리겠습니다. 제가 먼저 맛본 병만 드셔야 합니다. 그렇지만 각하가 저를 한번 혼내시려면, 지금 말씀드린 걸 아가씨에게 폭로하시면 그것만으로도 충분합니다. 뭐니뭐니해도 여자는 여자거든요. 내 일이라도 아가씨가 당신과 다투시면, 그분은 자기 아버지에게 이런 이야기를 다 일러바칠 겁니다. 그 아버지란 자는 감옥지기를 목매달 핑계를 만드는 것이 더없이 즐겁다는 사람이니까요. 바르보네 다음으론 이 성채에서 그 사람이 가장 질이 나쁩니다. 그러니까 당신 처지도 위험하거든요. 그 사람은 독약을 조제할 줄 압니다. 그렇고말고요. 개 서너 마리를 기르는 걸 생각해낸 저를 절대 용서하지 않을 겁니다."

또 세레나데 연주가 있었다. 이제 그릴로는 파브리스가 물어보는 것에 대답해주었다. 그러나 그는 아주 신중한 태도로 클렐리아 아가씨를 배반하는 일은 하지 않으려고 했다. 그의 생각으로 아가씨는 파르마에서 가장 부자인 크레센치 후작과 얼마 안 있으면 결혼할 몸이지만, 그런데도 감옥의 벽이 허락하는 범위 안에서 역시 미소년인 델 동고와 사랑을 하고 있구나 싶었다. 하지만 파브리스가 세레나데에 대해 물어봤을 때, 그만 무의식중에 이런 말을 하고 말았다.

"아가씨는 그분과 머잖아 결혼하신다는 이야기가……."

이 한마디가 파브리스에게 어떠한 충격을 주었는지 상상할 수 있을 것이다. 그날 밤, 그는 남포불 신호에 몸이 불편하다고 대답했을 뿐이었다. 다음 날 아침 10시가 되자 클렐리아가 새들이 있는 방에 나타났다. 그는 여태껏 없었던 쌀쌀맞은 태도로, 그녀가 크레센치 후작을 좋아해서 곧 결혼한다고 왜 솔직히 말해주지 않았느냐고 물었다.

"그건 모두 진실이 아니기 때문이에요." 클렐리아는 초조하게 대답했다.

그 뒤의 대답 또한 분명치 않은 것도 사실이었다. 파브리스는 그것을 탓하고, 트집 잡으며, 다시 만나달라고 졸라댔다. 자기 성의를 의심하고 있다고 느낀 클렐리아는 다급한 마음에 승낙하고 말았다. 물론, 그런 짓을 하면 그릴로가 자기를 완전히 멸시하리라는 걸 알면서도 말이다. 밤이 이슥해지자 그녀는 시녀를 데리고 검은 대리석 예배당으로 왔다. 그녀는 그곳 중앙에 달린 밤새도록 켜놓는 등 옆에 와서 걸음을 멈추고, 하녀와 그릴로는 서른 걸음쯤 문 쪽으로 멀리 자리를 피했다. 클렐리아는 마음이 떨렸으나, 훌륭히 화젯거리를 미리 준비했다. 그녀의 목적은 자기가 나중에 곤란해질 고백은 절대로 하지 않겠다는 것이었다. 그러나 정열의 논리는 절실했다. 진실을 알려는 강한 심정은 쓸데없는 걱정을 허용치 않았고, 동시에 사랑하는 사람의 신변을 생각하는 헌신적인 마음은 상대를 불쾌하게 하지나 않을까 하는 두려움도 없앴다. 파브리스는 먼저 클렐리아의 아름다움에 현혹되고 말았다. 8개월 전부터 이렇게 가까이서 본 사람은 감옥지기뿐이었다. 하지만 크레센치 후작의 이름에 완전히 흥분하여, 클렐리아가 신중한 대답만 하는 걸 보자 그 노여움은 더욱 불타올랐다. 클렐리아 자신도 상대의 의혹을 없애기는커녕 오히려 더하고 있다는 사실을 깨달았다. 그걸 생각하니 마음이 더욱 아팠다.

"당신은, 저로 하여금 의무를 모두 저버리게 하는 것이 그렇게도 기쁘십니까?" 그녀는 노여운 듯이 눈물을 글썽거리며 말했다. "작년 8월 3일까지 저는 저의 비위를 맞추려고 쫓아다니는 사람들에게 티끌만큼도 흥미를 갖지 못했습니다. 궁정 사람들의 성격에는 한없는, 지나친 과장이라고 할 수 있을 정도로 경멸을 느끼고 있었습니다. 이곳 궁정에서 행복한 것처럼 보이는 사람은 모두 마음에 들지 않더군요. 그런데 8월 3일, 이 성채에 끌려온 한 죄수에게서 심상치 않은 미덕을 발견했습니다. 처음엔 잘 알지도 못하고, 질투의 괴로움만 맛보고 있었습니다. 제가 잘 알고 있는 어느 아름다운 부인의 우아한 모습이 제 마음을 날카롭게 찌른 겁니다. 그 죄수가 이 부인을 좋아한다고 믿었으며, 지금까지도 조금은 믿고 있습니다. 얼마 뒤 저에게 결혼을 청해왔던 크레센치 후작의 재촉이 심해졌습니다. 그 사람은 대단한 부자지만, 우리집엔 재산이라곤 전혀 없습니다. 제가 그 청혼을 거절하자, 아버지는 수녀원에 보내겠다는 무서운 말을 꺼내셨습니다. 만일 제가 이 성채를 떠나면, 늘 걱정이 되는 그 죄수의 생명을 지켜드릴 수 없게 된다고 생각했습니다. 제가 얼마나 여러 가지로 애를 태웠는지 말씀드릴까요. 그때까지도 그 죄수는 자기 목숨이 엄청난 위험에 빠졌다는 걸 조금도 모르고 있었습니다.

저는 아버지도 배반하지 않고, 나 자신의 비밀도 말하지 않으리라고 맹세했습니다. 그런데 이 죄수를 끔찍히 여기는, 놀라우리만큼 날쌔고 총명하며 무서운 의지력을 가진 그 부인이, 제 짐작으로는 탈옥 방법을 전해온 것 같았습니다. 죄수는 그 제안을 거절하고, 제 곁을 떠나고 싶지 않기 때문에 성채를 빠져나가는 걸 승낙하지 않는 거라며 저를 설득하려 했습니다. 그때 저는 큰 실수를 했습니다. 닷새 동안 마음속으로 싸웠지요. 바로 그때 성채를 떠나 수녀원으로 가서 숨었어야 했는데. 그랬더라면 크레센치 후작과도 간단히 인연을 끊을 수 있었을 테니까요. 저는 성채를 떠날 용기가 없었습니다. 그리고 이제 몹쓸 여자가 되었습니다. 저는 성실치 못한 남자를 좋아하게 되었습니다. 나폴리에서 그 사람의 행실이 어떠했는지 잘 알고 있습니다. 그 뒤로 그 사람의 성격이 변했다고 믿을 만한 이유를 제가 발견했을까요? 삼엄한 감옥에 갇혀, 거기서 만날 수 있는 오직 한 사람인 여자에게 잠깐 마음이 흔들렸을 뿐입니다. 그에게 그 여자는 단지 권태를 달래기 위한 심심풀이 놀이 상대였습니다. 대화를 나누는 데 어느 정도의 어려움이 있었기 때문에 그런 고난을 극복하는 재미를 정녕 정열의 사랑으로 착각한 거죠. 그 죄수는 전에 사교계에선 용감하다는 평이 났던 만큼, 자기가 사랑하는 것 같기도 한 여자를 계속 만나기 위해서 상당히 큰 위험까지도 무릅쓰고, 자기 사랑은 일시적인 장난이 아니라는 걸 증명하려는 마음인 듯싶었습니다. 그러나 어느 때고 커다란 도시에 살며 다시 사교계의 유혹에 둘러싸이면, 그는 틀림없이 이전처럼 방탕과 유희에 빠지는 상류 인사가 될 테죠. 그리고 감옥에서 상대했던 불쌍한 여자는 이 성실하지 못한 사나이의 버림을 받아, 그런 자에게 진실한 마음을 고백한 일을 뼈저리게 후회하면서 일생을 수녀원에서 보낼 겁니다." 이야기가 너무 길어서 주요 부분만 여기에 옮겨놓았다. 그녀의 긴 이야기 중간에 파브리스가 여러 번 말을 막았으리라는 건 독자도 넉넉히 짐작할 수 있을 것이다. 그는 열렬히 사랑하고 있었으므로, 클렐리아를 만나기 전까지는 한 번도 사랑을 하지 않았고, 자기 일생의 운명은 그녀를 위해서 사는 길밖엔 없다고 굳게 믿었다.

그가 갖가지 훌륭한 말을 늘어놓았으리라는 건 독자도 상상할 수 있을 것이다. 그러고 있을 때, 하녀는 아가씨에게 벌써 11시 30분이며 장군이 언제 돌아올지 모른다고 주의를 주었다. 두 사람은 헤어지기가 몹시 괴로웠다.

"만나뵙는 건 이것이 마지막이리라 생각합니다. 라베르시 일파 사람들을 위한 어떤 수단이 취해져서, 그 때문에 당신이 변덕스러운 사람이 아니라는 걸 슬픈 방법으로 증명하는 일이 있을지도 모릅니다."

클렐리아는 흐느껴 울며 말도 제대로 못하면서 파브리스의 곁을 떠났다. 하녀에게, 특히 그릴로에게 그런 자기 모습을 감출 수 없는 게 죽고 싶을 만큼 창피했다. 다시 한 번 이렇게 이야기를 나누려면 장군이 사교계에서 하룻밤을 새우겠다고 미리 알려줄 때가 아니면 불가능했다. 파브리스가 감옥에 갇힌 뒤부터 그것이 궁정인의 호기심을 여러모로 부추기고 있었으므로, 장군은 신경통 발작으로 늘 고생하고 있다는 핑계를 대고 집에 있는 것이 상책이라고 생각했다. 그래서 정치적인 볼일이 있어서 할 수 없이 외출할 때조차 마차에 타야 할 시간이 다 돼서야 비로소 결심하는 일이 많았다.

대리석 예배당에서의 하룻밤 이후, 파브리스의 생활은 황홀한 기쁨에 차 있었다. 물론, 그의 행복 앞에는 아직도 커다란 장애가 가로놓여 있는 것 같았다. 그러나 지금 자기 머릿속을 독차지하고 있는, 천사와도 같은 여인에게 사랑을 받고 있다는 달콤하고도 기대하지 못했던 기쁨이 생긴 것이다.

클렐리아와 만난 지 사흘째 되는 날, 남포의 신호도 자정쯤 일찌감치 끝났다. 벌써 끝났는가 생각하는 사이에, 창에 커다란 납덩어리가 날아들어와 파브리스는 하마터면 머리에 맞아 다칠 뻔했다. 그것은 차양 위로 넘어와 기름 종이를 뚫고 방 안에 떨어졌다.

이 납덩어리는 크기에 비해 아주 가벼웠다. 파브리스가 곧 열어보니, 그 속에는 공작부인의 편지가 있었다. 부인은 그전부터 정성껏 비위를 맞춰온 대주교의 주선으로 성채 보초 한 사람을 매수했다. 그 사나이는 돌 던지기를 잘했고, 사령관 관저의 네 모퉁이와 현관 출입구에 배치된 보초를 속여가며 사귀어두었던 것이다.

"너를 밧줄로 구해내야겠다. 이런 심상치 않은 방법을 권하면서 나는 두려움을 참을 수 없구나. 이 말을 꺼내는 데 꼭 두 달 동안을 망설였다. 그러나 정세는 날이 갈수록 나빠지는 것 같고, 최악의 경우를 각오해야 해. 곧 남포의 신호로, 이 편지를 받았다는 걸 알려라. 수도원식으로 PBG로 해라. 즉 4, 12, 2. 이 신호를 보기 전까지는 숨조차 제대로 쉬지 못할 것 같구나.

난 탑에 와 있다. N과 O, 즉 7과 5로 대답하겠다. 그 대답을 보거든 신호를 보내지 마라. 내 편지를 집중해서 읽어다오."

파브리스는 바로 지시를 따랐다. 약속대로 신호를 보내자 상대편에서 대답을 보내왔다. 그러고는 편지를 계속 읽어 나갔다.

"최악의 경우를 각오해야 한다. 내가 가장 믿고 있는 세 사람이, 그것이 아무리 내게 듣기 괴로운 일이라 할지언정 절대로 진실을 말하겠노라고, 싱서에다 맹세를 하고 명백히 말한 거다. 이 세 사람 가운데 한 사람은 페라라에서 너를 밀고하려 했던 의사를 찔러 죽이겠다고 협박한 사람이고, 또 한 사람은 네가 벨지라테로부터 돌아오던 산속에서 노래를 부르며 훌륭한 말을 끌고 온 하인을 만났을 때 그를 권총으로 쏘아 죽이는 편이 엄밀히 따져 신중한 태도였을 거라 말했던 사람이다. 마지막 사람은, 너는 아직 모른다. 나와 잘 알고 지내는 날치기꾼인데 결단이 빠르고 바로 행동에 옮기는 사람으로, 너처럼 용기가 있다. 이번엔 특히 이 사람에게, 앞으로 네게 실제로 꼭 해야 할 일이 무엇인가를 가르쳐달라고 부탁했다. 세 사람이 다 내가 다른 두 사람에게 의논한 줄은 모르고, 앞으로 11년 4개월을 늘 독살을 당할까 봐 걱정하는 것보다는 위험을 무릅쓰고 대담한 일을 감행하는 편이 낫다고 들 했다.

한 달 동안, 너는 방 안에서 매놓은 밧줄로 오르내리는 연습을 해두어라. 그리고 어느 축제일에 성채의 병사들에게 술을 먹이는 날, 이 계획을 실행하게 되는 것이다. 날을 보아, 백조의 날개털만한 굵기의 명주와 삼베 밧줄을 세 가닥 보내마. 한 가닥은 길이 24미터로, 그곳 창문에서 오렌지 나무숲까지 10미터를 내려가기 위해서다. 다른 하나는 90미터로, 무거워서 다루기가 힘들겠지만 탑 벽의 높이 54미터를 내려가기 위한 거란다. 세 번째 것도 90미터인데, 성채 외곽 담을 내려가기 위한 것이다. 나는 매일 동쪽, 즉 페라라 쪽의 커다란 성벽을 꼼꼼히 살피고 있어. 지진으로 갈라진 틈을 석회로 메워놓아서 기울어져 있더구나. 날치기꾼이 자신 있게 하는 말로는, 그 석회로 때운 비탈면을 미끄러져 내려오면, 조금 담에 긁혀 상처가 날 뿐 비교적 쉽게 내려올 수 있다고 한다. 수직으로 된 곳은 훨씬 아래쪽에 있어 8미터밖엔 안 돼. 이 부근이 가장 경비가 허술한 곳이지.

　그렇지만 이 날치기꾼은 세 번이나 탈옥한 자로―분명 너도 그가 마음에 들 거야. 그는 너와 같은 신분의 사람을 싫어하긴 한다만―아무튼 너처럼 눈치가 빠르고 날쌔서, 자기 같으면 오히려 서쪽, 바로 네가 알고 있는 파우스타가 살던 집과 마주하고 있는 쪽으로 내려가겠다는구나. 그 이유로는, 벽은 그다지 기울어지지 않았지만 가시덩굴 숲으로 덮여 있기 때문이야. 손가락만한 잔가지가 많아 주의하지 않으면 상처투성이가 되기 쉽지만, 몸을 가누기엔 알맞은 곳이라는구나. 오늘 아침에도 고급 망원경으로 그 서쪽을 주의 깊게 살펴보았다. 선택할 장소는 2, 3년 전에 윗 난간에 새로 돌을 놓은 곳이야. 이 돌 바로 밑으로 처음 6미터가량 드러난 벽면이 보일 게다. 그곳은 되도록 천천히 내려가야 해. (이런 소름 끼치는 주의를 쓰면서 내 가슴이 얼마나 떨리는지 넌 알리라 생각한다. 하지만 용기라는 것은, 그것이 얼마쯤 무섭더라도 재앙이 덜한 편을 선택하는 거니까.) 그 담벼락을 지나면 그로부터 커다란 가시덩굴이 2, 30미터가량 우거져 있어, 거기서는 새가 날아오르는 게 보인다. 그리고 10미터쯤은 쐐기풀 같은 잡초와 들풀뿐이야. 이윽고 땅에 가까워지면 6미터쯤 다시 가시덩굴이 우거지고, 마지막 10미터 정도는 얼마 전에 석회를 메워 새로 다져놓았다.

　내가 이 방향이 좋다고 생각하는 이유는 윗 난간의 새 돌 밑으로, 어느 병사가 자기 마당에다 세운 나무 오두막이 있기 때문이야. 성채의 공병 대위는 그걸 허물어버리고 싶어하지만, 이 오두막은 높이가 5미터로 짚으로 지붕을 덮었고, 지붕은 성채의 큰 담에 붙어 있다. 난 이 지붕이 마음에 들어. 혹시 잘못해서 굴러떨어지더라도, 지붕 덕에 목숨은 건질 수 있을 테니까. 그곳까지만 내려오면 넌 경비가 허술한 외곽에 든 셈이다. 만일 그곳에서 발각되면 권총을 쏘며 몇 분 동안 방어해라. 페라라에서 네 친구였던 사나이와 앞서 날치기라고 부른 또 한 사람의 용감한 사나이가, 사다리를 가지고 있다가 곧 그다지 높지 않은 이 외곽으로 기어올라가 너를 구하러 갈 테니까.

　외곽은 8, 9미터 높이에 지나지 않고 기울기가 심하다. 나는 무장한 사람들을 많이 데리고 맨 밑 담 아래로 가 있겠다.

　이 편지와 같은 방법으로, 앞으로도 대여섯 통 전달될 거야. 충분히 의사소통을 하기 위해서 다른 말로 같은 것을 여러 번 되풀이해도 괜찮으리라 생각한다. 하인을 권총으로 사살 운운한 사람은—정말 좋은 사람이다—네가 팔 하나쯤 부러질지 모르지만 무사히 해낼 수 있으리라 여기고 있단다. 그러나 이런 걸 알리는 내 심정을 짐작할 수 있을 테지. 이런 일에 경험이 많은 날치기꾼은 네가 서두르지 않는 듯 내려오기만 한다면, 가벼운 상처 정도로 훌륭히 자유의 몸이 될 수 있다고 한다. 어려운 건 밧줄을 구하는 일이다. 이 엄청난 계획을 생각해낸 다음, 두 주일 전부터 나는 그것만 궁리하고 있다.

'이곳을 떠나고 싶지 않다'는 너의 어리석기 짝이 없는 말에는 굳이 대답할 필요도 없다 생각한다. 하인을 권총으로 쏘아 죽였어야 했다고 말한 사람은, 네가 너무 고독한 나머지 미친 거라고 하더구나. 솔직히 말해 어떤 급한 위험이 닥쳐오지나 않을까 하는 우려도 있어서, 네 탈옥 날짜를 당길지도 모른다. 그런 위험을 알릴 때는 남포 불빛을 여러 번 깜박이겠다. '성에 불이 붙었다'고 알리겠다. 너는 이렇게 대답해다오. '내 책은 탔느냐?'"

이 편지는 아직도 5, 6장은 계속되어, 자질구레한 것이 적혀 있었다. 매우 얇은 종이에 현미경으로나 보일 만한 글씨가 줄지어 있었다.

'허, 굉장하군. 계획이 그럴 듯한데.' 파브리스는 생각했다. '백작과 공작부인에게는 영원히 감사해야 한다. 그들은 내가 겁을 먹었다고 생각할지 모르지만, 나는 도망치지 않겠다. 도대체 모든 것에서 제약을 받고 숨쉴 공기조차 제대로 없는 불쾌한 추방 신세가 되기 위해서, 행복하고 조금의 불만도 없는 장소를 도망간다는 일이 말이 되느냐 말이다! 피렌체에 간다고 한들 한 달 뒤에 나는 무엇을 하겠는가? 변장하고 이 성채 근처를 서성대며, 한 번만이라도 어떻게 엿볼 수 없을까 탐지하러, 또다시 올 게 아닌가!'

다음 날 파브리스는 공포에 휩싸였다. 11시쯤 창가에 기대서 웅장한 경치를 바라보며, 클렐리아를 볼 수 있는 시각을 기다리고 있는데 그릴로가 숨가쁘게 방으로 뛰어 들어왔다.

"빨리! 빨리! 침대에 누워 계시오. 병이 난 시늉을 하시오. 재판관이 세 사람이나 왔습니다. 당신을 심문하러 왔대요. 대답을 하기 전에 잘 생각하셔야 합니다. 그들은 당신을 어떻게 해서든 얽어넣으려고 왔거든요."

이렇게 말하면서 그릴로는 재빨리 차양이 달린 조그마한 들창문을 닫고 파브리스를 침대에 눕히고는, 위에다 망토를 두서너 벌 뒤집어씌웠다.

"몹시 아프다고 하세요. 너무 말을 많이 하지 말고, 저쪽에서 물어보는 말은 다시 한 번 되풀이 시키십쇼. 그 사이 잘 생각해서 대답을 해야 합니다."

재판관 세 사람이 들어왔다. '재판관다운 얼굴이 아냐. 도망쳐온 세 죄수 같군.' 파브리스는 그 야비한 용모를 보고 생각했다. 옷자락이 긴 검은 옷을 입은 그들은 인상을 찌푸리고 머리를 숙여 인사를 한 다음, 말없이 방 안에 놓인 의자에 앉았다. 그중 가장 나이가 많은 사람이 입을 열었다.

"파브리스 델 동고 씨, 우리는 매우 괴로운 임무를 맡고 왔습니다. 롬바르디아 베네치아 왕국 부집사장, 대십자훈장 수훈자……인 귀하의 아버지 델 동고 후작 각하의 서거를 알려드리러 온 것입니다……."

파브리스는 눈물을 글썽거렸다. 재판관은 계속했다.

"귀하의 어머니 델 동고 후작부인은 서면으로 이것을 당신에게 알려왔습니다. 그런데 이 편지에서 부인은 사실의 보고 말고도 금지되어 있는 의견을 덧붙이셨으므로, 법정은 어제 결정에 입각해서 그 부분만 발췌해 당신에게 전해드리기로 하겠습니다. 그것을 이제 보나 서기가 읽어드립니다."

다 읽고 나자 사법관은 그대로 누워 있는 파브리스에게 가까이 가더니, 지금 읽은 어머니의 편지를 보여주었다. 그 편지에서 '부정한 투옥' '무고한 죄에 대한 잔인한 형벌' 등등의 글자가 눈에 띄었다. 그리고 이 사법관들이 찾아온 이유를 잘 알 수 있었다. 그러나 공정하지 못한 사법 관리를 경멸하는 감정으로 가득 찬 그는, 문자 그대로 다음과 같은 말을 했을 뿐이었다.

"나는 병중입니다. 팔다리가 결려서 죽겠습니다. 일어나지 못하는 걸 용서하십시오."

사법관들이 나가자 파브리스는 다시 울음을 터뜨렸고, 얼마 뒤 이렇게 중얼거렸다. "나는 위선자일까? 조금도 아버지를 사랑하지 않는 줄 알았는데."

그날도 그 다음 며칠 동안도 클렐리아는 몹시 슬펐다. 여러 번 그를 불렀으나, 말을 걸 용기가 없었다. 처음으로 만나 옆에서 이야기한 지 닷새째 되는 날 아침, 그녀는 그날 밤 다시 대리석 예배당에 가겠다고 알렸다.

"오래 이야기할 수는 없어요." 그녀는 들어오자, 곧 이렇게 말했다.

몹시 떨고 있어서 하녀에게 기대고 있어야만 할 정도였다. 그 하녀를 문 있는 데까지 물러나게 하고, 거의 알아들을 수 없는 목소리로 말을 이었다.

"저에게 약속해주시겠어요? 공작부인의 지시에 따르겠다고, 그분이 말씀하시는 날에 지시대로 도망치겠다고 약속하셔야 해요. 그렇지 않으면 전 내일 아침 수녀원으로 떠나, 맹세코 한평생 당신과는 말하지 않을 거예요."

파브리스는 잠자코 있었다.

"약속해주세요." 클렐리아는 눈물이 글썽해서, 이젠 제정신이 아닌 것 같았다. "그렇지 않으면, 여기서 이야기하는 것도 마지막이에요. 당신 때문에 제 생활은 엉망이 되었습니다. 당신은 저 때문에 여기에 계시죠. 그리고 매일 당신의 마지막 날이 될지도 모르는 위험을 겪고 있지 않습니까?"

이때 클렐리아는 몸을 가눌 만한 힘도 없어서, 옛날 공자가 사용했다는 커다란 의자에 기대서야 했다. 곧 정신을 잃을 것만 같았다.

"뭘 약속합니까?" 파브리스는 낙심하여 말했다.

"잘 알고 계시잖아요?"

"그렇다면, 나 스스로 무서운 불행에 뛰어들어, 이 세상에서 가장 사랑하는 사람으로부터 멀리 떨어져 살 것을 맹세합니다."

"좀더 분명한 것을 약속해주세요."

"공작부인의 분부에 따라, 그녀가 말하는 날에, 그녀의 지시대로 도망갈 것을 맹세합니다. 그러나 당신과 헤어진다면 나는 어떻게 됩니까?"

"무슨 일이 있더라도 도망가겠다고 맹세해주세요."

"뭐라고요! 당신은 내가 여기서 나가면, 크레센치 후작과 결혼할 생각입니까?"

"어머나! 제가 어떠한 마음을 가진 여자라고 생각하세요? ……하지만 어쨌든 맹세하세요. 그렇지 않으면 저는 잠시도 마음이 가라앉지 않습니다."

"좋습니다. 산세베리나 부인의 지시가 있는 날에, 무슨 일이 있더라도 이곳에서 빠져나갈 것을 맹세합니다." 이 맹세를 듣자 기운이 다 빠진 클렐리아는 파브리스에게 고맙다는 인사를 하고 바로 나가야 했다.

"당신이 끝끝내 여기에 있겠다고 고집하시면 내일 아침 바로 떠날 생각으로, 모든 준비를 다 해놓았었지요. 당신을 만나는 게 이번이 마지막이 될 뻔했습니다. 저도 성모님께 맹세를 하고 온 거예요. 그럼 저는 방을 나가는 대로 난간 새 돌 밑의 무서운 담벽을 살펴보러 가겠습니다."

그 다음 날, 파브리스의 얼굴이 고통으로 일그러질 정도로 그녀의 얼굴은 창백했다. 그녀는 새들이 있는 방 창문에서 말했다.

"달콤한 생각을 갖는 건 이제 그만둬요. 우리가 사이좋게 지내는 것은 죄이니, 반드시 불행이 오리라 생각해요. 당신이 도망가는 도중에 발견되어 모든 것이 물거품이 될지도 모르지요. 또 그것이 최악의 불행이 아닐 수도 있고요. 그러나 인간으로서 가능한 일은 다 해야 합니다. 탑 밖으로 내려가려면, 60미터 이상의 튼튼한 밧줄이 필요해요. 공작부인의 계획을 안 뒤로 저는 여러모로 애써봤습니다만, 모두 연결해서 겨우 15미터밖엔 구하지 못했어요. 사령관의 명령으로 이 성채 안의 밧줄이란 밧줄은 모두 태워버려, 물을 조금 길어올리기에도 끊어질 것 같은 약한 우물 밧줄조차 매일 밤 풀어서 집어넣어둡니다. 하느님이 저를 도와주시도록 기도해주세요. 저는 아버지를 배반하고 불효자로서 아버지를 몹시 괴롭히는 일을 하려 합니다. 저를 위해 하느님께 기도해주세요. 혹시 무사히 빠져나가시면, 목숨이 다할 때까지 하느님의 영광을 찬송하겠다고 맹세해주세요.

제게 좋은 생각이 있어요. 일주일 뒤에 저는 여기서 나가 크레센치 후작의 누이동생 결혼식에 갑니다. 그날 밤 돌아옵니다만, 무슨 핑계를 대서라도 늦게 오려 해요. 아마 바르보네라도 자세히 저를 조사할 수는 없을 거예요. 후작의 누이동생 결혼식에는 궁정의 이름난 부인들이 많이 참석하고, 산세베리나 부인도 분명 나오실 테죠. 그 부인들 중 한 분이 제게 밧줄 보따리를 넘겨주도록 해주세요. 제발 부탁합니다. 꽉 묶어서 되도록 부피를 작게 해서요. 그 밧줄 보따리를 성채 안으로 가져오기 위해서 저는 천 번 죽는 한이 있더라도, 가장 위험한 방법으로라도 기어이 해내고야 말겠습니다. 자식으로서의 의무는 버렸습니다. 아버지에게 이 사실이 알려지면, 아마 아버지와 딸 사이의 인연이 끊어지겠지요. 하지만 어떠한 운명이 기다리고 있을지라도, 당신을 구해내는 데 도움이 된다면, 저는 행복할 것입니다. 누이동생으로서의 애정 범위 안에서 말이죠."

그날 밤 파브리스는 남폿불 신호로, 충분한 양의 밧줄을 성채로 가지고 들어올 수 있는 유일한 기회가 있음을 공작부인에게 알렸다. 그러나 그가 이 비밀을 백작에게도 말하지 말라 부탁한 것은 이상하게 여겨졌다. '그 애는 아무래도 머리가 이상해졌나 봐. 감옥생활로 변했나 보군. 무엇이든 부정적이니 말이야.' 공작부인은 이렇게 생각했다. 다음 날 누군가 던져넣은 납덩어리는 아주 위험한 일을 초래할 수 있음을 알렸다. 또 '밧줄을 갖다줄 사람이 있다면, 그 사람이야말로 진정 그의 생명을 구하는 사람이다' 말하고 있었다. 파브리스는 곧 이 소식을 클렐리아에게 전했다. 이 납덩어리는 또한 파브리스에게, 서쪽 담벽의 매우 정확한 평면도를 갖다주었다. 그 벽을 타고 탑 위에서 보루 사이의 장소로 내려가기로 예정되어 있었다. 그곳이라면 도망치기 쉽다. 외곽 담은 7미터밖에 되지 않고, 감시도 허술했다. 도면 뒤에는 깨끗한 가느다란 글씨로 솜씨 있는 짤막한 시가 적혀 있었다. 어느 용감한 사람이, 파브리스에게 탈옥하라고 힘을 북돋워준 것이다. 앞으로 11년이나 남은 감옥생활로 마음을 비천하게 하고 몸을 망쳐서는 안 된다고 격려했다.

여기서 이 대담한 계획의 이야기를 잠깐 접어야 한다. 왜냐하면 공작부인이 이런 위험한 탈옥을 파브리스에게 권하게 된 경위를 설명할 필요가 있기 때문이다.

정권을 쥐지 않는 정당이 모두 그렇듯, 라베르시 일파의 내부도 그다지 잘 통제되지 않았다. 기사 리스카라는 어느 중요한 소송사건에서 진 것에 원한을 품고 라씨 검찰총장을 미워하고 있었다. 실제론 리스카라 쪽이 나빴다. 리스카라는 대공에게 익명의 밀고서를 보내, 파브리스의 판결문이 공식으로 성채 사령관에게 보내졌음을 폭로했다. 이 일파의 만만치 않은 우두머리인 라베르시 후작부인은 그 사실을 알고는 몹시 화를 내고, 곧 친구인 검찰총장에게 경고했다. 이 사나이는 모스카 백작이 권세를 쥐고 있는 한, 그에게서 자기 이익을 넉넉히 이끌어낼 자임을 부인은 알아차린 것이다. 라씨는 몇 번의 발길질만 받으면 해결되리라며 별 두려움 없이 궁정에 나왔다. 대공에겐 수완 있는 법률가 한 사람이 측근으로 반드시 필요했다. 그런데 라씨는 그를 대신할 만한 드문 인재였던 판사와 변호사를 자유주의자라는 명목으로 추방해버렸었다.

분통이 터진 대공은 그에게 욕을 퍼부으며 때리려고 가까이 왔다.

"아닙니다…… 그것은 서기의 실수입니다." 라씨는 침착하게 대답했다. "그건 법률에 명기되어 있으므로 델 동고를 성채에 수용한 다음 날 마땅히 그렇게 했어야 합니다. 자기 임무에 열성적인 서기는 그것을 무슨 착오가 있었던 거라 여겨, 형식대로의 서류에다 저의 서명을 하게 했던 겁니다."

"그런 서투른 거짓말을 내가 믿으리라고 생각하느냐?" 화가 나 어쩔 줄 모르는 대공은 호통을 쳤다. "차라리 사기꾼 모스카에게 매수됐다고 고백을 하시지. 훈장을 받은 건 그 때문이지. 정말 때리는 것만으로는 안 되겠다. 너를 재판에 걸겠다. 지독한 창피를 줘서 면직시킬 테다."

"저를 재판에 걸 수 있을까요!" 라씨는 태연하게 대답했다. 이런 방법이 대공의 기분을 가라앉히는 데엔 가장 좋다는 것을 알고 있었다. "법률은 제게 유리합니다. 그리고 전하 밑에는 이 라씨를 대신할 만큼 법률을 잘 다룰 수 있는 인물이 달리 없습니다. 전하는 저를 쫓아내지 못하실 겁니다. 전하는 때때로 대단히 준엄해지실 때면 피를 흘리게도 하시지만, 한편으로는 이성적인 이탈리아인의 존경도 잃고 싶어하지 않으시니까요. 이 존경이 전하의 야심에는 필수조건(Sine qua non)이지요. 요컨대 전하가 그 성격으로 말미암아 어떤 준엄한 일이 하고 싶어지실 때에는 곧 저를 부르시게 될 겁니다. 그러면 저는 그전처럼 겁 많은 고지식한 재판관들에게 눈치껏 정당한 판결을 내리게 하고, 전하도 만족하시는 결과가 됩니다. 이 나라에 저만큼 쓸모 있는 인간이 있는지 찾아보시지요."

이 말을 하고 라씨는 도망쳤다. 자로 호되게 맞고, 대여섯 번 발길질을 당한 것만으로 끝났다. 궁전에서 돌아오자, 곧 리바의 영지를 향해 출발했다. 불같이 화난 대공의 모습으로 보아 단도로 암살당하지 않을까 하는 걱정도 있었지만, 한편으로는 두 주일도 못 돼서 편지를 띄워 수도로 다시 부르리라는 것도 의심치 않았다. 시골에 있는 동안, 모스카 백작과 연락할 확실한 방법을 만드는 데 온 힘을 다했다. 그는 남작의 칭호를 얻고 싶어서 어쩔 줄을 몰랐다. 그리고 대공은 귀족이라고 하는, 전에는 숭고했던 것을 중요시하고 있었다. 자기 따위에겐 좀처럼 줄 성싶지 않다고 생각했다. 한편 백작은 자기 가문을 대단한 자랑으로 여기고 있었으며, 1400년 이전에 주어진 작위로 증명되는 귀족이 아니면 하찮게 생각했다.

검찰총장의 예상은 틀리지 않았다. 영지로 간 지 8일도 안 돼서 뜻하지 않게 나타난 대공과 친한 인물이, 곧 파르마에 돌아가라고 권했다. 대공은 싱글벙글 웃으면서 그를 맞더니 곧 엄숙한 얼굴이 되었다. 그리고 이제부터 이야기하는 내용은 비밀을 지키겠다고 복음서를 놓고 맹세시켰다. 라씨는 몹시 진지한 척 맹세했다. 그러자 대공의 눈은 증오로 불타오르면서, 파브리스 델 동고가 살아 있는 한 자신은 자기 나라에 있으면서도 마음대로 행동할 수 없다고 말했다.

"나는 저 공작부인을 쫓아낼 수도, 그녀가 눈앞에 있는 것을 참을 수도 없다. 그 여자의 눈은 나를 업신여기고 내 살 길을 방해한단 말이야."

라씨는 대공에게 그 심정을 실컷 이야기하게 내버려둔 뒤, 몹시 난처한 듯한 표정으로 이렇게 말했다.

"전하가 만족하시도록 다 조치하겠습니다만, 상황이 몹시 어렵습니다. 델 동고 같은 인물을 질레티 따위를 죽였다고 해서 사형에 처하는 건 도저히 불가능합니다. 그 죄목으로 12년의 성채 금고형이라는 것조차 이미 놀라울 만큼 과중합니다. 게다가 제 짐작입니다만 공작부인이 상기냐의 발굴 인부 중 그 질레티라는 악당이 델 동고에게 덤벼들었을 때 도랑 밖에 있었다는 농부 세 사람을 찾아낸 것 같습니다.

"그 증인들은 어디에 있는가?" 대공은 심사가 편치 못한 듯했다.

"피에몬테 지방에 숨어 있으리라 예상합니다. 그리고 이 사건에서, 전하의 생명을 노리는 음모를 꾸몄다는 것으로 하지 않으면……."

"그 방법은 위험해. 다른 사람들에게도 그런 생각을 품게 할 수 있으니까." 대공은 말했다.

"그러나…… 제 직책상 지혜를 짜낸다면, 이 정도밖에 없습니다."

"독약이 있어……."

"하지만 그 독약을 누가 넣습니까? 저 바보 같은 콘티가요?"

"소문으로는, 그자도 이번이 처음은 아니라던데……."

"그러려면, 먼저 그자를 몹시 화나게 할 필요가 있습니다. 그리고 그자가 대령을 처치했을 때는, 그의 나이 아직 서른이 되기 전이었습니다. 게다가 사랑을 하고 있었고, 오늘날처럼 겁이 많지도 않았습니다. 물론 모든 일은 국가의 시책을 따라야 합니다. 그러나 이런 갑작스러운 말씀에, 제 머리에 문득 떠오른 것을 말씀드리자면, 전하의 명령을 실행할 사람으로 바르보네 라는 사나이가 있습니다. 성채의 서기로, 감옥에 들어오는 날 델 동고에게 한 대 맞고 쓰러진 사나이입니다."

대공의 기분이 좋아지면서부터 분위기는 좀 누그러졌다. 결국, 검찰총장에게 한 달 동안 궁리할 여유를 주기로 하고 이야기는 끝났다. 라씨는 두 달을 바랐었지만. 다음 날 그는 1천 스갱의 비밀 보수를 받았다. 3일 동안 그는 여러모로 궁리해보았다. 나흘째에야 비로소 그는 가장 확실하다 여겨지는 결론을 내렸다. '나와 한 약속을 지킬 사람은 모스카 백작뿐이다. 첫째로, 그 사람은 나를 남작으로 만들어주는 일쯤 아무것도 아닐 테니까. 둘째로, 그 사람에게 이 일을 경고하면, 대개는 이미 대가를 치른 셈인 죄를 면할 수 있다. 셋째로, 기사 라씨가 처음으로 받은 모욕에 복수할 수 있다.' 다음 날 밤, 라씨는 모스카 백작에게 대공과 이야기한 내용을 모두 알렸다.

백작은 아주 은밀히 공작부인과 오가고 있었다. 부인 집에 가서 만나는 것은 한 달에 한두 번뿐이었으나, 거의 매주 파브리스의 일로 이야기할 기회가 생기면, 밤늦게 부인은 케키나를 데리고 백작 집 정원까지 와서 잠깐 시간을 보냈다. 충실하기 이를 데 없는 마부까지도 속였으므로, 그는 부인이 이웃집을 찾아간 거라 믿고 있었다.

검찰총장으로부터 무서운 속사정을 들은 백작이, 곧 공작부인에게 미리 정해둔 신호를 보냈으리라는 건 충분히 상상할 수 있다. 벌써 한밤중이었으나, 부인은 케키나를 보내 곧 집에 와달라고 전했다. 백작은 이런 친밀한 태도에 애인으로서의 기쁨을 느꼈으나, 부인에게 모든 걸 이야기하길 꺼렸다. 부인이 고통으로 미쳐버리지나 않을까 두려웠기 때문이다.

백작은 불길한 소식을 부드럽게 말하려고 애매한 말을 찾아보았으나, 결국 모든 걸 다 이야기했다. 부인이 알고 싶어하는 비밀을 숨겨둔다는 것은 그에겐 불가능한 일이었다. 9개월 전부터, 더할 나위 없는 불행이 이 열렬한 영혼에 커다란 영향을 미치고 있었다. 몹시 단련이 됐는지, 부인은 이젠 흐느껴 울거나 신세 한탄을 하지는 않았다.

다음 날 밤, 그녀는 파브리스에게 커다란 위험 신호를 보내게 했다.

"성에 불이 붙었다."

그는 제대로 대답했다.

"내 책은 탔느냐?"

같은 날 밤, 그녀는 납덩어리에 편지를 넣어서 보내는 데 성공했다. 크레센치 후작의 누이동생 결혼식이 처러진 것은 그로부터 8일 뒤였다. 그날 공작부인은 커다란 실수를 하게 되는데, 그것은 나중에 이야기하기로 하자.

제21장

불행을 한단하게 된 무렵으로부터 1년 전쯤의 일로, 공작부인은 한 기묘한 인물을 만났었다. 어느 날 이 고장 사람들이 하는 말로 luna (luna는 달이라는 뜻의 이탈리아어, luna가 된다는 것은 변덕이 생긴다, 마음이 변한다는 뜻)에 홀린 증세가 부인에게 나타날 때면, 그녀는 문득 생각이 난 듯 저녁 무렵 사카에 있는 별장으로 갔다. 이 집은 콜로르노의 맞은편, 포 강을 내려다보는 언덕 위에 있었다. 부인은 이 소유지를 아름답게 꾸미는 걸 즐거움으로 삼고 있었다. 언덕 위에 별장을 둘러싼 우거진 커다란 숲을 사랑하여, 거기다 경치가 좋은 방향으로 여러 개의 샛길을 내려고 했다.

어느 날, 대공이 말했다. "산적에게 잡혀갑니다, 아름다운 공작부인. 당신이 산책한다고 알려진 숲에 아무도 얼씬거리지 않으리라고는 믿어지지 않는데."

대공은 백작을 힐끔 쳐다보았다. 그의 질투심을 불러일으킬 속셈이었다.

"전 숲을 산책해도 무섭지 않아요." 공작부인은 순진하게 대답했다. "늘 마음속으로 이렇게 생각하고는 안심하거든요. '나는 아무에게도 나쁜 짓을 하지 않았다. 누가 나를 미워할 수 있겠는가?' 하고."

이 말은 대담하게 여겨졌다. 이 나라의 자유주의자들, 그 불온한 자들이 입에 올리는 모욕적인 말을 떠올리게 하는 부분이 있었다.

지금 이야기하려는 산책의 날, 공작부인은 몹시 더러운 옷차림을 한 사나이가 숲 속 멀리서부터 자기를 뒤따라오는 걸 깨닫고, 문득 대공의 말이 머리에 떠올랐다. 산책을 계속하던 공작부인이 갑자기 방향을 바꿨을 때, 이 낯선 사나이가 벌써 가까이 와 있었으므로 그녀는 무서웠다. 곧 그녀는 천 걸음쯤 떨어진 별장 옆 화단에 남겨두고 온 사냥터지기를 불렀다. 낯선 사나이는 그 틈에 다가와서는 발밑에 꿇어앉았다. 아직 젊고 대단히 미남이었지만 끔찍하리만큼 옷차림은 더러웠다. 옷은 군데군데 찢겨 있었다. 그러나 눈은 불타오르고 있어 그의 열렬한 마음을 엿볼 수 있었다.

"저는 사형선고를 받은 페란테 팔라라고 하는 의사입니다. 저는 배고파 죽을 지경이고 다섯이나 되는 자식들도 먹을 것이 없어 굶고 있습니다."

공작부인은 그가 몹시 야위었다는 것은 보고 알았으나 그 눈에 너무나도 아름답고 부드러운 정열이 넘쳐흐르고 있었으므로, 죄를 저질렀다고는 전혀 생각할 수 없었다. '얼마 전 팔라지가 대성당에 바친 사막의 성 요한 상에 바로 이러한 눈을 그렸으면 좋았을걸.' 부인은 생각했다. 성 요한을 떠올린 것은 페란테가 믿기 어려울 만큼 야위었기 때문이었다. 부인은 조금 전 정원 사에게 돈을 줬기 때문에 조금밖엔 줄 수 없다면서 지갑에 들어 있는 3스갱 전부를 건넸다. 페란테는 감격한 듯 감사하다는 말을 했다.

"저도 전에는 도시에서 살았으며, 아름다운 부인들도 보았습니다. 시민의 의무를 다했다는 이유로 사형선고를 받은 뒤론 숲 속에서 살고 있습니다. 부인의 뒤를 밟은 것은 자비를 바란다거나, 도둑질을 할 생각에서가 아닙니다. 다만 천사와 같은 아름다움에 넋을 잃은 야만인처럼 비틀거리며 뒤쫓아 온 것뿐입니다. 그처럼 희고 아름다운 손은 본 지가 정말 오래됐습니다."

"일어나세요." 부인은 말했다. 남자는 아직도 무릎을 꿇은 채였다.

"이대로 있는 걸 용서해주십시오. 이런 자세로 있으면, 지금은 저도 강도 질할 생각을 하지 않고 있다는 증거가 되어 제 기분이 가라앉습니다. 제 직업을 가질 수 없게 되면서부터 저는 먹고살기 위해 강도질을 하고 있으니까요. 그러나 지금의 저는 오직 숭고한 아름다움을 동경하는 한 인간일 뿐입니다."

부인은 이 사나이의 머리가 좀 이상하다고 느꼈으나, 조금도 무섭지는 않았다. 그의 눈 속에서 정열적이며 선량한 영혼을 엿볼 수 있었다. 게다가 그녀는 독특한 용모가 싫지 않았다.

"저는 본디 의사입니다. 저는 파르마의 약제사 사라지네의 아내와 눈이 맞았습니다. 그는 우리가 함께 있는 모습을 보고, 자신의 아내와 자식 셋까지도 내쫓았습니다. 자기 자식이 아니라 제 자식일 거라는 의심에서였습니다만, 그것도 무리는 아니었습니다. 그 뒤 다시 자식을 둘이나 낳았습니다. 아내와 다섯 아이는 여기서 4킬로미터쯤 떨어진 산속에, 제가 손수 지은 오두막 같은 구석에서 매우 비참한 생활을 하고 있습니다. 저는 헌병의 눈을 피해 도망다녀야 하지만, 아내는 헤어지려고 하지 않습니다. 저는 사형선고를 받았습니다마는 이는 당연한 결과입니다. 정치 음모를 꾀했거든요. 저는 폭군인 대공을 증오합니다. 돈이 없으니 도망갈 수도 없습니다. 저의 불행은 이루 말할 수 없으며 벌써 여러 번 목숨을 끊었어야 합니다. 제 자식을 다섯이나 낳았고 저 때문에 비참해진 불쌍한 아내를 저는 이제 사랑하지 않습니다. 따로 좋아하는 여자가 있습니다. 그러나 제가 자살하면, 다섯 아이와 어미는 그야말로 굶어 죽을 겁니다." 이 사나이의 말에는 진지한 데가 있었다.

"그럼, 어떻게 생활하세요?" 공작부인은 연민이 느껴져 물었다.

"아내는 길쌈을 합니다. 큰딸은 자유당파 사람의 농장에서 양치기를 해서 밥을 얻어먹습니다. 저는 피아첸차에서 제노바로 가는 길가에 숨어 있다가 도둑질을 합니다."

"도둑질과 당신의 자유주의 사상을 어떻게 일치시키죠?"

"저는 도둑질을 한 사람의 이름을 적어두었다가, 저에게 여유가 생기면 훔친 것만큼 돌려줄 작정입니다. 저와 같은 민중의 수호자가 하는 일은, 그 위험을 고려해서 한 달에 1백 프랑쯤의 가치는 있다고 봅니다. 그러니 1년에 1천2백 프랑 이상은 빼앗지 않으려 합니다.

아니, 깜빡 잊었습니다. 그보다 조금 더 훔칩니다. 이는 제 작품의 인쇄비로 쓰기 때문에."

"작품이란, 어떤?"

"'라……'는 앞으로 의회와 예산을 장악하게 될 것인가?"

"뭐라고요!" 부인은 놀라서 말했다. "당신이 금세기 최고의 시인인, 그 유명한 페란테 팔라인가요?"

"유명할 테죠. 그러나 몹시 비참합니다, 정말."

"당신과 같이 재능 있는 사람이 살기 위해서 강도질을 한다니!"

"제게 조금이나마 재능이 생긴 것은, 아마 강도짓 때문일 겁니다. 오늘날까지, 이 나라에서 유명한 문학자들은 모두 정부나 종교계에서 돈을 받고 있는 자들입니다. 그들은 그런 것을 무너뜨리길 원했었습니다만, 저는 첫째로 제 생명을 내던졌습니다. 둘째로 부인, 생각해보십시오. 내가 이제 강도질을 하려고 했을 때 어떠한 생각에 사로잡히는가를. 나는 잘못하고 있는 게 아닐까? 민중의 수호자로서 임무를 수행하는데, 실제로 한 달에 1백 프랑의 일을 하고 있는가? 반성해봅니다. 제가 가진 것이라고는 두 벌의 속옷과 이웃, 그리고 보잘것없는 무기 몇 개뿐으로, 어느 때고 전 교수형에 처해질 몸입니다. 그러므로 이런 저에겐 개인적 욕심은 없습니다. 만일 어린것들의 어미 곁에 있어도 불행밖엔 느끼지 못하는 그 숙명적인 사랑이 없다면, 나는 행복할 테죠. 가난이 추한 여자처럼 이 몸을 무겁게 억누르고 있습니다. 저는 아름다운 옷을 사랑하고, 흰 손을 사랑하는데……."

그가 공작부인의 손을 뚫어지도록 쳐다보고 있었기 때문에, 그녀는 불안해졌다.

"안녕히 계세요……. 파르마에서 당신을 위해 할 수 있는 일이라도?"

"때때로 이런 걸 생각해주세요. 그 사나이의 사명은 사람들의 마음을 일깨워서, 군주정치에 의해서 부여되고 있는 물질적인 거짓 행복 속에 그대로 내버려두지 아니하는 일입니다. 그러한 자가 동지인 시민들을 위해 하고 있는 일은 월 1백 프랑의 가치가 있을까요? ……저의 불행은 사랑을 하는 데 있습니다." 그는 몹시 부드러운 투로 말을 이었다. "벌써 2년 가까이 제 마음은 당신만을 생각하고 있습니다. 하지만 지금까지는 당신을 놀라게 하지 않으려고 멀리서만 바라보고 있었습니다."

그렇게 말하고, 그는 놀라우리만큼 빠르게 도망쳤다. 공작부인은 놀라는 한편 안심도 했다. '저만하면 헌병이라도 여간해선 붙잡기 어려울 거야.' 그러고는 생각했다. '정말, 미친 사람이로군.'

"그 사나이는 미친 사람입니다." 집의 하인들도 말했다. "그자가 마님을 사모하는 줄은, 그전부터 우리 모두 알고 있었습니다. 마님이 이곳에 오시면, 반드시 그자가 숲의 가장 높은 곳을 빙빙 돌고 있는 모습이 보였습니다. 그리고 마님이 돌아오시면 곧 서 계시던 그곳에 와서 앉아 있었습니다. 마님의 꽃다발에서 떨어진 꽃이라도 있으면 정성껏 주워 모아 언제까지나 그 더러운 모자에 꽂아둡니다."

"그런 괴상한 짓에 대해서 내게 한마디도 하지 않았었군그래." 부인은 꾸짖는 듯한 투로 말했다.

"마님이 그걸 모스카 나리께 이야기하시지나 않을까 두려워해서죠. 그 페란테는 별로 죄가 없습니다. 누구에게도 나쁜 짓은 안 합니다. 그자는 우리의 나폴레옹을 좋아했기 때문에 사형선고를 받은 거예요."

부인은 페란테와 만났다는 걸 대신에게 한마디도 하지 않았다. 대신을 만난 뒤로 그에게 비밀을 만든 것은 이번이 처음이었으므로, 문득 말이 나왔다가 도중에 그만둬야 하는 일이 자주 일어났다. 그 뒤 다시 사카로 돈을 가지고 왔으나 페란테는 나타나지 않았다. 다시 두 주일 뒤에 왔다. 페란테는 숲속에서 부인으로부터 1백 걸음쯤 떨어져 이리저리 뛰면서 잠깐 뒤쫓아왔으나, 갑자기 매가 달려들듯 쏜살같이 와서는 처음에 그랬듯이 그대로 발밑에 꿇어앉았다.

"2주 전엔 어딜 갔었어요?"

"노비 건너편의 산속에 있었습니다. 밀라노에 기름을 팔러 갔다 돌아오는 노새 몰이꾼들을 털 작정이었지요."

"이 지갑을 받으세요."

페란테는 지갑을 열어 1스갱을 꺼내고는, 그것에다 입을 맞춰 가슴에 집어넣은 뒤 지갑을 도로 주었다.

"당신은 이 지갑을 도로 주는군요, 도둑질은 하면서!" "그렇습니다. 저의 원칙은 전에 말씀드린 대로이니까, 절대로 1백 프랑 이상 가지지는 않습니다. 그런데 지금 어린것들의 어미가 80프랑을 가졌고, 저는 25프랑을 가졌으니까, 5프랑은 규칙 위반이 되는 셈입니다. 만일 사형이 되면 양심의 가책이 남습니다. 이 1스갱을 받는 건 이것은 당신 것이며, 제가 당신을 사랑하기 때문입니다."

너무나 솔직한 이 말투는 조금도 탓할 데가 없었다. 사랑하고 있다는 말은 진정이라고 부인은 생각했다.

그날 그의 태도는 몹시 들떠 있는 것 같았다. 파르마에는 6백 프랑을 빌려준 시민이 있는데, 그 돈으로 지금 감기가 든 어린것들이 살고 있는 오두막을 고쳐줘야 할 텐데, 하고 말했다.

"그 6백 프랑이면 내가 빌려드리죠." 부인은 걱정이 되어 말했다.

"저는 공민(公民)입니다. 그렇게 되면 반대당 쪽에서 내가 매수됐다고 중상할지도 모르지요."

동정한 부인은, 그가 얼마 동안 이 도시에서 그 소임을 실행하지 않을 것, 특히 마음속에 선고해놓았다는 사형을 실시하지 않을 걸 약속한다면, 파르마에 은신처를 마련해주겠다고 말했다.

"제가 경솔한 짓을 했기 때문에 교수형을 당한다면" 페란테는 정색을 하고 말했다. "민중에게 해를 끼치는 악당들 모두가 오래 살 수 있을 테죠. 그건 누구의 죄입니까? 저 세상에서 나를 맞아주실 천주께서 뭐라고 말씀하시겠습니까?"

공작부인은 습기 때문에 어린 자식들이 죽을병에 걸릴지도 모른다며 여러 번 이야기를 했다. 마침내 그는 파르마에 은신처를 마련해주겠다는 제안을 받아들였다.

산세베리나 공작은 결혼 뒤 불과 반나절을 파르마에서 보냈을 뿐이었으나, 그 기회에 그의 이름이 붙은 저택의 남쪽 모퉁이에 있는 참으로 기괴하기 짝이 없는 은신처를 부인에게 보였다. 중세 때에 만들어진 정면 벽은 두께가 2미터나 되었다. 이 벽을 안쪽으로 뚫어 거기에 높이 6미터, 폭이 겨우 60센티 남짓한 은신처가 만들어져 있었다. 바로 그 옆에는 12세기의 유명한 공사(工事)로, 모든 여행기에 적혀 있는 그 저수지가 있다. 이것은 지그문트 황제가 파르마를 포위 공략할 때 만들어진 것으로, 그 뒤 산세베리나 저택의 울타리 안에 들게 된 것이다.

은신처로 들어가려면, 주춧돌 한가운데쯤에 달려 있는 쇠 지레(軸)로 그 거대한 돌을 움직이면 된다. 공작부인은 페란테의 광인 같은 행동과 그의 자식들을 동정했다. 어린것들을 생각해서 도움을 주려고 해도, 그는 제법 값어치가 나가는 것은 절대로 받지 않았다. 그래서 그 대신 이 은신처를 퍽 오랫동안 사용하도록 허락한 것이었다. 한 달이 지난 뒤, 다시 사카의 숲에서 이 사나이와 만났다. 그날, 그는 어느 정도 침착하게 자작시 하나를 암송해 들려주었다. 이것은 최근 2세기 이래 이탈리아에서 지어진 가장 훌륭한 것과 서로 비슷하거나, 아니면 그보다도 훌륭하다고 생각되었다. 페란테는 자주 부인과 만날 기회를 얻었다. 그러나 그의 연정은 더욱 치열해지고 집요해지기까지 했다. 이 정열은 한 가닥 희망을 품을 수 있을 때 사랑이 언제나 그렇게 되게 마련인 법칙을 따르고 있다고 부인은 깨달았다. 부인은 그를 숲으로 쫓아버리고, 이야기를 걸어오는 걸 금했다. 그는 곧바로, 더구나 온순하게 복종했다. 파브리스가 붙잡혔을 때에도 바로 이런 상황이었던 것이다. 그로부터 사흘 뒤, 해가 질 무렵에 난데없이 카푸치노파(派) 신부 한 사람이 산세베리나 저택 문 앞에 나타났다. '부인께 어떤 중대한 비밀을 전하고 싶다'는 것이었다. 부인은 슬픔에 젖어 있던 때였으므로 안으로 들어오게 했다. 그것은 페란테였다.

"민중의 수호자로서 사정을 조사해야 할 부정한 사건이 또 하나 일어났습니다." 사랑에 미친 사람은 이렇게 이야기했다. "한편, 한낱 개인으로서 행동한다 하더라도, 나는 산세베리나 공작부인에게 이 생명을 바칠 수밖에 없습니다. 그걸 여기에 가져왔습니다."

정신병자이며 노상강도인 이 사나이의 이와 같은 진실한 헌신은 부인을 몹시 감동시켰다. 그녀는 오랜 시간 북이탈리아 최고의 시인이라는 평을 받고 있는 그를 상대로 이야기했다. 그리고 몹시 울었다. '이 사람이야말로 내 마음을 알아주는구나' 생각했다. 다음 날에도 그는 아베마리아의 시각에 맞춰 제대로 제복을 갖춘 하인 차림으로 나타났다.

"저는 파르마를 떠나지 않았습니다. 어떤 무서운 소문을 들었습니다. 그걸 제 입으로는 되풀이할 수 없습니다. 하지만 전 여기에 왔습니다. 당신이 거절하신 것을 잘 생각해보십시오. 당신 눈앞에 있는 건 궁정의 인형이 아닙니다. 한 사람의 남자입니다!"

이렇게 말하면서, 그는 그 말을 더욱 무게 있게 하려는 듯 무릎을 꿇고 있었다.

또 이렇게도 말했다. "어제 저는 생각했습니다. '그분은 내 앞에서 눈물을 흘리셨다. 그러니 얼마쯤 마음이 풀리셨을 것이다.'"

"그러나 당신은 자신이 어떠한 위험에 둘러싸여 있는가를 생각해야 해요. 이 도시에 있으면 붙잡혀요."

"민중의 수호자는 이렇게 말합니다. '부인, 의무의 소리가 들릴 때 목숨 따위가 무슨 상관입니까?' 그리고 사랑의 포로가 된 뒤로는 미덕이라는 것에 아무런 정열도 느끼지 못하게 되어 괴로워하는 불행한 사나이는 다음과 같이 말을 잇겠습니다. '공작부인, 정의로운 사람인 파브리스가 죽을 것 같습니다. 당신에게 생명을 바치려는 또 한 사람의 정의로운 자를 거절하지 마십시오. 자, 여기에 쇠와 같은 몸과, 당신의 뜻에 들지 않는 것 말고는 이 세상에 무서울 게 없는 마음이 있습니다.'"

"당신의 감정에 대해서 또 이러쿵저러쿵 하면 앞으론 영원히 발을 못 들여놓게 하겠어요."

그날 밤, 공작부인은 페란테의 아이들에게 얼마큼씩 연금을 주겠다는 말을 해두려고 생각했지만, 그런 말을 했다가 당장 자살을 하려고 그 자리에서 튀어나가지나 않을까 두려웠다.

그가 나가자, 부인은 불길한 예감만이 떠올라 중얼거렸다. "나도 죽을 수 있다. 만일 파브리스의 일을 부탁할 수 있는 남자다운 사람만 찾아낸다면, 난 그러고 싶다. 지금 당장이라도."

부인은 한 가지 생각이 떠올랐다. 종이를 꺼내다가, 얼마 알지 못하는 법률용어를 사용해가며 자기는 페란테 팔라 씨로부터, 매년 1천 5백 프랑씩의 종신연금을 사라지네 부인과 그의 다섯 자녀에게 지불한다는 조건으로, 4만 5천 프랑의 돈을 받았다는 서류를 작성했다. 부인은 이와 같은 내용에다가 아래와 같이 덧붙였다. '그리고 페란테 팔라가 의사로서 내 조카 파브리스 델 동고를 돌보고 형제처럼 대할 것을 조건으로, 나는 이들 다섯 아이에게 저마다 3백 프랑의 연금을 준다.' 부인은 서명을 하고, 날짜를 1년 전 것으로 적은 다음 봉을 했다.

이틀 뒤, 페란테 팔라는 다시 나타났다. 그것은 바로 파브리스가 곧 처형당한다는 소문으로 거리가 떠들썩했을 때였다. 이 슬픈 의식은 과연 성채 안에서 진행될까? 아니면 산책로 가로수 밑에서 집행될까? 시민 중에는 그날 밤, 처형대가 준비되어 있는지를 보려고 성문 앞에 구경을 간 자도 있었다. 이 광경을 본 페란테는 몹시 걱정했다. 공작부인은 눈물에 젖어 제대로 말도 못할 형편이었다. 그녀는 한 손으로 인사를 하는 둥 마는 둥 의자를 가리켰다. 이날 카푸치노 신부로 변장한 페란테는 아주 훌륭해 보였다. 그는 의자에 앉지 않고 꿇어앉아, 낮은 목소리로 경건하게 하느님께 기도를 올렸다. 부인이 좀 진정된 듯하자, 그는 그대로의 자세로 잠깐 기도를 멈추고 말했다.

"다시 한 번 제 목숨을 바치겠습니다."

"당신이 무슨 말을 하고 있는지 이해할 수 없군요." 부인은 이렇게 말했으나, 그 사나운 눈초리는 실컷 울고 난 뒤에 감상이 멎은 대신 화가 복받쳐 올라왔다는 걸 나타내고 있었다.

"파브리스 씨의 억울한 죽음을 막기 위해, 혹은 그 복수를 위해 이 목숨을 바치는 것입니다."

"당신이 목숨을 희생할 만한 기회가 있기는 해요." 공작부인은 대답했다.

그녀는 상대를 날카롭게 응시했다. 그의 눈에는 기쁨의 빛이 스쳤다. 그는 재빨리 일어나 두 손을 하늘 높이 쳐들었다. 부인은 호두나무 옷장 속 깊이 숨겨둔 서류를 꺼내왔다.

"읽어봐요." 그녀는 페란테에게 말했다.

그것은 조금 전에 설명한 대로 아이들에게 주는 연금을 적은 것이었다.

눈물과 흐느낌으로 페란테는 끝까지 읽을 수가 없었다.

"그 종이를 이리 줘요." 부인은 이렇게 말하고, 사나이가 보는 앞에서 그걸 촛불에 태웠다.

"만일 당신이 붙잡혀 처형되더라도, 절대로 내 이름이 나와서는 안 돼요. 당신의 목숨은 처음부터 없는 걸로 정해져 있으니까요."

"제 기쁨은 폭군의 생명을 빼앗고 죽는 데 있습니다. 그보다도 더 큰 기쁨은 당신을 위해서 죽는 것입니다. 이것만 확실히 결정되고 잘 이해하실 수 있다면, 돈에 관한 그런 자질구레한 것은 제발 생각지 마시기 바랍니다. 저로서는 믿음을 주지 못한다는 굴욕감을 느끼게 될지도 모릅니다."

"당신이 위험해지면, 아마 나도 위험해질 테죠. 그리고 나 다음엔 파브리스도. 그러니까 나는 당신의 용기를 의심하진 않지만, 내 마음을 괴롭히는 사나이를 찔러 죽이지 말고 꼭 독살해주었으면 해요. 나에게 있어 소중한 그와 똑같은 이유로 당신도 반드시 살아야 해요."

"충실하게, 정확하게, 그리고 신중히 명령을 수행하겠습니다. 저는 저의 복수가 부인의 복수와 같다고 생각합니다. 혹시 그렇지 않더라도 역시 충실하게, 정확하게, 신중히 지시대로 따르겠습니다. 실패할지도 모릅니다만, 사나이로서 온 힘을 다하겠습니다."

"파브리스를 죽인 자를 독살하는 거예요."

"저도 짐작했습니다. 2년 남짓 이런 비참한 방랑생활을 계속하면서, 저는 저 자신을 위해서 여러 번 그 일을 생각했습니다."

"만일 내가 관련된 것이 발각되고 공범으로서 처형되는 일이 있더라도, 나는 당신을 유혹했다는 소리를 듣고 싶지는 않습니다. 우리의 복수가 이루어질 때까지 나를 만나서는 안 돼요. 내가 알릴 때까지는 그 사람을 죽여서도 안 돼요. 이를테면 지금 그 사람이 죽었다 해도, 그건 내게 도움이 되기는커녕 달갑지 않은 일이에요. 아마, 그 사람의 살해는 몇 달 뒤에 일어나야 할 거예요. 그러나 그것은 일어나야만 해요. 나는 그 사람이 독약으로 죽기를 바라요. 총살이라면 차라리 살려두는 게 나아요. 그 이유는 설명하고 싶지 않지만, 나는 당신이 목숨을 잃지 않고 살기를 바랍니다."

페란테는 부인의 위엄 있는 말투에 완전히 매혹되었다. 그의 눈빛은 한없는 기쁨으로 반짝였다. 앞서 말했듯이 그는 몹시 야위어 있었다. 하지만 젊었을 때에는 대단히 미남이었다는 것을 알 수 있었고, 그 자신은 아직도 옛날 그대로라 여기고 있었다. '난 머리가 이상해진 게 아닐까? 그렇지 않으면, 공작부인은 앞으로 언제든 내가 몸을 바친 증거를 보였을 때에 나를 가장 행복한 남자로 해주려는 심정일까? 그리고 실제로 왜 그래서는 안 되는가? 내게는 저 인형 같은 모스카 백작만한 가치도 없단 말인가? 그자는 필요한 때에 부인을 위해서 무엇 하나 하지 못하고, 파브리스를 도망시키지도 못하는 인물이 아닌가?' "나는 내일이라도 그 사람의 죽음을 원할지 몰라요." 공작부인은 여전히 위엄 있는 투로 말했다. "당신은 우리집 한쪽에 있는 그 커다란 저수지를 아시죠. 때때로 당신이 사용하던 은신처 바로 옆에 있는⋯⋯. 그 물을 모두 시내로 흘려 보내는 비밀 방법이 있어요. 아시겠죠? 그걸 내 복수의 신호로 삼겠어요. 산세베리나 저택의 대저수지 둑이 터졌다는 사실을, 당신이 파르마에 있다면 눈으로 확인할 수 있을 테고, 산속의 집에 있다면 소문으로 들을 테죠. 그때는 곧바로 실행하세요. 독약을 사용하는 거예요. 그리고 특히 당신의 목숨을 소중히 하고, 내가 이 일에 관여하고 있다는 건 아무도 눈치채지 않도록 해야 해요."

"이젠 더 말씀하지 않으셔도 됩니다." 페란테는 억제할 수 없는 열정으로 대답했다. "제가 사용할 수단은 이미 결정했습니다. 그 인물이 살아 있는 한 다시 만나뵐 수 없는 만큼, 그자의 생명은 저에겐 더욱 가증스러운 게 되었습니다. 저는 저수지의 둑이 무너지는 신호를 시내에서 기다리겠습니다."

그는 성급히 절을 하고는 밖으로 나갔다. 공작부인은 걸어가는 모습을 찬찬히 바라보았다.

그가 옆방으로 들어가려고 할 때 부인은 다시 그를 불러들였다.

"페란테! 훌륭한 사나이!"

그는 되돌아왔다. 불러주기를 몹시 기다렸던 듯했다. 이때 그의 용모는 훌륭했다.

"당신의 아이들은?"

"부인, 그 애들은 나보다는 잘 살게 될 것입니다. 당신이 얼마큼의 연금을 주실 테니까요."

"받아주세요." 부인은 올리브 나무로 만든 커다란 상자를 넘겨주었다. "이 건 내게 남아 있는 보석 전부예요. 5만 프랑의 가치는 있어요."

"아아 부인, 저를 모욕하십니까?" 페란테는 몸을 부들부들 떨었다. 표정 도 금세 달라졌다.

"일이 끝날 때까지는 당신과 만나지 않겠어요. 받아주세요. 꼭 받아주시 기를 바랍니다." 공작부인은 페란테를 압도해버릴 만큼 위압적인 태도로 말 했다.

그는 상자를 주머니에 넣고 나갔다.

그의 손으로 문을 닫았다. 그러자 부인은 또 불렀다. 그는 걱정스러운 태 도로 돌아왔다. 부인은 살롱 한가운데에 서 있었다. 그녀는 사나이의 팔 속 에 뛰어들었다. 그 순간, 페란테는 행복감으로 거의 기절할 지경이었다. 부 인은 그 포옹에서 빠져나와 눈으로 문 쪽을 가리켰다.

'내 심정을 알아준 유일한 사람이다. 파브리스였더라도 내 말을 들었다면 똑같이 그랬을 거다.' 공작부인은 이렇게 생각했다.

부인의 성격에는 두 가지 면이 있었다. 한번 원한 것은 끝까지 원했다. 한 번 결정한 것은 절대로 다시 생각해서 우물쭈물하는 일이 없었다. 이에 대해 그녀는 전남편, 사랑하는 피에트라네라 장군의 말을 인용하곤 했다. 그는 이 렇게 말했었다. '나 자신에 대해서, 이 얼마나 실례되는 태도냐! 내가 이 결 심을 했을 때보다 오늘이 더 현명하다고 어떻게 생각할 수 있는가?'

이때부터 공작부인의 성격에 쾌활함이 다시 나타났다. 이 중대한 결의를 하기 전까지는, 그녀 앞에 어떤 새로운 사태가 일어날 때마다 대공에 대해서 자기가 열등하다는 것, 약하다는 것, 그리고 속았다는 것을 느꼈었다. 대공 은 자기를 비겁하게 속였다. 그리고 모스카 백작은 그럴 뜻은 없었다 하더라 도 신하 근성으로 대공을 도운 것이다. 복수의 결의가 세워지자, 그녀는 자 기 힘을 느끼고, 행복을 맛볼 수 있었다. 이탈리아 사람들이 복수에 대해 부 도덕한 행복을 느끼는 것은 이 국민의 강한 상상력에서 비롯한다고 나는 믿 고 싶다. 다른 나라 사람들은, 솔직히 말하자면 용서한다기보다 잊어버리는 것이다.

부인이 다시 팔라를 만난 것은, 파브리스의 감옥생활이 거의 끝나갈 무렵이었다. 독자들도 아마 짐작하겠지만 탈옥을 생각게 한 것은 이 사나이였다. 사카로부터 8킬로미터 떨어진 숲에 거의 다 쓰러져가는 중세 탑이 있다. 높이 30미터 이상이었다. 페란테는 부인에게 다시 탈옥에 대한 이야기를 하기전에, 루도빅과 믿을 만한 그의 부하들을 보내, 탑에다 사다리를 갖다놓도록 이르라고 부탁했다. 그는 부인이 보는 앞에서, 사다리를 타고 탑 위에 올라가 밧줄을 매고 내려왔다. 이 실험을 세 번 되풀이한 다음, 비로소 자기 생각을 설명했다. 8일 뒤 루도빅도 이 오래된 탑에서 밧줄을 매고 내려왔다. 부인이 파브리스에게 이 계획을 전한 것은 이때였다.

이 계획을 실행할 날짜가 가까워진 며칠 동안은 이 일이 죄수의 목숨에 아무래도 위험이 따르는 것이므로, 공작부인은 곁에 페란테가 없으면 잠시도 마음이 놓이지 않았다. 이 사나이의 용기가 그녀 마음에까지 감염된 것이다. 그러나 물론 이 괴상한 사나이와의 교제는 백작에게 숨겨야 했다. 백작이 화를 낼까 두려워서가 아니라, 여러 가지로 반대를 하고 나서면 불안이 더해지지나 않을까 무서웠던 것이다. "뭐라고! 세상에서 미쳤다 하는 그런 사나이를, 더구나 사형선고를 받은 사나이를, 중대한 의논 상대로 골랐다니! 그리고" 부인은 혼잣말처럼 덧붙였다. "얼마 뒤에는, 더욱 기괴한 짓을 하려는 사나인걸!" 페란테가 마침 살롱에 있을 때에, 백작은 대공과 라씨와의 사이에 주고받은 이야기를 전하러 왔다. 백작이 돌아가자, 페란테는 무서운 계획을 곧 실행에 옮기겠다고 주장하여, 부인은 그것을 제지하느라고 무진 애를 썼다.

"지금의 저는 강합니다." 이 미친 사나이는 소리쳤다. "저는 제가 하는 일이 정당하다는 걸 조금도 의심치 않습니다."

"하지만 그 뒤에 반드시 일어날 분풀이에 희생되어 파브리스는 사형당할지도 몰라요."

"그러나 그 탑을 내려오는 위험은 막을 수 있겠지요. 내려오는 건 가능합니다. 그리 어려운 일은 아니지만 그 젊은이에겐 경험이 없으니까요."

크레센치 후작의 누이동생 결혼식이 치러졌다. 공작부인이 클렐리아를 만난 것은 그 축하연에서였다. 그리고 상류인사들의 성가신 눈을 교묘히 피해서 이야기할 수 있었다. 부인 자신이 클렐리아에게, 잠깐 바람을 쏘이러 나간 정원에서 밧줄을 싼 꾸러미를 넘겨주었다. 비단과 마(麻)를 섞어 정성스레 꼰 밧줄은 몹시 가늘어 하늘하늘했으며 매듭이 있었다. 루도빅이 얼마나 튼튼한가를 시험해보았다. 어느 부분이고, 8퀸틀(무게의 단위, 1퀸틀은 1백 킬로그램)의 무게를 지탱하고도 절대로 끊어지지 않았다. 이것을 교묘히 압축해서 사절판(四切判) 책만 한 크기로 몇 개의 꾸러미로 꾸렸다. 클렐리아는 그것을 받았다. 그리고 이 꾸러미를 파르네제 탑에 전달하기 위해서 할 수 있는 데까진 힘을 다하겠다고 부인에게 약속했다.

"하지만 당신과 같이 얌전한 분에겐 벅차지 않을까, 걱정이에요. 그리고" 부인은 예의 바르게 말을 계속했다. "모르는 사람 일 텐데, 당신이 왜 그를 걱정하는지?"

"델 동고님은 불행한 분이시니까요. 그분을 제 손으로 구해내겠다고 약속하겠습니다."

그러나 공작부인은 스무 살 젊은 소녀의 재치쯤은 그다지 기대하고 있지 않았으므로, 따로 대책을 마련해놓고 있었다. 그것은 사령관의 딸에겐 알리지 않았다. 당연히 상상할 수 있듯이, 이 사령관은 크레센치 후작의 누이동생 결혼 피로연에 와 있었다. 공작부인의 생각은 이러했다. 사령관에게 강한 마취제를 먹이면, 처음엔 모두들 뇌출혈의 발작이라 믿을 것이다. 거기서 성채로 데려가는 데 승용마차에 태우는 것보다는 이 축하연이 베풀어진 집에 있는 아무 가마에나 태워서 데려가는 편이 낫다고 권하게 된다. 더구나 이 집에는 연회를 위해서 고용된 일꾼 복장의 패거리가 들어와 있어, 소란한 틈을 타서 병자를 그 높은 관저에까지 운반해가는 역할을 자진해서 맡는다는 계획이었다. 그런데 이들은, 루도빅의 지휘 아래 저마다 많은 밧줄을 옷 속에다 숨기고 있었다. 파브리스의 탈옥을 생각하면서부터 공작부인의 머릿속이 얼마나 복잡하게 뒤얽혀 있었는가를 이것으로도 알 수 있으리라. 사랑하는 사람의 위험이 그녀 마음에는 너무나 강하게 울렸고, 더구나 그것이 너무 오래 계속되었기 때문이었다. 너무나 치밀하게 계획을 해서, 그녀는 이 탈옥을 하마터면 물거품으로 만들 뻔했다. 이는 나중에 보는 바와 같다. 모든 것이 그녀의 계획대로 이루어졌으나, 한 가지 잘못된 것은 마취제가 너무 강했다. 모두들, 의사까지도, 사령관은 뇌출혈의 발작을 일으킨 거라 믿었다.

다행히도 당황한 클렐리아는 이 부인의 잔인한 음모를 전혀 깨닫지 못했다. 마치 죽은 사람처럼 뻗은 장군을 태운 가마가 성채에 들어갈 때에는 대혼란을 이루어, 루도빅과 그 무리는 어려움 없이 통과할 수 있었다. '노예의 다리'에서는 형식상의 신체검사를 받았을 뿐이었다. 그들이 장군을 침대까지 운반하자, 사무실로 인도되어 그곳 고용인들에게서 푸짐한 대접을 받았다. 그러나 식사가 아침 가까이 되어서야 끝나자, 그들은 감옥의 규칙에 따라 해가 뜰 때까지 사령관 관저 아래층에 있는 천장이 낮은 방에 갇혀 있어야 한다는 말을 들었다. 다음 날 아침 날이 밝는 대로 사령관 대리의 명령에 의해서 풀려난다는 것이다.

이 사내들은 가져왔던 밧줄을 교묘하게 루도빅에게 넘겨주었다. 하지만 루도빅은 클렐리아의 주의를 잠시라도 끌려고 무진 애를 썼다. 마침내 그녀가 방에서 다른 방으로 가려는 것을 붙잡고, 2층 살롱의 한 어두컴컴한 구석에 밧줄 꾸러미가 놓여 있는 걸 보여주었다. 클렐리아는 이 기괴하기 짝이 없는 일에 몹시 놀랐다. 곧 어떤 무서운 의혹이 머리를 스쳤다.

"당신은 누구예요?" 루도빅에게 물었다.

그리고 상대가 애매한 대답을 하는 걸 듣고, 이렇게 덧붙였다.

"나는 당신을 체포해야겠군요. 당신이 아니면, 당신의 일당이 우리 아버지에게 독을 먹인 거예요! ……그 독약이 어떤 것인지, 얼른 자백하세요. 이곳 의사가 적당한 해독 치료를 해야 하니까, 빨리 말해요. 그렇지 않으면, 당신과 일당을 절대로 이 성채에서 내보내지 않을 테니 그리 알아요!"

"아가씨, 그런 걱정은 안 하셔도 됩니다." 루도빅은 끝까지 예의와 온화함을 잃지 않고 대답했다. "그것은 절대로 독약이 아닙니다. 무모하게도 장군에게 아편을 약간 드시게 한 모양입니다만, 그런 나쁜 짓을 한 하인이 아무래도 컵에다 두서너 방울 더 떨어뜨린 것 같습니다. 이것은 우리 한평생의 후회가 되겠습니다만, 다행히도 아가씨는 아무런 위험도 없다는 걸 믿으셔도 좋습니다. 사령관께서 잘못해서 아편을 과다 복용하신 경우의 치료를 받으시면 되니까요. 다시 말씀드립니다만, 이 범죄를 맡은 하인은 절대로, 파브리스님을 독살하려던 바르보네처럼 진짜 독약을 사용하지는 않았습니다. 절대로 파브리스님이 받은 위험의 복수를 시도한 것은 아닙니다. 그 실수를 한 하인에게는, 아편이 든 병을 넘겨주었을 뿐입니다. 이는 아가씨에게 맹세합니다. 물론 제가 공식으로 심문을 받는다면, 이런 일을 모두 부인할 테지만요.

그건 그렇고, 만일 아가씨가 아편이니 독약이니 하는 말을 누구에게고, 비록 마음씨가 좋으신 동 체사레님에게라도 말씀하신다면, 파브리스님은 아가씨 손에 죽는 게 됩니다. 당신 때문에 모든 탈옥 계획이 물거품이 될 테니까요. 그분을 독살하려는 방법으로서 아편 따위는 사용치 않는다는 걸 아가씨는 더 잘 아실 겁니다. 그리고 그런 참혹한 일을 감행하는 데 있어 어떤 분은 한 달의 여유밖엔 주지 않았고, 이미 그 무서운 명령이 내려진 지 일주일이 지났다는 것도 아가씨는 잘 알고 계시죠. 그러므로 만일 저를 체포하게 하거나, 또는 동 체사레나 다른 누구에게고 한마디라도 하신다면, 우리의 모든 계획은 한 달 이상 늦어지게 됩니다. 그래서 아가씨 손으로 파브리스님을 죽이게 된다는 이치가 되는 겁니다."

클렐리아는 루도빅의 이상하리만큼 침착한 태도에 놀랐다.

'이렇게 나는, 매우 점잖은 투로 말하는 아버지의 독살자와 아무렇지 않게 대화를 나누고 있다! 내가 이런 죄악을 자꾸 저지르는 것도 사랑 때문이다!'

양심의 가책으로 말할 힘도 없을 정도였다. 그녀는 루도빅에게 말했다.

"당신을 이 방에다 열쇠를 채워 가둬두겠어요. 그것이 아편이었는지 확인하러 곧 의사한테 가겠어요. 아, 그러나 그걸 내가 알고 있다고 어떻게 말한담? 그 다음에 곧 돌아와서 당신을 풀어드리죠."

"하지만……" 클렐리아는 문 앞에서 뛰어서 돌아와 물었다. "파브리스는 아편에 대해서 알고 계셨나요?"

"별 말씀을 다 하십니다. 그분은 절대로 동의하시지 않았을 겁니다. 그리고 그런 불필요한 이야기를 한들 무슨 소용이 있겠습니까? 우리는 신중에 신중을 기하고 있습니다. 문제는 3주 안에 독살당할 저분의 생명을 구해내는 일입니다. 그런 명령을 내리신 분은, 언제나 자기 의사를 방해하는 건 아무것도 없다고 생각하는 분입니다. 아가씨에게 모든 걸 말씀드린다면, 이런 은밀한 명령을 받은 사람은 그 무서운 라씨 검찰총장이라고 합니다."

클렐리아는 그 이야기를 듣고 놀라 황급히 도망쳤다. 그러나 그녀는 동 체사레의 성의만은 믿고 있었으므로, 말을 조심스럽게 하면서 장군이 아편을 마셨다는 사실만을 알렸다. 동 체사레는 대답도 질문도 않고 의사에게 달려갔다.

클렐리아는 먼저 방에 돌아왔다. 아편에 대해서 더 캐물을 작정으로, 루도빅을 거기에 가두어두었던 것이다. 돌아와 보니 사나이는 이미 도망치고 없었다. 책상 위에 스갱 금화가 잔뜩 든 지갑과 여러 가지 독약을 넣은 작은 상자가 놓여 있었다. 이 독약을 보고 그녀는 몸을 부들부들 떨었다. '아버지에게 먹인 것이 아편뿐이라고, 누가 알 수 있는가? 공작부인은 바르보네가 한 짓에 복수하려고 생각하지 않았을까?'

'아! 나는 아버지를 독살하려는 자들과 내통하고 있다!' 클렐리아는 마음속으로 외쳤다. '아까 그 사나이를 끝까지 심문했더라면, 아편 말고 다른 것도 고백했을는지 모른다!'

클렐리아는 그대로 무릎을 꿇고 눈물에 젖었다. 그리고 열심히 성모에게 기도했다.

그동안에 성채 의사는 동 체사레로부터 아편을 복용했다는 말을 듣고 놀라면서, 거기에 적절한 약을 먹였다. 그러자 위험한 것 같던 증세는 곧 사라졌다. 날이 밝을 무렵, 장군은 조금씩 의식이 또렷해졌다. 정신이 든 것을 알려주는 최초의 행위는 부관격인 대령에게 몹시 욕을 퍼부은 일이었다. 이 대령은 장군이 의식이 없는 동안 대수롭지 않은 명령을 마음대로 내렸기 때문이다.

다음에, 사령관은 수프를 날라와서는 어쩌다가 뇌출혈이라는 말을 한 주방 소녀에게 몹시 화를 냈다.

"내가 뇌출혈을 일으킬 나이인가?" 그는 호령했다. "그런 소문을 퍼뜨려서 기뻐하는 건 내 원수놈들이다. 무엇보다, 뇌출혈이라는 말을 들은 내가 피를 뽑는 걸 본 일이 있느냐?"

파브리스는 탈옥 준비에 바빴으므로, 거의 죽어가는 장군이 운반되어 왔을 때 성채 내의 심상치 않은 소란의 원인을 전혀 몰랐다. 처음에는 자기 선고가 변경되어 마침내 사형을 집행하러 왔는가 했다. 그러고는 아무도 방에 오지 않는 걸 보고, 클렐리아가 하던 일이 들통난 거라고 생각했다. 그래서 그녀가 가지고 돌아온 밧줄을 전부 빼앗겨서, 아마도 탈옥 계획은 불가능하게 된 거라고도 생각했다. 이튿날 새벽, 낯모르는 사나이가 방 안에 들어오더니 한마디도 하지 않고 과일 바구니를 놓고 나갔다. 과일 밑에는 다음과 같은 편지가 숨겨져 있었다.

"하느님의 은혜로 제가 동의하지 않았다 해도, 제 마음에 솟아난 어떤 생각을 이용해서 행해진 이번 일로 몹시 가책을 느끼고 있는 저는, 만일 아버지가 살아나신다면 앞으로는 아버지의 뜻에 절대로 복종할 것을 성모님께 맹세했습니다. 아버지의 뜻대로 곧 후작과 결혼하겠습니다. 그리고 당신과는 이제 만나지 않겠습니다. 그러나 이미 시작한 일은 완수하는 것이 제 의무라고 생각합니다. 다음 일요일 당신을 미사에 데려가도록 제가 꾸며놓을 테니, (미사에 나가 당신의 영혼이 구원받을 수 있도록 기도하세요. 위험한 계획 도중에 자칫 목숨을 잃게 될지도 모릅니다) 돌아오시거든 방에 들어가는 걸 되도록 늦추시기 바랍니다. 방 안엔 앞으로의 계획에 필요한 것이 놓여 있을 겁니다. 당신에게 불행한 일이 생기면, 저는 슬픔에서 영원히 헤어나지 못할 거예요! 당신의 생명을 위험하게 하는 걸 도왔다고 저를 책망하시겠습니까. 공작부인께서도 라베르시파가 이길 것 같다고 여러 번 제게 말씀하셨지요. 그들은 대공을 악랄한 수단으로 농락해서, 모스카 백작을 몰아내려고 합니다. 공작부인은 울면서, 이젠 이 방법밖엔 없다고 잘라 말했습니다. 당신이 결심하지 않으면 그대로 죽고 맙니다. 저는 이제 당신을 만날 수 없습니다. 맹세를 했으니까요. 그러나 일요일 저녁 때 만일 제가 검은 옷차림으로 그전처럼 창가에 있는 걸 보시면, 그것은 그날 밤 저의 연약한 힘으로 할 수 있는 한 모든 것을 준비해놓겠다는 신호입니다. 11시 이후, 혹은 자정이나 1시에 조그마한 남포가 저의 창문에 나타날 겁니다. 그것이 행동 개시의 신호입니다. 당신은 수호성자님께 기도를 드린 다음 서둘러 갖고 있는 신부복을 입고 나오세요.

안녕히! 파브리스 씨. 당신이 그런 위험한 일을 하고 계시는 동안 저는 기도를 올리겠습니다. 그래요, 틀림없이 애통한 눈물을 흘리면서 기도를 올릴 테죠. 당신에게 불행이 생긴다면, 저도 살아남지 못할 겁니다. 아, 저는 무슨 말을 하고 있는지! 하지만 성공하시더라도 다시 만나뵐 수 없습니다. 일요 미사가 끝난 뒤 당신 방에서 돈과 독약과 밧줄을 발견하실 거예요. 그것을 보낸 사람은 당신을 진심으로 사랑하고, 꼭 이 수단을 써야 한다고 저에게 세 번이나 간곡히 되풀이한, 무서우리만큼 굳센 부인입니다. 하느님께서 당신의 생명을 구해주시기를 빕니다. 그리고 성모 마리아께서도."

　파비오 콘티는 꿈속에서까지도 죄수 중 누군가 도망하는 걸 언제나 볼 정도로 늘 불안에서 헤어나지 못하는 불행한 감옥지기였다. 이 성채 안의 사람들은 누구나 그를 송충이처럼 싫어했다. 그러나 불행한 일을 보면 누구나 동정심을 갖기 마련이다. 불쌍한 죄수들, 높이 1미터, 폭 1미터, 길이 2.5미터라는 설 수도 앉을 수도 없는 지하 감방에 갇힌 자들까지, 곧 모든 죄수라고 할 수 있는데, 사령관의 병세가 위험에서 벗어났다는 걸 알았을 때, 자기들의 돈을 모아서 감사 기도를 올려달라고 했다. 그런 비참한 자들의 몇몇은 파비오 콘티에게 바치는 축시를 만들기도 했다. 아, 불행이 인간에게 주는 효과여! 이런 인간을 나쁘게 말하는 사람은 그 숙명으로 말미암아 높이 1미터의 감옥에 들어가, 금요일에는 단식을 하고 하루 2백30그램의 빵을 먹어봐야 안다!

　클렐리아는 예배당에 기도하러 갈 때 말고는 아버지의 방을 떠나지 않았다. 사령관의 완쾌 축하는 일요일까진 하지 않을 거라고 말했다. 일요일 아침, 파브리스는 감사 예배를 겸한 미사에 참석했다. 밤에는 불꽃을 올렸다. 성채 홀에서는 사령관이 허용한 양의 네 배나 되는 술이 병사들에게 나누어졌다. 누군가 알지 못하는 사람이 브랜디까지 여러 통 보내와, 병사들은 이것을 따서 마셨다. 취한 병사들은 마음이 너그러워져서, 관저 주위에 보초 근무로 서 있는 다섯 병사를 그대로 둘 수 없었다. 그들이 보초막에 올 때마다 한통속인 하인이 술을 주었다. 또 누가 주었는지 알 수는 없지만, 자정부터 새벽까지 보초를 선 자들도 브랜디를 한 잔씩 마셨다. 그리고 그때마다 보초막 옆에 술병을 내버려두고 갔다. (이것은 나중에 법정 조사로 증명되었다.)

　소동은 클렐리아가 생각한 것보다 오래 계속되었다. 파브리스가 차양 판자를 떼기 시작한 것은 이미 1시가 다 되어서였다. 일주일 전부터 새들이 있는 방 쪽으로 향하지 않은 창문 창살을 2개 잘라두었던 것이다. 그는 거의 관저를 지키고 있는 보초들의 머리 위에서 작업했으나, 그들에겐 무엇 하나 들리지 않았다. 54미터나 되는 어마어마한 높이에서 내려가는 데 필요한 거대한 밧줄에, 단지 몇 개의 매듭을 더 만들었을 뿐이다. 그는 이 밧줄을 몸에다 비스듬히 짊어지듯 감았다. 밧줄의 부피가 커서 몹시 거북스러웠다. 매듭이 있어 한 덩어리로 만들기가 힘들었다. 몸에서 45센티 이상이나 부풀어 나왔다. '꽤 거치적거리는군.' 파브리스는 생각했다.

이 밧줄을 무진 애를 써서 겨우 등에 짊어지자, 파브리스는 창문으로부터 사령관 관저가 있는 난간까지의 10미터를 내려가는 데 쓸 다른 밧줄을 잡아들였다. 그러나 아무리 취했다고는 하나, 보초병의 머리 위로 바로 떨어질 수는 없었다. 그는 앞서 말했듯이 자기 방의 두 번째 창문으로 나왔다. 이 창문은 막사 건물의 지붕 위로 나 있었다. 파비오 콘티 장군은 입을 열 수 있게 되자 병자의 비정상적 심리로, 1세기 이래 비워둔 옛날 막사에다가 2백 명의 병사를 배치시켰다. 그는 누군가 자기에게 독약을 먹인 뒤 누워 있을 때 암살하려 한다고 말했다. 2백 명의 병사는 호위를 위해서였다. 이런 예기치 않은 조처가 취해진 것이, 클렐리아의 마음에 어떠한 영향을 끼쳤는지는 상상에 맡기겠다. 신앙심이 두터운 딸은 자기가 얼마나 아버지를 배신했는가를 뼈저리게 느끼고 있었다. 더구나 아버지에게 그녀의 사랑하는 죄수를 구하기 위해서 거의 독약이나 다름없는 것을 먹이지 않았는가! 뜻하지 않은 병사 2백 명의 배치는 이제 더 이상 이 일에 관여하지 말며, 파브리스를 구하지 말라는 하느님의 계시인 것처럼 생각되었다.

파르마 시내에선 누구나 죄수의 죽음이 가까워졌다고들 이야기했다. 줄리아 크레센치의 결혼 축하연에서도 이런 불길한 화제가 떠돌았다. 파브리스와 같은 가문의 사람이 그런 대수롭지 않은 일, 광대 따위를 죽인 일쯤으로 9개월이나 갇힌 채 풀려나지 못하고 있고, 더구나 수상의 비호가 있는데도 어찌할 도리도 없다는 것은 이 사건에 정치적인 문제가 얽혀 있기 때문이었다. 그렇다면 그의 일로 더 이상 조바심내는 것도 쓸데없는 일이 아닌가, 모두들 이렇게 말하는 것이었다. 광장에서 그를 처형하는 일이 어떤 이유로 적합지 않다면, 언제든 곧 그는 병에 걸려 죽을 것이다. 파비오 콘티 장군의 관저에 불려간 일이 있는 한 철물점 직공은, 파브리스는 벌써 훨씬 전에 처치되었지만, 정략적으로 그의 죽음을 아직도 숨기고 있는 거라고 말했다. 그 사나이의 말이 클렐리아의 결심을 앞당겼다.

제22장

　낮 동안 파브리스는 몇 가지 진지하면서도 유쾌하지 못한 여러 가지 생각에 사로잡혔다. 그러나 행동해야 할 순간으로 점점 재촉하는 시계 소리를 들을수록, 그는 쾌활하고 상쾌해지는 걸 느꼈다. 공작부인은 편지에다, 감방에서 나오자마자 바깥공기를 갑자기 쏘이면 머리가 울려서 똑바로 걸을 수 없을 거라고 적어 보냈다. 그럴 경우에는 54미터의 성벽에서 굴러떨어지느니, 차라리 다시 잡히더라도 그 자리에 가만히 있는 편이 낫다는 것이었다. 파브리스는 생각했다. '만일 그런 불운한 일이 일어난다면, 난간에 몸을 기대고 한 시간쯤 잔 뒤에 다시 하자. 클렐리아에게 맹세까지 했으니, 날마다 빵에 독이 들었는지 맛을 되새기는 것보다는, 아무리 높더라도 성벽 위에서 떨어지는 편이 오히려 낫다. 독약을 먹고 숨을 거둘 때까지 얼마나 무서운 고통을 느껴야 할까! 파비오 콘티에게 이런 일은 대수롭지 않을 것이다. 성채의 쥐를 죽이는 데 사용하는 비소를 타서 먹이겠지.'

　자정 무렵이 되자 포 강이 이따금씩 양편 기슭으로 뿌리는 그 희고 짙은 안개가 마을 위에 퍼지더니, 이어 성채의 커다란 탑이 한가운데에 서 있는 광장과 보루를 덮어버렸다. 파브리스는 전망대 난간으로부터 54미터의 성벽 아래, 병사들이 만든 정원을 둘러싼 조그마한 아카시아 나무는 보이지 않을 거라고 미루어 짐작할 수 있었다. '마침 잘됐군.' 그는 생각했다.

　12시 30분이 지난 지 얼마 안 되어서, 조그마한 남포의 신호가 새들이 있는 방 창문에 나타났다. 파브리스는 드디어 행동을 개시했다. 성호를 긋고 나서, 관저가 있는 전망대까지 내려가는 데 쓸 조그마한 밧줄을 침대에다 묶어놓았다. 어젯밤부터 2백 명의 병사가 새로 배치된 막사의 지붕까지는 쉽게 내려올 수 있었다. 12시 45분이었으나 운 나쁘게도 병사들은 아직 깨어 있었다. 모양이 굽은 커다란 기와지붕을 살금살금 걸어가는 파브리스의 귀에, 지붕에 악마가 있다, 총으로 쏴 죽여라, 하고 떠드는 소리가 들렸다. '그런 생각을 하는 건 하느님을 모독하는 거야.' 몇 사람이 꾸짖는다. 또한 총을 쏘아서 아무것도 죽이지 못하면, 공연히 소란을 일으켰다고 사령관은 모두를 감옥에 집어넣을 거라고도 했다. 이런 유쾌한 옥신각신이 귀에 들렸으므로, 파브리스는 되도록 빨리 지붕을 걸으려 하는 바람에 더욱 큰 소리가 났다. 밧줄에 매달려 창문 앞을 내려갈 때가 가장 위험했다. 다행히도 지붕이 앞으로 쑥 나와 있었기 때문에 1미터 이상 떨어져서 지날 수 있었지만, 창문으로는 총검이 나와 있었던 것이다. 뒷날 몇 사람이 말하기를, 언제나 정신 나간 짓을 잘하던 파브리스는 선뜻 악마 흉내를 내어 병사들에게 스갱 금화를 한 줌 뿌려주었다고 했다. 확실한 것은, 자기가 있던 방 침대 위에 스갱 금화를 뿌려놓은 일이다. 그리고 파르네제 탑에서 난간까지 가는 전망대 위에도 뿌려놓았다. 혹시 뒤쫓아오는 병사가 있다면 그것에 정신이 쏠리게 하려는 것이었다.

전망대 위에 다다랐다. 그리고 언제나 15분마다 '근무 중 이상 없음' 외치는 보초들이 서 있는 부근에 오자, 거기서부터 발을 서쪽 난간 쪽으로 돌려 새 돌을 찾았다.

온 도시 사람이 증인이었기에 망정이지, 그렇지 않았다면 이런 일이 가능하리라고는 아무도 믿지 않았을 것이다. 난간에 쭉 배치된 보초들은 파브리스를 잡지 못했을 뿐더러 보지도 못했기 때문이다. 사실은 앞서 말한 안개가 점점 더 올라와, 나중에 파브리스가 말한 바에 의하면, 전망대에 닿았을 때엔 이미 안개는 파르네제 탑의 반쯤까지 올라온 듯이 느껴졌다 한다. 그러나 안개는 결코 깊지 않았고 그에겐 보초의 모습이 똑똑히 보여, 그중 몇 사람은 이리저리 서성대고 있었다. "나는 어떤 초자연의 힘에 떠밀려, 아주 가까이 다가오고 있는 두 보초 사이를 대담하게 뚫고 들어갔다." 파브리스는 이렇게 덧붙여 말했다. 그는 몸에 감아두었던 커다란 밧줄을 침착하게 풀었다. 그것은 두 번이나 얽혀 있었다. 잘 풀어서 난간 위로 쭉 펼치는 데 시간이 오래 걸렸다. 여기저기에서 병사들의 이야기 소리가 들려왔다. 만일 덤벼들면 먼저 놈을 찌르겠다고 마음을 단단히 먹었다. "나는 조금도 우물쭈물하지 않았다. 어떤 의식이라도 치르는 듯한 기분이었다." 나중에 그가 한 말이다.

마침내 그는 얽힌 밧줄을 풀어, 물이 흘러나가는 난간 구멍에다 잡아맸다.

난간 위에 올라가서는 열심히 하느님께 기도를 올렸다. 그러고는 기사도 시대의 영웅처럼, 한순간 클렐리아를 생각했다. '9개월 전 여기에 들어왔을 때의 방탕하고 경박한 파브리스와 지금의 나와는 얼마나 큰 차이가 있는가!' 그는 혼자 생각했다. 마침내 그는 이 놀랄 만한 높이를 내려가기 시작했다. "기계적으로 했다"고 그는 말했다. 마치 대낮에 친구들 앞에서 내기에 이기려는 기분으로 내려가는 듯싶었다. 반쯤 내려간 곳에서 별안간 팔의 힘이 빠진 것처럼 느껴졌다. 하마터면 밧줄을 놓칠 뻔했으나, 곧 고쳐 잡았다. "아마 그 위를 미끄러져 내려가다 여기저기 상처를 입고 가시덩굴에서 멈췄을 것이다." 말했다. 때때로 두 어깨 사이에 심한 아픔을 느껴 숨을 못 쉴 정도였다. 크게 흔들렸기 때문에 몸을 가누기가 힘들었다. 밧줄에 매달린 몸은 쉴 새 없이 가시덩굴에 부딪쳤다. 잠을 깨서 도망치는 상당히 큰 새들이 날아와 몸에 닿았다. 처음에 그는 자기를 뒤쫓아 성채에서 내려온 자들인 줄 알고는 방어태세를 취했다. 드디어 그는 두 손이 피투성이가 되었을 뿐, 무사히 탑 바로 밑에 닿았다. 나중에 그가 들려준 이야기로는, 탑의 중간쯤부터 아래는 기울어져서 그다지 힘이 안 들었다고 했다. 그는 내려가면서 벽을 더듬었다. 돌 사이에 자라난 식물이 제법 몸을 지탱해주었다. 밑에 닿을 때, 병사들이 꾸며놓은 정원 안 아카시아 나무 위에 떨어졌다. 위에서 내려다봤을 땐 1미터쯤밖엔 되지 않으리라고 생각했던 이 나무는 실제로는 4미터에서 6미터가량 되었다. 그곳에서 자고 있던 술취한 한 사나이는 그를 도둑으로 생각했다. 나무에서 내릴 때 파브리스는 왼팔을 삐끗했다. 그는 바깥 성곽 쪽으로 도망쳤다. 그러나 그의 말에 의하면 그의 다리는 솜처럼 느껴졌다고 한다. 위험하긴 했으나 거기에 앉아서 남은 브랜디를 조금 마셨다. 몇 분 동안 어디에 있는지조차 잊을 정도로 깜빡 잠이 들었다. 잠이 깨자 자기 방에서 왜 이런 나무가 보이는지 어리둥절했다. 겨우, 무서운 진실이 기억에서 되살아났다. 곧 그는 외곽 보루를 향해 걸음을 옮겨, 커다란 계단으로 그곳에 올라갔다. 바로 가까운 곳에 배치된 보초병은 보초막 안에서 코를 골고 있었다. 풀밭에 자루가 하나 놓여 있는 걸 보았다. 그는 거기다 세 번째 밧줄을 묶어 맸다. 조금 짧았다. 그래서 그는 물이 30센티가량 고여 있는 진흙투성이의 도랑으로 뛰어내렸다. 일어나 위치를 확인하려고 하는데, 두 사나이에게 덥석 잡혔다. 순간 그는 깜짝 놀랐다. 하지만, 곧 귓전에서 낮은 목소리로 속삭이는 걸 들었다.

"아, 각하, 각하!"

공작부인이 보낸 사람들이라는 걸 어렴풋이 느꼈다. 그는 그대로 정신을 잃었다. 잠시 뒤, 그는 조용히 빠르게 걷는 사나이들에게 자신이 옮겨지고 있다는 걸 느꼈다. 그러다 갑자기 멈춰 섰으므로 몹시 불안해졌다. 그러나 눈을 뜰 힘도, 입을 열 힘도 없었다. 누군가에게 안겼다. 별안간 공작부인의 옷 향기가 코를 찔렀다. 이 향기로 살아난 듯 싶었다. 눈을 떴다. 가까스로 말할 수 있었다.

"아, 그리운 고모!"

그러고는 완전히 정신을 잃었다.

더할 나위 없이 충실한 브뤼노는 백작에게 충성하는 경관 1분대를 이끌고, 2백 걸음쯤 떨어진 곳에서 대기하고 있었다. 백작 자신도 공작부인이 기다리고 있던 곳에서 아주 가까운 오두막에 숨어 있었다. 만일의 경우, 그는 자기 심복인 예비역 장교 몇 명과 함께 칼을 휘두르며 뛰어나갈 각오였다. 그는 위기가 닥친 파브리스의 목숨을 어떻게 해서든 구해낼 책임을 느끼고 있었다. 만일 자기가 어리석게도 대공의 말을 일부러 빼놓지 않았더라면, 대공이 직접 서명한 특별사면장을 손에 넣을 수 있었기 때문이다.

자정이 넘으면서 공작부인은 엄중히 무장한 사나이들의 호위를 받으며 성채 바깥 담벽 앞을 침묵 속에 왔다 갔다 했었다. 가만히 있을 수가 없었다. 뒤쫓아오는 놈들로부터 파브리스를 구해내기 위해 한바탕 싸워야 하리라는 생각도 했었다. 이 여인의 굉장한 상상력은 여기선 도저히 자세히 적을 수 없는, 만반의 주의를 다 기울였다. 정말 믿을 수 없을 만큼 무모한 것이었다. 이날 밤 범상치 않은 일에 맞서 싸울 각오로 대기했던 인원은 80명이 넘었다. 그들을 모두 통솔한 사람은 페란테와 루도빅이었으며, 경찰국장 또한 한편이었다. 경찰국장인 백작이 아무 정보를 얻지 못한 것만으로도 알 수 있듯, 많은 사람 중 어느 누구도 공작부인을 배신하지 않았다.

부인은 파브리스를 다시 만나자 완전히 제정신을 잃었다. 그를 떨리는 두 팔로 끌어안더니 피투성이가 된 것을 보고 새파래졌다. 그것은 파브리스의 손에서 흐른 피였다. 그녀는 상처가 심하다고 여겼다. 그래서 한 사람의 도움을 받아 옷을 벗겨 응급치료를 하려 했다. 마침 옆에 있던 루도빅이 부인과 파브리스를 시내로 들어가는 수풀에 숨겨두었던 조그만 마차에 강제로 밀어넣었다. 그리고 사카에 가까운 곳에서 포 강을 건너려고 쏜살같이 마차를 몰았다. 페란테는 단단히 무장한 사나이 20명을 데리고 뒤를 지키며, 뒤쫓는 자를 목숨을 걸고 막으려 했다. 혼자 부근에 있던 백작은 아무런 사고도 일어나지 않은 걸 확인한 다음, 그로부터 두 시간 뒤에 성채 주변을 떠났다. "이걸로 나도 큰 반역죄를 지었군!" 그는 기쁨에 도취되어 중얼거렸다.

루도빅은 한 가지 꾀를 냈다. 파브리스와 외모가 아주 비슷한, 공작부인 집에 드나드는 젊은 의사를 다른 마차에 태웠다.

"볼로냐 쪽으로 도망가주십시오. 되도록 서투르게 행동해 잡히십시오. 잡히면 대답을 피하다가, 나중에 파브리스 델 동고라 고백하십시오. 제발 꼭 시간을 끌어주세요. 그럴듯하게 실수를 해야 합니다. 한 달 동안의 구류로 끝납니다. 부인에게서 50스갱의 사례금이 나올 테니까요."

"부인을 위해서 하는 일에 돈 같은 걸 생각하겠습니까?"

의사는 출발했다. 그리고 몇 시간 뒤에 잡혔다. 이 소식은 파비오 콘티 장군에게 정말 우스울 정도의 기쁨을 느끼게 했다. 그러나 라씨는 파브리스의 위험이 더해감에 따라 작위가 백일몽으로 끝나고 말리라는 생각이 들었다.

탈옥이 성채에 알려진 것은 아침 6시쯤이었다. 10시가 되어서야 하는 수 없이 대공에게 보고했다. 공작부인은, 파브리스가 곤한 잠에 빠진 것을 기절한 거라 여기고는 세 번이나 마차를 세웠지만, 그래도 모든 일이 무사히 진행되어 정각 4시를 칠 때에는 포 강을 배로 건넜다. 건너편 기슭에는 갈아탈 마차가 있었다. 다시 8킬로미터를 전속력으로 달려, 거기서 여권 사증을 받는 데 한 시간이 넘게 걸렸다. 부인은 자신과 파브리스를 위해 온갖 종류의 여권을 준비했었다. 그러나 그날은 정신이 없었기에 오스트리아 경찰관에게 나폴레옹 금화 10개를 주고, 울면서 그 손을 잡기도 했다. 경찰관은 깜짝 놀라 검사를 다시 했다. 역마차에 탔다. 부인이 너무 지나치게 돈을 뿌렸기 때문에, 모든 외국인을 의심하는 이 지방 곳곳에서 의심을 받았다. 이 또한 루도빅이 그럴듯하게 꾸며대어 모면했는데, 부인은 파르마 수상의 아들 모스카 백작의 열이 내리지 않는 걸 걱정해서 좀 정신이 없으며, 이 젊은 백작을 의사에게 보이러 지금 파비아로 가는 길이라고 했다.

포 강을 건너서 40킬로쯤 간 뒤에야 죄수는 잠에서 깨어났다. 그는 한쪽 어깨가 빠지고, 여러 군데에 찰과상을 입었다. 부인의 행동이 여전히 호화로 웠으므로, 식사를 한 어느 시골 여인숙 주인은 분명 상대는 황실의 왕녀일거 라고 오인하고는, 그렇다면 거기에 맞는 대접을 해야 한다고 수선을 피웠다. 루도빅은 이 사나이에게, 쓸데없이 떠들면 왕녀께서 널 감옥에 잡아넣을 거 라고 주의를 주었다.

마침내 저녁 6시쯤 피에몬테 영내에 도착했다. 여기서 비로소 파브리스는 안전해진 것이다. 그를 길가에서 떨어진 조그마한 마을로 데리고 가서, 두 손의 상처를 치료했다. 그러자 그는 다시 몇 시간 잠이 들었다.

이 마을에서 공작부인은 도덕적으로도 좋지 않을뿐더러 앞으로 생활의 안 정까지도 방해하게 되는 어떤 행위에 몸을 맡겼다. 파브리스의 탈옥 몇 주일 전, 파르마 시내 사람들이 그의 처형대가 서 있는가를 구경하러 성채 문 앞 에서 기웃거리던 날의 일이었다. 그날 부인은 이제 집안일을 두루 맡아 보고 있는 하인 루도빅에게, 앞서 말한 13세기 때 만들었다는 산세베리나 저택의 유명한 저수지 밑바닥에 깐 주춧돌 하나를 교묘하게 숨겨진 쇠틀로부터 빼 내는 방법을 가르쳐주었다. 파브리스가 이 마을의 여인숙에서 잠들어 있는 동안 부인은 루도빅을 불러들였다. 부인의 눈초리가 너무나 이상했으므로, 그는 정말 부인이 미친 것이 아닌가 생각했다.

"당신은 내가 몇천 프랑쯤 주리라 기대하고 있죠. 그렇지 않아요. 난 당신 을 잘 알고 있어요. 당신은 시인이에요. 그만한 돈은 곧 써버릴 테죠. 난 당 신에게 카살 마조레에서 4킬로미터 떨어진 리치아르다의 얼마 안 되는 땅을 줄까 생각하고 있는데……."

루도빅은 기뻐서 어쩔 줄 몰라, 부인 발밑에 무릎을 꿇었다. 그러고는 자 기가 파브리스 각하를 구해내는 데 목숨을 건 것은 돈 때문이 아니라고 정색 을 하고 항의했다. 자기는 부인의 제3마부로서 그분을 모시게 된 뒤로, 특별 한 기분으로 언제나 그분을 좋아했다고 말했다. 실제로 성실하기 짝이 없는 이 사나이는 신분이 높은 부인이 이렇게 자기 일을 걱정해주고 있다는 걸 확 인하자 자리에서 물러나려고 했다. 그러나 부인은 눈에 광채를 뿜으며 말했 다.

"기다려요!"

그녀는 그 이상 아무 말도 않고, 이 여인숙 방 안을 왔다 갔다 했다. 이런 기이한 동작이 언제까지나 끝날 것 같지 않아, 마침내 사나이 쪽에서 먼저 여주인에게 말을 걸기로 했다.

"저는 마님께 과분한 선물을 받았습니다. 저와 같은 가난한 인간에겐 꿈도 못 꿀 일로서, 무엇보다 저의 하잘것없는 봉사에 비하면 너무나 분에 넘치는 것입니다. 그리고 아무리 생각해도 저는 리치아르다의 토지를 끝까지 지킬 힘이 없습니다. 땅은 마님께서 그대로 보관해두십시오. 그 대신 4백 프랑의 연금이나 주셨으면 합니다."

"지금까지 단 한 번이라도……" 부인의 말투에는 매우 어두운 기품이 담겨 있었다. "내가 이제껏 한번 결정한 것을 바꾸었다는 이야기를 들은 적이 있어요?"

이렇게 말하더니 부인은 다시 얼마 동안 왔다 갔다 했다. 그러다가 별안간 서서 말했다.

"파브리스가 목숨을 구한 것은 우연이야. 그 젊은 여자의 마음에 들었기 때문이지. 남에게 사랑을 받을 만한 위인이 못 되었다면 죽었을 거야. 당신은 그렇지 않다고 말할 수 있어요?"

부인은 몹시 음산한 노여움에 번쩍이는 눈초리로, 루도빅에게 바싹 다가서서는 그렇게 말했다. 루도빅은 엉겁결에 몇 발짝 뒤로 물러났다. 부인이 미쳐버린 거라고 생각했다. 그렇게 생각하자 리치아르다의 토지를 받는 일이 걱정되었다.

"여봐요." 부인은 이제까지와는 완전히 달라져 부드럽고 쾌활한 목소리로 말했다. "난 사카의 주민들에게 오랫동안 기억에 남도록, 온 하루를 아주 즐겁게 떠들며 놀게 해주고 싶어요. 그래서, 당신이 사카로 돌아가주었으면 하는데, 혹시 형편이 어떨까? 위험하다고 생각하나요?"

"어렵지 않습니다. 사카 사람 중에는 아무도 제가 파브리스 도련님을 모시고 있었다는 말을 할 사람은 없습니다. 그리고 이런 말을 해서 어떨지 모르나, 저는 리치아르다의 토지라는 데를 좀 가보고 싶습니다. 저 따위가 지주가 되다니 정말 우습군요!"

"즐거워하니 나도 기분이 좋군요. 리치아르다의 소작인은, 분명 내게 보낼 3, 4년치의 소작료를 아직 보내지 않았어. 그 미납금의 반은 소작인에게 주고, 나머지 반은 당신에게 주죠. 그러나 조건이 있어요. 당신은 이제부터 사카로 가서 이틀 뒤가 내 수호성녀님의 축제일이라고 모두에게 퍼뜨려요. 그리고 그곳에 도착한 날 밤부터 내 집에다 되도록 화려하게 조명장식을 꾸며놔요. 돈이나 수고를 아끼지 말고요. 그 일이 내 일생에 가장 큰 행복이 된다는 걸 잊지 말아야 해요. 조명장식품은 오래전에 준비해두었어요. 벌써 세 달 전부터 이 중대한 잔치에 쓸모 있을 만한 것은 모두 지하실에 모아뒀어요. 성대한 불꽃놀이를 위한 도구는 전부 정원사에게 맡겨뒀어요. 그걸 포강이 보이는 난간에서 쏘게 하세요. 지하실에는 포도주가 여든아홉 통이 있으니 정원 안에 여든아홉 곳의 술 샘을 만들어놔요. 만일 그 다음 날 술이 한 병이라도 남아 있으면, 당신은 파브리스를 좋아하지 않는 거라고 난 생각할 거예요. 술 샘, 조명장식, 그리고 불꽃, 이것이 제대로 다 갖춰지면, 당신은 조심스럽게 빠져나와요. 내가 노리는 바이긴 하지만, 이런 축제 소동을 파르마에선 괘씸하게 여길지도 모르니까요."

"모르는 게 아니라, 반드시 그럴 겁니다. 그리고 파브리스 도련님의 판결에 서명한 라씨 검찰총장이 몹시 화낼 것도 분명합니다. 만일……" 루도빅은 망설이며 말을 잇는다. "마님께서 이 하찮은 하인에게 리치아르다의 미납금을 반 주시는 것보다 더 큰 기쁨을 주시려거든, 그 라씨를 약간 골탕 먹이도록 허락해주시기 바랍니다."

"당신은 정말 좋은 사람이군요." 부인은 흥분해서 말했다. "하지만 라씨를 건드려서는 안 돼요. 내게 계획이 있으니까. 그 사람은 어느 때고 앞으로, 모두가 보는 앞에서 교수형을 받게 할 거예요. 사카에서 잡히지 않도록 주의하세요. 만일 당신이 잡히면 모든 것에 지장이 생겨요."

"붙잡히다니요, 마님. 제가 마님 수호성녀의 축제를 한다는 말만 하면, 비록 경찰이 30명의 헌병을 풀어서 방해하려 한대도, 놈들은 아마 마을의 붉은 십자가가 있는 데까지 도착하기도 전에, 한 놈도 무사히 말을 타고 있지 못할걸요. 사카 사람들은 바보가 아닙니다. 모두들 밀수입으로 굴러먹은 자들뿐이며, 마님을 하느님처럼 여기고 있습니다."

"그러면" 부인은 어딘지 들뜬 태도로 말했다. "용감한 사카 사람들에게는 술을 대접해놓고, 한편 파르마 사람들에겐 물벼락을 주고 싶어요. 내 집에 조명장식의 불이 환하게 붙으면, 당신은 외양간에서 제일 좋은 말을 끌어내어 파르마 집으로 달려가 저수지를 터놔요."

"허, 마님은 멋진 생각을 하셨군요." 루도빅은 미친 사람처럼 웃었다. 사카 사람들에게는 술을, 파르마 놈들에게는 물을! 그놈들은 파브리스 도련님이 그 불쌍한 L처럼 독살되리라고 믿었거든요."

루도빅의 기쁨은 쉽게 가시지 않았다. 부인은 미친 사람처럼 웃어대는 그를 만족스러운 듯이 바라보고 있었다. 루도빅은 계속 되풀이했다.

"사카 사람들에게는 술을, 파르마 놈들에게는 물을! 부인께서 잘 아실 테지만, 20년 전에 어쩌다 그 저수지가 열렸을 때, 파르마 거리는 온통 한 자나 물에 잠겨 소동이 났습죠."

"파르마 사람들에게는 물을 줘요." 공작부인은 웃으며 대답했다. "파브리스의 목을 자를 수 있었다면, 성채 앞 산책로는 사람으로 들끓었을걸……. 대죄인, 모두들 그렇게 불렀지……. 하지만 실수 없이 해요. 홍수를 일으킨 사람이 당신이라는 것이나, 내 지시라는 걸 아무도 모르게 말이야. 파브리스에게도, 백작에게까지도 이 난폭한 장난을 알려선 안 돼요……. 그렇지, 사카의 가난한 사람들 일을 잊었군. 곧 집사에게 편지를 써요. 서명을 할 테니. 내 수호성녀 축제를 위해서 사카의 가난한 사람들에게 1백 스갱을 기부할 것, 조명·불꽃·술에 관해서 모두 당신의 지시를 따를 것, 특히 다음 날 지하실에 술이 든 병이 하나도 남아 있지 않도록 할 것, 그것만 써줘요."

"그곳 집사에게는 한 가지 곤란한 일이 있을 것 같습니다. 마님께서 사카에 가신 지 5년이 된 뒤로 그곳에 가난뱅이라고는 10명도 안 되니까요."

"파르마 사람들에게는 물을!" 부인은 노래하듯 되풀이했다. "이 재미난 장난을 어떻게 할 셈이에요?"

"계획은 벌써 다 서 있습니다. 9시에 사카를 출발하면, 10시 30분에는 카살 마조레와 리치아르다의 제 소유지로 가는 길에 있는 여관 '세 명의 얼간이네'에 도착합니다. 11시에는 저택 안의 제 방에 있게 되죠. 그리고 11시 15분에는 파르마 친구들에게 물을 실컷 먹이겠습니다. 놈들은 대죄인의 건강을 축하해서 취하도록 마셔야죠. 그러고 나서 10분 뒤, 저는 볼로냐 가는 길을 따라 시내를 빠져나와, 지나가는 길에 각하의 용기와 마님의 지혜로 체면을 잃은 성채에 작별인사를 하겠습니다. 거기서 잘 알고 있는 샛길로 빠져 드디어 리치아르다 영지로 들어가는 겁니다."

루도빅은 부인에게 시선을 보낸 순간 소름이 끼쳤다. 부인은 여섯 발짝쯤 앞에 있는 맨 벽을 뚫어지게 쳐다보고 있었다. 그 눈초리는 그야말로 잔인함, 바로 그것이었다. '허, 땅이고 뭐고 다 틀렸는데! 마님은 미친 거야.' 그는 생각했다. 부인은 그의 태도를 보고, 그 마음속을 짐작했다.

"그렇군. 대시인 루도빅 씨. 당신은 증거 서류를 원하죠. 좋이를 가져와요."

루도빅은 이 명령을 두 번 되풀이하게 하지는 않았다. 부인은 자기 손으로 긴 증서를 써서 날짜는 1년 전으로 했다. 이 증서에 따르면 그녀는 루도빅 산 미켈리로부터 8만 프랑을 빌렸으며, 그 담보로 리치아르다의 토지를 내놓는다. 만일 만 1년 뒤에 8만 프랑을 루도빅에게 갚지 못하면 리치아르다는 그의 소유가 된다는 것이다.

'재산 가운데 거의 3분의 1을 충실한 하인에게 준다. 어지간히 인심이 좋군.' 부인은 이렇게 생각했다.

"여봐요! 저수지의 장난을 한 다음, 당신은 카살 마조레에서 이틀밖엔 놀지 못해요. 매매가 잘 이루어지도록 그 계약은 1년이 넘은 일이라고 말해둬요. 벨지라테로 다시 날 만나러 와야 해요. 늦으면 안 돼요. 파브리스는 아마 영국으로 건너가게 될 거예요. 당신이 따라가줘야 해요."

다음 날 일찍 부인과 파브리스는 벨지라테로 갔다.

이 아름다운 마을에 자리를 잡기로 했다. 그러나 경치 좋은 호숫가엔 심각한 고뇌가 부인을 기다리고 있었다. 파브리스는 완전히 사람이 달라졌다. 탈옥한 뒤 혼수상태에서 깨어나자, 젊은이의 마음속에 어떤 심상치 않은 일이 일어난 걸 부인은 눈치챘다. 그가 조심스럽게 숨겨두고 있는 그 심각한 감정은 정말 이해가 되지 않았다. 그는 감옥에서 나온 탓으로 절망에 빠졌던 것이다. 그 슬픔의 원인을 고백하지 않으려고 애쓰고 있었다. 이리저리 물어보았으나 그는 대답하려 하지 않았다.

공작부인은 어이가 없다는 태도였다. "어쩌된 일이야! 배는 고프고, 쇠약해지지 않기 위해서 어쩔 수 없이 감옥 주방에서 날라오는 싫은 음식을 먹어야 할 때의 기분……. '무슨 이상한 맛이 나지나 않나? 지금 나는 독살되는 게 아닌가?' 그런 기분이 넌 무섭지 않으냐?"

"저는 죽음이라는 것을 전쟁터의 병사들처럼 생각했습니다. 죽음이 닥쳐올 수도 있지만, 잘하면 피할 수도 있다는 식으로."

그러므로 공작부인으로서는 이 얼마나 불안하고 괴로운 일인가! 평범한 사람과 달라 활발하고 개성적이었던 사랑하는 사람이, 지금 자기 눈앞에서 심각한 생각에 사로잡혀 있다니. 그에겐 이 세상에서 둘도 없이 친한 여인과 마음을 터놓고 쌓이고 쌓였던 이야기를 하는 즐거움보다도 고독이 좋은 것 같았다. 물론 그는 부인에게 다정하고 상냥했으며 감사한 마음을 보였다. 그리고 그녀를 위해서라면 백 번이라도 자기 생명을 내던질 심정은 전과 다르지 않았다. 그러나 그의 마음은 딴 데 있었다. 더할 나위 없이 아름다운 호수 위를 20킬로미터나 갈 동안 한마디도 나누지 않고 가는 일이 여러 번 있었다. 그 뒤부터 두 사람은 서로의 생각을 냉정하게 나눌 수 있었고, 이것도 다른 사람에게라면 즐겁게 여겨졌을지도 모른다. 하지만 두 사람에게는, 특히 공작부인에게는 질레티 사건으로 헤어지기 전 자신들의 대화가 어떠했던가, 그 추억이 아직도 살아 있었다. 당연히 파브리스는 무서운 감옥에서 보낸 9개월 동안의 이야기를 부인에게 들려주어야 했을 것이다. 그런데 이 기간의 일에 대해서, 그는 아주 짧고 이해하기 힘든 말 몇 마디밖엔 하지 않았다.

"이런 일은 어느 때고 일어날 일이었다." 부인은 암담한 슬픔에 잠기며 중얼거렸다. '슬픔이 나를 몹시 늙게 했던가, 아니면 그는 진정한 사랑을 하고 있을 거야. 나는 이제 그의 마음속에서 두 번째 자리밖에 차지하지 못한다.' 이 세상에서 가장 큰 비애에 젖어 비굴해지기까지 한 부인은 때때로 이런 생각도 했다. '혹시 하느님의 뜻으로 페란테가 완전히 미쳤거나 용기가 없었다면, 나는 그나마 행복했을지 모른다.' 이때부터 이런 후회는 부인이 자기 성격에 대해 가졌던 자존심을 손상시키고 말았다. '이렇게 한번 결심한 일을 후회하고 있다니! 이제 나는 델 동고 가문 사람이 아니다!' 씁쓸한 심정으로 그녀는 이렇게 생각하기도 했다.

'이는 하느님의 뜻이다. 파브리스는 사랑을 하고 있다. 그가 다른 사랑을 하지 않기를 무슨 권리로 나는 바라는가? 우리 사이에 한마디라도 사랑 같은 말을 나눈 일이 있었던가?'

이치가 정연한 이러한 생각 때문에 그녀는 잠을 이루지 못했다. 그리고 얼마 안 있어 복수가 이루어지리라는 예상과 더불어 나이와 마음의 쇠약이 나타나서인지, 그녀는 파르마에 있을 때보다도 벨지라테에서 훨씬 불행했다. 파브리스의 심상치 않은 상념의 대상인 상대에 대해서 어떤 뚜렷한 의심도 품을 수가 없었다. 클렐리아 콘티, 그처럼 효심이 두터운 클렐리아는 위병들을 술 취하게 만드는 데 동의했으니까, 자기 아버지를 배반한 셈이다. 그런데 파브리스는 클렐리아의 이야기는 비치지도 않았다. '그러나' 공작부인은 절망한 심정으로 스스로 가슴을 치며 생각하는 것이었다. '만일 위병이 취하지 않았더라면 내가 애써 생각해낸 것도, 수배도 모두가 헛일이었을 거다. 그러니까 파브리스를 구해낸 것은 그 소녀다!'

부인은 무진 애를 써서, 힘들게 파브리스로부터 그날 밤의 경위에 대해서 자세한 이야기를 들었다. '그전 같으면 이러한 이야기는, 우리 사이에선 언제 그칠지 모르는 화제였는데! 그 행복한 시절이었다면 내가 생각해낸 쓸데없는 화제를 가지고도 활기를 띠어 풍부한 말과 쾌활한 태도로 온종일 떠들어댔을 텐데.'

모든 일에 주의해야 했기 때문에, 부인은 파브리스를 마조레 호수 끝에 있는 스위스 도시인 로카르노 항구에서 살게 했다. 그녀는 날마다 배를 타고 호수 위의 산책을 권유하러 떠났다. 언젠가 그의 방에 올라가보고 싶은 충동이 일어난 일이 있었다. 올라가보니, 그의 방에는 밀라노에서인지 파르마에서인지 가져온 파르마의 시내 풍경이 많이 붙어 있었다. 그 도시는 그가 몹시 증오할 텐데도 말이다. 조그마한 거실은 화실로 변해, 수채화가들이 쓰는 도구가 가득 쌓여 있었다. 그는 방금 파르네제 탑과 사령관 관저의 풍경화를 3장이나 완성한 참이었다. 부인은 기분이 상한 얼굴로 말했다.

"이만하면 너는, 너를 독살할 생각만 하고 있던 그 상냥한 사령관의 초상화를 안 보고도 그릴 수 있겠구나. 그래그래, 이제 생각이 났어. 넌 그 사령관에게, 멋대로 도망해서 성채를 세상 사람들의 웃음거리로 만들어 정말 죄송하다고 사과의 편지를 쓰면 되겠구나."

가련한 부인은 진심으로 한 말이 아니었다. 안전한 곳에 도착하자 파브리스가 곧 생각한 것은 파비오 콘티 장군에게 아주 정중한, 어느 의미에선 대단히 우스꽝스러운 편지를 쓰는 일이었다. 탈옥한 것을 사과하고, 감옥의 어느 하급 관리가 자신을 독살하라는 임무를 맡은 걸로 믿었기 때문이라고 했다. 편지 내용은 아무래도 좋았다. 파브리스는 이 편지를 클렐리아가 보리라고 생각했다. 그래서 쓰는 내내 얼굴이 눈물로 흠뻑 젖었다. 편지 끝에 괴상한 말을 덧붙였다. 자유의 몸이 되어 보니, 파르네제 탑의 그 조그마한 방이 자주 그리워진다고 썼다. 이것이 그의 편지의 본뜻이었다. 클렐리아라면 그것을 눈치채리라고 생각했다. 편지를 쓰고 싶은 심정과, 누구든 읽어주었으면 하는 희망이 솟는 대로 파브리스는 동 체사레에게도 감사의 편지를 썼다. 이 사람은 신학 책을 빌려준 선량한 감옥 부속사제였다. 며칠 뒤, 로카르노의 조그마한 서적상 주인을 밀라노로 보냈다. 유명한 서적 소장가이며 레이나의 친구인 이 책방 주인은 밀라노에서 동 체사레가 빌려준 책의 가장 호화로운 판본을 찾아서 사들였다. 선량한 감옥 부속사제는 이 책과 한 통의 편지를 받았다. 편지에는 불쌍한 죄수에게 흔히 있기 쉬운 초조한 심정을 참지 못할 때 빌린 책의 여백에다 쓸데없는 낙서를 적어 더럽혔으므로, 그 대신 깊은 감사와 더불어 보내드리는 이 책을 서가에다 바꿔 끼워주시기 바란다고 써 있었다.

성(聖) 제롬의 이절판(二切版) 서적 여백에다 빼곡히 써놓은 내용을 낙서라고 말한 것은 적당히 둘러댄 표현이다. 그는 이 책을 감옥 부속사제에게 돌려주고 다시 다른 것과 바꿔달랄 속셈으로, 날마다 그 책의 여백에다 감옥 안의 사건을 하나도 빼놓지 않고 쓴 일기를 적어놓았었다. 커다란 사건은 신성한 사랑의 황홀(이 '신성한'이란 글자는 함부로 쓸 수 없는 다른 글자의 뜻으로 사용된 것이다)이었다. 이 신성한 사랑은 어느 때엔, 죄수를 심한 절망 속에 몰아넣고, 또 어느 때에는 공기를 통해서 들려오는 소리가 어느 정도 희망을 주어 행복의 기쁨을 느끼게 했다. 이러한 것이 다행히도 포도주와 초콜릿, 숯가루로 만든 감옥의 잉크로 쓰여 있었으므로, 동 체사레는 성 제롬의 책을 서가에 꽂을 때 그것을 언뜻 보았을 뿐이었다. 만일 그가 주의 깊게 여백을 살펴보았더라면, 독살을 당하리라 믿은 죄수가 언제든 이 세상에서 가장 사랑하는 사람으로부터 40걸음도 떨어지지 않은 곳에서 죽기를 원했음을 알았으리라. 그러나 이 선량한 감옥 부속사제와는 다른 눈이, 그가 탈옥한 뒤 이것을 읽었다. '사랑하는 이의 곁에서 죽는다!' 이 아름다운 생각이 여러 형태로 표현되고, 그 다음에 짧은 시 한 편이 적혀 있었다. 심한 고뇌를 겪은 뒤 영혼은 23년 동안 그 속에 있었던 허무한 육체를 떠나 자유가 되고 그 무서운 심판으로부터 죄를 용서받았다고 해도, 이 세상에 한번 머물게 되는 모든 존재에 깃든 행복의 본능을 떨치지 못하기에, 곧 그대로 하늘에 올라 천사들의 합창대에 끼려 하지는 않을 것이다. 살아 있을 때보다도 죽은 뒤에 한층 더 행복해진 영혼은 오랫동안 신음하던 감옥 바로 가까이로 가, 이 세상에서 가장 사랑한 존재와 하나가 될 작정이다. '그리하여 나는 지상에서 천국을 발견할 것이다.' 이 마지막 구절로 시는 끝을 맺고 있었다.

파르마의 성채에서는 파브리스를 가장 신성한 의무를 저버린 괘씸한 반역자로서 이야기하고 있었으나, 선량한 신부인 동 체사레는 모르는 사람이 보내온 훌륭한 책을 보고 몹시 기뻐했다. 파브리스는 멋모르고 자기 이름을 알렸다가는 화를 내어 소포를 되돌려 보내지나 않을까 하는 걱정으로, 책을 발송한 뒤 며칠이 지나서야 비로소 편지를 쓰기로 했다. 동 체사레는 이러한 전말에 대해선 형에게 아무 말도 하지 않았다. 파브리스의 이름을 듣기만 해도 펄펄 뛰며 화를 내기 때문이었다. 파브리스가 탈옥한 뒤로, 신부는 다정한 조카딸과 완전히 옛날처럼 친밀한 사이가 되었다. 이전에 라틴어를 잠깐 가르친 일도 있었으므로, 선물로 받은 그 훌륭한 책을 조카딸에게 보였다. 이것이야말로 먼 곳에 있는 사람이 바랐던 바였던 것이다. 클렐리아는 곧 얼굴이 붉어졌다. 그녀는 파브리스의 필적을 금세 알 수 있었다. 누렇고 길쭉한 큰 종잇조각이 책 여러 군데에 끼어 있었다. 우리 생활을 채우고 있는, 쓸데없는 돈 걱정이나 비속한 생각의 멋없는 냉혹 속에 있어서는, 진실의 정열에서 생기는 행위는 반드시 그 효과를 얻는 법이다. 그렇듯이 마치 자비심 많은 하느님의 뜻이 손을 잡고 인도해주는 것처럼, 클렐리아는 그러한 본능과 이 세상에 오직 하나밖에 없는 것을 그리워하는 마음에 이끌려서, 성 제롬의 전에 있던 책과 이번에 받은 책을 비교해보고 싶다고 작은아버지에게 부탁했다. 그전부터 있던 성 제롬의 책 여백에서 앞서 말한 짧은 시를 발견했을 때, 그리고 날마다 그가 자기에게 느낀 사랑을 적어놓은 노트를 발견했을 때, 파브리스가 떠나면서부터 암담한 슬픔에 빠져 있던 그녀의 기쁨은 이루 뭐라고 표현해야 좋을지!

벌써 그날로 그녀는 짧은 시를 외우고 말았다. 창가에 기대어, 이젠 아무도 없을 방 창문을 바라보면서 그 시를 읊었다. 그 창문 차양에 조그마한 들창문이 열리는 걸 그 얼마나 자주 보아왔던가. 그 차양 판자는 떼어내, 법정으로 운반되었다. 그리고 라씨가 그것을 탈옥죄로 기소된 파브리스의 가소로운 사건을 심리하기 위한 증거물로 사용했다. 기소 이유는 검찰총장이 웃으면서 말한 바에 의하면, '관대한 군주의 자비를 무시한' 죄였다.

클렐리아가 지금까지 한 일은, 그녀에겐 하나하나가 모두 심한 마음의 가책이 되었다. 그녀가 불행해진 뒤로 그 죄책감은 더욱 심해졌다. '파브리스와는 다시 만나지 않겠습니다.' 장군의 독살 소동 때에 성모에게 굳게 맹세했고, 그 뒤에도 날마다 이 맹세를 되풀이함으로써 양심의 가책을 어느 정도 덜려고 애썼다.

그녀의 아버지는 파브리스의 탈옥 때문에 병이 났다. 뿐만 아니라 노한 대공이 파르네제 탑의 감옥지기를 모두 쫓아내 죄인으로서 시내 감옥에다 잡아넣었을 때에는 자기도 면직시킬 듯한 기세였다. 장군은 모스카 백작이 힘써준 덕분에 화를 모면했다고 해도 지나친 말이 아니다. 백작으로서는 이 사나이를 궁정을 에워싼 사교장에 보내어 여러 가지 일을 책동하는, 방임할 수 없는 적으로 만들기보다는 성채 꼭대기에 가두어두는 편이 좋았던 것이다.

클렐리아가 파브리스에게 예고해둔 희생을 실행할 용기를 낸 것은, 실제로 병이 난 파비오 콘티 장군이 총애를 잃은 데 대해서 불안해하던 2주 동안의 일이었다. 성채 안이 축하연으로 떠들썩했던 날, 그녀는 병이 났다. 그것은 독자도 기억할 테지만, 바로 죄수가 도망친 날이다. 그 다음 날도 몸져누웠다. 한마디로 말해서 대단히 교묘하게 행동했기 때문에, 파브리스의 담당인 감옥지기 그릴로를 빼놓으면 누구 한 사람 그녀의 공모를 의심하지는 않았다. 그릴로는 입을 다물고 있었다.

그러나 의심 받을 걱정이 사라지자, 곧 클렐리아는 양심의 가책을 느끼기 시작했다. '아버지를 배반한 딸의 죄를 가볍게 할 만한 이유, 그런 것이 도대체 이 세상에 있을까?' 그녀는 생각했다.

어느 날 밤, 그날 하루를 예배당에서 눈물로 보낸 그녀는, 작은아버지 동체사례에게 장군의 방으로 같이 가달라고 부탁했다. 장군은 노여움이 발작했을 때에는 말끝마다 가증한 배반자 파브리스에게 욕을 퍼부었으므로 더욱 무서웠다.

아버지 앞에 나간 그녀는, 지금까지 크레센치 후작과의 결혼을 거절해온 것은 그 사람이 조금도 좋아지지 않고 이 결혼에서 행복을 찾아볼 수 없었기 때문이었다고 명확하게 말했다. 이 말을 듣자마자 장군은 벼락같이 화를 냈으므로 클렐리아는 말을 계속하기가 힘들었다. 그녀는 이어, 만일 아버지가 후작의 막대한 재산에 마음이 끌려 무슨 일이 있더라도 결혼하라고 끝끝내 명령하신다면 언제라도 복종하겠다고 말했다. 장군은 이런 결론은 예기치 않았으므로 몹시 놀랐다. 그러나 곧 그걸 기뻐했다. 그는 아우를 보고 말했다. "자, 그렇다면 이것으로 그 악당 파브리스가 저지른 괘씸한 행위 때문에 내가 면직이 되더라도, 이젠 3층 살림의 비참한 생활을 하지 않아도 된단 말이야."

모스카 백작은 빈틈없이 그 불한당 파브리스의 탈옥을 마음속으로부터 분개하는 듯한 표정을 지으며 힘든 상황을 헤쳐 나가고 있었다. 그리고 기회가 있을 때마다 군주의 자비를 무시한, 본디가 야비한 이 젊은이의 비겁한 행동을 비판하는 데 라씨가 만들어낸 표현을 되풀이하곤 했다. 이 그럴싸한 표현은 상류인사들 사이에 곧 유행어가 되었지만, 민중에게는 조금의 반향도 없었다. 민중은 그 양식(良識)을 잃지 않고 파브리스를 중죄인으로 믿으면서도, 그가 그렇게 높은 담벽으로 내려갈 결심을 한 데 대해서 몹시 감탄하고 있었다. 궁정에서는 이 용기에 감탄하는 사람은 하나도 없었다. 공작부인의 이름은 이제 탄식과 함께 사람들의 입에 오르내렸다. 이번 일로 체면을 구긴 경찰에서는, 지독한 배반자인 공작부인의 돈으로 매수된 20명의 병사가 높이 13미터의 사다리를 4개 이어서 파브리스에게 제공한 것이라고 공식적으로 발표했다. 그에 따르면 파브리스가 한 일이라고는, 밧줄을 내려뜨려 그 끝에 매달아준 사다리를 자기 쪽으로 잡아끌었다는 아주 평범한 행동뿐이었다. 무모한 짓을 하기로 유명한 여러 명의 자유주의자들은—그중에는 대공으로부터 직접 급료를 받고 있는 의사 C도 있었지만—잔인한 경찰이 은혜를 모르는 파브리스의 도망을 도운 괘씸한 병사들 가운데 8명을 총살했다고, 자기들의 위험을 생각지도 않고 덧붙였다. 그래서 파브리스는 경솔한 행위로 8명의 불쌍한 병사를 죽였다고, 진정한 자유주의자들로부터도 비난을 받게 되었다. 이처럼 전제정치가 여론의 가치를 얼마나 무시하는가를 여기서 충분히 알 수 있다.

제23장

이처럼 온 세상이 분노로 뒤끓고 있는 가운데 란드리아니 대주교만은 그의 젊은 친구를 변함없이 옹호했다. 그는 대공비의 궁정에서까지 이런 법률적인 격언을 여러 번 되풀이했다. 그에 의하면, 어떠한 재판 사건이라도 그 자리에 없는 사람의 변명을 들어줄 편견 없는 귀를 하나 열어두어야 한다는 것이었다.

파브리스가 탈옥한 다음 날, 벌써 많은 사람이 보잘것없는 짧은 시 한 편을 받았다. 그 시는 파브리스의 탈옥을 세기의 가장 아름다운 행위 가운데 하나라며 칭송하고, 날개를 타고 지상에 내려온 천사와 그를 비교했다. 이튿날 밤에는, 온 파르마 사람들이 입을 모아 그 훌륭한 시를 읊었다. 이것은 파브리스가 밧줄을 타고 미끄러져 내려오면서 일생의 여러 가지 사건을 추억하는 독백으로 되어 있었다. 이 시는 훌륭한 두 시구 덕분에 그와 여론을 화해시켰다. 눈치 빠른 사람들은 모두 이 시에서 페란테 팔라의 문체를 알아보았다.

나는 여기서 서사시적 문체를 하나 써야만 한다. '사카 저택을 장식등으로 화려하게 뒤덮은 그 대담무쌍한 행위를 알았을 때, 온건사상파 사람들을 갑자기 휩쓴 분노의 물결을 묘사하는 데는 어떠한 색채가 좋을는지?' 이 일이 있고 나서부터는 오직 공작부인의 행동을 비난하는 소리만이 있을 뿐이었다. 진정한 자유주의자들까지도, 그런 짓을 하는 건 불쌍한 혐의로 여러 감옥에 들어가 있는 사람들의 생명을 위험하게 하는 무모하기 짝이 없는 행위이며, 군주의 마음을 불필요하게 자극하는 것이라 했다. 모스카 백작은 공작부인의 옛 친구들에게 오직 한 가지 길밖에 없으며, 그것은 부인을 잊는 것이라고 명백히 밝혔다. 이렇듯 모두가 한목소리로 비난했다. 누구든 다른 나라 사람이 마침 이때 이 도시를 지나갔다면 여론이 이처럼 강력한 데에 분명

놀랐으리라. 그러나 복수의 쾌감을 즐길 줄 아는 이 나라에선, 사카의 조명 장식과 정원에 6천 명의 백성을 모아놓고 베풀어진 성대한 축하연은 대단한 화젯거리가 되었다. 또 공작부인은 영지의 백성들에게 1천 스캥을 나눠주었다고 파르마에선 모두들 수군거렸다. 그리고 그 굉장한 축하연으로 모두들 거나하게 취한 지 서른여섯 시간이나 지난 뒤에 비로소 경찰이 30명가량의 헌병을 파견했지만, 오히려 그 때문에 그들에게 지독한 봉변만 당하고 돌아왔다는 것이다. 헌병은 빗발치듯 돌을 던지는 바람에 도망쳤지만, 그중 2명이 말에서 떨어진 것을 포 강에다 던져버렸다고 했다.

산세베리나 저택의 대저수지 파괴는 주목받지 못했다. 밤사이 거리에는 물이 조금 차올랐다. 하지만 이튿날은, 비가 왔었군 하는 정도였다. 루도빅은 도둑이 든 것처럼 보이도록, 저택의 유리창 하나를 일부러 깨놓았다.

그 밖에 조그마한 사다리가 하나 발견되었다. 모스카 백작만이 그가 잘 알고 있는 여인의 지략을 알아챘다.

파브리스는 사정이 좋아지는 대로 다시 파르마로 돌아갈 결심을 하고 있었다. 그는 긴 편지를 써서, 그것을 루도빅에게 주며 대주교한테 전해주라 했다. 그리고 이 충실한 하인은 피에몬테에서 가장 가까운 마을, 파비아의 서쪽 산나자로까지 되돌아와서 늙은 신부가 아끼는 젊은이에게 보내는 라틴어 답장을 우편에 맡겼다. 여기서 자세하게 설명하자면, 그것은 물론 다른 많은 것도 마찬가지지만 조금도 경계할 필요가 없는 나라에선 쓸데없는 일인 것이다. 파브리스 델 동고의 이름은 절대로 쓰여 있지 않았다. 그에게 보내는 편지는 모두 스위스의 로카르노, 또는 피에몬테의 벨지라테에 있는 루도빅 산 미켈리 앞으로 되어 있었다. 봉투는 허술한 종이로 봉인도 제대로 하지 않은 데다 주소도 읽기 힘들었다. 때로는 주방 하녀의 이름으로나 쓰이는 소개인 이름이 덧붙어 있었다. 어느 편지나 모두 발신지는 나폴리이고 실제보다 엿새가 빠른 날짜가 적혀 있었다.

루도빅은 파비아에 가까운 피에몬테의 마을 산나자로에서 서둘러 파르마로 되돌아갔다. 그는 파브리스가 가장 중하게 생각하고 있는 심부름을 맡고 있었다. 그것은 클렐리아 콘티에게 페트라르카의 소네트가 인쇄되어 있는 비단 손수건을 전하는 일이었다. 이 소네트의 내용은 한마디 말만 바뀌어 있었다. 클렐리아는 크레센치 후작으로부터 '나는 세상에서 가장 행복한 사나이입니다' 라는 감사를 받은 지 이틀 뒤에, 이 손수건을 책상 위에서 발견했다. 파브리스의 영원히 변치 않는 사모의 증표가 그녀 마음에 어떠한 인상을 주었는지는 말할 필요도 없다.

루도빅은 성채에서 일어난 일을 하나도 빼놓지 않고 다 조사해오기로 되어 있었다. 파브리스에게, 크레센치 후작의 결혼이 마침내 결정된 것 같다는 슬픈 소식을 전한 이도 루도빅이었다. 성채 안에서는 후작이 클렐리아를 위해 축연을 베풀지 않는 날이 거의 없었다. 결혼의 확실한 증거는 다음과 같다. 대단한 재산가로, 따라서 북이탈리아의 부자들에게 흔히 있는 인색하기 짝이 없는 이 후작이 돈을 물 쓰듯 하며 준비를 하고 있다는 것, 더구나 결혼 상대는 지참금 없는 처녀라는 것이다. 파비오 콘티 장군이 세간에서 이 일에 대해서 쑥덕거리는 데 몹시 자존심이 상해서 30만 프랑이 넘는 토지를 산 것은 사실이었다. 돈이 없는 그가 이 땅을 현금으로 산 것은, 분명히 후작의 돈에 의해서였다. 그래서 장군은 이 토지를 딸의 결혼축하로 주는 거라고 말하고 있었다. 그러나 등기료와 그 밖의 비용으로 1만 2천 프랑 이상이 나 든 것은, 몹시도 꼼꼼한 크레센치 후작에겐 엄청난 지출이라고 생각되었다. 한편 후작은 볼로냐의 유명한 화가 팔라지의 고안으로, 매우 교묘하게 눈이 즐거운 멋진 채색 벽지를 리옹에서 만들게 했다. 이 벽지 한 장 한 장에는, 다 아는 바와 같이 985년 무렵 로마 집정관이었던 크레센치우스의 후손인 크레센치 가문의 문장(紋章) 일부가 그려져 있어, 그걸로 후작 저택의 아래층 17개 살롱에 바를 예정이었다. 파르마로 보내온 벽지, 시계, 매달아 놓는 촛대의 가격은 35만 프랑이 넘었고, 전에 있던 것 말고 새로 주문해온 거울 가격은 20만 프랑에 달했다. 거장(巨匠) 코레지오 이래 이 나라 최고의 화가 파르미지아니노의 유명한 작품인 두 살롱을 제외하고는, 2층·3층의 방에는 피렌체·로마·밀라노의 저명한 화가들이 지금 몰려와서 벽화를 그리고 있었다. 스웨덴의 대조각가 포켈베르그, 로마의 테네라니, 밀라노의 마르케지는 1년 전부터, 진정으로 위대한 인물이었던 크레센치우스의 공적을 제각기 표현하는 10개의 돋을새김을 제작 중이었다. 천장의 대부분에도 그림이 그려져 이 인물의 생애를 암시하고 있었다. 크레센치우스가 천상 낙원에서 프란체스코 스포르차, 로렌초일 마니피코, 경건왕 로베르, 호민관 콜라디 리엔초, 마키아벨리, 단테, 그 밖의 중세 위인들에게 환영을 받는, 밀라노의 하이에즈가 그린 그림은 보는 사람들 모두가 감탄했다. 이런 위인들을 찬미하는 것은 위정자에 대한 말 없는 비난이 아닐까.

이런 모든 호사스러운 광경이 파르마의 귀족 및 시민들의 관심을 온통 집중시켰다. 그래서 루도빅이 카살 마조레의 한 세관 관리에게 베끼게 한 20장 남짓한 긴 편지에 소박한 감탄을 적은 걸 읽었을 때, 우리 주인공의 마음은 찢어질 것만 같았다.

'거기에 비해 나는 이렇게 가난하다!' 파브리스는 생각했다. '이것저것 다 합해도 4천 프랑의 연금뿐이다! 이렇게 더없이 호화로운 것을 받는 클렐리아 콘티를 내가 사랑하다니, 정말 분수에 넘치는 일이다.'

루도빅의 긴 편지 가운데 한 구절—이것만은 자기의 서투른 글씨로 썼다—은, 전에 감옥지기로 한번 투옥되었다가 지금은 풀려나 숨어서 살고 있는 그릴로를 그날 밤 만났다는 사실을 주인에게 알리고 있었다. 1스갱만 생각해달라기에, 루도빅은 공작부인의 이름으로 4스갱을 주었다고 했다. 얼마 전에 풀려난 12명의 전직 감옥지기들은, 자기들의 뒷자리에 앉은 새 감옥지기들과 만일 성채 밖에서 만날 기회가 있으면 반드시 단도를 마음껏 휘둘러주겠다며 벼르고 있다는 것이다. 그릴로의 이야기로는, 성채에선 날마다 음악회가 열리며 클렐리아는 몹시 얼굴빛이 나쁘고 자주 병으로 드러눕는다는 것이다. 또한 이밖에도 비슷한 여러 이야기를 했다고 한다. 이런 이상야릇한 내용 때문에, 루도빅은 빨리 로카르노에 돌아오라고 여러 번 편지로 명령을 받았다. 그는 돌아왔다. 그리고 그의 보고는 파브리스를 더욱 슬프게 했다.

파브리스가 가련한 공작부인에게 얼마나 다정했을지는 대강 짐작할 것이다. 그는 부인 앞에서 클렐리아 콘티의 이름을 입 밖에 내느니 차라리 천 번 죽는 편이 나았다. 부인은 파르마를 몹시 증오했다. 그러나 파브리스에게는 이 도시를 떠올리게 하는 모든 것에 숭고함과 감동을 느꼈다.

공작부인은 그 뒤에도 결코 복수를 잊지 않았다. 질레티의 사건이 일어나기 전까지 그녀는 그처럼 행복하지 않았던가! 그런데 지금 그녀의 생활은 어떤가! 그녀는 어느 무서운 사건을 초조하게 기다리며 살고 있지만, 그 일에 대해서는 파브리스에게는 한마디도 비치지 않으려고 주의했다. 전에 페란테와 비밀로 의논했을 때에는, 어느 때고 너의 복수를 할 수 있다고 알려서 파브리스를 몹시 기쁘게 해줄 작정이었지만.

그러므로 마주 대하는 파브리스와 공작부인의 사이가 어느 정도인가는 독자도 짐작할 것이다. 두 사람 사이에는 거의 언제나 우울한 침묵이 있었다. 친밀함을 더하려고, 부인은 귀여워서 견딜 수 없는 이 조카에게 장난을 치고 싶어졌다. 백작은 날마다 부인에게 편지를 써 보냈다. 그들이 처음 사랑할 때처럼 우편마차 편에 보내왔다. 그 편지는 언제나 스위스 어느 조그마한 마을의 소인이 찍혀 있었다. 가련한 이 사나이는 자기 애정을 숨김없이 다 드러내지 않으면서도, 읽는 사람을 즐겁게 할 재미난 편지가 되도록 무진 애를 썼다. 그러나 마음이 딴 곳에 있는 눈은 이런 편지를 대강 훑어볼 뿐이었다. 더 좋아하는 사람의 냉혹함에 마음이 상했을 때, 존경하고 있는 애인의 충실함 따위가 도대체 무슨 소용이 있겠는가?

두 달 동안에, 부인은 백작에게 단 한 번 답장을 썼을 뿐이었다. 그것도 대공비의 주위 정세를 탐지해주기를 백작에게 부탁하여, 그런 우롱하는 듯한 불꽃을 올린 뒤에도 대공비가 자기 편지를 반갑게 받아줄는지를 알기 위해서였다. 백작이 좋다고 판단한다면 대공비에게 전할 편지에는, 얼마전 빈자리가 된 대공비 시종관 자리를 크레센치 후작에게 결혼 축하 선물로 내주었으면 한다는 바람이 적혀 있었다. 부인이 쓴 이 편지는 정말 걸작이었다. 인정으로 가득 차 있고 경의가 훌륭하게 표현돼 있었다. 이 궁정인 투의 문장에는 대수롭지 않은 일일망정, 행여 대공비를 불쾌하게 할 우려가 있는 말은 한마디도 사용하지 않았다. 그러므로 대공비의 답장 또한 이별의 쓰라림이 스며든, 다정한 우정으로 가득 차 있었다.

"내 아들도, 나도 당신이 그렇게 갑자기 이곳을 떠난 뒤로 즐겁다 할 만한 밤을 보내본 적이 없어요. 이 궁정의 관리를 임명하는 데 내가 의견을 말할 수 있게 해준 사람이 당신 자신이었다는 걸 당신은 벌써 잊었는지요. 후작에게 그 지위를 내리는 데 있어 그런 여러 이유를 말씀하시다니, 오직 당신의 바람이 내게는 선택의 가장 큰 동기가 된다는 점을 잊으신 듯합니다. 내게 어떤 힘이 있다면 후작은 당연히 그 직위를 차지할 수 있을 테죠. 내가 친애하는 공작부인을 위해서라면 언제나 내 마음속에 하나의 지위, 최고의 지위가 기다리고 있습니다. 내 아들도 이와 똑같은 말을 하고 있습니다만, 스물한 살의 다 큰 사내가 쓰기에는 조금 지나친 표현이겠지요. 그 애는 벨지라테 근처 오르타 계곡의 광물 표본을 보내주셨으면 하고 바라고 있습니다. 백작 앞으로 편지를 써 보내셔도 좋습니다. 자주 편지를 보내주시기를. 백작은 여전히 당신을 미워하는 것 같지만 그러한 감정 때문에 나는 그 사람을 좋아합니다. 대주교도 당신에 대한 심정은 변하지 않았습니다. 우리는 모두 당신을 다시 만나고 싶어합니다. 반드시 그렇게 되어야겠죠. 나의 수석시녀인 기슬레리 후작부인은 이 세상을 떠나 좋은 곳으로 가려 합니다. 그녀는 나에게 몹시 고통을 주고는 좋지 않은 때에 세상을 하직하려고 하니, 이 또한 나에겐 달갑지 않습니다. 그녀의 병으로 말미암아 그 자리에 앉히고 싶은 인물의 이름이 생각나는군요. 그 소중한 부인이 바라던 자유를 내가 단념시킬 수 있었다면 그렇게 하고 싶었습니다만. 그 사람이 이곳을 떠나면서 나의 조그마한 궁정의 모든 기쁨을 함께 가지고 가버렸군요……."

공작부인이 파브리스를 매일 만난 것은, 그를 슬프게 하는 결혼을 그가 자신의 손안에 있는 동안 서두르고 싶었기 때문이다. 그래서 두 사람은 때때로 한마디도 나누지 않고 너덧 시간이나 호수 위를 걸었다. 파브리스가 보이는 친절한 태도는 정말 나무랄 데가 없었다. 그러나 그는 딴 생각에 빠져 있었다. 그의 소박하고 단순한 마음은 무엇 하나 화젯거리를 떠올리지 못했다. 공작부인은 그를 바라보았다. 그리고 그것은 고역이었다.

적당한 곳에서 말하는 걸 잊었는데, 공작부인은 벨지라테에 집 한 채를 샀다. 이곳은 정말 '호수의 아름다운 경치를 본다'는 그 이름대로 아름다운 마을이었다. 그곳에서는 부인 집 살롱의 창문으로부터 직접 배에 올라탈 수 있었다. 부인은 아주 수수한 배를 한 척 샀다. 사공은 4명으로 충분했음에도 12명을 고용했는데, 그들은 벨지라테 부근의 각 마을에서 한 사람씩 뽑았다. 이렇게 골라낸 사나이들을 데리고 호수 한가운데로 저어 나가는 것인데, 세 번째인가 네 번째로 호수로 나가는 도중에 노 젓는 걸 멈추게 하고 이렇게 말했다.

"난 당신들을 모두 친구로 생각해요. 그래서 비밀을 하나 털어놓겠어요. 나의 조카 파브리스는 감옥에서 도망나왔어요. 그러니까 누가 배반해서 그 애를 다시 체포할지도 몰라요. 중립지대의 이 호숫가에 있는데도 말이에요. 주의들 해야 해요. 당신들의 귀에 들어오는 건 뭣이나 알려줘요. 밤이고 낮이고 어느 때나, 내 방에 들어와도 좋으니까요."

사공들은 감격해서 이에 대답했다. 부인은 사람의 마음을 사로잡는 능력이 뛰어났다. 그러나 부인은 설마 파브리스가 체포되리라고는 생각지 않았다. 이러한 경계는 자기 자신을 위해서였다. 산세베리나 저택의 저수지를 연다는 중대한 명령을 내리기 전이었더라면, 이런 것은 생각지도 않았을 것이다.

부인은 또한 조심성 있게 파브리스를 위해서 로카르노 항구에 방 하나를 빌렸다. 그리고 날마다 그가 만나러 오든가 부인 쪽에서 스위스로 갔다. 두 사람이 매일같이 대하는 즐거움이 어떠했는가는 다음의 한 가지 일로 짐작할 수 있다. 후작부인(파브리스의 어머니)과 그의 딸들이 두서너 번 놀러 왔는데, 이렇게 다른 사람 곁에 있는 것이 두 사람에게는 기뻤다. 피붙이일지라도 가장 중요한 근심 걱정을 전혀 모르고, 1년에 한 번밖엔 만나지 못하는 사이라면 생판 남이라고 해도 지나친 말이 아닐 것이다.

어느 날 밤, 공작부인은 로카르노에 와서 파브리스 곁에 그의 어머니와 두 누이동생과 함께 있었다. 이 지방의 수석사제와 주임신부가 부인들에게 인사를 하러 왔다. 어느 상인 집안과 깊은 관계가 있어, 세상일에 밝은 수석사제가 무심코 이런 말을 했다.

"파르마 대공이 돌아가셨습니다."

공작부인은 얼굴색이 창백해졌다. 겨우 입을 열 수가 있었다.

"자세한 걸 아세요?"

"아뇨, 다만 돌아가셨다는 통지가 있었을 뿐입니다. 그건 확실한 것 같습니다."

공작부인은 파브리스를 쳐다보았다. '이것은 내가 이 아이를 위해서 한 일이다.' 속으로 중얼거렸다. '이 아이를 위해서라면 이보다 더 나쁜 짓이라도 나는 했을 것이다. 그런데도 이 아이는 내 앞에서 눈 하나 깜빡 않고, 딴 여자 생각을 하고 있다.' 부인에게는 이런 무서운 생각을 견디어낼 힘이 없었기에 그만 기절하고 말았다. 모두들 놀라서 허둥지둥 간호를 했다. 그러나 그녀는 정신이 들었을 때, 파브리스가 수석사제나 주임신부보다도 더 몸을 움직이지 않고 있다는 걸 깨달았다. 그는 전과 조금도 다름없이 멍하니 어떤 생각에 잠겨 있었다.

'파르마에 돌아가려는 생각을 하고 있는 거다. 아마 클렐리아와 후작의 결혼을 깨뜨리려는 생각일 테지. 하지만 난 허락하지 않으리라.' 이어 두 신부가 있다는 걸 깨달은 부인은 곧 이렇게 말했다.

"대공은 훌륭한 분이었어요. 세상 사람들은 몹시 나쁘게들 말했지만. 우리에겐 큰 손실이에요."

두 신부는 돌아갔다. 공작부인은 혼자가 되고 싶었으므로, 좀 누워서 쉬어야겠다고 말했다.

'곧 파르마로 돌아가지 않고, 두세 달 기다리는 편이 좋을 거야. 신중하게 생각하면 확실히 그렇기는 한데.' 부인은 생각했다. '그러나 그만한 참을성이 내겐 없을 것 같다. 이곳에 있는 건 너무나 괴로워. 파브리스의 저 끊임없는 상념, 과묵한 모습을 보고 있노라면 견딜 수가 없다. 저 애와 단둘이서 아름다운 호수를 돌아다니면서도 이토록 가슴이 답답하리라고 누가 예상할 수 있었을까? 더구나 저 애를 위해 복수하겠다고, 도저히 고백할 수 없을 만한 짓을 한 바로 이때에! 이런 괴로움을 여기서 받은 이상, 죽는 일쯤은 아무것도 아니다. 저 파르마의 집에서, 파브리스가 나폴리로부터 돌아왔을 때에 맛본 행복이며 어린애 같은 기쁨의 대가를 지금 치르고 있는 것이다. 만일 내가 한마디 말만 확실히 했다면 이미 그걸로 해결되어, 아마 저 애와 나는 맺어지고, 저 애는 클렐리아를 생각하지 않았을 테지. 그러나 그 한마디가, 나는 생각만 해도 소름이 끼쳤다. 지금에 와선 그 여자가 나를 밀어내고 그의 마음을 사로잡고 있다. 하기야 당연하지 않은가? 그 여잔 겨우 스무 살인걸. 그리고 나로 말하면 고생과 병으로 변할 대로 변했고, 나이도 그녀의 두 배가 아닌가…… 죽어야지, 끝을 내야 한다! 여자의 나이 마흔이면, 젊었을 때 사랑해준 남자에게라면 몰라도, 그 외엔 아무것도 아니다. 내게 남은 건 허영심의 기쁨을 맛보는 것뿐이다. 그런 것 때문에 살아갈 가치가 있을까? 그렇다면 더욱 당장 파르마로 달려가서 즐기는 게 당연하지 않은가. 사태에 따라서 새로이 얻은 생명이 위험할 수도 있다. 그게 뭐 어떤가? 화려한 죽음을 맞이하자. 그리고 죽기 전에, 그때에 비로소 파브리스에게 말하자. 무정한 사람, 이 모든 것이 너를 위해서 한 일이라고……. 그렇다, 얼마 남지 않은 생애를 보내기 위해선 파르마밖에 없다. 그곳에 가서 더 당당한 귀부인이 되자. 전에 라베르시 부인을 분하게 만든, 그런 여러 가지 화려한 행동에 지금도 만족을 느낄 수 있다면 얼마나 기쁠까? 그 무렵에는, 내 행복을 의식하기 위해서 타인의 부러운 듯한 눈길을 받을 필요가 있었다……. 나의 허영심이 기뻐해도 좋은 일이 단 하나 있다. 백작을 제외하면, 내 마음의 작용을 갑자기 멈추게 한 사건이 무엇인지, 누구 한 사람 추측할 수 없으리라는 점이다……. 나는 앞으로도 파브리스를 사랑할 것이다. 그 애의 장래를 위해서 나를 바치겠다. 그러나 그 애가 클렐리아의 결혼을 깨뜨리고 그녀와 결혼해서는 안 된다……. 아니, 그렇게는 할 수 없을걸.'

공작부인의 침울한 독백이 이런 데까지 계속되었을 무렵, 집 안에서 소란스러운 소리가 들렸다.

'그렇군, 저건 나를 잡으러 온 거로군. 페란테가 붙잡혀서 자백했을 테지. 흥, 오히려 잘됐다. 또 일을 할 수 있게 되었군. 난 그들과 내 목숨을 다투어야지. 무엇보다도 잡히지 않도록 해야 한다.'

공작부인은 옷도 제대로 입지 않고 정원 구석으로 도망갔다. 낮은 담을 뛰어넘어 들로 도망치려 했었다. 그러나 누군가 방에 들어왔다. 부인은 그가 백작의 심복인 브뤼노라는 걸 알아보았다. 옆에 하녀가 있었다. 부인은 창문가로 가까이 갔다. 그는 하녀에게 자기 부상에 대해서 이야기하고 있었다. 부인이 방에 들어가자 브뤼노는 그 발밑에 무릎을 꿇고, 자기가 이런 괴이한 시각에 도착한 것을 백작에게 알리지 말아달라고 간청했다.

"대공이 돌아가시자, 백작께선 곧 모든 역에다 파르마 국민에게 말을 내주어선 안 된다는 명령을 내리셨습니다. 그래서 저는 집에 있는 말로 포 강까지 왔습니다만, 배를 내릴 때 마차가 뒤집혀 부서지고 사용할 수 없게 되었습니다. 저도 심한 타박상을 입어 말을 탈 수 없게 되었습죠. 그렇게 해야 했습니다만."

"좋아요." 부인은 대답했다. "지금은 새벽 3시군요. 당신은 정오에 도착했다고 하죠. 그쪽에서도 그렇게 말하도록 해요."

"마님의 친절은 절대로 잊지 않겠습니다."

문학작품에 정치를 끼워넣는다는 것은, 음악회가 한창일 때 권총을 쏘는 것과 비슷하다. 어딘지 글의 흐름을 깨는 일이지만 그 또한 무시할 수는 없다.

이제부터 매우 싫은 이야기를 해야 한다. 여러 이유 때문에 될 수 있으면 말하고 싶지 않은 일이다. 그러나 그것이 이 소설 인물들의 마음을 무대로 하고 있는 이상, 우리 영역에 관한 사건은 이야기해야 한다.

"그런데 도대체 대공은 어떻게 돌아가셨나요?" 공작부인은 브뤼노에게 말했다.

"그분은 사카에서 8킬로미터쯤 떨어진, 포 강가의 늪에 떨어지셨습니다. 땀을 많이 흘리시고 한기가 드셔서 가까운 집으로 모셨습니다만, 몇 시간 뒤에 거기서 돌아가셨습니다. 카테나 씨와 보로네 씨도 죽었다고들 하는데 그런 불상사가 일어난 것은 모두가 쉬려고 들어갔던 농가의 구리 냄비에 잔뜩 녹이 나 있어, 그 때문이라는 소문도 있습니다. 그 집에서 점심을 드신 겁니다. 그리고 공연히 떠들기 좋아하는 자들과, 과격사상가 등 입빠른 자들은 확실히 독약이라고들 합니다. 궁정의 하인인 제 친구 토토도, 한 시골 사람이 친절하게 간호해주지 않았더라면 자기도 죽었을 거라고 말하더군요. 그 시골 사람이라는 자는 의술에 꽤나 조예가 있었던 모양으로, 괴상한 치료를 해주었다는 겁니다. 그러나 아무도 대공이 돌아가신 일을 그다지 떠들지 않고 있습니다. 정말 너무 잔인한 분이었습죠. 제가 출발했을 때 시민들은 라씨 검찰총장을 죽이겠다며 모이고 있었습니다. 성채 문에 불을 질러서 죄수를 구해내겠다고도 했습니다. 하지만 파비오 콘티가 대포를 쏠 거라고 주장하는 자들도 있었어요. 다른 이들은 성채의 포수들이 화약에 물을 부었을 거라며, 그들도 같은 시민들을 죽일 뜻은 없을 거라고 안심시켰습니다. 그런데 여기에 재미있는 일이 있습죠. 제가 상돌라로의 외과의사에게 상처 입은 팔의 치료를 받고 있을 때, 파르마에서 온 한 사나이에게 들은 이야기입니다. 그 말에 따르면 시내에서는 사람들이 성채의 서기를 하던 바르보네를 찾아내어 흠씬 두들겨준 다음, 성채에 가장 가까운 산책길 나무에다 목을 매달려고 끌고 갔다 합니다. 사람들은 궁정 정원에 있는 대공의 훌륭한 동상을 부수겠다며 거리를 행진했다는군요. 그러나 백작께선 한 근위대를 인솔하시고, 그들을 동상 앞에 정렬시키고는 '궁정에 들어오는 자는 한 사람도 살아서는 못 나간다'는 경고를 내리셨다는군요. 시민들도 무서워서 주춤했습니다. 하지만 이상한 것은 파르마에서 온 그 헌병 출신이라는 자가 여러 번 이야기한 바입니다만, 백작님은 근위대 지휘관 P장군을 발길로 차고 견장을 떼버린 다음에 2명의 사격병에게 궁정 밖으로 끌고 나가게 했다는 겁니다."

"백작님다운 행동이에요." 공작부인은 조금 전까지는 없던 기쁨의 흥분을 느끼며 말했다. "그로서는 대공비께서 모욕당하는 것을 참을 수 없었던 거예요. P장군은 정통 군주에 대한 충성심으로 찬탈자에게 복종하기를 원치 않았던 사람이죠. 반면에 백작은 마음이 그리 섬세한 사람이 아니었기에 에스파냐 각지의 전쟁도 거뜬히 해치우지 않았던가요. 그 때문에 궁정에선 비난을 받았었죠."

부인은 백작이 보낸 편지를 뜯었지만, 브뤼노에게 이것저것 물어보느라 아직 다 읽지를 못했다.

편지는 정말 재미있었다. 백작은 몹시 애통한 심정을 표현하는 말을 썼으나, 그런데도 그 한 마디 한 마디에 대단히 생생한 기쁨이 빛나고 있었다. 대공이 죽은 경위에 대한 상세한 이야기는 피하고, 다음과 같은 말로 편지를 맺고 있었다.

"당신은 물론 돌아오실 테죠, 그리운 님. 그러나 내 바람에 따라 곧 대공비께서 당신에게 보내실 사자를 하루 이틀 기다리십시오. 당신의 출발이 대담했던 것처럼, 귀국도 굉장해야 합니다. 당신 곁에 있는 대죄인에 관해서도 이 나라 각지에서 모은 12명의 재판관에게 다시 판결을 내리도록 할 작정입니다. 그런데 그 악당에게 정당한 벌을 주려면, 먼저 최초의 선고문을―그런 것이 있다면―휴지 조각으로 만들어야 합니다."

백작은 편지 한 장을 덧붙였다.

"다른 일이 하나 더 있습니다. 나는 근위대 2개 대대에 탄약통을 분배했습니다. 오래전부터 자유주의자들이 붙여준 '잔인한 인물'이라는 별명에 걸맞게 이제부터 그들과 한바탕 싸워 실력을 발휘하려 합니다. 그 늙은 산송장인 P장군은 폭동을 일으키려는 민중과 협력할 뜻의 말을 비쳤습니다. 나는 지금 거리에서 이 편지를 쓰고 있습니다. 이제부터 궁정으로 갑니다만, 내 시체를 넘지 않고선 아무도 궁정 안으로 들어오지 못할 겁니다. 안녕! 만일 내가 죽으면, 살아 있었을 때와 매한가지로 오직 당신만을 사랑하면서 죽었다고 믿어주십시오. 리옹의 D에 당신 이름으로 맡겨둔 30만 프랑을 찾는 걸 잊지 마시기를.

죽은 사람처럼 핏기를 잃은 라씨가 가발도 쓰지 않고 허둥지둥 나타났습니다. 그 표정이란 말로 표현 못할 정도입니다. 민중들은 어떻게 해서든 그를 목매달겠다고 아우성이지만 그건 아주 잘못된 행동입니다. 그는 반드시 팔다리가 찢겨 죽어야 하니까요. 내 집에 도망쳐 와 있었는데, 내 뒤를 쫓아 거리에 나온 겁니다. 이런 놈을 어떻게 해야 좋을지……. 이자를 궁정엔 데려가고 싶지 않습니다. 그런 짓을 하면 저쪽에서 또 한바탕 소동이 일어날 게 뻔합니다. F(파브리스를 말함)는 내가 얼마나 그를 아끼고 있는지 알아줄 겁니다. 내가 라씨에게 맨 먼저 한 말은 이렇습니다. '델 동고 씨에 대한 판결문과 그 모든 사본이 필요하다. 그리고 이 소동의 원인이 된 모든 부정한 재판관들에게 전해주게. 이 판결은 애초부터 존재하지 않았던 것이며, 만일 그에 대해서 한마디라도 입 밖에 내놓으면, 친애하는 친구여, 자네도 그들도 모두 교수형에 처하겠다고 말일세.' 나는 파브리스의 이름으로 1개 중대의 선발 근위병을 대주교가 있는 곳에 파견해두었습니다. 몸 조심하십시오, 그리운 님. 내 집은 불타 없어질 것 같습니다. 내가 가졌던 당신의 아름다운 초상은 아마 잃고 말 테죠. 나는 지금부터 궁정으로 달려가 괘씸한 P장군을 면직시키겠습니다. 그 사나이는 죽은 대공의 비위만 맞추고 있었듯이, 지금은 비열하게도 민중의 비위를 맞추고 있습니다. 그자를 비롯해 장군들이 몹시 떨고 있습니다. 나는 아마 총사령관이 되어야 할 것 같습니다."

공작부인은 일부러 파브리스를 깨우러 보내지 않았다. 그녀의 마음은 백작에 대한 감탄으로 흥분했다. 거의 사랑에 가까운 심정이었다. '아무리 생각해봐도 나는 그 사람과 결혼해야 마땅하다.' 그녀는 그걸 백작에게 편지로 써서 하인 한 사람을 보냈다. 그날 밤 공작부인은 불행을 느낄 틈이 없었다.

다음 날 정오 무렵, 부인은 사공 10명이 젓는 배 한 척이 호수의 물결을 힘차게 박차며 다가오는 것을 보았다. 곧이어 그녀와 파브리스는 파르마 공국의 제복을 입은 한 사나이의 모습을 보았다. 그는 궁정에서 파견된 전령으로, 육지에 오르기 전에 부인을 향해서 큰 소리로 외쳤다.

"폭동은 진압됐습니다."

이 전령은 부인에게 백작이 보낸 편지 몇 통과, 전 대공비의 친서와 새 대공 라뉘체 에르네스트 5세의 양피지에 쓴 명령서를 전했다. 명령에 따르면 부인을 산 지오반니 공작부인에 봉하고, 어머니(전 대공비)의 수석시녀로 명한다고 했다. 광물학에 조예가 깊은 새 대공을 부인은 평소 좀 모자란 사람으로 생각했었지만, 그래도 그는 짧은 편지를 덧붙이는 걸 잊지 않았다. 끝에 가서는 사랑을 내비쳤다. 첫머리는 다음과 같다.

"공작부인, 백작은 내게 만족하고 있다고 합니다. 사실 나는 백작 곁에 있으면서 여러 번 총탄을 맞았고, 내 말은 부상을 입기도 했습니다. 이런 사소한 일로 그토록 소란한 것을 보니, 나는 꼭 징말 전쟁에 참가하고 싶은 기분이 솟아올라 견딜 수 없었습니다. 그러나 그것이 자기 나라 국민이라면 난처합니다. 나는 여러 가지로 백작의 도움을 받았습니다. 실제 전투를 겪어보지 못한 장군들은 마치 토끼와도 같았습니다. 그중 2, 3명은 볼로냐로 도망간 듯합니다. 통탄할 만한 큰 사건의 결과, 내가 군주의 지위에 앉은 뒤로 당신을 어머니의 수석시녀로 임명하는 것만큼 기쁜 명령에 서명한 일은 없습니다. 어머니와 나는, 언젠가 당신이 산 지오반니의 저택에서 본 아름다운 전망을 칭찬했었다는 생각이 떠올랐습니다. 그 저택은 페트라르카의 소유였다는 이야기가 있습니다. 어머니는 그 조그만 영지를 당신에게 주고자 하십니다. 나는 당신에게 무얼 선사해야 좋을지 모르며, 또 모든 것은 당신의 것이 되었는데 이제와 새삼스럽게 뭔가를 드린다는 것도 겸연쩍은 일이라 이 나라의 공작부인으로 모시고자 합니다. 산세베리나라는 이름이 로마의 작위라는 걸 아시는지요. 나는 그 존경할 만한 대주교에게 이 나라의 대훈장(大勳章)을 수여했습니다. 일흔 살의 노인으로는 보기 드문 강한 의지를 보인 인물입니다. 그리고 멀리해왔던 귀부인들을 모두 불러 돌아오게 한 것을 불쾌하게 생각하시지 않을 줄 믿습니다. 이제부터 나는 '당신의 친애하는'이란 글을 쓴 다음이 아니면 서명해서는 안 된다고 합니다. 당신에 대해서 그렇게 쓰는 경우 말고는 전혀 진실이라고 할 수 없는 이 보증을 아무에게나 마구 써야 한다는 것을 유감으로 생각합니다."

당신의 친애하는
라뉘체 에르네스트

이 편지의 투로 보건대 공작부인이 이제부터 최고의 총애를 받게 되리라 확신했다. 그런데도 두 시간 뒤에 부인이 백작으로부터 받은 다른 몇 통의 편지에는 정말 이상한 말들이 적혀 있었다. 별로 자세히 설명은 안 했지만, 파르마에 돌아오는 건 며칠 미루고 대공비에게는 지금 병중이라고 답장하도록 권고한 것이다. 그러나 공작부인과 파브리스는 점심식사를 마치자 곧 파르마를 향해 길을 떠났다. 부인의 목적은, 그것을 자기도 확실히 깨닫고 있지는 않았지만, 크레센치 후작의 결혼을 앞당기려는 데 있었다. 한편 파브리스는 미쳤다고 할 정도로 기쁨에 들떠서 여행을 계속했으므로, 고모의 눈에는 우스꽝스럽게 보일 정도였다. 그는 머지않아 클렐리아와 다시 만나리라 기대하고 있었다. 결혼을 깨뜨리는 다른 방법이 없다면, 강제로라도 클렐리아를 빼앗을 생각이었다.

공작부인과 조카의 여행은 몹시 유쾌했다. 파르마를 한 정거장 앞둔 역에서, 파브리스는 잠깐 쉬었다가 신부복으로 바꿔 입었다. 평소에는 상을 당한 사람 같은 복장을 하고 있었다. 그가 다시 방에 돌아왔을 때, 부인은 이렇게 말했다.

"백작의 편지를 보면 어딘지 애매하고 뜻을 잘 알 수 없는 데가 있구나. 내 말을 믿는다면, 넌 잠시 동안 여기서 기다려다오. 저 위대한 대신과 이야기를 하고 나서, 곧 이곳으로 사람을 보낼 테니."

파브리스는 이치에 맞는 이 의견에 몹시 괴로운 심정으로 복종했다. 공작부인이 도착하자 백작은 마치 열다섯 살 난 소년처럼 들떠서 수선을 피우며 나의 아내라고 부르기도 했다. 그는 좀처럼 정치에 관한 이야기는 꺼내려 하지 않았다. 한참 뒤에야 두 사람은 가까스로 재미도 없는 이성적인 이야기로 되돌아갔다. "파브리스가 공개적으로 들어오는 걸 막은 것은 잘했습니다. 이곳은 지금 반동이 한창이니까요. 새 대공이 내 동료로 어떤 법무대신을 주었는지 어디 한번 맞춰보십시오. 바로 라씨랍니다. 대사건이 일어난 날 내가 거지처럼 취급했던 그 라씨 말입니다. 그리고 주의드립니다만, 여기서 일어난 일은 모두 없었던 일이 되었습니다. 우리 신문을 읽어보면 아시겠지만 바르보네라는 성채의 서기는 마차에서 떨어져 죽은 걸로 되어 있거든요. 정원의 대공 동상을 허물어뜨리려 해서 내가 사살한 60여 명의 폭동자들은 지금 건강한 몸으로 여행 중이란 거죠. 내무대신 쥐를라 백작은 몸소 불행한 영웅들의 집을 찾아가 그 가족이나 친구들에게 50스갱씩 주고는, 죽은 자는 지금 여행 중이라고 말하도록 명령하면서, 만약 사살되었다는 소문을 내면 곧 감옥에 집어넣겠다고 협박했습니다. 내가 맡고 있는 외무부의 한 사람을 밀라노와 토리노의 신문사에, '불행한 사건'—이것이 통용어입니다—의 기사를 쓰지 않도록 부탁하러 파견했습니다. 이 사나이는 곧 파리며 런던까지도 찾아가, 이 나라의 소요 사태에 관해서 날 만한 온갖 소문을 모든 신문사에 공식적으로 부인하게 될 겁니다. 또 다른 사람은 이미 볼로냐와 피렌체로 떠났습니다. 난 어깨를 으쓱해 보였죠.

그러나 재미있는 일은, 근위병들에게 이야기를 하거나 겁쟁이 P장군의 견장을 떼어버릴 때는 이 나이에도 조금 흥분이 되더라는 겁니다. 그때에는 군주를 위해서 망설임 없이 생명을 내던질 심정이었단 말입니다. 지금이야 어리석은 죽음이라고 확실히 말할 수 있습니다만. 새 대공은 착한 젊은이입니다. 내가 병으로 죽는다면 아마 1백 에퀴쯤 낼 겁니다. 아직 내게 사직서를 내라고는 하지 않습니다. 하지만 거의 이야기를 나누진 않습니다. 파브리스가 감옥에 갇힌 뒤로 대공에게 그러했듯이, 주로 서류로 간단한 보고만 하기로 했습니다. 그런데 파브리스의 판결서를 아직 휴지 조각으로 만들지는 못했습니다. 그러니 파브리스를 공개적으로 이곳에 들어오지 않게 한 것은 잘한 일입니다. 판결은 아직 효력을 가지고 있으니까요. 설마 라씨가 오늘내일 사이 조카를 체포하리라고는 나도 생각지 않지만, 2주만 지나면 할 것도 같습니다. 혹시 파브리스가 꼭 이곳에 오고 싶다면 제 집으로 오는 게 좋겠습니다."

"도대체, 어쩌다 그렇게 됐어요?" 공작부인은 놀라서 말했다.

"내가 조국을 구했다는 걸 내세워 독재자처럼 군다느니, 새 군주를 어린애 취급한다느니 하는 간사한 말을 대공에게 한 자가 있습니다. 사실 나도 어쩌다가 대공의 이야기를 하면서 '그 어린애'라는 말을 쓴 모양입니다. 아마 사실일 겁니다. 그날 나는 흥분했었으니까요. 이를테면 그분이 생전 처음으로 총소리를 듣고도 그다지 무서워하지 않기에, 이 사람은 위인이라는 생각이 들었죠. 머리가 나쁘지도 않고, 아버지보다도 기품이 있어 보입니다. 끝으로 이건 꼭 강조하고 싶습니다만, 마음속은 아주 성실하고 선량하시거든요. 그런데 이 젊고 성실한 마음이 좀 간악한 이야기만 들어도 묘하게 비틀어져서, 그런 걸 간파하려면 자기도 음흉한 마음이 되어야 한다고 믿어버립니다. 워낙 받아온 교육이 그러니까……."

"각하는 이분이 앞으로 어느 때고 군주가 되리라는 걸 생각하고, 똑똑한 사람을 옆에 붙여놓았어야 했어요."

"먼저 콩디야크 신부가 있죠. 그자는 내 전임자 펠리노 후작이 불러왔는데 제자를 바보 같은 군주로 키우고 말았죠. 종교 행렬에나 나가고, 1796년에는 보나파르트 장군과 조약을 체결하는 데 실패했습니다. 그렇게 했으면 영토를 세 배로 늘릴 수 있었는데 말입니다. 둘째로, 나는 앞으로 10년이나 계속해서 대신을 하리라곤 생각지 않았습니다. 비로소 정신을 차린 지금, 그건 한 달 전의 일입니다만, 내가 구해낸 무질서한 이 나라를 내버려두고 떠나기 전에 1백만 프랑쯤 돈을 벌고 싶었습니다. 내가 없었다면, 파르마는 두 달 동안 공화국이 되었을 겁니다. 시인 페란테 팔라를 독재자로 해서 말입니다."

이 말에 공작부인은 얼굴을 붉혔다. 백작은 아무것도 몰랐던 것이다.

"우리는 18세기에 흔했던 군주정치로 되돌아갑니다. 고해신부와 애인의 정치로 말입니다. 솔직히 말하면, 새 군주가 좋아하는 건 광물학뿐이죠. 그리고 또 하나를 든다면 아마 당신일 겁니다. 그분이 대공이 된 뒤, 시종이—나는 이 시종의 형제를 대위로 임관시켰습니다. 지금 아홉 달째 근무 중이지요—새 대공에게 옆얼굴이 금화에 새겨지니까, 전하는 남보다도 행복해져야 한다는 식으로 추켜올려 놓았습니다. 그런 맹랑한 생각 끝에 권태가 생겨났죠.

지금은 권태를 잊게 하는 약으로, 그분에게 부관(副官)이 필요하게 됐습니다. 아시겠습니까. 우리가 나폴리나 파리에서 유쾌하게 살 수 있는 1백만 프랑의 돈을 준다고 하더라도, 난 권태를 잊게 하는 약이 되어서 전하와 날마다 너덧 시간 보내야만 하는 일은 사양하겠습니다. 첫째, 나는 그분보다는 현명하니까 한 달만 지나면 틀림없이 나를 괘씸한 놈이라고 생각할 겁니다.

죽은 대공은 심술궂고 질투 많은 사람이었죠. 하지만 전쟁도 했고, 군대를 지휘한 일도 있어서 태도가 훌륭했어요. 군주다운 소질이 있었습니다. 좋건 싫건 간에 나는 대신 노릇을 할 수 있었습니다. 이 순진하고 고지식하며 사람 좋은 아들을 상대로는, 난 책략가가 되어야 합니다. 지금 나는 궁정의 정말 보잘것없는 연약한 여자와 경쟁해야 할 처지에 놓여 있습니다. 더구나 내쪽이 경쟁자로서는 몹시 세력이 약합니다. 나는 하찮고 자질구레한 일 때문에 중요한 일을 내버려둬야 하니까요. 이를테면 사흘 전의 일입니다. 매일 아침 방에 깨끗한 수건을 가져다두는 담당 시녀 하나가 대공의 영국식 책상 열쇠를 잃어버렸거든요. 그러자 전하는 이 책상 속에 들어 있는 서류에 관한 사무는 일체 취급해서는 안 된다는 겁니다. 어리석기 짝이 없죠. 20프랑만 내면 밑 판자를 떼어낼 수도 있고, 다른 열쇠를 사용할 수도 있지 않습니까. 그런데 라뉘체 에르네스트 5세는, 그렇게 하면 궁정 열쇠공에게 나쁜 습관을 갖게 한다고 말씀합니다. 지금까지 보면, 그분은 같은 마음을 사흘 지속하기가 절대로 불가능하더군요. 혹시 재산 많은 어떤 후작 집에나 태어났더라면, 그 젊은 공자도 궁정에선 가장 평판이 좋은 한 사람이었을지도 모릅니다. 루이 16세 유형이라고 할 수 있겠죠. 그러나 그 신앙심 깊은 고지식한 성격으로 어떻게 둘러싸인 교묘한 함정을 피해나갈 수 있겠습니까? 그리고 또 당신의 적, 라베르시 부인의 살롱이 더욱 강력해졌습니다. 민중을 향해 발포 명령을 내리고 군주를 위해 필요하다면 3천 명이라도 죽일 결심을 한 나를 두고, 그 살롱에서는 과격한 자유주의자라느니, 대공을 꼬드겨 헌법에 서명하도록 했느니 하며 별의별 소리를 다 하고 있습니다. 이런 공화주의 투의 말을 수없이 늘어놓아, 그 미친 자들은 군주제도 중에서도 가장 좋은 것을 우리가 누릴 수 없게 만들거든요……. 요컨대 부인, 적들이 나를 우두머리로 앉힌 현재의 자유당 안에서, 당신은 대공전하가 못마땅하게 이야기한 적이 없는 유일한 사람입니다. 여전히 성실하기 짝이 없는 저 대주교조차 내가 '불행한 날'에 한 일을 동정하듯 이야기했다고 해서 몹시 역정을 내고 있습니다.

아직 '불행'이라고 불리지 않던 그날의 다음 날, 폭동이 사실이었다는 것이 그대로 인정되던 때의 일입니다만, 새 대공은 당신이 나와 결혼함으로써 오히려 작위가 낮아지지 않도록 나를 공작으로 하자고 대주교에게 말했다더군요. 그런데 현재로서는, 귀족 신분을 얻으려고 죽은 대공의 비밀을 내게 팔려 했던 그 라씨가 백작이 될 듯한 상황입니다. 그런 승진을 보면서 나는 퍽 바보 같은 역할을 해야 할 것 같습니다."

"그런 짓을 하면 대공 자신이 곤란할걸요."

"그럴 테죠. 그러나 그분은 어쨌든 군주니까요. 웃음거리가 될 만한 짓을 해도 2주 안에 세상 사람들이 깨끗이 잊게 할 수 있습니다. 그러니 주사위

놀이를 할 때처럼 합시다. 떠나요."

"하지만 우리는 부자가 될 수 없어요."

"사실 나도 당신도 사치는 필요 없습니다. 나폴리의 산카를로 극장의 칸막이 좌석 하나와 말 한 필만 주시면 난 만족입니다. 당신에게나 내게나 결코 사치는 가치가 없겠죠. 이웃의 학식 있는 사람들이 잠깐 차를 마시러 찾아오면 그걸로 충분히 즐거울 수 있지 않습니까?"

"하지만 그 '불행한 날'에 만일 당신이 모르는 척하고 있었으면, 어떻게 됐을까요? 앞으론 당신도 그렇게 하시겠지만."

"군대는 민중과 손을 잡고, 살인과 화재가 사흘 동안 계속됐을 겁니다. (왜냐하면 이 나라에서 공화제가 제대로 시행되려면 아직도 1백 년은 걸려야 하니까요.) 그리고 보름 동안의 약탈에 이어 마침내 외국으로부터 2, 3개 연대가 파견되어 진압하게 됩니다. 페란테 팔라는 민중 한가운데서 여느 때처럼 용감하게 날뛰고 있었죠. 틀림없이 그와 공모한 자가 12명가량 있는 모양입니다. 이것은 라씨가 바라던 바로, 또 이를 핑계 삼아 악랄한 짓을 할 겁니다. 확실한 것은, 페란테가 몹시 더러운 차림을 하고 있으면서도 금화를 손에 담뿍 쥐고 뿌렸다는 것입니다."

공작부인은 이런 여러 가지 새로운 사실을 듣고 놀랐으나, 서둘러 전 대공비에게 인사를 드리러 갔다.

부인이 방에 들어가려고 하자, 옷치장을 하는 여인이 허리띠에 달고 있던 금으로 만든 조그마한 열쇠를 주었다. 이 열쇠는 대공비에 소속된 궁정 내에서 최고 권위를 나타내는 표시였다. 클라라 파올리나는 곧 모두를 물러나게 했다. 그리고 단둘이 되자, 잠시 동안 애매한 말만 했다. 공작부인은 그 의미를 잘 알 수 없었으므로 아주 신중히 대답했다. 마침내 대공비는 울음을 터뜨렸다. 그리고 부인의 팔 안에 몸을 던지며 이렇게 말했다.

"또 나의 불행이 시작될 것 같군요. 내 아들은 제 아버지보다 더 나를 학대할 것 같아요."

"그렇게는 절대로 못하게 하겠어요." 공작부인은 딱 잘라 대답했다. "먼저 전하께선 저의 진심 어린 인사와 존경을 받아주세요."

"그게 무슨 말이죠?" 전 대공비는 걱정스러운 듯이 말했다. 사직을 원한다는 이야긴가 싶어서였다.

"다름이 아니라, 저 벽난로 위에 있는 인형의 흔들거리는 목을 오른쪽으로 돌려놓는 걸 허락하실 때마다, 그것을 승낙의 표시로 알고 언제나 모든 걸 숨기지 않고 사실대로 말씀드리는 걸 용서해주시기 바랍니다."

"이것 말이죠?" 클라라 파올리나는 일어서서, 곧 인형을 적당한 위치에 옮겨놨다. "자, 시녀장님, 속에 있는 대로 어려워 말고 다 이야기해요." 대공비는 애교에 찬 음성으로 말했다. "대공비께선 사정을 잘 알고 계실 줄로 압니다. 대공비께서나 저희나 몹시 위험해질 것 같아요. 파브리스의 판결은 취소되지 않았습니다. 따라서 우리를 내쫓고, 대공비께 무례한 짓을 하려고 생각한다면, 그 애를 다시 감옥에 가둘 겁니다. 우리 상황은 이제까지보다도 훨씬 더 나빠질 거예요. 개인적인 일을 말씀드리자면, 저는 백작과 결혼합니다. 그리고 우리는 나폴리나 파리에 가서 살까 해요. 백작은 최근 받고 있는 너무나도 배은망덕한 대가에 정이 떨어져, 이젠 나랏일을 돌보는 것도 지긋지긋해졌다 합니다. 저로서도 전하 생각만 않는다면, 대공께서 그 사람에게 어지간히 많은 보수라도 주시지 않는 한, 이 곤란한 처지에 머물러 있는 걸 권하고 싶지는 않아요. 실례된 이야기 같습니다만, 백작은 대신에 취임할 때 13만 프랑을 가지고 있었는데 지금은 겨우 2만 리브르의 연수입이 있을까말까 합니다. 재산도 고려하라고 제가 늘 말했습니다만 소용이 없었어요. 제가 그곳에 가 있는 동안, 그 사람은 징세관들과 싸움을 한 모양이더군요. 모두 교활한 사람들이니까요. 백작이 이들을 역시 교활한 다른 사람들로 바꿨더니, 이번에 그 자리에 앉은 자들은 그에게 80만 프랑을 제공해왔다는 겁니다."

"뭐라고요! 정말 화가 나는군요!" 대공비는 놀라서 소리를 질렀다.

"인형의 얼굴을 왼쪽으로 돌려야 할까요?" 공작부인은 침착하게 대답했다.

"아뇨, 그게 아니에요. 하지만 백작 같은 성격의 인물이 돈벌이를 생각해야 한다니 정말 싫군요."

"그런 도둑질을 안 하면 그는 정직한 사람들로부터 경멸을 당하거든요."

"설마?"

"대공비 전하, 이 나라에선 연수가 3, 40만 리브르나 있는 저의 친구 크레센치 후작을 제외하면 누구나 그런 도둑질을 합니다. 정말 훌륭한 일을 한 공적을 인정받고도 그것이 한 달도 지속되지 않는 그런 나라에서, 어떻게 도둑질을 하지 않을 수 있겠습니까? 군주의 총애를 잃은 뒤에 남는 것, 도움이 되는 건 돈밖에 없는걸요. 무서운 진실을 지금부터 말씀드리려 합니다."

"얘기해봐요. 하지만 그걸 듣는 내 처지도 괴롭군요." 전 대공비는 깊은 한숨을 쉬었다.

"아드님이신 새 대공은 정말 좋은 분이시지만, 아버님 이상으로 대공비님을 불행하게 할지도 모릅니다. 돌아가신 대공께선 여느 사람보다 분명한 개성을 지니고 계셨습니다. 그러나 현재의 대공께선 한 가지 일을 사흘 동안 계속해서 희망하실는지 아주 의심스럽습니다.

그래서 그분의 마음을 잡고 있으려면, 언제나 대공과 함께 생활하며 다른 사람과 이야기를 나누지 않도록 해야 합니다. 이러한 진실은 쉽게 알아차릴 수 있을 테니까, 영리한 라씨와 라베르시 부인이 조종하는 극우당은 머잖아 새 대공님께 애인을 만들어주려고 나설 게 확실해요. 이 애인은 자기 재산을 불리고 또 하급 직위를 결정할 권한을 부여받게 될 테죠. 또한 이 여자가 중간에 서서 군주의 변함없는 의지를 대표해서 그의 당파에게 전하는 결과가 될 겁니다.

제가 대공비님 곁에 안심하고 머물기 위해서는, 반드시 라씨가 추방되어 망신을 당해야 합니다. 그리고 파브리스는 가장 양심이 올바른 재판관에 의해 판결되기를 희망합니다. 이런 사람들에 의해서 그 애의 무죄가 인정된다면, 대주교님께서 파브리스를 후임자로서 보좌주교로 삼는 걸 마땅히 허가하시리라 믿습니다. 만일 제 뜻이 이루어지지 않는다면, 백작과 함께 떠나게 해주세요. 여기서 물러나기 전에 간곡히 부탁드리고 싶은 일은, 라씨를 절대로 용서하시지 말 것과, 아드님이 계시는 나라에서 절대로 나가시지 말라는 것입니다. 늘 곁에 붙어 계시면, 착하신 아드님께서 그렇게 나쁜 일을 하실 염려는 없다고 생각해요."

"당신의 말을 명심하겠어요." 대공비는 빙그레 웃으면서 말했다. "그러면, 내가 내 아들에게 애인을 소개해주는 게 좋을까요?" "아니에요, 대공비님. 그렇지 않습니다. 먼저 대공비님의 살롱에서만 그분이 즐기시도록 하시는 게 좋을 거예요."

이러한 이야기는 그칠 줄을 몰랐다. 순진하지만 영리한 전 대공비의 눈에서 그늘이 사라졌다.

공작부인의 사자가 파브리스에게 가서, 시내에 들어와도 좋지만 몸은 되도록 숨기라고 전했다. 실제로 그의 모습은 주목받지 않았다. 그는 농부처럼 가장하고, 성채 문 맞은편 산책로 가로수 밑의 군밤장수 판잣집에서 하루하루를 보내고 있었다.

제24장

　공작부인의 제안으로, 궁정에서는 여태껏 이렇게 유쾌했던 적이 없었을 만큼 즐거운 연회가 자주 열렸다. 이 겨울 동안 부인은 그 어느 때보다도 사랑스러웠다. 그러나 그녀는 가장 커다란 위험의 한복판에서 살고 있었다. 더구나 이 위험한 계절을 보내면서 그녀가 파브리스의 기이한 변화를 어느 정도 슬픈 심정으로 생각하는 일은 두 번 다시 없었다. 젊은 대공은 어머니가 여는 성대한 연회에 일찍부터 나왔다. 그러면 어머니는 언제나 이렇게 말하곤 했다.

　"자, 대공은 가서 어서 나랏일을 봐야죠. 분명 결재를 기다리는 보고서가 20개가 넘게 책상 위에 밀려 있을 텐데요. 온 유럽 사람들로부터, 내가 전하 대신 나라를 다스릴 속셈으로 일부러 대공을 게으른 군주로 만들고 있다는 욕을 먹고 싶지 않군요."

　이러한 의견이 언제나 공교롭게도 듣는 쪽으로선 가장 귀찮을 때 나온다. 말하자면 젊은 대공이 수줍음을 이겨내고 몸짓으로 하는 재미난 수수께끼 놀이를 즐기고 있을 때이다. 일주일에 두 번은 야유회를 열어서, 민중의 인기를 새 군주에게 끌어오기 위해서라는 핑계로, 어머니는 특별히 골라 뽑은 미인들을 참석하게 했다. 이렇게 유쾌해진 궁정의 중심인물인 공작부인은 시민 출신인 라씨의 출세를 무섭게 질투하고 있는 이들 미녀들이, 이 대신의 수없는 비행을 하나라도 대공에게 이야기해주었으면 하고 바라고 있었다. 그런데 대공이 품고 있는 여러 가지 어린애 같은 생각 가운데 하나는, 자기는 '도덕적'인 내각을 가지고 있다는 것이었다.

　라씨는 영리했으므로, 자신의 적이 마음대로 휘두르고 있는 대공 어머니 궁정의 성대한 연회가 얼마나 자기에게 위험한 것인가를 잘 알고 있었다. 그는 파브리스에게 내린, 더할 나위 없이 법적으로 정당한 판결문을 좀처럼 모스카 백작에게 넘겨주지 않았다. 그래서 공작부인이든 라씨든 어느 한쪽이 궁정에서 사라져야 할 형편이었다.

이제 와선 그런 일이 있었음을 부정하는 것이 점잖은 태도라 여겨지는 그 민중폭동이 일어났던 날, 민중에게 돈을 뿌린 자가 있었다. 라씨는 여기에서 실마리를 잡았다. 그는 일부러 더러운 차림을 하고 시내에서 가장 허름한 집으로 찾아가, 그곳의 가난한 주민들과 몇 시간 동안이나 이야기를 나누었다. 이러한 노력으로 충분한 대가를 받았다. 이런 행동을 보름 동안 계속한 결과, 페란테 팔라가 폭동의 배후 우두머리였다는 확증을 잡았다. 더구나 대시인으로서 한평생을 가난하게 살아온 이 사나이가 제노바에서 8, 9개의 다이아몬드를 팔아 넘겼다는 사실도 알았다.

그 밖에 실제는 4만 프랑이 넘는 보석을 대공이 죽기 열흘 전에, '돈이 필요하다'는 이유로 3만 5천 프랑에 팔았다는 사실도 알아냈다.

이러한 사실을 파악했을 때 법무 대신이 얼마나 기뻐서 날뛰었던가! 그는 전 대공비의 궁정에서는 매일매일 자기가 웃음거리가 되고 있다는 것, 대공 또한 그와 정무에 관해 이야기하면서 젊은 사람다운 솔직함으로 대놓고 비웃는다는 걸 잘 알고 있었다. 말해두지만, 라씨는 평민 출신답게 기묘한 버릇을 갖고 있었다. 이를테면 이야기에 열중했을 때 두 다리를 꼬기도 하고, 구두를 손으로 잡기도 한다. 그리고 더욱 흥이 나면 붉은 무명 손수건을 다리 위에 펼치기도 한다. 아름다운 한 평민 아가씨가—물론 자기 다리가 예쁘다는 걸 알고서 한 일이지만—법무대신의 이 고상한 버릇을 흉내 냈을 때, 대공은 그 장난에 몹시 웃기도 했다.

라씨는 특별 알현을 청해 대공에게 말했다.

"전하는 부왕께서 어떻게 돌아가셨는지 정확하게 알기 위해서 10만 프랑을 내주시겠습니까? 이 돈이 있으면, 사법 당국의 손으로 죄인을 확실히 잡아낼 수 있으리라고 생각합니다만."

대공은 당연히 승낙했다.

그 뒤 얼마 안 있어, 케키나가 공작부인에게 다음과 같은 일을 알렸다. 마님의 다이아몬드를 어떤 금은세공인에게 감정케 해주면 많은 보수를 내겠다고 말해온 자가 있었는데 화를 내며 거절했다는 것이다. 부인은 거절한 것을 꾸짖었다. 그 일이 있은 지 8일 뒤의 일이었다. 케키나의 손에는 감정을 부탁할 다이아몬드가 준비되었다. 이 다이아몬드를 보이기로 결정했던 날, 모스카 백작은 파르마 시내 금은세공인의 집집마다 심복 부하를 2명씩 매복시켜놓았다. 그리고 자정 때쯤 백작이 찾아와서 조사하고 싶다던 금은세공인이 실은 라씨의 아우였다는 걸 알렸다. 공작부인은 그날 밤 몹시 쾌활했었다. (마침 궁정에서는 코미디 델라르테의 모임이 있었다. 이것은 희극의 줄거리만 무대 뒤에 써 붙여 있을 뿐, 등장인물은 이야기하면서 즉흥적으로 대사를 꾸며내는 연극이었다.) 연극 놀이에서 부인도 한 배역을 맡았고, 그날 참석한, 라베르시 부인의 전 애인인 발디 백작이 남자 애인 역을 맡았다. 새 대공은 이 나라에서 소심하기로 첫째 갈 사람이었으나, 반면에 대단히 호남아로 부드러운 마음씨의 소유자였다. 그는 두 번째 상연 때는 자기가 꼭 공작부인의 상대역을 해볼 속셈으로, 발디 백작의 연기를 놓칠세라 주의 깊게 지켜보고 있었다.

"전 바빠요. 2막 제1장에 나가니까요. 호위병이 있는 방으로 가요." 부인은 백작에게 말했다.

그곳에는 20명의 호위병이 차 있어, 모두들 신경을 잔뜩 곤두세우고 수상과 시녀장의 대화를 엿듣고 있었다. 그 속에서 부인은 애인을 향해 웃으며 말했다.

"제가 중요한 비밀을 함부로 이야기하면 당신은 언제나 화를 내시죠. 에르네스트 5세가 자리에 앉게 된 것은 저의 힘이에요. 파브리스의 복수를 하기 위해서였지요. 그 무렵에 나는 그 애를 지금보다 훨씬 더 사랑했으니까요. 사랑이라고 해도 물론 이상한 의미는 아니에요. 이렇게 말해도 당신은 좀처럼 믿지 않으신다는 건 잘 알고 있어요. 하지만 지금은 그런 것은 아무래도 좋아요. 제가 죄를 지었다 하더라도 당신은 저를 사랑해주시니까요. 그래요, 이것이야말로 정말 죄예요. 전 페란테 팔라라는 아주 재미난 미친 사람 같은 사나이에게 다이아몬드 전부를 줬어요. 뿐만 아니라 파브리스를 독살하려고 한 사람의 목숨을 빼앗았으면 해서, 그에게 키스까지 했던 거예요. 뭐가 나빠요?"

"허, 그렇게 해서 페란테가 폭동을 위한 자금을 구했군. 이런 일을, 당신은 호위병이 있는 곳에서 내게 이야기하는군요!"

백작은 어이가 없는 듯한 얼굴로 말했다. "급해서 그랬어요. 그리고 라씨는 이 범죄의 뒤를 탐색하기 시작했거든요. 하지만 전 폭동에 대해선 한마디도 지시하지 않았어요. 과격파는 질색이니까요. 연극이 끝나거든 당신의 의견을 들려줘요."

"의견은 바로 말하죠. 대공이 당신을 연모하도록 하세요……하지만 명예만은 지키십시오."

부인이 무대에 나갈 순서가 되었다. 그녀는 도망치듯 사라졌다.

며칠 뒤, 부인은 이전에 데리고 있던 하녀의 서명으로 된 괴상한 편지를 우편으로 받았다. 편지 내용은 궁정에서 일자리를 마련해달라는 부탁이었으나, 부인은 첫눈에 필적이나 문장이 그 여자의 것이 아니라는 걸 알았다. 두 번째 장을 읽으려고 종이를 펼치자, 고서(古書) 같은 인쇄된 종이에 접어넣은 조그마한 성모의 그림이 부인 발밑에 떨어졌다. 그 그림을 힐끔 쳐다본 뒤, 부인은 인쇄된 종이의 몇 줄을 읽어봤다. 그녀의 눈이 번쩍였다.

"민중의 수호자는 매달 1백 프랑을 갖고 그 이상은 손대지 않았다. 남은 돈을 가지고, 이기주의로 얼어붙은 영혼들에게 성화를 당겨 다시 살려내려고 했다. 여우는 내 발자국을 뒤쫓고 있다. 때문에 나는 사랑하는 사람을 마지막으로 한번 만나려고도 하지 않았다. 그 여인은 공화제를 좋아하지 않는다. 우아함과 미모가 뛰어날 뿐 아니라, 그 지혜 또한 나보다 뛰어난 사람이지만. 그러나 공화주의자 없이 어떻게 공화국을 이룩할 수 있을까? 나는 잘못 생각했던 것인가? 지금으로부터 6개월 뒤 나는 현미경을 손에 들고, 미국의 작은 도시를 돌아다니며 내 마음속에 있는 당신의 유일한 경쟁자를 그대로 사랑해야 할 것인가 아닌가를 확인하려고 한다. 만일 당신이 이 편지를 받고, 남작부인이여, 그리고 또 어떤 더러운 사람의 눈이 이것을 먼저 읽지 않았다면, 내가 처음으로 당신에게 이야기를 건 장소에서 20걸음 떨어진 곳에 서 있는 물푸레나무의 가지를 하나 꺾으라. 그러면 나의 행복했던 날에 한 번쯤은 당신도 본 적 있는 정원의 회양나무 밑에, 나와 똑같은 의견을 가진 사람들을 비난 받게 할 우려가 있는 물건들을 묻어놓겠다. 만일 여우가 뒤를 쫓지 않고, 그 모진 발톱이 천사와 같은 사람에게까지 뻗을 우려가 없다면, 분명 나는 이 글을 쓰지는 않았을 게다. 보름 뒤에 회양나무를 볼 것."

'그 사람은 인쇄업자를 자기 마음대로 할 수 있으니까 어쩌면 소네트의 시집이 세상에 나오겠지. 그 시집 속에서 나를 가리키는 이름이 나오더라도 그 인물이 나라는 사실은 신만이 아실걸!' 부인은 생각했다.

공작부인은 여인다운 수완을 발휘하여 한 가지 시험해보고 싶었다. 일주일쯤 그녀는 병으로 앓아누웠다. 궁정에선 성대한 연회가 자취를 감추었다. 대공비는 미망인이 되자 곧 자기 아들을 두려워한 나머지 여러모로 편치 못한 생활을 해온 것이 불쾌해져서, 지난 일주일 동안을 돌아간 대공의 영혼이 모셔진 성당의 수도원에서 보냈다. 연회가 없어지자 대공은 몹시 무료했고, 법무대신의 신용이 뚜렷이 땅에 떨어졌다. 에르네스트 5세는 공작부인이 궁정을 떠나거나, 혹은 유쾌한 기쁨을 이곳에까지 뿌리는 일을 그만두는 것만으로도 얼마나 무료해지는가를 뼈저리게 느꼈다. 다시 연회가 시작되었다. 그리고 대공은 델라르테 극에 더욱 흥미를 갖기 시작했다. 그는 한 배역을 맡고 싶은 생각이 간절했지만, 그 야심을 고백할 만한 용기가 없었다. 어느 날 얼굴을 붉히며 공작부인에게 말했다.

"나도 한 역 맡아도 괜찮겠죠?"

"모두 전하의 뜻에 따르겠습니다. 명령만 내리신다면 곧 연극의 줄거리를 만들게 해 전하의 배역이 등장하는 화려한 장면은 모두 제가 상대해드리겠습니다. 처음엔 누구나 좀 허둥댑니다. 만일 전하께서 저를 똑바로 쳐다보시고 가까이 다가오시면 제가 그때 전하의 대사를 가르쳐드리죠."

모든 일이 술술 잘 풀렸다. 대공은 몹시 소심한 데다가 자신의 소심함을 창피하게 여겼다. 이런 소심한 성격을 너무 괴롭히지 않으려고 부인이 노력한 것이, 젊은 군주에게 강한 인상을 주었다.

첫 무대의 막이 오르는 날, 연극은 평소보다도 30분 일찍 시작되었다. 모두가 극장에 가 있을 시간이라 살롱에는 8, 9명의 노부인들만 있을 뿐이었다. 이러한 얼굴들이라면 대공은 조금도 무섭지 않았다. 더구나 이 여자들은 모두 뮌헨에서 전형적인 군주제도의 교육을 받은 사람들이어서 언제나 박수만 쳤다. 공작부인은 시녀장의 권위를 이용해 궁정의 일반인이 관극장에 드나드는 문을 자물쇠로 잠가버렸다. 대공은 문학적 소질과 아울러 수려한 용모도 갖추었기에, 첫 장면은 잘 넘겼다. 대사는 공작부인의 눈 속에서 읽어내거나, 부인이 작은 목소리로 가르쳐주는 말을 멋지게 되풀이했다. 얼마 안 되는 관객이 힘차게 박수를 보내고 있을 때 공작부인이 신호를 했다. 갑자기 정문이 열리고 연회장은 곧 궁중의 미녀들로 가득 찼다. 모두들 대공의 사랑스럽고 행복에 겨워하는 모습을 보고 박수를 쳤다. 대공은 기뻐서 얼굴이 새빨개졌다. 그는 마침 공작부인의 애인 역을 하고 있었다. 이젠 대사를 일러주기는커녕, 부인 쪽에서 장면을 빨리 끝내도록 재촉해야 할 형편이었다. 그는 상대 여배우를 여러 번 당황하게 하는 열정을 지니고 사랑을 이야기했다. 그 대사가 5분이나 계속되었다. 공작부인은 그전처럼 눈부실 정도로 아름답지 않았다. 파브리스의 투옥, 그리고 그 이상으로, 우울하고 말이 없는 파브리스와 함께 지낸 마조레 호숫가에서의 생활은 아름다운 지나를 열 살이나 더 늙게 했다. 그녀의 얼굴 윤곽은 더욱 뚜렷해졌다. 한층 더 이지적이긴 했으나 젊음은 줄었다.

그 얼굴에는 젊었을 때의 쾌활함이 사라져 있었고 이따금 보인다 해도 이젠 아주 드물었다. 그러나 무대에서는 연지를 칠하고 여배우로서의 갖가지 기교를 부려, 역시 아직도 궁정 제일의 미인으로 보였다. 대공의 입에서 나오는 정열적인 긴 대사를 들은 궁정인들의 눈이 휘둥그레졌다. 그날 밤 모두들 이렇게 수군거렸다.

"새로운 시대의 발비부인이로군."

백작은 마음이 편치 않았다. 극이 끝나자, 부인은 궁정인들이 있는 앞에서 대공에게 말했다.

"전하는 연기를 너무 잘하세요. 남들이 보면 서른여덟이나 된 여자를 사랑하고 계신다고 떠들겠어요. 그러면 전 백작과 결혼하는 게 어려워질 것 같군요. 앞으로 전하는 저에게, 나이 지긋한 부인…… 예를 들면 라베르시 후작부인에게 말씀하시는 것처럼 이야기하겠다고 약속해주세요. 그렇지 않으면 이젠 상대역은 안 하겠어요."

똑같은 연극을 세 번이나 상연했다. 대공은 행복에 도취했다. 그러나 어느 날 밤 그는 몹시 걱정되는 일이 있는 듯했다.

시녀장은 대공 어머니에게 말했다. "제 추측이 틀림없다면, 라씨는 무언가 악한 음모를 꾸미고 있는 것 같아요. 내일 또 연극 모임을 갖도록 분부를 내려주세요. 대공께선 틀림없이 무대에서 실수를 하시리라고 생각합니다. 그렇게 되면 낙심하셔서 혹 어머니께 무슨 말씀을 하실지도 몰라요."

과연 대공의 연기는 실패였다. 대사는 전혀 들리지 않고 말도 두서가 없었다. 제1막 끝에 가서는 울상이 되었다. 공작부인은 옆에 있으면서도 모르는 체했다. 무대 뒤에서 잠깐 부인과 단둘이 됐을 때, 대공은 스스로 문을 닫으러 갔다.

"2막도 3막도 난 도저히 할 수 없어요. 아첨하는 박수 같은 건 질색이죠. 오늘 밤은 저 박수 소리를 들으니 가슴이 찢어지는 것 같아서. 어떡하면 좋을까요? 좀 가르쳐줘요."

"제가 무대에 나가서, 진짜 극장주가 하듯이 전하에게 인사를 하고, 다음에 관객석에도 인사를 합니다. 그리고 '렐리오' 역을 맡은 배우가 갑자기 아파서 오늘 무대는 노래를 대신 들려드린 다음 막을 내리겠습니다, 하고 인사를 하죠. 뤼스카 백작과 기솔피 양은 이런 훌륭한 모임 앞에서 그 쉰 목소리를 들려줄 수 있게 되어 몹시 기뻐할 겁니다."

대공은 부인의 손을 잡고 황홀해져 입을 맞췄다.

"당신이 남자라면 좋았을걸. 틀림없이 나의 좋은 의논 상대가 돼주었을 텐데. 라씨가 내 책상 위에, 아버지의 암살혐의가 있는 자에 대한 진술서를 1백80장이나 놓고 갔어요. 그것 말고도 2백 장이 넘는 고소장도 있고. 난 그걸 모두 읽어야 하고, 게다가 이 일에 대해선 한마디도 백작에게 말하지 않기로 약속했거든요. 이는 형을 집행하기에 마땅합니다. 그자는 이미 내게 프랑스의 앙티브 근처에 있는 페란테 팔라를 체포하라고 요구하거든요. 그자는 대시인으로 나도 감탄하는데, 지금은 퐁세라는 가명으로 그곳에 가 있다는군요."

"전하가 한 사람의 자유주의자를 사형에 처하시는 날, 라씨는 쇠사슬로 묶듯 내각을 확고하게 움켜쥐게 될 테죠. 그 사람은 그걸 원합니다. 또한 전하께서 산책하기 두 시간 전에 명을 내리시는 것만으론 불가능할 겁니다. 지금 무심코 내뱉은 고통의 신음소리 같은 말씀은 대공의 어머님께도 백작에게도 절대로 하지 않겠어요. 하지만 저는 대공의 어머님께 어떤 비밀도 갖지 않겠다고 맹세했습니다. 전하가 지금 저에게 하신 말씀을 어머님께도 해주시기 바랍니다."

이 생각은 군주의 마음을 괴롭히는, 실패한 배우로서의 고통을 얼마간 잊게 했다.

"좋소, 어머님께 내가 가겠다 전해주시오. 곧 방으로 찾아가죠."

대공은 무대 뒤를 나와 관람실과 이어져 있는 살롱을 지나, 뒤따라온 시종장과 당직 시종무관을 무뚝뚝하게 뿌리쳤다. 대공 어머니 쪽에서도 서둘러 연극 공연장을 떠났다. 방에 돌아가자 시녀장은 모자(母子)에게 공손히 절을 하고, 두 사람을 남겨둔 채 나갔다. 궁정이 떠들썩해졌음은 상상할 수 있을 것이다. 궁정이란 것은 이런 일이 있기에 재미있는 법이다. 한 시간이 지나자 대공이 직접 방문에 나타나 공작부인을 불렀다. 대공의 어머니는 눈물을 흘리고 있었다. 대공의 얼굴색은 완전히 달라져 있었다.

'마음이 약한 사람들은 기분이 상하면 이렇게 된다. 누구든 다른 사람에게 분풀이를 할 핑계를 찾는다.' 시녀장은 속으로 생각했다. 처음에는 모자가 앞다투어 일의 경위를 공작부인에게 이야기하려고 애썼다. 부인 쪽에서는 자기 생각은 되도록 확실히 드러내지 않도록 주의하면서 대답했다. 숨이 막힐 듯한 두 시간 동안, 이 무료하기 짝이 없는 무대에 올라선 세 사람의 배우는, 지금 말한 것 같은 역할을 되풀이하고 있을 뿐이었다. 대공은 갑자기 일어나 라씨가 책상 위에 놓아두었다는 2개의 커다란 서류철을 가지러 갔다. 어머니의 방을 나오니 밖에서는 궁정 사람들이 기다리고 있었다.

"저리들 가. 내겐 상관 말고." 몹시 난폭하게, 이제까지 그에게선 볼 수 없었으리만큼 서슬이 퍼래져서 소리쳤다.

그는 자기가 2개의 서류철을 가지고 있는 모습을 보이고 싶지 않았다. 대공이란 무엇이든 직접 손에 들어서는 안 되는 법이다. 신하들은 순식간에 사라졌다. 돌아와 보니, 그 부근에는 촛불을 돌아가며 끄고 있는 하인들이 있을 뿐이었다. 충성심으로 아직도 우물쭈물하는 시종 폰타나도 역시 꾸짖어서 쫓아버렸다.

"오늘 밤은 모두가 날 못살게 구는 것 같군." 방으로 돌아오자, 그는 공작부인을 향해 화를 내는 듯 말했다.

그는 부인을 몹시 영리하다고 생각하고 있었다. 그런데 이상하게도 부인이 통 아무런 의견도 내지 않는 데 화가 났다. 부인은 상대가 분명한 의견을 요구해오지 않는 한, 아무 말도 하지 않으리라 결심했었다. 그로부터 또 30분이 지났다. 그때 자기 위엄을 근심하던 대공이, 마침내 부인에게 말했다.

"하지만 부인은 자신의 의견을 말하지 않는군요?"

"저는 대공의 어머님의 시중을 들기 위해서 여기에 있는걸요. 제 앞에서 말씀하시는 내용을 곧 잊는 것이 의무니까요."

"그렇군. 그럼, 내 명령이니까 어디 당신의 의견을 들어봅시다." 대공은 몹시 낯을 붉히며 말했다.

"죄를 벌하는 것은, 똑같은 일을 방지하기 위함입니다. 돌아가신 대공님은 정말 독살당하셨을까요? 그것은 대단히 의심스럽네요. 라씨는 그걸 어떻게 해서든 증명하고 싶어합니다만. 그러한 공을 세우면 그 사람은 전하에겐 앞으로 반드시 필요한 인물이 될 수 있기 때문이죠. 일단 그렇게 되면, 즉위하신 지 얼마 안 되는 전하께서는 오늘 밤과 같은 일이 몇 번이고 일어날 것을 각오하셔야 해요. 아랫사람 모두가 입을 모아 말하기를, 전하는 너그러운 성품을 지니신 분이라고 합니다. 사실이 그렇고요. 전하가 자유주의자를 사형하지 않는 한, 이런 평판은 영원할 겁니다. 그리고 전하의 음식에 독약을 넣으려고 생각하는 자도 절대로 나타나지 않을 거예요."

"당신의 생각을 확실히 이해했어요. 당신은 내 남편을 죽인 범인을 처벌하는 데 반대하는군요!" 대공의 어머니는 불쾌해져서 그렇게 말했다.

"저는 그런 사람들과 친하게 지내고 있기 때문이겠죠."

공작부인은 대공의 눈빛을 바라보면서, 자신과 어머니가 짜고 대공이 취할 행동을 가르칠 작정이라고 믿고 있음을 깨달았다. 두 부인 사이에는 날카로운 말이 오갔다. 그 결과 공작부인은 한마디도 더 하지 않겠다고 딱 잘라 말하고는, 그 결의를 지키려 했다. 그러나 대공은 어머니와 오랫동안 말다툼을 한 끝에, 부인에게 다시 한 번 의견을 말해보라고 했다.

"두 분께 맹세합니다만, 저는 이제 아무 말도 하지 않겠어요."

"그건 정말 어린애 같은 짓이에요!" 대공은 말했다.

"나도 당신의 의견을 듣고 싶어요." 공작의 어머니는 위엄을 보이며 말했다.

"제발 그 분부만은 하지 말아주세요. 하지만 전하는……." 부인은 대공 쪽을 돌아다보았다. "전하는 프랑스 말을 잘하시니까, 잠깐 우리의 차분치 못한 기분을 가라앉히기 위해서, 라 퐁텐의 우화 한 편을 저희에게 읽어주지 않으시겠어요?"

공작의 어머니는 이 '저희'란 말이 대단히 실례라고 느꼈다. 그러나 시녀장이 아무렇지도 않게 서가를 열어 라 퐁텐의 《우화집》 한 권을 손에 들고 왔을 때에는, 놀라면서도 즐거운 듯했다. 부인은 잠깐 책장을 넘기다가 책을 대공에게 건네주면서 이렇게 말했다.

"이 우화를 모두 읽어주세요."

정원사와 영주님

어느 마을의 농사꾼 지주로 정원 가꾸기를 좋아하는 사나이는,
아담한 정원과, 그 옆에 붙은 채소밭을 가지고 있었다.
이 정원 주위는 울타리에 싸여 있었다.
마르고의 생일에는 꽃다발을 만들 수 있을 정도로,
상추와 승아가 무성하고,
에스파냐 재스민은 얼마 안 되지만 백리향은 잔뜩 있다.
이런 훌륭한 정원을 산토끼가 망치기 때문에,
영주님께 하소연했다.
"이 괘씸한 동물은 낮이고 밤이고 풀을 함부로 뜯어먹고,
덫을 놓았지만 망가뜨리고,
돌로도, 막대기로도 아무 소용없으니,
정말 그놈은 요술쟁이죠."
"요술쟁이가 아닐 테지."
영주님이 말씀하셨습니다.
"어떠한 요술을 쓸지라도, 아무리 재주 있는 놈일지라도,
나의 사냥개는 놓치지 않는다.
목숨을 걸고 도와주리라."
"언제쯤이요?"
"내일이 좋겠군. 늦지 않을 거야."
굳게 한 약속은 이루어졌다. 영주님은 신하를 데리고 찾아왔다.
"자, 먼저 식사를 하자. 너의 집 영계는 살이 연할 테지?"
식사가 끝나자, 사냥꾼들의 시중으로 야단법석.
모두 위세가 당당하고 준비는 끝났다.

요란스러운 나팔소리, 피리소리,

영감은 깜짝 놀라 자빠진다.

이어 닥쳐온 재난,

채소밭은 비참한 꼴이 되고,

화단도 밭도 말이 아니고,

상추도 부추도 엉망진창.

수프에 넣을 야채도 어디로 갔는지.

영감 농부는 한탄한다. "이건 영주님의 심심풀이가 아닌가?"

농부가 우는소리를 하건 말건 개와 신하들이 마구 뛰어다니는 바람에,

마을의 토끼가 백 년 걸려 해친 것보다,

더 심한 난장판을 만들었다.

그것도 단 한 시간 동안에.

조그마한 땅의 영주님이여, 당신들의 갈등은,

자기 손으로 해결하세요.

국왕께 호소하는 건, 어리석음 중에서도 가장 어리석은 것.

높으신 분들을 당신네들 싸움에 끌어넣거나,

자기 땅에 들여놓는 건, 절대로 안 하는 게 현명하답니다.

다 읽자, 잠시 동안은 아무도 말을 하지 않았다. 대공은 책을 제자리에 꽂은 뒤 방 안을 서성댔다.

"자, 그만 당신의 의견을 들려줘도 좋을 터인데." 대공의 어머니는 재촉했다.

"아니에요. 안 됩니다. 전하가 저를 대신으로라도 임명해주시지 않는 한 말입니다. 여기서 제가 뭐라고 말씀드리면 시녀장의 지위도 위험해져요."

또다시 15분 동안 침묵이 흘렀다. 마침내 대공의 어머니는, 그 옛날 루이 13세의 어머니 마리 드 메디치(1573~1642, 앙리 4세의 비, 왕의 사후 섭정으로 루이 13세를 돕다가 후에 리슐리외가 재상이 되자 물러났다)의 행동이 떠올랐다. 그날까지 매일, 시녀장은 도서계 시녀들로 하여금 대공의 어머니에게 바쟁의 명저 《루이 13세의 역사》를 읽어드리게 했었기 때문이다. 그녀는 몹시 화가 났지만, 공작부인이 다시 이 나라를 떠날지도 모른다는 걱정이 있었다. 그렇게 되면 무섭기만 한 라씨가 리슐리외를 본떠, 내 아들에게 자기를

이 나라에서 내쫓을 것을 권할지도 모른다. 이때 대공의 어머니는 시녀장에게 창피를 줄 수 있는 것이라면 뭣이든 하고 싶었으나 그렇게 할 수 없었다. 그녀는 일어나 어딘지 어색한 미소를 지으며 공작부인에게로 가서 손을 잡았다.

"여봐요, 당신의 우정의 표시로 좀 이야기해줘요."

"그럼 한마디만 하겠습니다. 그 음흉한 라씨가 모은 서류 전부를 여기 난롯불에 태워버리실 것. 그리고 태워버렸다는 걸 그 사람에겐 절대로 말씀하시지 말아야 해요."

그녀는 대공 어머니의 귓전에다 다정스레 속삭였다.

"라씨는 리슐리외처럼 될 것 같아요."

"하지만, 그건! 이 서류에 8만 프랑이 넘는 돈을 들였는데!" 대공은 분개한 듯했다.

"대공 전하." 부인은 힘주어 대답했다. "비천한 태생의 악인을 쓰시면 그만큼 비싸게 듭니다. 비록 백만의 돈을 잃으셔도 좋으니, 부왕께서 살아 계시던 마지막 6년이란 세월을 밤에도 맘 편히 못 주무시게 한 책임이 있는 비천한 악인들을 믿지 마십시오."

비천한 태생이란 말은 특히 대공 어머니의 마음에 들었다. 그녀는 백작과 공작부인이 너무 재간만을 중요시한다고 생각했었다. 재간은 어느 정도 과격사상과 인연이 있는 법이다.

대공의 어머니가 어떤 생각에 잠겨, 잠깐 조용해진 동안에 궁중의 큰 시계는 3시를 쳤다. 그녀는 일어나 자기 아들에게 조용히 눈인사를 하고 말했다.

"더 이상 토론을 계속하는 건 내 건강이 허락치 않아요. 비천한 태생의 대신은 아무튼 좋지 않아요. 라씨란 자는 이것저것 캐내는 데 드는 비용이라며 전하께 타낸 돈의 반은 분명 자기가 가로챌 겁니다. 나는 그렇게밖엔 생각이 안 돼요."

그녀는 촛대의 초 두 자루를 집어다가 꺼지지 않도록 난로 안쪽에다 세웠다. 그러고는 자기 아들 곁에 와서 덧붙였다.

"라 퐁텐의 우화가 남편의 원수를 갚고 싶은 내 마음을 진정시켰어요. 전하는 이 서류를 태우는 걸 용서하실 테죠?"

대공은 꼼짝하지 않았다.

'이 사람의 얼굴은 정말 바보 같군. 백작 말이 옳았어. 돌아가신 대공은 한 가지 일을 결심하는 데 새벽 3시까지 밤을 새우게 하지는 않았어.' 공작부인은 생각했다.

그대로 서 있던 대공의 어머니는 다시 말했다.

"그다지 위대하지도 못한 검사가, 자기 승진을 목적으로 꾸민 거짓말투성이의 종이 때문에 이 나라 최고의 신분을 지닌 두 사람에게 하룻밤을 꼬박 새우게 했다는 걸 알면 어지간히 코가 높아지겠군요."

대공은 화가 난 듯 미친 듯이 서류를 집어들어 난로 속에 처넣었다. 많은 서류 다발은 두 자루의 촛불을 꺼뜨릴 성싶었다. 방 안에 연기가 자욱했다. 대공의 어머니는 자기 아들의 눈을 보고, 금방이라도 물병을 가져다가 8만 프랑이나 들인 서류를 구해낼 것 같다고 느꼈다.

"창문을 열어요." 그녀는 화가 난 듯이 부인에게 말했다.

부인은 서둘러 따랐다. 곧 종이가 한꺼번에 활활 타올랐다. 난로 속에서는 큰 소리가 나고 종이에 불이 붙었다.

대공은 돈에 관해서는 몹시 겁이 많았다. 이러다가는 궁정이 타올라, 안에 있는 모든 보물이 재가 되지나 않을까 두려웠다. 그는 창가로 뛰어가, 당황한 목소리로 위병을 불렀다. 위병은 대공의 목소리를 듣고 요란스럽게 안뜰로 달려 들어왔다. 그는 다시 난로 곁에 돌아왔다. 열어놓은 창문으로 들어오는 바람이 부채질을 해 난로는 무서운 소리를 내었다. 대공은 큰 소리로 욕지거리를 하며, 정신 나간 사람처럼 방 안을 두서너 번 돌다가는 뛰어나갔다.

대공의 어머니와 시녀장은 마주 선 채 아무 말이 없었다.

'또 화가 났을까? 하지만 싸움은 나의 승리다.' 공작부인은 마음속으로 중얼거렸다. 그리고 대답하는 데 조금도 꺼려하지 않으리라 결심했을 때, 문득 무언가를 깨닫고는 주춤했다. 두 번째 서류가 그대로 남아 있었던 것이다. '아니, 나는 아직 반밖엔 이기지 못했다.' 그녀는 되도록 냉정하게 대공의 어머니에게 말했다.

"전하께선 나머지 서류를 태우도록 명령하지 않으세요?"

"하지만 어디서 태우죠?" 그녀는 기분이 언짢은 듯했다.

"살롱의 난로에다 태우겠어요. 한 장씩 넣으면 위험하지 않아요."

공작부인은 서류 뭉치를 끼고, 초를 한 자루 들고 옆의 살롱으로 들어갔다. 그녀는 그 서류가 진술서라는 걸 확인하고, 그중 대여섯 철을 솔 속에 집어넣은 다음 나머지를 조심스럽게 태웠다. 그리고 대공의 어머니에겐 인사도 않고 그대로 나가버렸다.

'퍽 무례한 행동이군.' 그녀는 웃으면서 생각했다. '그러나 대공비 또한 남편의 죽음을 단념하지 못하는 미망인을 빗대어, 마치 나를 단두대에 세우려는 것 같은 말투였으니까.'

대공의 어머니는 공작부인이 탄 마차가 나가는 소리를 듣자 자기 시녀장에게 심한 노여움을 느꼈다.

늦은 시간이었지만, 공작부인은 백작을 부르라 했다. 백작은 궁정의 불 소동에 달려갔으나, 곧 가라앉았다는 소식을 가지고 찾아왔다.

"젊은 대공은 상당한 용기를 냈어요. 난 잔뜩 칭찬을 해줬죠."

"빨리 이 진술서를 읽어봐요. 되도록 빨리 태워버려야죠."

백작은 읽고 얼굴색이 변했다.

"허, 그자들은 진실을 거의 다 캐냈군요. 정말 교묘하게 일을 진행시켜서 페란테 팔라가 한 짓을 모두 조사했어요. 그 사나이가 자백하면 우리도 꼼짝없이 당하겠는데요."

"그 사람은 자백하진 않아요. 그는 명예를 아는 사람이에요. 자, 태워요, 어서."

"좀 기다려요. 10명 남짓한 위험한 증인의 이름을 적어두겠습니다. 만일 라씨가 다시 일을 시작한다면, 그들을 어떻게든 처치해버리죠."

"각하에게 말씀드리지만, 대공은 오늘 밤 일에 대해서 법무대신에게 아무 말 않겠다고 약속하셨습니다."

"마음이 약하고 싸움이 두려워서, 그 약속은 지킬 수 있을 겝니다."

"오늘 밤 일로 우리 결혼은 빨리 이루어질 것 같아요. 저는 범죄소송 따위를 지참금 대신으로 하기는 싫거든요. 그것도 제가 다른 남자 때문에 범한 죄가 원인이라면 말입니다."

백작은 너무나 사랑에 약했다. 그는 부인의 손을 잡고 탄성을 질렀다. 그의 눈엔 눈물까지 고여 있었다.

"헤어지기 전에, 제가 대공의 어머니께 어떠한 태도를 취해야 좋을지 당신의 지혜를 빌려주세요. 나는 피곤해서 쓰러질 지경이에요. 무대 위에서 한 시간, 방에서 다섯 시간을 줄곧 연기했으니까요."

"대공비한테서 얼마쯤 싫은 소리를 들었다 하더라도—그건 그 여자의 마음이 약하기 때문이지요—당신의 실례된 태도로 충분히 복수한 셈입니다. 내일도 오늘 아침과 똑같이 대하십시오. 라씨는 아직 감옥에 안 들어갔을 뿐 아니라 쫓겨나지도 않았으며, 우리는 파브리스의 판결문을 찢어버리지도 못했으니까요.

당신은 대공의 어머니에게 분명한 결심을 요구했지만, 그런 말을 하면 고귀한 분들뿐만 아니라 수상이라도 좋아하지 않을 겁니다. 요컨대 당신은 시녀장으로, 즉 그분의 신분 낮은 하인입니다. 마음이 약한 사람들에게는 반드시 따르는 반동으로 사흘 뒤에는 라씨가 이것보다 훨씬 총애를 받을 것입니다. 그자는 누구건 사형에 처할 사람이 없는지 찾아다닐 테지요. 그도 대공을 자기 계획에 교묘히 끌어넣기 전에는, 무엇하나 확신할 수 없거든요.

오늘 밤 화재 소동으로 부상자가 한 사람 나왔습니다. 재단사인데 몹시 용감한 행동을 했죠. 내일은 대공에게, 경호해드리겠으니 함께 그 재단사의 문병을 가자고 권할 생각입니다. 나는 빈틈없이 무장하고 주위를 살필 겁니다. 젊은 대공께선 아직 세상의 미움을 사고 있지 않아요. 나는 그가 시내 산책에 익숙해지게 하고 싶습니다. 이것은 라씨에게 보여주기 위한 장난입니다. 머잖아 그자는 내 후임이 될 테지만, 그 사나이에겐 이런 대담한 행동을 할 재주는 없습니다. 재단사를 만나고 돌아오는 길에, 대공이 부왕의 동상 앞을 지나게 하겠습니다. 바보 같은 조각가가 품위 없게 만든 로마식 옷자락이 많은 돌에 맞아 깨진 것이 그분의 눈에 보이겠지요. 그것을 보고 대공이 '과격파를 사형에 처하면 이렇게 되는군' 하고 스스로 뉘우치지 않는다면 매우 고지식한 겁니다. 그러면 나는 그 말에 이렇게 답하겠어요. '그런 자들 모두를 사형에 처하려면 1만 명 정도 한꺼번에 집행해야 합니다. 그게 아니라면 한 사람도 사형해선 안 됩니다. 성 바르톨로메오 축일의 학살은 프랑스의 신교도를 몰살했습니다' 하고요.

내일 내가 산책에 모시고 나가기 전에, 대공께 가서 이렇게 말하세요. '어젯밤 나는 곁에서 대신 노릇을 했습니다. 참고가 되도록 여러 가지 의견도 말씀드렸습니다. 명령에 복종한 나머지 대공 어머님의 심정을 상하게 해드렸습니다. 전하로부터 대가를 받고 싶습니다.' 대공은 돈을 달라는 줄 알고 얼굴을 찌푸리실 겝니다. 되도록 오랫동안 그분에게 불쾌감을 느끼게 한 뒤에 당신은 이렇게 말해야 합니다. '전하께 부탁드리옵건대, 파브리스가 이 나라에서 가장 존경받고 있는 12명의 재판관들로부터 대심(對審)으로(파브리스 자신이 법정에 나간다는 의미입니다) 재판을 받도록 명령을 내려주십시오.' 그리고 생각할 틈을 주지 말고 당신의 아름다운 손으로 쓴 짧은 칙령을 내밀어서 서명시키는 거죠. 그 문장은 내가 불러주겠습니다. 물론 그 전의 판결은 무효로 한다는 조목을 꼭 집어넣을 겝니다. 여기에 반대할 이유가 하나 있을 수 있지만, 당신이 신속히 행동한다면 대공은 그런 생각을 떠올리지 못할 거예요. 그분은 '파브리스가 성채로 가서 자수해야 한다'고 말하실지도 모릅니다. 당신은 '시내 감옥으로 보내 자수시키겠습니다' 하고 대답하세요. 그곳의 소장은 나니까, 그러면 당신 조카는 매일 밤 당신을 만나러 갈 수 있습니다. 만일 대공이 '그건 안 돼. 그의 탈옥은 성채의 명예를 손상시켰다. 따라서 형식상으로도, 그는 다시 처음에 머물던 감옥으로 돌아가야 한다' 하시면 당신도 다음과 같이 말해야 합니다. '아니에요. 그건 안 됩니다. 그곳에 다시 돌아가면 저와 대적하는 라씨의 손안에 놓이게 되니까요.' 그리고 당신만의 독특한 여자다운 말투로, 라씨를 달래기 위해선 오늘 밤의 '화형(火刑)'을 이야기할지도 모른다는 걸 암시하세요. 그래도 고집을 피우신다면, 그럼 두 주일쯤 사카의 별장에 다녀오겠다고 하는 겁니다.

파브리스를 불러서 이 방법에 대하여 신중히 의논하세요. 자칫 잘못하면 그 애는 다시 감옥에 들어가게 될 겝니다. 그 애가 감옥에 들어가 있는 동안에 초조해진 라씨가 나를 독살이라도 한다면, 파브리스는 몹시 위험해져요. 하지만 그렇게는 안 될 겝니다. 당신은 아시죠, 나는 프랑스인 요리사를 고용했습니다. 이자는 몹시 명랑한 사나이로, 수다쟁이입니다. 수다스러운 것과 살인은 양립하지 않으니까요. 파브리스에게는 그 사람의 행위가 정당하고 용감했다는 걸 입증할 증인을 모두 찾았다고 이야기해두었습니다. 질레티 쪽에서 죽이려고 먼저 덤볐다는 것은 너무나 명백한 사실이에요. 이 증인에 관한 이야기를 아직 당신에게 하지 않은 건 놀래주고 싶었기 때문이죠. 하지만 이 계획은 실패했습니다. 대공이 서명해주지 않았으니까요. 파브리스에게는 반드시 성직의 높은 지위에 앉혀주겠다 약속했었는데, 그를 적대하는 자들이 로마 교황청에 살인죄로 고소라도 하면 일은 복잡해집니다.

그가 당당히 정식 재판을 받지 않으면, 한평생 질레티라는 이름이 그에게 불명예가 되리라 당신은 생각지 않습니까? 무죄라 확신하면서도 떳떳이 재판을 받지 않는다는 건, 대단히 사내답지 못한 행동입니다. 또한 설사 유죄라 하더라도, 내가 무죄로 만들어 보이겠습니다. 내가 이 말을 했을 때, 그 성급한 젊은이는 말을 막고는 직원 명부를 집어 들었습니다. 그러고는 둘이서 가장 청렴하고 학식 있는 12명의 재판관을 골랐습니다. 명단이 만들어지자, 우리는 그중 6명을 취소하고, 개인적으로 나와 적대하는 법률가 6명을 집어넣으려 했죠. 결국 적은 2명밖에 찾아내지 못했으므로 라씨에게 충성을 바치고 있는 4명의 악질들로 메웠습니다만."

백작의 이 제안은 공작부인을 몹시 불안하게 했다. 그 불안에는 이유가 있었다. 그러나 마침내, 부인은 그 의견에 넘어가 대신이 불러주는 대로 재판관 임명의 명령서를 썼다.

백작이 돌아간 것은 아침 6시가 다 되어서였다. 부인은 자려고 했으나 헛일이었다. 9시에 파브리스와 함께 아침식사를 했다. 그는 꼭 재판을 받고 싶은 모양이었다. 10시에 대공의 어머니에게로 갔으나 만나지 못했다. 11시에는 아침 알현에 나와 있는 대공을 만났다.

대공은 조금의 반대 없이 명령서에 서명했다. 부인은 그걸 백작에게 전한 다음 잠자리에 들었다.

백작이 라씨에게 대공의 눈앞에서, 대공이 서명한 명령서에 억지로 서명하게 했을 때의 라씨의 화난 얼굴을 이야기한다면 퍽 재미있을 테지만, 뒤이어 일어난 사건을 이야기하기도 바쁘니 생략하겠다.

백작은 각 재판관의 재능을 비평해서 그 이름을 변경하자고 제안했다. 그러나 독자는 아마 궁정 이면의 책모와 매한가지로 이러한 재판 절차의 세세한 것에는 권태를 느꼈으리라 생각한다. 요컨대 이런 일로부터 다음과 같은 교훈을 얻을 수 있다. 궁정을 가까이 하는 인간은, 만일 그 사람이 현재 행복하다면 앞으로 행복을 위태롭게 한다는 것, 그리고 모든 경우에 그의 장래는 한낱 시녀의 책모에 의해 좌우된다는 것이다.

한편, 아메리카 공화국에선 열심히 장사꾼들의 비위를 맞추느라고 온종일 불쾌하고, 그들처럼 바보가 되어야 한다. 그리고 그런 곳엔 오페라가 없다.

공작부인은 저녁 무렵이 되어 자리에서 일어나자, 심한 불안에 사로잡혔다. 파브리스가 없어진 것이다. 자정 때쯤 궁정에서 공연이 한창일 때, 비로소 그로부터 편지를 받았다. 그는 백작이 소장인 시내 감옥에 자수하지 않고, 다시 성채의 감옥으로 돌아간 것이다. 클렐리아의 바로 곁에서 산다는 것에 몹시 행복을 느끼면서.

이는 실로 대단한 결과를 불러일으키는 사건이었다. 그곳에 들어가면 이제까지 이상으로 독살될 위험에 처하는 것이다. 이런 미친 행위에 공작부인은 심히 절망했다. 그녀는 이 행위의 동기, 곧 클렐리아에 대한 깊은 사랑을 탓하지 않았다. 클렐리아는 이제 며칠 뒤면 크레센치 후작과 결혼하기 때문이다. 이런 미친 행위로 말미암아, 전에 부인 마음에 미쳤던 파브리스의 영향력이 다시 살아났다.

'내가 직접 가서 서명을 받아낸 그 저주스러운 서류가 원인이 되어 파브리스가 죽는다니! 남자들이란 명예만 생각하고 있으니 정말 미친 사람들이야! 라씨와 같은 인간이 법무대신인 나라, 절대군주제의 나라에서 명예 같은 걸 생각해야 할 필요가 도대체 어디에 있는가. 어떻게 해서든 특별사면을 받아야 했다. 대공은 특별재판 소집장에다 한 것처럼, 이 서류에도 바로 서명했을 게 분명하다. 아무튼 파브리스 같은 가문에서 태어난 사람이 직접 칼을 쥐고, 질레티 같은 광대를 죽였다고 해서 조금 비난을 받는 것쯤이야, 뭐가 대수롭겠느냐.'

부인은 파브리스의 편지를 받자마자 백작에게로 달려갔다. 이 사람도 새파래져 있었다.

"야단났습니다. 그 아이의 일에 대해선 나도 실패만 하는군요. 또다시 당신의 원망을 살 것 같습니다. 어젯밤, 나는 시 감옥의 감옥지기를 불러다놓았습니다. 정말입니다. 당신 조카는 매일 당신에게 차를 마시러 오게끔 계획되어 있었거든요. 지금 정말 곤란한 일은 당신이나 나나 대공에게, 독살이 걱정이다…… 라씨가 독살할 우려가 있다고는 직접 말할 수 없다는 점입니다. 그런 의심을 하는 건 지극히 부도덕하다고 여겨질 테니까요. 그래도 꼭 해야 한다면 저는 당장에라도 궁정에 갈 작정입니다만, 그러나 그쪽의 대답은 뻔합니다. 아니, 이보다도 더한 것을 말할 테죠. 나를 위해서라면 권하고 싶지 않은 방법을 당신에게 권하고 싶습니다. 나는 이 나라의 실권을 쥔 뒤로, 단 한 사람도 죽이지 않았습니다. 아시다시피 나는 이 방면엔 몹시 겁쟁이여서, 지금까지도 저녁때가 되면 에스파냐에서 경솔하게 총살시킨 2명의 첩자가 생각날 정도니까요. 어떻습니까, 라씨를 처치해버릴까요? 그자 때문에 파브리스가 당하는 위험은 끝이 없습니다. 그자에겐 나를 내쫓기 위한 좋은 무기이거든요."

이 제안은 공작부인을 몹시 기쁘게 했다. 그러나 그녀는 찬성하지 않았다.

"나폴리의 아름다운 하늘 밑에서 우리가 은퇴생활을 하고 있을 때, 당신이 밤마다 침울한 생각에 빠지게 되는 건 싫으니까요."

"하지만 아무래도 그 침울한 생각의 선택 말고는 방법이 없을 것 같군요. 파브리스가 병사라도 한다면, 당신은 어떻게 됩니까? 나 자신만 하더라도 어떻게 됩니까?"

이 점에 관해서 더욱 진지하게 의논했지만 마지막에 부인은 이렇게 말하며 끝을 맺었다.

"저는 파브리스보다도 당신을 더 사랑하고 있으니까, 라씨는 살려둡시다. 우리가 함께할 노년의 매일 밤을 침울하게 보내기는 싫어요."

공작부인은 성채로 달려갔다. 파비오 콘티 장군은 군율의 엄격한 법조문을 부인 눈앞에 내미는 것이 유쾌해서 견딜 수 없었다. 아무도 대공이 서명한 명령 없이는 국사범 감옥에 들어갈 수 없다.

"하지만 크레센티 후작은 악사를 데리고 매일 성채에 오지 않나요?"

"그 사람들을 위해서는 내가 대공으로부터 명령서를 받아두었습니다."

가련한 부인은 자기 불행을 완전히 깨닫지 못하고 있었다. 파비오 콘티 장군은 파브리스의 탈옥 때문에 자신의 개인적 명예가 손상되었다 여기고 있었다. 파브리스가 성채에 찾아왔을 때, 그는 그러한 명령을 받지 않았으므로 다시 가두어서는 안 되었던 것이다. 그러나 그는 이렇게 생각했다. '이건 내 명예를 회복하고, 군인으로서의 경력에 오점을 남긴 실패로부터 나를 구하기 위해 하늘에서 내려주신 거다. 이 기회를 놓쳐서는 안 된다. 분명 머잖아 이 사나이는 풀려날 테지. 복수하려면 그다지 시간의 여유도 없겠는걸.'

제25장

우리 주인공이 성채 감옥으로 들어온 일로 클렐리아는 절망에 빠졌다. 신앙이 두텁고 자신에게 성실한 이 아가씨는, 파브리스와 멀리 떨어져서는 자기 행복은 존재하지 않는다는 걸 느끼고 있었다. 그러나 아버지의 독살 소동 때, 아버지를 위해 자신을 희생하여 크레센치 후작과 결혼하겠다고 성모께 맹세했었다. 파브리스와는 이제 절대로 만나지 않겠다는 맹세를 하고, 탈옥 전날에 파브리스에게 쓴 편지로 자기 마음을 무의식중에 고백했던 것조차 심한 양심의 가책으로 남았었다. 이런 클렐리아가 수심에 잠겨 새들이 나는 걸 보면서, 습관적으로 전에 파브리스가 내다보던 창문으로 시선이 갔을 때, 그곳에 그가 서서 다정한 인사를 깍듯이 하는 걸 보고, 그 슬픈 마음이 어땠는지 여기다 어찌 다 표현할 수 있으랴.

클렐리아는 이는 하느님이 자기를 벌하기 위해서 준 환각이라고 생각했다. 곧 그녀의 이성은 무서운 현실을 똑똑히 깨달았다. '그 사람은 잡힌 거야. 이젠 끝이다!' 그녀는 탈옥 뒤 성채에서 여러 사람이 떠들던 이야기가 생각났다. 가장 신분이 낮은 옥리들조차 상당히 분개하고 있었다. 클렐리아는 파브리스를 바라보았다. 그 시선은 스스로도 깨닫지 못할만큼 그녀를 괴롭히고 있는 정열을 전부 다 쏟아놓고 있었던 것이다.

'당신은 내가 나를 위해 준비되어 있는 그 사치스러운 집에서 행복해지리라고 생각하십니까? 아버지는 당신이 우리만큼이나 가난하다고 여러 번 말씀하셨어요. 그러한 가난이라면 나는 얼마나 기쁘게 그걸 함께 나눌 수 있었을까요. 하지만 우리는 이제 만나면 안 돼요.' 그녀는 파브리스에게 이렇게 말하고 있는 듯했다.

클렐리아는 알파벳을 사용할 힘도 없었다. 파브리스의 모습을 보고 있노라면 실신할 것만 같아, 창 곁의 의자 위에 힘없이 쓰러졌다. 얼굴은 창문턱에 기대고 있었다. 파브리스를 마지막 순간까지 보고 싶었기에 얼굴은 그쪽으로 돌리고 있었다. 그래서 파브리스 쪽에서도 그 모습이 잘 보였다. 얼마 지나지 않아 그녀가 다시 눈을 뜬 뒤, 곧바로 시선은 파브리스에게 향했다. 그의 눈에 눈물이 글썽한 게 보였는데, 그것은 행복에 겨워 흘리는 것이었다. 파브리스는 자기가 곁에 없어도 잊히지 않았다는 걸 깨닫고 감격한 것이다. 두 젊은이는 잠시 동안 서로의 얼굴을 황홀한 심정으로 마주보고 있었다. 파브리스는, 마치 기타로 반주하듯 즉흥시를 노래했다. 그 의미는 이러했다. '내가 감옥에 돌아온 것은 당신을 다시 만나기 위한 것, 나는 머지않아 재판을 받으리라.'

이 말을 듣자 클렐리아의 도덕심이 깜짝 놀라 깨어난 듯했다. 그녀는 서둘러 일어나 자기 눈을 가렸다. 그리고 뚜렷한 몸짓으로, 나는 당신과 만나서는 안 된다는 의미를 보이려고 애썼다. 그것을 성모께 굳게 맹세했건만 깜빡 잊고 파브리스를 보고 만 것이다. 파브리스가 사랑의 심정을 더욱 호소하려 했기에, 클렐리아는 더 이상 참지 못하고 도망쳤다. 이제 두 번 다신 절대로 만나지 않으리라고 마음속으로 맹세했다. 실제로 성모에게 맹세한 말은, '나의 눈은 절대로 그 사람을 보지 않겠습니다'였다. 그녀는 이 말을 조그마한 종이에 적어, 작은아버지 동 체사레의 허락 아래 그가 미사를 올리고 있는 동안 제단에서 불사른 것이다.

그렇게 맹세를 했으면서도, 파브리스가 파르네제 탑에 돌아오자 클렐리아는 전에 했던 행동 모두를 되풀이하고 있었다. 평소에는 온종일 혼자서 방에 있었다. 파브리스의 모습을 보고 일어난 뜻하지 않은 마음의 동요가 가라앉자, 그녀는 곧 집 안을 이리저리 돌아다녔다. 말하자면 다정했던 고용인들과 다시 교제를 시작한 것이다. 주방에서 일하는 몹시 수다스러운 노파가 이상한 태도로 이렇게 말했다.

"이번엔 파브리스 나리도 여기서 나가실 순 없을걸요."

"이젠 담을 넘어서 나가는 그런 어리석은 짓은 안 할 테지. 하지만 재판으로 무죄가 되면 떳떳하게 정문으로 나갈 수 있을 거야."

"제가 말하고 싶은 건 아가씨, 그분이 이번에 여기를 나갈 때는 분명 발을 앞으로 하고 들것에 실려 나갈 거라는 뜻이에요."

클렐리아는 새파래졌다. 노파도 그를 눈치채고 입을 다물었다. 사령관의 딸 앞에서 이런 말을 한 것은 잘못이었다고 생각했다. 아가씨에게는 파브리스가 병사했다고 말하는 것이 노파의 의무였다. 허겁지겁 자신의 방으로 돌아오는 도중에 클렐리아는 감옥 전속 의사를 만났다. 소심하고 고지식한 사나이는 당황한 모습으로 파브리스는 중태라 했다. 클렐리아는 서 있을 수 없었다. 이곳저곳 작은아버지 동 체사레를 찾아다녀, 가까스로 예배당에서 열심히 기도드리고 있는 것을 발견했다. 그 역시 클렐리아의 이야기를 듣고 얼굴빛이 변했다. 식사 종이 쳤다. 식탁에서도 형제 사이엔 한마디 말이 없었다. 다만 식사가 끝날 무렵 장군은 두서너 마디 가시 있는 말을 아우에게 했다. 아우가 하인들을 힐끔 쳐다보자 모두들 물러났다.

"형님." 동 체사레는 사령관에게 말했다. "난 이 성채를 나갈 작정입니다. 사직하겠어요."

"좋다! 좋아! 내게 혐의를 씌울 생각이로군! ……그래, 그만둔다는 이유는?"

"내 양심입니다."

"마음대로 해. 너 같은 건 죽을 때까지 신부밖엔 못할 놈이니까. 명예 같은 걸 너 따위가 알기나 하겠어."

'파브리스는 벌써 죽은 거다.' 클렐리아는 그렇게 생각했다. '저녁식사에 독약을 넣은 거야. 그렇지 않으면 내일 넣겠지.' 그녀는 피아노로 반주하면서 노래를 부르리라 결심하고 새들이 있는 방으로 달려갔다. '난 나중에 참회하겠다. 그러면 사람의 생명을 구하기 위해 맹세를 깨뜨린 걸 용서받을 수 있을 것이다.' 새들이 있는 방에 올라가 그 차양 대신 쇠창살에 판자를 대서 가린 걸 보았을 때 그녀는 얼마나 당황했는지! 이젠 이미 미친 사람처럼, 노래를 부르기는커녕 목청을 다해 두서너 마디 소리쳐서, 죄수에게 경고하려고 애썼다. 그러나 아무런 반응도 없다. 이미 파르네제 탑 안에는 죽음의 침묵만이 흐르고 있었다. '이제 모두 끝났다.' 그녀는 이렇게 생각하며 정신없이 계단을 내려왔다가는, 다시 자기가 모아둔 얼마 안 되는 돈과 다이아몬드 귀걸이를 가지러 올라갔다. 지나가는 길에 찬장에 넣어둔 먹다 남은 빵도 꺼냈다. '그 사람이 아직 살아 있다면, 구하는 것이 내 의무다.' 그녀는 탑의 조그마한 문 쪽으로 당당하게 걸어갔다. 문은 열려 있었고 기둥이 늘어선 아래층 방에는 8명의 위병이 배치되어 있었다. 그녀는 조금도 두려워하지 않고 병사들을 보았다. 클렐리아는 그들을 지휘하는 하사관에게 말을 할 작정이었다. 그 사나이는 없었다. 그녀는 기둥 하나를 나선형으로 감은 작은 쇠사다리를 뛰어 올라갔다. 병사들은 깜짝 놀라 아가씨의 동작을 보고 있었지만, 그녀의 레이스로 된 숄과 모자에 예의를 갖추기 위함인지 제지하는 자는 없었다. 2층에는 아무도 없었다. 3층에 다다르자, 독자도 기억할 테지만, 파브리스가 갇혀 있는 방으로 통하는 쇠창살 문 3개가 설치된 복도의 입구에서, 그녀는 처음 보는 감옥지기를 발견했다. 감옥지기는 약간 얼떨떨한 모양이었다.

"그 사람은 아직 식사를 하지 않았습니다."

"알고 있어요."

클렐리아는 거만하게 대답했다. 이 사나이는 그녀를 막지 않았다. 20걸음쯤 앞으로 가자, 파브리스의 방 앞 나무로 된 여섯 계단의 맨 밑에 또 다른 불그스레한 얼굴의 늙은 감옥지기가 걸터앉아 있었는데, 그가 딱 잘라 말했다.

"아가씨는 사령관의 허가를 받으셨습니까?"

"당신은 날 몰라요?"

이때의 클렐리아는 어떤 초자연의 힘으로 움직이고 있었다. 이미 제정신이 아니었다. '난 내 남편을 구하는 거다.'

늙은 감옥지기가 "하지만 제 의무로서는 허락하는 건……." 이렇게 말하는 사이에 클렐리아는 순식간에 여섯 계단을 올라가버렸다. 문으로 달려갔다. 커다란 열쇠가 열쇠구멍에 꽂혀 있었다. 그것을 돌리는 데 있는 힘을 다했다. 그 순간에 술 취한 늙은 감옥지기가 뒤쫓아와서 그녀의 옷자락을 잡았다. 그녀는 방 안으로 힘차게 뛰어 들어가, 옷이 찢긴 채로 문을 닫았다. 늙은 감옥지기가 뒤쫓아 들어오려고 문을 밀어대자 그녀는 문에 달린 빗장을 걸어버렸다. 방 안을 둘러보니, 파브리스는 식사를 얹어놓은 조그마한 책상 앞에 앉아 있었다. 클렐리아는 책상으로 달려가 그것을 뒤집어엎었다. 그리고 파브리스의 팔을 잡고 말했다.

"당신, 먹었어요?"

이런 친밀한 표현은 파브리스를 몹시 기쁘게 했다. 너무나 흥분해서 클렐리아는 처음으로 여자의 수줍음을 잊고 사랑을 있는 그대로 드러내 보인 것이다.

파브리스는 이 위험한 식사를 막 시작하려던 참이었다. 그는 여인을 두 팔 안에 껴안고 비가 쏟아지듯 키스를 퍼부었다. '이 음식에는 독약을 집어넣었 군. 만일 내가 아직 손을 대지 않았다고 말하면, 신앙심이 다시 고개를 쳐들 어 클렐리아는 곧 도망갈 거다. 만일 반대로 내가 죽어가는 체한다면, 이 여 인은 내 곁을 떠나지 않으리라. 이 여인은 하기 싫은 결혼을 깨뜨릴 수단을 찾아냈으면 한다. 우연히 그것이 나타난 것이다. 곧 감옥지기들이 모여들어 문을 부수고 들어오리라. 이런 뜻하지 않은 추태가 벌어진 다음에는 크레센 치 후작인들 겁이 나서 결혼을 취소할 테지.'

이런 생각으로 잠깐 잠자코 있는 동안에, 클렐리아는 어느새 포옹에서 빠 져나오려 몸부림치고 있는 걸 파브리스는 느꼈다.

"아직 나는 괴롭지 않습니다. 그러나 곧 고통으로 당신 발밑에 쓰러질 테 죠. 숨을 거두는 걸 봐주십시오."

"아, 나의 하나밖에 없는 사람! 난 당신과 함께 죽겠어요."

그녀는 온몸을 떨며 파브리스를 팔에 안겼다.

거의 옷도 다 벗겨지고 심한 정열에 사로잡힌 이 여인은 너무나도 아름다 웠다. 파브리스는 거의 무의식적인 충동을 억제할 수 없었다. 아무런 저항도 없었다.

최상의 행복을 맛본 뒤, 정열과 성실한 감정에 도취된 파브리스는 경솔하 게도 고백하고 말았다.

"우리의 첫 행복을 불쾌한 거짓으로 더럽히는 게 싫어서 말하겠습니다. 당신의 용기가 없었더라면 나는 틀림없이 시체가 되어 무서운 고통에 몸부 림쳤으리라고 믿어요. 하지만 당신이 들어왔을 때 막 식사를 하려는 참이었 으니 나는 실제로는 아직 한 술도 입에 대지 않았습니다."

파브리스는 클렐리아의 눈 속에 언뜻 떠오른 노여운 빛을 쫓으려고, 그 고 통에 몸부림치는 광경을 열심히 설명하려고 했다. 그녀는 상반된 두 가지 격 렬한 감정으로 괴로워하며 잠시 동안 그를 바라보고 있었으나, 다시 그의 팔 안으로 몸을 던졌다. 복도에서 소란스러운 소리가 들려왔다. 3개의 철창문 을 요란하게 여닫으며 큰 소리로 떠들어댔다.

"아, 무기가 있었더라면! 여기에 들어올 때 모두 빼앗겼소. 놈들이, 날 죽이러 온 거지. 잘 있어요, 클렐리아. 나는 나에게 행복을 가져다준 이 죽

음을 기꺼이 받아들이겠습니다."

클렐리아는 그를 꼭 껴안고, 상아 손잡이가 달린 단검을 내주었다. 칼날의 길이가 주머니칼 정도밖엔 되지 않았다.

"그대로 죽으면 안 돼요. 마지막까지 몸을 지키세요. 작은아버지께서 이 소리를 들으신다면, 용기도 있고 바른 분이니 구해주실 거예요. 내가 저들에게 얘기하겠어요."

이렇게 말하고 그녀는 문 쪽으로 뛰어갔다.

"만약 위기를 넘기게 되면" 빗장에 손을 내고, 그녀는 고개를 돌려 그를 바라보며 몹시 흥분해서 말했다. "굶어죽는 한이 있더라도, 주는 건 무엇이든 먹어서는 안 돼요. 이 빵을 언제나 가지고 계세요."

떠드는 소리가 가까워졌다. 파브리스는 그녀의 몸을 안아 들어 자신이 문 쪽으로 바꿔 섰다. 맹렬한 기세로 문을 밀어젖히고 나무 계단 6개를 뛰어내려, 손에 쥔 단도로 단숨에 대공의 시종 폰타나 장군의 가슴을 찌르려는 찰나였다. 폰타나는 재빨리 뒤로 물러나 부들부들 떨면서 소리쳤다.

"델 동고 씨, 난 당신을 구하러 온 거예요."

파브리스는 다시 계단을 뛰어올라가 방 안에 대고 소리쳤다.

"폰타나가 나를 구하러 왔어요."

그러고는 나무 계단에 서 있는 장군 곁으로 돌아가 침착하게 변명했다. 노여움으로 그만 분간하지 못한 잘못을 장황하게 사과했다.

"나를 독살하려고 했습니다. 저기 앞에 있는 식사에 독약이 들었어요. 다행히도 그걸 알고 손은 대지 않았습니다만, 이런 짓에 화가 나서 그만. 당신의 발소리를 듣고는 분명 나를 죽이러 온 거라고 생각했습니다……. 제발, 아무도 이 방에 들어오지 못하도록 명령을 내려주십시오. 그러지 않으면 독약을 슬그머니 없애버릴 테니까요. 대공에게 모든 걸 알려야 합니다."

폰타나는 얼굴색까지 변하며 당황하고 있었으나, 따라온 몇몇 감옥지기들에게 파브리스가 요구한 대로 명령을 전했다. 이들은 독약이 발견된 데 겁을 먹고 서둘러 내려갔다. 겉으로는 좁은 계단에서 시종무관이 지나가는 길을 방해하지 않으려는 체했지만, 실제로는 저마다 먼저들 꽁무니를 빼고 싶어 했다. 이때 폰타나 장군이 이상히 여긴 것은, 파브리스가 아래층 기둥을 휘돌아 올라오는 조그마한 쇠사다리에 꼬박 15분 동안 꼼짝 않고 서 있던 일이다. 이것은 클렐리아에게 2층으로 도망갈 여유를 주기 위해서였다.

폰타나 장군을 성채에 보내도록 한 사람은 공작부인이었다. 그녀는 몇 번이나 정신나간 행동을 한 뒤에야 비로소 목적을 이룰 수 있었는데, 그 성공은 우연이었다. 그녀만큼이나 걱정하고 있는 모스카 백작과 헤어진 뒤 부인은 궁정으로 달려갔다. 정력이란 야비한 것이라 하여 싫어하는 대공의 어머니는 부인을 미친 사람이라 여겼다. 그리고 그녀를 위해서 어떤 비상수단을 취해주고 싶은 심정은 전혀 없었다. 공작부인은 체면이고 뭐고 없이 울고만 있었다. 단지 다음과 같이 되풀이할 뿐이었다.

"하지만 전하, 15분 뒤면 파브리스는 독살됩니다."

대공 어머니의 까딱 않는 냉정한 태도를 보고, 부인은 고통으로 미칠 것만 같았다. 그녀는 자기반성을 허용하는 유럽 북부 지방의 종교 밑에서 자라난 여자라면 반드시 했을, '먼저 독을 쓴 사람은 나다. 그러니까 나도 독으로 망한다'라는 도덕적인 반성을 전혀 하지 않았다. 이탈리아에서는 정열적인 순간에 이런 반성을 하는 것은, 파리에서 그럴 때에 농담을 하는 것처럼 몹시 비속하게 여긴다.

완전히 절망에 빠진 공작부인이 문득 살롱에 들어서니, 마침 그날 당직이었던 크레셴치 후작이 있었다. 공작부인이 파르마로 돌아왔을 때, 그는 부인의 추천이 없었으면 꿈도 꾸지 못했을 시종직에 앉게 된 데 대해서 깊은 감사를 표했었다. 당신을 위해서라면 무슨 짓이라도 하겠다고까지 공언했었다. 부인은 후작에게로 가까이 가 이렇게 말했다.

"라씨가 성채에 갇혀 있는 파브리스를 독살하려고 해요. 내가 드리는 초콜릿과 물 한 병을 주머니에 넣고 성채로 가주세요. 내 목숨을 살려주는 셈 치고, 파비오 콘티 장군에게 가서 말해주세요. 당신이 이 물과 초콜릿을 파브리스에게 직접 전하는 걸 허락하지 않는다면 딸과의 결혼을 그만두겠다고요."

후작은 새파래졌다. 이런 말로 활기를 띠기는커녕 당황해서 가장 멍청한 표정을 짓고 있었다. 파르마와 같은 도덕적인 도시, 더구나 그토록 훌륭한 대공이 통치하고 있는 곳에서 그런 무서운 범죄가 행해진다는 사실이 믿기지 않았다. 그래서 여전히 쓸데없는 말을 자꾸만 늘어놓았다. 한마디로 말해서 부인의 눈에 비친 그는 더할 나위 없이 정직하지만, 우유부단하여 행동할 결단을 못 내리는 사나이였다. 산세베리나 부인의 초조한 말소리에 중단되면서도, 같은 말을 스무 번이나 되풀이한 뒤 그는 핑곗거리를 끄집어냈다. 시종으로서 한번 충성을 맹세한 이상, 반정부적인 행동에 가담하는 것은 용서되지 않는다고. 시간이 자꾸 흘러가는 걸 느끼고 있는 부인의 불안과 절망을 그 누가 상상할 수 있겠는가?

"하지만 사령관을 만나는 것만이라도 해주세요. 그 사람에게, 파브리스를 죽인 인간은 내가 지옥에라도 뒤쫓아가겠다고 전해주세요……."

절망이 깊어짐에 따라 본디 뛰어난 부인의 말솜씨는 더욱 좋아졌다. 그러나 지나치게 정열적인 태도는 점점 더 후작을 두렵게 만들어, 결심이 서지 않게 했다. 한 시간이 지난 뒤에는, 오히려 처음보다도 더 망설이는 듯싶었다.

절망감이 마지막 한계에 다다른 불행한 부인은 성채 사령관이 이처럼 재산이 많은 사위에겐 그 무엇도 거절할 수 없으리라 생각하고는, 그의 발아래에 무릎을 꿇고 말았다. 그러자 크레센치 후작의 약한 마음은 더욱 약해질 뿐이었다. 이런 이상한 광경을 보고 있으면, 자기도 모르는 사이에 귀찮은 일에 휩쓸릴 것 같은 두려움이 생겼다. 그러나 여기서 이상한 일이 일어났다. 본디 선량한 사람인 후작은 이처럼 아름답고, 특히 이처럼 권세 있는 여성이 자기 발밑에서 울고 있다는 상황에 감동을 받았다.

'나도 신분이 높고 돈이 있긴 하지만 언제 어떤 공화당 사람 앞에 무릎을 꿇지 않으리라는 보장이 없다.' 그렇게 생각을 한 후작도 울었다. 그리고 마침내 부인이 시녀장의 자격으로 그를 대공의 어머니에게 데리고 가서, 그녀로부터 내용물을 알 수 없는 조그마한 바구니를 파브리스에게 전해도 좋다는 허락을 얻는다면 그렇게 하겠다고 약속했다.

그 전날 밤, 파브리스가 성채에 가는 어리석은 짓을 저질렀다는 사실을 부인이 알기 전에 궁정에서는 또 델라르테 공연이 있었다. 언제나 그렇듯 공작부인을 상대로 애인 역을 맡기로 한 대공은 사랑을 이야기하며 너무나 정열을 쏟았기 때문에, 약간 우스꽝스럽게 보였다. 하긴 이탈리아에서 열정에 사로잡힌 한 사내, 또는 대귀족이 웃음거리가 될 수 있다고 가정할 때의 얘기지만.

대단히 소심하지만 사랑에 관해서라면 언제나 진지하게 생각하는 대공이,

난처해하는 크레셴치 후작을 어머니에게 데리고 가려는 부인과 궁정 복도에서 우연히 마주쳤다. 그는 절망에 빠진 시녀장이 감동에 사로잡혀 더없이 아름다워진 데 놀라고 현혹되어, 난생처음으로 결단력을 가졌다. 그는 명령 이상의 분명한 몸짓으로 후작을 쫓아버렸다. 그리고 책을 읽는듯한 사랑 고백을 부인에게 털어놓기 시작했다. 대공은 퍽 오래전부터 이 고백을 준비했음이 분명했다. 상당히 이치에 맞는 말을 늘어놓았다.

"나 같은 지위에 있는 사람이 지켜야 할 관습 때문에, 당신과의 결혼이라는 가장 커다란 행복은 금지되어 있구료. 나는 당신의 손으로 직접 써서 허락하지 않는 한 결혼하지 않겠다고 성체(聖體)에 두고 맹세하겠습니다. 물론, 그런 일을 하면 당신 또한 그처럼 현명하고 훌륭한 수상과 결혼할 기회를 잃게 된다는 건 잘 알고 있소. 그러나 누가 뭐라고 해도 그 사람은 벌써 쉰여섯 살이고 나는 아직 스물두 살도 안 됐습니다. 사랑과 전혀 관계가 없는 이익에 대한 이야기를 한다면 당신을 모욕한다 여겨 거절할 테죠. 하지만 이 궁정에서 돈에 집착하는 인간은 누구나 백작이 자기 재산을 송두리째 당신에게 사랑의 표시로 바쳤다는 것에 감탄하고 있습니다. 이 점에서 나도 백작처럼 할 수 있다면 정말 행복하겠습니다. 당신은 내 재산을 나보다도 훨씬 유익하게 이용할 수 있을 터이니, 매년 내각으로부터 궁내대신에게 넘어오는 돈을 모두 당신이 자유롭게 쓰도록 해요. 그렇게 되면 매달 내가 쓰는 금액도 당신이 정해주게 됩니다."

이런 자질구레한 이야기를 듣는 공작부인은 지루하여 애가 탈 지경이었다. 그렇지 않아도 파브리스의 위험으로 정신 없을 때가 아닌가.

"그럼, 전하께서는 지금 파브리스가 성채에서 독살당하려 한다는 걸 모르고 계십니까? 그 애를 구해주세요. 그렇다면 전 무엇이든 믿겠어요."

이런 표현은 정말 서투르기 짝이 없는 것이었다. 독이라는 한마디를 들은 것만으로, 이 도덕가인 군주가 지금까지의 대화에 보이고 있던 꾸밈없는 솔직성은 순식간에 사라져버렸다. 부인도 자기가 서툴렀음을 깨달았으나 이미 늦었다. 그녀의 절망은 다시 커졌다. 믿기지 않는 일이었다. 독이라는 말만 안 했더라면, 파브리스를 풀어주었을 텐데……. 아, 불쌍한 파브리스! 나의 어리석은 짓으로 너를 괴롭히는 것이 운명인가 보다.

대공에게 다시 정열적인 사랑을 속삭이게 하려면, 부인도 오랜 시간과 온갖 아양이 필요했다. 대공은 몹시 기분이 상했다. 이렇게 되면 이야기하는 건 이성(理性)뿐이었다. 마음은 먼저 독이라는 생각으로 차갑게 얼어붙어버 렸다. 그리고 그보다 더 불쾌한 다음과 같은 생각이 떠올랐다. '내 나라에서 독약을 넣는다니! 더구나 내게는 아무것도 알리지 않고! 라씨는 온 유럽이 보는 앞에서 내게 창피를 주려는 건가. 다음 달 파리 신문에 어떤 기사가 실 릴지 누가 아느냐.'

소심하기 이를 데 없는 이 젊은이의 마음이 갑자기 침묵을 지킨 뒤, 그의 기지가 한 가지 생각에 미쳤다.

"공작부인! 내가 얼마나 당신에게 호의를 가지고 있는가는 알 테죠. 당신 이 독약이라는 무서운 말을 하는 건 근거가 없습니다. 나는 그렇게 생각하고 싶어요. 그러나 그런 말을 들은 이상 나도 넋놓고 있을 수 없습니다. 당신에 게 품고 있는 내 생에 처음인 정열조차 잠깐 잊었을 정도입니다. 나는 그다 지 사랑을 받을 만한 가치가 없다는 걸 나도 느끼고 있어요. 단지 사랑에 빠 진 어린애 같아 보이겠죠. 그러나 이런 내가 어떠한 인간인가를 한번 시험해 보십시오."

대공은 이런 말을 하면서 상당히 열을 띠기 시작했다.

"파브리스를 구해줘요. 그러면 저는 무엇이고 믿겠습니다. 아마 저는 어 머니가 갖는 어리석은 걱정에 마음을 괴롭히는 것인지도 모릅니다. 하지만 지금 누구든 성채에 곧 보내서 파브리스를 데려오도록, 그리고 저와 만날 수 있도록 해주세요. 혹이라도 그 애가 아직 살아 있다면, 그 애를 성채에서 시 내 감옥으로 옮겨주시기 바랍니다. 만일 전하의 명령이시라면, 몇 달이고, 재판 날까지 감옥에 꼼짝 않고 갇혀 있어도 좋습니다."

이처럼 간단한 것을 들어주기는커녕 대공이 침울한 생각에 골몰하고 있는 걸 보고, 부인은 눈앞이 캄캄해졌다. 대공은 새빨개져 있었다. 부인을 똑똑 히 쳐다보다가 이내 눈을 내리떴다. 그리고 뺨이 창백해져갔다. 잘못 꺼낸 독약이라는 한마디가 그에게 아버지나 필립 2세에게나 어울릴 만한 생각을 떠오르게 한 것이다. 그러나 그것을 입 밖에 내려고는 하지 않았다. 자제하 는 듯한 아주 무뚝뚝한 투로 말했다.

"자, 들어봐요. 당신은 나를 어린애 취급하듯, 아니 그 이상으로 아무런 매력도 없는 인간처럼 경멸하고 있죠. 나도 당신에게 싫은 말을 한마디 하죠. 이것은 내가 당신에게 품고 있는 깊고 진실한 사랑이 지금 일깨워준 말입니다. 만일 독약이란 것을 내가 조금이라도 믿을 수 있다면, 나는 내 의무로서 오래전에 이미 분명히 조처를 했을 겁니다. 그러나 내가 보기에 당신의 요구는 열에 띤 환상일 뿐이에요. 그 의미를 난 제대로 파악할 수 없군요. 당신은 즉위한 지 세 달이 채 될까 말까 하는 내게 대신들과 아무 의논 없이 조처를 하라 말합니다. 나의 평소 절차에 하나의 커다란 예외를 만들라는 거죠. 나는 이런 절차가 지극히 합리적이라고 생각하는데요. 지금 여기서 절대군주는 부인, 당신입니다. 지금 당신은 나의 가장 중요한 관심거리에 얼마쯤 희망을 주었어요. 하지만 한 시간 뒤 독약의 환상이, 악몽이 사라져버리면 나는 당신에겐 귀찮은 존재가 되며 당신은 나를 싫어할 테죠. 알겠습니까, 맹세의 말이 필요합니다. 만일 파브리스가 무사히 당신에게 돌아가면, 오늘부터 석 달 안에 내가 당신에게서 내 사랑이 가장 원하는 행복을 얻을 수 있다고 약속해줘요. 당신 생애의 한때를 내게 맡김으로써 내 온 생애의 행복을 보증해주십시오. 당신이 완전히 내 것이 돼주기를 원하는 겁니다.”

이때 궁중의 큰 시계는 2시를 쳤다. ‘아, 이미 늦었는지도 모른다.’ 부인은 생각했다.

“약속하겠어요.” 그녀는 정신나간 듯한 눈으로 대답했다.

곧 대공은 딴사람이 되었다. 그는 시종무관실이 있는 복도 끝까지 뛰어갔다.

“폰타나, 말을 타고 전속력으로 성채에 달려가서, 델 동고 씨가 있는 방까지 올라가 그 사람을 이곳에 데려와. 20분 이내, 아니, 될 수 있으면 15분 이내에 할 이야기가 있다.”

대공의 뒤를 쫓아온 부인이 말을 했다. “폰타나 씨, 1분의 차가 내 생명을 결정합니다. 들리는 소문으로는 파브리스가 독살된다 합니다. 목소리가 들릴 만한 곳까지 가면 곧 ‘먹지 마라’ 소리쳐주세요. 이미 식사에 손을 댔다면 토하게 하십시오. 내가 시킨 일이라 말하고, 필요하다면 강제로라도 그렇게 해주세요. 당신 뒤를 내가 곧 따른다고 말씀하세요. 평생 당신을 은인으로 여기겠습니다.”

“공작부인, 말에는 안장도 놓여 있고, 이래 봬도 나는 말을 다룰 줄 아는 사람입니다. 전속력으로 달려가죠. 당신보다는 8분 먼저 성채에 도착할 것입니다.”

"그러면 그 8분 중의 4분은 내가 가져도 괜찮겠죠." 대공은 말했다.

시종무관은 모습을 감추었다. 말을 잘 타는 것 말고 쓸모없는 인간이었다. 그가 문을 닫자마자 뭔가 결심한 표정으로 젊은 대공은 부인의 손을 잡았다.

"자, 나와 함께 예배당에 가주지 않겠습니까?" 그는 정열적으로 말했다.

공작부인은 난생처음으로 당황하여 잠자코 뒤를 따랐다. 예배당은 반대편 끝에 있었으므로, 대공과 부인은 궁정의 긴 복도를 끝에서 끝까지 잰걸음으로 걸어갔다. 예배당에 들어서자, 대공은 부인을 제단 옆에 세워두고 무릎을 꿇었다.

"조금 전의 맹세를 다시 한 번 해주세요. 만일 당신이 성실하다면, 그리고 군주라는 불행한 신분 때문에 내가 가치를 잃지 않았다면 당신은 내 연정을 불쌍히 여겨 앞서 약속한 것을 줘야 합니다. 당신은 이미 약속했으니까."

"만일 제가 독살되지 않은 파브리스를 다시 만날 수 있다면, 그 애가 8일 뒤에도 그대로 살아 있다면, 전하가 그 애를 란드리아니 대주교의 후계자로서 보좌주교에 임명해주신다면 저의 명예나 여자로서의 자부심이나, 그 어떤 것이라도 짓밟아도 좋습니다. 그리고 전하의 것이 되겠습니다."

"그러나 다정한 여인이여," 대공은 불안과 애정이 섞인 몹시 묘한 태도로 말했다. "왜 그런지 알 수 없으나 함정에 빠져 내 행복이 무너져버릴 것 같아 걱정되는군요. 그렇게 되면 나는 죽을 겁니다. 대주교가 일을 몇 년씩이나 지체시키는, 종교상의 이유로 반대한다면 난 어떻게 됩니까? 나는 온갖 성의를 다하고 있어요. 그런데 당신은 나를 상대로 위선자 노릇을 할 작정입니까?"

"아닙니다. 성의를 가지고 이야기하겠습니다. 파브리스가 살아나고, 전하의 힘으로 그 애를 대주교의 후계자인 보좌주교로 임명해주신다면, 저는 명예를 버리고 뜻에 복종하겠습니다.

전하는 일주일 내에 대주교가 제출하는 청원서 여백에 '허가'라고 써주셔야 합니다."

"백지에 서명을 하죠. 당신은 나와 이 나라를 통치해주세요."

대공은 행복감으로 낯이 붉어져 완전히 넋 나간 사람처럼 소리쳤다. 그는 또 두 번째 맹세를 시켰다. 몹시 감격스러워 타고난 소심함마저 없어졌다. 그리고 둘뿐인 예배당 안에서 공작부인에게 여러 이야기를 속삭였다. 만일 사흘 전에 그런 말을 들었다면, 부인은 이 사나이에게 품어왔던 생각을 달리 했을지도 모른다. 그러나 지금의 그녀는 파브리스의 위험을 걱정하는 절망 감으로, 이번엔 무리하게 강요당한 약속임에도 그에 대한 불쾌감조차 느끼지 못했다.

부인은 자기가 저지른 일에 깜짝 놀랐다. 아직도 자기 입에서 나온 말에 대해 견딜 수 없는 후회를 충분히 느끼지 못했다면, 그것은 폰타나 장군이 성채에 제시간에 도착했는지에만 정신이 쏠려 있었기 때문이다.

철없는 인간의 사랑에 빠진 어리석은 말을 적당히 피하고 화제를 바꾸기 위해, 그녀는 예배당 제단에 걸어놓은 파르미자니노의 유명한 그림을 칭찬했다.

"저 그림을 당신한테 보내게 해줘요." 대공은 말했다.

"받겠습니다. 하지만 이제부터 파브리스를 데리러 가는 걸 용서해주세요."

부인은 이성을 잃은 사람처럼 마부에게 말을 빨리 몰도록 명령했다. 성채 도랑 위에 걸린 다리에서 걸어 나오는 폰타나 장군과 파브리스를 만났다.

"음식을 먹었니?"

"아뇨, 기적 같은 일이었습니다."

공작부인은 파브리스의 목에 매달렸다. 그러고는 한 시간가량 정신을 잃었다. 그리고 한동안 목숨이 위태로웠고, 이어 정신이상이 되지나 않을까 걱정될 정도였다.

파비오 콘티 장군은 폰타나 장군이 나타난 걸 보고 분노로 얼굴빛이 변했다. 그는 대공의 명령을 실행하는 데 몹시 꿈지럭거렸으므로, 공작부인이 분명 대공을 뜻대로 움직이는 총희(寵姬)가 되리라 상상하고 있는 시종무관은 마침내 화를 내고 말았다. 사령관은 파브리스의 병을 2, 3일 지연시킬 작정이었다. '궁정의 장군이 왔으니, 그 괘씸한 젊은 녀석이 고소하게도 고통으로 몸부림치고 있는 현장을 보게 된다.' 이렇게 속으로 중얼거렸다.

곰곰이 생각한 파비오 콘티는 파르네제 탑 아래층 위병소에서 걸음을 멈췄다. 그러고는 병사들을 서둘러 내쫓았다. 이제부터 자기들이 보려고 하는 광경을 아무에게도 보이고 싶지 않았기 때문이다. 5분 뒤 파브리스의 이야기 소리가 들렸고, 이어 파브리스가 날쌔고 활기찬 모습으로 나타나 폰타나 장군에게 감옥상태를 설명했다. 이를 본 사령관은 놀라움으로 몸도 움직일

수 없었다. 그러고는 자취를 감추었다.

파브리스는 대공과 만났을 때 완벽한 신사의 태도를 취했다. 무엇보다도 대수롭지 않은 일에 부들부들 떠는 철부지처럼 보이고 싶지 않았다. 대공은 그에게 부드럽게 건강상태를 물어보았다.

"다행히 낮에도 밤에도 식사를 하지 않았으므로, 굶어 죽어가는 사람과 같다고나 할까요."

파브리스는 대공에게 깊은 감사의 인사를 한 다음, 시내 감옥에 들어가기 전에 대주교와 만날 허가를 얻고 싶다고 했다. 독약이라는 것이 전혀 공작부인의 환상만은 아니었다는 생각이 대공의 어리숙한 머리에 떠오르자, 그의 얼굴은 무섭게 창백해졌다. 이 괴로운 생각에 잠긴 대공은 파브리스가 대주교를 만나고 싶다는 희망에도 바로 대답하지 못했다. 이어 자신의 부주의함에 대한 보상으로 후한 은전을 내려야 한다고 생각했다.

"아니, 혼자서 가게. 시내를 호위 없이 다녀도 괜찮네. 10시나 11시쯤 감옥에 가면 돼. 아마 거기서 오래 머물진 않으리라 생각하네만."

그의 일생 중 가장 주목할 만한 대사건이 일어났던 하루가 지나 다음 날이 되자, 대공은 자기가 작은 나폴레옹이라도 된 것 같은 생각이 들었다. 나폴레옹이 궁정의 많은 미인들로부터 인기가 대단했다는 이야기를 읽은 적이 있다. 다행스럽게 나폴레옹이 된 그는, 전에 탄환 앞에서도 역시 그러했음을 떠올렸다. 그의 마음은 공작부인에게 강한 의지를 보인 것에 아직껏 도취되어 있었다. 역경을 거뜬히 헤쳐 나갔다는 의식이 보름 동안 그를 아주 딴사람으로 만들었다. 고귀한 것을 생각할 수 있게 되었으며 어느 정도 결단력이 생겼다.

그날은 한 달 전부터 책상에 놓여 있는, 라씨를 백작으로 임명한다는 허가장을 태워버렸다. 파비오 콘티 장군을 면직시키고, 그 후임인 랑제 대령에게 독약에 관한 진실을 조사하도록 명령했다. 너무나도 정직한 폴란드 군인인 랑제는 감옥지기들을 위협해서 다음과 같은 사실을 알아냈다. 델 동고의 점심에다 독약을 넣으려 했으나, 점심때는 너무 많은 사람을 끌어들여야 했기에 저녁식사에 더욱 교묘한 수단을 취했다는 것이다. 만일 폰타나 장군이 도착하지 않았더라면, 델 동고는 목숨을 잃었을 것이다. 이 보고를 받고 대공은 당황했다. 하지만 진정으로 다음과 같이 생각할 수 있었음은 하나의 위안이 되었다. '이걸로 나는 델 동고의 목숨을 구한 셈이다. 따라서 공작부인도 그 약속을 깨뜨릴 리는 없을 거다.' 또 다른 생각도 떠올랐다. '내 일은 생각보다 어렵다. 세상에서는 모두들 공작부인을 총명한 인물이라고 인정한다. 이렇게 되면 정치와 나의 사랑은 일치하는 셈이다. 만일 부인이 나를 위해서 수상이 돼준다면 한없이 기쁠텐데.'

그날 밤, 대공은 무서운 사실을 발견함으로써 몹시 마음이 불편했기에 연극에 참가하지 않았다. 그는 공작부인에게 말했다.

"당신이 내 마음을 지배하고 있듯 이 나라의 통치도 해주면 정말 기쁘겠습니다. 먼저 내가 오늘 하루를 어떻게 보냈는지 말해줄게요."

그는 모든 걸 아주 정확하게 이야기했다. 라씨의 백작 허가장을 불태운 일, 랑제의 임명, 독살 계획에 관한 보고 등등.

"나는 나라를 다스리는 일에 경험이 없습니다. 백작은 짓궂은 말로 나에게 창피를 주지요. 그 사람은 회의 때조차 나를 우롱합니다. 그리고 사교계에서는 당신이 믿을 수 없을 만한 이야기도 서슴지 않죠. 내가 아직 철부지라 자기 마음대로 조종하고 있다는 등 말입니다. 아무리 군주라 할지라도 한 인간이거든요. 그런 것엔 화가 납니다. 모스카 백작의 이야기가 진실이 아니라는 걸 보이기 위해서, 그 위험한 라씨 같은 악인을 법무대신으로 세운 겁니다. 그런데 저 콘티 장군은 아직도 라씨를 대단한 세력가로 믿고 있어요. 그래서 당신의 조카를 독살하도록 권한 자가 라씨인지, 아니면 라베르시 부인인지를 고백하지 않고 있습니다. 난 깨끗이 파비오 콘티 장군을 재판에 걸고 싶습니다. 그자가 독살 계획에 대해서 유죄인지 아닌지는 재판관이 결정해줄 테니까요."

"하지만 대공 곁엔 재판관이 있습니까?"

"뭐라고!" 대공은 놀라서 소리쳤다.

"박식하고, 거만하게 거리를 걸어다니는 법률가는 있겠지만, 그런 사람들은 언제나 궁정의 세력 있는 당파의 뜻에 맞는 재판을 하거든요."

면목없는 젊은 대공이 총명보다도 오히려 순진성을 나타내는 말을 늘어놓는 동안에, 부인은 생각했다. '콘티가 창피를 당하도록 그대로 내버려두는 게 내겐 이로울까? 아니, 그렇지 않다. 그렇게 되면 그의 딸과 고지식한 크레센치 후작과의 결혼이 깨지고 만다.'

이 문제에 대해 부인과 대공 사이에서 그칠 줄 모르는 문답이 오갔다. 대공은 감탄해서 넋이 빠진 듯했다. 특히 클렐리아 콘티와 크레센치 후작과의 결혼을 생각해서—이 결혼을 절대조건으로 할 것을 대공은 전 사령관에게 사납게 전했다—장군의 독살 계획 건은 용서하기로 했다. 그리고 공작부인의 의견에 따라 딸의 결혼 때까지 장군을 추방하기로 했다. 부인은 자기가 이젠 파브리스에게 연정을 품지 않는다 여겼으나, 그래도 클렐리아 콘티와 후작의 결혼을 열망했다. 그렇게 되면 파브리스도 단념하고, 넋 나간 사람처럼 멍해지는 일은 차차 없어지리라는 어렴풋한 희망이 있었기 때문이다.

행복에 겨운 대공은, 그날 밤 당장에라도 라씨에게 수치를 주고 면직시킬까 했다. 공작부인은 웃으면서 말했다.

"나폴레옹의 말을 알고 계세요? 높은 지위에 앉아 세상 사람들로부터 주목을 받는 인물은 과격한 짓을 삼가야 한다는 것이에요. 이미 오늘 밤은 늦었습니다. 해야 할 일들은 내일로 미루세요."

그녀는 잠깐 시간을 내어 백작과 의논하고 싶었다. 그러고는 그날 밤의 대화를 빠짐없이 그에게 보고했다. 물론 대공이 여러 번 암시한 그 약속, 그녀의 생활에 어두운 그림자를 던지는 그 일에 대해선 이야기하지 않았다. 부인은 자기가 대공에게 있어 소중한 존재가 될 수 있다는 자신이 있었으며, 나중에 가서 다음과 같은 말로 약속 실행을 언제까지고 미룰 수 있다고 생각했었다. '저에게 그런 창피를 주려 하신다면, 전 견딜 수 없어요. 내일 이 나라를 떠나겠어요.' 부인이 라씨의 조처에 대해 의논해오자 백작은 매우 신중해졌다. 라씨와 파비오 콘티 장군은 피에몬테 지방으로 여행을 떠났다.

파브리스의 재판에는 실로 기묘한 일이 일어났다. 재판관들은 1차 공판에서 박수갈채 속에 무죄석방을 하려 했다. 그 심리가 적어도 일주일은 계속되어 재판관이 증인 모두의 증언을 듣게 하기 위해서, 백작은 은근히 협박까지 해야 할 지경이었다. '이자들은 구제불능이로군.' 그는 생각했다.

파브리스 델 동고에게 무죄판결이 내린 다음 날, 그는 선량한 란드리아니 대주교의 수석 보좌주교 직위를 얻었다. 그날 대공은 파브리스가 장래 대주교 계승권을 가진 보좌주교에 임명되는 데 필요한 공문서에 서명했다. 그로부터 두 달이 지나기도 전에 그는 즉위했다.

모두들 공작부인에게, 조카의 건실한 태도를 칭찬했다. 사실 그는 절망에 빠져 있었다. 그가 누명을 벗고 자유의 몸이 된 날, 연이어 파비오 콘티 장군의 면직과 추방이 있었고, 공작부인은 더욱 총애를 받게 되었지만, 그 다음 날 클렐리아가 큰어머니인 콘타리니 백작부인의 집에 몸을 숨겼다. 이 부인은 부자였고, 나이가 들어 오직 요양에만 힘쓰고 있었다. 클렐리아는 마음만 먹으면 파브리스를 만날 수 있었다. 그러나 그녀의 지난날 맹세를 알고 지금의 행동을 본 사람이라면, 누구나 그녀의 사랑은 애인의 위험과 함께 소멸되었다고 생각했을 것이다. 파브리스는 될 수 있는 한 자주 그리고 몰래 콘타리니 집 앞을 지나갔다. 뿐만 아니라 갖은 고생 끝에, 그 집의 2층 창문과 마주한 조그마한 방을 빌리는 데 성공했다. 언젠가 클렐리아는 창 밑을 지나가는 종교 행렬을 보려고 문득 창밖을 내다본 순간 깜짝 놀라 물러났다. 가난한 직공 같은 검은 옷을 입은 파브리스가 창에 기름종이를 바른 그 집에서, 마치 파르네제 탑의 방에서 했을 때처럼 이쪽을 뚫어지게 바라보고 있었다. 파브리스는 클렐리아가 자기를 피하는 것은 아버지가 실각했기 때문이라 믿고 싶었다. 세상에서는 이 실각을 꾀한 사람이 공작부인이라 말하고 있었으니까. 그러나 그는 그녀가 자기를 피하는 건 다른 이유 때문임을 확신했으므로, 아무것도 그의 우울함을 가시게 하지 못했다.

재판에서 무죄가 된 것도, 평생 처음으로 얻은 훌륭한 직위도, 사교계에서의 훌륭한 지위도, 대주교 관구 내의 모든 신부나 신자들로부터의 인망도 그에겐 조금도 기쁘지 않았다. 산세베리나 저택 안에 있는 그의 아름다운 방만으로는 이미 충분치 않았다. 공작부인은 3층 전체와 2층의 두 살롱을 파브리스에게 내주게 되어 몹시 기뻤다. 이 방들은 젊은 보좌주교에게 문안을 드리러 오는 사람들로 언제나 붐볐다. 장래 대주교 후계자 운운하는 문구는 이 나라에선 엄청난 반향을 일으켰다. 전에는 어리석고 가난한 신하들의 눈살을 찌푸리게 한 파브리스의 꼿꼿한 성격이, 지금은 그의 미덕으로 칭송받게 되었다.

이런 모든 명예가 전혀 기쁘지 않고, 10명의 하인들에게 시중을 받으며 커다란 저택에 살면서도, 보기에도 더러운 감옥지기들에 둘러싸여 늘 생명의 위험을 느끼면서 파르네제 탑의 나무 방에 있을 때보다도 훨씬 불행하다 느끼는 것은, 파브리스로서는 하나의 커다란 철학 교훈이었다. 어머니와 누이동생 V공작부인은 화려하게 출세한 그를 보려고 파르마로 찾아왔지만 슬품에 잠긴 그의 모습을 보고 속이 상했다. 이제는 아주 현실적 사고방식을 갖게 된 델 동고 후작부인도 몹시 걱정되어, 파르네제 탑에 있을 때, 효력이 천천히 나타나는 독약을 먹은 거라 생각했을 정도였다. 신중하고 과묵한 부인도, 아들의 이런 심상치 않은 우수에 잠긴 모습을 보고 가만히 있을 수 없었다. 파브리스는 다만 눈물로 대답했을 뿐이었다.

훌륭한 지위에 오르자 연달아 온갖 이익이 그의 주위에 몰려들었으나, 그 또한 불쾌할 뿐이었다. 허영심이 강하고 비속한 이기주의자인 인간쓰레기 형으로부터는 매우 형식적인 축하편지가 왔다. 이 편지에 5만 프랑의 수표가 동봉되어 있어, 그것으로 가문에 걸맞은 말과 마차를 사라고 새 후작은 권고해왔다. 파브리스는 이 돈을 불행한 결혼을 한 누이동생에게 보냈다.

모스카 백작은 학자를 고용해, 옛날 파르마 대주교 파브리스가 라틴어로 출판한 발세라 델 동고 가문의 족보를 이탈리아어로 고친 훌륭한 번역판을 만들게 했다. 라틴어 원문과 대역으로 된 뛰어난 인쇄로, 판화는 파리에서 만든 아름다운 석판인쇄로 옮겨져 있었다. 공작부인의 희망은, 파브리스의 훌륭한 초상화를 옛 대주교와 나란히 넣는 일이었다. 이 번역은 파브리스가 처음 투옥되었을 때의 작품으로 출판되었다. 그러나 우리 주인공에겐 아무런 감흥도, 인간에게 흔히 있는 허영심조차 사라지고 없었다. 자기 작품으로 되어 있는 이 책을 펼쳐보지도 않았다. 그러나 그는 사교계에서의 위치를 생각해서, 훌륭하게 장정한 책 한 부를 반드시 대공에게 헌정해야 했다. 대공은 억울하게 잔인한 죽음의 위기에 몰렸던 그를 위해 보상해주어야겠다고 생각했으므로, 대공의 방에 들어갈 수 있는 허가증을 주었다. 이것은 '각하' 라는 칭호가 부여되는 은전이었다.

제 26 장

파브리스가 깊은 슬픔을 일마간 잊을 때가 있다 한다면, 그것은 클렐리아가 있는 콘타리니 저택 맞은편 방 창가에서, 기름종이 대신 긴 유리 뒤에 몸을 숨기고 보내는 잠시 동안뿐이었다. 성채를 나온 뒤 몇 번밖엔 그녀의 모습을 보지 못했으나 너무나도 변한 모습에 놀랐다. 그것은 가장 나쁜 징조라 여겨졌으므로 그는 몹시 마음이 아팠다. 잘못을 저지른 뒤로 클렐리아의 표정은 눈에 띄게 높은 기품과 성실함을 갖추게 되었다. 언뜻 보면 서른 살 같았다. 이런 이상한 변모에 파브리스는 굳은 결심을 했다. '그녀는 온종일, 성모께 한 맹세를 지키려 나를 만나지 않겠다 다짐하는 것이다.'

파브리스는 클렐리아의 불행이 뭔지 전혀 짐작할 수 없었다. 그녀는 대공에게 심히 질책을 받은 아버지가 자기와 크레센치 후작과의 결혼날까지는 파르마에 돌아올 수 없고, 궁정에도 나갈 수 없다는 걸(아버지는 이 일 없이는 살아갈 수 없는 분이다) 알고 있었다. 그녀는 자기가 이 결혼을 희망한다고 아버지에게 편지를 썼다. 그때 장군은 토리노에서 화병으로 앓아누워 있었다. 사실상 이런 크나큰 결심을 한 대가로 클렐리아는 열 살이나 더 늙어 보였다.

파브리스가 콘타리니 저택 건너편에 방을 빌린 것을 그녀는 눈치채고 있었다. 그러나 불행하게도 그의 모습을 본 것은 단 한 번뿐이었다. 그의 얼굴과 풍채를 언뜻 본 순간, 그녀는 눈을 감아버렸다. 이제부터는 자신의 두터운 신앙심과 성모의 구원에 대한 믿음만이 유일한 버팀목이었다. 아버지를 존경할 수 없음은 괴로운 일이었다. 남편이 될 사람의 성격은 아주 평범하여, 모든 것에 상류인다운 고지식함만을 갖춘 인물인 듯했다. 그리고 두 번 다시 만나서는 안 될 사람, 더구나 자기에 대한 권리가 있는 사람을 열렬히 사랑하고 있었다. 이렇게 온갖 숙명에 얽혀 있다는 것은 그녀에겐 더없는 불행이라 느껴졌다. 그 생각도 무리는 아니었다. 결혼하면, 그녀는 파르마에서 8백 킬로미터나 떨어진 곳에 가서 살 수밖엔 없다고 생각했다.

파브리스는 클렐리아가 아주 정숙하다는 걸 알고 있었다. 예사롭지 않은, 세상을 떠들썩하게 하는 행동을 하고 만일 이것이 탄로났을 때엔, 그녀가 얼마나 싫어할지도 알고 있었다. 그러나 너무나도 울적한 심정에 견딜 수 없었고, 자기를 늘 피하려 하는 클렐리아의 시선도 참을 수 없게 된 그는, 감히 클렐리아의 큰어머니 콘타리니 부인의 두 하인을 매수한 것이다. 어느 날 저녁 파브리스는 시골 부자 차림으로 문앞에 나타났다. 마침 거기엔 매수해두었던 하인이 나와 기다리고 있었다. 그는 토리노에서 온 사람으로, 클렐리아에게 아버지로부터 편지를 가지고 왔다 했다. 하인은 그 말을 전하러 올라갔고 곧 그를 2층의 커다란 응접실로 안내했다. 파브리스가 이곳에서 보낸 15분은 그의 일생에서 가장 불안한 시간이었다. 만일 클렐리아에게 보기 좋게 쫓겨난다면 그야말로 마음을 가라앉힐 희망은 전혀 가질 수 없게 된다. '새로운 지위에 오름으로써 여러 귀찮은 일로 고통받아야 한다는 건 참을 수 없다. 깨끗이 인연을 끊고, 교회에서도 쓸모없는 신부를 하나 없애고 싶다. 이름을 바꿔 어느 수도원에라도 가서 숨어버리자.'

마침내 하인이 돌아와 클렐리아 콘티 아가씨께서 만나시겠다고 한다고 알렸다. 우리 주인공은 용기를 완전히 잃고 말았다. 3층으로 가는 계단을 오르면서 걱정으로 쓰러질 것만 같았다.

클렐리아는 단 한 자루의 촛불을 놓은 책상 앞에 앉아 있었다. 변장한 사나이가 파브리스라는 걸 깨닫자마자, 그녀는 도망쳐 안으로 뛰어 들어갔다. 두 손으로 얼굴을 가리면서 이렇게 말했다.

"어쩌면 이리도 제 영혼의 구원을 모른 체하시나요? 아버지가 독살당할 뻔했을 때, 앞으론 절대로 당신과 만나지 않겠다고 성모님께 맹세했다는 건 잘 알고 계시죠. 이 맹세를 깨뜨린 것은 제 일생에서 가장 불행했던 날, 그날뿐이에요. 그때는 어떻게 해서든 당신의 목숨을 구해야겠다고 생각했기 때문이었죠. 하지만 지금은 그런 제멋대로의, 분명 죄가 될 핑계를 만들어 당신의 말을 들어보려 했던 것부터가 이미 잘못된 생각이었어요."

이 마지막 말은 파브리스를 몹시 당황케 만들어, 그걸 듣고도 기뻐하기까지 잠깐 시간이 걸렸을 정도였다. 그는 클렐리아가 심하게 화를 내며 곧 도망가리라는 짐작은 했었다. 겨우 기지를 되찾은 그는 촛불을 껐다. 클렐리아의 뜻을 충분히 이해했으나, 그녀가 숨어 있는 살롱 안쪽 소파 뒤로 가면서 그는 몹시 떨었다. 손에 입을 맞추면 분명 화를 내리라 생각되어 두려웠다. 그녀는 사랑으로 온몸을 부들부들 떨고 있었다. 그리고 파브리스의 팔 안으로 뛰어들었다.

"그리운 파브리스, 왜 이리도 늦게서야 온 건가요! 잠시만 이야기할 수 있어요. 반드시 큰 죄가 되는걸요. 당신과 만나지 않겠다고 약속했을 때, 당신과 이야기도 하지 않겠다 맹세했어요. 우리 아버지가 당신에게 복수심을 품긴 했었지만 그래도 그처럼 가혹하게 되갚으시다니요. 당신이 탈옥하기 위해 아버지가 먼저 독살당할 뻔하지 않았어요? 당신을 구하기 위해서 모든 체면을 다 버리고 그런 대담한 행동까지 한 저를 위해서라도 다른 방법이 없었던가요? 더구나 당신은 성직에 들어가셨어요. 제가 싫어하는 후작과 헤어질 방법이 있다 하더라도 당신은 이젠 저와 결혼할 수는 없잖아요. 그리고 그 행렬이 있던 날 저녁, 그런 밝은 곳에서 저를 보려고, 성모님께 했던 성스러운 맹세까지 아무 두려움 없이 깨뜨리려 하신 건 어찌된 일이에요?"

파브리스는 놀라움과 행복에 이성을 잃고, 그녀를 팔 안에 꼭 껴안았다.

처음부터 이런 식의 수많은 대화가 금방 끝날 리 없었다. 파브리스는 그녀 아버지의 추방에 대한 진실을 솔직하게 이야기했다. 그 일에 공작부인은 조금도 관여하지 않았다. 부인은 콘티 장군에게 독살 의사가 있었다고는 의심조차 하지 않았다. 그녀는 모스카 백작을 몰아내려고 한 라베르시 일파의 술책이라 생각하고 있었다. 이런 진실을 자세하게 들은 클렐리아는 몹시 후련했다. 그녀는 파브리스와 가까운 사람을 미워해야 하는 게 괴로웠기 때문이다. 이제 그녀는 공작부인을 질투하지 않았다. 이날 밤 겨우 안정된 행복은 불과 며칠뿐이었다.

인정 많은 동 체사레가 토리노에서 돌아와, 성실한 심정에서 우러나온 용기를 가지고 공작부인을 만나러 갔다. 부인에게 이제부터 하는 비밀 이야기는 절대로 입 밖에 내지 않겠다는 약속을 받아낸 다음, 그의 형은 그릇된 명예욕에 빠져 있던 찰나에 파브리스의 탈옥으로 모욕당하고, 인망도 잃었다고 여겨, 복수의 기회를 노린 거라고 고백했다.

동 체사레가 이야기를 꺼낸 지 2분도 안 되서 그의 목적은 이루어진 거나 다름없었다. 조금도 나무랄 데 없는 성실성은 이에 익숙지 못한 공작부인을 몹시 감동시켰다. 신기하게도 이 인물은 그녀의 마음에 들었다.

"장군의 딸과 크레센치 후작의 결혼을 서두르세요. 장군이 여행에서 돌아온 사람처럼 환영을 받을 수 있도록 힘을 써보죠. 그건 약속하겠어요. 그를 우리집 만찬에 초대하죠. 이걸로 만족하세요? 처음 얼마간은 조금 어색할 테죠. 장군도 너무 급히 성채 사령관직을 다시 요구해서는 안 돼요. 하지만 저는 후작에겐 호의를 품고 있으니까, 그 사람의 장인 되는 이에게 언제까지나 원한을 품지는 않을 거예요."

이 말에 힘을 얻은 동 체사레는 조카딸에게 가서, 절망으로 병들어 누운 아버지의 목숨은 네 손에 달려 있다고 했다. 아버지는 벌써 몇 달 동안 어느 궁정에도 나가지 않았다.

클렐리아는 토리노 가까이에 있는 마을에 가명을 쓰며 숨어 있는 아버지를 만나러 갔다. 이렇게 가명을 쓰는 이유는, 자기를 재판에 걸기 위해 파르마 궁정이 토리노 정부에 자신을 인도해달라고 요구하지나 않을까 걱정했기 때문이었다. 클렐리아가 가보니, 아버지는 병으로 거의 미친 사람 같았다. 그날 밤 그녀는 곧 파브리스에게 영원히 헤어진다는 내용의 편지를 썼다. 파브리스의 성격도 애인의 성격과 닮아가고 있었다. 그래서 편지를 받자 그는 파르마로부터 40킬로미터쯤 떨어진 산속의 벨레자 수도원으로 가 틀어박혔다. 클렐리아의 편지는 10장도 넘었다. 전에 그의 승낙 없이는 결혼하지 않겠다 약속했었다. 지금 그 승낙을 간청해온 것이다. 파브리스는 벨레자의 은신처에서 가장 순수한 우정으로 가득 찬 편지를 보내며 승낙했다.

답장을 받은 클렐리아는 사실 그 우정에 화가 나면서도 직접 결혼 날짜를 정했다. 결혼식장의 축하연은 그해 겨울 파르마 궁정의 화려함을 한층 더 빛나게 했다.

에르네스트 5세는 본디 인색한 사람이었다. 그러나 지금은 사랑에 도취되어, 공작부인을 영원히 이 궁정에 붙잡아두고 싶었다. 그는 넉넉한 돈을 어머니에게 주며 그것으로 축연을 열어달라 했다. 시녀장은 이 공돈을 이용하는 데 정말 훌륭한 수완을 보였다. 그해 겨울 파르마의 축연 광경은, 밀라노 궁정의, 그리고 그 선량함이 오랫동안 기억에서 사라지지 않는 이탈리아의 부왕(副王) 외젠 대공의 화려했던 시절을 연상케 했다. 대주교 보좌의 직무가 파브리스를 다시 파르마에 불러들였다. 그러나 그는 근신하겠다는 이유로, 란드리아니 노신부의 강권에 못 이겨 머무르게 된 대주교관의 조그마한 방에 틀어박혀 앞으로는 절대로 밖엔 나가지 않겠다고 선언했다. 그리고 하인 한 사람만 곁에 두고 그곳에 틀어박혔다. 따라서 다시는 궁정의 화려한 연회에는 참석하지 않았으므로 파르마의 거리와 그가 장차 대주교로서 관리할 구역에서는, 그가 대단한 성자라는 평판이 생겼다. 희망 없는 깊은 슬픔에서 비롯된 파브리스의 은둔생활은 의외의 결과를 낳아, 이 젊은이를 언제나 사랑하고 사실상 자기 보좌역으로 삼고자 했던 란드리아니 대주교가 일마쯤 질투를 느끼기까지 했다. 대주교는 이탈리아의 관습이므로 궁정 연회에는 반드시 참석해야 한다고 생각했다. 일리가 있었다. 연회에 나갈 때면 그는 언제나 제의를 입는다. 그것은 대성당의 성가대에 참석할 때와 거의 똑같은 차림이다. 궁정의 주랑식(柱廊式) 홀에 늘어선 수백 명의 신하들이 곧 일어나서 축복을 기린다. 대주교는 기분 좋게 걸음을 멈추고 모두를 축원한다. 이런 엄숙한 고요함 속에서, 란드리아니 대주교의 귀에 누군가의 목소리가 들려온 것이다.

"대주교는 무도회에 출석하시고, 델 동고 씨는 자기 방에서 좀처럼 나오지 않는다."

이 순간부터 파브리스가 대주교관에서 누리던 무한한 총애는 종말을 고했다. 그러나 파브리스는 이젠 자기 날개로 날 수 있게 되었다. 이번 행동은 전적으로 클렐리아의 결혼에 의해 느낀 절망 때문이었으나, 세상에서는 순진하고 숭고한 신앙심의 발로라고 생각했으므로, 신앙심이 두터운 여자들은 가장 어리석은 허영심의 소산인 그의 가문 족보 번역을 교양서처럼 읽었다. 서점에서는 그의 초상화를 석판으로 인쇄해서 내놓아 불과 며칠만에 날개 돋친 듯이 팔렸다. 특히 서민들이 많이 사갔다. 무지한 조각가는 파브리스의 초상화 둘레에다 주교의 초상화에만 사용할 수 있는, 보좌주교에게는 적당치 않은 장식을 여러 개 붙여놓았다. 대주교는 이 초상화 하나를 보고 몹시 화가 났다. 그는 파브리스를 불러 아주 심하게 나무랐다. 분에 못 이겨 때로는 거친 말까지 사용했다. 파브리스는 별로 힘들이지 않고, 이러한 경우에 페늘롱(1651~1715, 프랑스의 종교가이며 대작가)이 했을 듯한 태도를 취했다. 그는 대주교가 쏟아내는 말을 되도록 공손하게 경청했다. 노신부가 말을 끝내자 파브리스는 그 족보

번역이 처음 감옥에 갇혔을 때 모스카 백작의 명령으로 만들어진 경위를 모두 이야기했다. 이것은 본디 세속적인 목적으로 출판됐기 때문에, 자기와 같은 신분의 인간에게는 적당치 않은 거라고 스스로도 전부터 생각했었다. 초상화에 대해서는 초판도 제2판도 그는 전혀 모르는 일이라고 했다. 서점은 칩거생활 중인 그에게 24장의 초상화를 대주교관으로 보내왔다. 그는 하인을 보내어 스물다섯 번째 그림을 사게 해서, 초상화가 30수에 팔리고 있다는 걸 알았으므로 24장의 대금으로 1백 프랑을 보냈던 것이다.

이러한 변명을, 다른 복잡한 고민들도 가지고 있는 그가 더할 나위 없이 조리 있게 공손한 투로 설명했음에도 대주교는 실신할 정도로 화를 내고 말았다. 파브리스를 위선자라고 비난했을 정도였다.

'얼마쯤 현명하다고 해도 천한 태생의 인간은 모두 이렇다.' 파브리스는 생각했다.

그에게는 지금 가장 중요한 걱정거리가 있었다. 고모는 자주 편지를 띄워 다시 산세베리나 집에 돌아오도록, 그것이 정 안 된다면 하다못해 이따금씩 만나러 오라는 것이었다. 그곳에 가면, 크레센치 후작의 축연 이야기가 나올 게 뻔했다. 파브리스는 그런 이야기를 아무렇지 않게 들을 자신이 없었다.

결혼식이 치러졌을 때, 벌써 일주일 전부터 파브리스는 침묵을 지키고 있었다. 하인에게도 가까이 있는 대주교관 사람들에게도 절대로 말을 걸지 말라 일러두었다.

란드리아니 신부는 이를 눈치채자, 지금까지보다도 빈번하게 파브리스를 불렀다. 그러고는 그를 상대로 장황한 이야기를 하고 싶어했다. 대주교 관구가 자기들의 특권을 침해했다고 호소하는 시골의 참사회원들과 회담까지 시켰다. 파브리스는 이런 모든 것에, 마음은 다른 일을 생각하고 있는 사람답게 무뚝뚝하게 응대했다. '수도원에 들어가는 게 낫겠다. 벨레자의 바위틈에 있으면 이렇게까지 괴롭지는 않았을 텐데……'

그는 고모를 만나러 갔다. 그녀에게 키스하면서 눈물을 참을 수 없었다. 파브리스는 완전히 변해 있었다. 너무 야윈 까닭에 눈이 더욱 커져 얼굴에서 튀어나올 것만 같았다. 다 낡아빠진 검은 사제복은 몹시 초라하고 비참하여 부인도 그를 보자마자 눈물이 흘러내렸다. 그러나 이 아름다운 젊은이의 모습이 이렇게까지 변한 이유가 클렐리아의 결혼 때문이라는 걸 깨닫자, 부인은 교묘하게 숨기기는 했지만 격렬한 점에서 대주교와 같을 정도의 울화가 치밀었다. 그녀는 잔인하게도 크레센치 후작이 주최한 축연 광경을 자세히 이야기해주었다. 파브리스는 대답하지 않았다. 하지만 그의 눈은 경련을 일으켜 약간 감겼다. 평상시보다도 더 창백해졌다. 이는 여간해서 있을 수 없는 일이었다. 이런 격렬한 고통의 순간에는 그의 창백한 얼굴빛은 녹색을 띠게 된다.

마침 모스카 백작이 찾아왔다. 그때 그가 본 장면은, 직접 보고도 믿기지 않으나, 파브리스에게 줄곧 느껴오던 질투심을 완전히 사라지게 했다. 이 유능한 인물은 파브리스에게 현실적인 일에 조금이라도 흥미를 느끼게 하려고 가장 친절하고 교묘한 말솜씨를 이용했다. 백작은 그에게 늘 경의를 표했고 우정도 충분히 지니고 있었다. 그의 우정이 질투와 다툴 필요도 없어진 오늘날에 와서는 거의 헌신적이었다. '사실 이 사람도 훌륭한 지위를 얻느라 그 대가를 충분히 치렀다고 할 수 있지.' 그는 젊은이가 겪은 불행을 손꼽아 보면서 생각했다. 백작은 대공이 공작부인에게 선사한 파르미자니노의 그림을 보인다는 핑계로 파브리스를 구석으로 불렀다.

"자, 우리 사나이끼리 터놓고 이야기해봅시다. 내가 뭐 도울 일은 없겠습니까? 난 아무것도 묻지 않을 테니 그건 걱정 말고. 돈이나 권력이 필요하다면 말해보십시오. 뭐라도 할 테니까요. 쓰는 편이 말보다 쉽다면 편지를 주십시오."

파브리스는 다정하게 백작을 포옹했다. 그리고 그림에 대해서 이야기했다.

"당신의 행동은 정말 정책으로선 걸작이죠." 백작은 일상 대화 투로 돌아가서 말했다. "당신은 자기 앞날을 정말 유망하게 이끌어가고 있소. 대공은 당신을 존경하고, 민중의 신망도 매우 두텁죠. 당신이 그 낡아빠진 검정 옷을 입는 탓에 란드리아니 대주교는 제대로 잠도 못 이룬다는군요. 나는 얼마간 정치에 대해선 알고 있지만, 당신의 현재 상황을 더 좋게 하기 위한 충고를 하려 해도, 해줄 말이 없어요. 당신은 스물다섯의 나이로 세상에 첫걸음을 내디디면서, 이미 대단한 성공을 거뒀으니까요. 궁정에서도 늘 당신 이야기를 하죠. 그 나이에 이처럼 특별한 존경을 받는 건 무엇 때문인지 아나요? 그 낡아빠진 허술한 옷차림 때문이죠. 알다시피 공작부인과 나는 포 강에 가까운 숲의 아름다운 언덕 위에 있는 페트라르카의 옛 집을 샀어요. 사

람들이 시기해 온갖 자잘한 기분 나쁜 일이 있다면, 당신은 페트라르카의 후계자가 되는 것이 어떨까 생각해서죠. 페트라르카의 명성과 함께 당신의 명성 또한 더욱 높아질 테고."

백작은 이 세상을 포기한 듯한 얼굴에 어떻게든 미소를 띠게 하려고, 온갖 지혜를 다 짜냈으나 헛일이었다. 전과 달라졌음을 더욱 확실히 느끼게 하는 점은—이는 파브리스의 얼굴에 한 가지 결점이라고 할 수 있는데—때때로 뜻하지 않은 때에, 관능과 기쁨의 표정이 떠올랐던 일이었다.

백작은 그가 돌아가기 전에 다음과 같은 말을 했다. 다음 토요일에 궁정에 나오지 않는 건 아무리 은둔생활이라 할지라도 너무 가식적이라는 것이다. 그날은 대공 어머니의 생신이었다. 이 말이 파브리스에겐 확 와닿았다. '정말, 나는 왜 이 집에 왔을까?' 궁정에서 만날 사람을 생각하면 등골이 오싹해진다. 다른 일은 이젠 생각할 수 없게 되었다. 이렇게 된 바에야 단 한 가지 남은 방법은, 살롱이 열리는 시각에 궁정에 도착하는 것이라 그는 생각했다.

사실 델 동고 각하의 이름은 대연회가 열린 날 밤 안내자가 처음으로 소리친 이름의 하나로, 대공의 어머니는 가장 정중하게 맞이했다. 파브리스의 눈은 시계만을 보고 있었다. 그가 살롱에 온 지 20분이 지났음을 알자, 작별인사를 하기 위해서 일어섰다. 그때 대공이 어머니를 찾았다. 잠시 동안 대공 곁에서 문안을 드린 뒤, 파브리스는 슬그머니 빠져 문 가까이까지 왔다. 그때 궁정에는 흔히 있는 사소한 일 하나가 일어나, 그는 몹시 난처해졌다. 이것은 미리 시녀장이 교묘하게 꾸민 연극이었다. 당직 시종이 파브리스의 뒤를 쫓아와서, 당신은 대공의 휘스트(4명이 하는 카드놀이) 상대로 지명되어 있다고 알렸다. 파르마에서 이는 보좌주교라는 지위로서는 도저히 바랄 수도 없는 엄청난 명예이다. 휘스트의 상대를 하는 건 대주교로서도 몹시 영광스러운 일이었다. 시종의 말을 듣자 파브리스는 정곡을 찔린 듯했다. 남의 눈에 띄는 걸 싫어하는 성격으로, 조금 전에 갑자기 현기증이 일어났다고 사양하는 말을 하려고 했다. 그러나 그러다간 귀찮은 질문을 받아야 하며, 문병 인사를 수없이 받아야만 할 것 같았다. 카드놀이보다도 그쪽이 더 견딜 수 없다. 이날 그는 말조차 하기 싫었다.

다행히 성 프란체스코 수도회장이 대공의 어머니에게 축하를 올리러 온

고관들 속에 끼어 있었다. 이 신부는 폰타나나 뒤부아생과 비교할 만한 훌륭한 학자인데, 살롱 한구석에 박혀 있었다. 파브리스는 이 사람 앞에 서서 문을 등지고 신학 이야기를 했다. 그러다 그는 안내인이 크레센치 후작 부부의 도착을 알리는 소리를 들었다. 파브리스는 자신도 모르는 사이에 심한 분노를 느꼈다.

'만일 내가 보르소 발세라였다면(이 사람은 스포르차 가문 초기의 한 장군이었다), 클렐리아가 행복하던 시절에 준 상아 손잡이의 조그마한 단도로 저 우둔한 후작을 단번에 찔러, 내가 있는 장소에 자기 아내를 데리고 나타난 대가를 치러줄 텐데.'

그의 표정이 굳어지자 성 프란체스코 수도회장은 물었다.

"각하, 어디 몸이 불편하신 게 아닙니까?"

"두통이 심해서…… 이 불빛이 좋지 않은 듯합니다……. 돌아가지 않는 건 대공의 휘스트 상대로 지명되었기 때문입니다."

이 말을 듣자 평민 출신의 수도회장은 당황해서 어쩔 줄을 모르고 파브리스에게 정중한 인사를 할 뿐이었다. 한편 파브리스는 수도회장과는 다른 이유로 마음이 뒤숭숭해져 수다스러웠다. 바로 이때 그의 뒤쪽이 조용해진 것을 느꼈으나, 돌아보려고도 하지 않았다. 갑자기 바이올린의 활이 보면대를 두들겼다. 리투르넬의 연주가 시작되었다. 그리고 유명한 P부인이 전에 많은 박수갈채를 받았던 치마로사($^{1749\sim1801,\ 이탈리아의}_{오페라\ 작곡가}$)의 노래를 부르기 시작했다.

오, 그 부드러운 눈동자여(Quelle pupille tenere)!

파브리스는 처음 몇 절 동안은 꾹 참고 있었으나, 차차 노여움은 사라지고 울고 싶은 심정이 복받쳤다. '야단났군! 이 무슨 우스운 꼴이냐. 더구나 이런 옷을 입고!' 그는 자신에 대해 이야기하는 편이 현명하다고 생각했다. 그래서 성 프란체스코 수도회장에게 이렇게 말했다.

"이렇게 심한 두통을 오늘 밤처럼 참고 있으면 나는 발작적으로 눈물이 나옵니다. 우리 같은 신분을 가진 자에겐 욕을 먹는 원인이 되겠죠. 실례되는 줄 압니다만, 눈물이 나오는 동안 당신을 보고 있는 걸 허락해주시고, 조금도 개의치 말기 바랍니다."

"카탄자라 교구장도 그런 병이 있었죠." 수도회장은 말했다.

그러고는 낮은 소리로 장황한 이야기를 시작했다.

그 교구장의 저녁식사에 관한 사소한 것까지 나오는 우스운 이야기가, 오랫동안 웃지 않았던 파브리스를 미소짓게 했다. 그러나 그는 곧 수도회장의 이야기를 듣지 않았다. P부인은 빼어난 솜씨로 페르골레시 (1710~1736, 이탈리아의 작곡가)의 아리아를(대공의 어머니는 옛 노래를 좋아했다) 부르고 있었다. 파브리스로부터 세 발짝쯤 떨어진 곳에서 작은 소리가 났다. 방금 전 마룻바닥 위에 작게 소리 낸 의자에 앉아 있는 건 크레셴치 후작부인이었다. 눈물이 가득 고인 그녀의 눈이 그것과 별반 다르지 않던 파브리스의 눈과 마주쳤다. 후작부인은 고개를 숙였다. 파브리스는 몇 초 동안인가 뚫어지도록 쳐다보았다. 보석으로 화려하게 꾸민 머리를 잘 봐두려 했다. 그의 시선은 분노와 경멸을 담고 있었다. 곧 '내 눈은 두 번 다시 너를 보지 않으리라' 마음속에 중얼거리며, 성 프란체스코 수도회장 쪽으로 고개를 돌리고는 이렇게 말했다.

"제 몸 상태가 점점 안 좋아지는 듯합니다."

실제로 파브리스는 30분 넘게 울었다. 다행히 이탈리아에선 흔히 있는 일이지만 매우 서투른 모차르트의 교향곡 연주가 도움이 되어 눈물을 거둘 수 있었다.

그는 꿋꿋하게 버티며 크레셴치 후작부인 쪽을 돌아다보지 않았다. 그런데 P부인이 다시 노래를 불렀다. 그리고 눈물을 흘린 덕에 진정된 파브리스의 마음은 안정을 되찾았다. 그러자 인생은 그에게 새로운 빛을 보이기 시작했다. '애초에 난 그녀를 완전히 잊는 것이 가능하다 생각했는가? 과연 그럴 수 있을까?' 그는 이런 생각까지 했다. '지난 2개월보다 더 불행해질 수도 있을까? 이보다 더 괴로워질 수 없다고 한다면, 왜 그녀를 보는 기쁨에 저항하고 있느냐? 그녀는 약속을 저버렸다. 갈대와 같은 마음을 지닌 여자다. 여자란 누구나 다 그런 게 아니냐. 하지만 저 여인의 천사와 같은 아름다움을 그 누가 부정할 수 있는가. 그녀의 눈길 한 번에 나는 황홀해진다. 가장 아름답다는 말을 듣는 여자들을 그냥 쳐다만 보는 것도 별로 내켜하지 않는 나인데도! 그렇다. 내가 황홀해지면 왜 안 되는가? 최소한 그것만으로도 내게는 마음의 휴식이 되지 않는가.'

파브리스는 인간에 관한 지식을 어느 정도 가지고 있었지만, 정열의 경험은 전혀 없었다. 그렇지 않았다면, 그가 유혹에 넘어가려고 하는 순간의 쾌락이야말로 지난 두 달 동안 클렐리아를 잊으려고 한 노력을 모두 헛되게 한다는 걸 깨달았을 것이다.

이 가련한 부인이 연회에 나온 것은 남편의 강요 때문이었다. 30분 가량 머무르다가 몸 상태가 안 좋다는 핑계로 돌아가려 했다. 그러나 후작은 아직 연달아 마차가 도착하고 있을 때 집에 돌아가는 마차를 대게 한다는 것은 관습에 어긋나며, 대공의 어머니가 베푼 연회에 대한 비난과 마찬가지라고 말했다.

"나는 시종의 직책상 다른 사람이 모두 돌아갈 때까지 살롱에 남아서 전하의 시중을 들어야 하오. 하인들에게 심부름 시킬 일도 반드시 있을 테고, 그들은 영 눈치가 없으니까. 이러한 명예를 이곳 평귀족에게 맡겨도 괜찮다고 생각하오?"

클렐리아는 단념했다. 그녀는 파브리스가 있는 걸 모르고, 그가 이 연회에 오지 않았으면 좋겠다고 생각했었다. 하지만 음악이 막 시작되려고 대공의 어머니가 부인들에게 자리에 앉는 것을 허락했을 때, 이런 일에는 그다지 민첩하지 못한 클렐리아는 대공 어머니 곁의 가장 좋은 자리를 빼앗겼기 때문에, 살롱 구석의 파브리스가 숨어 있는 곳까지 와서 의자를 찾아야 했다. 빈 의자가 있는 데까지 오자, 이런 장소에서는 보기 드문 성 프란체스코 수도회장의 옷차림이 눈에 띄었다. 이 사람과 이야기를 나누고 있는 초라한 검은 옷의 야윈 사나이에겐 처음엔 눈이 가지 않았다. 그러나 충동적으로 그녀의 눈은 이 사나이에게 이끌렸다. '이곳에서는 모두 군복 아니면 훌륭한 옷들을 입고 있다. 그런데 저렇게 초라한 검정 옷을 입은 젊은이는 누굴까?' 그녀는 주의 깊게 이 사나이를 바라보고 있었다. 그때 한 부인이 곁에 와서 앉으려고 했으므로 의자를 움직였다. 그 소리에 파브리스가 힐끗 돌아다보았다. 그녀는 그 얼굴을 곧바로 알아볼 수 없었다. 그만큼 그는 변한 것이다. 처음에는 이렇게 생각했다. '어쩌면 이렇게 닮았을까. 그이의 형일까. 하지만 형님은 두서너 살밖엔 차이가 안 날 텐데, 이 사람은 마흔은 돼 보인다.' 별안간 그 입 모양으로 확실히 파브리스라는 걸 알았다. '불쌍한 사람, 얼마나 괴로웠을까!' 그녀는 생각했다. 그리고 고개를 숙였다. 맹세를 지키기 위해서가 아니라, 고통을 참을 수 없어서였다. 그녀의 마음은 동정으로 혼란을 일으켰다. 감옥에 아홉 달이나 갇혀 지냈어도 이런 모습은 아니었는데! 그녀는 다시 그를 쳐다보지는 않았다. 그러나 그쪽으로 눈을 돌리지 않고서도, 그의 동작은 하나하나 다 보였다.

연주가 끝나자, 파브리스가 대공의 좌석에서 조금 떨어진 놀이탁자로 가까이 가는 것이 눈에 띄었다. 그녀는 파브리스가 곁에서 멀어지자 비로소 마음을 놓을 수 있었다.

그런데 크레센치 후작은 아내가 이렇게 대공의 좌석에서 멀리 떨어져 있는 것이 몹시 불만이었다. 그는 아까부터 대공 어머니 옆으로 세 번째 자리에 앉아 있는 한 부인을 잡고서 자기 아내에게 자리를 양보해달라고 계속 조르고 있었다. 당연한 일이지만, 이 부인은 좀처럼 승낙하지 않았다. 그러자 후작은 자기에게 빚을 지고 있는 그녀의 남편을 찾아냈고, 이 사나이가 아내에게 슬픈 이성의 목소리를 들려주고서야 마침내 협상을 끝마쳤다. 후작은 기뻐서 곧 아내 곁으로 왔다.

"당신은 너무 겸손해요. 왜 그렇게 고개를 숙이고 걷는 건가요. 이런 곳에 와서 놀라는 신분 낮은 여자처럼, 마치 이런 데 온 것이 이상하다는 사람처럼 보여요. 당신 남편은 대공 어머니의 궁정에서는 남자로서 최고 지위를 가진 사람이라는 걸 자각해야 해요. 비록 공화주의자들이 궁정도 귀족도 완전히 폐지해버릴 때가 오더라도, 당신 남편은 이 나라 제일의 재산가라는 걸 말이오. 이런 점을 당신은 아직도 충분히 인식하지 못한 것 같구려."

후작이 아내에게 앉게 한 의자는 대공의 놀이탁자에서 불과 여섯 걸음 떨어진 곳에 있었다. 클렐리아에겐 파브리스의 옆얼굴밖엔 보이지 않았으나 몹시 야윈 것을 알 수 있었다. 특히 이전에는 조그마한 일에도 어떤 의견을 내놓지 않고선 견디지 못하는 성격이었는데, 지금은 이 세상의 모든 일에 초연한 듯한 태도로 보아, 그녀는 다음과 같은 슬픈 결론에 다다랐다. '파브리스의 마음은 완전히 변했다. 나를 잊어버렸어. 이렇게 여윈 것은 신앙심으로 지키고 있는 엄격한 단식의 결과이다.' 클렐리아의 이런 슬픈 생각은 주위 사람들이 속삭이고 있는 말로 더욱 확실해졌다. 보좌주교의 이름이 여러 사람의 입에 올라, 이렇게 젊은데도 대공의 놀이 상대로 뽑힌 총애를 얻고 있는 원인을 모두들 이상히 여기고 있었다. 그가 카드를 내던지거나 대공의 패를 자를 때조차도 예의를 잃지 않는 태연함과 거만한 태도를 지녔음을 옆에서 감탄하는 것이었다.

'도무지 믿을 수 없는 일이야!' 늙은 신하들은 이렇게 말하고 있었다. '고모의 총애를 믿고 눈이 어두워져 정신이 돈 모양이로군…… 하지만 다행히도 이건 오래 가지 않을 겁니다. 전하는 저런 거만한 태도를 싫어하시니까요.'

공작부인이 대공 곁으로 가까이 갔다. 놀이탁자로부터 대공의 말이 작게 들릴 정도로 거리를 두고 있던 신하들은 파브리스의 얼굴이 순간 붉어지는 것을 보았다. '무심한 채 거만하게 구는 태도에 고모가 주의를 줬나 보군.' 그들은 수군댔다. 파브리스는 클렐리아의 목소리를 들은 것이다. 대공 어머니가 무도회장을 한 바퀴 돈 다음 시종의 아내에게 말을 걸었으므로, 그녀는 그에 대답하던 참이었다. 파브리스가 휘스트 놀이에서 자리를 바꿀 때가 되었다. 그 순간에 마침 클렐리아와 마주하게 되어, 그는 여러 번 그녀를 똑바로 볼 수 있다는 행복에 황홀해졌다. 가련한 후작부인은 파브리스의 시선을 느끼고 어쩔 줄을 몰랐다. 굳게 맹세했던 일도 여러 번 잊어버렸다. 파브리스의 진심을 알고 싶어, 그녀도 그를 똑바로 바라보았다.

대공의 놀이가 끝나고, 부인들은 밤참이 나오는 살롱으로 가기 위해서 일어섰다. 약간 혼란스러워졌다. 파브리스는 클렐리아의 바로 옆에 있었다. 그는 또다시 굳은 결심을 하고 있었다. 그러나 문득 그녀의 옷에 스며 있는, 기억에도 생생한 야릇한 향기를 맡았다. 이 감각은 그의 굳은 결심을 완전히 뒤엎고 말았다. 그는 옆으로 다가와서 조그마한 소리로 마치 혼잣말처럼, 페트라르카의 소네트 두 구절을 읊었다. 이것은 언젠가 마조레 호숫가에서 그녀에게 보낸 비단 손수건에 인쇄되어 있던 시구였다.

세상의 속인들이 불행한 사람이라 생각했을 때의 나는 얼마나 행복했던가! 그러나 지금 나의 운명은 어쩌면 이렇게도 변했단 말이냐!

'그래, 이 사람은 역시 나를 잊지 않았다.' 클렐리아는 기뻐서 어쩔 줄을 몰랐다. '이 아름다운 영혼은 절대로 변덕스럽지 않아.'

아니, 나의 변심을 영원히 보지 못하리,

내게 사랑을 가르쳐준 아름다운 눈이여.

클렐리아는 이 페트라르카의 소네트 두 구절을 용감하게도 혼자 읊었다.

대공의 어머니는 야식이 끝나자 곧 자리에서 물러났다. 대공도 뒤를 따라 어머니의 거실로 가서, 다시는 밤참 자리에 나타나지 않았다. 이 사실을 알고 모두들 돌아갈 준비를 했다. 홀은 대혼잡을 이루었다. 클렐리아는 파브리스 곁에 있었다. 그의 얼굴에 나타난 깊은 슬픔의 빛이 그녀에게는 몹시 애처로 워 보였다.

"그전 일은 잊어요. 이걸 우정의 표시로 가지고 계세요, 네?"

이렇게 말하면서 그녀는 자기 부채를 그의 곁에 두었다.

파브리스의 눈에는 모든 것이 다르게 보였다. 순식간에 그는 딴사람이 되었다. 다음 날 일찌감치 은둔생활은 끝났다고 알리고는, 그전 산세베리나 저택의 호사스러운 거실로 옮겼다. 대주교는 대공으로부터 놀이 상대로 지명받은 명예를 얻는 바람에 이 벼락 성자(聖者)는 완전히 머리가 돈 거라 믿고, 그런 소문을 퍼뜨렸다. 공작부인은 그와 클렐리아 사이에 마음이 통했다는 걸 눈치챘다. 이 생각은, 그 중대한 약속의 기억이 주는 불행을 더욱 부채질해 마침내 이 땅을 떠날 결심을 굳히게 했다. 모두들 부인의 이런 뜻하지 않은 행동에 경탄했다. '웬일일까? 그렇게 대공의 총애가 두터운데 궁정을 떠난다니!' 공작부인과 파브리스 사이에 사랑이 존재하지 않는다는 걸 안 뒤로 행복에 겨워했던 백작은 애인에게 다음과 같이 말했다.

"새 대공은 덕의 화신이라고 해도 좋은 분이지만 내가 그분을 '어린애'라고 말한 일을 용서해줄까요? 그분과 내가 화해하려면 한 가지 방법뿐입니다. 곁에 없어야 하죠. 이제부터 최선을 다해 상냥하게 대하고 경의를 표하겠습니다. 그 후에 병이 났다고 하고 휴가 청원을 낼 겁니다. 당신도 그걸 용서해주실 테죠. 이제 파브리스의 앞길도 탄탄대로니까요. 그런데 당신은 나를 위해서 엄청난 희생을 해야 하는데……" 백작은 웃으면서 말을 이었다. "공작부인이라는 훌륭한 칭호를 그보다도 훨씬 못한 것으로 바꾸는 일인데 상관없겠습니까? 나는 장난삼아 이곳의 모든 사무를 쉽게 정리할 수 없도록 이리저리 뒤섞어놓을 작정입니다. 여러 관청에 일 잘하는 똑똑한 사람들이 4, 5명씩은 있었지만, 두 달 전에 그들을 프랑스 신문을 읽는다는 이유로 모두 그만두게 하고 연금을 주고 있죠. 그 대신 이루 말할 수 없는 바보들을 앉혀놨습니다.

　우리가 이곳을 떠난 다음엔 대공은 곤경에 빠져, 라씨의 성격을 몹시 무서워하면서도 반드시 그 사나이를 불러들이게 되리라고 생각합니다. 나로서는 나의 운명을 좌우할 수 있는 전제군주의 명령을 기다릴 뿐이죠. 그리고 내 친구 라씨에게 우정이 넘쳐흐르는 편지 한 통을 써서, 자네의 재능이 곧 정당하게 인정되기를 기대한다고 말할 겁니다."

제27장

이런 진지한 대화는 파브리스가 산세베리나 저택으로 돌아온 다음 날 이루어졌다. 공작부인은 파브리스의 모든 태도에, 뚜렷이 보이는 즐거운 듯한 모습에 다시 강한 충격을 받았다. '이렇게 나는 그 신앙심 깊은 어린아이에게 속았구나! 그녀는 겨우 석 달도 버티지 못하고 애인에게 굴복했던 것이다.'

잘 해결되리라는 확신은 소심한 젊은 대공에게도 사랑할 용기를 주었다. 그는 부인이 산세베리나 저택을 떠날 준비를 하고 있다는 사실을 알았다. 그리고 귀부인의 도덕심을 그다지 믿지 않는 프랑스인 시종은 부인에 대한 그의 용기를 한층 부추겼다. 에르네스트 5세는, 어머니와 궁정의 신중한 사람들로부터 크게 비난받을 만한 행동을 했다. 그러나 백성들은 공작부인이 받는 총애가 대단함을 확실히 보고 느끼게 되었다. 대공이 부인을 만나기 위해 그녀의 집에 직접 찾아온 것이다.

"당신은 이곳을 떠날 작정이군요." 그는 진지하면서도 부인에겐 불쾌하게 느껴지는 말투로 이야기했다. "당신은 떠나려 합니다. 나를 배반하고 나와의 약속을 저버리려는 것이겠지요. 그때 내가 파브리스에게 특별사면을 10분만 늦게 내렸더라면 그는 죽었을 거요. 그런데도 당신은 내게 불행을 안기려 하고 있소. 당신이 그런 약속을 하지 않았더라면 나는 지금처럼 당신을 사랑할 용기도 없었을 거요. 당신은 수치를 모르는 사람이군요!"

"잘 생각해보세요, 대공 전하. 지금까지 살아오시는 동안 지난 넉 달만큼 행복하셨던 적이 있었습니까? 군주로서의 영예, 그리고 이렇게 말씀드려도 괜찮다면, 여인에게 사랑받는 남자로서의 행복이 이처럼 컸던 일은 없었을 겁니다. 이번엔 제가 제안을 하겠습니다. 만일 동의해주신다면 단지 한때만 마음에 복종하는, 더구나 그것도 강요당해서 한 약속의 결과로서가 아니라, 제가 살아 있는 동안 언제나 전하의 행복을 위해 헌신하겠습니다. 지난 넉

달과 똑같이 행동하겠습니다. 그러는 동안 우정이 사랑으로 변할지도 모르잖아요. 그렇게 되지 않는다고 잘라 말할 수는 없습니다."

대공은 기뻐서 이렇게 말했다. "좋아요. 그럼 당신은 다른 역할을 해줘요. 아니, 그 이상의 일을 해줘요. 나와 이 나라를 통치해줘요. 수상이 돼주기를 바라는 거요. 내 신분에 따라다니는 괴로운 관습이 허용하는 한, 당신에게 청혼을 하겠습니다. 가까운 곳에 그런 예가 있죠. 나폴리 왕은 얼마 전에 파르타나 공작부인과 결혼했소. 내가 할 수 있는 전부로서 당신에게 결혼을 청하는 겁니다. 내가 이젠 어린애가 아니고 여러모로 고려해보았다는 증거로, 한 가지 불쾌한 정치적 의견을 덧붙여두죠. 당신에게 군이 말할 필요는 없지만, 이 결혼으로 말미암아 혈통이 끊기고, 내가 우리 가문의 마지막 군주가 되어도 좋습니다. 내가 살아 있는 동안 이 나라 상속권에 대해 다른 강력한 영주들이 간섭하는 것을 보는 불쾌함도 감수할 겁니다. 그런 매우 현실적인 불쾌감도 내가 당신을 얼마나 소중하게 생각하고 사랑하는가를 입증하는 데 도움이 된다면 오히려 달게 참겠습니다."

공작부인은 한순간도 흔들리지 않았다. 대공이 싫어서 견딜 수 없었다. 반면에 백작이 더할 수 없이 좋게 여겨졌다. 그보다 뛰어난 사람은 이 세상에 오직 한 사람뿐이었다. 그리고 백작은 전부 부인의 뜻대로 할 수 있지만 대공은 그 지위에서 오는 강압적인 요구에 따라 움직이는 사람이니까, 어느 정도는 그녀를 자기 뜻에 따르게 할 게 뻔하다. 뿐만 아니라 그 사람도 머잖아 마음이 변해 연달아 애인을 만들지도 모른다. 좀더 세월이 흐르면 나이 차이가 그런 권리를 부여할 것이다.

처음부터 분명 불쾌한 꼴을 당하게 되리라는 앞날에 대한 전망이 모든 걸 결정지었다. 그러나 공작부인은 노여움을 사지 않기 위해, 얼마 동안 생각해볼 여유를 달라고 간청했다.

그녀가 노골적으로 거절하지 않고 그걸 교묘하게 둘러댄, 거의 사랑을 암시하는 듯한 표현과 더없이 상냥한 말들을 하자면 길어지기 때문에 여기선 생략한다. 대공은 화를 낸다. 자기 행복이 완전히 사라져가는 게 눈에 보였다. 공작부인이 궁정을 떠나고 나면 어떻게 될 것인가? '무엇보다, 퇴짜를 맞다니 이 무슨 굴욕인가! 이 꼴을 보고, 내 프랑스인 시종은 뭐라고 할까?'

공작부인은 갖은 수단을 다 써서 대공을 진정시키고 조금씩 거래를 자기 뜻대로 이끌어나갔다.

"그 잔인한 약속, 스스로 생각해도 한심스럽고 더러운 약속의 실행을 재촉하시지 않을 것, 그것만 전하가 승낙하신다면 저는 일생 동안 이 궁정에서 지내겠어요. 그리고 이 궁정은 언제까지고 올겨울처럼 될 것입니다. 제 하루하루는 남자로서의 전하의 행복을 위해, 군주로서의 영광을 위해 바치겠어요. 만일 전하께서 그 약속을 빨리 수행하라 강요하신다면 저의 남은 생애는 상처를 받아 곧 저는 이 나라를 떠나 두 번 다시 돌아오지 않겠습니다. 제가 명예를 잃는 날이 마지막으로 뵙는 날입니다."

그러나 대공은 소심한 인간답게 완고했다. 또한 청혼을 거절당한 남자로서, 그리고 군주로서의 자존심이 고개를 쳐들었다. 이 결혼을 승낙시키기 위해서 겪게 될 곤란은 짐작했었고, 어떻게 해서든 그를 이겨내리라 결심했던 것이다.

세 시간 동안, 서로 때로는 몹시 격한 말을 나누며 똑같은 주장을 되풀이했다. 대공은 고함쳤다.

"그럼, 당신은 끝까지 약속을 저버릴 작정이군. 파비오 콘티 장군이 파브리스 식사에 독약을 넣은 날 내가 이처럼 우물쭈물했다면, 지금쯤 당신은 파르마의 어느 성당에서 그자의 묘를 세울 생각을 하고 있을 게 아닌가."

"파르마 같은 데에 세우지는 않을 거예요. 이런 독살자만 있는 나라에는."

"좋아, 어디로든 가시오. 나의 경멸을 짊어지고 떠나기 바라오." 노한 대공은 이렇게 말했다.

그가 나가려고 하자, 공작부인은 낮은 목소리로 속삭였다.

"오늘 밤 10시에 이곳으로 몰래 와주세요. 전하는 반드시 손해를 보실 테지만요. 그것이 제가 뵙는 마지막이 됩니다. 과격파들이 날뛰는 이 시대에 그래도 저의 생애를 바쳐, 전제군주가 누릴 수 있는 최대의 행복을 누릴 수 있게 해드리려고 생각했었습니다. 전하의 궁정을 본디 진부하고 심술궂은 상태에서 억지로라도 건져낼 사람이 없어지면 어떻게 될지 잘 생각해보세요."

"당신은 파르마 대공비의 지위를 깨끗이 거절하지 않았소. 아니, 대공비 이상의 것을 말이오. 왜냐하면 정략결혼으로 조금도 사랑받지 못하는 보통 대공비와는 전혀 다르니까. 내 마음은 완전히 당신 것이고, 당신은 언제까지나 나의 행위와 나의 정치를 좌우하는 절대지배자가 되는 거니까."

"그럴 테죠. 하지만 대공의 어머니께선 반드시 저를 뱃속이 검은 음모꾼으로 경멸하실 겁니다."

"그러면 어머니는 연금을 드려서 멀리 가 계시도록 할 수 있지 않소."

15분가량 서로 가시 돋친 말이 오고갔다. 마음 약한 대공은 자기 권력을 이용할 결심도 하지 못했고, 그렇다고 이대로 부인이 떠나는 걸 내버려둘 수도 없었다. 여자라는 건 어떠한 방법으로든지 처음 순간만 잘 잡으면, 나중에는 그쪽에서 알아서 돌아온다는 말을 들은 적이 있었다.

화난 공작부인에게 쫓겨났으나, 그는 10시 3분 전에 완전히 기가 죽어 떨면서 다시 나타났다. 10시 30분에 공작부인은 마차를 타고 볼로냐를 향해 떠났다. 그녀는 대공의 영토를 벗어나자 곧 백작에게 편지를 썼다.

"희생은 이루어졌습니다. 앞으로 한 달 동안은 저에게 쾌활해지라고 말씀하지 마세요. 이제 저는 파브리스를 만나지 않겠어요. 당신을 볼로냐에서 기다리겠습니다. 당신이 원하실 때, 저는 모스카 백작부인이 되겠습니다. 단 한 가지 소원이 있어요. 제가 떠나온 나라에 다시 돌아가란 말씀은 절대로 하지 마세요. 연간 15만 리브르의 수입을 기대하지 마시고 3, 4만 정도라고 생각하세요. 지금껏 세상의 어리석은 자들이 모두 멍하니 입을 벌리고 당신을 쳐다보고 있던 거예요. 앞으로는 당신이 비굴해져서 그들의 쓸데없는 생각 모두를 이해해주려는 것 말고는, 당신이 존경받을 방법은 없을 거예요. '그건 당신이 원한 거예요, 조르주 당댕!'(몰리에르의 희극 〈조르주 당댕〉의 대사)"

그로부터 일주일 뒤, 백작의 조상 묘가 있는 페루자의 성당에서 결혼식이 거행되었다. 대공은 절망했다. 공작부인은 그로부터 서너 통의 편지를 받았으나, 개봉하지 않은 편지를 그대로 싸서 돌려보냈다. 에르네스트 5세는 백작에게 굉장한 보수를 주었고, 파브리스에겐 자기 나라의 대훈장을 보냈다.

백작은 새로운 모스카 델라 로베레 백작부인에게 다음과 같이 말했다. "대공의 작별인사 중에서 이것이 특히 기뻤습니다. 우리는 정말 사이좋게 헤어졌어요. 그분은 내게 에스파냐 대훈장을 주었고, 다이아몬드도 몇 개 받았죠. 이 또한 충분히 대훈장 만한 가치가 있습니다. 나를 공작으로 봉하고 싶

지만, 이는 당신을 다시 자기 나라에 불러들이기 위한 수단이라 보류한다는 겁니다. 당신이 한 달 동안만이라도 파르마로 돌아갈 의향이 있다면, 나는 당신이 원하는 이름을 택해서 공작이 될 수 있는 거예요. 그리고 당신은 훌륭한 토지를 갖게 되고. 이 말을 당신에게 전하라는 임무를 맡았죠. 남편으로서 아주 훌륭한 사명이라오."

공작부인은 소름이 끼친다는 듯한 태도로 딱 잘라 거절했다.

클렐리아는 궁정 무도회에서 파브리스와 만난 뒤로 잠깐 그녀에게 되살아난 듯한 사랑을 다시 잊은 듯했다. 혹독한 가책이 성실하고 신앙심 깊은 마음을 억눌렀다. 파브리스도 똑같은 감정으로, 어떻게 해서든 밝은 희망을 품으려 했으나, 그의 마음은 다시 어두운 우울 속에 잠기고 말았다. 그러나 이번엔 아무리 슬플지언정 클렐리아가 결혼할 때처럼 은둔생활에 파묻히지는 않았다.

백작은 조카에게 궁정에서 일어나는 일들을 정확히 알려달라고 부탁했다. 파브리스도 이 사람에게 얼마나 신세를 졌는지 뼈저리게 느끼던 참이므로, 그 책임을 성실히 수행하려고 굳게 결심했다.

파르마의 거리에서나 궁정에서나 모두가 그렇게 생각하고 있듯, 파브리스도 백작이 머잖아 다시 수상이 되어 돌아오리라, 이전보다도 훨씬 커다란 권력을 쥐고 오리라 믿고 있었다. 그러나 백작의 예상은 얼마 안 있어 실제로 입증되었다. 그가 떠난 지 6주도 되지 않아서 라씨가 수상이 되고, 파비오 콘티가 육군대신이 되었다. 그리고 백작이 비워놓은 감옥은 다시 가득 차게 되었다. 대공은 이들에게 정권을 주어서, 그걸로 공작부인에게 복수한 셈이라고 믿었다. 그는 사랑에 정신을 잃고, 특히 연적으로서 모스카 백작을 미워했다.

파브리스에겐 여러 일이 있었다. 일흔두 살의 란드리아니 대주교는 몹시 쇠약해져 대주교관에서 나오지 못했으므로, 그의 사무는 대부분 보좌주교가 맡아야 했다.

크레센치 후작부인은 양심의 가책으로 괴로운 데다 고해신부의 비난을 받자 파브리스의 눈을 피할 좋은 방법을 찾아냈다. 첫 출산이 가까워졌다는 핑계로 집 안에 틀어박혔다. 그녀 집에는 커다란 정원이 있었다. 파브리스는 교묘하게 이곳에 숨어 들어갈 수 있었다. 그는 클렐리아가 가장 좋아하는 샛길에 꽃을 많이 늘어놓았다. 그 꽃은 전에 파르네제 탑의 감옥생활이 끝날 무렵, 클렐리아가 매일 저녁 보내준 말의 글자 모양을 나타내도록 놓여 있었다.

후작부인은 이런 행동을 몹시 마땅치 않게 여겼다. 그녀의 마음은 어느 땐 후회로, 어느 땐 사랑으로 몸부림쳤다. 몇 달 동안, 단 한 번도 정원에 내려가지 않았다. 그곳에 시선을 돌리는 것조차 삼가고 있었다.

파브리스는 이제 그녀와는 영원히 헤어진 거라고 믿기 시작했다. 다시 절망이 마음을 어둡게 내리덮었다. 매일 겪어야 하는 사교계가 싫어서 견딜 수가 없었다. 만일 백작이 내각을 떠나서는 절대로 마음의 평화를 찾아내시 못하는 인물이라고 굳게 확신하고 있지 않았다면, 그는 벌써 대주교관의 조그마한 거실에 틀어박혀 있었을 것이다. 평소엔 자기 혼자서 사색에 잠기고, 다만 신부로서의 직무를 수행할 때만 사람 목소리를 듣는 생활이 된다면 얼마나 즐거울까.

'그러나 백작 부부를 생각한다면, 내 일을 다른 사람에게 대신하게 할 수도 없다.' 그는 생각했다.

대공은 그를 늘 후대하여, 궁정에서 첫 번째 서열에 올려놓았다. 실은 이런 특별 대접도 대부분 그 자신의 힘으로 얻었다. 파브리스는 인간의 생활을 가득 채우고 있는 모든 가식과 사소한 욕정에 대한, 증오에 가까운 무관심에서 비롯된 극단적인 신중한 태도를 취하고 있었다. 이 태도가 젊은 대공의 허영심을 자극했다. 대공은 파브리스를 그의 고모만큼이나 재주가 뛰어난 사람이라고 평하곤 했다. 대공의 단순한 마음은 진실을 꿰뚫어보지 못했다. 그것은 파브리스와 똑같은 마음으로 대공을 대하는 사람은 아무도 없다는 것이었다. 궁정인 가운데 가장 비속한 자가 보기에도, 파브리스가 받고 있는 존경은 단순한 보좌주교로서가 아닌 명백히 군주가 대주교에게 표시하는 경의조차 뛰어넘은 것이었다. 파브리스는 백작에게 편지를 썼다.

"앞으로 혹시 대공이 명민해져 라씨·파비오 콘티·쥐를라 같은 대신과, 그밖에 이와 똑같이 무능한 자들이 이 나라의 정치를 얼마나 곤란케 했는가를 깨달았을 때, 그분의 자존심을 상하게 하지 않으면서 백작님과 교섭하기 위해서는 제가 아마 중간 역할을 해야 될 것입니다."

백작부인에게는 다음과 같이 써 보냈다.

"어느 총명한 사람이 고귀한 분을 가리켜 말한 '어린애'라는 치명적인 말만 잊는다면, 고귀한 분은 훨씬 전에 이렇게 말했을 겁니다. '빨리 돌아와서 저 건달들을 쫓아내다오.' 지금부터라도 총명한 사람의 부인이 비록 대단치 않은 일에도 약간 애교 있는 태도를 보이신다면, 몹시 기뻐서 백작을 불러들이리라 생각합니다. 그러나 백작이 적절한 때를 기다린다면, 틀림없이 더욱 당당한 모습으로 자랑스럽게 돌아올 수 있을 거예요. 그리고 대공 어머니의 살롱에선 모두가 무료함을 느끼고 있습니다. 재미있는 일이라면 백작이 된 뒤로 라씨가 귀족에 미쳤다는 것 정도입니다. 얼마 전에는 8대를 이어 내려온 귀족 가문이라는 걸 증명할 수 없는 자는 대공 어머니의 연회에 참석을 삼가라 (이 말은 명령서 문구 그대로입니다)는 엄중한 명령을 내렸습니다. 매일 아침 대화랑에 줄지어 서서 미사에 나오시는 대공에게 인사할 자격이 있는 자는 이 특권을 계속 누릴 수 있습니다만, 새로 귀족이 된 자들은 8대 귀족의 가계를 증명해야 합니다. 이야말로, 무엇보다 라씨가 가계 같은 걸 가지고 있을 리 없지 않느냐고 떠들고 있습니다."

이런 편지는 물론 우편으로 보내지 않았다. 모스카 백작부인은 나폴리에서 답장을 보내왔다.

"매주 목요일엔 음악회를 열고, 일요일에는 친구들과 함께 이야기를 나눈단다. 우리집 살롱은 사람이 꽉 들어차서 몸조차 제대로 가눌 수 없을 정도야. 백작은 발굴에 빠져 지내며 매달 1천 프랑이란 돈을 쏟아붓고 있다. 새로 아브뤼즈 산 쪽에서 하루 23수만 주면 되는 인부를 불러왔구나. 꼭 놀러오너라. 이렇게 네게 권하기를 이번으로 스무 번이 넘을 게다. 의리를 모르는 사람아."

파브리스는 그 말에 따르고 싶은 생각이 조금도 들지 않았다. 백작이나 부인에게 날마다 한 통의 편지를 쓰는 것조차 거의 견딜 수 없는 고역처럼 느껴졌다. 만 1년 동안 클렐리아에게 한마디도 걸 수 없었음을 알면, 이것도 용서할 수 있으리라. 통신 수단으로 이것저것 시도해보았지만 모두 깨끗이 거절당했다. 파브리스는 삶에 대한 혐오로 맡은 일을 하거나 궁정 안에 있을 때 말고는 침묵했다. 이 점이 나무랄 데 없는 그의 품행과 합쳐져 각별한 존경을 받게 되었다. 그래서 마침내 고모의 권고에 따를 결심을 했다. 고모에게서는 이런 편지가 왔었다.

"지금 대공은 너를 몹시 존경하고 있지만, 머잖아 역정을 사리라는 걸 각오해라. 장차 네게 냉담한 태도를 보일 테고, 그에 이어 궁정인들이 심한 경멸을 보일 게다. 작은 나라의 전제군주는 아무리 마음이 좋은 사람이라도, 모두 유행처럼 변하기 쉬운 거란다. 권태라는 똑같은 이유로 말이다. 너는 군주의 변덕에 대항할 힘을 설교에서 찾을 수밖에 없어. 너는 즉흥시를 짓는 데 탁월한 솜씨를 가졌지! 한번 종교에 대해서 30분쯤 이야기해봐라. 처음엔 이단적인 말이 나올지도 모른다. 비밀을 지킬 수 있는, 학식 있는 신학자를 고용해서 너의 설교에 참석시키렴. 그 사람이 틀린 곳을 가르쳐줄 거다. 그러면 다음 날 다시 고쳐서 이야기하면 되니까."

일방적인 사랑으로 마음이 불행해져 있을 때는 주의력이나 행동을 필요로 하는 일은 모두 견딜 수 없는 고역이 된다. 그러나 파브리스는 자기가 민중의 신망을 얻어두는 것은, 언제고 고모나 백작을 위해서 도움이 될지 모른다 생각했다. 그가 주어진 일을 하면서 사람들의 악한 마음을 알게 됨에 따라 백작을 존경하는 마음이 나날이 커졌다. 그는 설교할 결심을 했다. 야윈 몸에 낡아빠진 옷을 입고 한 설교는, 그 예를 찾아볼 수 없을 만큼 성공을 거두었다. 모두들 그의 말에서 깊은 슬픔의 향기를 느꼈다. 그것이 그의 미모와 궁정에서 특별한 총애를 받고 있다는 소문과 합쳐져, 여자들의 마음을 사로잡았다. 부인들은 그가 나폴레옹 군대의 용감한 대장의 한 사람이었다는 이야기까지 꾸며냈다. 곧 이런 엉터리 이야기를 누구도 의심치 않았다. 사람들은 그가 설교하는 성당에 자리를 예약했다. 가난한 사람들이 돈벌이 삼아 새벽 5시부터 자리를 차지하러 몰려들었다.

이러한 성공으로, 마침내 파브리스는 한 생각이 머리에 떠오르며 기분전환이 되었다. 크레셴치 후작부인이 단순한 호기심으로라도 언제고 설교를 들으러 올지 모른다는 생각이었다. 민중은 파브리스의 재능이 갑자기 향상된 것을 깨닫고 완전히 매혹되었다. 그는 감동하면, 가장 숙달된 웅변가조차 무색해지리만큼 대담한 비유를 사용했다. 때로는 자신을 잊고 열정적인 영감을 따라 웅변을 토했다. 청중은 모두 울었다. 그러나 아무리 눈을 가늘게 뜨고 살펴보아도, 설교단 쪽을 향한 많은 사람들 속에서—만일 있다면 그에게 있어 커다란 사건이 될 터인—그녀의 모습을 찾을 수는 없었다.

'그러나 만일 그러한 행복이 눈앞에 나타난다면, 나는 현기증을 느끼거나 말문이 막히거나 둘 중 하나일 거다.' 그는 속으로 중얼거렸다. 말이 막혔을 때에 대비해서, 다정하고 정열이 담긴 기도문을 만들어 이를 설교단의 조그마한 책상에 놔두었다. 후작부인이 청중 속에 있는 걸 보고 한마디도 나오지 않게 되었을 때에는 이 문장을 읽을 작정이었다.

어느 날 미리 매수해둔 후작 집 하인으로부터, 그 다음 날 대극장에 크레센치 집안의 칸막이 좌석을 준비하도록 기별이 왔다는 걸 알았다. 거의 1년 전부터 후작부인은 극장 구경을 간 일이 없었다. 이 습관을 깨뜨린 것은, 그무렵 대단히 평판이 좋은 테너 가수의 노래를 들으려는 사람들로 매일 밤 극장이 꽉 찼기 때문이다. 파브리스가 처음 느낀 심정은 더할 수 없는 기쁨이었다. '비로소 그녀를 하룻밤 내내 볼 수 있게 됐다. 얼굴색이 몹시 나쁘다는 소문이 있던데.' 그러고는 거의 제 빛깔이 바랜 그 아름다운 얼굴 모습을 떠올리려 했다.

충성스러운 루도빅은, 이 사나이의 말에 의하면 주인의 광기라고 할 수 있는 이런 변덕스러운 마음에 어지간히 골머리를 앓기는 했으나, 무진 애를 쓴 끝에 후작부인의 좌석을 거의 마주 보는 넷째 줄 칸막이석을 잡을 수 있었다. 파브리스는 한 가지 생각이 떠올랐다. '그녀가 설교를 들으러 올 마음을 먹도록 할 수만 있다면 좋으련만. 그녀의 모습이 잘 보이도록 아주 작은 성당을 선택하자.' 평소 파브리스는 3시부터 설교를 시작했다. 그러나 후작부인이 극장에 가는 날이 되자 새벽부터 해야 할 일이 있어서 온종일 대주교관을 떠날 수 없기 때문에, 특별히 저녁 8시 30분부터 생트마리 드 라 비지타시옹 소성당에서 설교를 하겠다고 알렸다. 이 성당은 크레센치 저택 건물의 한쪽 부분과 마주했다. 루도빅은 자기가 기증하는 것으로 해서 성당 수녀들에게 많은 초를 보내어, 그걸로 성당 안을 되도록 밝게 해달라고 부탁했다.

그는 또 근위병들에게 교섭해서, 1개 중대쯤을 도난방지라는 이름 아래 총검으로 무장한 채 성당 앞에 정렬시키기로 했다.

설교는 8시 30분이라고 알렸는데도 2시에 벌써 성당 안은 사람으로 가득 찼다. 크레셴치 저택의 고상한 건축을 내려다보는, 평소엔 한적하기 짝이 없는 이 거리가 얼마나 떠들썩했는가는 누구나 상상할 수 있을 것이다. 파브리스는 미리 설교의 취지를 알려두었다. 상대가 죄인일지라도 자비로운 성모를 위해서 고결한 영혼의 소유자는 불행한 자에게 연민을 품어야 한다는 내용이었다.

되도록 교묘하게 변장한 파브리스는 극장 문이 열리는 시각, 아직 불이 켜지지 않았을 때 자기 칸막이 좌석으로 들어갔다. 막은 8시에 올랐다. 몇 분 뒤에 그는 경험하지 못하고는 도저히 알 수 없는 기쁨을 맛보았다. 크레셴치 집안의 칸막이 문이 열리며 곧 후작부인이 들어왔다. 부채를 준 날 이후, 그녀를 이렇게 똑똑히 보는 건 처음이었다. 파브리스는 기쁨으로 숨이 막힐 듯했다. 마음속에 이상한 충동을 느껴, '나는 아마 죽는가 보다' 중얼거렸을 정도였다. '이런 침울한 일생에 종말을 짓는 것으로는 이 얼마나 매력 있는 죽음의 방법이냐! 나는 이곳에서 쓰러질 것이다. 비지타시옹 성당에 모여 있는 신자들을 골탕 먹이리라. 그리고 내일이면 미래의 대주교가 오페라극장 안에서, 더구나 하인 차림으로 변장하고 정신을 잃었다는 사실을 알 것이다. 그러면 그걸로 내 명성은 끝이다! 도대체, 명성이 무슨 소용이 있느냐 말이다!'

그러나 8시 45분이 되자, 파브리스는 초조한 마음을 달래야 했다. 넷째 줄 자리를 빠져나와 옷을 갈아입을 장소까지 겨우 걸어갔다. 그가 비지타시옹 성당에 도착한 것은 벌써 9시쯤이었다. 몹시 창백하고 속이 울렁거렸기 때문에, 보좌주교님은 오늘 밤엔 설교를 할 수 없을 거라고 수군거릴 정도였다. 그가 들어가 있는 구석 담화실에서 수녀들로부터 여러 가지 친절한 간호를 받았음은 두말할 것도 없다. 이 수녀들은 몹시 수다스러웠다. 파브리스는 잠깐 혼자 있게 해달라고 부탁했다. 그리고 얼마 뒤 설교단으로 나갔다. 3시게 그가 심복 한 사람으로부터 들은 바에 따르면 비지타시옹 성당은 사람이 가득 찼으나 최하층 사람들뿐으로, 모두 휘황한 조명이 신기해서 온 것 같다는 것이었다. 그런데 파브리스가 설교단에 올라가 보니, 의자라는 의자는 모두 상류의 젊은이들이며 이름난 명사들이 차지하고 있었다. 그는 놀랍기도 하고 기쁘기도 했다.

그의 설교는 짧은 변명의 말로 시작되었다. 사람들은 그조차 감격어린 탄성으로 맞이했다. 이어 '자비로운 성모'를 올바르게 공경하기 위해서 불행한 사람에게 연민의 정을 베풀어야 한다는 것을 열정적으로 묘사했다. 성모 자신이 이 땅에서 그처럼 괴로움을 받으시지 않았는가. 설교자는 흥분해 있었다. 여러 번 목소리가 잦아들어, 이 조그마한 성당 안의 구석구석까지 목소리가 닿지 않을 때도 있었다. 모든 여자, 또는 많은 남자의 눈에, 자비를 받아야 할 불행한 자로서 설명되는 사람은 그 자신인 것처럼 비쳤다. 그만큼 그는 창백해진 얼굴이었다. 처음 몇 분 동안의 변명이 끝나자, 청중은 그에게 평소와 같은 침착성이 없음을 깨달았다. 그날 밤 그는 어느 때보다도 깊고 부드러운 슬픔을 띠고 있었다. 한번은 그의 눈에 눈물이 고인 게 보였다. 그러자 곧 청중 속에서 일제히 흐느껴 우는 소리가 일어나 그 때문에 설교는 완전히 중단되었다.

이렇게 처음 중단된 설교는 그 뒤로도 열 번이나 끊어졌다 다시 이어졌다. 탄성이 나오고, 모두들 눈물을 흘렸다. '아, 성모님! 아, 하느님!' 하는 부르짖음이 쉴 새 없이 들렸다. 이런 뛰어난 청중들 사이에 감동이 널리 퍼져 저항할 수 없게 되자, 이제는 아무도 큰 소리 내는 걸 부끄러워하지 않았으며, 그런 흥분을 보여도 옆 사람에게 조금도 우스워 보이지 않았다.

언제나처럼 설교 도중에 잠깐 쉬고 있을 때, 파브리스는 극장에 이제 아무도 없다는 보고를 받았다. 단지 한 사람만이 자리에 남아 있는데, 바로 크레센치 후작부인이라고 했다. 이 휴식시간 동안에 갑자기 성당 안이 소란해졌다. 신자들이 의견을 모아 보좌주교의 조각상을 만들기로 결정했기 때문이다. 설교 후반에 들어가자 인기는 더욱 광적이 되었다. 기독교도다운 경건한 열정이 완전히 세속적인 탄성으로 바뀌어, 그는 연단을 내려오면서 청중에게 얼마간 질책 비슷한 말을 해야 했다. 그러자 청중들은 약간 어색한 태도로 일시에 밖으로 나갔으나, 거리에 나가자 모두들 열광적으로 박수갈채를 보내며 외쳤다.

"델 동고 만세!"

파브리스는 서둘러 시계를 보고, 풍금이 있는 자리에서 수도원 내부로 통하는 좁은 통로로 난 작은 창살문으로 달려갔다. 크레셴치 저택의 문지기는 거리에 넘쳐흐르는 이상한 군중에 경의를 표해, 이 중세 건축의 벽으로부터 튀어나온 쇠 손잡이에다 10여 개의 횃불을 달아놓았었다. 조금 뒤 아직도 만세 소리가 가라앉기 전, 파브리스가 그리도 갈망하던 일이 일어났다. 극장에서 돌아오는 후작부인의 마차가 거리에 나타난 것이다. 마부는 잠깐 마차를 멈추어야 했다. 천천히 몰며 길을 내달라고 큰 소리로 외치면서 마차는 가까스로 문 앞에 닿을 수 있었다. 후작부인은 마음이 불행한 사람이 그렇듯 아름다운 음악에 감동받았다. 그러나 이 극장이 쓸쓸해진 원인을 알았을 때에는 더욱 감동을 금치 못했다. 제2막이 올라 유명 테너 가수가 등장하고 있을 때 아래층 관객까지 별안간 자리에서 일어나, 들어갈 수 있느냐 없느냐의 행운을 시험이라도 하듯 모두 비지타시옹 성당으로 몰려갔다. 집 앞에서까지 사람들 때문에 길이 막힌 걸 보자 후작부인은 눈물을 흘렸다. '나의 선택은 틀리지 않았다!'

한편으로 너무나 감격했기에 그녀는 후작이며 벗들의 권고에도 끝끝내 응하지 않았다. 모두들 그녀가 그처럼 신기한 설교사를 보러가지 않는 것이 이상해서 견딜 수 없었다. "마침내 그 사람은 이탈리아 제일의 테너 가수까지도 이겼어요." 모두들 이렇게 수군거리고 있었다. '그이를 만나면 나는 이제 끝이다!' 후작부인은 생각했다.

파브리스의 재능은 날이 갈수록 빛났다. 그러나 여러 번 크레셴치 저택 옆이 조그마한 성당에서 설교를 했으나 헛수고로, 클렐리아의 모습은 끝끝내 나타나지 않았다. 오히려, 예전에는 정원에도 나가지 못하게 만들더니 이제는 조용한 이 집 근처까지 소란스럽게 만든다며 그녀가 마침내 화를 내고 말았다는 소문이 돌았다.

설교를 듣고 있는 여자들의 얼굴을 훑어보면서, 파브리스는 퍽 오래전부터 귀여운 밤색머리칼 얼굴에 마음이 쏠렸다. 눈에서는 불꽃이 반짝이고 있었다. 매우 아름다운 그 눈은 처음 몇 마디 설교에 으레 눈물이 글썽거렸다. 파브리스는 스스로도 재미없는 이야기를 길게 늘어놓아야 할 때에는, 젊고 귀여운 이 얼굴에 시선을 보내며 즐겼다. 그는 이 소녀가 몇 년 전에 죽은, 파르마에서 가장 부자인 포목상의 무남독녀 아네타 마리니라는 것을 알았다.

곧 이 포목상인의 딸 아네타 마리니의 이름은 모든 사람의 입에 오르게 되었다. 소녀가 파브리스를 연모한다는 이야기였다. 파브리스의 설교가 시작되었을 때, 그녀는 법무대신의 장남 지아코모 라씨와의 결혼이 정해져 있었다. 소녀는 지아코모가 싫지는 않았다. 그러나 파브리스의 설교를 두 번 듣자, 결혼을 하지 않겠다고 고집 부리기 시작했다. 그런 갑작스러운 변화의 이유를 묻자, 다른 사람을 열렬히 사랑하면서 결혼하는 것은 정조를 아는 여자로서 할 일이 아니라고 대답했다. 처음에 가족들은 그 다른 사람이 누군지 도무지 알아낼 도리가 없었다.

하지만 아네타가 설교를 들으며 흘리는 뜨거운 눈물에서 진실은 밝혀졌다. 어머니와 작은아버지들이 그녀에게 파브리스를 사랑하느냐고 묻자, 소녀는 확실해진 이상 자기 몸을 더럽히는 거짓말을 하고 싶지 않다고 대담하게 대답했다. 그리고 마음속으로 사랑하는 사람과 결혼할 가망이 없으므로, 제발 그 라씨 백작 아들의 우스꽝스러운 얼굴을 보는 일만은 하지 않게 해달라고 말했다. 모든 시민이 선망하는 인물의 아들을 이렇게 깨끗이 무시해버린 행동은, 이틀 동안에 온 도시의 이야깃거리가 되었다. 아네타의 대답은 흥미로웠으므로 모든 사람이 되풀이해서 말했다. 가는 곳마다 소문이 나 있었으므로 크레센치 저택에서도 그 이야기가 나왔다.

클렐리아는 자기 살롱에서 이런 이야기를 들어도 참견하지 않았다. 그러나 하녀에게 자세한 내용을 이것저것 물어보았다. 다음 일요일, 자기 집 안의 예배당에서 미사를 올린 뒤, 마차에 하녀를 태우고 마리니 양의 교구까지 두 번째 미사를 올리러 갔다. 그곳에는 그녀와 마찬가지로 그녀를 보기 위해 시내의 미남자들이 모조리 몰려들었다. 그들은 출입문 가까이에 모여 있었는데 얼마 뒤 그들이 떠들기 시작했으므로, 후작부인은 마리니 양이 성당에 들어왔다는 것을 알았다. 그녀는 소녀가 잘 보이는 자리를 잡았다. 그리고 평소의 두터운 신앙심에도 미사에는 그다지 주의를 기울이지 않았다. 클렐리아는 이 아름다운 아가씨에게서 거만하고 대담한 모습을 발견했다. 이는 적어도 결혼한 지 몇 년이 지난 여자에게나 적당한 모습이라고 생각했다. 몸집은 작으면서도 균형이 잡혀 있었고, 눈은 롬바르디아식으로 말하자면, 마치 바라보고 있는 자와 이야기를 나누는 듯한 눈이었다. 후작부인은 미사가 끝나기 전에 도망쳐 나왔다.

그 다음 날, 크레센치 집에 매일 밤 모이는 사람들은 아네타 마리니에 관한 재미나는 새로운 이야기들을 했다. 아네타의 어머니는 딸이 무분별한 행동을 할까 봐 걱정해 그다지 많은 돈을 주지 않았다. 그래서 아네타는 죽은 아버지의 선물인 화려한 다이아몬드 반지를 가지고, 그 무렵 크레센치 집안의 살롱을 장식하기 위해서 파르마에 와 있던 유명한 하이에즈에게로 가서, 델 동고 씨의 초상화를 그려달라고 부탁했다. 신부복이 아닌 그냥 검은 옷차림으로 그려달라는 주문이었다. 그런데 바로 어제, 아네타의 어머니는 딸의 방에 파브리스 델 동고의 멋진 초상화가 최근 20년 동안 파르마에서 만들어진 것 중에서 가장 훌륭한 금틀 속에 들어 있는 걸 보고, 몹시 놀랐을 뿐만 아니라 분개했다는 것이다.

제 28장

끊임없이 일어나는 사건에 쫓기느라 파르마 궁정에 우글거리면서 이들 사건에 여러 가지 가소로운 주석을 덧붙이고 있던 궁정인이라는 우스꽝스러운 인종을 묘사할 틈이 없었다. 이 나라에서 연간 3, 4천 리브르의 수입을 가진 소귀족들이 대공의 아침 알현에 검은 양말을 신고 참석할 수 있으려면, 먼저 볼테르나 루소를 읽은 적이 없어야 한다. 이 조건을 충족시키기는 쉽다. 다음엔 대공이 감기에 걸렸다는 일이며, 또는 최근에 삭스에서 대공에게 보내온 새로운 광물 표본에 대해서 몹시 감동받은 듯 이야기할 것. 이를 갖춘 다음, 1년 내내 미사에 나가서 두세 사람의 이름난 신부를 친구로 사귀면, 대공은 1년에 한 번, 1월 1일 앞뒤로 15일쯤에 말을 건넨다. 이렇게 되면 그 사람은 교구 내에선 유지가 되고, 쥐꼬리만한 소유지에 부과된 1백 프랑의 지세 납부가 늦어지더라도 세무서 관리는 그를 재촉할 수 없다.

공조 씨는 말하자면 이런 부류로, 그다지 부자도 아닌 초라한 사나이였으나, 가문이 좋고 약간의 재산도 가졌으며 크레셴치 후작의 신망을 이용해서 연간 1천1백50프랑의 수입을 올리는 훌륭한 지위까지 가지고 있었다. 이 사나이는 배를 굶주릴 일은 없었다. 하지만 그는 한 가지에 집착을 했는데, 다음과 같이 때때로 말해주는 어느 신분 높은 사람의 살롱에 있을 때 말고는 유쾌하고 행복하지 못했다. 즉

"잠자코 있어, 공조. 자넨 정말 바보로군."

이런 평은 그때의 기분에 따라 나오는 말이었다. 왜냐하면 공조 쪽이 대부분의 높은 사람보다도 훨씬 영리했기 때문이다. 그는 모든 일에 말참견을 하며 상당히 재치 있는 말을 했다. 그리고 만일 그 집 주인이 조금이라도 싫은 얼굴을 하면 언제라도 곧 의견을 바꾸었다. 솔직히 말하자면 자기 이익에 관해서는 빈틈이 없으나, 무엇 하나 자신만의 뚜렷한 의견은 없었다. 대공이

감기에라도 걸리지 않았을 경우에는, 살롱을 들어갈 때 할 말이 없어 당황하는 그런 사나이였다.

파르마에서 공조가 유명해진 까닭은, 약간 상한 검은 깃털이 달린 당당한 삼각모 때문이었다. 그는 이것을 연미복 차림일 때에도 썼다. 그가 이 깃털 모자를 머리에 올려놓았든 손에 쥐고 있든, 그 모습은 정말 볼만했다. 이 사나이의 재간과 자존심이 그대로 거기에 나타나 있었다. 그는 후작부인이 기르고 있는 강아지의 건강상태를 진심으로 걱정했다. 만일 크레센치 집에 불이라도 난다면 목숨을 걸고, 벌써 몇 년 동안이나 그가 망설이면서 이따금 걸터앉을 때 그의 검은 비단 바지를 가볍게 받아주던 훌륭한 금박이 의자 하나를 구해냈을 것이다.

이런 부류의 인간이 7, 8명, 매일 밤 7시가 되면 크레센치 후작부인의 살롱에 모여든다. 이들이 자리에 앉자, 곧 은실을 너저분하게 단 연노랑색 바지에 화려한 붉은 윗옷을 입은 하인이 이들 초라한 손님들의 모자와 단장을 받으러 온다. 이어 살롱 전속 하인이 다리가 달린 조그마한 은 커피잔을 가지고 나타난다. 그리고 30분마다 프랑스식으로 훌륭한 연미복을 입고 칼을 찬 집사가 아이스크림을 권하러 온다.

별로 화려하지 못한 궁정인이 도착한 지 30분이 지나면, 큰 소리로 마구 떠들어대는 군대식 그대로의 장교가 5, 6명 찾아온다. 이들은 언제나 지휘관이 승리를 얻기 위해서는 병사들의 군복에 어떠한 단추를 몇 개 다는 것이 좋으냐는 식의 토론을 한다. 이런 살롱에서 프랑스 신문을 인용하는 건 신중하다고는 볼 수 없다. 왜냐하면 그 기사가 가장 유쾌한 것—이를테면 에스파나에서 50명의 자유주의자가 총살당했다는 기사—일지라도, 그것을 이야기하는 사람은 분명 프랑스 신문을 읽었다는 의심에서 벗어날 수 없을 테니까. 여기에 오는 사람들이 가장 재간을 발휘하는 일은, 10년마다 연금을 1백50프랑씩 올려 받는 일이다. 이런 식으로 군주와 그 주위 귀족들은 농민과 시민을 통치하는 즐거움을 사이좋게 나누고 있는 것이다.

크레센치 집안 살롱의 주요 인물이라고 하면, 누가 뭐라고 해도 기사 포스카리니였다. 그는 훌륭한 인물로, 어느 통치하에서나 조금씩은 감옥의 밥을 먹고 살아왔다. 나폴레옹이 제안한 역사상 그 유례를 볼 수 없는 등록법에 반대한 밀라노의 유명한 의회의 한 의원이었다. 기사 포스카리니는 후작의 어머니와 20년 동안이나 친하게 지내왔으므로, 이 가정에서는 퍽 영향력이 높은 인물이었다. 어느 때건 재미있는 이야기를 준비해두고 있었다. 그의 날카로운 관찰력은 무엇 하나 놓치지 않았다. 양심에 가책을 느끼고 있는 젊은 후작부인은 그의 앞에선 마음이 떨렸다.

공조는 자기에게 함부로 이야기하거나, 1년에 한두 번은 울게 만드는 대귀족을 몹시 좋아했으므로, 그런 사람들에게 조금이라도 도움이 되었으면 했다. 만일 지극히 가난한 일상생활 때문에 무력해지지만 않았다면 때때로 소원을 이루었을지도 모른다. 그는 꽤 머리도 좋고, 또한 그 이상으로 비위가 좋은 성격이었으니까 말이다.

이러한 공조는 후작부인을 상당히 경멸했다. 부인은 이제까지 한 번도 그에게 무례한 말을 하지 않았기 때문이었다. 어쨌든 그녀는 대공 어머니의 시종직에 있으며, 한 달에 한두 번은 이렇게 말해주는 유명한 크레센치 후작의 아내이다. "잠자코 있어, 공조, 자넨 정말 바보로군."

공조는 사람들이 조금이라도 아네타 마리니의 이야기를 하면, 11시쯤까지는 언제나 멍하니 생각에 잠겨 있는 후작부인이 갑자기 잠에서 깨어난 것처럼 된다는 걸 깨달았다. 11시가 되면 부인은 차를 내오게 해서는 손님의 이름을 하나하나 부르면서 권하곤 했다. 이 일이 끝나고 자기 방에 돌아갈 때쯤이면 그녀는 조금 쾌활한 모습이 되었다. 이때를 놓치지 않고 모두들 그녀에게 풍자시를 들려주었다.

이탈리아에서는 상당히 재미있는 풍자시가 만들어진다. 지금도 얼마쯤 생명력을 지닌 문학 형식은 풍자시뿐이다. 사실 이는 검열도 받지 않는다. 크레센치 집에 드나드는 궁정인들은 언제고 이런 말로 풍자시를 시작한다.

"부인, 형편없는 소네트를 하나 들어주시지 않겠습니까?"

그 풍자시가 사람들을 웃기고 두서너 번 되풀이되면, 장교 한 사람이 으레 이렇게 말한다.

"경찰국장 각하는 그런 쾌씸한 것을 지은 작가들을 손봐줘야겠군요."

이에 반해서 거리의 시민들 사이에선 이런 풍자시를 아주 재미있게 여겨, 대서소(代書所) 서기들의 필사본이 팔리기도 했다.

후작부인이 아네타 마리니에게 호기심을 갖는 것으로 보아, 공조는 모두가 부인 앞에서 마리니의 아름다움을 너무 칭찬하고, 또 그녀는 백만장자의 무남독녀라 이 부인이 질투하는 것이라 생각했다. 귀족이 아닌 자는 상대도 않겠다는 듯 뻔뻔한 태도로 늘 혜실거리며 모든 일에 참견하는 공조는, 다음 날 후작부인의 살롱에 그 깃털 달린 모자를 마치 개선장군처럼 들고 찾아왔다. 그 우쭐거리는 모습은 1년에 한두 번 대공으로부터 다음과 같은 말을 들었을 때 말고는 볼 수 없는 그런 것이었다.

"잘 가게, 공조."

공조는 후작부인에게 공손하게 절을 한 뒤, 평소와 같이 권하는 대로 그로부터 떨어진 의자에 걸터앉으려 하지 않았다. 그는 좌중 한가운데 그대로 주저앉아 밑도 끝도 없이 이렇게 말했다.

"나는 델 동고 씨의 초상화를 보고 왔습니다."

클렐리아는 몹시 놀라서 의자 등에 몸을 기대지 않고서는 견딜 수가 없었다. 그녀는 마음속의 폭풍을 가라앉히려 했으나 곧 살롱을 빠져나오고 말았다.

"공조 씨, 당신은 아무래도 큰 잘못을 저지른 것 같군." 네 번째 아이스크림을 거의 다 먹은 장교 한 사람이 거만한 얼굴로 말했다. "보좌주교는 본디 나폴레옹 군대에서 가장 용감한 사람으로, 전에 콘티 장군이 사령관이었던 성채에서 마치 파르마 대성당으로부터 나오듯이 빠져나와, 후작부인의 아버지에게 몹시 창피를 주었다는 이야기를 당신은 왜 모를까." "정말 제가 모르는 일이 너무 많아서요, 대위님. 온종일 실수만 하고 있는 한심스러운 사나이이죠."

이 이탈리아식 취미의 대답은 사람들을 모두 웃겨 위풍당당한 장교는 창피를 당하고 말았다. 곧 후작부인이 되돌아왔다. 그녀는 용기를 내었다. 남들이 훌륭하다고 칭찬하는 그 파브리스의 초상을 자기도 볼 수 있을 거라는 희망까지도 막연히나마 가지고 있었다. 그녀는 그 그림을 그린 하이에즈의 솜씨를 칭찬하면서 이야기했다. 장교의 얼굴을 조롱하듯 쳐다보고 있는 공조에게 자신도 모르게 상냥한 미소를 보내고 있었다. 자리에 있던 다른 궁정인들도 똑같은 즐거움에 잠겨 있었으므로, 그 장교는 공조에게 심한 증오를 품으면서 꽁무니를 빼고 말았다. 공조는 득의만면했다. 그날 밤 돌아가려 할 때, 이튿날의 식사 초대를 받았다.

이튿날, 식사가 끝나 하인들이 모두 물러간 뒤 공조는 말했다. "또 하나 이야기가 있습니다. 보좌주교님은 그 마리니라는 소녀를 사랑하고 있다는 겁니다."

이 의미심장한 말을 들은 클렐리아의 가슴이 얼마나 고동쳤는지는 짐작할 수 있을 것이다. 후작도 동요했다.

"공조 군, 여전히 사람을 놀라게 하는군. 전하의 휘스트 초대를 열한 번이나 받은 영광을 지닌 인물에겐 좀 말을 삼가야지!"

"아닙니다, 후작님." 공조는 이런 부류의 인간다운 천한 태도로 대답했다. "델 동고 씨는 마리니 양의 상대를 해주고 싶은 생각이 간절하리라고 난 믿고 있는데요. 하지만 이런 이야기가 후작님의 비위에 거슬린다……고 한다면, 이런 일은 내게는 처음부터 없는 것이나 다름없습니다. 나로서는 아무튼 존경하는 후작님의 마음을 상하게 하고 싶지는 않으니까요."

언제나 오찬이 끝나면 후작은 낮잠을 자기 위해서 자리에서 물러났었다. 그날은 낮잠을 잘 기분도 생기지 않았다. 하지만 공조는 마리니의 이야기를 이 이상 한 마디라도 더 하느니 차라리 자기 혀를 잘라버렸을 것이다. 자주 그는 후작에게, 이야기가 귀여운 평민 소녀의 사랑 이야기로 돌아갈 것을 기대하도록 하면서 새로운 이야기를 시작했다. 공조는 상대가 듣고 싶어하는 말을 혼자 즐기며 언제까지고 남을 기다리게 하는 이탈리아인다운 재능을 지닌 사나이였다. 가련하게도 후작은 호기심에 못 이겨, 온갖 애교를 부려야 했다. "자네와 함께 식사를 하면 두 배나 먹게 되지"라고도 했다. 공조는 조금도 그 뜻을 이해하지 못한 듯, 돌아간 대공의 총희였던 발비 후작부인이 세운 훌륭한 화랑에 대해서 장황하게 설명하기 시작했다. 서너 번이나 하이에즈에 대해서 몹시 감탄하는 듯한 투로 천천히 지껄였다. 후작은 속으로 중얼거렸다. '이제야, 마리니 양이 주문한 초상화 이야기를 하려는군.' 그러나 공조는 그 이야기를 티끌만큼도 하지 않았다. 5시를 쳤다. 후작은 마침내 화를 버럭 냈다. 여느 때 같으면 낮잠을 잔 뒤 5시 30분에는 마차를 타고 산책을 나가야 했던 것이다.

"쓸데없는 이야기만 하고, 자네는 언제나 이런 작자라니까!" 그는 공조에게 퉁명스럽게 말했다. "자네 덕분에 나는 대공비의 어머니보다도 늦게 산책로에 가게 됐네. 나는 그분의 시종이야. 언제 어느 때 일이 생길지 모른단 말이야. 자, 빨리 해. 되도록 빨리 보좌주교의 연애담이라는 걸 간단히 말해 보게."

그러나 공조는 이 이야기를 식사에 초대해준 후작부인에게 할 작정이었다. 그래서 그는 요구받은 이야기를 간단하게 줄여 서둘러 들려주었다. 벌써 반쯤 잠들기 시작한 후작은 그때부터 급히 낮잠을 자러 갔다. 공조는 부인에게는 완전히 다른 태도를 취했다. 대단히 돈 많은 집에 와서도 젊음과 정직함을 잃지 않은 그녀는, 조금 전에 후작이 공조에게 거친 말을 한 것에 어떻게든 보상해야 한다고 생각했다. 이렇게 환대를 받아 기분이 좋아진 공조는 완전히 평소의 말솜씨를 되찾아, 부인을 상대로 자세하게 이야기하는 것이 의무감에서뿐만 아니라 정말 즐거운 모양이었다.

아네타 마리니는 설교장 좌석을 잡기 위해서 1스갱까지 내놓았다. 그녀는 언제나 작은어머니 두 사람과 전에 아버지의 회계로 있던 남자와 함께 왔다. 전날부터 이 자리를 잡아두는 것인데, 대개의 경우 설교단을 거의 마주 보는 약간 제단 쪽에 가까운 데다 잡는다. 소녀는 보좌주교가 자주 제단 쪽을 돌아다보는 걸 깨달았기 때문이다. 그런데 일반 청중이 깨달은 것은, 젊은 설교사의 그 다정다감한 눈초리가 이 매력 있는 미인, 젊은 무남독녀 딸 위에 즐거운 듯 쏠리는 일이 자주 있다는 것이었다. 더구나 분명히 그것은 무심히 바라보는 눈초리가 아니다. 왜냐하면 눈이 소녀에게로 쏠리는 순간, 설교는 학식에 가득 찬 것이 되고 인용이 번번해지는 반면에 마음에서 우러나오는 감동은 없어진다. 그러면 그와 동시에 완전히 흥미를 잃은 부인들은 마리니 쪽을 흘끔흘끔 쳐다보면서 욕을 하기 시작하는 것이다.

클렐리아는 이런 기이한 이야기를 세 번이나 되풀이하게 했다. 세 번째부터 그녀는 몽상에 잠기고 말았다. 파브리스를 꼭 14개월 동안 만나지 못했다고 마음속으로 세고 있었다. '파브리스를 만나기 위해서가 아니라 평판이 자자한 설교사의 이야기를 듣기 위해서 한 시간쯤 성당에서 보내는 건 큰 죄가 될까? 게다가 나는 연단에서 먼 곳에 자리를 잡고, 들어갈 때 한 번과 설교가 끝났을 때의 한 번 말고는 파브리스를 보지 않기로 한다……. 그렇다, 나는 파브리스를 만나는 게 아니라 훌륭한 설교사의 설교를 들으러 가는 것이니까.' 이렇게 생각하면서도, 후작부인은 속으로 가책을 느끼고 있었다. 지난 14개월 동안 그처럼 행실을 삼가왔건만. 마음을 가라앉히기 위해서 이렇게 생각했다. '이렇게 하자. 혹시 오늘 밤 이곳에 맨 처음 나타난 여자가 델 동고 신부의 설교를 들으러 간다고 하면 나도 가기로 하자. 그 사람이 가

지 않는다면 나도 그만둔다.'

후작부인은 이렇게 결심하자 다음과 같이 말해서 공조를 기쁘게 했다.

"보좌주교가 언제 어느 성당에서 설교하는지 알아다주세요. 오늘 밤 당신이 돌아가시기 전에 좀 부탁하고 싶은 일이 있을 것 같아요."

공조가 산책로로 떠나자마자 클렐리아는 정원을 거닐러 나갔다. 거의 1년 가까이나 이곳에 나온 일이 없었다는 것은 조금도 개의치 않았다. 그녀는 생기가 넘치고 있었다. 얼굴색도 윤기가 있어 보였다. 그날 밤 살롱에 들어오는, 재미라곤 도저히 찾을 수 없는 사람들을 보자 그녀의 가슴은 설레었다. 마침내 공조가 나타났다. 그는 자기가 이제부터 일주일은 쓸모 있는 인간이 되리라는 걸 대번에 알아챘다. '후작부인은 마리니 양을 질투하고 있다. 이는 좋은 연극이 되겠는걸. 후작부인이 주연, 아네타가 시녀 역할, 그리고 델동고 씨가 남자 주인공이겠다. 정말, 입장료 2프랑이라도 비싸지 않다.' 그는 기뻐서 어쩔 줄을 몰랐다. 그날 밤 내내 여러 사람의 이야기를 모조리 방해하며, 몹시 기묘하고 어리석기 짝이 없는 일화를 들려주었다. (예를 들면, 그가 어제 여행 중인 프랑스 사람으로부터 들은 유명한 여배우와 페키니 후작의 이야기.) 후작부인도 가만히 차분하게 앉아 있을 수가 없었다. 살롱을 빙빙 돌아다니고, 연이어 화랑에 들어가기도 했다. 후작은 이곳에 하나에 2만 프랑이 넘는 값비싼 그림만 모아 걸어두었다. 그날 밤은 이들 그림이 너무나 뚜렷한 인상을 주었으므로 후작부인의 마음은 감동으로 피곤해졌다. 마침내 문이 활짝 열리는 소리가 들렸다. 그녀는 살롱으로 달려갔다. 라베르시 후작부인이었다! 클렐리아는 형식적인 인사를 하면서도, 벌써 목소리가 나오지 않는 것만 같았다. 라베르시 부인은 클렐리아의 질문이 처음엔 잘 들리지 않았으므로, 다시 말을 하게 했다. '지금 명성을 떨치고 있는 설교사를 어떻게 생각하세요?'라는 물음이었다.

"처음에는 그 사람을 모사꾼이라고 생각했어요. 워낙 유명한 모스카 백작의 조카니까요. 그런데 요전에 댁 건너편 비지타시옹 성당의 설교는 정말 훌륭했죠. 나도 완전히 반감을 잊어버리고, 그 사람을 지금까지 들은 중에서 가장 훌륭한 웅변가라고 생각하는걸요."

"그럼, 설교를 직접 들으셨나요?" 클렐리아는 행복에 떨면서 물었다.

"어머나, 내가 한 말을 못 들으셨나?" 라베르시 부인은 웃으면서 대답했다. "무슨 일이 있더라도 난 빼놓지 않고 들으러 갈 작정이에요. 소문으로는 그가 가슴에 병이 들어 얼마 안 있으면 설교를 못하게 될 거라는군요."

라베르시 부인이 나가자마자 클렐리아는 공조를 화랑으로 불렀다.

"모두들 그처럼 화제가 되고 있는 설교를 나도 들으러 가기로 결정했어요. 이번엔 언제 있어요?"

"다음 월요일, 그러니까 사흘 뒤입니다. 그분은 부인의 마음을 눈치챘다고나 할까, 이번엔 비지타시옹 성당에서 하신답니다."

아직 이걸로 이야기가 충분하진 않았으나, 클렐리아는 벌써 입을 열 힘이 없었다. 더는 한마디도 하지 않고 대여섯 번이나 화랑을 왔다 갔다 했다. 공조는 혼자 생각했다. '마침내 복수심이 불타올랐군. 도대체 파비오 콘티 장군과 같은 영웅의 감시를 받으면서도 탈옥하다니 불손하기 짝이 없는 일이야.'

그러고는 비웃듯 이렇게 덧붙였다. "허, 가시려면 빠른 편이 좋습니다. 그분은 가슴에 병이 들었다더군요. 랑보 박사의 말로는 1년도 더 살지 못하리라는 겁니다. 성채에서 비겁하게 도망쳐서 법을 짓밟은 벌일 테죠."

후작부인은 화랑의 소파에 걸터앉아, 공조에게도 앉으라고 권했다. 잠시 뒤에 그녀는 몇 스갱인가 들어 있는 지갑을 꺼냈다.

"네 사람의 자리를 잡아주세요."

"이 공조도 부인 일행에 넣어주실 순 없으십니까?"

"좋아요. 그럼 다섯 자리를 잡으세요……. 난, 연단에 가까운 곳이 아니라도 좋아요……. 하지만 그처럼 예쁘다는 평이 난 마리니 양은 보고 싶군요."

후작부인은 설교가 있는 월요일까지 사흘 동안 살아 있는 것 같지 않았다. 이런 신분 높은 부인을 모시고 여러 사람 앞에 나타난다는 것은 대단히 명예라고 생각한 공조는 칼을 차고 프랑스식 연미복을 입었다. 뿐만 아니라 후작 댁이 가까운 것을 이용해서, 부인이 앉을 훌륭한 의자를 성당 안에 날라다놓았다. 이런 짓을 하는 건 시민들의 눈엔 몹시 무례하게 보였다. 후작부인이 이 의자를 보고, 또 그 자리가 설교단 앞쪽에 위치해 있다는 걸 알았을 때 어떠한 심정이었을지, 누구나 쉽게 짐작할 수 있으리라. 클렐리아는 완전히 당황해서 고개를 숙이고, 이 커다란 의자 한구석에 쪼그리고 있었다. 공조가 어이가 없도록 뻔뻔스럽게 저기 있다고 손으로 가리키는 마리니 양 쪽을 쳐다볼 용기도 없었다. 귀족이 아닌 사람 따윈 애당초 이 궁정인의 눈에는 없는 것이나 마찬가지였다.

파브리스가 단상에 나타났다. 몹시 말라 창백하고 너무나 야위었으므로 클렐리아의 눈은 순식간에 눈물로 가득 찼다. 파브리스는 두서너 마디 이야기하다가는 갑자기 벙어리가 된 것처럼 입을 다물고 말았다. 다시 무슨 말을 하려고 노력했으나 헛일이었다. 그는 돌아서서 써놓았던 종이를 손에 쥐고서야 말을 이었다.

"여러분, 당신들에게 동정을 받을 수 있으리라고 생각되는 하나의 불행한 영혼이, 나의 목소리를 빌려 살아 있는 한 언제 끝날지 모르는 고뇌가 멈추도록 여러분도 기도해주시기를 바랍니다."

파브리스는 써놓은 것을 천천히 읽어갔다. 그러나 그 목소리가 어쩌나 애처로웠던지 기도가 아직 반도 끝나지 않았는데도 모든 청중, 심지어 공조까지도 울기 시작했다.

'이걸로 최소한 아무도 내 마음을 눈치채지 못할 것이다.' 후작부인은 눈물을 흘리면서 이렇게 생각했다. 써놓은 종이를 읽으면서 파브리스의 머리엔 신자들에게 기도해달라고 바랐던 불행한 인간 상태에 대해서 두서너 가지 생각이 떠올랐다. 곧이어 여러 가지 생각이 일시에 솟아올랐다. 그는 청중을 향해서 이야기하는 체하면서도 오직 후작부인 한 사람만을 상대로 이야기하고 있었다. 설교는 여느 때보다도 좀 빨리 끝났다. 아무리 해도 눈물을 막을 수가 없고, 구석까지 들릴 만한 큰 소리로는 이야기할 수 없었기 때문이었다. 올바른 판단을 하는 자들은, 이 설교는 이제까지 없던 색다른 것이었으나, 감동적이었다는 점으론 휘황한 조명 아래서의 그 유명한 설교와 맞설 만한 것임을 인정했다. 클렐리아는 파브리스가 기도문의 처음 열 줄을 읽는 걸 다 듣기도 전에, 14개월 동안 만나지 않고 지내온 것을 무서운 죄악처럼 느끼고 말았다. 집에 돌아가자 실컷 파브리스를 생각할 수 있도록 잠자리에 들었다. 그 다음 날 상당히 이른 시각에 파브리스는 다음과 같은 편지를 받았다.

"당신이 명예를 지키리라 믿습니다. 당신이 신뢰하는 사람을 4명 구해놓으세요. 그리고 내일 파르마 대성당에서 밤 12시를 치면 성 요한 거리 19번지의 조그마한 문 근처까지 와주세요. 당신을 습격할 사람이 있을지도 모릅니다. 제발 혼자서는 절대로 오지 마세요."

눈에 익은 그리운 글씨체를 보자, 파브리스는 무릎을 꿇고 눈물에 젖었다.
'드디어 14개월 8일만이다! 설교는 이제 마지막이다.'

그날, 파브리스와 클렐리아의 마음이 얼마나 미칠 듯 흥분에 사로잡혔는가를 모두 이야기하자면 길어질 것 같다. 편지에 지시된 조그마한 문이란 다름 아닌 크레센치 저택의 오렌지 화원으로 들어가는 문이었다. 파브리스는 낮 동안 그 문을 열 번이나 잘 보아두었다. 그는 무기를 준비하고, 자정 조금 전에 서둘러 그 조그마한 문 곁으로 왔다. 그러자 바로 이때, 몹시 귀에 익은 목소리가 나지막하게 속삭이는 것을 들은 그의 기쁨은 뭐라고 형용키 어려웠다.

"이리로 들어오세요. 내 마음의 친구."

파브리스는 조심해서 들어갔다. 사실 그곳은 오렌지 화원이었으나, 바로 맞은편에 땅에서 서너 자나 되는 높이의 창살문이 있었다. 몹시 캄캄했다. 파브리스는 창문 안에서 나는 무슨 소리를 들었다. 손을 더듬어서 창살문을 확인하자, 손 하나가 창살 사이로 뻗어 나와 그의 손을 잡고 거기에 입술을 갖다 댔다. 그리운 목소리가 들렸다.

"저예요. 당신을 사랑한다는 말을 하고 싶어서 여기에 왔어요. 그리고 제가 말하는 대로 따라주실는지를 듣고 싶어서요."

파브리스의 대답이나 기쁨이나 놀라움은 여기에 말하는 것조차 쑥스럽다. 어찌할 바를 모르는 최초의 열정이 차차 가라앉자 클렐리아는 말했다.

"당신도 아시다시피, 전 당신을 안 보겠다고 성모님께 맹세했어요. 그래서 이렇게 어둠 속에서 만나는 거예요. 당신이 무리하게 저를 보려고 하신다면, 그야말로 우리 둘의 사이는 영원히 끊어진다는 걸 잊지 말아야 해요. 당신에게 말하고 싶은 것이 있어요. 먼저 아네타 마리니 앞에서 설교를 하시는 건 싫어요. 그리고 천주님 집에 의자를 날라다놓는 그런 몰상식한 짓을 한건 제가 아니라는 걸 알아주셔야 해요."

"사랑스런 나의 님, 나는 이제 누구 앞에서도 설교하지 않겠습니다. 이제까지는 언제고 당신을 만날 수 있지 않을까 하는 희망으로 해온 겁니다."

"그런 말씀은 마세요. 당신을 만난다는 건 저에겐 허락되지 않으니까요."

여기서, 이로부터 3년 동안의 일에 대해서 한마디도 않고 그대로 생략하는 걸 독자 여러분이 양해해주기 바란다.

이제 우리의 이야기를 다시 시작할 시기는, 모스카 백작이 옛날보다 더한 권세를 지닌 수상으로서 파르마에 돌아온 지 퍽 오랜 나날이 흐른 뒤이다.

지난 3년 동안의 다시없는 행복을 경험한 뒤, 파브리스의 마음은 애정에서 나온 어떤 변덕을 일으킨다. 이것이 모든 사태를 변화시켰다. 후작부인은 산드리노라는 이름의 두 살 난 귀여운 아들이 있었다. 이 아들은 어머니의 둘도 없는 기쁨이었다. 산드리노는 언제나 어머니와 같이 있거나, 크레셴치 후작의 무릎 위에 안겨 있었다. 파브리스는 이 아이를 본 적이 거의 없었다. 파브리스는 자기 아이가 다른 아버지를 사랑하게 되는 일이 싫었다. 그것이 현실로 되기 전에 어린애를 빼앗으리라고 마음먹었다.

애인을 만날 수 없는 낮의 지루한 시간 동안, 후작부인에게 위안을 주는 것은 산드리노가 곁에 있는 일이었다. 알프스의 북쪽에서는 분명 이해하기 힘들겠지만, 그녀는 도리에 어긋난 짓을 하면서도 한 번 세운 맹세는 굳게 지키고 있었다. 독자도 기억할 것이다. 그녀는 '파브리스를 절대로 보지 않겠다'고 성모에게 약속했었다. 이것이 맹세의 말 그대로이다. 그래서 그를 밤 말고는 맞아들이지 않았고, 방에는 절대로 불을 켜놓지 않았다.

그러나 매일 밤, 하루도 빼놓지 않고 그를 맞아들였다. 그리고 놀라운 것은 호기심과 권태로 가득한 궁정 한복판에 있으면서도, 파브리스의 신중함으로 롬바르디아식의 이 우정은 남에게 눈치채일 듯한 기미조차 없었다. 이 사랑은 너무나도 열렬한 것이었으므로 불화가 생기기도 했다. 클렐리아는 몹시 질투에 사로잡혔었으나, 두 사람의 싸움은 거의 언제나 다른 이유 때문에 일어났다. 파브리스는 어떤 공식 석상을 이용해서 후작부인과 자리를 같이하고, 그녀의 모습을 보려 했다. 그러면 그녀는 곧 무엇이건 핑계를 찾아내서는 나가버리고, 그 뒤 한참 동안 그를 맞아들이지 않았다.

파르마의 궁정에서는 이렇게 미모와 재치로 뛰어난 여성에게 조금도 바람기 같은 걸 찾아볼 수 없음을 이상하게 생각하고 있었다. 그녀를 사모해서 미친 짓을 하는 사나이도 적지 않았다. 이따금 파브리스도 질투했다.

란드리아니 대주교가 죽은 것은 훨씬 전의 일이었다. 파브리스의 신앙심, 완벽한 품행, 그리고 웅변으로 말미암아 고인은 완전히 잊혀갔다. 그의 형도 죽었다. 가문의 전 재산은 파브리스의 손에 들어왔다. 이때부터 그는 해마다 자기 관할 교구의 사제며 부사제에게 파르마 대주교직의 수입인 몇십 만 프랑을 나눠주고 있었다.

파브리스가 스스로 쌓아올린 이 생활 이상으로 고귀하고, 세상 사람들의 존경을 받으며, 세상을 유익하게 하는 인생은 상상하기 힘들 것이다. 그러한 경지에 있을 때 애정 때문에 생긴 불행한 변덕에 의해서 모든 것이 흩어지고 만 것이다.

어느 날 그는 클렐리아에게 말했다. "당신이 한 맹세는 나도 존중하고 있지만, 도무지 낮에는 만나주지 않으니 내 생활은 불행하구료. 나는 일 말고는 마음 둘 데가 없고 늘 홀로 지내야 하오. 더구나 할 일도 별로 없소. 매일같이 긴 시간을 헛되이 보내는 동안에 어떤 생각이 떠올랐다오. 이것이 나를 괴롭히고 반 년 전부터 이 생각과 싸우고 있으나 떨칠 수가 없소. 내 자식은 날 사랑하지 않을 터이며, 그 애는 내 이름을 한 번도 듣지 못할 것이오. 크레센치 집에서 하고 싶은 대로 호사를 누리며 자라나 나에 대해선 거의 알지 못할 테지요. 어쩌다 내가 이 애를 만날 때에는, 더없이 아름답다는 기억은 고스란히 남아 있으나 실제로는 볼 수 없는 그 어머니를 떠올린다오. 어린것은 내 얼굴을 근엄하다고만 생각할 테죠. 이것은 어린애에게는 싫은 얼굴이라는 의미입니다."

"그래서…… 어떻게 하겠다는 말씀이에요? 왜 그런지 전 걱정이 돼요."

"내 아들을 찾아야겠소. 나는 그 애와 함께 있고 싶소. 매일 그 애를 보고 싶어요. 나를 사랑하게 만들고 싶구료. 나도 마음 놓고 귀여워해주고 싶습니다. 이 세상에선 드문 숙명으로 말미암아, 나는 다정한 마음을 지닌 수많은 사람들이 누리고 있는 행복을 빼앗기고 가장 사랑하는 사람과 함께 지낼 수 없으니까, 하다못해 당신을 내 마음속에 생각나게 하고, 얼마간이라도 당신을 대신할 수 있는 것을 곁에 두고 싶은 거요. 이런 강요된 고독의 생활에선 일도 인간도 모두가 귀찮기만 한 존재입니다. 바르보네라는 사나이의 손으로 다행히도 감옥에 끌려간 뒤부터 야심은 내겐 완전히 무의미한 말이 돼버렸음은, 당신도 잘 알 것이오. 당신과 멀리 떨어져 혼자 우울 속에 잠겨 있을 때엔,

마음을 몹시 감동시키는 것 말고는 모든 것이 내게는 무의미합니다."

애인의 이런 고민을 들은 클렐리아의 마음에 가득한 고통이 얼마나 혹독했었는가는 이해할 수 있을 것이다. 파브리스의 말에 일리가 있다고 느껴지는 만큼 슬픔은 더욱 애절했다. 그 맹세를 깨뜨리는 것은 불가능한 일일까, 이런 의문을 품기까지 했다. 그렇게만 하면 보통 사교계 사람들이 하듯 파브리스를 낮에도 집에 맞아들일 수 있을 것이다. 그녀가 정숙하다는 평판은 너무도 확고해서, 아무도 그걸로 욕을 할 리는 없었다. 돈을 많이 써서 맹세를 면제할 방법도 있을지 모른다고 생각했다. 그러나 그런 속세의 방법을 사용한다 하더라도, 결코 자기 양심은 평온해지지 않으리라는 걸 알고 있었다. 아마 하느님의 노여움을 사고, 새로 저지른 그런 죄는 벌을 받을 것 같았다.

만일 파브리스의 다정한 마음을 너무나 잘 알고 있는 그녀가, 자신의 대단한 맹세 때문에 그 마음이 이렇게까지 안정을 잃고 불행에 빠지는 것을 막기 위해 파브리스의 더할 나위 없이 당연한 희망을 받아들인다 해도, 온 이탈리아 안에서도 손꼽는 대귀족 집안의 외아들을 남몰래 훔쳐내다니, 과연 그것이 가능한 일일까? 크레센치 후작은 막대한 돈을 써서 자신이 앞장서서라도 탐색할 테니, 머잖아 유괴 경위는 모두 탄로날 터이다. 이 위험을 피할 방법은 한 가지 뿐이고, 그것은 먼 곳으로 어린아이를 보내는 일이었다. 이를테면 에든버러나 파리 같은 곳으로 말이다. 그러나 그런 일은 어머니의 애정으론 도저히 결심이 서지 않았다. 파브리스가 권한 다른 방법은, 사실상 이것이 가장 이성적인 방법이었지만, 앞이 캄캄해진 어머니의 눈에는 왜 그런지 불길한 생각이 들고 한층 더 무서울 것만 같았다. 병을 가장하는 게 좋겠다고 파브리스는 말했다. 어린애의 증세가 점점 나빠져서, 크레센치 후작이 없는 동안에 죽었다 하자는 것이었다.

클렐리아에게 이런 일은 공포를 일으킬 만큼 혐오스러웠다. 그래서 두 사람 사이엔 잠시 동안 말다툼이 오고갔다.

클렐리아는 하느님을 시험하는 짓을 해서는 안 된다고 말했다. 이 귀여운 아들도 죄의 결정인 데다, 더구나 하느님의 노여움을 자극하면 하느님은 아들을 빼앗을 것이라 했다. 파브리스는 자신의 기구한 운명을 한탄했다.

"어쩌다 차지한 신분과 사랑이 나를 영원한 고독에 붙들어매놓습니다. 나는 많은 동년배들이 하고 있는 것처럼 떳떳한 교제를 즐길 수 없어요. 그것.

은 당신이 나를 어두운 곳에서밖에 만나주지 않기 때문이죠. 내 삶 가운데 당신과 함께 보내는 시간이, 말하자면 갈기갈기 찢어진 순간이 되었습니다."

두 사람은 한없이 눈물을 흘렸다. 클렐리아는 병이 났다. 그러나 파브리스를 사랑하는 나머지, 그가 요구하는 무서운 희생을 언제까지고 거절할 수는 없었다. 다른 사람들이 보기에 어린애는 병이 난 것처럼 꾸며졌다. 후작은 서둘러 가장 유명한 의사들을 불렀다. 이때부터 클렐리아는 예기치 않았던 심한 고민에 부딪혔다. 의사가 권하는 약을 사랑하는 아들에게 먹여야 했던 것이다. 이는 결코 쉬운 일이 아니었다.

필요 이상으로 누워 있던 어린애는 정말 병이 나고 말았다. 이 병의 원인을 의사에게 뭐라고 하면 좋을까? 상반된, 더구나 다 같이 중요한 두 이해 사이에 낀 클렐리아는 미쳐버릴 것만 같았다. 완쾌된 것으로 해서, 그처럼 오랫동안 고민하며 가장해온 결과를 여기서 완전히 없던 일로 해도 좋을까? 파브리스 쪽에서도 애인의 마음을 휘두를 수 있다고 해서 무리한 강요는 할 수 없고, 그렇다고 계획을 단념할 수도 없었다. 매일 밤 그는 병으로 누운 어린애 옆에 교묘하게 숨어들어 왔다. 이 일은 또 다른 분규의 원인이 되었다. 후작부인이 어린애의 간호를 하러 오기 때문에, 이따금씩 아무래도 파브리스가 그녀를 촛불 아래 보게 되고, 클렐리아의 몹시 쇠약해진 마음은 이것이 무서운 죄악으로 산드리노의 죽음을 예고하는 것처럼 느껴졌다. 그것을 끝까지 굳게 지키는 것이 분명히 나쁜 결과를 초래하는 경우 맹세에 따라야 할 것인가를 유명한 신학자들에게 의논하자 그들은 신에게 맹세를 세운 자가 감각의 일시적인 쾌락을 위해서가 아니라 명백한 불행을 피하기 위해서 그것을 깨뜨릴 때엔 죄가 없다고 대답했으나 헛일이었다. 그래도 후작부인은 절망에 사로잡혀 있었다. 파브리스는 자신의 예사롭지 않은 계획이 클렐리아와 아들의 죽음을 가져올 듯한 형세를 깨달았다.

그는 친구 모스카 백작에게 구원을 청하기로 했다. 백작은 이미 완전히 늙었으나, 지금까지 자세한 속사정을 조금도 몰랐던 이 사랑 이야기를 듣고 감동했다.

"최소한 5, 6일 동안 후작이 집에 없도록 꾸며봅시다. 언제쯤이 좋겠소?"

그로부터 얼마 안 되어, 파브리스는 백작에게 와서 후작의 부재를 이용할 수 있도록 준비가 다 되었다고 알렸다.

이틀 뒤의 일이었다. 후작이 만토바의 영지로부터 말을 타고 돌아오는 길에, 분명 특별한 복수를 위해 고용된 듯한 불한당들이 조금도 거친 짓은 않고 그를 데리고 달아나 배 한 척에 태웠다. 이 배는 사흘 동안 포 강을 내려가 전에 파브리스가 질레티 사건 뒤에 한 것과 똑같은 여행을 계속했다. 나흘째에 불한당들은 후작에게서 돈은 물론 돈이 될 만한 것은 깨끗이 빼앗은 뒤, 포 강의 외딴섬에 내려놓고 사라져버렸다. 후작은 파르마의 저택으로 돌아오는 데 꼭 이틀이 걸렸다. 돌아와 보니 저택은 검은 헝겊으로 덮여 온 집안이 슬픔에 짖어 있다.

이렇듯 교묘하게 이루어진 유괴는 너무나 불길한 결과를 낳고 말았다. 산드리노는 몰래 어느 굉장한 집으로 옮겨져 후작부인이 거의 매일 이곳으로 찾아왔으나, 그로부터 석 달 뒤에 어린아이는 죽고 말았다. 클렐리아는 성모에게 한 맹세를 깨뜨렸기 때문에 정당한 벌을 받은 것이라 생각했다. 산드리노가 병에 걸려 있었던 동안, 그녀는 자주 파브리스를 밝은 등불 아래서 봤다. 대낮에도 두 번 보았다. 더구나 그처럼 애정에 차서 제정신이 아닌 황홀감 속에서였다! 불과 몇 달 뒤에 그녀는 사랑하는 아들의 뒤를 따랐다. 그러나 그리운 사람의 품에 안겨서 죽는 기쁨을 맛보았다.

파브리스는 자살 같은 수단에 호소하기엔 너무나 사랑이 강했고, 또한 신앙이 두터웠다. 그는 보다 좋은 세상에서 클렐리아를 만나기를 원했었지만, 총명했던 만큼 그러려면 자기는 더욱 많은 죄의 대가를 치러야 한다고 느꼈다.

클렐리아가 죽은 뒤 그는 곧 몇 장의 계약서에 서명을 했다. 이에 의해서 하인 한 사람 한 사람에게는 1천 프랑의 연금을 보증하고, 자기에게도 그와 같은 액수의 연금을 남겨놓았다. 거의 10만 리브르에 달하는 영지를 모스카 백작부인에게 증정하고, 그와 같은 액수를 어머니인 델 동고 후작부인에게, 그리고 아버지로부터 받은 유산의 남은 돈은 불행한 결혼을 한 누이동생에게 주었다. 그 다음 날, 대주교직의 사표와, 에르네스트 5세의 호의와 수상의 우정에 의해서 연달아 받은 모든 직위의 사표를 제출한 뒤, 그는 사카에서 8킬로미터쯤 떨어진 포 강 가까운 숲 속에 있는 '파르마 수도원'으로 은퇴했다.

모스카 백작부인은 전에 자기 남편이 다시 수상의 지위로 돌아가는 걸 찬성했었다. 그러나 자신은 에르네스트 5세의 영지에 돌아가는 것을 완강히 거절했다. 부인은 카살 마조레에서 1킬로미터가 채 안 되는 포 강 왼쪽 기슭에 있는, 오스트리아 영토인 비냐노에 자기 '궁정'을 가지고 있었다. 백작이 세워준 이 비냐노의 굉장한 저택에서 목요일마다 파르마의 상류인사들을 모조리 초대했고, 다른 날은 많은 친구들을 대접했다. 파브리스는 비냐노에 오는 날은 하루도 빼놓지 않고 들렀다. 한마디로 백작부인은 행복의 모든 외관을 다 갖추었다 할 수 있었다. 하지만 그녀는 마음으로부터 사랑한 파브리스가 죽은 뒤 얼마 더 살지 못했다. 파브리스는 그 수도원에서 겨우 1년밖에 지내지 못했던 것이다.

파르마의 감옥은 텅텅 비어 있었다. 백작에게는 막대한 재산이 생기고, 에르네스트 5세는 신하들로부터 존경을 받았다. 그들은 대공의 정부를 위대한 토스카나 대공들의 정부에 비유하며 칭송했다.

TO THE HAPPY FEW(소수의 행복한 사람들에게).

스탕달의 생애와 파르마 수도원

생애와 작품

스탕달(1783~1842)은 19세기 프랑스의 주요 소설가 가운데 한 사람으로 본명은 마리 앙리 벨(Marie Henri Beyle)이다. 그의 작품은 심리적·정치적 통찰로 유명하다. 그의 대표작은 《적과 흑》(1830)·《파르마 수도원》(1839)이다. 그는 많은 필명을 갖고 있었지만, 그중에서도 가장 유명한 이름은 프로이센의 도시 슈텐달에서 따온 스탕달이었다.

아버지 쉐르뱅은 그르노블 고등법원의 법정 변호사였고, 어머니 앙리에트(결혼 전 성씨는 가뇽)는 그르노블에서 명망 높은 의사의 딸이었다(외가는 14세기에 교황과 함께 아비뇽으로 이주한 이탈리아 가문으로, 스탕달은 이 점을 내세워 자신을 이탈리아인의 후손으로 여기기를 좋아했으나 뒷날 연구 결과 사실이 아님이 밝혀졌음).

스탕달은 7세 때 세상을 떠난 어머니를 숭배했다. 어머니가 죽은 뒤에도 오랫동안 어머니의 아름다움과 예민한 감수성 및 뛰어난 지성에 대해 이야기하고 글을 썼다. 어머니가 세상을 떠나자마자 아버지의 사상과 태도와 물욕을 증오하게 되었다. 그는 외할아버지인 앙리 가뇽을 사랑하고 존경하여 되도록 많은 시간을 외할아버지와 함께 보냈고 외할아버지를 자신의 '진정한 아버지'라고 불렀으며, 외할아버지는 그에게 문학과 예술에 대한 관심을 심어주었다. 스탕달은 집에서 아버지와 세라피 이모, 그리고 가정교사인 라이안 신부에게 억눌려 지내면서, 개인주의적이고 무례하며 충동적인 성격을 키웠다. 이 세 '폭군'은 그가 싫어하게 된 그르노블 부르주아지(^{자본가}_{계급})를 상징하는 대표적 인물이었다. 그는 사춘기에 이를 때까지 과보호를 받으며 지극히 정상적인 교제조차 갖지 못한 채 격리되어 있었다. 외향적인 활동 대신 몽상을 즐겼고, 이때 생긴 명상 취미는 평생 지속되었다.

스탕달 박물관
그르노블 시청으로 쓰였던 건물로 1967년에 박물관이 되었다.

스탕달은 나중에 《앙리 브륄라르의 생애》라는 자서전에서 가족과 교육에 대한 자신의 반발을 '에스파뇰리즘(스페인주의)'으로 설명하고, 이 말을 평범하고 진부한 것에 대한 혐오, 돈과 장사에 대한 경멸, 인간의 의지력과 넘치는 정열에 대한 강한 애착으로 규정하고 있다. 16세 때 그는 그르노블을 떠나 파리로 갔는데, 겉으로는 이공과 대학 입학시험을 치르기 위해서였지만 실제로는 그르노블의 질식할 듯한 분위기에서 도망치기 위해서였다. 세상에 대한 그의 안목은 소설(그가 특히 즐겨 읽은 소설은 아베 프레보의 《마농 레스코》와 장 자크 루소의 《신 엘로이즈》였음)에서 읽은 것뿐이었다. 그는 몇 주 동안의 비참한 생활 끝에 위장병에 걸렸으나 다행히 외가 친척 노엘 다뤼가 그에게 방 한 칸을 내주었다. 노엘 다뤼의 아들 피에르는 엄격한 신사로서 시골뜨기 젊은이를 별로 좋아하지는 않지만, 그에게 육군성의 말단 서기 자리를 구해주었다.

직장생활과 글쓰기

1800년 5월, 스탕달은 이탈리아에 두 번째로 원정 중인 나폴레옹 군대를 따라 알프스 산맥을 넘었고, 나폴레옹이 마렝고에서 승리를 거둔 다음 날 밀라노에 도착했다. 밀라노는 그에게 매력적인 도시였다. 그는 스칼라 오페라 극장에서 들은 훌륭한 음악에 대해 글을 썼고, 밀라노의 몇몇 귀부인들, 특히 프랑스의 화가 앙투안 장 그로의 친구였던 안젤라 피에트라그뤼아의 아름다움을 찬양했으며 그녀를 사랑하게 되었다(11년 뒤에 그녀의 애인이 된 그는 밀라노에 도착하자마자 난생처음으로 성 경험을 가졌는데, 이때 걸린 성병이 주기적으로 재발하는 바람에 평생 시달렸다고 함). 스탕달은 안젤라에 대한 사랑으로 고민하는 한편 스칼라 극장의 공연을 관람하고 카지노에서 열리는 모임에 참석하면서 그의 인생의 특징이 된 연정에 대한 감수성을 키웠다. 군대생활을 막 시작한 그는 이탈리아어와 펜싱 교습, 승마, 연극, 오페라 및 밀라노 숙녀들과의 연애에 관심을 가졌다. 스탕달은 18개월 동안 원정에 참여했지만, 진정한 군인이었던 적은 한 번도 없었다. 1801년 끝무렵에 그는 군대를 떠나 파리로 돌아가기로 결심했다.

생베르나르 고개를 넘는 나폴레옹
나폴레옹의 제2차 원정군에 편입된 스탕달은 1800년 5월, 생베르나르 고개를 넘었다.

20세가 된 그는 문학에 많은 관심을 가졌으며, 희곡은 그가 가장 쓰고 싶어한 문학 형식이었다. 파리로 돌아온 그는 몰리에르의 후계자가 될 작정이라고 선언했다. 그러나 공부를 하려면 책이 필요했고 사교계에 나가려면 옷과 돈이 필요했다. 스탕달은 그르노블 사투리와 못생긴 외모, 여자를 한 번도 유혹하지 못한 경력 때문에 열등감을 가지고 있었다. 그는 자주 우울증에 빠졌으며, 운문 희곡을 쓰지 못해 괴로워했다. 하지만 그가 파리에서 참고 견딘 경험은 모두 그르노블 출신의 부르주아 앙리 벨을 소설가 스탕달로 바꾸는 데 이바지했다.

여배우 멜라니 길베르(루아종이라고도 함)와 사랑에 빠진 그는 1805년 길베르를 따라 마르세유로 가서 몇 달 동안 식료품과 잡화를 파는 도매상 노릇을 했다. 그 뒤 육군성으로 돌아와 1806년 10월 나폴레옹이 베를린에 입성할 때 그 현장에 있었고, 2년 동안 독일의 브룬스비크에 주둔했다. 이곳에서 그는 전부터 읽기 시작한 18세기 철학자들(특히 데스튀트 드 트라시, 클로드 아드리앵 엘베시우스)의 책을 계속 읽었고, 모차르트의 음악에 대한 감수성을 키웠다. 1809년에는 일선부대로 돌아왔으며 1812년 병참 참모로서

밀라노 대성당

나폴레옹의 모스크바 원정에 참여했다. 스탕달은 실제 전투에서 싸운 적은 없지만, 전쟁터에 남겨진 끔찍한 장면들을 목격했고, 이 장면들을 몇 통의 편지에서 탁월하게 묘사했다. 나폴레옹 제국이 무너진 뒤 새 정권에 등용될 가능성이 전혀 보이지 않자 이탈리아로 떠났다.

스탕달에게 밀라노는 전보다 훨씬 더 마음에 드는 도시가 되었다. 그가 L.A.C. 봄베라는 필명으로 쓴 첫 작품 《하이든, 모차르트, 메타스타시오의 생애》(1814)는 과연 그가 어떤 유형의 작가인가(음악 비평가냐, 예술 비평가냐, 또는 문학 비평가냐) 하는 문제를 제기했다. 스탕달은 평생 170여 개의 필명을 사용했다. 독일의 유명한 예술 비평가인 요한 빙켈만이 태어난 프로이센의 작은 도시 슈텐달에서 따온 'M. 드 스탕달'이라는 필명을 처음 사용한 것은 《로마, 나폴리, 피렌체》(1817)를 발표할 때였다. 1821년 파리로 돌아왔을 때, 스탕달의 나이는 38세였다. 그는 파리에서 사교계에 드나드는 일을 되도록 삼가면서, 그 뒤 9년 동안 《연애론》(1822), 2권의 소책자로 작성된 《라신과 셰익스피어》(1823, 1825), 《로시니의 생애》(1823), 첫 장편소설 《아르망스》(1827), 《로마 산책》(1829), 대표 장편소설 《적과 흑》 등 6권의 책을 출판했다.

1830년 7월 혁명이 일어난 뒤, 스탕달은 이탈리아 트리에스테 주재 프랑스 영사로 임명되었지만, 이듬해 3월 말에 다시 로마 근처에 치비타베키아로 파견되었다. 그는 직책과 관련된 하찮은 일들과 치비타베키아의 단조로운 생활에 싫증을 느꼈다. 그러나 그에게 글을 쓸 기회는 충분했고, 생애 마지막 10년 동안 밀라노뿐 아니라 로마도 차츰 사랑하게 되었다. 스탕달은 공무원 신분으로 있는 동안 책 출판을 자제했다. 그러나 《에고티즘의 회상》(1892)과 끝내 완성하지 못한 장편소설 《뤼시앵 뢰뱅》(1894), 사춘기까지만 다룬 자서전《앙리 브륄라르의 생애》(1890) 등 여러 분야에 걸쳐 많은 글을 썼다. 스탕달은 로마의 관습·예술·역사 등 모든 측면에 매혹되었으나, 로마 가톨릭에는 거의 관심이 없었고 영적인 문제나 신비주의에도 주의를 기울이지 않았다. 그가 생각하기에 로마 가톨릭은 놀라운 제국, 유능한 정치체제일 뿐이었다.

스탕달은 늙어갈수록 활동을 줄인 조용한 생활을 원하면서도, 인생에 대한 호기심을 어느 정도는 유지했다. 그는 젊은 시절보다 훨씬 더 강렬하게 사랑을 꿈꾸었으며, 성공의 문턱에서 좌절한 연애의 추억에 잠겼다. 스탕달은 건강이 나빠져서 자주 파리를 방문했는데《파르마 수도원》도 그런 기회에 쓴 소설이다. 그가 이 소설을 쓴 52일 동안, 수많은 여인의 모습이 유령처럼 그의 머리에 달라붙어 떠나지 않았다고 한다.

스탕달은 평생 행복의 이미지를 추구했지만 현실에서는 행복을 얻지 못했으며, 그 이유를 이해하려고 애써 본 적도 없었다. 만년에 이르러 그는 후세에 가서야 자신이 존경을 받게 되리라는 확신으로 위안을 얻었다. 죽기 직전에 그는《파르마 수도원》을 격찬한 오노레 드 발자크의 기사를 읽는 기쁨을 누렸다. 이 칭찬은 '행복한 소수'가 스탕달의 소설에서 결국 무엇을 발견하게 될 것인가를 보여주는 최초의 신호였다. 1841년 3월에 뇌졸중 발작을 일으켰으며, 그 뒤 이따금 실어증에 걸리곤 했던 그는 질병을 이유로 공식 허가를 얻어, 1841년 10월 11일에 파리로 떠났다. 1842년 3월 외무성 문 앞에서 뇌졸중으로 쓰러졌고, 의식을 회복하지 못한 채 세상을 떠났다. 24일 그는 몽마르트르 묘지에 안장됐다.

감성적 인생

스탕달의 죽음을 둘러싼 상황은 가정과 사회에서 행복을 얻는 전통적 비결을 마음에 늘 간직하고 있으면서도 거기에 결코 따르지 않은(또는 따르지 못했던) 한 사람의 생애를 상징하는 것으로 쉽게 해석할 수 있다. 스탕달은 일정한 주소나 직업을 가져본 적이 없었다. 그에게는 집도 자식도 없었고, 심지어는 애인도 없었다고 말할 수 있다. 1808년에 누이 폴린(그는 폴린에게 모든 것을 숨김없이 털어놓았고, 마르세유와 독일에서 많은 편지를 써 보냈음)마저 결혼한 뒤로는 가족 하나 없는 외로운 홀몸이 되었다. 그러나 천

성적으로 친밀한 관계를 갈망했고 대부분의 사람들보다 훨씬 더 간절히 우정을 지키려 애썼다. 그런데도 오늘날 손에 넣을 수 있는 모든 문서 자료에 따르면, 스탕달의 친구들은 그에게 진정한 공감을 거의 보이지 않았으며, 그의 본성을 전혀 이해하지 못했던 것 같다. 따라서 앙리 벨의 가장 근본적인 삶(그의 생각과 환상, 감정의 생애)은 '스탕달'이라는 이름으로 발표한 소설 속에서 영위되었다고 할 수 있다. 이 책들은 근본적으로 같은 젊은이의 같은 이야기를 다루고 있다. 소설들은 서로 다른 무대 속에 펼쳐진 스탕달의 환상이며, 어른이 되기를 거부하는 한 젊은이의 이야기이다. 소설 주인공인 젊은이의 매력은 주위 사람들에게 영향을 주고, 그들을 매혹하며, 그들의 마음속에 질투심을 심어주기도 한다. 스탕달의 소설 주인공들(《적과 흑》의 쥘리앵, 《파르마 수도원》의 파브리스, 《아르망스》의 옥타브)은 저마다 다른 사회에 나타나 다른 공동체의 일원이 되지만, 그들의 욕망과 감수성 및 그들이 필요로 하는 것은 모두 똑같다. 그들은 스탕달이 상상하는 스탕달 자신이며, 따라서 이 소설들은 일종의 자서전이다. 그는 이런 소설로써 자신의 감정을 달랬다.

벨리즘

스탕달은 이런 소설을 쓰고 싶은 이상한 충동, 이런 소설이 제공하는 쾌락과 심리적 위안에 깊은 인상을 받고, 이 신비에 걸맞은 이름을 만들어야겠다고 생각했다. 그는 필명이 아니라 본명을 이용하여 벨리즘(Beylisme)이라는 낱말을 만들었다. 이 낱말은 소설의 방법 및 행복의 추구를 가리킨다.

벨리즘 신봉자는 앞서 말한 '행복한 소수'의 한 사람이다. 행복에 대한 스탕달의 개념 속에는 신비주의적인 면이 전혀 없었다. 스탕달이 생각하기에, 행복 추구는 수학의 증명과 비슷한 것으로, 행복의 논리는 이기주의의 명령에 따르는 데 있었다. 스탕달은 이기주의야말로 모든 인간행동의 유일한 동기라고 생각했는데, 왜냐하면 이 복잡한 세계(나폴레옹의 몰락과 부르봉 왕조의 복위 및 1830년의 혁명을 목격한 일 등)에서 행복을 얻는다는 것은 모든 움직임을 빈틈없이 계산하고, 기회를 판단하며, 습관적으로 아첨하는 것을 의미했기 때문이다. 스탕달은 누이동생에게 보낸 많은 편지에서 자신의 결함을 몇 가지 이야기하고, 이제 그 결함의 이유를 이해하기 시작했기 때문에, 그리고 그 결함을 극복하기 위해 어떤 방법을 채택하여 추진해야 할 것인가를 알았기 때문에 자신에게 큰 변화가 일어났다고 고백했다.

1820년대 스탕달은 대부분의 시간을 혼자 방에 틀어박혀 지냈던 19세기 초의 젊은이와는 전혀 다른 사람이었다. 《연애론》에서 그는 사랑에 대한 자신의 감상만이 아니라 1821, 1822년의 자기 자신에 대해서도 분석하고 있다. 이때쯤 스탕달은 그가 나중에 M. 뢰뱅(《뤼시앵 뢰뱅》)과 모스카 백작(《파르마 수도원》)을 통해 묘사한 세련된 신사와 비슷해지기 시작했다. 1830년 《적과 흑》이 출판된 뒤에도 그는 여전히 행복을 추구하고 있었고, 이 행복을 얻을 수 있는 '방법'을 찾고 있었다. 그에게 한 가지 방법을 제시해준 철학은 인류의 완성 가능성을 믿는 18세기 관념론자들로, 데스튀트 드 트라시에 의해 설명되었다. 벨리즘은 인간 행동을 재료로 삼아 인생을 유물론적·관능적으로 충분히 즐길 수 있는 완전히 의식적인 수단을 만들어낸다.

스탕달은 예술, 곧 그림과 음악의 아름다움을 즐기기 위해 자신을 훈련한 방법에서 그의 타고난 쾌락주의적 측면을 보여준다. 평범한 안락과 그 이상의 것(마차, 오페라 극장의 지정석, 친구들을 충분히 대접할 수 있는 집)을 누릴 수 있을 만큼 충분한 수입이 있는 생활을 하고 싶다는 그의 꿈은 쾌락주의자의 꿈이었다. 그러나 스탕달의 소설에 나오는 주인공들은 자신의 목표를 그렇게 사교적이고 미학적인 것에만 한정하지 않았다. 쥘리앵은 열정이라는 이름으로 범죄를 저질렀으며, 파브리스는 사교계 신사의 특징과는 걸맞지 않은 기질과 대담성을 갖고 있었다. 스탕달 자신의 본성이 갖고 있는 쾌락주의와 소설 주인공들의 대담한 영웅주의가 빚어내는 모순은 벨리즘 속에서 한데 뒤섞이고 조화를 이룬다. 감정적인 면에서 스탕달은 가족과 결별했고, 지적인 면에서는 부르주아지와 결별했다. 이러한 스탕달의 태도는 보들레르가 나중에 '당디즘'이라고 부르게 된 것과 거의 일치했다. 그것은 예술적·사회적·지적인 모든 측면의 고립이었다. 스탕달의 끊임없는 필명 사용은 심리적 성격(비록 신비주의적인 성격은 아닐지라도)을 띤 순례나 탐색을 보여준다. 그는 자신의 인생에서 찾아 헤맨 행복, 하지만 언제나 그를 피해 달아나는 행복을 책(특히 2편의 걸작인 《적과 흑》《파르마 수도원》)을 쓰는 과정에서 무의식적으로 찾아냈다. 이 책들은 소설일 뿐 아니라 세계의 나아갈 바에 대한 연구서인 동시에 스탕달이 그 자신의 숱한 자아가 엮어내는 드

라마와 함께 유물론적으로 또는 상상적으로 배워온 삶의 방식을 제시하고 있는 가공의 설계도인 것이다.

평가

스탕달의 전기작가들은 그의 성격과 그가 종사한 직업의 다양한 측면을 묘사하면서, 끊임없이 '실패'라는 낱말을 사용했다. 그는 연인으로도 실패했고, 군인으로도 실패했으며, 작가라는 천직에서도 실패했다. 그러나 오늘날에는 거의 모든 비평가가 스탕달을 발자크·플로베르와 더불어 19세기 프랑스의 가장 중요한 작가로 인정하고 있다. 젊은 독자층, 특히 프랑스·영국·미국의 젊은 독자들은 발자크나 플로베르보다 스탕달에게서 훨씬 더 솔직한 이야기를 듣는 것 같다. 스탕달의 글은 수많은 역설적 갈등과 욕망이 뒤섞인 그의 인간성과 생각을 놀랄 만큼 많이 반영하고 있다. 그의 '행복한 소수'는 인습에 얽매이지 않은 사람, 비굴함 속에서는 행복을 찾지 못하는 사람, 감각과 본능이 이끄는 대로 따라가는 사람들이다. 스탕달의 소설 속 주인공들은 자신이 살고 봉사하는 세계에 반항하는 인물로 제시되어 있다. 행복을 추구하는 과정에서 스탕달은 세계를 맞서 싸워야 할 적으로 간주하고, 세계와 싸울 때는 세계가 적이라는 사실을 충분히 인식해야 한다고 생각했다.

《파르마 수도원》에 대하여

성립

《파르마 수도원》은 1839년 4월 초순, 파리 출판사 앙부아즈 뒤퐁 사로부터 상하로 이루어진 2권으로 출판되었다. 스탕달은 1838년 11월 4일부터 12월 26일까지의 53일이라는 경이로운 속도로, 코마틴 거리 8번지(마들렌 사원 부근) 건물 5층 방에 틀어박혀 이 대작을 구술했다. 이미 전설화된 속필(速筆)이다. 노년이 다가오고 신경통으로 손이 불편했던 스탕달은 대부분의 구술을 그대로 인쇄했다. 그가 1834년 무렵에 손에 넣은 이탈리아 교본에 기초를 두는 것은 《이탈리아 연대기》와 같다. 이는 작자의 참신한 발상이 적은 작품들로 《파르마 수도원》도 처음에는 그 한 가지로서 구상된 것이다.

스탕달은 이미 55세로 시력이 떨어지고 건강이 쇠약해져 있었다. 스탕달은 작품 안에 그가 일생 동안 사랑했던 모든 것을 담았다. 이탈리아, 나폴레옹, 연애, 음악, 회화 —모든 것에 전쟁과 경찰과 혁명의 그림자가 드리워져 있다. 유년 시절의 추억, 모성애에 대한 동경, 1818~20년, 밀라노에서의 마틸드를 향한 사랑—가 그리앙타 출신의 젊은 주인공 파브리스의 사랑과 모험 하나하나에 담겨 있다. 스탕달은 끊이지 않는 영감과 즉흥으로 53일의 문학적 기적을 낳아, 자신의 한평

《파르마 수도원》의 삽화
스탕달은 16세기 고문서에 쓰인 이야기를 나폴레옹의 시대로 옮겨, 가공의 조그만 군주국 파르마를 무대로 이 소설을 집필했다.

생과 추억과 꿈을 담은 걸작을 탄생시켰다.

《파르마 수도원》은 단편 《파리아노 공작부인》을 쓴 뒤, 《카스트로의 수녀원장》의 집필과 함께 써 나갔다. 이들은 이탈리아의 17세기적 사랑과 잔혹함을 다루는 이야기로, 스탕달이 로마에서 손에 넣은 낡은 사본에 기초를 두었다. 이 사본은 현재 파리 국립도서관에 있는데, 그 안에 《파르네제 가문의 위대함의 기원》이라는 한 권의 책이 있다. 이는 《파르마 수도원》의 무대인 파르마 공국 파르네제 가문이 번영하게 된 원인을 추문적으로 쓰고 있다. 한 미녀가 추기경 로데리고의 애인이 되고, 그의 조카인 알렉산드로를 수사로 삼는다. 그는 뒤에 교황 바오로 5세가 된다.

스탕달은 이 사본의 여백에 1838년 8월 16일자로 '단편 소설로 할 것'이라고 써넣었다.

이 줄거리의 틀은 《파르마 수도원》에서 산세베리나 공작부인이 모스카 백작의 세력에 의해 파브리스를 사제로서 출세시키려는 부분과 일치한다. 그

러나 파브리스는 19세기 초의 이탈리아인이고, 이 낡은 추문과는 거리가 멀다. 《파르마 수도원》은 19세기 초 나폴레옹의 밀라노 입성, 이탈리아인의 각성, 파브리스의 워털루 전투의 참가에서부터 시작한다.

이 변화는 무슨 연유로 생긴 것인가?

이탈리아어의 원제목 《젊은 날의 알렉산드로 파르네제》는 최초로 스탕달이 생각한 《이탈리아 연대기》의 범위를 나타내고 있다. 그것을 어떠한 까닭으로 스탕달이라 서명하는 현대적 대소설로 쓸 기분이 들었는지는 사실 확실하지 않다. 걸작은 소재와 작가의 창작활동과의 행운이 합쳐지면서 태어나는 것임은 예나 지금이나 변함이 없으므로, 그 안에는 후세 사람들은(혹은 작가 자신에게 있어서조차) 해명할 수 없는 부분이 있다. 그러나 전혀 단서가 없는 것은 아니다. 그것은 뒷날 나폴레옹 3세의 황후가 된 외젠에 관한 것이다. 많은 스탕달파가 연구한 결과, 1838년 9월 1일부터 사흘 동안 스탕달이 《파르마 수도원》 가운데 종군의 장을 쓴 것을 알아냈다.

외젠은 이 무렵 스탕달이 친구 메리메의 소개로 친해진 에스파냐 몬티호 백작부인의 딸로 당시 12세였다. 그녀는 55세인 스탕달의 무릎에 앉아 나폴레옹의 전쟁 이야기를 들었다. 스탕달은 지난해에 《나폴레옹에 대한 기억》을 막 중단한 때였고, 또한 모스크바 원정에 나갔던 경험도 있었기에, 마렝고 전투에 대한 이야기는 가득했다.

9월 1일, 스탕달은 이 미소녀를 위해 워털루 전투 이야기를 한 편 남겨두고 싶은 기분이 든 듯하다. 9월 3일까지 제3장부터 4장에 걸쳐, 파브리스가 A백작에게 말을 빼앗기는 부분까지 쓴 것으로 추정된다. 재미있는 사실은, 주인공의 이름이 파브리스가 아닌 알렉산드로로 되어 있는 점이다. 이는 작가의 머릿속에서 나폴레옹 전투와 알렉산드로 파르네제의 모험이 겹쳐졌던 것을 나타낸다.

에스파냐의 미소녀가 《파르마 수도원》 탄생의 계기가 되었던 것이다. 외젠은 1853년에 나폴레옹 3세의 황후가 되었지만, 평생 스탕달을 잊지 못하고 반드시 벨이라는 본명으로 부르며, 나에게 나폴레옹의 위대함을 가르쳐 주었던 사람은 벨이라고 주위에 말하곤 했다. 그녀는 1920년, 94세까지 살았으므로, 아마 스탕달을 본 사람 가운데 가장 마지막까지 살았던 사람이리라.

정치소설

머리말에 '1830년 겨울, 파리에서 1천2백 킬로미터나 떨어진 곳에서 이 소설은 쓰였다'라는 부분이 있는데, 이는 스탕달의 평소의 은신처이다. 이어서 '그러므로 1839년의 일을 풍자하는 것은 아무것도 없다'라는 부분도 있다. 1839년은 《파르마 수도원》이 출판된 해로 스탕달은 당시에 이탈리아 치비타

《적과 흑》삽화
출세를 꿈꾸는 성직자 쥘리앵 소렐은 시장 집에 라틴어 가정교사로 고용된다. 이윽고 그는 시장 부인과 사랑에 빠진다.

베키아 주재 영사였다. 국가의 봉급을 받는 관리로서 《파르마 수도원》의 줄거리와 거기에 표현된 정치적 의견은 루이 필립 치하에 있던 그 무렵 프랑스에 대한 풍자는 아니라고 쓰는 신중함이 필요했다.

《파르마 수도원》은 《적과 흑》과 함께 그의 2대작이라 일컬어지지만, 《적과 흑》이 7월 혁명이 일어나기 전날 밤의 프랑스에 퍼졌던 숨막히는 공기를 반영해서 고통과 가혹함이 느껴지는 것에 대해, 《파르마 수도원》은 그보다 한층 더 음산한 소공국의 전제를 묘사하면서도 거침없는 시적인 멋이 느껴진다.

《파르마 수도원》은 여러 인물의 배치, 사건의 설정에서는 대부분 《파르네제 가문의 위대함의 기원》에 기초를 두지만, 서론 '1796년의 밀라노'에서 볼 수 있듯 나폴레옹이 그림자의 주도자 위치에 있는 것을 놓칠 수 없다. 조안만의 상륙을 듣고 출발하는 파브리스를 비롯해 모스카, 지나, 클렐리아도 어느 정도 나폴레옹을 이탈리아의 해방자로 보고 있다. 그의 신조는 '나폴레옹을 따라' 또는 '나폴레옹과 함께'이다.

이 점에서 파브리스에게는 《세인트헬레나 회상록》의 애독자였던 《적과 흑》의 주인공 쥘리앵과 같은 피가 흐른다. 쥘리앵은 평민 출신이고 파브리스는

귀족이지만, 두 사람 다 자신이 놓인 지위에 불만을 품고 행동으로 개혁하려 하는 점에서는 같다. 덧붙여 말하자면, 행동으로 실패하고 감옥과 사랑 안에서 행복을 발견하는 점에서도 같다. 1830년의 프랑스 현실에 적합한 《적과 흑》에 비교하면 《파르마 수도원》은 19세기 초의 이탈리아라는 어느 정도 역사화한 배경 안에서 한층 더 자유로운 전개를 보여주지만, 두 가지 모두 암흑 정치와 압제하에 한 사람의 명민(明敏)한 인간이 어디선가 행복을 찾는다는 공통주제를 가지고 있는 것이다.

이렇게 해서 《파르마 수도원》은 《적과 흑》과 마찬가지로 이른바 낭만주의·현실주의적 정치소설의 전형이라 볼 수 있다. 파르마 공국은 당시 실재했던 공국이지만, 소설에 나온 르네상스적인 파르네제 가문의 전제지배가 아닌 온화한 마리 루이즈(전 나폴레옹 황후, 오스트리아의 공주) 아래에서 약간 프랑스화한 신중한 정치가 행해지고 있었다.

18세기 말의 이탈리아는 오늘날과 같은 통일 국가가 아닌 오스트리아와 에스파냐를 배경으로 하는 소공국으로 나뉘어 있었다. 나폴레옹의 북이탈리아 침입과 이탈리아 왕국의 출현은 통일희망을 부여했다. 주인공 파브리스가 워털루에 종군하는 것도 이 때문이지만 빈 회의 뒤, 이탈리아는 다시 구체제로 돌아간다. 포 강을 기준으로 북쪽은 롬바르디아 베치니아 왕국으로서 오스트리아를 직접 지배했고, 서쪽의 피에몬테(사르데냐 왕국)와 동남쪽의 교황영지 사이에 파르마, 모데나의 두 공국이 나란히 하는 형태이다. 일찍부터 책임내각제를 채용하고 있는 곳은 그 사이에 끼인, 낡은 자유의 역사가 있는 토스카나 대공국뿐이었다. 모두 낡은 오스트리아 아래에서, 스탕달이 묘사한 정도만큼은 아니라도 그와 비슷한 전제정치였다. 오스트리아의 방침은 슈필베르크 정치범수용소와 엄중한 여권제도에 의한 경찰 지배로, 카자르 마지오레에서 파브리스의 여권 구석에 묻은 잉크가 상징하듯 어두운 정치였다.

스탕달은 이 시기를 밀라노에서 보냈기 때문에 이런 사실을 잘 알 수 있었다. 이것이 결코 농담이 아니었던 점은, 외교관이 되어서도 이탈리아에 있는 한 그 주위에 감시의 그림자가 붙는 것으로도 알 수 있다.

파르마에는 파르네제 탑에 해당하는 원탑은 없고, 전체적으로 스탕달의 사상으로 설계되어 있으나, 미국 영화나 오페레타 의미의 가상국은 아니다. 공공연한 전제군주의 논리는 결정적인 순간에 현실적인 본체를 나타내고,

이른바 자유당과 의회제도의 기만도 이와 같은 형태로 이미 비웃음을 받고 있다. 이 소설은 발자크가 현대의 《군주론》이라 칭찬한 정치학이 전체에 영향을 미치고 있다. 일찍부터 기만정치의 성서라 불려, 구소련 역사교정의 이탈리아사 참고문헌이 될 정도로 정치적인 책이다. 그러나 그것만으로는 오늘날에도 세계적으로 읽히는 걸작이 된 이유로는 충분하지 않다.

발자크는 《파르마 수도원》의 정치학을 절찬하면서, 그것이 프랑스와 영국 같은 대국에는 적용되지 않는다는 지적도 잊지 않았다. 이는 별것 아닌 듯해도, 당시 프랑스 소설의 발흥(勃興)기에 사회와 대결하여 그 실상을 적발하려 했던 야심적인 작가에게 중대한 문제여야 한다. 발자크는 이 무렵 중기의 대작 《환멸》을 제2부까지 쓴 참이었다. 이는 대국 프랑스의 정치와 경제에 대해 언론을 반영한 조감도식으로 묘사하려 했던 야심작이다.

발자크의 상찬

발자크의 논문 《앙리 벨 씨(프레데릭 스탕달)론》은 당시 그가 내고 있던 〈르뷔 파리지앵〉이라는 월간 개인잡지에 실렸다. 소형판으로 가격은 1프랑이고 모든 페이지 대부분을 발자크가 썼다. 1840년 7월 창간호를 내고 생트 뵈브의 《포르 루아얄》을 비방한 논문 등을 실었다. 착상은 좋았으나 방만한 경영으로, 《파르마 수도원》이 실린 3호를 끝으로 폐간되었다. 그러나 스탕달은 살아 있는 동안 아슬아슬하게 칭찬받을 유일한 기회를 얻었다.

발자크는 문학을 세 종류로 나눈다. 영상문학, 관념문학, 절충문학이다. 이 분류는 오늘날의 문예학자를 만족시킬 만큼 정확하지는 않다. 절충이라는 관념을 도입하면 제1과 2의 내용까지 애매해지지만, 문학에 있어서 작가의 관념이라는 것은 모두 제멋대로로, 발자크에게 있어 자신을 이 절충문학에 넣는 것으로 영상파도 관념파도 포괄할 수 있다면 그걸로 좋았던 것이다.

발자크는 《파르마 수도원》을 관념문학의 걸작이라 부르고 있다. 그에 의하면 이 종류는 볼테르, 콩스탕 등 인간심리를 분석하여 사실을 명확하게 하기 위한 문학이다. 단 그가 《파르마 수도원》을 그 종류의 '걸작'이라 부를 때 거기에 자신의 절충주의 문학이 지향하는 바와 마찬가지로 종합성을 인정하는 것도 주목할 점이다.

발자크는 오늘날 현실주의의 원조로서 자유사회뿐만 아니라 사회주의 운

영에서도 높은 평가를 받고 있지만, 당시 문단에서는 《골짜기의 백합》(1835)으로 책을 읽는 30명의 여인을 유혹한 대중작가로만 평가되었다. 명성은 스탕달과 비교할 수 없을 정도로 높았지만 이해받지 못했던 것은 마찬가지이다.

발자크는 이전부터 스탕달의 몇 안 되는 지지자였다. 1830년에는 '올해는 《결혼의 생리학》(발자크 작품)으로 시작되어 《적과 흑》으로 끝났다'라 썼을 정도지만, 《파르마 수도원》을 '걸작'이라 찬양함으로써 더불어 자기 위치도 견고히 했다고 볼 수 있다. 이는 그 무렵 현역 작가가 다른 작가에게 보내는 공감과 동지애가 가득하고 두려울 정도로 솔직한 논문이었다. 스탕달은 발자크의 메시지를 정확히 느꼈다. 그는 '일찍이 한 작가가 다른 작가로부터 받은 적이 없는 두려운 논문'이라 부르며 성실한 긴 편지로 답했다. 문체와 소설 구성의 문제에 대해 자주 의견 차이가 있었지만 그것은 그다지 중요하지 않으므로, 이때에 두 대소설가가 서로 이해했던 사실이 중요하다 생각한다.

두 사람의 거장

스탕달은 발자크보다 16살 위로 대혁명, 나폴레옹 전쟁, 왕정복고 아래에서 어두운 정치를 경험했다. 그의 문명은 사사로웠지만 대여행자로서 유럽 각국의 사회에 대한 지식을 쌓아가고 있었다. 《로마, 나폴리, 피렌체》·《로마 산책》 등 가이드북의 필요를 채우면서(나폴레옹 전쟁이 끝난 뒤 유럽은 제2차 세계대전 뒤와 마찬가지로 관광의 범람으로, 특히 유적이 풍부하고 가치가 싼 이탈리아에 수많은 영국인이 몰려들었다) 교황 정부, 오스트리아의 정치와 이탈리아인의 낭만주의 운동, 해방운동을 보고했다. 본국 프랑스에 대해서는, 파리에서 발행되는 영자신문에 끊임없이 익명으로 시평을 썼다. 《적과 흑》·《파르마 수도원》의 정치학 기초가 된 것은 이처럼 오랜 시간에 걸쳐 얻은 관찰과 경험의 결과물이다.

발자크는 사상적으로는 왕당에 속하고 스탕달과는 반대 진영에 있었다. 혁명정부가 토지분할에 반대하자, 나중에 《농민》으로 귀족관의 황폐를 한탄했다. 그러나 동시에 귀족과 농민 사이에 끼어드는 마을의 높은 이자 자본의 힘도 정확하게 파악하고 있었으므로 그때부터 엥겔스에게 높이 평가되고,

오늘날의 사회주의·현실주의의 모범이 되고 있는 것이다.

그들이 살던 시대를 직시하며 언제나 '현대'에 움직여지고, 그 활기찬 초상을 묘사하는 것이 소설의 사명이라 여겼다.

그런 것을 고려하면 《파르마 수도원》의 정치학이 행정적인 이유에서 대중에 적용되지 않는다는 지적의 중요성을 이해할 수 있다. 작품의 현실성에 관계하기 때문이다. 하지만 발자크와 스탕달의 창조과정의 차이 또한 나타난다.

발자크는 자신의 창작 경험으로 《파르마 수도원》의 정치학 몇 가지를 지나치게 취했을지 모른다. 모스카 백작을 당시의 오스트리아 수상 메테르니히에 비교하고 있지만, 스탕달은 죽음과 함께 역할을 끝내는 정치가로서 뛰어난 지능은 필요 없다는 태도를 취하고 있다. 무대를 파르마라는 소공국으로 한 것은, 독일공국은 음침하고 시시하므로 르네상스적 파르네제 가문을 선택한 것이다. 그러나 이 무렵에 스탕달은 르네상스에 이끌려 정치에 빠졌던 듯하다. 《파르마 수도원》의 제작과정을 보면 그런 정치적 계산에서 파르네제 가문을 선택한 것은 아니라는 점이 명백하기 때문이다.

스탕달의 제작과정에 대해서는 이미 서술했다. 오히려 이탈리아의 교본 《파르네제 가문의 위대함의 기원》이 스탕달을 선택했다는 게 정확한 표현일지 모른다. 그는 뒷날 바오로 3세가 된 알렉산드로 파르네제의 생애를 드문 행복으로 인식하고 그를 자기식으로 고쳐 쓰는 데서 기쁨을 느꼈던 것이다.

발자크와 스탕달의 차이점은 여러 가지가 있지만 그중 하나는 인간의 행복에 대한 관념이다. 스탕달은 계몽주의와 대혁명의 자손으로서 인간이란 행복과 쾌락을 추구하는 동물이라는 관념을 지니고 있었다. 단, 나폴레옹의 독재와 왕정복고를 경험하고 최대다수의 행복은 기만일 뿐이라는 사실도 알고 있었다. 반동과 '어중간한 바보'의 세기에는 책략이 존재한다. 모스카처럼 궁정 규칙에 따르면서 개인적인 행복을 추구하는 명민함이 이상적이지만 그들은 범용한 현대에서 소수파에 지나지 않는다. 그러나 진보함에 따라 그 수는 늘어날 터이며, 그때 비로소 자신의 작품이 읽힐 거라 믿고 있었다. 《파르마 수도원》과 《적과 흑》의 '소수의 행복한 사람들에게(TO THE HAP-PY FEW)'라는 헌사의 의미는 위와 같은 것이라 생각한다.

하지만 발자크같이 현대사회의 높은 이자 자본의 세기를 보던 자에게 어떠한 의미에서도 행복의 관념이 있었다고 생각할 수 없다. 그의 눈에는 사회가 돈을 빌려주는 힘에 지배되고 있는 한, 소수자의 행복도 파멸된다고 비쳤을 터이다. 단, 그것을 '인간희극'이라 보는 특권적 위치를 자신의 창조 장소라 믿고 있던 것에 불과하다.

'자신이 가장 잘 아는 인물 중 한 사람을 선택하여 매일 아침 행복의 탐구로 가는 방법에서의 습관은 그대로라 하고'라는 구절이 스탕달의 편지에 있는데, 분명 인간도 관습도 변할 수 있다는 것이 발자크의 생각이다(《고리오 영감》 마지막의 라스티냐크의 변모에서 그 일단락을 엿볼 수 있다).

자서전 요소

르네상스의 괘씸한 교황의 행복이 나폴레옹을 매개체로 삼아 파르마의 대주교 파브리스 델 동고에게 옮겨지자, 50세의 늙은 문학청년에게 소년 시대로부터의 추억이 빠르게 떠오른다. 스탕달은 이미 죽음이 가까워졌음을 예감하고 있었다. 치비타베키아에서의 한가함에 두 편의 자서전을 썼는데, 그 목적은 '지금까지의 삶이 행복했었는지 불행했었는지'를 확인하는 데 있을 것이다.

자서전은 때론 너무나 절실한 추억을 쓰는 괴로움으로 중단된다. 그러나 파브리스 델 동고의 만들어진 생애에 그의 일생, 그의 사상 전부를 집어넣어 대벽화를 그리는 일은 가능하다.

《파르마 수도원》이 《앙리 브륄라르의 생애》 마지막 부분의 밀라노 입성부터 쓰이는 것은 53일이라는 속필의 기적의 원인이다. 작품 속 문장은 매끄럽지 못하며 어렵고 까다롭다. 자주 세부적인 조합이 소홀히 여겨지고 '풍경의 단편'은 최소한으로 잘라 채워진다. 즉흥적으로 진정 필요하다 느낀 것만 썼다.

그가 이때까지 사랑한 모든 것이 소설 속에 나온다. 먼저 이탈리아이다. 스탕달이 태어난 그르노블은 이탈리아 국경에 가깝고 북쪽과 남쪽이 교묘하게 섞여서 이루어진 곳임은 앞서 썼다. 1800년의 생베르나르 고개는 알프스 북쪽부터 남쪽으로 내려감을 뜻한다. 따라서 스탕달이 사랑한 이탈리아는 알프스가 보이는 롬바르디아 주였다. 《파르마 수도원》 제18장에 파브리스가 성벽의 정상에서 알프스의 산꼭대기를 세는 대목이 있는데, 이 장면은 결코 우연히 생긴 것이 아니다.

1796년, 나폴레옹의 이탈리아 입성으로 시작되는 서론이 소설의 구성상 쓸데없다는 발자크의 충고가 올바르다고 인정하면서도 결국 그대로 둔 것은 당연하다 할 수 있다. 소설의 기교와는 관계없이 자신과 그들을 관련시킴으로 살아 있음을 느꼈기 때문이다.

소설 속 여인들에게 스탕달은 생애 동안 늘 동경하던 여인의 모습을 투영한다. 젊은 나이에 죽은 어머니 앙리에트를 산세베리나에게 옮겨놓는다. 어머니의 행실이 반드시 단정하지만은 않은 것도 오이디푸스 콤플렉스를 해방하기 위한 수단으로서 필요했을지 모른다. 자유주의자로 신앙심 깊은 클렐리아 콘티의 빼어난 이마, 탈옥명령, 식사를 옮겨준다는 상세함도 모성에 대한 동경을 나타내고 있다. 차양에 열린 구멍은 '보지 않고도 보인다'라는 겁쟁이 연인의 감정분출을 상징한다.

전조

많은 독자가 당혹스러워할 파브리스의 전조에 대한 신앙에 대해 말해보자. 전조는 《적과 흑》에도 있던 것으로 자주 소설 기법(사건을 예고하여 분위기를 띄운다)이라는 잘못된 인식을 갖는데, 집요하게 반복되는 것은 주목할 점이다.

파브리스는 무지한 이탈리아 귀족의 둘째아들로서 묘사되고 있으므로 모두 가리지 않고 믿을 법하지만, 스탕달은 행동적이고 자유분방한 주인공에게 어떤 명민함을 부여한다. 다만 전조에 대한 광신이 이론적으로 맞지 않을 뿐이다. 그러나 '전조가 들어맞았을 때를 생각하며 그의 마음은 행복으로 가득 차 있다'라는 대목에서 여전히 스탕달이 독특한 행복 관념에 따르고 있음을 알 수 있다. 전조는 교묘하게 퍼져 있다. 코모 강 위를 나는 나폴레옹의 독수리의 날갯짓은 새들 가운데 전쟁의 길조를 점친 중세의 무장 예이고, 파브리스 자신의 나무에 대한 신앙심 등 낡은 제사·의식과 관련이 있을 법한 부분이다.

제9장에서는 자기 나무를 다시 찾은 파브리스가 어린 나무의 주요한 가지 하나가 꺾인 채 말라 있는 것을 보는 대목에서 마지막 장의 산드리노의 죽음을 내다보는 사람도 있다. 단 주목할 점은, 제15장의 성채 입구에서 그가 클

렐리아와 재회했을 때 그녀가 "전 같이 가겠어요"라고 말하고부터는 파브리스가 전조를 신경 쓰지 않는다는 것이다.

다시 말해 클렐리아와의 연애가 파브리스 나날의 관심사가 되므로, 전조에 신경 쓸 여유가 없는 것이다. 분명 작가는 거기까지 세세하게 배려했던 것은 아니고 자연스레 그렇게 된 듯하지만, 여기에서 연애에 대한 스탕달의 지대한 관심, 거의 종교적이라 할 수 있는 연애지상주의를 볼 수 있다.

19세기의 정열연애에 대해 스탕달은 1820년 무렵 마틸드를 사랑하고 경험하며 이미 《연애론》에서 세세하게 분석했다. 이것은 성욕과 관련지어 생각하는 연애가 아닌, 전조의 신앙과 마찬가지로 평면, 혹은 클렐리아와 파브리스의 그리스도교 교의에 대한 광신과 같은 평면에 두어야 한다고 생각한다.

신앙

스탕달은 하느님을 믿지 않았다. 오히려 그의 공공연한 적이었다는 사실은 유명하다. 왕정복고 아래에서 조직에 있던 예수회에 대한 증오는 실로 대단한 것이었다. 이 감정은 가정교사 라이안 밑에서 괴로웠던 유년 시절부터 키워나가 《적과 흑》에서 뚜렷이 탄핵하고 있다. 단, 반항은 예수회에 대한 것이지 하느님에게 향한 것은 아니라는 점은 주목해야 한다. 《파르마 수도원》에는 '신의 관념은 참주(僭主)에게 있어 유용한 관념이다'라는 대목이 있는데, 같은 수도사라도 비정치적인 예수회 회원들에 대해 동정적이다. 그것은 《적과 흑》의 셸랑 사제와 피라르 사제의 묘사방법에서도 알 수 있다.

이 공공연한 무신론자에게 신앙의 존재는 확실히 큰 문제이지만, 이 점을 최초로 지적했던 것은 아랑이다. 그는 《스탕달》(1935) 안에서 《적과 흑》의 국왕예배의 장, 또한 《로마 산책》에서 미켈란젤로의 '피에타'를 묘사하는 장으로 그리스도교 신자를 인정하고 있다. 이 감정은 고백되지 않았으므로 그저 경건한 벽화를 그리는 그의 '뒷모습'으로 파악해야 한다.

이 관점에서 보면 정치소설 《파르마 수도원》은 전혀 다른 양상을 띤다. 정치에 마음을 빼앗긴 독자가 쉽게 망각하는데, 이는 수도자인 주인공과 신앙을 품은 자유주의자의 딸과의 연애담이다.

그들은 덧없는 인생과는 거리가 먼 감옥에서 사랑하고, 뒷날에는 간통하여 아이를 낳는다. 대주교가 된 파브리스와 크레센치 후작부인이 된 클렐리아와의 연애담을 발자크는 또 다른 이야기의 주제라 하고 있지만, 스탕달은 파브리스의 생애와 일관된 것이라 여겼으리라. '연인을 보지 않는다'라는 성모에의 맹세를 위해 연인을 어둠 속에서만 만나는 기묘한 이탈리아 광신자인 클렐리아와, 사랑의 슬픔을 이야기함으로써 성공하는 설교자 파브리스의 사랑은 그리스도교에는 모독일지 모르나 스탕달에게는 최고의 행복으로 비쳐진다.

어떠한 고난 속에서도 행복 추구를 그만두지 않는 것이 행복이 아니라면 그것을 찾아내는 것이 스탕달의 주인공이다. 여기서는 그만의 독재적인 관념이 존재하고, 이는 스탕달 작품의 매력이기도 하다. 여기에 비극이 존재한다면 또 하나의 절대자인 아이의 죽음이다.

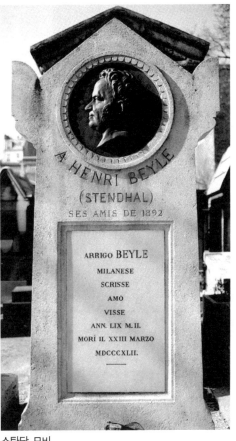

스탕달 묘비
'아리고 벨, 밀라노 사람, 썼노라, 사랑했노라, 살았노라, 1842년 3월 23일 사망'이라고 새겨져 있다. 파리, 몽마르트르 묘지.

《파르마 수도원》의 결말 부분은 출판자의 사정으로 다듬어져 이야기를 충분히 전개할 수 없었다고 스탕달은 되풀이해서 해명하고 있다.

그러나 그가 치비타베키아의 임지로 돌아가고 나서부터 정정한 것은 극히 일부분으로, 이 비극이 풍부한 전개를 가지고 있지 않음을 나타내는 듯하다. 하지만 이것은 그의 의도를 부정하는 것은 아니다. 스탕달은 산드리노의 죽음을 목표로 썼음을 분명히 하고 있기 때문이다.

이 종교적 감정은 실로 개성적이기에 발자크의 눈을 피할 수 있었다. 발자크는 파브리스가 재능과 지혜로는 모스카, 산세베리나에게 뒤처져 있으므로 주인공 자격이 없다 한다. 파브리스를 그 무렵 이탈리아 수도사의 전형으로서 주인공의 자격을 부여하기 위해서는 정통적인 그리스도교 신앙을 부여해야만 하고, 그를 위해서는 점성술을 믿는 이단의 수도사 블라네스의 역할을 축소시킬 것을 충고한다.

스탕달은 일단 그 충고를 고려하지만 결국에는 머리말의 밀라노 묘사와 함께 블라네스 사제도 그대로 남긴다. 이들은 사실 귀찮은 문제로 독자를 언제까지 이러한 문제에 부딪히게 하려는 것은 아니다.

《파르마 수도원》은 이러한 문제를 초월한 재미가 있는 걸작이다. 원숙한 한 작자가 그 생애를 마칠 즈음에 있는 힘을 다해 쓴 걸작을 즐겼으면 한다. 거기에는 즉흥적인 기적이 존재하고, 사건은 '회상'처럼 시간적 순서로 나타나며, 주인공의 행동은 자연히 모험이 된다. 마찬가지로 시간도 자연히 흘러 낮과 밤의 교체가 존재한다(코모와 바텔의 낮과 파르마의 밤의 밀회, 안개 낀 밤의 탈옥 등등). 파브리스와 클렐리아의 사랑은 느리게 전개되는 한편, 파르마 궁정의 음모는 재빠르고 경쾌하게 분석되는 교체의 초침을 즐기기 바란다.

스탕달 연보

1783년   1월 23일 마리 앙리 벨(Marie Henri Beyle, 필명 : 스탕달)은 그르노블에서 고등법원 변호사인 아비지 쉐르뱅과 의사 앙리 가뇽의 딸인 어머니 앙리에트 사이에서 태어난다.

1786년(3세)   누이동생 폴린 출생.

1788년(5세)   누이동생 제나이드 출생.

1789년(6세)   프랑스 대혁명.

1790년(7세)   어머니의 죽음.

1792년(9세)   라이안 신부가 가정교사로 들어온다. 그의 억압적인 태도는 스탕달의 반감을 사며 1794년까지 계속된다.

1793년(10세)   아버지 쉐르뱅 벨이 그르노블의 반혁명 용의자로 투옥되었다가 이듬해 풀려난다.

1796년(13세)   그르노블 중앙학교에 입학하여 수학에 열중한다.

1797년(14세)   소년 스탕달은 유랑 연극 여배우인 비르지니 퀴블리를 동경하게 되고, 학년 말에는 그림 및 수학으로 우등상을 타게 된다.

1799년(16세)   10월 말에 이공과 대학시험을 위해 그르노블을 떠나 11월 10일, 파리에 도착한다. 그러나 시험장에는 나가지 않고, 그 뒤 친척인 피에르 다뤼의 집에 머문다. 9일, 나폴레옹이 쿠데타를 일으키며 종신 통령이 된다.

1800년(17세)   1월, 육군성 고위관리였던 외가 친척 피에르 다뤼의 주선으로 육군성에 들어간다. 5월, 나폴레옹의 이탈리아 원정군을 따라 파리를 떠난다. 6월, 생베르나르 고개를 넘어 밀라노에 입성하고 9월, 소위에 가임관되며 10월, 용기병 제6연대에 편입한다.

1801년(18세)   페르가모 지방에 주둔하며 6월, 정식으로 소위가 된다. 연말부터 휴가를 얻어 고향 그르노블에 돌아가 다음 해인 2월까지 머문다.

1802년(19세) 4월, 파리로 돌아오며 7월, 육군성에 사표를 제출한다. 몰리에르와 같은 극작시인을 목표로 극장에 다니며 외국어(영어, 이탈리아어, 그리스어) 공부와 18세기 관념철학에 몰두한다. 1805년에 걸쳐 단장 《명상록·신철학》을 쓴다. 같은 고향인 빅토린 무니에와 아델 르뷔펠로에게 사랑을 품는다.

1803년(20세) 경제적 어려움으로 그르노블로 돌아간다. 많은 책을 읽으면서 희극 작품을 쓰고자 마음먹는다.

1804년(21세) 다시 파리로. 《두 사람》, 《르텔리에》 등의 희곡을 시작하지만 미완성으로 끝난다. 누이동생 폴린과 자주 편지를 주고받는다. 그의 사상에 큰 영향을 준 철학자 드 트라시의 저서를 읽게 된다. 12월, 멜라니 길베르와 만난다.

1805년(22세) 7월, 유랑 연극을 위해 떠난 멜라니와 함께 마르세유로 가서 식료품점에서 일한다. 10월, 영국과 프랑스의 트라팔가 해전이 일어난다.

1806년(23세) 영국과 프랑스의 전쟁으로 장사를 할 수 없게 되어 멜라니와의 동거생활은 끝난다. 다시 군에 복귀해 경리보좌관으로 일하며 10월, 나폴레옹을 따라 베를린에 입성하고 11월, 브룬스비크에 주둔한다.

1807년(24세) 7월, 틸지트 조약이 맺어진다. 독일군인의 딸인 빌헬미데 폰 그리스하임을 사랑하게 된다. 셰익스피어의 작품을 읽는다.

1808년(25세) 브룬스비크에 거주하며 파리로 여행을 떠나기도 한다. 12월, 매독 증상이 나타나 수은요법을 받는다.

1809년(26세) 프랑스 파리와 스트라스부르, 오스트리아 빈에 거주하며 병의 재발로 빈에서 치료를 받는다.

1810년(27세) 파리에서 생활하며 8월, 참사원보좌관과 황실 재산 검사관에 임명된다.

1811년(28세) 오페라 여배우인 앙젤린 베레이테르를 애인으로 삼으며 5월, 다뤼 부인인 알렉상드린에게 구혼했으나 받아들여지지 않는다. 8월 말, 이탈리아를 여행하고 1800년에 동경하던 안젤라 피에트라그뤼아의 정부가 된다. 12월,《이탈리아 회화사》를 쓰기 시작해 다음 해 7월까지 노트 2권을 쓴다.

1812년(29세) 나폴레옹의 모스크바 원정에 참가하고 퇴각하는 프랑스군을 위해 양식을 징발한다.

1813년(30세) 1월, 파리로 귀환하고 7~8월, 악성고열에 이은 다한증이 나타난다. 요양의 명목으로 가을에 밀라노로 여행을 떠나지만 실제로는 안젤라와 만나기 위해서라 여겨진다. 12월, 도피네 지방 방비군 편성의 보좌를 위해 그르노블로 향한다.

1814년(31세) 3월, 파리가 함락되어 나폴레옹은 엘바 섬에 유형된다. 퇴직금으로 연 900프랑을 받는다. 5~6월, 부르봉 왕조하에 취직해도 좋을 것이라 생각하지만 운동은 실패한다. 물가가 싼 밀라노로 가서 오래 머물 생각을 하기도 한다. 5~7월,《하이든, 모차르트, 메타스타시오의 생애》를 쓴다(연말 혹은 다음 해 초, 루이-알렉상드르-세자르-봄베의 필명으로 간행).

1815년(32세) 밀라노에 거주한다. 3월, 나폴레옹이 주앙 만(灣)에 상륙하나 안젤라의 충고로 귀국하지 않는다. 6월, 워털루 전투가 일어난다.

1816년(33세) 밀라노에서 사회생활을 하며 스칼라 극단에서 페리코, 바이론, 몬티를 알게 된다.

1817년(34세) 7월 말,《이탈리아 회화사》를 간행한다(M·B·A·A의 필명으로 1천 부를 자비출판). 9월, 최초로 스탕달이라는 필명으로《로마, 나폴리, 피렌체》를 간행한다(504부). 11월 말,《나폴레옹전》을 계획한다(다음 해 중단).

1818년(35세) 3월, 마틸드(마틸드 덴보스키)와 만난다.

1819년(36세) 6월, 아버지의 죽음. 밀라노에 거주하며 마틸드에게 이루어지지 않을 사랑을 품는다.《연애론》의 착상에 들어간다(다음 해 6월에 완필).

1820년(37세) 밀라노에 거주하며 여전히 마틸드를 사랑한다. 프랑스 정부의 첩자라는 소문으로 밀라노 사교계로부터 따돌림을 받는다. 9월, 친구 마레스트에게 《연애론》의 초고를 보낸다.

1821년(38세) 오스트리아 정부로부터 국외퇴거를 권고받는다. 6월, 밀라노를 떠나 파리로 돌아가지만 마틸드와의 추억으로 성적 불능에 빠진 것으로 추측된다. 9월, 런던에서 유희하며 비극배우 에드먼드 킨의 《오셀로》와 《리처드 3세》를 본다.

1822년(39세) 파리에 거주하며 문필 생활을 시작한다. 7월 말, 영국극단이 파리에서 《오셀로》 등을 상연하는데, 관중의 불명확함을 화내며 〈파리스 먼슬리 리뷰〉 10월호에 투고한다(《라신과 셰익스피어》 제1부 제2장에 달함). 8월, 《연애론》을 간행한다(1천 부). 이해부터 1830년까지 영국과 프랑스 여러 잡지에 서평, 시사평론, 미술평론 등을 발표한다.

1823년(40세) 〈파리스 먼슬리 리뷰〉(1월호)에 《라신과 셰익스피어》 제1부 2장을 발표하고 3월, 《라신과 셰익스피어》 제1부를 간행한다. 《로시니의 생애》를 완성한다(다음 해 간행). 10월부터 이탈리아 여행을 떠난다.

1824년(41세) 3월 말, 파리로 돌아와 4월에 《로시니의 생애》 기행 증보판을 낸다. 《라신과 셰익스피어》 제2부를 착상하여 5월 초까지 집필한다. 5월 말, 클레망틴 퀴리알 백작부인의 애인이 되고 같은 해 뒤라스 부인이 손수 쓴 원고인 《올리비에》가 사교계에서 이루어지는데, 이는 성적 불능자를 묘사한 작품이다.

1825년(42세) 3월 초, 《라신과 셰익스피어》 제2부를 간행한다. 10월, 샤를 10세가 즉위하고 극우반동정책이 강화된다. 클레망틴과의 사이가 나빠진다. 11월 말, 《실업자에 대한 새로운 음모에 대하여》를 쓰고 연말(혹은 다음 해 초) 라투슈의 《올리비에》가 간행된다. 뒤라스 부인 작품의 평판에 편승한 유행을 노린 작품이다.

1826년(43세) 1월, 《아르망스》를 쓰기 시작한다. 라투슈와 마찬가지로 유행적 의도에서 비롯되었다 여겨진다. 2월, 그에게 있어 최초의 소설인 《르뷔 브리타니크》와 《이탈리아 귀족의 추억》을 발표한다. 5월, 마틸드가 죽음을 맞이하고 6월 말, 클레망틴과의 관계는 파국을 맞이한다. 영국여행을 떠난다.

1827년(44세)　7월, 파리를 떠나 영국으로 가서 8월, 《아르망스》를 간행한다. 샤를 10세 통치하에 있던 사교계에 알맞은 풍속소설이 된다. 12월, 앙투안 베르테 사건의 공판이 이루어진다.

1828년(45세)　1월 1일, 밀라노에 도착하지만 열두 시간 안에 퇴거할 것을 명받는다. 7월부터 다음 해 3월까지 《로마 산책》을 집필한다. 생활이 괴로워 자주 자살을 생각하며 유언장을 쓰기도 한다.

1829년(46세)　6월, 왕립도서관 사본부 차장직을 신청했으나 받아들여지지 않는다. 9월, 《로마 산책》을 간행한다. 남프랑스와 에스파냐를 여행한다. 10월 말, 앙투안 베르테 사건을 지방지를 통해 알게 되고 마르세유에서 《적과 흑》을 착상한다. 12월, 《바니나 바니니》를 〈르뷔 드 파리〉에 발표한다.

1830년(47세)　1월, 《미나 드 방겔》을 쓴다(1853년에 발표). 4월, 《적과 흑》을 출판계약하고 5월에는 《궤짝과 유령》, 6월에는 《미약》을 각각 〈르뷔 드 파리〉에 발표한다. 7월 혁명이 일어나 루이 필립 왕국이 세워진다. 9월, 트리에스테 주재 프랑스 영사에 임명되어 11월에 파리를 떠나 임지로 향한다. 11월 말, 《적과 흑》이 간행된다(1831년). 12월, 오스트리아 정부는 영사 앙리 벨의 허가증을 거절한다.

1831년(48세)　1월 중순, 《유대인》을 집필한다(1855년 발표). 3월 말, 트리에스테 영사사무를 후임자에게 넘겨주고 새로운 임지인 치비타베키아로 향한다. 9~10월, 《산 프란체스코 아 리파》의 집필·정정 작업을 한다(1853년 발표). 12월, 코르네토의 에토리아 고분을 발굴한다.

1832년(49세)　치비타베키아와 로마 사이를 오가며 지낸다. 6월 12일, 통풍 발작을 일으키고, 6월 말~7월 초에 걸쳐 《에고티즘의 회상》을 집필하나 미완성으로 끝난다(1892년 간행). 9월, 《사회적 지위》를 기고하나 이 또한 미완성으로 끝난다(1905년에 1

부, 1927년에 전문을 간행). 10월, 자서전 《앙리 브륄라르의 생애》를 착상하며 같은 해 네 번의 유언장을 쓰기도 한다.

1833년(50세) 2월, 《앙리 브륄라르의 생애》의 머리말을 쓴다. 8월, 휴가를 얻어 파리로 돌아가 연말까지 머무르며 돌아오는 길인 리옹과 아비뇽 사이의 배 안에서 뮈세와 조르주 상드를 만난다. 제네바에 들러 의사의 진찰을 받기도 한다.

1834년(51세) 5월, 《뤼시앵 뢰뱅》을 쓰기 시작해 다음 해 3월 말까지 몰두하나 미완성으로 끝난다. 신체의 쇠약이 뚜렷해진다. 12월 말, 생트뵈브에게 이탈리아 16·17세기 연대기 필사의 권리를 얻었음을 알린다.

1835년(52세) 1월 중순, 관리로서의 공적으로 레종 도뇌르 훈장을 받는다. 5월, 발열과 동시에 통풍 발작을 일으킨다. 11월, 《앙리 브륄라르의 생애》를 쓰기 시작하고, 같은 해에 열세 번의 유언장을 쓰기도 한다.

1836년(53세) 연초, 《앙리 브륄라르의 생애》를 집필한다. 3월, 몰레 백작을 통해 외무대신이 되어 휴가를 받음으로써 《앙리 브륄라르의 생애》를 향한 열의가 식어 4월 초 중단한다(1890년 간행). 5월 5일, 치비타베키아를 출발하여 23일 파리에 도착한다. 그 뒤 1839년 6월까지 휴가를 연장하며 11월, 《나폴레옹에 대한 기억》을 계획한다. 다음 해 4월까지 집필하나 끝내 중단한다(1854년 간행).

1837년(54세) 대부분을 파리에서 머무르고 3월, 〈르뷔 데 되 몽드〉에 《비토리아 아코랑보니》를 익명으로 싣는다. 4~5월, 《분홍과 초록》을 집필하기 시작해 6월에 낭트에서 가필하지만 결국 중단한다(1928년 발표). 7월, 〈르뷔 데 되 몽드〉에 《첸치 일족》을 익명으로 게재한다. 동시에 《한 유람객의 기억》을 시작한다.

1838년(55세) 3월, 〈르뷔 드 파리〉에 《한 유람객의 기억》 일부를 발표한다. 3~7월, 남프랑스, 스위스, 독일, 네덜란드, 벨기에로 여행을 떠난다. 6월 중순, 《한 유람객의 기억》 일부를 〈크리에 프랑세〉에 싣고 6월 말에는 《한 유람객의 기억》을 간행한다. 8월, 〈르뷔 데 되 몽드〉에 《팔리아노 공작부인》을 익명으로 발표한다. 16일, 《파르네제 가문의 위대함의 기원》말고도 '이 소묘(素描)로부터 짧은 소설을 쓸 것'이라 적어넣는다. 27일, 단편 《젊은 날의 알렉산드로 파르네제》(추정), 9월 1~3일, 외젠 몬티호를 위해 워털루 전투를 기록한다(추정). 마르지날리아에 의하면 스탕달은 9월 3일, 《파르마 수도원》의 착상을 얻는다. 9월 중순, 《카스트로의 수녀원장》제1부를 집필하고 11월 4일부터 12월 26일에 걸쳐서 《파르마 수도원》을 쓴다.

1839년(56세) 1월 24일, 《파르마 수도원》 출판에 관하여 뒤퐁 사와 계약하고 계약비로 2천500프랑을 받는다. 2~3월, 워털루의 장을 〈콘스티튜셔넬〉에 발표한다. 4월에는 《파르마 수도원》이 간행된다(1, 2권). 4월, 《지나친 호의》를 집필한다(1912~13년에 발표). 6월, 3년 동안의 휴가를 끝내고 파리를 떠나 8월에 임지로 돌아온다. 그 뒤 로마와 임지를 번갈아가며 체류한다. 11월 이래 한 달여 동안 《라미엘》을 쓴다. 《카스트로의 수녀원장》 외 3편이 수록된 단행본을 간행한다.

1840년(57세) 3월, 심한 편두통 증세를 보인다. 5월까지 《라미엘》을 가필·정정한다. 6~7월에는 피렌체로 여행을 떠난다. 9월, 발자크가 〈루뷔 파리지앵〉에 《앙리 벨 씨(프레데릭 스탕달)론》을 씀으로 10월, 발자크에게 감사의 편지를 보낸다.

1841년(58세) 2월, 신경통 치료를 받는다. 3월 중순, 《라미엘》의 가필·정정작업을 한다. 3월 15일, 뇌졸중 발작을 일으키며 실어증 증세까지 나타나게 된다. 6~7월, 여러 치료를 받고 10월, 요양을 위해 휴가를 얻어 파리로 향한다.

1842년(59세) 파리에 거주하며 3월 9일, 《라미엘》의 구상을 다시 짠다 (1889년 간행). 3월 22일, 《스콜라스티카 수녀》의 최종적 가필·정정작업을 시작한다(1905년 1부, 1921년 완전한 형태로 발표). 같은 날 오후 7시, 누브 데 카푸신 거리에 위치한 외

무성 문 앞에서 뇌졸중 발작으로 졸도한 뒤 의식을 회복하지
못한 채 세상을 떠난다. 3월 24일, 아송프시옹 성당에서 장
례의식을 치르고 몽마르트르 묘지에 안장된다.

이혜윤(李惠允)

가톨릭대학교 불어불문학과 졸업. 이화여자대학교 일반대학원 불문과 석사과정 수료.
옮긴책 보부아르 《처녀시절》《여자 한창 때》 동화일러스트판 도로테 드 몽프리드 《이
젠 나도 알아요》 이자벨 주니오 《이젠 나도 느껴요》 라 퐁텐 《라 퐁텐 우화집》 페로동
화집 《장화신은 고양이》 등이 있다.

World Book
131

Stendhal
LA CHARTREUSE DE PARME
파르마 수도원
스탕달/이혜윤 옮김

1판 1쇄 발행/1987. 7. 1
2판 1쇄 발행/2010. 10. 1
2판 2쇄 발행/2016. 10. 1
발행인 고정일
발행처 동서문화사
창업 1956. 12. 12. 등록 16-3799
서울 중구 다산로 12길 6(신당동, 4층)
☎ 546-0331~6 (FAX) 545-0331
www.dongsuhbook.com

*

*

사업자등록번호 211-87-75330
ISBN 978-89-497-0672-6 04080
ISBN 978-89-497-0382-4 (세트)